GESCHICHTSSCHREIBER
DES ALTERTUMS UND MITTELALTERS

Vittorio Ferretti

# GESCHICHTSSCHREIBER
# DES ALTERTUMS UND MITTELALTERS

## GESCHICHTSSCHREIBER
## DES ALTERTUMS UND MITTELALTERS

All rights reserved © 2013 by Vittorio Ferretti

ISBN 978-3-00-040351-4 (2nd Edition, as Paperback, V.22)

No part of this book may be reproduced, translated, stored or transmitted in any form or by any means, graphic, electronic, or mechanical, including photocopying, recording, taping, or any other information storage retrieval system, without the permission in writing from the author.
Any factual information of this work is given by the author on a best-effort basis. The restriction of the book to one volume does not allow an exhaustive reference to sources.

Kein Teil dieses Buches darf ohne schriftliche Genehmigung des Autors in jedweder Form oder durch jedwede graphischen, elektronischen oder mechanischen Mittel, darunter Fotokopierung, Speicherung, Magnetbandaufzeichnung oder jede andere Form von Dokumentationssystem vervielfältigt, übersetzt, gespeichert oder gesendet werden.
Alle Sachinformationen dieses Buches werden vom Autor nach bestem Wissen und Gewissen gegeben. Die Beschränkung auf einen Band erlaubt leider keine ausführlicheren Quellenhinweise.

Address for feedback:
*Kontaktadresse:*

vittorio.ferretti0t-online.de

Cover illustration by Giovanna Valli
www.giovalli.de

MEIS QUIBUS HUIC LABORE INTENTUS
NIMIUM TEMPUS ABSTULI

# INHALTSVERZEICHNIS

INHALTSVERZEICHNIS ... 7
VORWORT ... 37
AUTOREN UND ANDERE QUELLEN ... 39
Abbon von Saint-Germain-des-Pés (Abbo Cernuus; Abbo Parisiensis) ... 39
Abd al Razzaq Samarqandi (Abdur Razzaq) ... 39
Abdelwahid al-Marrakushi ... 39
Abi (> Abu) ... 39
Abingdon Chronicle (> Angelsächsische Chroniken) ... 40
Abraham ben Jacob (> Ibrahim ibn Yaqub) ... 40
Abraham ibn Daud ... 40
Abt Erchenfried ... 40
Abt Gerlach / Jarloch von Mühlhausen/Milevsko (Chronographus Siloensis) .. 40
Abu Bakr al-Baydhaq (> Mohammad Abu Bakr al-Baydhaq) ... 41
Abu Bakr bin Yahya al-Suli ... 41
Abu Bakr Ibn al-Qutia ... 41
Abu Hanifa (> Ad-Dinawari) ... 41
Abu l-Faradsch al-Isfahani / Isbahani (Abulfaraj) ... 41
Abu Mikhnaf Al-Azdi (Abi Mikhnaf) ... 42
Abu Muzzafar (> Sibt ibn al-Jawzi) ... 42
Abu Raihan (> Al-Biruni) ... 42
Abu Shaker ... 42
Abu Shama abu l-Qasim (Abd al-Rhaman), Sihab ad-Din ... 42
Abu Ubayd al-Bakri (Abu Obeid e-Bekri, Abu Ubaidallah al-Bakri) ... 43
Abul al Fida, Ismail (Abulfelda) ... 43
Abul Fadail ... 44
Abul Fazl Bayhaqi (Abol-Fadl Bayhaqi) ... 44
Abul Hasan Ali ibn Bassmm as-Santarini (> Ibn Bassam) ... 45
Abul Mahasin Ibn-Taghribirdi (> Ibn Taghribirdi) ... 45
Abul-Qasim Abdallah Kasani (> Kasani, Abul-Qasim Addallah) ... 45
Abul-Qasim Firdausi (> Firdausi, Abul-Qasim) ... 45
Abydenos ... 45
Acilius, Gaius ... 45
Adalbert von Magdeburg (> Regino von Prüm) ... 45
Adam von Bremen (Magister Adamus Bremensis) ... 45
Adam von Usk (Adam of Usk; Adda o Frynbuga) ... 46
Ad-Dinawari (Abu Hanifa Dinawari / Dinavari; Dinawari) ... 46
Ademar von Chabannes ... 47
Ado von Vienne ... 47
Aelianus, Claudius (Ailianos, Älian) ... 47
Aelius Lampridius (> Historia Augusta) ... 48
Aelius Spartanus (> Historia Augusta) ... 48
Aelius Tubero, Quintus ... 48
AEthelweard ... 48

Afif (> Shams-i Siraj Afif) .................................................................. 48
Agapius von Hierapolis (Mahbub ibn Qustantin) ............................... 49
Agatharchides von Knidos ............................................................ 49
Agathias Scholastikos von Myrina ................................................. 49
Agathokles von Kyzikos ................................................................ 49
Agnellus von Ravenna .................................................................. 50
Agrip af Nóregs konunga sögum ................................................... 50
Ahmad Ibn Arabshah Demasqi (> Ibn Arabschah Demasqi, Ahmad) ... 50
Ahmad Ibn Rustah (> Ibn Rustah, Ahmad) ...................................... 50
Aihole-Inschrift des Ravakiti .......................................................... 50
Aimoin von Fleury ......................................................................... 50
Akbar al-Dawlat al-Saljuqiya (> Chronik des Seldschukischen Reichs) ... 51
Akitu-Chronik („ABC 16") ............................................................. 51
Akusilaos von Argos ..................................................................... 51
Al-Ayni, Badr al-Din ...................................................................... 51
Al-Azdi (> Abu Mikhnaf) ............................................................... 52
Al-Baladhuri, Ahmad Ibn Yahya (Baladori; Biladuri) ....................... 52
Al-Baydhaq (> Mohammad Abu Bakr al-Baydhaq) ......................... 52
Al-Biruni, Mohammad Ibn Ahmad (Alberuni; Abu Raihan) .............. 52
Al Busrawi (> Ibn Kathir Al Busrawi Imad ad-Din) .......................... 53
Al-Chwarizmi, Muhammad ibn Musa ............................................ 53
Al-Dhahabi, Mohammed Ibn Ahmad ............................................. 53
Al-Dschauzi (> Ibn al-Jawzi) ......................................................... 53
Al-Jawzi, Sibt ibn (> Sibt ibn al-Jawzi) .......................................... 53
Al-Jawzi, Abul Faraj Ibn (> Ibn al-Jawzi) ....................................... 54
Al-Madaini, Ali ibn Muhammad ..................................................... 54
Al-Mansuri, Baybar ....................................................................... 54
Al-Maqdisi (> Al-Muqadassi) ........................................................ 54
Al-Maqrizi/Makrizi, Mohammad Taqi ad-Din .................................. 54
Al-Marrakushi (> Abdelwahid al-Marrakushi) ................................. 55
Al-Masudi, Ali ............................................................................... 55
Al-Muhassin (> Hilal al-Sabi) ........................................................ 55
Al-Muqadassi (Al-Maqdisi), Shams Aldin ...................................... 55
Al-Musabbihi, Al-Mukhtar ............................................................. 55
Al-Nuwayri, Shihab Al Din Ahmad ................................................. 55
Al-Qadi al-Numan ........................................................................ 56
Al-Qutia (> Abu Bakr Ibn Al-Qutia) ................................................ 56
Al-Sabi (> Hilal al-Sabi) ................................................................ 56
Al-Sakhawi .................................................................................. 56
Al-Suyuti, Jalaluddin „Ibn al-Kutub" („Sohn der Bücher") ............... 56
Al/At-Tabari, Abû Dscha'far Muhammad Ibn Dscharir/Jarit Ibn Yazid ... 56
Al-Udri (El-Odsri) ......................................................................... 57
Al-Utbi, Abu Nasr Muhammad (Otbi) ............................................. 57
Al-Wakidi / Al-Waqidi, Mohammed ibn Omar ................................. 58
al-Yaqubi Ibn-Wadih (> Ibn-Wadih, al-Yaqubi) ............................... 58

Al-Zuhri (> Al/At-Tabari) ... 58
Albeldensische Chronik (Chronicon Albendense) ... 58
Albert von Aachen (Aix) ... 58
Albertino Mussato ... 59
Alberuni (> Al-Biruni) ... 59
Alexander Polyhistor (> Lucius Cornelius Alexander Polyhistor) ... 59
Alexander von Telese (Alessandro di Telese; - Telesino; Alexandrus Telesinus) 59
Alfonso de Palencia ... 60
Alimentus (> Cincius Alimentus) ... 60
Alpert/Albert von Metz (Alpertus Mettensis) ... 60
Altan Debter (Goldenes Buch) ... 61
Alte Tibetische Annalen ... 61
Altes Testament (> Tanach) ... 61
Amatus von Montecassino ... 61
Ammianus Marcellinus ... 61
Ampelius, Lucius ... 63
Amyntianus ... 63
Anastasius Bibliothecarius ... 63
Anaximenes von Lampsakos ... 63
Andrea Dandolo ... 64
Andreas von Bergamo (Andreas Bergomas; Andrea di Bergamo) ... 64
Andreas von Fleury ... 64
Androtion von Athen ... 64
Angelsächsische Chroniken (The Anglo-Saxon Chronicles) ... 65
Angiolello, Giovanni Maria ... 65
Anna Komnena ... 66
Annalen des Adad-Ninari II. ... 66
Annalen des Anitta ... 67
Annalen des Assurnasirpal II. ... 67
Annalen des Hattusili I. ... 67
Annalen des Mursili II. ... 67
Annalen des Reiches Lu (> Frühlings-und Herbstannalen) ... 67
Annalen des Salmanassar I. ... 67
Annalen des Salmanassar III. ... 67
Annalen des Sennacherib ... 68
Annalen des Tigernach ... 68
Annalen des Tukulti-Ninutra II. ... 68
Annalen von Saint-Bertin (> Annales Bertiniani) ... 69
Annalen von St Neots (East Anglian Chronicle) ... 69
Annalen von Ulster (Annalla Uladh) ... 69
Annalen (> Annales) ... 69
Annalenstein der 5. Dynastie (Royal Annals Stele) ... 69
Annales Altahenses maiores (Die größeren Jahrbücher von Niederaltaich) ... 70
Annales Augustiani ... 70
Annales Augustiani minores ... 70

Annales Beneventani (> Chronicon Sanctae Sophiae) .................................... 70
Annales Bertiniani (Annalen von Saint-Bertin) ............................................. 70
Annales Cambriae (Annalen von Wales) ...................................................... 71
Annales Casinenses ..................................................................................... 71
Annales Cavenses ........................................................................................ 71
Annales Ceccanenses .................................................................................. 71
Annales Fuldenses (Annalen von Fulda) ...................................................... 71
Annales Gandenses (Annalen von Gent)...................................................... 72
Annales Hersfeldenses (Annalen von Hersfeld) ........................................... 72
Annales Hildesheimenses (Annalen von Hildesheim)................................... 72
Annales Laurissenses (Annales Laureshamenses; Annalen von Lorsch)........ 72
Annales Laurissenses maiores (> Annales regni Francorum)....................... 73
Annales Laurissenses minores (Kleine Lorscher Annalen / Frankenchronik) .. 73
Annales Magdeburgenses (Annalen von Magdeburg; Chronographus Saxo) . 73
Annales Marbacenses (Annalen von Marbach) ............................................ 73
Annales monasteri Mellicensis (> Abt Erchenfried)....................................... 73
Annales Mosellani......................................................................................... 73
Annales Palidenses (Pöhlder Annalen).......................................................... 74
Annales Pontefices Maximi (> Fasti Consulares).......................................... 74
Annales Quedlingburgenses (Annalen von Quedlingburg) ........................... 74
Annales regni Francorum (Reichsannalen; Annales Laurissenses maiores) ... 74
Annales Vedastini (Annalen von St. Vaast)................................................... 75
Annales Xantenses (Annalen von Xanten) ................................................... 75
Annalista Saxo (Der sächsische Annalist) (> Reichschronik des Annalista Saxo) 76
Annalisten (> Römische Annalisten) ............................................................. 76
Anonymus Belae regis notarius .................................................................... 76
Anonymus post Dionem (Continuator Dionis) .............................................. 76
Anonymus Valesianus I (Origo Constantini)................................................. 76
Anonymus Valesianus II (Chronica Theodericiana) ..................................... 76
Antias (> Valerius Antias).............................................................................. 77
Antikleides von Athen ................................................................................... 77
Antiochos von Syrakus ................................................................................. 77
Apollodoros von Artemita ............................................................................. 77
Appianus Alexandrinus (Appian) .................................................................. 77
Ara Pacis Augustae ...................................................................................... 78
Aratos von Sikyon......................................................................................... 78
Ari Thorgilsson Frodi (Ari der Gelehrte) ....................................................... 78
Aristobulos von Kassandreia ........................................................................ 79
Aristodemos.................................................................................................. 79
Arnold von Lübeck (Arnoldus Lubecensis)................................................... 79
Arnulfus Mediolanensis (Arnulf von Mailand) ............................................... 79
Arrian (Lucius Flavius Arrianus) ................................................................... 80
Artapanos von Alexandreia .......................................................................... 80
Artemidoros von Ephesos ............................................................................ 81
Aschikpaschade (Aschiki) ............................................................................ 81

Asellio, Sempronius (> Sempronius Asellio) ................................................. 81
Asconius Pedianus, Quintus ............................................................................ 81
Asinius Pollio, Gaius ........................................................................................ 81
Asinius Quadratus, Gaius ................................................................................ 82
Asklepiades von Myreleia ................................................................................ 82
Asser (> John Asser) ....................................................................................... 82
Assyrische Eponymenliste ............................................................................... 82
Assyrische Königsliste ..................................................................................... 83
Astronomus ...................................................................................................... 83
Ata al-Mulk Dschuwaini (> Juwaini (Dschuwaini), Ata Malik) .......................... 83
Athanis von Syrakus ........................................................................................ 83
Athenaeus Nacrautita (Athenaios Naukratites, Naucratitus) ........................... 83
At-Tabari (> Al/At-Tabari) ................................................................................. 84
Attalische Weihgeschenke ............................................................................... 84
Attidographen .................................................................................................... 84
Aufidius Bassus (> Bassus, Aufidius) ............................................................... 84
Aurelius Victor Afer, Lucius Flavius Sextus ..................................................... 84
Ausonius, Decimus Maximus ........................................................................... 85
Aventinus (Johannes Turmaier) ....................................................................... 85
Avienus, Postumius Rufius Festus .................................................................. 86
Avitus von Vienne ............................................................................................ 86
Azuma Kagami ................................................................................................. 86
Babur, Zahir –du-din-Muhammad .................................................................... 86
Babylonische Chronik der Frühen Könige („ABC 20") .................................... 87
Bacchus, Cornelius (> Solinus, Gaius Julius) .................................................. 87
Baha ad-Adin Ibn Saddad (> Ibn Shaddad Baha ad-Din) ............................... 87
Baladori (> Al-Baladhuri) .................................................................................. 87
Balderich von Bourgueil/Dol (Baudri/Baudry/Baldéric de Bourgueil; Baudericus Burguliensis) .................................................................................. 87
Bambusannalen (Zhúshu Jinián) ..................................................................... 87
Ban Gu (Pan Ku) .............................................................................................. 88
Bar Ebraya (Bar Ebroyo) (> Ebn al-Ebri) ......................................................... 88
Bar Hebraeus (> Ebn al-Ebri) .......................................................................... 88
Barani (> Ziya-du-Din Barani) .......................................................................... 88
Bartolomeo di Neocastro ................................................................................. 88
Bartolomeo Sacchi "Platina" ............................................................................ 89
Bartossek (Bartossius de Drahonice) .............................................................. 89
Bassus, Aufidius ............................................................................................... 89
Baudri von Bourgueil (> Gesta Francorum) ..................................................... 90
Baybar Al-Mansuri (> Al-Mansuri, Baybar) ...................................................... 90
Bayerischer Geograph (Geographus Bavarus; Ostfränkische Völkertafel; Descriptio civitatum) ......................................................................................... 90
Bayhaqi, Abul Fazl (> Abul Fazl Bayhaqi) ....................................................... 90
Bayhaqi, Zahir al-Din (> Ebn Fondoq) ............................................................. 90
Beda Venerabilis (Beda der Ehrwürdige; Bede the Venerable) ...................... 90

Benedikt von S. Andrea (Benedetto da S. Andrea del Soratte; Benedictus Monachus) ... 91
Benes Krabice von Weitmül ... 91
Benzo von Alba (Benzo Albensis) ... 91
Beowulf ... 91
Bernard Gui (Bernard Guy, Bernardus Guidonis) ... 91
Bernardus Marango (Bernardo Maragone) ... 92
Bero(s)sos ... 92
Bernold von Konstanz/St. Blasien (Bernoldus Constantiensis) ... 92
Berthold von Reichenau (Bertholdus Augiensis) ... 93
Biladuri (> Al-Baladhuri) ... 93
Bion von Soloi ... 93
Biruni (> Al-Biruni) ... 93
Bitlisi (> Idris-i Bitlisi) ... 93
Blaue Annalen (> Go Lotsawa) ... 93
Briefe des Hammurapi ... 93
Brito (> Wilhelm der Bretone) ... 93
Bronzebänder der Torflügel des Palasts in Imgur-enlil (Balawat) (> Annalen des Salmanassar III.) ... 93
Bruno von Merseburg (Bruno Magdeburgensis) ... 93
Brut Chronicle (> The Chronicles of England) ... 94
Brut y Brenhinedd (Chronicle of the Kings) (> Geoffrey of Monmouth) ... 94
Brut y Tywysogion (Chronicle of the Princes) ... 94
Burcardo (> Johannes Burckard) ... 94
Burchard von Ursberg ... 94
Caesar, Gaius Julius ... 94
Caffaro di Rustico da Caschifellone (Cafarus Genuensis; Cafar von Genua) .. 95
Callinicus (> Kallinikos von Bitynien, > Kallinikos von Petra) ... 95
Calpurnius Piso Frugi, Lucius (Censorinus) ... 95
Candidus Isaurus (> Kandidos) ... 96
Canterbury Epitome (> Angelsächsische Chroniken) ... 96
Cantinelli, Pietro (> Pietro Cantinelli) ... 96
Cassiodorus, Flavius Magnus Aurelius (Kassiodor) ... 96
Cassius Dio Cocceianus (Dio Cassius) ... 97
Cassius Hemina, Lucius ... 98
Cato, Marcus Porcius „Censorius" alias „der Ältere" ... 98
Chach Nama ... 99
Chaldun (> Ibn Khaldún) ... 99
Chang Chun / Qiu Chuji (> Li Zhichang/Jichang) ... 99
Chang De (> Liu Yu) ... 99
Chares von Mytilene ... 99
Charon von Lampsakos ... 99
Chen Cheng ... 100
Chen Shou ... 100
Chunqiu (> Frühlings- und Herbstannalen) ... 100

Childebrand (> Fredegar) .................................................................... 100
Chondemir (Khondemir; Khwandamir, Khand-Amir) ........................... 100
Chronica ad Sebastianum (Crónica Sebastianense; Crónica Ovetense) ....... 101
Chronica Gallica 452 ........................................................................ 101
Chronica Gallica 511 ........................................................................ 101
Chronica monasterii Casinensis (> Leo Marsicanus) ............................ 101
Chronica regia Coloniensis (Kölner Königschronik) .............................. 101
Chronica Rotensis (Códice de Roda; Códice de Meyá) ........................ 101
Chronica Theodericiana (> Anonymus Valesianus II) ........................... 102
Chronicle of the Kings (> Geoffrey of Monmouth) ............................... 102
Chronicle of the Princes (> Brut y Tywysogion) .................................. 102
Chronicon Albendense (> Albendensische Chronik) ............................ 102
Chronicon Altinate (> Chronicon Venetum) ......................................... 102
Chronicon Anonymi Cantuariensis ..................................................... 102
Chronicon Aquense (Aachener Chronik, Chronik von Aachen) ............. 102
Chronicon Aulae regiae (> Chronik von Königssaal) ............................ 102
Chronicon Ceccanense (> Annales Ceccaneneses) ............................ 102
Chronicon Engolismense ................................................................... 102
Chronicon Farfense (> Gregor von Catino) ......................................... 102
Chronicon Fossae Novae (> Annales Ceccanenses) ........................... 103
Chronicon Gradense ......................................................................... 103
Chronicon Mellicense (> Abt Erchenfried) ........................................... 103
Chronicon monasteri Sancti Bartholomaei de Carpineto ...................... 103
Chronicon Novalicense ..................................................................... 103
Chronicon Paschale (Alexandrinum, Constantinopolitanum, Fasti Siculi) ...... 103
Chronicon Roskildense ..................................................................... 103
Chronicon Salernitanum ................................................................... 103
Chronicon Sanctae Sophiae .............................................................. 104
Chronicon Sancti Petri vulgo Sampetrinum Erfurtense (Chronik von Sanct Peter zu Erfurt) ......................................................................................... 104
Chronicon Vedastinum (> Annales Vedastini) ..................................... 104
Chronicon Venetum (Chronicon Altinate) ........................................... 104
Chronicon Volturnense ..................................................................... 104
Chronik Alfons III. ............................................................................. 104
Chronik der ersten Regierungsjahre Nebopolassars („ABC 2") ............ 105
Chronik der früheren Regierungsjahre Nebuchadnezars („ABC 5") ...... 105
Chronik der Frankenkönige (> Liber Historiae Francorum) .................. 105
Chronik der letzten Merowingerkönige (> Fredegar) ............................ 105
Chronik der Moskauer Akademie (> Suzdal-Chronik) .......................... 105
Chronik der Regierung des Samas-suma-ukin („ABC 15") ................... 105
Chronik der späteren Regierungsjahre Nebopolassars („ABC 4") ........ 105
Chronik des Asarhaddon („ABC 14") ................................................. 105
Chronik des 3. Regierungsjahrs von Neriglissar („ABC 6") .................. 105
Chronik des Falls von Ninive („ABC 3") .............................................. 105
Chronik des Mönchs von Saint-Denis ................................................ 106

Chronik des Patriarchen Nikon ........................................................................ 106
Chronik des Presbyters von Duklija ................................................................ 106
Chronik des Samas-suma-ukin („ABC 15") ................................................... 106
Chronik des Seldschukischen Reichs (Akbar al-Dawlat al-Saljuqiya) ........... 106
Chronik des Simon von Montfort (Chronique de Simon de Montfort) ........... 107
Chronik P („ABC 24") ...................................................................................... 107
Chronik von 819 .............................................................................................. 107
Chronik von 846 .............................................................................................. 107
Chronik von 1234 ............................................................................................ 107
Chronik von Aleppo (> Ibn al-Adin, Kamal al-Din Umar ibn Ahmad) ............ 107
Chronik von Aniana (Chronik von Moissac; Chronicon Moissiancense) ........ 107
Chronik von Arbela (> Mesiha Zeka) ............................................................. 108
Chronik von Battle Abbey ............................................................................... 108
Chronik von Edessa ........................................................................................ 108
Chronik von Galizien (> Galyzisch-Wolhylnische Chronik) .......................... 108
Chronik von Goustynya .................................................................................. 108
Chronik von Irland (Chronicle of Ireland) ...................................................... 108
Chronik von Königssaal (Chronicon Aulae regiae) ....................................... 109
Chronik von Mont Saint-Michel ..................................................................... 109
Chronik von Nabornassar bis Asarhaddon („ABC 1B" oder „CM 17") ......... 109
Chronik von Nabu-Nasir bis Samas-suma-ukin („ABC 1," oder „Chronik 1") .. 109
Chronik von Novgorod, Erste ........................................................................ 109
Chronik von Pskov (mittelalterliche) ............................................................. 109
Chronik von Twer (Tverskoy Sbornik) .......................................................... 110
Chronik von Westminster (Westminster Chronicle) ..................................... 110
Chronik von Wolhylnien (> Galyzisch-Wolhylnische Chronik) ..................... 110
Chronik von Zuqnin (> Pseudo-Dionysius von Tell-Mahre) ......................... 110
Chroniken von England (> The Chronicles of England) ............................... 110
Chroniken von Saint-Denis (> Grandes Chroniques de France) ................... 110
Chronique des Comptes d'Anjou (> Gesta Consulum Andegavorum) ......... 110
Chronograph von 354 .................................................................................... 110
Chronographus Saxo (> Annales Magdeburgenses) ................................... 110
Chronologie der Frühgeschichte des Fernen Ostens .................................. 110
Chronologie der Frühgeschichte des Nahen Ostens ................................... 111
Chronologie der Frühgeschichte Griechenlands und Roms ....................... 112
Chunqiu (> Frühlings- und Herbstannalen) .................................................. 113
Cincius Alimentus .......................................................................................... 113
Claudian (Claudius Claudianus) .................................................................... 114
Claudius ......................................................................................................... 114
Claudius Ptolemaios (> Ptolemaios, Claudius) ............................................. 115
Claudius Quadrigarius, Quintus ..................................................................... 115
Claudius Rutilius Namantianus (> Rutilius Namatianus, Claudius) ............. 115
Cluvius Rufus ................................................................................................. 115
Codex Calixtinus (Jakobsbuch) ..................................................................... 116
Coelius Antipater, L. ...................................................................................... 116

| | |
|---|---|
| Commynes, Philippe de | 116 |
| Continuatio (> Fortsetzung) | 117 |
| Compagni, Dino | 117 |
| Cornelius Nepos (> Nepos, Cornelius) | 117 |
| Cornelius Sisenna, Lucius | 117 |
| Cosmas (Kosmas) von Prag (Cosmas Pragensis) | 118 |
| Crónica anónima de Enrique IV de Castilla 1454-1474 | 118 |
| Curtius Rufus, Quintus | 118 |
| Cyriacus von Ancona (Ciriaco de' Pozzecolli) | 119 |
| Daimachos (> Hellenika Oxyrhynchia) | 119 |
| Daimachos (Deimachos) von Plataiai | 119 |
| Dalimil-Chronik | 119 |
| Damastes von Sigeion | 120 |
| Danilo II | 120 |
| Dandolo, Andrea | 120 |
| De bello Africo (Africano) | 120 |
| De bello Alexandrino | 121 |
| De bello Hispaniensis | 121 |
| De expugnatione Lixbonensis | 121 |
| Deinias | 122 |
| Demetrios von Byzanz | 122 |
| Demetrios von Kallatis | 122 |
| Demon von Athen | 122 |
| Demophilos (> Èphoros von Kyme) | 122 |
| Dexippos, Publius Hereunios | 122 |
| Diaconus, Paulus (Warnefried, Paul) | 123 |
| Diakon Johannes von Ägypten (Ioannes Diaconus) | 124 |
| Diakon Johannes von Neapel (Ioannes Diaconus) | 124 |
| Diakon Johannes von Venedig (Ioannes Diaconus Venetus) | 124 |
| Dinawari (> Ad-Dinawari) | 124 |
| Dinon von Kolophon | 124 |
| Dio Cassius (> Cassius Dio Cocceianus) | 124 |
| Diodorus Siculus (Diódoros, Diodor) | 125 |
| Diogenianos Grammatikos | 126 |
| Diokles von Peparethos | 126 |
| Dionysios | 126 |
| Dionysios von Alexandria (Periegetes) | 126 |
| Dionysius Exiguus (Denys der Kleine, der Geringe) | 127 |
| Dionysius Halicarnassus (Dionysios von Halikarnassos) | 127 |
| Dionysius von Tell-Mahre (> Pseudo-Dionysius von Tell-Mahre) | 127 |
| Do You (Du You; Tu You) | 127 |
| Domitios Kallistratos | 128 |
| Dourides (Duris) von Samos | 128 |
| Dschuwaini (> Juwaini (Dschuwaini), Ata Malik) | 128 |
| Dudo von Saint-Quentin (Dudo Sancti Quintini) | 128 |

Dusburg / Duisburg (> Peter von Dusburg/Duisburg) .................................. 128
Dynastische Chronik („ABC 18") .................................................................. 129
East Anglian Chronicle (> Annalen von St. Neols) ....................................... 129
Easter Table Chronicle (> Angelsächsische Chroniken) ............................... 129
Ebendorfer, Thomas (> Thomas Ebendorfer) ............................................... 129
Eberhard Windeck(e) .................................................................................... 129
Ebn (> Ibn) .................................................................................................... 129
Ebn al-Atir (> Ibn al-Athir) ............................................................................. 129
Ebn al-Ebri Abul-Faraj, Grigor (Bar Ebraya; Bar Ebroyo; Bar Hebraeus; Gregorius Abulfaragus) ................................................................................... 129
Ebn al-Teqtaqa (> Ibn al-Tiqtaqa) ................................................................ 130
Ebn Fondoq (Zahir al-Din Bayhaqi) .............................................................. 130
Ebn Meskavayh (> Ibn Meskavayh, Abu Ali Ahmad) ................................... 130
Eckehard von Zwiefalten (> Burchard von Ursberg) .................................... 130
Edikte des Ashoka ........................................................................................ 130
Eginhard (Einhard, Einhart, Einhardus) ....................................................... 131
Eiga (Yotsugi) Monogatari ............................................................................ 131
Einhard (> Eginhard) ..................................................................................... 131
Eirir Oddsson (> Hryggjarstykki) ................................................................... 131
Ekkehard von Aura (Eccardus Uraugiensis) ................................................ 131
Eklektische Chronik („ABC 24") ................................................................... 132
El-Odsri (> Al-Udri) ....................................................................................... 132
Elija/Elya/Elia bar Sinaya (> Elias von Nisibis) ............................................. 132
Elias von Nisibis (Elija / Elya / Elia bar Sinaya; Illiya ibn Sina; Illia al-Nasabi; Elias von Soba; Mar Elia; Elias Nisebensis) ................................................. 132
Elias von Soba (> Elias von Nisibis) ............................................................. 132
Enguerrand de Monstrelet ............................................................................ 132
Enmannsche Kaisergeschichte (EKG) ......................................................... 133
Ennodius, Magnus Felix ............................................................................... 133
Ephippos von Olynth ..................................................................................... 133
Èphoros von Kyme (der Jüngere) ................................................................ 133
Epitome de Caesaribus ................................................................................ 134
Eponymenliste (> Assyrische Eponymenliste) ............................................. 134
Eratósthenes von Kyrene ............................................................................. 134
Erchempert von Montecassino ..................................................................... 135
Ermentarius von Noirmoutier ....................................................................... 135
Ermold der Schwarze (Ermold le Noire; Ermoldus Nigellus) ....................... 135
Ermolinskaya Lietopis (Ermoline-Chronik) ................................................... 136
Euagrios (Evagrios) Scholastikos ................................................................. 136
Euagon (Eugeon, Eugaion) von Samos ....................................................... 136
Eudes (> Odo) ............................................................................................... 136
Eudoxos von Kyzikos .................................................................................... 136
Eugippius Abbas ........................................................................................... 136
Eunapios von Sardes ................................................................................... 137
Eupolemos .................................................................................................... 137

Eusebios von Caesarea ... 137
Eustathius Thessalonicensis ... 138
Eustathios von Epiphaneia (Eustathius Epiphaneus) ... 138
Eutropius, Flavius (Eutrop) ... 139
Eutychianos ... 139
Eutychios von Alexandrien (Said ibn-Batriq, Ebn Betriq) ... 139
Fabius Pictor, Quintus ... 140
Fagrskinna ... 141
Fa-hsien / Faxian ... 141
Falco von Benevent (Falcone di Benevento; - Beneventano) ... 141
Fan Ye (Weizong) ... 141
Fang Xuanling ... 141
Fannius, Gaius ... 142
Fasti Capitolini (> Fasti Consulares) ... 142
Fasti Consulares ... 142
Fasti Hispani (> Hydatius von Acquae Flaviae) ... 143
Fasti Ostienses ... 143
Fasti Triumphales ... 143
Felsinschrift von Bavian (> Annalen des Sennacherib) ... 143
Felsinschrift von Behistun / Behistan (Iran) ... 143
Felsinschrift von Wadi Brisa (Libanon) ... 144
Felsreliefs von Bishapur (Iran) ... 144
Ferdowsi (> Firdausi) ... 144
Festus Rufius (> Rufius, Festus) ... 144
Firdausi / Firdosi / Ferdowsi, Abu al-Qasim ... 144
Flavio Biondo (Blondus Flavius Foroliviensis) ... 145
Flavius Vopiscus (> Historia Augusta) ... 145
Flodoard von Reims ... 145
Florus, Lucius Annaeus ... 145
Forma Urbis Romae (Marmoreae) ... 146
Fortsetzung des Marius von Avenches (> Marius von Avenches) ... 146
Fortsetzung des Sogenannten Fredegars (> Fredegar) ... 146
Frachet (> Gerhard von Frachet) ... 146
Fragmentum Sabbaiticum (> Amyntianus) ... 146
Franz von Prag ... 147
Frate Salimbene (> Salimbene de Adam da Parma) ... 147
Frechulf von Lisieux ... 147
Fredegar (Fredegarius Scholasticus; Pseudo-Fredegar; Sogenannter Fredegar) ... 147
Froissart, Jean ... 148
Frontinus, Sextus Julius ... 148
Frühlings- und Herbstannalen (Chunqiu alias Linjing; Annalen des Reiches Lu) ... 149
Frutolf von Michelsberg ... 149
Fudoki ... 149

Fulcher von Chartres ............................................................................................. 149
Fyong ............................................................................................................... 150
Galeriusbogen .................................................................................................... 150
Galizisch-Wolhylnische Chronik ........................................................................... 150
Gallus Anonymus ............................................................................................... 150
Gaufredus/Goffredo/Geoffrey Malaterra (Guillermus Apuliensis) ....................... 150
Gaufridus (> Gottfried) ........................................................................................ 151
Geheime Geschichte der Mongolen .................................................................... 151
Gelasios von Kyzikos .......................................................................................... 151
Gellius, Gnaeus .................................................................................................. 151
Geoffrey of Monmouth (Galfried von Monmouth; Galfridus Monemutensis) .. 151
Geoffroi de Villehardouin (> Villehardouin, Geoffroi) ........................................... 152
Geoffroi / Geoffroy (> Gottfried) .......................................................................... 152
Geograph von Ravenna ...................................................................................... 152
Georges Chastellain ........................................................................................... 152
Georgios Akropolites ........................................................................................... 152
Gregorius Albufaragus (> Ebn al-Ebri) ................................................................. 153
Georgios Kedrenos (Georgius Cedrenus) ........................................................... 153
Georgios Kodinos Kouropalates (Kodinos) .......................................................... 153
Georgios Monachos Hamartolos ......................................................................... 153
Georgios Pachymeres ......................................................................................... 153
Georgios Sphrantzes ........................................................................................... 154
Georgios Synkellos (der Mönch) ......................................................................... 154
Gerald von Wales (> Giraldus Cambrensis) ........................................................ 154
Gerhard von Augsburg (Gerhardus praepositus Augustanus) ........................... 154
Gerhard von Frachet (Géraud de Frachet, Gerardus de Fracheto) ................... 155
Gerlach (> Abt Gerlach) ...................................................................................... 155
Gerwald (> Annales Xantenses) ......................................................................... 155
Gesang vom Albigenserkreuzzug (Chanson de la Croisade albigeoise, Canso / Cançon de la Crosada) ...................................................................................... 155
Gesta Consulum Andegavorum (Chronique des Comptes d'Anjou) .................. 155
Gesta Francorum ................................................................................................ 156
Gesta Francorum (> Liber Historiae Francorum) ................................................ 156
Ghazar Papetsi ................................................................................................... 156
Ghewond ............................................................................................................ 156
Gildas der Weise, Heiliger .................................................................................. 156
Giovanni da Pian del Carpine (> Johannes de Plano Carpini) ........................... 156
Giovanni (> Johann) ........................................................................................... 157
Giraldus Cambrensis (Gerallt Cymro; Geralt von Wales; Gerald de Barri) .... 157
Gislebert von Mons ............................................................................................ 157
Goffredo (> Gottfried) ......................................................................................... 157
Go Lotsawa Zhonnu Pel .................................................................................... 157
Godefridus (> Gottfried) ..................................................................................... 157
Godefroi (> Gottfried) ......................................................................................... 158
Godfrey (> Gottfried) .......................................................................................... 158

Gottfried von Bussero (Goffredo da Bussero; Gothofredus de Bussero) ....... 158
Gottfried von Villehardouin (> Villehardouin, Geoffroi de) .............................. 158
Gottfried von Viterbo (Gaufridus / Godefridus / Gotefredus / Gotifredus
Viterbiensis) ........................................................................................................ 158
Gregor von Catino (Gregorio da Catino; Gregorius Catinus) ........................ 158
Gregor von Tours (Gregorius Turonensis; Gregorius Florentius) ................. 159
Guibert von Nogent .............................................................................................. 160
Guidi-Chronik (> Khuzistan-Chronik) ................................................................. 160
Guido (> Leo Marsicanus) ................................................................................... 160
Guillaume de Villeneuve ...................................................................................... 160
Guillermus Apuliensis (> Wilhelm von Apulien) ............................................... 160
Guillaume/Guillelmus (> Wilhelm) ...................................................................... 160
Gunki Monogatari ................................................................................................. 160
Gunther von Pairis (Guntherus Parisiensis) ..................................................... 161
Hafez-e Abru (Hafiz-i Abru; Nurallah Abdallah b. Lutfallah al-Hvaf) ............. 161
Hamdallah Mustaufi / Mostafwi Qazvini ............................................................ 162
Hamzah al-Isfahani (Hamzah ibn al-Hasan al-Isfahan) .................................. 163
Hanno der Seefahrer ........................................................................................... 163
Hartmann Schedel ................................................................................................ 163
Heimskringla (> Snorri Sturluson) ...................................................................... 164
Heinrich (der) Taube von Selbach (Henricus Surdus de Selbach) ............... 164
Heinrich von Huntington (Henry of Huntington) ............................................... 164
Heinrich von Knighton (Henry of Knighton/Knyghton) .................................... 165
Heinrich von Lettland (Henricus de Lettis; Henricus Letticus) ....................... 165
Hekataios von Abdera ......................................................................................... 165
Hekataios von Milet .............................................................................................. 166
Helikonios von Byzanz ........................................................................................ 166
Hellanikos von Mytilene (Lesbos) ...................................................................... 166
Hellenika Oxyrhynchia ......................................................................................... 167
Helmold von Bosau (Helmoldus presbyter Bosoviensis) ............................... 167
Henricus de Lettis (> Heinrich von Lettland) .................................................... 168
Henricus Surdus (> Heinrich (der) Taube von Selbach) ................................. 168
Henry (> Heinrich) ................................................................................................ 168
Herakleides von Kymae ...................................................................................... 168
Herennios Philon (Phylon von Byblos) .............................................................. 168
Hermann/Heirimann von Reichenau der Lahme (Hermannus
Contractus/Augiensis) ......................................................................................... 169
Hermann von Wartberge ..................................................................................... 169
Herodianus (Herodian) ........................................................................................ 169
Herodot (Heródotos) ............................................................................................ 170
Hesychios von Alexandreia (Hesychius Alexandrinus) .................................. 171
Hesychios von Milet ............................................................................................. 171
Hierokles der Grammatiker (Hierocles Grammaticus) .................................... 171
Hieronymos von Kardia ....................................................................................... 171
Hieronymus von Strido (Kirchenvater) .............................................................. 172

Hilal al-Sabi (Hilal Ibn al-Muhassin al-Sabi) .................................................. 172
Hilduin von Saint-Germain ................................................................................ 173
Himilkon von Karthago ..................................................................................... 173
Hinkmar von Reims (> Annales Bertiniani) ..................................................... 173
Hippalos ............................................................................................................ 174
Hippolyt von Rom ............................................................................................. 174
Hirtius, Aulus .................................................................................................... 174
Hisham Ibn Muhammad al Kalbi (> Ibn al-Kalbi) ............................................. 174
Historia Augusta (Scriptores Historiae Augusti) .............................................. 174
Historia Britonum ............................................................................................. 175
Historia Norwegiae ........................................................................................... 175
Historia / Genealogia Welforum (Geschichte der Welfen) .............................. 176
Holztäfelchen von Juyan (Edsen-gol alias Etsin-gol) ....................................... 176
Homer ............................................................................................................... 176
Hou Hanshu (> Fan Ye) ................................................................................... 176
Hryggjarstykki ................................................................................................... 176
Hsüan-tsang (> Xuanzang) .............................................................................. 177
Hugh the Chanter/Chantor ............................................................................... 177
Hugo Falcandus (Ugo Falcando, Hugo Falcandus) ........................................ 177
Hugo von Fleury (Hugo Floriacensis) .............................................................. 177
Hydatius von Aquae Flaviae (Idacio de Cháves) ............................................. 177
Hypatius-Manuskript (Hypatius Chronik) (> Nestorianische Chronik) ............ 178
Ibn Abd Az-Zahir .............................................................................................. 178
Ibn Abd-el-Hakam ............................................................................................ 178
Ibn Abi Tayyi, Yahya ........................................................................................ 178
Ibn Abi Zar (> Rawd al-Qirtas) ......................................................................... 178
Ibn al-Adim, Kamal al-Din Umar ibn Ahmad ................................................... 178
Ibn al-Athir, Ali (Ebn al-Atir; Ibn Asir) .............................................................. 179
Ibn al-Dschauzi (> Ibn al-Jawzi) ...................................................................... 180
Ibn al-Faradi (Abu I-Walid Abdallah ibn al-Faradi) .......................................... 180
Ibn al-Furat ....................................................................................................... 180
Ibn al-Jawzi, Abul Faraj (Ibn al-Dschauzi) ...................................................... 180
Ibn al-Kalbi, Hisham (Hisam Ibn Muhammad al Kalbi) .................................... 181
Ibn al-Khatib ..................................................................................................... 181
Ibn al-Kutub (> Al-Suyuti) ................................................................................. 181
Ibn al-Qalanisi („der Hutmacher") .................................................................... 181
Ibn al-Qutia (> Abu Bakr Ibn Al-Qutia) ............................................................. 182
Ibn al-Shina (> Abul al Fida) ............................................................................ 182
Ibn al-Tiqtaqa, Safi al-Din (Ebn al-Teqtaqa; Ali Ibn Tabataba) ....................... 182
Ibn al-Wardi (> Abul al Fida) ............................................................................ 182
Ibn Arabshah Demasqi, Ahmad ....................................................................... 182
Ibn Asakir ......................................................................................................... 183
Ibn Asir (> Ibn al-Athir) ..................................................................................... 183
Ibn Bassam (Abu l'Hasan Ali ibn Bassam as-Santarini) .................................. 183
Ibn Battuta ........................................................................................................ 183

| | |
|---|---|
| Ibn Bibi | 184 |
| Ibn Challikan (Ibn Khallikan) | 184 |
| Ibn Fadlan, Ahmad | 184 |
| Ibn Faradi (> Ibn al-Faradi) | 185 |
| Ibn Habib al-Dimashki (> Abul al Fida) | 185 |
| Ibn Hamed Isfahani, Muhammed (Imad ad-Din al Isfahani) | 185 |
| Ibn Hayyan, Abu Marwán Hayyán Ibn Jalaf | 185 |
| Ibn Hishan | 185 |
| Ibn-i Kemal (Kemal-Pascha-zade) | 185 |
| Ibn Idhari | 186 |
| Ibn Ishaq (Ibn Khabbar) | 186 |
| Ibn Iyas, Muhammad | 186 |
| Ibn Khaldún (Chaldun) | 187 |
| Ibn Khallikan (> Ibn Challikan) | 187 |
| Ibn Kathir Al Busrawi Imad ad-Din | 187 |
| Ibn-Khayyat (> Khalifa Ibn-Khayyat) | 188 |
| Ibn Meskavayh, Abu Ali Ahmad (Ebn Meskavayh) | 188 |
| Ibn Munqidh (> Usama (Ussama) ibn Munqidh) | 188 |
| Ibn Rustah, Ahmad (Ebn Rosta) | 188 |
| Ibn Sad, Muhammad (Ibn Saad; Ibn Ishaq) | 188 |
| Ibn Shaddad Baha ad-Din | 189 |
| Ibn Taghribirdi, Abul Mahasin | 189 |
| Ibn Wadih, al-Yaqubi | 190 |
| Ibn Wasil, Gamal ad-Din Muhamma | 190 |
| Ibn Yahya (> Al-Baladhuri, Ahmad Ibn Yahya) | 190 |
| Ibn Zubayr (> Urwah ibn Zubayr) | 190 |
| Ibrahim ibn Yaqub (Abraham ben Jacob) | 190 |
| Idácio de Chaves (> Hydatius von Aquae Flaviae) | 191 |
| Idris-i Bitlisi | 191 |
| Illia al-Nasabi (> Elias von Nisibis) | 191 |
| Illiya ibn Sina (> Elias von Nisibis) | 191 |
| Imad ad-Din al Isfahani (> Ibn Hamed Isfahani, Muhammed) | 191 |
| Imad ad-Din, Ibn Kathir al Busrawi (> Ibn Kathir Al Busrawi Imad ad-Din) | 191 |
| Inschriften des Assurbanipal | 191 |
| Inschriften des Samudragupta | 191 |
| Inschriften des Sargon II. | 192 |
| Ioannes Diaconus (> Diakon Johannes von Ägypten) | 192 |
| Ioannes Diaconus (> Diakon Johannes von Neapel) | 192 |
| Ioannes Diaconus Venetus (> Diakon Johannes von Venedig) | 192 |
| Ioannes Monachus (> Chronicon Volturnense) | 192 |
| Ion von Chios | 192 |
| Ioseph Genesios | 192 |
| Isfahani (> Ibn Hamed Isfahani) | 192 |
| Isidor von Sevilla (Isidorus Hispaliensis) | 192 |
| Isidoros von Charax | 193 |

Islendingabok (> Ari Thorgilsson Frodi) ................................................. 193
Istros Kallimacheios ................................................................................ 193
Itineraria Gaditana (Becher von Vicarello) ........................................... 194
Itinerarium Antonini ................................................................................. 194
Itinerarium Hierosolymitanum sive Burdigalense ............................... 194
Iulianus „Apostata" oder „Philosophus" ............................................... 194
Iulius Africanus (> Sextus Iulius Africanus) ......................................... 195
Iulius Capitolinus (> Historia Augusta) ................................................. 195
Iulius Obsequens .................................................................................. 195
Jacques du Clercq (Duclercq) .............................................................. 195
Jacques/Jacobus/Jacopo (> Jakob) .................................................... 195
Jahrbücher (> Annales) ......................................................................... 195
Jahresnamenslisten (> Mesopotamische Jahresnamenslisten) ...... 195
Jakob von Edessa Mafshekonoh Dachtobeh ..................................... 195
Jakob von Varagine (Jacopo da Varazze; Jacopo De' Fazio; Jacobus de Varagine) ................................................................................................. 196
Jakob von Vitry (Jacques de Vitry; Iacopus Vitriacensis) ................. 196
Jakobsbuch (> Codex Calixtinus) ......................................................... 196
Jalal ad-Din as-Suyuti (> Al-Suyuti, Jalaluddin) ................................. 196
Jan Duglosz (Johannis Longinus) ........................................................ 197
Jans der Enikel ....................................................................................... 197
Jean de Joinville .................................................................................... 197
Jean Juvénal des Ursins ....................................................................... 198
Jiménez de Rada, Rodrigo (> Ximénez (Jiménez) de Rada, Rodrigo) .......... 198
Jean Molinet ............................................................................................ 198
Jehan de Mandeville (John Mandeville) .............................................. 198
Johannes Aventinus (> Aventinus) ....................................................... 199
Johannes bar Penkaje (Johannes von Penek; Johannes von Kamul; Yohannan Bar Penkayé) ......................................................................................... 199
Johannes Burckard (Jean Burchard; Burcardo; Johannes Burchardus) ........ 199
Johannes de Plano Carpini (Giovanni da Pian del Carpine) ............ 199
Johannes Kaminiates (Cameniates) .................................................... 200
Johannes Kantakuzenos ....................................................................... 200
Johannes Kinnamos .............................................................................. 200
Johannes Malalas von Antiochia .......................................................... 201
Johannes (Hans) Schiltberger .............................................................. 201
Johannes Skylitzes ................................................................................ 201
Johannes Turmaier (> Aventinus) ........................................................ 202
Johannes von Antiochia ........................................................................ 202
Johannes von Biclaro (Juan de Biclaro; Iohannes Biclarensis) ....... 202
Johannes von Cremona (> Burchard von Ursberg) ........................... 202
Johannes von Ephesos ......................................................................... 202
Johannes von Epiphaneia ..................................................................... 203
Johannes von Marignola (Giovanni de Marignolli) ............................. 203
Johannes von Neapel (> Diakon Johannes von Neapel) .................. 203

Johannes von Nikiu ... 203
Johannes von Salisbury (John of Salisbury) ... 204
Johannes von Venedig (> Diakon Johannes von Venedig) ... 204
Johannes von Worcester (John of Worcester; Johannes Wigorniensis) ... 204
Johannes Xiphilinos ... 205
Johannes Zonaras ... 205
John Asser (Asserius Menevensis) ... 205
Jonas von Bobbio (Giona di Bobbio, Ionas Bobiensis) ... 206
Jordanes Geta (Iordanes / Iordanis Gotus) ... 206
Joseph Genesios (> Ioseph Genesios) ... 207
Joseph Grünpeck ... 207
Josephus Flavius (Joseph ben Mathitjahu) ... 207
Josua Stylites ... 208
Juba II. ... 208
Julian von Toledo ... 208
Juan (> Johannes) ... 209
Justinus, Marcus Iunianus ... 209
Juwaini (Dschuwaini), Ata Malik ... 209
Kadlubek (> Vincentius Magister) ... 210
Kadmos von Milet ... 210
Kairo-Fragmente (> Annalenstein der 5. Dynastie) ... 210
Kaiserchronik ... 210
Kalhana ... 210
Kallias von Syrakus ... 210
Kallímachos von Kyrene ... 210
Kallinikos von Bithynien ... 211
Kallinikos von Petra ... 211
Kallisthénes von Olynthos ... 211
Kallixeinos von Rhodos ... 212
Kandidos (Candidus Isaurus) ... 212
Kamal al-Din (> Ibn al-Adim, Kamal al-Din Umar ibn Ahmad) ... 212
Kanonikus von Wyssehrad ... 212
Kantakuzenos (> Johannes Kantakuzenos) ... 212
Kasani, Abul-Qasim Abdallah ... 212
Kastor von Rhodos ... 213
Kemal-Pascha-zade (> Ibn-i Kemal (Kemal-Pascha-zade) ... 213
Khalifa Ibn-Khayyat (Khalifa bin Hayyat) ... 213
Khuzistan-Chronik (Guidi-Chronik) ... 213
Khwandamir, Khand-Amir (> Chondemir (Khwandamir, Khand-Amir) ... 213
Kiewer-Chronik ... 214
Kim Busik ... 214
Kirakos Ganjakeci (von Ganjak) ... 214
Kitabatake Chikafusa ... 214
Kiujiki ... 214
Kleitharchos von Kolophon (Alexandreia) ... 214

Klytodemos ... 215
Kojiki ... 215
Kokuki (> Kiujiki) ... 215
Kölner Königschronik (> Chronica regia Coloniensis) ... 215
Konfutius (> Frühlings und Herbstannalen) ... 215
Königsaaler Chronik (> Chronik von Königsaal) ... 215
Königsberger Chronik (> Radziwill-Chronik) ... 215
Königsliste, assyrische (> Assyrische Königsliste) ... 215
Königsliste, sumerische (> Sumerische Königsliste) ... 215
Königsliste von Abydos ... 215
Königsliste von Karnak ... 216
Königsliste von Sakkra (Saqqara) ... 216
Königspapyrus von Turin ... 216
Konrad von Lichtenau (Ursberg) ... 216
Konstantin von Antiochia (> Kosmas Indikopleutes) ... 216
Konstantinbogen ... 216
Konstantinos VII. Porphyrogennetos ... 216
Kosmas Indikopleutes (Konstantin von Antiochia) ... 217
Kosmas von Prag (> Cosmas (Kosmas) von Prag) ... 217
Krateros der Makedone ... 217
Kratippos von Athen ... 217
Ktesías von Knidos ... 218
Kyros-Zylinder ... 218
Lactantius, Lucius Caecilius Firmianus (Laktanz) ... 218
Lampert/Lambert von Hersfeld / Aschaffenburg (Lampertus monachus) ... 219
Landnamabok (Landnahmebuch) ... 219
Landulf der Jüngere (Landolfo Iuniore; Landulfus Junior; Landulfus de Sacto Paulo) ... 219
Landulfus Sagax (Landolfo Sagace) ... 220
Laonikos Chalkokondyles ... 220
Lateinische Chroniken (> Grandes Chroniques de France) ... 220
Laterculus Veronensis (Veroneser Verzeichnis) ... 220
Laud Manuscript (> Angelsächsische Chroniken) ... 220
Laurentianischer Codex (> Nestorianische Chronik) ... 220
Laurenz von Brezowa/Byzyn (Magister Laurentinus) ... 221
Leinenbücher (libri lintei) ... 221
Leo Marsicanus/Ostiensis (Leone dei Conti di Marsi) ... 221
Leon Diakonos (Leo Diaconus) ... 221
Leon Grammatikos ... 221
Leoquelle ... 222
Leontios Machairas ... 222
Leopold von Wien (Stainreuter) ... 222
Li Baiyao (> Li Delin und Li Baiyao) ... 222
Liber Historiae Francorum (Gesta Francorum; Chronik der Frankenkönige) . 222
Licinius Macer, C. ... 223

Li Delin und Li Baiyao .................................................................................. 223
Li Tiao (> Sima Guang) ................................................................................ 223
Li Yanshou ................................................................................................... 223
Li Zhichang/Jichang .................................................................................... 223
Linjing (> Frühlings- und Herbstannalen) .................................................... 224
Linghu Defen ............................................................................................... 224
Liu Xu .......................................................................................................... 224
Liu Yu .......................................................................................................... 224
Liu Zhi ......................................................................................................... 224
Liu Zhiji ....................................................................................................... 224
Liutprand/Liudprand von Cremona (Liutprandus Cremonensis) .................. 224
Livius, Titus ................................................................................................. 225
Logographen ............................................................................................... 226
Logothetenchronik (> Symeon Logothetes) ................................................ 226
London-Fragment (> Annalenstein der 5. Dynastie) ................................... 226
Lorscher Annalen (> Annales Laurissenses) .............................................. 226
Lucanus, Marcus Annaeus (Lukan) ............................................................ 226
Lucas de Tuy .............................................................................................. 227
Lucius Cornelius Alexander Polyhistor ....................................................... 227
Lukas (Evangelist) ...................................................................................... 227
Ma Duanlin ................................................................................................. 228
Macer (> Licinius Macer) ............................................................................ 228
Magister Laurentinus (> Laurenz von Brezowa) ......................................... 228
Magnus von Karrhai .................................................................................... 228
Mahabharata ............................................................................................... 228
Mahavamsa ................................................................................................ 228
Makkabäerbücher ....................................................................................... 228
Malatas (> Johannes Malatas) .................................................................... 229
Malchos von Philadelphia ........................................................................... 229
Manetho ...................................................................................................... 229
Maqrizi/Makrizi (> Al-Maqrizi/Makrizi) ......................................................... 229
Mar Elia (> Elias von Nisibis) ...................................................................... 229
Maragone, Bernardo (> Bernardus Marango) ............................................. 230
Marbacher Annalen (> Annales Marbacenses) ........................................... 230
Marcellinus Comes (Marcellinus Illiricus) .................................................... 230
Marco Polo .................................................................................................. 230
Marcus Terentius Varro (> Varro, Marcus Terentius „Reatinus") ................ 231
Marinos von Tyros ...................................................................................... 231
Marianus Scotus (Mael Brigde) ................................................................... 231
Marius Maximus ......................................................................................... 231
Marius von Avenches/Lausanne (Marius Aventicum) ................................. 232
Mark-Aurel-Säule ........................................................................................ 232
Markian (Marcianus) von Herakleia ............................................................ 232
Marmorchronik von Paros (Marmor Parium) ............................................... 232
Maronitische Chronik .................................................................................. 233

Marsyas von Pella .................................................................................... 233
Martin von Troppau (Martinus Polonus, Martinus Oppiavensis) .................... 233
Martino da Canal(e) ................................................................................. 233
Matthäus (von) Paris (Matthieu Paris; Matthaeus Parisiensis) ..................... 234
Matthias von Edessa ................................................................................ 234
Matthias von Neuenburg (Mathias Neoburgensis) ...................................... 234
Maximianus von Ravenna ......................................................................... 235
Megasthenes ........................................................................................... 235
Memnon von Herakleia ............................................................................. 235
Menander Protector .................................................................................. 236
Menander von Ephesos (Pergamon) .......................................................... 236
Menekrates von Xanthos ........................................................................... 236
Merenptah-Stele (Israel-Stein) .................................................................. 236
Menippos von Pergamon ........................................................................... 236
Mescha-Stele (Moabiter-Stein) .................................................................. 237
Mesiha Zeka ............................................................................................ 237
Meskavayh (> Ibn Meskavayh, Abu Ali Ahmad) .......................................... 237
Mesopotamische Jahresnamenslisten ........................................................ 237
Michael Attaleiates (Attaliates) .................................................................. 238
Michael (Konstantin) Psellos (der Lispler, der Jüngere) ............................... 238
Michael der Syrer (Michael Syrus; Michael der Große; Michael der Ältere) ... 238
Michael Kritobulos von Imbros .................................................................. 239
Michel Pintoin (> Chronik des Mönchs von Saint-Denis) ............................. 239
Minhaj us-Siraj ......................................................................................... 239
Mir Hwand (Mirchond, Mirkhond) ............................................................... 239
Miskavayh (> Ibn Meskavayh, Abu Ali Ahmad) .......................................... 240
Moabiterstein (> Mescha-Stele) ................................................................. 240
Mohammad Abu Bakr al-Baydhaq .............................................................. 240
Mohammad bin Ali Rawandi ...................................................................... 240
Moin-al-Din Yazdi (> Hamdallah Mustaufi) .................................................. 240
Mönch Theodor (Theodorus Monachus) (> Annales Palidenses) .................. 240
Mönch von Opatowic ................................................................................ 240
Mönch von Saint-Denis (> Chronik des Mönchs von Saint-Denis) ............... 241
Mönch von Sazawa .................................................................................. 241
Mönch von Volturno (> Chronicon Volturnense) ......................................... 241
Monumentum Adulitanum ......................................................................... 241
Monumentum Ancyrianum (> Res gestae divi Augusti) ............................... 241
Monumentum Apolloniense (> Res gestae divi Augusti) ............................. 241
Monumentum Antiocheum (> Res gestae divi Augusti) ............................... 241
Morkinskinna ........................................................................................... 241
Moses von Choren (Khorenatsi) ................................................................ 241
Moses von Kalankatuyk (> Movses Kaghankatvatsi) .................................. 242
Movses Daskhurantsi (> Movses Kaghankatvatsi) ...................................... 242
Movses Kaghankatvatsi (Moses von Kalankatuyk) ..................................... 242
Mucius Scaevola, Publius (> Fasti Consulares) .......................................... 242

Mudjimal at-tawarikh wal-qisas ... 242
Mudhammad Aufi/Ufi, Sadiduddin ... 242
Muhammad Ibn Iyas (> Ibn Iyas, Muhammad) ... 243
Mujir al-Din al-Ulaymi ... 243
Mussato (> Albertino Mussato) ... 243
Mustaufi/Mostafwi (> Hamdallah Mustafi/Mostafwi) ... 243
Mutsu Waki ... 243
Nabonidus-Chronik („ABC 7") ... 243
Nearchos ... 243
Nennius (Nynniaw) ... 244
Nepos, Cornelius ... 244
Nesri (Neshri), Mevlana Mehemed ... 244
Nestorianische Chronik (Nestor-Chronik; Russische Primärchronik; Povest Vremenich Let) ... 245
Nezam-al-Din Sami (> Hafez-e Abru) ... 245
Nichomachus Flavianus, Virius ... 245
Nicolas de Baye ... 246
Nicolas de Bray ... 246
Nicolaus Damascenus (Nikolaos von Damaskus) ... 246
Nihongi (Nihonshoki) ... 247
Nikandros von Kolophon ... 247
Nikephoros Briennios ... 247
Nikephoros Gregoras ... 247
Nikephoros Kallistos Xanthopulos ... 247
Nikephoros von Konstantinopel (Patriarchés) ... 248
Niketas Choniates (Acomitatus) ... 248
Nikolaus von Butrinto (Ligny) ... 248
Nikolaus von Jeroschin (> Peter von Dusburg) ... 249
Nikostratos von Trapezunt ... 249
Nithard (Nithardus Sancti Richardi) ... 249
Nizam ed-Din Shami (Nezam al-Din Shami) ... 249
Notitia Dignitatum ... 250
Notker I. von St. Gallen (Notker der Stammler; Notkerus Balbulus; Notkerus Poeta) ... 250
Nymphis von Herakleia ... 250
Obesliskenfragmente aus Ninive ... 251
Oderich von Portenau (Odorico da Pordenone, Odorico Matiussi) ... 251
Odo von Deuil (Odon/Eudes de Deuil) ... 251
Olivier de la Marche ... 251
Olympiodoros von Theben ... 252
Onesikritos von Astypalaia ... 252
Orakelknochen ... 252
Ordericus Vitalis Angligena ... 253
Orosius, Paulus ... 253
Orosius-Chronik, späte ... 254

Oruc .................................................................................................................. 254
Otbi (> Al-Utbi) ................................................................................................ 254
Otto de Nyenhusen (> Wilhelm von Boldensele) ........................................ 254
Otto Morena (Ottone di Morena) ................................................................. 254
Otto von Freising ........................................................................................... 255
Otto de Nyenhusen ( > Wilhelm von Boldensele) ....................................... 255
Otto von St. Blasien (Otto de Sancto Blasio) ............................................. 255
Ouyang Xiu und Song Qiu ........................................................................... 256
Oxyrhynchos Papyri ..................................................................................... 256
Pamphilos von Alexandreia (> Diogenianos Grammatikos) ..................... 256
Pan Ku (> Ban Gu) ........................................................................................ 256
Papyrus Harris I (Großer Papyrus Harris, Papyrus British Museum 9999) .... 256
Parker Chronicle (> Angelsächsische Chroniken) .................................... 256
Paterculus, Velleius C. (> Velleius, Paterculus C.) .................................... 256
Paulus Diaconus (> Diaconus, Paulus) ...................................................... 256
Pausanías Periheget .................................................................................... 257
Peter von Dusburg/Duisburg (Petrus de Dusburg) ................................... 257
Peter/Petrus von Eboli (Petrus de Ebulo; Pietro da Eboli; Petrus de Ebulo) .. 257
Peter von Vaux-Cerny (Pierre de Vaulx-Cernay; Petrus Vallum Sarnaii) ....... 258
Peter von Zittau (Petr Zitavsky) (> Chronik von Königsaal) ..................... 258
Peterborough Chronicle (Laud Manuscript) (> Angelsächsische Chroniken) . 258
Petrarca, Francesco ..................................................................................... 258
Petros Patrikios (Flavius Petrus Patricius) ................................................ 259
Petrus de Mladoniovicz ................................................................................ 259
Petrus Diaconus Bibliothecarius (> Leo Marsicanus) ............................... 259
Peutingersche Tafel (Tabula Peutingeriana) ............................................... 259
Phainias von Eresos ..................................................................................... 260
Phanodemos .................................................................................................. 260
Pherekydes von Leros (von Athen) ............................................................. 260
Philinos von Akragas .................................................................................... 261
Philistos von Syrakus ................................................................................... 261
Philochoros von Athen ................................................................................. 261
Philon von Alexandreia ................................................................................. 262
Philostratos von Athen ................................................................................. 262
Phlegon von Thralleis ................................................................................... 262
Photios von Konstantinopel ......................................................................... 263
Phylarchos von Naukratis (von Athen) ....................................................... 263
Phylon von Byblos (> Herennios Philon) ................................................... 263
Piccolomini, Eneaea Silvio (Pius II.) ........................................................... 263
Pierre de Fénin .............................................................................................. 264
Pierre Desrey ................................................................................................. 264
Pierre d'Ogremont ......................................................................................... 265
Pierre (> Peter) .............................................................................................. 265
Pietro Cantinelli ............................................................................................. 265
Pieter (> Peter) .............................................................................................. 265

Platina (> Bartolomeo Sacchi) .................................................................. 265
Plinius Caecilius Segundus der Jüngere (>Plinius Segundus der Ältere) ...... 265
Plinius Secundus der Ältere (Maior), Gaius ................................................. 265
Plutarch .......................................................................................................... 266
Pöhlder Annalen (> Annales Palidenses) ..................................................... 267
Polo, Marco (> Marco Polo) .......................................................................... 267
Polyaenus (Polyanios, Polyaen) ................................................................... 267
Polybios ......................................................................................................... 268
Polyhistor (> Lucius Cornelius Alexander Polyhistor) ................................... 269
Pompeius Trogus (> Trogus, Pompeius) ...................................................... 269
Pomponius Atticus, Titus .............................................................................. 269
Porphyrios von Tyros (Malchos) .................................................................... 269
Pomponius Mela ............................................................................................ 269
Poseidonios von Apameia (von Rhodos) ...................................................... 270
Possidius von Calama, Aurelius Augustinus ................................................ 271
Postumius Albinus, Aulus .............................................................................. 271
Povest Vremenich Let (> Nestorianische Chronik) ....................................... 271
Praxagoras von Athen ................................................................................... 271
Priskos (Priscus) von Panion ........................................................................ 271
Prisma / Prismeninschrift von Kuyunjik (> Annalen des Sennacherib) ........ 272
Prokopios von Caesarea (Procopius; Prokop) ............................................. 272
Prosper Tiro Aquitanus .................................................................................. 273
Prudentius von Troyes (> Annales Bertiniani) .............................................. 273
Pseudo-Dionysius von Tell-Mahre ................................................................ 273
Pseudo-Elmham ............................................................................................ 274
Pseudo-Fredegar (> Fredegar) ..................................................................... 274
Pseudo-Josua Stylites (> Josua Stylites) ..................................................... 274
Pseudo-Sebeos (> Sebeos) .......................................................................... 274
Pseudo-Plutarch ............................................................................................ 274
Pseudo-Skylax ............................................................................................... 274
Pseudo-Turpin (> Codex Calixtinus) ............................................................. 275
Ptolemaios, Claudius (Ptolemäus) ................................................................ 275
Ptolemaios I. Soter (Lagos) .......................................................................... 275
Pulkawa/Pulkava von Radenin / Tradenin, Pribik ......................................... 276
Publius Mucius Scaevola (> Fasti Consulares) ............................................ 276
Publius Rutilius Rufus (> Rutilius Rufus, Publius) ........................................ 276
Pytheas von Massilia .................................................................................... 276
Qadi al-Numan (> Al-Qadi al-Numan) ........................................................... 277
Qavzini (> Hamzah al-Isfahani) ..................................................................... 277
Quadigarius (> Claudius Quadrigarius) ........................................................ 277
Quellen zur Frühgeschichte Osten- und Zentralasiens ................................ 277
Quellen zur Frühgeschichte des Mittleren Ostens ....................................... 277
Quellen zur Frühgeschichte des Nahen Ostens ........................................... 277
Quintus Aelius Tubero (> Aelius Tubero, Quintus) ....................................... 280
Quintus Curtius Rufus (> Curtius Rufus, Quintus) ........................................ 280

Rabban Bar Sauma ............................................................................................. 280
Radolf/Radulf/Ralf/Ralph von Mailand (> Sire Raul) ............................... 281
Radulf von Caen (Radulfus Cadomensis, Raoul de Caen) ....................... 281
Radziwill-Chronik (Radvila-Chronik; Radzivilov-Chronik; Königsberger Chronik)
............................................................................................................... 281
Rafaino de'Caresini (> Andrea Dandolo) ................................................. 281
Rahewin von Freising ............................................................................... 281
Raimund von Aguilers ............................................................................... 282
Ranulf Higden/Higdon (Ranulphus Castrensis) ....................................... 282
Rashid ed-Din Hamadami, Fadl Allah ...................................................... 282
Rawd al-Qirtas .......................................................................................... 283
Razzaq (> Abd al Razzaq) ....................................................................... 283
Regino von Prüm (Regino Prumiensis) .................................................... 283
Reichsannalen (> Annales regni Francorum) .......................................... 284
Reichschronik des Annalista Saxo ........................................................... 284
Renatus Profuturus Frigeridus ................................................................. 284
Res gestae divi Augusti ............................................................................ 285
Richerus/Richer von Reims/Saint Remi (Richerius Remensis) .............. 285
Rig-Veda ................................................................................................... 285
Rigord (Rigordus) ..................................................................................... 286
Rikkokushi ................................................................................................ 286
Rimbert (Rimbertus) ................................................................................. 286
Robert der Mönch (Robert von Reims; - von Saint-Remi; - le Moine) ........... 287
Robert von Torigni (Thorigny) .................................................................. 287
Rodulfus Glaber (Radulfus Glaber; Raoul Glaber; Rudolf der Kahle) ........... 287
Roger von Hoveden .................................................................................. 288
Roger von Wendover ............................................................................... 288
Römische Annalisten ............................................................................... 288
Romulad / Romoald von Salerno (Romualdo II Guarna) ........................ 289
Rote Annalen (> Tshelpa Künga Dorje) .................................................. 289
Rudolf von Ems ........................................................................................ 289
Rufius Festus, Sextus ............................................................................... 289
Rufius Festus Avienus (> Avienus, Postumius Rufius Festus) ............... 290
Rufus, Cluvius (> Cluvius Rufus) ............................................................. 290
Rufus, Publius Rutilius (> Rutilius Rufus, Publius) ................................. 290
Rufus, Quintus Curtius (> Curtius Rufus, Quintus) ................................. 290
Rutilius Namatianus, Claudius ................................................................. 290
Rutilius Rufus, Publius ............................................................................. 291
Ruy Gonzales de Clavijo .......................................................................... 291
Saba Malaspina ........................................................................................ 291
Sächsische Weltchronik ........................................................................... 292
Sadr-al-din Hosayni (> Chronik des Seldschukischen Reichs) .............. 292
Saemundur Sigfusson Frodi (der Gelehrte) ............................................. 292
Safi al-Asqalani (> Ibn Abd Az-Zahir) ...................................................... 292
Said ibn-Batriq (> Eutychios von Alexandrien) ........................................ 292

Salimbene de Adam da Parma (Salimbene Parmensis) ............................... 292
Sallustius Crispus, Gaius (Sallust) ............................................................ 293
Samarqandi (> Abd al Razzaq) ................................................................. 294
Samguk Sagi (> Kim Busik) ...................................................................... 294
Sanchuniathon .......................................................................................... 294
Saxo Grammaticus ................................................................................... 294
Sayf ibn Umar, Usayyidi Tamini ................................................................. 294
Schedel'sche Weltchronik (> Hartmann Schedel) ..................................... 295
Schiltberger (> Johannes Schiltberger) ..................................................... 295
Schwarzer Basaltobelisk von Tell Nimrud (> Annalen des Salmanassar III.) . 295
Scriptores Historiae Augustae (> Historia Augusta) ................................. 295
Sebeos ...................................................................................................... 295
Sempronius Asellio, Publius ..................................................................... 295
Sempronius Tuditanus, Gaius .................................................................. 296
Seneca, Lucius Annaeus, der Ältere ........................................................ 296
Septuaginta .............................................................................................. 296
Sextus Aurelius Victor (> Aurelius Victor Afer, Lucius Flavius Sextus) ......... 296
Sextus Iulius Africanus ............................................................................. 296
Sextus Rufius (> Rufius Festus) ............................................................... 297
Shams-i Siraj Afif ...................................................................................... 297
Shang-shu (Buch der Urkunden) .............................................................. 297
Sharaf ad-Din Ali Yazdi (Sharafuddin) ...................................................... 297
Shen Yue .................................................................................................. 297
Shihab Al-Din Ahmad Al-Nuwayri (> Al-Nuwayri) ..................................... 298
Shiji (> Vierundzwanzig Dynastiegeschichten) ......................................... 298
Sibt ibn al-Jawzi/Gauzi (Yusuf ibn Abd-Allah; Abu Muzaffar) ................... 298
Sicardo da Cremona (Sicardus Cremonensis) ......................................... 298
Sidonius Apollinaris, Gaius Sollius Modestus .......................................... 298
Siegebert von Gembloux (Sigebert de Gembloux, Sigebertus Gemblancensis) 299
Silenos von Kaleakte ................................................................................ 299
Silius Italicus, Tiberius Catius Asconius .................................................. 299
Sima Biao ................................................................................................. 300
Sima Guang (Ssu-ma Kuang) .................................................................. 300
Sima Qian (Ssu-ma Ch'ien) ...................................................................... 300
Sima Tan (Ssu-ma T'an) ........................................................................... 301
Simon de Keza (Simon Kézai/Keszi) ........................................................ 301
Sire Raul (Radolf / Radulf / Ralf / Ralph von Mailand) ............................. 301
Sisenna (> Cornelius Sisenna, C.) ............................................................ 301
Skylax von Karyanda ............................................................................... 302
Skylitzes (> Johannes Skylitzes) .............................................................. 302
Smbat Sparape ........................................................................................ 302
Snorri Sturluson ....................................................................................... 302
Sogenannter Fredegar (> Fredegar) ......................................................... 302
Sokrates Scholastikos (Socrates Scholasticus) von Konstantinopel ........ 302
Solinus, Gaius Julius ................................................................................ 303

Song Lian... 303
Sophia-Chronik I... 303
Sosikrates von Rhodos... 303
Sosylos von Lakonien (der Lakedaimonier)... 304
Sozomenos, Salamares Hermeias... 304
Sphrantzes (> Georgios Sphrantzes)... 304
Ssu-ma Ch'ein (> Sima Qian)... 304
Stadiasmos von Patara (Miliarium Lyciae)... 304
Stein von Kairo (> Annalenstein der 5. Dynastie)... 304
Stein von Palermo (> Annalenstein der 5. Dynastie)... 304
Stele von Kurkh (> Annalen des Salmanassar III.)... 305
Stele des Pianchi (Pije)... 305
Stephanos von Byzanz... 305
Stesimbrotos von Thasos... 305
Stierininschrift von Calah/Kalah (> Annalen des Salmanassar III.)... 305
Strabon von Amaseia (Strabo)... 305
Suda-Lexikon (Suida-Lexikon)... 306
Suetonius Tranquillus, Caius (Sueton)... 306
Suger von Saint-Denis... 307
Sulpicius Alexander... 307
Sulpicius Severus... 308
Sumerische Königsliste (Weld-Blundell-Prisma)... 308
Suzdal-Chronik (Chronik der Moskauer Akademie)... 308
Sven Aggesen (Sveno Aggonis)... 308
Symeon Logothétes (Metaphrastés, Magistros)... 308
Symeon (Simeon) von Durham... 309
Synchronistische Geschichte/Chronik („ABC 21")... 309
Synkellos (> Georgios Synkellos (der Mönch))... 309
Tabari (> At-Tabari)... 309
Tabula Peutingeriana (> Peutingersche Tafel)... 309
Tacitus, Publius Cornelius... 309
Taiheiki... 311
Tanach (Miqra)... 311
Templer von Tyros... 311
Terentius Varro, Marcus (> Varro, Marcus Terentius „Reatinus")... 312
Thangmar von Hildesheim... 312
Thanuni... 312
The Chronicles of England (Brut Chronicle)... 312
Thegan von Trier... 313
Theoderich (Theodoricus Monachus)... 313
Theodor (Theodorus Monachus) (> Annales Palidenses)... 313
Theodoret von Kyrrhos (Cyrus)... 313
Theodorus Lector (Anagnostes)... 314
Theophanes Continuatus... 314
Theophanes Homologetes (Confessor, der Bekenner)... 314

Theophanes von Byzanz ... 314
Theophylaktos Simokates (Simocatta) ... 314
Theophilos von Edessa ... 315
Theópompos von Chios ... 315
Thietmar (Dietmar) von Merseburg (Thietmarus Merseburgensis) ... 316
Thomas Archidiaconus ... 317
Thomas Ebendorfer (Thomas von Haselbach) ... 317
Thomas Elmham ... 317
Thomas Walsingham ... 317
Thronfolgeerlass des Telipinu ... 318
Thukydides ... 318
Tibetische Geschichtsquellen ... 319
Timagenes von Alexandreia ... 319
Tímaios (Timeaus) von Tauromenion ... 320
Timonides von Leukas ... 320
Tito Livio Frivolisi ... 320
Titus Livius (> Livius, Titus) ... 321
Titus Pomponius Atticus (> Pomponius Atticus, Titus) ... 321
Titusbogen ... 321
Toghril Beg (> Wassaf al-Hadrat) ... 321
Tontafeln von Tell Asmar (Eshnunna) (> Quellen zur Frühgeschichte des Nahen Ostens) ... 321
Tontafeln von Tell el-Amarna (Achet-Aton) (> Quellen zur Frühgeschichte des Nahen Ostens) ... 321
Tontafeln von Tell Hariri (Mari) (> Quellen zur Frühgeschichte des Nahen Ostens) ... 321
Tontafeln von Tell Leilan (Shekhna) (> Quellen zur Frühgeschichte des Nahen Ostens) ... 321
Traianos Patrikios ... 321
Trajansbogen von Benevent ... 321
Trajanssäule ... 322
Trebellius Pollio (> Historia Augusta) ... 322
Trithemius, Abt Johannes ... 322
Triumphbogen des Galerius (> Galeriusbogen) ... 322
Triumphbogen des Konstantin (> Konstantinbogen) ... 322
Triumphbögen des Septimus Severus ... 322
Triumphbogen des Titus (> Titusbogen) ... 322
Trogus, Pompeius ... 323
Tropaeum Alpinum (Augusti) ... 323
Tshelpa Künga Dorje (Situ Gewe Lodrö) ... 323
Tubero (> Aelius Tubero, Quintus) ... 324
Tuotuo (Toghto) ... 324
Tursun Beg ... 324
Urwah ibn Zubayr ... 324
Usama (Ussama) Ibn Munqidh ... 324
Usayyidi Tamini (> Sayf ibn Umar) ... 325

Utbi (> Al-Utbi) ..... 325
Valerius Antias ..... 325
Valerius Maximus ..... 325
Varro, Marcus Terentius „Reatinus" ..... 326
Vassaf-e Hazrat (> Wassaf al-Hadrat) ..... 326
Velleius Paterculus, Gaius ..... 326
Vennonius ..... 327
Veroneser Verzeichnis (> Laterculus Veronensis) ..... 327
Vibius Sequester ..... 327
Victor Vitensis (Victensis) ..... 327
Victor von Tunnuna (Victor Tunnunensis) ..... 328
Victorius Aquitanus ..... 328
Villani, Filippo (> Villani, Giovanni) ..... 328
Villani, Giovanni ..... 328
Villani, Matteo (> Villani, Giovanni) ..... 329
Villehardouin, Geoffroi de (Gottfried von) ..... 329
Vincentius Magister (Kadlubek) ..... 329
Vincenz von Prag (Vincentius Pragensis) ..... 329
Vinzenz von Beauvais (Vincent de Beauvais) ..... 330
Virius Nicomachus Flavianus ..... 330
Vita Edwardi Secundi ..... 330
Vita Sanctae Genovefae ..... 330
Vulcacius Gallicanus (> Historia Augusta) ..... 331
Vulgata ..... 331
Walker-Chronik (Chronik 25; „ABC 25") ..... 331
Walkidi/Walqidi (> Al-Wakidi/Waqidi) ..... 331
Wassaf al-Hadrat (Vassaf-e Hazrat alias Toghril Beg) ..... 331
Wasthald-Chronik ..... 331
Wei Shou ..... 331
Wei Zheng (Xuancheng) ..... 332
Weidner- (Esagila-) Chronik („ABC 19") ..... 332
Weld-Blundell- Prisma (> Sumerische Königsliste) ..... 332
Whinchester Chronicle (> Angelsächsische Chroniken) ..... 332
Widukind (Wittekind von Corvey / Korvei, Widukindus monachus Corbeiensis) 332
Wigand von Marburg ..... 332
Wilhelm der Bretone (Wilhelm Brito; Guillelmus Armoricus; Guillaume le Breton) ..... 333
Wilhelm Rishanger Chronigraphus ..... 333
Wilhelm von Apulien (Guillelmus Apuliensis) ..... 333
Wilhelm von Boldensele (Otto de Nyenhusen) ..... 334
Wilhelm von Malmesbury ..... 334
Wilhelm von Nangis (Guillaume de Nangis) ..... 334
Wilhelm von Newburgh (Guillelmus Neubrigensis Parvus) ..... 335
Wilhelm von Jumièges (Guillaume de Jumièges) ..... 335
Wilhelm von Poitiers ..... 336

Wilhelm von Puylaurens (Guillaume de Puylaurens; Guilhèm de Puèglaurenç; Guillelmus de Podio Laurentii) .................................................................. 336
Wilhelm von Rubruk/Ruysbroeck ................................................................. 336
Wilhelm von Tudela (> Gesang vom Albigenserkreuzzug) ........................... 337
Wilhelm von Tyros ......................................................................................... 337
Willibald von Mainz (Willibaldus Moguntiensis) ............................................ 337
Wipo Presbyter ............................................................................................. 337
Worcester Chronicle (> Angelsächsische Chroniken) .................................. 338
Xanthos der Lyder ......................................................................................... 338
Xenophon ..................................................................................................... 338
Xiao Zixian .................................................................................................... 339
Ximénez (Jiménez) de Rada, Rodrigo ......................................................... 339
Xuancheng (> Wei Zheng) ........................................................................... 340
Xuanzang (Hsüan-tsang) ............................................................................. 340
Xue Juzheng ................................................................................................. 340
Yao Cha und Yao Silian ............................................................................... 340
Yahschi Fakih ............................................................................................... 340
Yahya Al-Baladhuri (> Al-Baladhuri, Ahmad Ibn Yahya) ............................. 340
Yahya bin Ahmad Sihrindi ........................................................................... 340
Yahya Ibn Said Antaqi .................................................................................. 341
Yahya Ibn Abi Tayyi (> Ibn Abi Tayyi, Yahya) ............................................... 341
Yashi Fakih (> Aschikpaschade (Aschiki)) .................................................. 341
Yazdi (> Sharaf ad-Din Ali Yazdi) ................................................................. 341
Yeghishe (Eghishe) Vardapet ....................................................................... 341
Yotsugi Monogatari (> Eiga (Yotsugi) Monogatari) ...................................... 341
Yuan Shu (> Sima Guang) ........................................................................... 341
Yuga Purana ................................................................................................. 341
Yusuf ibn Abd-Allah (> Sibt ibn al-Jawzi) ..................................................... 341
Zacharias von Mytilene (Scholastikos, Rhetor) ............................................ 341
Zenodotos von Troizen ................................................................................. 342
Zhang Qian ................................................................................................... 342
Zhang Tingyu ................................................................................................ 342
Zheng Qiao ................................................................................................... 342
Zerbrochener Obelisk (> Obesliskenfragmente aus Ninive) ........................ 342
Zhou Daguan ................................................................................................ 342
Zhu Xi (> Sima Guang) ................................................................................ 343
Zhúshu Jinián (> Bambusannalen) .............................................................. 343
Ziya-ud-Din Barani (Ziauddin Barani) .......................................................... 343
Zizhi Tongjian (> Sima Guang) ..................................................................... 343
Zonaras (> Johannes Zonaras) .................................................................... 343
Zosimos ........................................................................................................ 343
Zuozhuan ...................................................................................................... 344
SAMMLUNGEN UND KATALOGE VON QUELLTEXTEN ......................... 345
Annalen von Saint-Denis (Chroniques de Saint-Denis, Lateinische Chroniken)345
Archivio della Latinita Italiana del Medioevo (ALIM) .................................... 345

Assyrische und Babylonische Chroniken „ABC" .................................................. 345
Corpus Fontium Historiae Byzantinae (CFHB) ................................................ 345
Corpus Scriptorum Christianorum Orientalium (CSCO) .................................. 346
Die Fragmente griechischer Historiker (FGrHist; FGrH) ................................. 346
Fontes Christiani .............................................................................................. 346
Geschichtsquellen des deutschen Mittelalters ................................................ 346
Grandes Chroniques de France ....................................................................... 347
Konstantinische Exzerpte ................................................................................ 347
Monumenta Germaniae Historica (MGH) ........................................................ 347
Monumenta Historica Boemiae ....................................................................... 347
Narrative Sources from the Medieval Low Contries ........................................ 347
Neue Deutsche Biographie (NDB) ................................................................... 348
Recueil des Historiens des Croisade (RHC) ................................................... 348
Recueil des Historiens des Gaules et de la France (RHGF) .......................... 348
Regesta Imperii ............................................................................................... 348
Regestum Farfense ......................................................................................... 349
Repertorium Fontium Historiae Medii Aevi ..................................................... 349
Rerum Britannicarum Medii Aevi Scriptores (Rolls Series) ............................ 350
Rerum Italicorum Scriptores ........................................................................... 350
Scriptores rerum Prussicarum ........................................................................ 350
The History of India, as Told by Its Own Historians. The Muhammadan Period 351
Vierundzwanzig Dynastiegeschichten ............................................................. 351
Vollständige Sammlung russischer Chroniken (Polnoe Sobranje Russkich Letopisej, PSRL) .............................................................................................. 352
GEOGRAPHISCH-CHRONOLOGISCHES REGISTER .................................. 354
THEMATISCHES REGISTER .......................................................................... 361
BIBLIOGRAPHIE ............................................................................................. 365
WEBSITES MIT ONLINE-ZUGRIFF AUF QUELLEN ...................................... 369

## VORWORT

Die Autoren der Antike und des Mittelalters, auf deren Werke sich unser heutiges Wissen über jenen Abschnitt der Vergangenheit zum Großteil stützt, erfahren leider eine ähnliche Behandlung, wie die Kameramänner der Kinematographie, deren Namen im Trailer in „Überlesegeschwindigkeit" kaum lesbar an uns vorbeihuschen, obwohl sie unsere Sichtweise des im Film Dargebotenen wesentlich geprägt haben. Die meisten dieser Autoren haben ohne Eigennutz, manchmal unter Inkaufnahme von Verfolgung ob der Transparentmachung auch weniger vorteilhafter Fakten, einen großen Teil ihrer Lebensenergie der Aufgabe gewidmet, die Vergangenheit für die künftigen Generationen nicht in Vergessenheit geraten zu lassen, und verdienen dadurch unsere Würdigung.

Meine Neugierde, etwas über die Lebensumstände und die Lebensdaten der Geschichtsschreiber zu erfahren, entstand im Laufe einer langjährigen Datensammlung zu über 5.000 Kriegen und Demoziden der Geschichte (deren Zusammenfassung ich als *Weltchronik der Kriege und Demozide* veröffentlicht habe). Ich begann, in einer gesonderten Datei Kurzinformationen darüber zu sammeln, wann jeder Einzelne gelebt und geschrieben hat, was er von Beruf gewesen ist, welche seine Quellen waren und wer sein Werk fortgesetzt hat. Die Informationen über altgriechische Autoren stammen überwiegend aus der besonders ausführlichen Geschichte der griechischen Literatur von Quintino Cataudella, die ich aus meiner humanistischen Gymnasialzeit aufbewahrt habe. Viele Autoren der außereuropäischen Geschichte habe ich durch die Fachwerke kennen gelernt, die ich für die oben erwähnte Datensammlung durchgearbeitet habe. Das Internet und insbesondere Wikipedia (in diversen Sprachausgaben), die im Netz einsehbaren Programme der Fachverlage und die über Amazon einsehbaren Werke haben dann den hier erreichten Grad an Vollständigkeit möglich gemacht. Ich bin natürlich nicht der „geistige Urheber" der Informationen, sondern lediglich ein fleißiger Sammler aus Hunderten von Quellen, deren vollständige Auflistung den Rahmen dieser Arbeit schlicht gesprengt hätte. Meine Beiträge sind eher formaler Natur: der transkulturelle Ansatz, die Struktur der Einträge, das Konzept des geographisch-chronologischen Registers, das Einbeziehen geographischer Autoren und bildlicher Quellen (z.B. der Trajanssäule), das Erfassen von Quellenübersetzungen in andere europäische Sprachen, das Einbeziehen der einschlägigen digitalen Bibliotheken in das Literaturverzeichnis.

Die Zielrichtung des Werkes besteht (im Sinne von Karl Popper, wonach Näherungswissen wertvoller ist als Nichtwissen) darin, auch den Nichtspezialisten in einem Band einen Überblick über das Thema zu bieten. Dazu wurden beim Apparatismus Abstriche gemacht, der von einem akademischen Werk verlangt wird: Namen und Buchtitel wurden nur mit lateinischen Buchstaben transkribiert und es musste auf einen lückenlosen Quellennachweis der tausenden enthaltenden Informationen verzichtet werden. Gleichwohl kann die vorliegende Zusammenstellung auch für Studierende und akademische Spezialisten von Nutzen sein, die sich einen raschen Überblick über historische Quellen außerhalb ihrer Spezialisierung verschaffen wollen, um ihn dann entsprechend fachliterarisch zu vertiefen.

Es werden über 850 AUTOREN UND QUELLEN kurz vorgestellt, die für die Geschichtsschreibung bis zum Anbruch der Neuzeit bzw. bis zur massiven Einführung des Buchdrucks, also bis ca. 1500, relevant sind. Bei der Auswahl der Autoren und Quellen wurden über 200 Autoren und Quellen außereuropäischer Sprachen berücksichtigt, um eine global mitgetragene Interpretation der Vergangenheit zu unterstützen, die sich nicht auf die jeweilige Sichtweise der größeren europäischen Nationalstaaten beschränkt.

Ein weiteres bei der Auswahl der Autoren angewandtes Kriterium war, auch jene Geschichtsschreiber zu erfassen, deren Werke zwar verlorengegangen sind, von denen man aber weiß, dass sie für die Autoren der bis zu uns tradierten Werke von großer Bedeutung gewesen sind.

Wie diese Aufstellung belegt, steckt die Übersetzung der Quellen, die nicht auf Griechisch, Latein und in den europäischen Hauptsprachen verfasst worden sind, leider noch in den Anfängen; die meisten Quellen in chinesischer, japanischer, indischer, persischer, aramäischer, äthiopischer, arabischer, türkischer und aller anderen Sprachen sind nach wie vor nur jemandem zugänglich, der jene Sprachen beherrscht. Dies gilt auch für die mittelalterliche Geschichte der Iberischen Halbinsel, deren arabische Quellen kaum ins Spanische übersetzt worden sind.

Von den Hunderten lokalen Chroniken, die vor allem im Mittelalter verfasst worden sind, wurden im Prinzip nur jene berücksichtigt, die überregional relevante und unikale Informationen enthalten.

Bei den Zeitangaben werden die Jahre vor der Zeitwende mit einem Minus-Zeichen versehen (also „-385" statt „385 v. Chr."). Nicht allgemein geläufige antike Ortsbezeichnungen sind mit geographischen Koordinaten versehen.

Für eine Vertiefung der hier zusammengefassten Informationen wurden mehrere **Anhänge** angefügt.

- Unter der Rubrik SAMMLUNGEN UND KATALOGE VON QUELLTEXTEN werden die wichtigsten Sammelwerke kurz vorgestellt, die für bestimmte Epochen und Kulturkreise verfasst worden sind und für speziellere Erkundigungen eine große Arbeitserleichterung darstellten.
- Zur zeitlichen und regionalen Einordnung der Autoren und Quellen befindet sich im Anhang ein GEOGRAPHISCH-CHRONOLOGISCHES REGISTER, in dem diese nach Kulturregionen in zeitlicher Abfolge gruppiert sind (in Klammern jeweils die Angabe des Berichtszeitraums, dessen Ende das Einordnungskriterium ist).
- Das THEMATISCHE REGISTER bietet zu bahnbrechenden Beiträgen der Geschichtsschreibung Hinweise zu den jeweiligen Autoren.
- Die BIBLIOGRAPHIE verweist auf Übersichtswerke, in denen vorneuzeitliche Autoren und Quellen einer Epoche oder eines Kulturkreises systematisch erfasst worden sind. Gegenüber dem vorliegenden Werk enthalten sie meist vertiefte, da spezialisierte Informationen. Die im Buchkern AUTOREN UND ANDERE QUELLEN zu den einzelnen Quelltexten und deren Übersetzungen enthaltenen bibliographischen Hinweise werden in der Rubrik BIBLIOGRAPHIE nicht wiederholt. Bei den bibliographischen Angaben wurden Titel bevorzugt, die im Handel erhältlich oder online einsehbar sind. Titel, die nur in einer fachwissenschaftlichen Bibliothek zugänglich sind, wurden im Allgemeinen nur dann angeführt, wenn aktuell im Handel beziehbare Publikationen nicht ausfindig gemacht werden konnten. Es wurden auch Übersetzungen in andere europäische Sprachen angeführt, vor allem, wenn keine leicht zugängliche deutsche Übersetzung ermittelt werden konnte.
- Die Aufstellung von WEBSITES MIT ONLINE-ZUGRIFF AUF QUELLTEXTE erleichtert den Zugriff auf weitere, im vorliegenden Werk nicht berücksichtigte Quellen.

Mein besonderer Dank gilt der eminenten graphishen Künstlerin Giovanna Valli für die von ihr treffend entworfene Graphik des Buchdeckels sowie meiner Schwester Maria Luisa für Ihre Unterstützung und Korrekturlesung.

Der Autor ist für jeglichen Hinweis auf sachliche Fehler sowie für Ergänzungsvorschläge, insbesondere über die Verfügbarkeit von Übersetzungen der Quelltexte, dankbar.

München, im Mai 2016

# AUTOREN UND ANDERE QUELLEN

## Abbon von Saint-Germain-des-Pés (Abbo Cernuus; Abbo Parisiensis)

Westfränkischer Kirchenmann und Geschichtsschreiber (? bis 923).

War Diakon des Benediktinerklosters von Saint-Germain-des-Pés (Paris). Erlebte die Belagerung von Paris durch die Wikinger von 885 bis 886 und verfasste von 888 bis 892 darüber einen Bericht *De bellis Parisiacæ urbis* auch *Bella Parisiacæ Urbis* genannt („Von den Pariser Kriegen").

> Lateinischer Quelltext und deutsche Übersetzung (A. Pauels): *Abbo von Saint-Germain-des-Prés, Bella Parisiacae Urbis, Buch I*; Frankfurt; 1984.
> Französische Übersetzung (M. Guizot, 1824): *Abbon: Le siège de Paris par les Normands (885-892)*; Nachdruck Éditions Paleo; Clermond-Ferrand; 2010.

## Abd al Razzaq Samarqandi (Abdur Razzaq)

Afghanischer Diplomat und Geschichtsschreiber (1413 bis 1482).

In Herat als Sohn eines Imams geboren. Führte diplomatische Missionen durch (u. a. nach Indien) und arbeitete vorübergehend für den Fürsten von Samarkand (davon sein Übername).

Seine um 1471 verfasste Zeitgeschichte *Matla-e sa dayn va majma –e bahrayn* („Das Eintreten zweier günstiger Konstellationen") oder kurz *Matla al Saddein*, zentrierte er um das Leben zweier Herrscher namens Said. Der erste Teil ist dem Ilkhan Abu Said gewidmet und behandelt den Zeitraum von 1317 bis 1405 d. h. bis zum Tod Timurlans. Der zweite Teil gilt dem timuridischen Herrscher Abu Said und erstreckt sich über den Zeitraum von 1405 bis 1469.

Bis zum Berichtsjahr 1426 schöpfte Samarqandi aus den Werken von > Hafez-e Abru (aus *Zobdat al-tawarik-e Baysongori*, dem 4. Teil der Universalgeschichte).

> Artikel von C.P. Haase in Encyclopaedia Iranica: http://www.iranicaonline.org/articles/abd-al-razzaq-samarqandi-historian-and-scholar-1413-82.
> Französische Übersetzung (Antoine Galland, der Übersetzer von „1001 Nacht") in den Beständen der französischen Nationalbibliothek
> Englische Übersetzung (Elliot, H. M., John Dowson): *The History of India, as Told by Its Own Historians. The Muhammadan Period*; Vol. 4; Trübner & Co.; London; 1867 bis 1877. Nachdruck Adamant Media Corporation; 2000.
> Online: http://archive.org/stream/cu31924073036745#page/n3/mode/2up

## Abdelwahid al-Marrakushi

Marokkanischer Geschichtsschreiber (1185 bis ca. 1224).

In Marrakesch geboren. Lebte in Fez, Sevilla, Kairo und schließlich in Bagdad, wo er starb.

Sein Werk *Kitab al-Mujib fi talkhis akhbar ahl al-Maghrib* („Buch der Geschichte des Maghrebs"), beschreibt die muslimische Eroberung und nachfolgende Geschichte von Al-Andalus, speziell die Geschichte der Almoraviden und Almoaden bis zum Berichtsjahr 1087.

> Englische Übersetzung: Abdel Wahid al-Marrakushi, The history of the Almohades, preceded by a sketch of the history of Spain from the time of the conquest till the reign of Yúsof ibn-Téshúfin, and of the history of the Almoravides; 1881: Nachdruck: Ed. R.P.A. Dozy; 1968.

## Abi (> Abu)

**Abingdon Chronicle** (> Angelsächsische Chroniken)

**Abraham ben Jacob** (> Ibrahim ibn Yaqub)

## Abraham ibn Daud

Jüdischer Philosoph, Astronom und Geschichtsschreiber aus Al Andalus (1110 bis 1180).

Geboren im islamischen Córdoba, floh vor den Almohaden in das von den Christen eroberte Toledo, wo er unter anderem wissenschaftliche Bücher aus dem Arabischen ins Lateinische übersetzte. Nach einer Quelle von 1744 wurde er in Toledo im Rahmen eines Pogroms auf königlichen Befehl hin gehängt.

Auf den Spuren Avicennas verfasste er in arabischer Sprache ein philosophisches Werk *Al-aqida al-Rafi'a* (Der erhabene Glaube), in dem er den jüdischen Glauben mit aristotelischer Wissenschaft vereinbaren wollte und somit dem Maimonides den Weg vorbereitete.

Er verfasste drei Geschichtswerke in hebräischer Sprache:
- Eine um 1160 vollendete Geschichte Israels *Sefer ha-Kabbala* (Buch der Überlieferung) bis in die Gegenwart des Autors (1146). Darin argumentiert er für die Originalität der rabbinischen Tradition und verneint sie für die karäische.
- Eine Geschichte Roms *Zijron divre Rom*, die in einer lateinischen Übersetzung (*Memoria rerum Romae*) erhalten ist.
- Eine Geschichte der Könige Israels der Epoche des zweiten Tempels (*Divre malke Yisrail gabayit shem*), die verloren gegangen ist.

    Deutsche Übersetzung (G.D. Cohen): Sefer Ha-Qabbala: The Book of Tradition by Abraham Ibn Daud; Philadelphia; 1967
    Spanische Übersetzung (D. Ferre): *Ibn Daud, Abraham, Libro de la tradición*; Riopiedras; Barcelona;1990.

## Abt Erchenfried

Österreichischer Benediktinermönch und Geschichtsschreiber (1121 bis 1163).

Er war von 1121 bis zu seinem Tode Abt des Klosters von Melk [48 1N 15 20E] in Oberösterreich. Er starb auf seiner zweiten Pilgerfahrt ins Heilige Land.

Abt Erchenfried verfasste eine Leidensgeschichte des (in Melk beigesetzten) irischen Heiligen Koloman (*Passio sancti Cholomanni*) und veranlasste 1123 das Anlegen des Melker Annalencodex (*Chronicon Mellicense seu Annales monasterii Mellicensis*), der bis in das 16. Jh. laufend aktualisiert worden ist. Dieser stellt u. a. die wichtigste Quelle zur Geschichte der Babenberger dar; außer der Stiftsgeschichte enthält der Codex auch Informationen zur Klimageschichte der Region.

Abt Erchenfried gilt als erster Geschichtsschreiber Österreichs.

    Lateinische Quelltext: *Chronicon Mellicense seu Annales monasterii Mellicensis*; MGH SS 9 (Hannover 1851) 480-535.
    Eine deutsche Übersetzung des Melker Annalencodex ist bisher nicht veröffentlicht worden.
    Henner, Theodor, „Erchenfried", in: Allgemeine Deutsche Biographie (1877), S. 187 [Onlinefassung]; URL: http://www.deutsche-biographie.de/pnd104348569.html?anchor=adb

## Abt Gerlach / Jarloch von Mühlhausen/Milevsko (Chronographus Siloensis)

Deutscher Kirchenmann und Geschichtsschreiber (ca. 1165 bis 1228).

Im Rheinland geboren. Trat in den Orden der Prämonstratenser ein. Wurde Abt des Klosters Mühlhausen/Milevsko [49 27N 14 22E] in Tschechien und wirkte dann in Prag, wo er starb.

Abt Gerlach führte die Annalen des > Vincenz von Prag für die Berichtsjahre 1167 bis 1198 fort.

> Palacky, F.: *Würdigung der alten böhmischen Geschichtsschreiber*; Prag; 1830. Digitalisiert von Google.
> Lateinischer Quelltext und deutsche Übersetzung auf CD-ROM mit Abfrage-Software: Müller, Th., Pentzel, A. (Herausgeber): *Quellensammlung zur mittelalterlichen Geschichte – Fortsetzung - Continuatio fontium medii evi*; MA II; Verlag Heptagon; Berlin; 2000.

## Abu Bakr al-Baydhaq (> Mohammad Abu Bakr al-Baydhaq)

## Abu Bakr bin Yahya al-Suli

Arabischer Dichter, Schachmeister und Geschichtsschreiber (ca. 880 bis ca. 946).

Als Enkel eines türkischen Prinzen vermutlich in Bagdad geboren. Verkehrte am abassidischen Hof. Musste 940 wegen seiner schiitischen Sympathien nach Basra ins Exil, wo er in Armut starb. Er gilt als einer der größten Meister des Schachspiels aller Zeiten (in der Vorform Schatrantsch) und schrieb darüber die erste wissenschaftliche Abhandlung.

Seine Zeitgeschichte *Akbar al-Radi wa'l-Muttaqi* („Geschichte des al-Radi und des al-Muttaqi") beschreibt die Regierungszeit der Kalifen al-Radi (934 bis 940) und al-Muttaqi (940 bis 944). Darin schilderte er den Machtverlust des (sunnitischen) Kalifats durch die die Funktion des „Amir al-umara" (Oberbefehlshaber der Streitkräfte).

Sein Geschichtswerk erhielt in der arabissprachigen Welt nicht die Anerkennung, die es verdient hätte, wozu mehrere Gründe beigetragen haben können: er war kein sozial qualifizierter Geschichtsschreiber; er war Zeitgenosse eines hervorragender Kollegen (> Al Masudi) und es folgte ihm unmittekbar ein weiterer großer Geschichtsschreiber (> Ibn Meskavayh).

## Abu Bakr Ibn al-Qutia

Andalusischer Geschichtsschreiber (? bis 997).

In Cordoba (Spanien) geboren. Seine Mutter Sara stammte aus westgotischem Adel (Nachfahrin des Witigis); sein Vater war ein hoher Beamter des Sultans von Cordoba, der an Ereignissen mitgewirkt hatte, über die sein Sohn später berichtet hat.

Abu Bakr Ibn Al-Qutia schrieb auf Arabisch eine Geschichte von Al-Andalus biz zum Ende der Herrschaft des Kalifen Abd-ar-Rahman III (961). Darunter der Bericht über den Überfall norwegischer Wikinger von 844 auf Andalusien.

> Spanische Übersetzung (J. Ribera y Tarrago): Pascual de Gayangos (Hrsg.): *La conquista de España*; 1926.

## Abu Hanifa (> Ad-Dinawari)

## Abu I-Faradsch al-Isfahani / Isbahani (Abulfaraj)

Iranischer Literat arabischer Ethnie (897 bis 967).

Im iranischen Isfahan (arab. Isbahan) als Nachfahre des vierzehnten Kalifen der Umayyaden Marwan II. geboren, studierte und lebte er lange Zeit in Baghdad, vorübergehend auch in Aleppo.

Sein 20-bändiges Hauptwerk (an dem er 50 Jahre lang gearbeitet haben soll) *Kitab al-Aghani* (Buch der Lieder) ist eine Sammlung von Liedern und Gesängen, von denen die Notenschrift allerdings verloren gegangen ist, mit ausführlichen Informationen über die Komponisten vom 7. bis 10. Jh. Dieses musikologische Monumentalwerk enthält außerdem unikale Informationen über das soziale, politische und kulturelle Leben der ersten vier Jahrhunderte der islamischen Epoche, ebenso wie sein weiteres Werk *Maqatil at-Talibiyyin wa-Achbaruhum*, das Biographien der Talibiden (streitbare Nachfahren Abu Talibs, eines Onkels des Propheten) enthält.

Die Werke al-Isfahanis sind bisher in keine europäische Sprache übersetzt worden.

## Abu Mikhnaf Al-Azdi (Abi Mikhnaf)

Arabischer Geschichtsschreiber (? bis 774).

Lebte in Kufa (Irak). Sein Großvater war Parteigänger des Ali gewesen.

Er verfasste mehr als 30 Einzelberichte über Ereignisse der arabischen Bürgerkriege des 7. Jh., darunter die wichtigen Schlachten von Basra (656), von Siffin (657), an der sein Großvater teilgenommen hatte, sowie die Schlacht von Karbala (680).

Abu Mikhnaf war einer der Ersten, die sich um eine systematische Erfassung der Fakten der Gründerzeit des Islam bemüht haben. Er schöpfte dabei u. a. aus den Werken des > Sayf ibn Umar. Seine Werke sind verloren gegangen und nur durch Zitate späterer Autoren, die daraus geschöpft haben, teilweise rekonstruierbar, vor allem durch das Werk des > Al-Tabari.

## Abu Muzzafar (> Sibt ibn al-Jawzi)

## Abu Raihan (> Al-Biruni)

## Abu Shaker

Arabischer Geschichtsschreiber christlichen Glaubens des 13. Jh.

Er verfasste eine Weltchronologie, die in der äthiopischen Übersetzung erhalten geblieben ist.

Englische Übersetzung (O. Neugebauer): Abu Shaker's Chronography. A Treatise of the 13th Century on Chronological, Calendrical, and Astronomical Matters, written by a Christian Arab, preserved in Ethiopie; Verlag der Österreichischen Akademie der Wissenschaften; Wien; 1988.

## Abu Shama abu l-Qasim (Abd al-Rhaman), Sihab ad-Din

Syrischer Literat und Geschichtsschreiber (1203 bis 1268).

Aus armen Verhältnissen in Damaskus geboren, wo er, von einem einjährigen Studienaufenthalt in Kairo abgesehen, sein ganzes Leben verbrachte. Fünf Jahre vor seinem Tod erhielt er endlich eine ersehnte Professur.

Er verfasste viele Bücher über diverse Themen. Sein wichtigstes erhaltenes Geschichtswerk ist *Kitab al-Rawdatayn* („Buch der zwei Gärten"), eine Zeitgeschichte der Regierungszeiten von Nur al-Din und Saladin, die er als mustergültige Kämpfer für die islamische Sache darstellte. Das Werk setzt beim Vater Nur ad-Dins an, dem Atabeg (Prinzenerzieher) Zengi von Mossul (dieser regierte ab 1127), und endet mit Saladins Tod (1193). Zu seinen Quellen gehörte das verloren gegangene Werk des schiitischen Geschichtsschreibers > Ibn Abi Tayyi, sowie das Werk des > Ibn al-Qalanisi. Abu Shama fertigte unter dem Titel *Uyun* auch eine Kurzfassung des *Rawdatayn* an, die erhalten ist.

Das ebenfalls erhaltene Werk *Mundhayyal* ist eine Fortsetzung des *Rawdatayn* für den Berichtszeitraum von 1193 bis 1266, allerdings stark auf die Region Damaskus fokussiert. Dazu war das Werk von > Sibt Ibn al-Jawzi eine seiner Quellen.

Arabischer Quelltext und französische Übersetzung des *Kitab al-Rawdatayn : Recueil des historiens des croisades*; Historiens Orientaux; Bände 3 (1884) und 4 (1898).
Deutsche Übersetzung der Übersetzung aus dem Arabischen ins Italienische von F. Gabrieli eines Aufrufs Saladins zum Kampf gegen die Kreuzritter: siehe BIBLIOGRAPHIE (Gabrieli, F.; 1957).

## Abu Ubayd al-Bakri (Abu Obeid e-Bekri, Abu Ubaidallah al-Bakri)

Andalusischer Geograph arabischer Sprache (1014 bis 1094).

In Huelva (Spanien) als Sohn des dortigen Gouverneurs geboren. Lebte ab 1051 in Cordoba.

Er verfasste um 1068 ein Geographiewerk *Kitâb al-Masâlik wa'l-Mamâlik* („Buch der Fernstrassen und Reiche"), in das er Informationen aus der Literatur und Aussagen von Reisenden über „Land und Leute" einarbeitete. Die erhaltenen Fragmente enthalten detaillierte Beschreibungen von Nordafrika, Sudan bis Äquatorialafrika (u. a. Ghana und deren Überfall von 1054 durch die Almoraviden). Sie sind die wichtigste Quelle zum nicht überlieferten Bericht, den -> Ibrahim ibn Yaqub ein Jahrhundert vorher über das Ostfränkische Reich und Baltikum verfasst hatte.

Französische Übersetzung (M.G. de Slane): *Description de l'Afrique septentrionale*; Paris; 1965.

## Abul al Fida, Ismail (Abulfelda)

Kurdischer Politiker, Geograph und Geschichtsschreiber arabischer Sprache (1273 bis 1331).

Aus der adligen kurdischen Familie der Ayyubiden (d. h. mit Saladin verwandt) in Damaskus (Syrien) geboren. Wurde als 12-Jähriger zur Belagerung von Margat (1285) mitgenommen. Er diente sich im Dienste der Mamelucken zum Statthalter von Hamah hoch; in dieser Funktion waren ihm zwanzig relativ ruhige Regierungsjahre gegönnt, in denen er sich den Studien und der Schriftstellerei widmen konnte.

Er verfasste eine „Kurzgeschichte der Menschheit" (*Mukhtasar ta'rikh al-bashar*), welche sich bis 1329 erstreckt. An einigen Ereignissen ab 1289, die zum tragischen Ende der Kreuzritterstaaten im Nahen Osten führten, hatte er aktiv teilgenommen. Sein Werk erfreute sich in der islamischen Welt großer Beliebtheit und wurde mehrmals ergänzt: von > Ibn al-Wardi (bis 1348), von > Ibn Habib al-Dimashki und von > Ibn al-Shina (bis 1403).

Auch schrieb er ein Geographiewerk *Taqwin al-buldan* („Die Lagebestimmung der Länder"), in dem er die Koordinatenangaben des > Ptolemaios überarbeite und mit Klimaangaben ergänzte.

Die Werke des Abul Fida befanden sich unter den ersten arabischen Werken, die im mittelalterlichen Europa Verbreitung fanden. Nach ihm ist der Mondkrater Abulfeda benannt.

> Das Geographiewerk des Abul al-Fida ist 1883 von Stanislas Guyard ins Französische übersetzt worden; davon gibt es keine aktuelle Ausgabe.
> Arabischer Quelltext und französische Übersetzung der die Kreuzzüge betreffenden Auszüge des Geschichtswerks des Abul al-Fida in: *Recueil des historiens des croisades; Historiens Orientaux*, Bd.1; Académie des Inscriptions et Belles-Lettres; Imprimerie nationale; Paris; 1882.
> Deutsche Übersetzung der Übersetzung aus dem Arabischen ins Italienische von F. Gabrieli einiger Auszüge (Fall von Tripolis, 1289; Fall von Akkon, 1291): siehe BIBLIOGRAPHIE (Gabrieli, F.; 1957).

## Abul Fadail

Syrischer Beamter und Geschichtsschreiber des 13. Jh.

Aus Hama, diente den Ajjubidenfürsten Syriens.

Seine dem Malik al-Masur (Emir von Homs) gewidmete Chronik (*Tarik Mansuri*) deckt den Zeitraum bis 1233 ab. Sie enthält wichtige Informationen zu Friedrich II. und dem Schicksal der Muslime Siziliens.

> Deutsche Übersetzung der Übersetzung aus dem Arabischen ins Italienische von F. Gabrieli einiger Auszüge: siehe BIBLIOGRAPHIE (Gabrieli, F.; 1957).

## Abul Fazl Bayhaqi (Abol-Fadl Bayhaqi)

Iranischer Beamter und Geschichtsschreiber persischer Sprache (995 bis 1077).

In Haares-Abad/Haresbad [36 07N 57 37E], im Bezirk Bayhaq in der Provinz Khorazan im NO von Iran geboren. Er studierte verschiedene Wissenschaften in Nishabur (NO-Iran) und arbeitete dann in Ghazna (Afghanistan) in der Kanzlei des Ghaznaviden-Herrschers Mahmud und seiner Nachfolger, bis er 1058 in den Ruhestand trat.

Abul Fazl Bayhaqi verarbeitete die Notizen, die er sich während seiner Dienstjahre gemacht hatte, zu einer Zeitgeschichte in 30 Bänden *Tarik-i Al-i Sebiiktigin*, die den Zeitraum von 1018 bis 1060 umfasste. Erhalten sind nur die Bände 7, 8, 9 und teilweise die Bände 6 und 10; dieser erhaltene Teil wird gemeinhin *Tarikh-e Masoudi* oder *Tarikh-e Bayhaqi* genannt und deckt den Zeitraum von 1030 bis 1040 ab.

Das Werk ist selbst in seiner verstümmelten Form die wichtigste Quelle über die Ghaznawidische Dynastie (977 bis 1187) und gilt sprachlich als ein Meisterwerk der persischen Literatur.

Entgegen der Tradition der persischen Historiographie, sich mit einer nüchternen Abfolge von Herrschern und Schlachten zu genügen, baute Abul Fazl Bayhaqi „Menschlich-Allzumenschliches" in sein Werk ein (Beschreibungen der Kleidung der Akteure; Quantifizierung der Trinkfestigkeit der Teilnehmer an einem Trinkgelage; Anekdoten u.dgl.m.); man hat ihn deshalb den „orientalischen Pepys" genannt (die Tagebücher des britischen Staatssekretärs Pepys füllen für die neun Jahre zwischen 1660 bis 1669 insgesamt über 4.400 Seiten). Nichts desto trotz übt das Werk des Abul Fazl Bayhaqi eine einmalige Faszination aus, wie die eines zu Papier gebrachten historischen Farbdokumentarfilms.

> Englische Rezension: R. M. Savory (University of Toronto, Canada): *Abol-Fazl as an*

*Historiographer.* http://www.anobanini.ir/index/fa/1386/04/abolfazl_bayhaqi_as_an_histori.php
Artikel von G.H. Yusofi in Encyclopaedia Iranica online: http://www.iranicaonline.org/articles/bayhaqi-abul-fazl-mohammad-b
Englische Übersetzungen: Elliot, H. M., John Dowson: *The History of India, as Told by Its Own Historians. The Muhammadan Period*; Vol. 2; Trübner & Co.; London; 1867 bis 1877. Nachdruck Adamant Media Corporation; 2000.
Online: http://archive.org/stream/cu31924073036729#page/n5/mode/2up

## Abul Hasan Ali ibn Bassmm as-Santarini (> Ibn Bassam)

## Abul Mahasin Ibn-Taghribirdi (> Ibn Taghribirdi)

## Abul-Qasim Abdallah Kasani (> Kasani, Abul-Qasim Addallah)

## Abul-Qasim Firdausi (> Firdausi, Abul-Qasim)

## Abydenos
Griechischer Geschichtsschreiber (um -200).
Er verfasste eine Geschichte Assyriens (*Assyriaká*), von der nur Fragmente überliefert worden sind. Er schöpfte vermutlich Informationen aus dem Werk des > Alexander Polyhistor und damit des > Berossos. Sein Werk diente u. a. dem > Eusebios von Caesarea als Quelle.
Quelltexte der Fragmente: Felix Jacoby (Hrsg.): *Die Fragmente der griechischen Historiker II A*; Berlin; 1926 (Nachdruck: Leiden; 1961); Nr. 685.

## Acilius, Gaius
Römischer Politiker und Geschichtsschreiber (ca. -180 bis ca. -120).
Fungierte -155 als Dolmetscher für die Philosophen Karneades, Diogenes und Kritolaos bei ihrem Besuch in Rom (die entsprechende Senatssitzung wurde von Aulus > Postumius Albinus geleitet).
Veröffentlichte um -142 auf Griechisch eine Geschichte Roms, von der Gründung bis -184. Davon sind nur wenige Fragmente erhalten. Die spätere Übersetzung ins Lateinische (vermutlich durch > Claudius Quadrigarius) ist ebenfalls verloren gegangen.
Griechischer Quelltext der Fragmente und deutsche Übersetzung: Beck, H., Walter, U.: *Die Frühen Römischen Historiker- Bd. 1 Von Antipater bis Cn. Gellius*; Wissenschaftliche Buchgesellschaft; Darmstadt; 2. Auflage 2005.

## Adalbert von Magdeburg (> Regino von Prüm)

## Adam von Bremen (Magister Adamus Bremensis)
Sächsischer Kirchenmann und Geschichtsschreiber (ca. 1050 bis ca. 1085).
Vermutlich bei Würzburg (Franken) geboren. Wurde Kanonikus in Bremen. Er verfasste um 1075 eine vierbändige Kirchenchronik Hamburgs und Bremens (*Gesta Hammaburgensis Ecclesiae Pontificum*). Die eigentliche Kirchenchronik umfasst die ersten drei Bände und behandelt den Zeitraum von 788 bis 1043. Im vierten Band verfasste Adam von Bremen eine Geschichte des vom Bistum Bremen betreuten Skandinaviens, die wertvolle Informationen über die Zustände im

damals noch heidnischen Skandinavien enthält, die allerdings mit schwer zu entflechtenden Legenden und „Seemannserzählungen" verwoben sind. U.a. ist dies die älteste Quelle über die Entdeckung Amerikas durch die Wikinger.

>   Lateinischer Quelltext und deutsche Übersetzung (Trillmich, W., Buchner, R.): *Quellen des 9. und 11. Jahrhunderts zur Geschichte der Hamburgischen Kirche und des Reiches: Rimbert Leben Ansgars; Adam von Bremen; Bischofsgeschichte der Hamburger Kirche; Wipo Taten Kaiser Konrads II.; Hermann von Reichenau Chronik*; 7. Auflage; Darmstadt; 2000.
>   Lateinischer Quelltext und deutsche Übersetzung auf CD-ROM mit Abfrage-Software: Bogon, W. (Herausgeber): *Quellensammlung zur mittelalterlichen Geschichte*; MA I; CD-ROM; Verlag Heptagon; Berlin; 1999.
>   Englische Übersetzung (F. J. Tschan): *History of the Arzbishops of Hamburg-Bremen*; New York; 1959.
>   Leuschner, Joachim, „Adam von Bremen", in: Neue Deutsche Biographie 1 (1953), S. 49-50 [Online-Fassung]; URL: http://www.deutsche-biographie.de/pnd11850052X.html

## Adam von Usk (Adam of Usk; Adda o Frynbuga)

Walisischer Kirchenmann, Jurist und Geschichtsschreiber (ca. 1352 bis 1430).

Aus armen Verhältnissen in Usk [51 42N 2 54W] (Südosten von Wales) geboren: konnte dank eines Stipendiums des Landesfürsten Edmund Mortimer in Oxford studieren. Er engagierte sich ab 1388 in diversen politischen Konflikten seiner Zeit: so war er 1399 an der Absetzung Richards II. (die Shakespeare in einem Drama thematisiert hat) beteiligt. Er musste schließlich ins Exil und begab sich 1402 nach Rom, das er 1406 wegen eines Umsturzes in Richtung Brügge verlassen musste. Er durfte schließlich 1408 nach Wales zurückkehren, wo er als armer Dorfpfarrer bis zu seinem Tod in Usk lebte.

Adam von Usk verfasste eine Chronik des Zeitraums von 1377 bis 1421; er konzipierte sie als die Fortsetzung der mit dem Berichtsjahr 1377 endenden Weltchronik des > Ranulf Higden. Er beschreibt vor allem die Ereignisse in England, Wales und Rom, die er aus großer Nähe miterlebt hatte; darunter der gescheiterte Walisische Unabhängigkeitskrieg (1401 bis 1409).

>   Lateinischer Quelltext und englische Übersetzung (C. Given-Wilson): *The Chronicle of Adam Usk 1377-1421*; Oxford University Press; Oxford; 1997.

## Ad-Dinawari (Abu Hanifa Dinawari / Dinavari; Dinawari)

Kurdischer Universalgelehrter und Geschichtsschreiber arabischer Sprache (828 bis ca. 890).

In Dinawar (West-Iran [34 35N 47 26E]) geboren. Er studierte Naturwissenschaften in Isfahan und Kufra und Literaturwissenschaften in Basra.

Unter seinen 16 Werken ist das Hauptwerk sein sechsbändiges *Kitab al-nabat* („Buch der Pflanzen"), in dem er ca. 2.000 Pflanzen beschrieben hat und von dem nur die Bände 3 und 5 erhalten sind; damit begründete er die arabische Botanik.

Sein historisches Hauptwerk *Al-Ahbarat-tiwal* („Die großen/langen Geschichten") ist eine Geschichte des Islams aus iranischer Sicht, von den Persern über Alexander bis 842.

Er verfasste auch ein Buch über den Ursprung der Kurden *Ansab al-Akrad* („Alter der Kurden").

>   Artikel von Ch. Pellat in Encyclopaedia Iranica online: http://www.iranicaonline.org/articles/dinavari-abu-hanifa-ahmad
>   Das Werk von Ad-Dinawari ist bis dato in keine westliche Sprache vollständig übersetzt worden.
>   Englische Übersetzung (Michael Richard Jackson Bonner) des vorislamischen Teils (bis

628): http://www.jacksonbonner.com/current-projects/translation-of-al-akhbar-al-tiwal

## Ademar von Chabannes

Französischer Kirchenmann, Musiker und Geschichtsschreiber (989 bis nach 1034).

Aus aquitanischem Adel in Chabannes [46 08N 1 17E] (bei Châteauponsac, Haute-Vienne) geboren; trat in das Benediktinerkloster Saint-Martial in Limoges ein und zog später in das Kloster Saint-Cybard in Angoulême [45 39N 0 09E]um; er starb in Jerusalem während einer Pilgerfahrt.

Er verfasste eine dreibändige Geschichte der Franken *Chronicon Aquitanicum et Francicum*, auch *Historia Francorum* genannt, die vom sagenumwobenen Stammesvater Faramund (ca. 520) bis zum Berichtsjahr 1028 reicht. Bis zum Berichtsjahr 813 handelt es sich um eine Abschrift des Werks des > Aimoin von Fleury; der originäre Teil von 814 bis 1034 ist reich an unikalen Informationen.

Ademar von Chabanne ließ sich in religiösem Eifer zu einer Urkundenfälschung verleiten, um den Regionalheiligen Martial (im 3. Jh. Bischof von Limoges) als einen der Apostel darzustellen. Die Glaubwürdigkeit seiner Frankengeschichte ist deswegen aber nicht in Zweifel gezogen worden.

> Lateinischer Quelltext: Monumenta Germaniae Historica Scriptores; Band IV; Hannover und Berlin; 1826–1892.

## Ado von Vienne

Französischer Kirchenmann, Geschichtsschreiber, Heiliger der katholischen Kirche (799 bis 875).

Ado wurde bei Sens (Champagne) aus fränkischem Adel geboren, erhielt in der Benediktinerabtei von Ferrères-en-Gatinais (Centre-Val de Loire) seine Ausbildung, dessen damaliger Abt Lupus Servatus zu den renommiertesten Humanisten seiner Zeit zählte. Trat dann in den Benediktinerorden ein und lehrte in der Klosterschule der Abtei Prüm (Eifel), bis er von missgünstigen Mitbrüdern weggemobbt wurde. Nach einem Aufenthalt in Ravenna verweilte er fünf Jahre in Rom. Während eines Aufenthalts in Lyon überarbeite und ergänzte er das *Martyrologium* von > Beda Venerabilis mit zum Teil zweifelhaften Informationen, wobei er als erster jedem Tag des Jahres mindestens einen Heiligen zuordnete-. War ab 860 Erzbischof von Vienne. Um die Einbeziehung der Provinz Tarentaise (Savoyen) in sein Bistum zu erwirken, verfasste er gefälschte Papstbriefe.

Sein *Chronicon de sex aetatibus mundi* („Chronik der sechs Zeitalter") ist eine auf ca. hundert Seiten zusammengefasste Überarbeitung und Fortsetzung des Geschichtswerks des > Beda Venerabilis bis zum Berichtsjahr 874. Obwohl er darin für die Wahrung eines allchristlichen Kaisertums tendenziös argumentierte (er bemühte sich, eine Brücke zwischen Konstantin dem Großen und Ludwig II. dem Kind herzustellen), ist sein Werk eine der wichtigen Quellen zur Geschichte des Frankenreichs.

Sein Werk wurde von > Regino von Prüm bis zum Berichtsjahr 967 fortgesetzt.

> Lateinischer Quelltext aller Werke des Ado von Vienne (auch in PDF-Format): http://www.documentacatholicaomnia.eu/30_10_0850-0874-_Ado_Viennensis_Archiepiscopus.html

## Aelianus, Claudius (Ailianos, Älian)

Römischer Enzyklopädist, Rhetoriker und Geschichtsschreiber (ca. 170 bis nach 222).

In Praeneste [41 50N 12 54E] (heutiges Palestrina, Latium) geboren. Er schrieb in griechischer Sprache mit attischer Perfektion, obwohl er Italien nie verlassen hat.

Aelianus verfasste ein 17-bändiges zoologisches Werk *Peri zoon idiótetos* („Über die Natur der Tiere").

Sein historisches Werk ist *Poikíle historía*, lateinisch *Varia historia* („Bunte Geschichten"), eine 14-bändige Sammlung von anekdotischen Merkwürdigkeiten ausder Natur und der Vergangenheit berühmter Völker und Persönlichkeiten. Es wurde mit der moralisierenden Absicht geschrieben, die römischen Werte zu verteidigen. Die zwei ersten Bände sind vollständig, die übrigen in Zusammenfassung überliefert. Seine Informationen sind nicht zuverlässig und nur insofern von Interesse, dass man darauf viele irrtümliche Stereotypien zurückführen kann, die bis in das Mittelalter hinein über antike Protagonisten wie Alkibiades, Perikles und Alexander kursiert haben. Unter den von ihm überlieferten Merkwürdigkeiten findet sich die aus Ägypten stammende Urversion des Märchens von Aschenputtel.

> Metzler Lexikon Antiker Autoren: Artikel von C. Stamm.
> Lexikon der Alten Welt: Artikel von W. Spoerri.
> Deutsche Übersetzung (H. Helms): *Älian: Bunte Geschichten*; Reclam-Bibliothek 1351; Reclam; Leipzig; 1990.

## Aelius Lampridius (> Historia Augusta)

## Aelius Spartanus (> Historia Augusta)

## Aelius Tubero, Quintus

Römischer Annalist (-1. Jh.).

Er wurde -49 zum Statthalter von Africa ernannt.

Er verfasste eine 15-bändige Geschichte Roms (*Annales*) von der Gründung bis zu seiner Gegenwart. Laut Livius wertete Aelius Tubero für sein Werk alte > Leinenbücher (libri lintei) aus, die im Tempel der Iuno Moneta aufgefunden worden waren. Weitere Quellen waren > Valerius Antias und > Licinius Macer. Die Annalen des Aelius Tubero sind zur Gänze verloren gegangen, sie waren aber eine der Quellen des > Livius und des > Dionysios Halicarnassus.

> Lexikon der Alten Welt: Artikel von R. Till.
> Fragmente: H. Peter (Hrsg.): *Historicum Romanorum Reliquiae* (HRR) I 308 ff.
> Lateinischer Quelltext und deutsche Übersetzung: Beck, H, Walter, U.: *Die Frühen Römischen Historiker, Band 2. Von Coelius Antipater bis Pomponius Atticus*; Wissenschaftliche Buchgesellschaft; Darmstadt; 1. Auflage 2004.

## AEthelweard

Angelsächsischer Beamter und Geschichtsschreiber (? bis ca. 1001).

War Großhofmeister des angelsächsischen Königs und fiel bei der Abwehr eines dänischen Plünderungsüberfalls auf Alton [51 09N 0 59W] (Hants, England) im Jahre 1001.

Er verfasste in lateinischer Sprache ein *Chronicon Aethelwerdi*, das bis zum Berichtsjahr 892 der > Angelsächsischen Chronik (die er übersetzte, vereinzelt ergänzte) folgt und das er bis zum Berichtsjahr 975 erweiterte.

> Englische Übersetzung online: http://www.archive.org/details/oldenglishchroni00gileuoft

## Afif (> Shams-i Siraj Afif)

## Agapius von Hierapolis (Mahbub ibn Qustantin)

Syrischer Kirchenmann und Geschichtsschreiber arabischer Sprache (? bis ca. 940).
Katholisch-melkitischer Bischof von Hierapolis [36 32N 37 57E ]) (Manbidsch, Syrien).
Er verfasste auf Arabisch eine Universalgeschichte *Kitab al-Unwan* („Buch der Schlagzeilen") in zwei Bänden (bis Jesus bzw. bis 942).
> Englische Übersetzung online: http://www.tertullian.org/fathers/agapius_history_00_eintro.htm

## Agatharchides von Knidos

Hellenistischer Geograph und Geschichtsschreiber (ca. -208 bis -132).
Wirkte am Hof in Alexandreia/Alexandria (Ägypten).
Er verfasste geographische Werke mit historischen und vor allem ethnographischen Anmerkungen, von denen nur Fragmente erhalten sind: *Asiatiká* (von Ägypten bis Skythien) und *Europiaká* (von Skythien über Europa bis Libyen).
Unter anderen schöpften > Artemidoros von Ephesos und > Diodorus aus seinem Werk.
> Lexikon der Alten Welt: Artikel von F. Lasserre.
> Quelltexte der Fragmente: Felix Jacoby (Hrsg.): *Die Fragmente der griechischen Historiker II A*; Berlin; 1926 (Nachdruck: Leiden; 1961); Nr. 86.

## Agathias Scholastikos von Myrina

Oströmischer Jurist, Epigrammdichter und Geschichtsschreiber (ca. 536 bis ca. 582).
In Myrina [38 51N 26 59E] (heute Kalavasi, Mysien, Kleinasien, Türkei) geboren, studierte in Alexandreia/Alexandria (Ägypten) und in Konstantinopel/Istanbul (Türkei), wo er starb.
Mit seinem erhaltenen 5-bändigen Werk *Historiae* führte er erklärtermaßen die Geschichte des Ostgotenkrieges des > Prokopios für den Zeitraum von 552 bis 558 fort, für den es unsere Hauptinformationsquelle ist. Sein Werk wurde von > Menander Protector bis zum Berichtsjahr 582 fortgesetzt und später durch > Theophilactos Simokatas bis 602.
Agathias betrachtete die Geschichte als eine Abfolge von Eingriffen Gottes, weshalb er sich nicht weiter um Ursachenerklärungen bemühte.
> Metzler Lexikon Antiker Autoren: Artikel von Karl Trampedach.
> Deutsche Übersetzung (D. Costa, A. Heine, A. Schaefer): Prokopius von Caesarea: Der Gotenkrieg – Der Vandalenkrieg - nebst Auszügen aus Agathias, sowie Fragmenten des Anonymus Valesianus und des Johannes von Antiochia; Essen, ohne Jahresangabe.
> Englische Übersetzung (J. D. Frendo): *Agathias: The Histories*; in Corpus Fontium Historiae Byzantinae; Vol. 2A, Series Berolinensis; Walter de Gruyter; 1975.

## Agathokles von Kyzikos

Hellenistischer Geschichtsschreiber (ca. -3. Jh)).
Schrieb eine Geschichte von Kyzikos (*Peri Kyzikou*), von der nur wenige Fragmente erhalten geblieben sind.

Quelltexte der Fragmente: Felix Jacoby (Hrsg.): *Die Fragmente der griechischen Historiker II A*; Berlin; 1926 (Nachdruck: Leiden; 1961); Nr. 472.

## Agnellus von Ravenna

Italienischer Kirchenmann und Geschichtsschreiber (ca. 800 bis ca. 850).

Er wurde vermutlich in Istrien (Dalmatien) geboren.

Er verfasste eine Sammlung der Biographien der Bischöfe von Ravenna (*Liber Pontificalis Ecclesiae Ravennatis*) von > Maximianus bis zu seinem Zeitgenossen Georgios (ca. 550 bis ca. 850); diese enthalten eine Fülle interessanter historischer Daten.

Lateinischer Quelltext und deutsche Übersetzung: *Agnellus von Ravenna = Bischofsbuch*; 2 Teilbände; Fontes Christiani – 1. Serie – Bände 21/ und 21/2; Herder.

## Agrip af Nóregs konunga sögum

Eine vermutlich um 1190, vermutlich in Norwegen, auf Altnorsk verfasste „Kurzgeschichte der Könige Norwegens", die den Zeitraum von 850 bis 1150 abdeckt.

Es ist dies das älteste nicht auf Latein verfasste Geschichtsdokument über Norwegen.

Englische Übersetzung (Driscoll): *Ágrip of Nóregskonungasugum*; Viking Society for Northern Research Series 10; 2nd. Ed. 2008.

## Ahmad Ibn Arabshah Demasqi (> Ibn Arabschah Demasqi, Ahmad)

## Ahmad Ibn Rustah (> Ibn Rustah, Ahmad)

## Aihole-Inschrift des Ravakiti

An einer Außenmauer des Meguti-Tempels von Aihole [16 3N 75 55E] (Karnataka/Indien), der vormaligen Hauptstadt des Chalukya-Reichs, im Jahr 634 angebrachte Inschrift. Sie wurde vom Hofdichter Ravakiti auf Sanskrit verfasst und berichtet über die in den drei Jahrzehnten davor errungenen Siege und gemachten Eroberungen des Königs Pulakesi II. von Chalakuya.

## Aimoin von Fleury

Fränkischer Kirchenmann und Geschichtsschreiber (ca. 960 bis ca. 1010).

Geboren in Villefranche-de-Lonchat [47 49N 2 18E], trat in das Benediktinerkloster von Fleury an der Loire [47 48N 2 18E] ein, dessen Abt Abbon ihn zum Verfassen einer Geschichte der Franken motivierte.

Sein Werk *Historiæ Francorum Libri IV* (oder *Libri V de Gestis Francorum*) setzte er in der Antike an (dabei schöpfte er aus > Caesar, > Plinius dem Älteren und > Orosius); es endet mit dem Berichtsjahr 653, möglicherweise weil der spätere Teil verloren gegangen ist.

Die Geschichte des Aimon wurde in der Folge von verschiedenen Autoren bis zum Berichtsjahr 1165 erweitert. Darunter von > Ademar von Chabannes, der sie bis zum Berichtsjahr 1034 ergänzte.

Die Frankengeschichte des Aimon ist in die Quellensammlungen > *Annalen von Saint-Denis* und folglich in die > *Grandes Chroniques de France* aufgenommen worden.

## Akbar al-Dawlat al-Saljuqiya (> Chronik des Seldschukischen Reichs)

## Akitu-Chronik („ABC 16")

Neubabylonische (spätbabylonische) Chronik des Kriegs zwischen Samas-suma-ukin (König von Babylon) und seinem Bruder Assurbaniopal (König von Assyrien) zwischen -652 und -626. Der Arbeitstitel stammt von der besonderen Aufmerksamkeit des Dokuments für die Akitu-Feierlichkeiten.

Englische Übersetzung online: http://www.livius.org/cg-cm/chronicles/abc16/akitu.html

## Akusilaos von Argos

Griechischer Mythograph (ca. -515 bis ca. -475).

Stammte wahrscheinlich aus dem vormaligen Zentrum der mykenischen Kultur Argos in Argolis/Peloponnes [37 38N 22 43E]. Sein Geburtsort könnte aber auch einer der weiteren 5 gleichnamigen Orte in anderen Regionen Griechenlands sein.

In seinem dreibändigen Werk (von der Nachwelt *Genealogia* oder *Historia* genannt), von dem nur winzige Fragmente erhalten sind, scheint er (laut dem ersten Symposium von Plato) im Wesentlichen das Werk Hesiods in Prosa gefasst zu haben. Statt der vier göttlichen Verkörperungen der Urprinzipien („Protagonoi") des Hesiod (Chaos, Tartaros, Ge und Eros) setzte er Chaos in die erste Generation, die übrigen in spätere Generationen und befasste sich mit den Vorgängen bis zum Trojanischen Krieg. Das Werk wurde bis zum Ende der Antike gelesen.

Akusilaos scheint außerdem eine Genealogie der Könige von Argos verfasst zu haben, die völlig verloren gegangen ist.

Akusilaos war einer der ersten griechischen > Logographen. Sein Nachfolger >Hekataios von Milet schrieb ihm den Verdienst zu, der erste gewesen zu sein, der über mythologische Themen in Prosaform geschrieben habe. Dies war ein erster bedeutender Schritt zur Versachlichung des Umgangs mit der Vergangenheit. Das > Suda-Lexikon stufte ihn bereits als Geschichtsschreiber ein. Er zählte in der Antike zu den „sieben Weisen Griechenlands".

Lendle, O.: Einführung in die griechische Geschichtsschreibung. Von Hekataios bis Zosimos. Wissenschaftliche Buchgesellschaft; Darmstadt; 1992.
Quelltexte der Fragmente: Felix Jacoby (Hrsg.): *Die Fragmente der griechischen Historiker II A*; Berlin; 1926 (Nachdruck: Leiden; 1961); Nr. 73.

## Al-Ayni, Badr al-Din

Syrischer Beamter, Literat und Geschichtsschreiber (1360 bis 1451).

In Ayutab/Gaziantep (Türkei) aus einer Gelehrtenfamilie geboren, lebte er in Kairo als Beamter der Mamelucken und vorübergehend in Damaskus als islamischer Würdenträger.

Seine Geschichte der Mamelucken *Iql al-Juman fi tarih ahl az-zaman* („Das Perlenhalsband über die Geschichte der Zeitgenossen") deckt den Berichtszeitraum von 1361 bis 1451 ab. Sie ist erst in jüngster Vergangenheit studiert worden und hat sich dem Werk seines Landsmanns und Zeitgenossen > Al-Maqrizi an Detailreichtum als überlegen erwiesen. Der Autor hat aus bekannten Quellen (u.a. > Ibn Kathir, > Bybar) und einer Vielzahl verloren gegangener Quellen geschöpft.

Deutsche Übersetzung der Übersetzung aus dem Arabischen ins Italienische von F.

Gabrieli einiger Auszüge (Gescheiterte ägyptische Invasion Zyperns, 1271); siehe BIBLI-
OGRAPHIE (Gabrieli, F.; 1957).

## Al-Azdi (> Abu Mikhnaf)

## Al-Baladhuri, Ahmad Ibn Yahya (Baladori; Biladuri)
Iranischer Geschichtsschreiber (? bis 892).
Lebte in Syrien und in Bagdad, wo er starb. Er war ein Bewunderer der Araber.
Sein Werk *Kitab Futuh al-Buldan* („Buch der Eroberung der Länder") beschreibt die arabischen Eroberungsfeldzüge und zwar sowohl die nach Westen (Ägypten, Nordafrika, Spanien) als auch die nach Osten (Irak, Iran und Sind), also den Zeitraum von 629 bis 714. Eine seiner Quellen war das Werk *Dschambahar an-masab* des > Ibn al-Kalbi.
Al-Baladhuri gilt als sehr zuverlässige Quelle.
> Englische Übersetzung (Phillip Hitti; F.C. Murgotten): *The Origins of the Islamic State*; New York; 1916, 1924.
>
> Englische Übersetzung: Elliot, H. M., John Dowson: *The History of India, as Told by Its Own Historians. The Muhammadan Period*; Vol. 1; Trübner & Co.; London; 1867 bis 1877. Nachdruck Adamant Media Corporation; 2000.
> Online: http://archive.org/stream/cu31924024066593#page/n5/mode/2up

## Al-Baydhaq (> Mohammad Abu Bakr al-Baydhaq)

## Al-Biruni, Mohammad Ibn Ahmad (Alberuni; Abu Raihan)
Iranischer Naturwissenschaftler und Geschichtsschreiber choresmischer Abstammung (973 bis 1048).
In Birun [41 39N 60 18E] (Vorort von Kath, in der mitteliranischen Region Choresmien, Uzbekistan) geboren. Trat als Wissenschaftler in die Fußstapfen seines bedeutenden Landsmanns >Al-Chwarizmi. Al-Biruni diente diversen regionalen Herrschern. Zwischen 1022 und 1026 begleitete er den türkischen Sultan Mahmud von Ghazni als dessen Hofastrologe auf dessen Eroberungszüge nach Nordindien; erlernte dort während seines mehrjährigen Aufenthalts Sanskrit und sammelte indische Werke, von denen er einige ins Arabische übersetzte.
Außer naturwissenschaftlichen Werken veröffentlichte er auch historische Werke.
In seinem um 1000 (im Alter von 27 Jahren) verfassten geschichtlichen Sammelwerk *Al-Athaar al-Baaqia fil-Umamil Khalia* („Buch der Hinterlassenschaften früherer Jahrhunderte") oder kurz *Atar Al-Babia* („Chronologie der alten Nationen") stellte er kaleidoskopartig eine Vielzahl von Informationen zusammen, die dem Vergleich verschiedener Kulturen und Epochen dienen: Kalender, Feiertage, Datierungssysteme, Namen von Monaten, Königslisten, Propheten (die von Mohammed abgesehen, Pseudo-Propheten genannt werden) und dergleichen mehr.
Seine Geschichte Indiens (*Kitâb tarich al-Hind*), auch „*Indica*" genannt, ist in Wirklichkeit eine Beschreibung der indischen Kultur, von der sich der Autor sehr angezogen fühlte.
Seine „Geschichte des Mahmud von Ghazni und dessen Vaters (Sebük Tigin)" deckt den Zeitraum von 975 bis 1030 ab.
Die Geschichte seiner Heimat Choresmien *Kitab al-musamara fi akbar Kvarazm* („Buch nächtlicher Gespräche über Angelegenheiten von Choresmien"), ist eine wichtige Quelle zur Geschichte dieser Region.
> Artikel von D. Pingree in der Encyclopaedia Iranica online: http://www.iranicaonline.org/articles/atar-al-baqia-an-al-qorun-al-kalia-the-chronology-of-ancient-nations-by-

biruni
Englische Übersetzung (C.E. Sachau) des Al-Athaar: *The chronology of ancient nations*; 1878. Faksimile-Ausgabe von Book on Demand.
Englische Übersetzung der Geschichte Indiens: Elliot, H. M., John Dowson: *The History of India, as Told by Its Own Historians. The Muhammadan Period;* Band 2; Trübner & Co.; London; 1867 bis 1877. Nachdruck Adamant Media Corporation; 2000. Online: http://archive.org/stream/cu31924073036729#page/n5/mode/2up

## Al Busrawi (> Ibn Kathir Al Busrawi Imad ad-Din)

## Al-Chwarizmi, Muhammad ibn Musa

Choresmischer Universalgelehrter (auch Geograph) (ca. 780 bis ca. 859).

Vermutlich in Choresmien geboren, lebte er in Bagdad.

Eminenter Mathematiker, führte er mit seinem um 825 verfassten Werk *Kitab al-Dschamwa-l-trafiqbi-hisabal-hind* („Über das Rechnen mit indischen Ziffern") das Dezimalsystem in die arabische Welt ein, von wo aus es die westliche Kultur erreichte. Sein ebenfalls auf indisches Wissen aufbauendes Astronomiebuch *Kitab al-muchtasar fi hisab al-dschabr wa-l-muqabala* („Rechnen durch Ergänzung und Ausgleich") enthält u. a. die Beschreibung der Sinus-Funktion. Der Begriff „Algorithmus" geht auf seinen Namen zurück.

Sein 833 vollendetes geographisches Werk *Kitab surat al-ard* („Buch über das Bild der Erde") ist eine Art Aktualisierung des Werks des > Ptolemaois und enthält die geographischen Koordinaten von 2.400 Ortschaften und smit ein wichtiges Dokument der historischen Geographie Asiens.

Hubert Daunicht: *Der Osten nach der Erdkarte al-Ḫuwārizmīs: Beiträge zur historischen Geographie und Geschichte Asiens*; Universität Bonn; 1968.

## Al-Dhahabi, Mohammed Ibn Ahmad

Syrischer Religionswissenschaftler und Geschichtsschreiber turkmenischer Abstammung (1274 bis 1348).

In Damaskus geboren. Sein Vater war ein Goldschmied (Dhahab). Er studierte und spezialisierte sich in muslimischer Exegese („Hadith"). Er bereiste Syrien und Ägypten und starb in Damaskus.

Neben vielen Werken über die Hadith und Biographien berühmter Autoritäten der Hadith ist sein Hauptwerk das monumentale (18.000 Seiten in 26 Bänden umfassende) *Tarich al-islam wa-wafayat al-maschahir wal-alam* („Geschichte des Islam und das Leben der Prominenten und Gelehrten"). Es ist dies eine Chronologie von Mohammed (geboren 570) bis zum Jahr 1300; in der jedem Berichtsjahr eine Biographie angehängt ist.

Al-Dhalabi verfasste auch eine Kurzfassung seiner Chronik unter dem Titel *Al-ibar fi chabar man ghabar.*

Die Chronik des Al-Dhalabi wurde von > Al-Sakhawi bis zum Berichtsjahr 1388 erweitert.

Von den Werken des Al-Dhahabi gibt es keine Übersetzung in eine europäische Sprache.

## Al-Dschauzi (> Ibn al-Jawzi)

## Al-Jawzi, Sibt ibn (> Sibt ibn al-Jawzi)

## Al-Jawzi, Abul Faraj Ibn (> Ibn al-Jawzi)

## Al-Madaini, Ali ibn Muhammad

Irakischer Theologe und Geschichtsschreiber (ca. 752 bis ca. 840).
In Basra geboren. Lebte in Al-Madain [33 07N 44 35E] (50 km SO von Bagdad, Irak) (davon sein Übername) und in Bagdad, wo er starb.
Spätere Autoren schöpften aus seinem Werk, darunter > Al-Tabari.

## Al-Mansuri, Baybar

Ägyptischer Geschichtsschreiber (ca. 1247 bis ca. 1325).
Vermutlich im Osten der damaligen islamischen Welt aus vermutlich mongolischer Familie geboren, kam er 1261 als mameluckischer Soldat nach Kairo, wo er zum Range des zweiten Manns im Staate (unter dem nicht mit ihm zu verwechselnden Sultan Rukn ad-Din Baybars II.) avancierte, bis er 1312 in Ungnade fiel und fünf Jahre im Gefängnis verbrachte.
Seine islamische Zeitgeschichte *Zubdat al-fikra fi tarikh al-hijra* reicht bis zum Jahr 1324. Er schrieb auch eine bis 1311 reichende Geschichte der Mamelucken (*al-Tuhfa al-mukukiyya*).

Artikel von D. Richards in: Kennedy, H. (Hrsg.): *The Historiography of Islamic Egypt*; Koninklijke Brill; Leiden; 2001.

## Al-Maqdisi (> Al-Muqadassi)

## Al-Maqrizi/Makrizi, Mohammad Taqi ad-Din

Ägyptischer Geschichtsschreiber (ca. 1364 bis ca. 1442).
Als Sohn eines aus Syrien (Baalbek) eingewanderten Lehrers in Kairo geboren. Einer seiner Lehrer war > Ibn Khaldun.
Al-Maqrizi verfasste über 200 Werke, fast alle die Geschichte Ägyptens betreffend, darunter:

- *Mawaiz wa al-'i'tibar bi dhikr al-khitat wa al-'athar*, eine topographisch-historische Beschreibung von Ägypten;
- *Kitab as-suluk fi marifat tarih al-muluk* alias *Al-Selouk Leme'refatt Dewall al-Melouk*, ("Buch des Fortschreitens zur Kenntnis der Geschichte der Könige") eine Geschichte der Ayyubiden und Mamelucken (Berichtszeitraum 1181 bis ca. 1440). Sie wurde von seinem Schüler > Ibn-Taghribirdi bis zum Berichtsjahr 1469 verlängert; sein Landmann und Zeitgenosse > Al-Ayni hat ein ähnliches Werk verfasst, ebenso > Ibn Al-Furat. Das Werk ist für die Interventionen der Kreuzritter in Ägypten und ihre Vertreibung aus dem Nahen Osten durch die Mamelucken bedeutsam.
- *Ette'aaz al-honafa be Akhbaar al-A'emma Al Fatemeyyeen Al Kholafaa*, eine Geschichte der Fatimiden;
- *Al-Muqaffa*, eine Enzyklopädie wichtiger ägyptischer Persönlichkeiten; „nur" die ersten 16 Bände (schätzungsweise ein Fünftel) wurden erstellt.

Drei Artikel von A.F. Sayyid bzw. A. Levanoni bzw. I. Perho in: Kennedy, H. (Hrsg.): *The Historiography of Islamic Egypt*; Koninklijke Brill; Leiden; 2001.
Französische Übersetzung (M. Quatremère) der Geschichte der Mamelucken: *Histoire des Sultans Mamlouks de l'Égypte*; 2 Bände; Paris; 1865. Im Internet werden davon Faksimile-Nachdrucke angeboten.
Deutsche Übersetzung der Übersetzung aus dem Arabischen ins Italienische von F. Gabrieli einiger Auszüge (Wortlaut von zwischen Louis IX. und Sultan al-Malik während

des 6. Kreuzzugs ausgetauschten Noten; Fall von Tripolis, 1289): siehe BIBLIOGRAPHIE (Gabrieli, F.; 1957).

## Al-Marrakushi (> Abdelwahid al-Marrakushi)

## Al-Masudi, Ali

Irakischer Geograph und Geschichtsschreiber (896 bis 956). Zeitgenosse des > Abu Bakr bin Yahya al-Suli.

In Bagdad (Irak) aus arabischer Familie geboren, bereiste er den Nahen und den Mittleren Osten bis Indien (nach einer Theorie erreichte er sogar China) und starb in Kairo.

Er kombinierte die Beschreibung von „Land und Leuten" mit Geschichte und wird deshalb der „arabische Herodot" genannt. Sein fünfbändiges Hauptwerk *Murudusch adh-dhababwa maadinal-dschaubar* („Die Goldwiesen und Edelsteingruben") ist eine Weltgeschichte bis zum Jahr 947. Darin spricht er außer der politischen Geschichte auch Themen der Geographie, Philosophie und Wissenschaft an und erwähnt äußerst interessante Details.

Al-Masudi hatte noch Zugriff auf den Atlas des > Marinos von Tyros, den er zitierte.

> Deutsche Übersetzung (Gernot Rotter, Hrsg.): *Bis zu den Grenzen der Erde. Auszüge aus dem „Buch der Goldwäschen"*. Tübingen & Basel 1978

## Al-Muhassin (> Hilal al-Sabi)

## Al-Muqadassi (Al-Maqdisi), Shams Aldin

Arabischer Geograph (ca. 945 bis ca. nach 988).

In Jerusalem geboren, bereiste er die damalige islamische Welt und hielt sich länger in Shiraz und Aleppo auf.

Veröffentlichte um 988 ein Geographiewerk *Ahsan at-taqasim fi marifat il-aqali* („Die beste Aufteilung, für die Kenntnis der Länder") für die damaligen islamischen Länder (darunter Sizilien), in dem er nicht nur die Länder beschrieb, sondern auch die Bevölkerung und deren Kultur.

> Englische Übersetzung (Basil Collins): Al-Muqaddasi, *The Best Divisions for Knowledge of the Regions - Ahsan al-Taqasim fi Ma'rifat al-Aqali*; Garnet Publishing; Reading; 1994 /2000).

## Al-Musabbihi, Al-Mukhtar

Ägyptischer Geschichtsschreiber (977 bis 1030).

In Fustat (Alt-Kairo) geboren; verbrachte er dort sein Leben.

Sein Werk *Al-Juz al-arbaun min Akhbar Misr* oder kurz *Akhbar Misr* („Chroniken Ägyptens") enthält eine Geschichte der Herrschaft der Fatimiden über Ägypten bis zur Gegenwart des Autors (ca. 977 bis 1029); erhalten geblieben ist nur der Abschnitt des Jahres 1024.

## Al-Nuwayri, Shihab Al Din Ahmad

Ägyptischer Geschichtsschreiber (1279 bis 1333).

In Kairo von einer aus al-Nuwayra in Oberägypten stammenden Familie geboren.

Zusätzlich zu einer der bedeutendsten Enzyklopädien seiner Zeit *Nihayal al-arab fi fonoun al-adab* („Alles über die Wissenschaften und Literatur") verfasste er zwei Geschichtswerke:

- „Chronik von Syrien": sie beschreibt die Eroberung Syriens durch die Mongolen
- „Geschichte der Almohaden Spaniens und Afrikas ab deren Eroberung der Stadt Marrakesch": sie behandelt den Zeitraum von 1147 bis 1269.

    Artikel von R. Amitai in: Kennedy, H. (Hrsg.): *The Historiography of Islamic Egypt*; Koninklijke Brill; Leiden; 2001.

## Al-Qadi al-Numan

Tunesischer Jurist und Geschichtsschreiber (bis 974)

In Ifriqiya (heutiges Tunesien und Ost-Algerien) geboren. Zog in das von den Fatimiden eroberte Kairo um, wo er starb.

Außer seinem Lebenswerk *Daaim al-Islam* („Die Säulen des Islam"), eine Art Handbuch des islamischen Rechts, verfasste er eine Zeitgeschichte *Kitab iftitah al-dawa wa-ibtida al-dawla* („Buch des Sendungsbeginns und der Etablierung der Dynastie"), welche den Aufstieg der Fatimiden ab ihrer Untergrundtätigkeit im Jemen (ab ca. 880) bis zum Berichtsjahr 957 schildert.

## Al-Qutia (> Abu Bakr Ibn Al-Qutia)

## Al-Sabi (> Hilal al-Sabi)

## Al-Sakhawi

Ägyptischer Theologe und Geschichtsschreiber (1428 bis 1497).
In Kairo geboren. Starb in Medina.

Neben vielen theologischen Werken und einer monumentalen Sammlung von Biographien (über 12.000) verfasste er eine Fortsetzung der Chronik von > Al-Dhahabi für die Berichtsjahre 1300 bis 1388 sowie eine Fortsetzung der Geschichte der Mamelucken von > Al-Maqrizi.

## Al-Suyuti, Jalaluddin „Ibn al-Kutub" („Sohn der Bücher")

Ägyptischer Theologe und Geschichtsschreiber (1445 bis 1505).

In Kairo geboren. Sein Vater war persischen Ursprungs und in Asyut (Oberägypten) geboren. Als Waise aufgewachsen. Mit 8 Jahren konnte er bereits den gesamten Koran auswendig.

Unter den Hunderten von Büchern, die er veröffentlichte, ist historiographisch das relevanteste seine Geschichte der Kalifen (*Tarikh al-khulafa*). Sie reicht vom Tod des Propheten (632) bis in die Gegenwart des Autors (1497). Seine Quellen waren u. a. > Al-Dhahabi, > Ibn Kathir, > Ibn Asakir und > Ad-Dinawari.

    Englische Übersetzung: *Tarikh al-khulafa*; Calcutta; 1881. Nachdruck: Oriental Press; 1970.
    Englische Übersetzung des Auszugs über die ersten vier Kalifen: *Jalal ad-Din as-Suyuti: The History of the Khalifas Who Took the Right Way*; Ta-Ha Publishers Ltd (www.taha.co.uk); 3rd Revised edition; 2008.

## Al/At-Tabari, Abû Dscha'far Muhammad Ibn Dscharir/Jarit Ibn Yazid

Iranischer Theologe und Geschichtsschreiber arabischer Sprache (839 bis 923).

In Amol [36 28N 52 21E] (Tabaristan, Südküste des Kaspischen Meers) aus reicher Landbesitzerfamilie geboren, konnte er Studienreisen durch die gesamte islamische Welt durchführen, auf denen er bei bedeutenden Gelehrten seiner Zeit studieren und wertvolles Quellenmaterial einsehen konnte. Er ließ sich dann in Bagdad nieder, wo er sich bis zu seinem Tod den Wissenschaften widmete.

Er schrieb einen der bis heute renommiertesten Kommentare zum Koran.

Sein 39-bändiges, annalenmäßig aufgebautes, Hauptwerk *Tarich ar-rusul wa-l-muluk wa-l-chulafa* („Geschichte der Propheten, Könige und Kalifen") ist eine die islamische Welt fokussierende Universalgeschichte von der Schöpfung, über die Propheten der Bibel bis zum Berichtsjahr 915. Trotz der weitgespannten Intention enthält das Werk äußerst wertvolle Detailinformationen über die Sasaniden (u. a. über die im Jahr 260 bei Edessa von römischen Kriegsgefangenen durchgeführten Bauarbeiten). Seinen islamischen Zeitgenossen brachte er die Sasaniden dadurch näher, indem er sie als gottgesandte Vorbereiter des Islams darstelle. Auch wird eingehend über die islamische Expansion bis zu den Abassiden und den gegen sie gerichteten großen Sklavenaufstand in Mesopotamien (868 bis 883) berichtet, für den er die einzige Quelle ist.

Al-Tabari schöpfte aus den (heute zum Teil verloren gegangenen) Werken von islamischen Chronisten wie > Ibn Saad-ishaq; Al-Zuhri; > Wakidi/Waqidi, > Abu Mikhnaf, > Al-Madaini, > Sayf ibn Umar.

Spätere Autoren wie > Hafez-e Abru und > Ibn al-Athir haben aus seiner Universalgeschichte geschöpft. > Ibn Meskavayh setzte sie bis zum Berichtsjahr 982 fort.

Al-Tabari ist einer der größten islamischen Geschichtsschreiber. Er hat den eng auf den Islam und auf dessen arabische Wurzeln eingeengten Horizont der islamischen Welt dadurch erweitert, dass er die vorislamische Zeit in Erinnerung gebracht und auf die Mißstände des islamischen Sklaventums hingewiesen hat.

Englische Übersetzung (durch diverse Übersetzer): *The History of Al-Tabari: 39 Bände + 1 Indexband (XL)*; Suny Series in Near Eastern Studies; State University of New York Press; 1985 bis 1999.

## Al-Udri (El-Odsri)

Andalusischer Geograph und Geschichtsschreiber (1003 bis 1085).

In Dalias (Andalusien) [36 53N 3 00W] aus einer Familie mit westgotischen und jemenitischen (Stamm der Udra) Vorfahren geboren. Führte längere Studienaufenthalte in Mekka, Cordoba und Zaragoza durch. Er starb in Almeria.

Schrieb die Geschichte des von ihn 1014 erlebten Machtkampf in Almeria (*Tarsi al-ajbar*). Seine „Geographie" beschreibt die nördliche Hälfte des damaligen al-Andalus und geht auch auf seine Geschichte ein.

## Al-Utbi, Abu Nasr Muhammad (Otbi)

Iranischer Hofbeamter und Geschichtsschreiber arabischer Sprache (ca. 961 bis ca. 1038).

Vermutlich in Ray [39 35N 51 25E] (heutiger Vorort von Teheran, 15 km südlich davon, vormaliges religiöses Zentrum der Meder) geboren. Avancierte in der Verwaltung der Samaniden zum Postmeister von Nishapur. Diente nach dem Zerfall der Samaniden bis 977 dem Emiren Sebüktigin (dem Gründer der Ghaznaviden) und ab 999 dem Nachfolger Mahmud mit dem Übernamen „Yamini" („die Rechte Hand" des Kalifen von Bagdad).

Al-Utbi verfasste um 1020 *Kitab-i-Yamini*, eine Geschichte der Regierung von Mahmud Yamini, die den Zeitraum von 963 bis ca. 1030 abdeckt. Darin wird in brillantem und realistischem Erzählstil über Ereignisse berichtet, für die das Werk zum Teil die einzige Quelle ist. Der Autor berichtet u. a. über die gezielten Tempelplünderungen und Verwüstungen, mit denen die Verbreitung des Islams in Vorderindien vorbereitet worden ist. Das Werk wurde von > Ebn Fondoq fortgesetzt. Um 1207 wurde es ins Persische übersetzt.

> Artikel von Ali Anoshaahr in Encyclopaedia Iranica. Online: http://www.iranicaonline.org/articles/otbi-abu-nasr-mohammed
> Englische Übersetzung aus der persischen Übersetzung (James Reynolds): *The Kitab-I-Yamini: Historical Memoirs Of The Amir Sabaktagin And The Sultan Mahmud Of Ghazna by Al Utbi*; 1858. Faksimile-Nachdruck: Kessinger Publishing; 2007.
> Englische Übersetzung: Elliot, H. M., John Dowson: *The History of India, as Told by Its Own Historians. The Muhammadan Period;* Vol. 2; Trübner & Co.; London; 1867 bis 1877. Nachdruck Adamant Media Corporation; 2000.
> online: http://archive.org/stream/cu31924073036729#page/n5/mode/2up

## Al-Wakidi / Al-Waqidi, Mohammed ibn Omar

Arabischer Beamter und Geschichtsschreiber (747 bis 823).

In Medina geboren. Übte in Bagdad das Amt des Kadi (Richter) aus und starb dort.

Von seinen Werken ist nur das Buch *Kitab el Maghazi* („Buch der Feldzüge des Propheten") erhalten, das also den Zeitraum von 622 bis 630 abdeckt.

Viele Informationen seiner Werke sind in das Werk seines Schülers und Assistenten > Ibn Sa(a)d eingeflossen.

Unter dem Namen Wakidis wurden in späteren Jahrhunderten historische Romane über die islamischen Eroberungszüge veröffentlicht.

## al-Yaqubi Ibn-Wadih (> Ibn-Wadih, al-Yaqubi)

## Al-Zuhri (> Al/At-Tabari)

## Albeldensische Chronik (Chronicon Albendense)

Eine in Oviedo am Hofe Alfons III. von Asturien (dieser regierte von 866 bis 910) verfasste Chronik. Die Zielsetzung war, das Königreich von Asturien als legitimen Nachfolger des Westgotischen Reichs zu dokumentieren. Nach einer Zusammenfassung der Eckdaten des Römischen Reichs und des Westgotischen Reichs (bis 711) wird die Geschichte Asturiens bis 883 behandelt. Der moderne Name stammt vom Fundort eines Manuskripts, dem Kloster von Albelda de Iregua (La Rioja, Spanien). Ein wesentliches Dokument für die mittelalterliche Geschichte Spaniens.

> Latein Text mit franz. Übersetzung (Y. Bonnaz): *Chroniques asturiennes*; Paris 1987

## Albert von Aachen (Aix)

Deutscher Kirchenmann und Geschichtsschreiber des 12. Jh.

Über seine Herkunft und Leben ist so gut wie nichts bekannt, außer dass er Erzbischof von Aachen war.

Sein zwischen 1125 und 1150 verfasstes 12-bändige Werk *Historia Hierosolimitanae expeditionis* („Geschichte des Feldzugs nach Jerusalem") beschreibt den Zeitraum von 1095 bis 1121. Es ist für den Volkskreuzzug (1096) die einzige Quelle und für den 1. Kreuzzug sowie die Zeit bis 1121 eine der wichtigsten.

Selbst kein Kreuzfahrer, bezog er seine Informationen aus den > „Gesta Francorum" und aus Augenzeugenberichten. Dabei flossen auch Sagen ein.

Auf seinem Werk baute > Wilhem von Tyros auf.

> Deutsche Übersetzung (H. Hefele): Albert von Aachen: Geschichte des 1. Kreuzzugs; 2 Bände; Jena; 1923.
> Lateinischer Quelltext und englischer Übersetzung (S.B. Edgington): Albert of Aachen: Historia Ierosolimitana; Oxford University Press; Oxford, 2007.
> Französische Übersetzung (F. Guizot): Albert d'Aix. Histoire des croisades (1095-1120); Tome 1 Livres I à V; Tome 2 Livres VI à XII; Éditions Paleo; Clermond-Ferrand; 2011.
> Schmale, Franz-Josef, „Albert von Aachen", in: Neue Deutsche Biographie 1 (1953), S. 133-134 [Online-Fassung]; URL: http://www.deutsche-biographie.de/pnd118647598.html

## Albertino Mussato

Italienischer Politiker, Poet und Geschichtsschreiber (1261 bis 1329).

In Padua als uneheliches Kind eines gewissen Viviano del Musso geboren, diente er sich vom Bücherabschreiber für Studenten zum Notar und Stadtrat hoch. Der Literatenkreis, dem er angehörte, bereitete den Boden für Petrarca vor. Er starb im Exil in Chioggia.

Albertino veröffentlichte zwei Geschichtswerke: um das Jahr 1315 eine 16-bändige Geschichte des Italien-Feldzugs Heinrichs VII. von Luxemburg (*Historia Augusta de gestis Henrici VII Caesaris*) und im Jahr 1321 eine 14-bändige Geschichte Italiens nach Heinrich VII., d. h. nach 1313 (*De gestis Italicorum post Henricum VII Caesarem*); insgesamt decken seine Werke also den Zeitraum von ca. 1310 bis ca. 1320 ab.

> Eine deutsche Übersetzung findet sich in: Friedensburg, W. (Hrsg.): *Geschichtsschreiber der deutschen Vorzeit* (GDV) 79/80; Leipzig; 1898.
> Lateinischer Quelltext und deutsche Übersetzung auf CD-ROM mit Abfrage-Software: Müller, Th. (Herausgeber): *Quellensammlung zur mittelalterlichen Geschichte – Zweite Fortsetzung – Continuatio secunda fontium medii evi*; MA II; Verlag Heptagon; Berlin; 2008.

## Alberuni (> Al-Biruni)

## Alexander Polyhistor (> Lucius Cornelius Alexander Polyhistor)

## Alexander von Telese (Alessandro di Telese; - Telesino; Alexandrus Telesinus)

Süditalienischer Kirchenmann und Geschichtsschreiber (ca. 1090 bis 1143).

War Abt des Benediktinerklosters San Salvatore Telesino bei Benevent [41 14N 14 30E].

Verfasste eine Biographie Rogers II. von Sizilien mit den Titeln *Ystoria Rogeri regis Siciliae Calabriae atque Apuliae* oder *De rebus gestis Rogerii Siciliae regis (1127-1135)*. Sie berichtet über die Jahre 1127 bis 1136. Im Auftrag des Königshauses verfasst, ist sie diesem wohl gesonnen.

Sein Werk muss mit jenem seines Zeitgenossen > Falco von Benevent gegengelesen werden, der aus der Sicht der von den Normannen entmachteten Langobardenfürsten Süditaliens berichtet hat.

> Lateinischer Quelltext online: *Alexander Telesinus: De rebus gestis Rogerii Siciliae regis (1127-1135)*
> http://www.uan.it/alim%5Cletteratura.nsf/%28volu-miID%29/08F240BA3FB34BD7C1256FDC00293269!opendocument&vs=Autore
> Übersetzung ins Englische (G. Loud) online: *Alexander of Telese, The Deeds Done by*

*Roger of Sicily*; Leeds Medieval History Texts in Translation Website; University of Leeds. (http://www.leeds.ac.uk/history/weblearning/MedievalHistoryTextCentre/medieval-Texts.htm)
Übersetzung ins Italienische (R. Matarazzo): *Alessandro di Telese, Storia di Ruggero II*; Arte tipografica; Napoli; 2001; (Thesaurus rerum Beneventanarum 3)
Übersetzung ins Italienische (V. Lo Curto): *Alessandro di Telese, Ruggero II re di Sicilia*, Ed. Ciolfi; Cassino; 2003; (Collana di studi storici medioevali 9).

## Alfonso de Palencia

Kastilischer Humanist und Geschichtsschreiber (1423 bis 1492).

Vermutlich in Burgos de Osma (Soria) geboren, aus einer zum Katholizismus konvertierter jüdischen Familie. Nach mehrjährigem Bildungsaufenthalt in Florenz und Rom wurde er Hofchronist des kastilischen Königs Enrique IV. (Vorgänger und Bruder der Isabel la Católica, an dessen Hochzeitsverhandlungen mit Fernando II. de Aragón er mitwirkte). Er setzte unter Isabel I. die Funktion des Hofchronisten fort (und führte für sie diplomatische Missionen durch), bis er 1480 in Ungnade fiel. Er starb in Sevilla während der Arbeiten an seinen Werken.

Sein historisches Hauptwerk ist die auf Latein verfasste spanische Zeitgeschichte *Gesta Hispaniensia ex annalibus suorum diebus colligentis*, die von spanischen Historikern kurz *Décadas* (Jahrzente) genannt wird, weil der Autor das Werk in der Art des Titus Livius strukturiert hat. Es deckt den Zeitraum von ca. 1454 bis 1481 in 36 Bänden ab.

Sein zweites historisches Werk, die *Anales de la Guerra de Grenada* (Annalen des Grenada-Kriegs), behandelt den Zeitraum von 1482 bis 1482.

Er verfasste auch andere Werke, darunter das erste kastilische Wörterbuch, eine Sammlung von Toponymen und Allegorien.

Trotz seiner reaktionären Ansichten (er kritisiert Enrique IV. wegen zu rücksichtsvoller Vorgehensweise gegen die Mauren) ist sein Werk eine gewissenhafte Sammlung von Informationen des Berichtszeitraum, die wichtigste überhaupt.

Der lateinische Quelltext der ersten 30 Bände der Gesta ist nie veröffentlicht worden und kann nur in den wenigen vorhandenen Manuskripten eingesehen werden. Zwischen 1904 und 1908 wurde unter dem Titel *Crónica de Enrique IV* eine Übersetzung ins Spanische veröffentlicht.

Die 1971 auf Latein und Spanisch veröffentlichten letzten 6 Bänder werden *Cuarta Década* („Viertes Jahrzehnt") genannt: Lopez del Toro. J.: *Cuarta Década de Alonso de Palencia*; Real Academia de la Historia; Madrid; 1971.

## Alimentus (> Cincius Alimentus)

## Alpert/Albert von Metz (Alpertus Mettensis)

Deutscher Benediktinermönch und Geschichtsschreiber (? bis nach 1024).

Lebte in den Klöstern Skt. Symphorion (Metz) und Amersfoort (Utrecht). Er verfasste um 980 eine Geschichte der Bischöfe von Metz *(De episcopis Mettensibus libellus)* und arbeitete bis kurz vor seinem Tod an einer Zeitgeschichte *De diversitate temporum* („Über den Wandel der Zeiten").

Seine Werke sind wichtige Quellen zur Geschichte der Nachfolgestaaten des Karolingerreichs, vor allem des westlichen und mittleren Teils, für den Zeitraum von 980 bis 1021, besonders zum Italienzug Ottos II. (980 bi 983) und die Ereignisse in Lothringen (1012 bis 1018).

Niederländiche Übersetzung: Hans van Rij, Sapir Abulafia (editors) (1980) Gebeurtenissen van deze tijd; Een fragment over bisschop Diederik I van Metz; De mirakelen van de

heilige Walburg in Tiel.
Plechl, Helmut, „Alpert von Metz", in: Neue Deutsche Biographie 1 (1953), S. 204 f. [Onlinefassung]; URL: http://www.deutsche-biographie.de/pnd100935834.html

## Altan Debter (Goldenes Buch)

Eine Geschichte der von Tschingis Khan gegründeten Dynastie mit dem mongolischen Titel *Altan Debter* (Buch der goldenen Dynastie). Der Quelltext ist verloren gegangen. Überliefert sind aber eine 1263 verfasste chinesische Version *Chengwu xin zhenglu* (Bericht über die Kriege des Heiligen Kämpfenden Reichs) und eine 1303 von > Rashid ed Din verfasste persische Version (der bereits beklagte, das der ihm vorliegende Quelltext Lücken aufweist), die er in den ersten Teil seiner Universalgeschichte einbaute. Inhaltlich besteht eine große Übereinstimmung mit der > Geheimen Geschichte, was zur (nicht allgemein geteilten) Theorie führte, dass letztere von der ersteren abgeleitet sei.

## Alte Tibetische Annalen

Anfang des 20. Jh. in den Mogao-Grotten bei Dunhuang (Flussoase an der Seidenstrasse, Gansu, W-China) [40 02N 94 48E], auch „Grotten der tausend Buddhas", unter anderen Dokumenten aufgefundene Annalen, die dort vermutlich seit dem 11. Jh. lagerten. Auf einer Papierrolle von ca. 4 m Länge und 0,25 m Breite wurden die Großereignisse Tibets von 650 bis 765 aufgelistet.

Kommentierte englische Übersetzung (Brandon Dotson): *The Old Tibetan Annals*; Verlag der Österreichischen Akademie der Wissenschaften; Wien; 2009.

## Altes Testament (> Tanach)

## Amatus von Montecassino

Vermutlich italienischer Benediktinermönch und Geschichtsschreiber (ca. 1010 bis ca. 1100).

In Salerno geboren, war er Bischof von Capaccio (bei Paestum, Italien [40 25N 15 5E]) und trat von diesem Amt zurück, um sich im Benediktinerkloster von Montecassino der Schriftstellerei widmen zu können.

Neben weiteren Schriften verfasste er um 1080 eine Geschichte der Normannen (*Historia Normannorum*), die den Zeitraum von 1016 bis 1078 erfasst und von der nur eine im 14. Jh. angefertigte Übersetzung ins Altfranzösische (*L'Ystoire de li Normant*) überliefert worden ist.

Auch wenn der Autor die normannischen Eroberungen fokussiert hat (für die es neben > Wilhelm von Apulien und > Gaufredus Malaterra die Hauptquelle ist), lieferte er einige unikale Informationen der Epoche, wie zum Beispiel das Detail, dass es ein Pfeilschuss ins Auge gewesen sei, dem der angelsächsische König bei Hastings erlegen sei.

Englische Übersetzung (P.N. Dunbar): *Amatus of Montecassino, The History of the Normans;* The Boydell Press; Woodbridge; 2004.
Italienische Übersetzung (G. Sperduti): *Amato di Montecassino, Storia dei Normanni*; Ed. Ciolfi; Cassino; 1999.

## Ammianus Marcellinus

Spätrömischer Soldat und Geschichtsschreiber (ca. 330 bis ca. 395). Zeitgenosse des > Aurelius Victor Afer.

In Antiocheia/Antakya (Türkei) aus vornehmer griechischer Familie geboren, trat er mit 20 Jahren In den Militärdienst als Gardeoffizier des Heeresmeisters für den Osten, Ursicinus, ein und begleitete ihn bei dessen Einsätzen in Obergermanien (Niederschlagung des Sezessionsversuchs des Silvanus in Köln von 355) und Syrien (im Jahr 359 entrann er in Amida knapp dem Tod). Nach der Entlassungf des Ursinicus diente er unter dem Cäsar des Westens und dann Kaiser Julian und nahm an dessen Alamannenfeldzug (361) und Persienfeldzug (363) teil, bei dem jener umkam. Ammianus Marcellinus trat unmittelbar danach (mit 33 Jahren) in den Ruhestand, den er zuerst in Antiocheia und ab 380 in Rom verbrachte, sich seinem Geschichtserk widmend. Zwischendurch führte er Reisen zu den Orten des Geschehens durch (u.a. nach Griechenland, Thrakien und Ägypten), die auch den Zweck der Befragung von Augenzeugen hatten.

Sein ca. 392 in Rom in lateinischer Sprache verfasstes Werk dessen Originaltitel vermitlich *Rerum Gestarum XXXI Libri ab excessu Nervae* („31 Bücher der Ereignisse seit dem Tod Nervas") lautete, behandelte in 31 Bänden die Zeit von 96 (Ende der „Historiae" von Tacitus, Ende des Prinzipats Nervas) bis 378 (Tod des Valens in der Schlacht von Hadrianopel). Damit wollte er das Werk des > Tacitus chronologisch fortsetzen. Erhalten sind nur die Bände 14 bis 31 (Zeitraum von 353 bis 378), welche unter dem Titel *Opera quae supersunt* („Die übrig gebliebenen Werke") geführt werden.

Da etwa die Häfte seines Werks verloren gegangen ist und in den erhaltenen Hälfte kaum Angaben zu Quellen enthalten sind, kann über diese nur spekuliert werden. Vermutlich waren dies die Werke von > Cassios Dio, > Herodianus, > Dexippos, > Eunapios von Sardes, die > Ennmannsche Kaisergeschichte, > Aurelius Victor Afer, > Marius Maximus, > Virius Nichomachus Flavianus, die > Leoquelle und > Magnus von Karrhai.

Die Schlachtenschilderungen des Ammianus Marcellinus (vor allem der Belagerung von Amida im Jahr 359) sind packend, weil er der Perspektive eines Feldsoldaten gegenüber der abstrakten Sicht eines Generals den Vorrang gegeben hat, auch wenn dadurch die Erklärung des Ausgangs der Schlacht schwerer fällt. Ammianus Marcellinus streute in seine Schilderung der militärischen Ereignisse ausführliche geographische und ethnographische Exkurse ein, bei denen er aus seiner großen Belesenheit schöpfte.

Ammianus Marcellinus hat sich explizit vorgenommen, den Anspruch auf Objektivität („sine ira et studio" d.h. ohne Voreingenommeneinheit) seines Vorbilds Tacitus aufrechtzuerhalten. Da aber die zwei großen Helden seines Werks (Ursinicus und vor allem Julian) auch seine zwei Vorgesetzten gewesen waren, sind leichte Zweifel an seiner absoluten Objektivität berechtigt, die aber trotzdem als hervorragend eingestuft werden kann. Ammianus Marcellinus gilt neben Prokop zu den bedeutendsten Geschichtsschreibern der Spätantike. Er wünschte sich in den Schlussworten seines Werks wahrheitsliebende und stilvolle Fortsetzer seines Werks. Vermutlich stellten die verloren gegangenen Bücher von > Sulpicius Alexander und > Renatus Profuturos Frigerius Ergänzungen des Werks des Ammianus Marcellinus (bis 392 bzw. 454) dar.

Als Heide war Ammianus Marcellinus der letzte in lateinischer Sprache schreibende Geschichtsschreiber nach antiker (rational reflektierender) Tradition. Die nachfolgenden lateinischen Autoren waren christliche Geschichtsschreiber mit heilsgeschichtlichem Ansatz, bei denen sich alles auf Gottes Fügung reduzierte, was jede andere Ursachenerklärung entbehrlich machte. Für viele ist Ammianus Marcellinus der größte römische Historiker in der auf Tacitus folgenden Epoche.

Metzler Lexikon Antiker Autoren: Artikel von Klaus Rosen.
Lexikon der Alten Welt: Artikel von G. Calboli.
Thompson, E.A.: *The Historical Work of Ammianus Marcellinus*; Univ. Press; Cambridge;

1947.
Deutsche Übersetzung (O. Veh): *Ammianus Marcellinus: Das Römische Weltreich vor dem Untergang*; Artemis; Zürich-München, 1974.
Französische Übersetzung (Th. Savalète) der Bände 14 bis 31: *Ammien Marcellin: Histoire de Rome*; Tome 1 Constance (353-359); Tome 2 Julien (dit l'Apostat) et Jovien (360-364); Tome 3 Valentinien et Valens (364-378); Éditions Paleo; Clermond-Ferrand; 2011.
Englische Übersetzung online: http://www.tertullian.org/fathers/ammianus_00_eintro.htm; http://penelope.uchicago.edu/Thayer/E/Roman/Texts/Ammian/home.html

## Ampelius, Lucius

Römischer Schulbuchautor des 3. oder 4. Jh.

Sein Lehrbuch *Liber memorialis* (Merkbuch) fasst in 50 Kapiteln das Schulwissen seiner Zeit über Kosmologie, Astronomie, Geographie, Mythologie und Geschichte (bis zur Regierungszeit des Kaisers Traianus, gestorben 117) zusammen.

Geographisch teilte er die Welt in die Kontinente Europa, Asien und Libyen (Afrika) ein.

Das Werk enthält neben falschen geschichtlichen Informationen (die auch von späteren Abschriften eingefügt sein könnten) auch einige unikale; so ist er der einzige antike Autor, der den Pergamon-Altar erwähnt.

Deutsche Übersetzung (I. König): *Lucius Ampelius: Liber memorialis - Was ein junger Römer wissen soll*; (Texte zur Forschung 94). 2. Auflage, Wissenschaftliche Buchgesellschaft; Darmstadt; 2011.

## Amyntianus

Hellenistischer Geschichtsschreiber (2. Jh. oder 3. Jh.)

Laut > Photios verfasste er eine Biographie Alexanders für den Kaiser „Marcus" (vermutlich für Marcus Aurelius Severus Antoninus „Caracalla", der ein Bewunderer Alexanders war). Die Fachleute sind sich darüber nicht einig, ob es sich bei dem 1891 in Jerusalem gefundenen großen Fragment einer Alexander-Biographie („Fragmentum Sabbaiticum") um das Werk des Amyntianus handelt.

## Anastasius Bibliothecarius

Italienischer Mönch und Geschichtsschreiber (810 bis 879).

In Rom geboren, lernte Griechisch, wurde 855 von der Faktion Lothars I. als Anastasius III. zum Gegenpapst ernannt. Begnügte sich nach seinem Scheitern mit der Stellung als päpstlicher Bibliothekar (Bibliothecarius). Befasste sich intensiv mit der Frage der Natur des Heiligen Geistes.

Er gab um 875 eine *Chronographia tripartita* („Dreiteilige Chronik"), eine dreiteilige Geschichte des Byzantinischen Reichs heraus, indem er eine Übersetzung der drei zeitgenössischen byzantinischen Werke des > Georgios Synkellos, des > Theophanes Homologetes und des > Nikephoros von Konstantinopel (Patriarchés) anfertigte.

## Anaximenes von Lampsakos

Griechischer Geschichtsschreiber (-380 bis -320).

War neben Aristoteles einer der Lehrer Alexanders des Großen.

Er verfasste drei historische Werke, von denen nur Fragmente überliefert sind: eine hellenische Geschichte (*Helleniká*) von der Theogonie bis -362; eine mindestens 8-bändige Biographie Philipps II. (*Philippiká*); eine Biographie Alexanders.

>   Lexikon der Alten Welt: Artikel von W. Spoerri.
>   Quelltexte der Fragmente: Felix Jacoby (Hrsg.): *Die Fragmente der griechischen Historiker II A*; Berlin; 1926 (Nachdruck: Leiden; 1961); Nr. 72.

## Andrea Dandolo

Venezianischer Doge und Geschichtsschreiber (1306 bis 1354).

Er verfasste in lateinischer Sprache eine Chronik der Republik Venedig (*Cronaca estesa*) bis zum Berichtsjahr 1280. Darin wollte er belegen, dass die Republik Venedig stets rechtens gehandelt habe. Er schöpfte u. a. aus dem Werk des > Diakon Johannes. Seine Chronik wurde von Rafaino de' Caresini bis zum Berichtsjahr 1388 fortgesetzt.

## Andreas von Bergamo (Andreas Bergomas; Andrea di Bergamo)

Italienischer Kirchenmann und Geschichtsschreiber (ca. 850 bis ca. 900).

Sein um 877 verfasstes Werk *Andreae presbyteri Bergomatis chronicon* („Chronik des Pfarrers Andreas von Bergamo"), auch *Adbreviatio de gestis Langobardorum*, ist als Erweiterung der Historia Langobardorum des Paulus Diaconus von 744 bis ca. 877 konzipiert.

Das Werk fokussiert die Geschehnisse in Italien und enthält dazu wertvolle Informationen.

>   Quelltext und italienische Übersetzung (L. A. Berto): *Testi storici e poetici dell'Italia carolingia, in Medioevo europeo*; 3; Padova; 2002, pp. 22-65.

## Andreas von Fleury

Französischer Kirchenmann und Hagiograph (11. Jh.).

Aus adliger Familie der Region von Orleans. War Mönch im Kloster von Fleury an der Loire [47 48N 2 18E] .

Seine um 1043 geschriebene Biographie des Heiligen Benedikt von Nursia (*Miracula Sancti Benedicti*) enthält auch einige unikale politische Informationen, wie den Bericht über die Schlacht von Torá (um 1003). Sein Werk wurde von seinen Klosterbrüdern > Aimoin von Fleury, Rudolphus Tortarius /Raoul Tortaire von Fleury und Hugo/Hugues de Sancta Maria von Fleury fortgesetzt.

>   Französische Übersetzung (Nachdruck der Ausgabe von 1858): De Certain, E. (Hrsg.): Les Miracles de Saint Benoit: Écrits par Adrevald, Aimoin, André, Raoul Tortaire et Hugues de Sainte Marie, moines de Fleury; Adamant Media Corporation; 2001.

## Androtion von Athen

Griechischer Geschichtsschreiber (Attidograph) (ca. -410 bis -340).

Seine 8-bändige Chronik Attikas (*Atthis*) schrieb er im Exil. Sie behandelte den Zeitraum von der Vorgeschichte bis -343. Die wenigen erhaltenen Fragmente sind sehr wertvoll.

> Philochoros von Athen setze auf seinem Werk auf.

Metzler Lexikon Antiker Autoren: Artikel von Boris Dreyer.
Lexikon der Alten Welt: Artikel von W. Burkert.
Quelltexte der Fragmente: Felix Jacoby (Hrsg.): *Die Fragmente der griechischen Historiker II A*; Berlin; 1926 (Nachdruck: Leiden; 1961); Nr. 324.

## Angelsächsische Chroniken (The Anglo-Saxon Chronicles)

Eine vermutlich um 890, vermutlich im Auftrag des Königs Alfreds des Großen, vermutlich in Wessex, vermutlich von einem Mönch in altenglischer Sprache verfasste Chronik der Angelsachsen und ihrer Besiedelung Britanniens, die beim Berichtsjahr 1 einsetzte. Als Vorbild diente vermutlich die ein Jahrhundert vorher verfassten > Annales regni Francorum. Die Urfassung, die bis zum Berichtsjahr 892 reichte, ist verloren gegangen, sie ging aber in die unten beschriebenen Überarbeitungen und Ergänzungen ein, die an verschiedenen Standorten Englands (lokalen Interessen entsprechend) vorgenommen wurden. Deshalb ist unter „Angelsächsischen Chroniken" ein System von lokalen und epochalen Varianten zu verstehen, die auf einen gemeinsamen Kern zurückzuführen sind.

- > John Asser übersetzte die Einträge der Urfassung für die Berichtsjahre 851 bis 887 ins Lateinische und verdoppelte ihren Umfang zu einer (an walisische Leser gerichtete) Biographie des Königs Alfreds des Großen mit dem Berichtszeitraum von 849 bis 893.
- > AEthelweard setzte auf einer bis 892 reichenden Fassung auf und ergänzte sie mit eigenen Einträgen für den Zeitraum bis 975.
- *Winchester Chronicle (Parker Chronicle)*. Die älteste erhaltene Überarbeitung der Urfassung und Fortsetzung bis zum Berichtsjahr 891. Sie wurde in der altenglischen Sprache belassen. Das Werk wurde sukzessive bis zum Berichtsjahr 1070 ergänzt. Ein Manuskript befand sich um 1570 im Besitz des Erzbischofs Matthew Parker von Canterbury.
- *Abingdon Chronicle I*. Um 978 verfasst, Einträge vom Berichtsjahr -60 bis 977.
- *Abingdon Chronicle II*. Um 1050 verfasst, Einträge vom Berichtsjahr -60 bis 1048.
- *Worcester Chronicle*. Um 1050 verfasst, Einträge bis zum Berichtsjahr 1054; die Autoren schöpften u. a. aus > Beda Venerabilis.
- Um 1130 wurden die > Annalen von St. Neols verfasst, wobei die Einträge der Urfassung für den Berichtszeitraum von -60 bis 914 aus Sicht von East Anglia überarbeitet und ergänzt wurden.
- *Peterborough Chronicle (Laud Manuscript)*. In der Abtei Peterborough Abbey [52 34N 14 23W] angefertigt, um das Manuskript zu ersetzen, das durch einen Brand 1116 zerstört worden war; Einträge bis zum Berichtsjahr 1154. Eines der ältesten Dokumente mittelenglischer Sprache.
- *Bilingual Canterbury Epitome*. Sie enthält geraffte Einträge teils in angelsächsischer, teils in lateinischer Sprache, bis zum Berichtsjahr 1001.
- *Easter Table Chronicle*. Ebenfalls in Canterbury verfasst, mit angelsächsischen und lateinischen Einträgen in tabellarischer Anordnung, bis zum Berichtsjahr 1085.

Eine deutsche Übersetzung der Angelsächsischen Chronik ist nicht verfügbar. Englische Übersetzung (M.J. Swanton) mit der Gegenüberstellung der Textvarianten der verschiedenen Manuskripte: *The Anglo-Saxon Chronicle*; Dent; London; 1996. Nachdruck: Routledge; New York; 1998; Online: www.britannia.com/history/docs

## Angiolello, Giovanni Maria

Italienischer Abenteurer, Handlungsreisender und Geschichtsschreiber (1451 bis ca. 1525).

In Vicenza geboren. Er geriet 1470 bei der türkischen Einnahme des venezianischen Stützpunktes Negroponte (bei der sein Bruder fiel) in türkische Gefangenschaft und wurde am türkischen Hof als Schatzmeister eingesetzt. Er kehrte um 1483 nach Vicenza zurück; nach einer Theorie bereiste er in der Folge, vermutlich als Händler, zwei Mal Persien.

Angiolello veröffentlichte mehrere Werke.

- *Come l'anno 1468 io Francesco et Gio. Maria mio fratello degli Anzolelli vicentini partimmo da Vicenza dì 5 agosto per lo viaggio di Negroponte et quello che ne incontrà fino alla ritornata* ist sein Bericht über die Belagerung von Negroponte (1470).
- *Breve narrazione della vita et fatti degli Scià di Persia, Ussun Hassan e Ismaele* („Kurze Erzählung des Lebens und der Taten des Schahs von Persien Uzun Hasan und Ismael") ist eine Zeitgeschichte der Regierung des turkmenischen Fürsten Uzun Hasan, der 1453 von Tarmelan als Statthalter des Westens Irans, Mesopotamiens und des Ostens Anatoliens eingesetzt worden war und sich bis zu seinem Tod (1478) gegen die aufkommenden Osmanen behauptete. Die Zeitspanne des Werkes reicht von 1467 bis 1524.
- Über die Autorenschaft der *Historia Turchesca*, einer Geschichte der Türken für den Zeitraum von 1300 bis 1514, sind die Experten geteilter Meinung; einige betrachten den venezianischen Politiker Daonato da Lezze (der 1526 als venezianischer Gouverneur auf Zypern starb) als den Autor.

    Artikel von A.M. Piemontese in Encyclopaedia Iranica online: http://www.iranicaonline.org/articles/angiolello-giovanni-maria-1451-ca-1525
    Englische Übersetzung online des Negroponte-Berichts: http://angiolello.net/ANGtrans.pdf

## Anna Komnena

Byzantinische Prinzessin und Geschichtsschreiberin (1083 bis 1148).

Tochter des byzantinischen Kaisers Alexios I. Komnenos, der von 1081 bis 1118 regierte. Nach dem Tode ihres Vaters intrigierte sie gegen ihren jüngeren Bruder Johannes Komnenos, um ihren Gemahl, den Geschichtsschreiber > Nikephoros Briennios, auf den Thron zu bringen, obwohl dieser nicht die Ambition dafür hatte. Nach ihrem Scheitern und dem Tod ihres Gemahls (1118) wurde sie mit ihrer Mutter Irene in ein Kloster verbannt, vermutlich in das von ihr gegründete Kloster Theotokos Kechairotomene in Konstantinopel (ungewisse Lokalisierung).

Im Kloster begann Anna Komnena in ihrem 55. Lebensjahr eine fünfbändige Geschichte ihrer Familie und speziell der Regierungszeit des von ihr vergötterten Vaters niederzuschreiben (*Alexias*), dem sie damit ein Denkmal setzen wollte. Das Werk behandelt den Zeitraum von 1069 bis 1118 (Epoche des 1. Kreuzzugs) und ist dafür eine der wichtigsten Quellen. Die *Alexiada* ist darüber hinaus eine der bedeutendsten byzantinischen Geschichtswerke. Ihr Werk wurde von > Johannes Kinnamos bis zum Berichtsjahr 1176 fortgesetzt.

Anna Komnena ist die erste Frau unter den Geschichtsschreibern und wohl die einzige des Altertums und Mittelalters.

    Deutsche Übersetzung (D. R. Reinsch): *Anna Komnene: Alexias*; DuMont, Köln; 1996.
    Englische Übersetzung online: http://www.fordham.edu/halsall/basis/AnnaComnena-Alexiad00.html

## Annalen des Adad-Ninari II.

Sie berichten über die Feldzüge des assyrischen Königs Adad-Ninari II. gegen Babylon, Urartu und die Aramäer im Berichtszeitraum von -911 bis -894.

### Annalen des Anitta

Hethitischer König (um -1725).

Sein in den Ruinen von Nesa [38 51N 35 38E] (bei Kültepe, Zentralanatolien, Türkei) gefundener Bericht behandelt seine und seines Vaters Kriege (-1720 bis -1700). Es ist das älteste hethitische Geschichtswerk und das älteste in einer indoeuropäischen Sprache verfasste Dokument.

> Englische Übersetzung in Chavalas: *The Ancient Near East*.
> Englische Übersetzung online: http://www.hittites.info/translations.aspx?text=translations/historical%2fAnitta+Text.html

### Annalen des Assurnasirpal II.

Die Annalen dieses Königs von Assyrien (er regierte von -833 bis -859) sind das älteste überlieferte ausführliche Dokument (und damit das älteste Geschichtswerk) in neuassyrischer Sprache. Sie berichten in 136 kurzen Absätzen (3-4 Zeilen) über die Feldzüge seiner Regierung und prahlen mit Greueltaten.
Mit den > Annalen des Salmanassar III. setzte sein Sohn die Tradition fort.

> Englische Übersetzung online: http://mcadams.posc.mu.edu/txt/ah/Assyria/Inscra02.html

### Annalen des Hattusili I.

Hethitischer König, regierte von -1586 bis -1556 (Kurze Chronologie).

Die geborgenen Fragmente sind Kopien der Inschrift auf einer verloren gegangenen Goldstatue. Sie behandeln fünf Regierungsjahre, von denen man nicht weiß, ob sie die ersten oder die wichtigsten 5 gewesen sind.

> Englische Übersetzung in: Chavalas: *The Ancient Near East*.

### Annalen des Mursili II.

Hethitischer König, regierte von -1321 bis -1295 (Kurze Chronologie).

Während seiner Regierungszeit wurden die *Annalen des Suppiluliuma I.* (-1344 bis -1320), seines Vaters, und die Annalen der ersten 10 Jahre seiner eigenen Regierungszeit *(Zehnjahresannalen)* verfasst, deren Sachlichkeit (bei aller Parteilichkeit) seiner Zeit um Jahrhunderte voraus war.

> Englische Übersetzung online: http://www.hittites.info/translations.aspx?text=translations/historical%2fDeeds_of_Suppiluliuma.html; http://www.hittites.info/translations.aspx?text=translations/historical%2FAnnals+of+Mursili+II.html

### Annalen des Reiches Lu (> Frühlings-und Herbstannalen)

### Annalen des Salmanassar I.

In den Ruinen von Assur gefundener Bericht des assyrischen Königs Salmanassar I. über die herausragenden Ereignisse (Kriege) seiner Regierungszeit (-1263 bis -1233).

### Annalen des Salmanassar III.

Assyrischer König. Über seine Regierungsjahre (-859 bis -824) berichtete er auf verschiedenen Inschriften, deren Angaben sich weitgehend decken. Darin wird mit sadistischen Greueltaten geprahlt, eigene Erfolge werden überzeichnet.
- *Stele von Kurkh* (British Museum): berichtet über die ersten sechs Regierungsjahre.
- *Schwarzer Basaltobelisk vom Tell Nimrud*. Ein etwa 2 m hoher, um -825 hergestellter Obelisk, der 1864 in den Ruinen von Nimrud (Kalah) in 3 m Tiefe liegend vom britischen Reisenden Austen Henry Layard ausgegraben wurde. Heute im British Museum. Auf den vier Seiten beschreiben je 5 Textfelder in Keilschrift auf insgesamt 190 Zeilen (mit je einem lapidaren Satz) die Feldzüge, die unter Salmanassar III. bis zu seinem 31. Regierungsjahr (zwischen -859 und -830) durchgeführt worden sind. Der Obelisk enthält das älteste erhaltene Bild eines Israeliten (König Jehu von Israel).
- *Bronzebänder der Torflügel des Palastes von Salmanassar III. in Imgur-enlil (Balawat)*, heute im British Museum. Bericht über einige Höhepunkte der ersten 9 Regierungsjahre.
- *Stierinschrift von Calah/Kalah*. Keilinschriften am Sockel von zwei Stierkolossen, die unter dem Schutt von Nimrud gefunden wurden. Sie berichten bis zum 18. Regierungsjahr.

Englische Übersetzung online: http://jewishchristianlit.com/Texts/ANEhist/shalmaneser3.html

## Annalen des Sennacherib

Der assyrische König berichtete über seine Regierungsjahre (-704 bis -681) auf verschiedenen Inschriften, deren Angaben sich weitgehend decken. Darin wird mit sadistischen Greueltaten geprahlt und eigene Erfolge werden überzeichnet.
- *Prisma von Kuyunjik* (Oriental Institute, Chicago): berichtet auf seinen sechs Seitenflächen auf 500 Zeilen spezifisch über seine Feldzüge gegen Babylon und dessen Verbündeten Elam, im Zeitraum -703 bis -691.
- *Felsinschrift von Bavian*. Fokussiert die Zerstörung Babylons durch Sennacherib im Jahr -689.
- *Reliefs von Ninive,* heute im British Museum zu London: sie stellen eine Art Fotoreportage der Eroberungen Sennacheribs dar, darunter die Belagerung von Lachis von -701 ca.

Französische Übersetzung (V. Scheil, H. Pognon): Chroniques d'Assyrie et de Babylone: Annales de Tukulti Ninip II - Inscription de Bavian - Inscriptions du Wadi Brissa; Éditions Paleo; Clermond-Ferrand; 2011.

## Annalen des Tigernach

Von einem irischen Mönch Tigernach, vermutlich des Klosters Clonmacnoise ([53 20N 7 59W], eines der vielen hundert Klöster, die Cromwell in Irland zerstören ließ) im 11. Jh. in irischer Sprache (mit einigen lateinischen Einfügungen) verfasste irische Chronik. Sie deckt den Zeitraum von -807 bis 1178 ab: davon sind die Einträge von -807 bis 360 eine Abschrift des > Eusebios von Caesarea. Nicht erhalten sind die Einträge der Zeiträume 360 bis 488, 766 bis 973 und 1004 bis 1017. Die Einträge am 1089 wurden von einem späteren Autor ergänzt.

Englische Übersetzung (Gearóid Mac Niocaill) online: http://www.ucc.ie/celt/published/T100002A/index.html

## Annalen des Tukulti-Ninutra II.

Diese im Louvre aufbewahrten Annalen berichten über die Regierungsjahre des assyrischen Königs Tukulti-Ninutra II. (-889 bis -884).

Französische Übersetzung (V. Scheil, H. Pognon): Chroniques d'Assyrie et de Babylone: Annales de Tukulti Ninip II - Inscription de Bavian - Inscriptions du Wadi Brissa; Éditions Paleo; Clermond-Ferrand; 2011.

## Annalen von Saint-Bertin (> Annales Bertiniani)

## Annalen von St Neots (East Anglian Chronicle)

Vermutlich in Bury St Edmunds [52 15N 0 43E] (Suffolk, Osten Englands) zwischen ca. 1120 und ca. 1140 verfasste Annalen der Angelsachsen. (in der Klosterkirche von Bury St Edmunds fand 1214 die Versammlung der Barone statt, die zur Magna Carta führte). Das einzige erhaltene Manuskript wurde 1550 in St Neots (Huntingdonshire) [52 14N 0 16W] aufgefunden, davon der moderne Name der Annalen. Der Berichtszeitraum erstreckt sich von -60 bis 914. Der Text (ca. 75 Seiten) lehnt sich an die > Angelsächsische Chronik an, gibt jedoch die Sicht von East Anglia wieder und bezieht fränkische Quellen und Belange stärker ein.

Lateinischer Quelltext: D. Dumville and M. Lapidge (ed.): *The Annals of St Neots with Vita Prima Sancti Neoti*; The Anglo-Saxon Chronicle: A Collaborative Edition 17.; Cambridge; 1984.

## Annalen von Ulster (Annalla Uladh)

Ende des 15. Jh. von Ruaidhri O Luinin auf der Insel Belle Isle im See Lough Erne (Provinz Ulster) [54 28N 7 49W] für den Berichtszeitraum von 431 bis 1489 verfasst und später von anderen Autoren bis 1541 ergänzt. Sie berichten in irischer Sprache über die irische Geschichte des Mittelalters. Sie stellen eine wichtige Quelle über die diversen Überfälle der Wikinger auf Irland dar. Da sie von späteren irischen Quellen im Originalwortlaut zitiert werden, sind sie auch für die Entwicklung der irischen Sprache eine wichtige Quelle.

Es sind vier leicht voneinander abweichende Abschriften erhalten:

- Abschrift der Bibliothek des *Trinity College (Dublin)*. Verschiedene Kopisten. Es fehlen die Berichtsjahre 1102 bis 1108, 1115 bis 1114, 1162 bis 1163, 1374 bis 1378.
- Abschrift der *Bodleian Library (Universität Oxford)*. Verschiedene Kopisten. Es fehlen die Berichtsjahre 1131 bis 1155 und 1307 bis 1315.
- Abschrift der *British Library (London)*. Außer dem Zeitraum 1308 bis 1485 fast durchgängig ins Englische übersetzt, zum Teil mit eigenen Einträgen.
- Auszug der *British Library (London)* in lateinischer Sprache. Deckt nur den Zeitraum von 1200 bis 1296 ab, für den es Informationen aus anderen Quellen einschließt.

Englische Übersetzung ( Mac Airt, Seán and Gearóid Mac Niocaill) des Berichtszeitraums 431 bis 1131: *The Annals of Ulster* (to AD 1131); Dublin Institute for Advanced Studies;, 1983.

## Annalen (> Annales)

## Annalenstein der 5. Dynastie (Royal Annals Stele)

Fragment einer ursprünglich 260x61x6,5 cm großen, um -2300 angefertigten Tafel aus Diorit, mit beidseitig tabellarisch eingemeißelter Abfolge der Pharaonen, ihrer Regierungsjahre, der Nilwasserhöchststände und besonderer Ereignisse (darunter Kriege), von der prädynastischen Zeit bis zur 5. Dynastie (ca.-3050 bis -2345). Der ursprüngliche Standort (Memphis oder Mittelägypten) ist unbekannt. Ebenso ist die Epoche der Herstellung ungewiss.

Das größere Fragment „Stein von Palermo" befindet sich seit 1866 im Museo Archeologico Salinas von Palermo, das zweitgrößere Fragment ist der „Stein von Kairo". Ein noch kleineres Fragment ist das „London-Fragment" im Petrie Museum von London. Zwei weitere, winzige Fragmente werden „Kairo-Fragmente" genannt.

> Kommentierte Wiedergabe aller Fragmente: Toby A.H. Wilkinson: *Royal Annals of Ancient Egypt - The Palermo stone and its associated fragments*; Routledge; London; 2012.

## Annales Altahenses maiores (Die größeren Jahrbücher von Niederaltaich)

Vermutlich um 1080 im Benediktinerkloster Niederaltaich [48 46N 13 2E] (Bayern) verfasste Geschichte des Zeitraums 708 bis 1073. Sie enthält sehr wertvolle Informationen über die Zeit der salischen Dynastie.

Eine der frühesten Quellen, die den Begriff „Deutsches Reich" (imperium teutonicum) verwendet haben.

> Lateinischer Quelltext und deutsche Übersetzung (L. Weiland) in: *Annales Altahenses maiores*; Geschichtsschreiber der deutschen Vorzeit 49.
> Lateinischer Quelltext und deutsche Übersetzung auf CD-ROM mit Abfrage-Software: Bogon, W. (Herausgeber): *Quellensammlung zur mittelalterlichen Geschichte*; MA I; CD-ROM; Verlag Heptagon; Berlin; 1999.
> Lateinischer Quelltext und deutsche Übersetzung auf CD-ROM mit Abfrage-Software: Müller, Th. (Herausgeber): *Quellensammlung zur mittelalterlichen Geschichte – Zweite Fortsetzung – Continuatio secunda fontium medii evi*; MA II; Verlag Heptagon; Berlin; 2008.
> Ehrenfeuchter, E.: *Die Annalen von Niederaltaich – eine Quellenuntersuchung*; Dissertation Göttingen; E.A. Huth; Göttingen; 1870.

## Annales Augustiani

Jahrbücher des Bistums Augsburg, die den Zeitraum von 973 bis 1104 behandeln.

> Deutsche Übersetzung (G. Grandaur): *Die Jahrbücher von Augsburg*; Geschichtsschreiber der deutschen Vorzeit 49; 1893.
> Lateinischer Quelltext und deutsche Übersetzung auf CD-ROM mit Abfrage-Software: Müller, Th. (Herausgeber): *Quellensammlung zur mittelalterlichen Geschichte – Zweite Fortsetzung – Continuatio secunda fontium medii evi*; MA II; Verlag Heptagon; Berlin; 2008.

## Annales Augustiani minores

Jahrbücher des Bistums Augsburg, die den Zeitraum von 1137 bis 1321 behandeln.

## Annales Beneventani (> Chronicon Sanctae Sophiae)

## Annales Bertiniani (Annalen von Saint-Bertin)

Diese Jahrbücher behandeln die Geschichte des Westfränkischen Reichs zwischen den Jahren 830 und 882, in Fortsetzung der > Annales regni Francorum. Sie wurden vom Bischof > Prudentius von Troyes begonnen und nach dessen Tod vom Bischof > Hinkmar von Reims fortgesetzt. Der Name der Annalen bezieht sich auf den Fundort des ältesten erhaltenen Manuskripts, der Abtei Saint-Bertin [30 45N 2 16E] (Nordosten Frankreichs).

Die *Annales Bertiniani* sind das Gegenstück zu den > Annales Fuldenses, die die Ereignisse im Ostfränkischen Reich fokussieren.

> Deutsche Übersetzung (J. Jasmund, W. Wattenbach): *Die Annalen von St. Bertin*; Geschichtsschreiber der deutschen Vorzeit 24.
> Französische Übersetzung: Hincmar: *Annales de l'Europe carolingienne (840-903): Annales de saint Bertin; Annales de Metz; Lettre sur l'organisation du palais*; Éditions Paleo; Clermond-Ferrand; 2011.

## Annales Cambriae (Annalen von Wales)

Um 970 verfasste Chronik der Ereignisse ab der germanischen Invasion Britanniens (ca. 447) bis 954. Sehr stark mit Sagen durchwoben, enthalten sie zwei Hinweise auf den König Artus (Jahr 516 und 537).

> Englische Übersetzung online: www.britannia.com/history/docs

## Annales Casinenses

Chronik der Benediktinerabtei von Montecassino für den Berichtszeitraum 1000 bis 1212.

> Lateinischer Quelltext: Pertz, G.H. (Hrsg.): MG, SS, XIX; Hannover; 1866.

## Annales Cavenses

Chronik der Benediktinerabtei von Cava de' Tirreni [40 41N 14 41E] (Provinz Salerno, Kampanien) über den Berichtszeitraum 569 bis 1318.

> Lateinischer Quelltext: Fulvio Delle Donne (Hrsg.): *Annales Cavenses*; Istituto Storico Italiano per il Medio Evo; Roma; 2011.

## Annales Ceccanenses

Eine in Ceccano (90 km südlich von Rom) oder Umgebung vermutlich um 1217 verfasste Chronik, deren originärer Titel *Chronicon a nativitate Domini nostri Iesu Christi ad annum eiusdem MCCXVII* gewesen ist, aber von den Historikern kürzer mit *Annales Ceccanense, Chronicon Ceccanese* bzw. *Chronicon Fossae Novae* benannt wird. Sie deckt also den Zeitraum von 0 bis 1217 ab. Über den Verfasser gibt es verschiedene Theorien: ein Notar namens Benedetto da Ceccano; ein Giovanni di Anagni, Fürst von Ceccano; ein anonymer Autor aus Ceccano oder Fossanova.

Von historiographischer Relevanz ist die Polemik gegen Heinrich VI.

> Lateinischer Quelltext online (Quellensammlung ALIM): http://pietroalviti.files.wordpress.com/2011/07/alimannceccanenses.pdf

## Annales Fuldenses (Annalen von Fulda)

Im 9. Jh. verfasste Annalen. Über den/die Verfasser sind verschiedene Theorien formuliert worden: dass es sich um Mönche von Fulda handelt; dass die Autoren in Mainz ansässig waren; dass die Geschichtsschreiber > Eginhard und/oder Rudolf von Fulda und/oder Meginhard beteiligt gewesen sind (diese letztere Theorie wird immer weniger unterstützt).

Die *Annales Fuldenses* setzten die > Annales regni Francorum für den Berichtszeitraum von 829 bis 902 fort. Für die Zeit nach dem Vertrag von Verdun (843) fokussiert das Werk das Ostfränkische Reich; es trägt deshalb auch den Untertitel *Sive regni Francorum orientalis*; damit sind sie das Gegenstück zu den > Annales

Bertiniani, die sich auf das Westfränkische Reich konzentrieren. Die Annalen enthalten Einträge über die ersten Einfälle der Wikinger.

> Deutsche Übersetzung (C. Rehdantz, W. Wattenbach): *Die Jahrbücher von Fulda [Annales Fuldenses] und Xanten*; Geschichtsschreiber der deutschen Vorzeit 23; 3. Auflage 1941.
>
> Lateinischer Quelltext und deutsche Übersetzung auf CD-ROM mit Abfrage-Software: Müller, Th., Pentzel, A. (Herausgeber): *Quellensammlung zur mittelalterlichen Geschichte – Fortsetzung - Continuatio fontium medii evi*; MA II; Verlag Heptagon; Berlin; 2000.
>
> Englische Übersetzung (T. Reuter): *The Annals of Fulda*; Manchester; 1991.

## Annales Gandenses (Annalen von Gent)

Eine um 1300 von einem anonymen Franziskanermönch verfasste Chronik der Stadt Gent, die aber das gesamte Flandern behandelt, und zwar für den Zeitraum von 1296 bis 1310 (darunter die Schlacht von Courtrai von 1302).

Über die traditionelle Sichtweise auf die Geschichte hinaus, die sie als Ergebnis von Handlungen von Monarchen und Feldherren betrachtet, hatte der Autor einen Blick für die Konflikte zwischen Kollektiven (territoriale Körperschaften, soziale Schichten).

> Lateinischer Text und Übersetzung ins Englische (H. Johnstone): *Annales Gandenses – Annals of Ghent*; Oxford University Press; 1986.

## Annales Hersfeldenses (Annalen von Hersfeld)

Verloren gegangene Jahrbücher von Hersfeld. Da sie in anderen Quellen vielfach zitiert wurden, konnte deren Inhalt grob rekonstruiert werden.

> Lorenz, H.: Die Jahrbücher von Hersfeld nach ihren Ableitungen und Quellen untersucht und wieder hergestellt.
>
> Lateinischer Quelltext und deutsche Übersetzung auf CD-ROM mit Abfrage-Software: Bogon, W. (Herausgeber): *Quellensammlung zur mittelalterlichen Geschichte*; MA I; CD-ROM; Verlag Heptagon; Berlin; 1999.

## Annales Hildesheimenses (Annalen von Hildesheim)

Von mehreren anonymen Autoren verfasste Jahrbücher. Sie reichen bis zum Berichtsjahr 1138.

> Lateinischer Quelltext und deutsche Übersetzung (E. Winkelmann, W. Wattenbach): *Die Jahrbücher von Hildesheim*; in: Geschichtsschreiber der deutschen Vorzeit 53; 2. Auflage 1900.
>
> Lateinischer Quelltext und deutsche Übersetzung auf CD-ROM mit Abfrage-Software: Müller, Th., Pentzel, A. (Herausgeber): *Quellensammlung zur mittelalterlichen Geschichte – Fortsetzung - Continuatio fontium medii evi*; MA II; Verlag Heptagon; Berlin; 2000.

## Annales Laurissenses (Annales Laureshamenses; Annalen von Lorsch)

Eine in Lorsch [49 39N 8 34E] (Hessen) verfasste Chronik der Ereignisse von 703 bis 803 (darunter die Kaiserkrönung Karls des Großen in 800). Bis zum Berichtsjahr 784 decken sich die Einträge mit den > Annales Mosellani. Erst ab 785 sind die Einträge originär und wurden vermutlich in Lorsch verfasst.

Die Annales Laurissenses sind in der Folge in die > Annalen von Saint-Denis und folglich in die > Grandes Chroniques de France aufgenommen worden.

Die Annales Laurissenses dürfen nicht verwechselt werden mit den > Annales Laurissenses minores, noch mit den Annales Laurissenses maiores (> Annales regni Francorum).

## Annales Laurissenses maiores (> Annales regni Francorum)

## Annales Laurissenses minores (Kleine Lorscher Annalen / Frankenchronik)

Wahrscheinlich von einem Mönch des Benediktinerklosters Lorsch [49 39N 8 34E] (Hessen), vermutlich ab 788 verfasste Sequenz von Jahresberichten über die herausragendsten Ereignisse im Frankenreich während des Zeitraums von 680 bis 817. Für den Berichtszeitraum vor dem Beginn der Niederschrift (also für 680 bis 788) hat der Autor aus dem Werk des > Fredegar und aus den > Annales regni Francorum) geschöpft. Ab 788 enthält das Werk originäre Einträge. Die Annales Laurissenses Maiores haben den Verfassern der > Annales Fuldenses als Quelle gedient.

Die Annales Laurissenses minores dürfen nicht verwechselt werden mit den Annales Laurissenses maiores (> Annales regni Francorum), noch mit den > Annales Laurissenses (den eigentlichen Lorscher Annalen).

## Annales Magdeburgenses (Annalen von Magdeburg; Chronographus Saxo)

Von mehreren Autoren verfassten Jahrbücher des Bistums Magdeburg (sie wurden vormals dem sonst unbekannten Autor Chronographus Saxo zugeschrieben).

Lateinischer Quelltext und deutsche Übersetzung (E. Winkelmann, W. Wattenbach) in: Geschichtsschreiber der deutschen Vorzeit 63; 3. Auflage 1941.
Lateinischer Quelltext und deutsche Übersetzung auf CD-ROM mit Abfrage-Software: Müller, Th., Pentzel, A. (Herausgeber): *Quellensammlung zur mittelalterlichen Geschichte – Fortsetzung - Continuatio fontium medii evi*; MA II; Verlag Heptagon; Berlin; 2000.

## Annales Marbacenses (Annalen von Marbach)

Von mehreren Autoren, zuletzt von Mönchen des Augustinerklosters Marbach [48 1N 7 15E] (Ruinen im Elsass, Frankreich) verfasste Reichschronik für den Zeitraum 631 bis 1238. Besonders wertvoll sind die Informationen für den Zeitabschnitt ab 1152.

Lateinischer Text und deutsche Übersetzung (F.-J. Schmale): *Die Chronik Ottos von St. Blasien und die Marbacher Annalen*; Reihe FSGA, A, Bd. 18a; Wissenschaftliche Buchgesellschaft; Darmstadt; 1998.
Lateinischer Quelltext und deutsche Übersetzung auf CD-ROM mit Abfrage-Software: Müller, Th., Pentzel, A. (Herausgeber): *Quellensammlung zur mittelalterlichen Geschichte – Fortsetzung - Continuatio fontium medii evi*; MA II; Verlag Heptagon; Berlin; 2000.

## Annales monasteri Mellicensis (> Abt Erchenfried)

## Annales Mosellani

Vermutlich in einem Kloster des Moselgebiets (vielleicht Gorze bei Metz) verfasste Jahrbücher des Frankenreichs für den Zeitraum 703 bis 798. Da auch Ereignisse in England erfasst wurden vermutet man, dass mindestens ein irischer

oder schottischer Mönch an der Redaktion beteiligt gewesen ist.
Das einzige überlieferte Manuskript wurde Mitte des 19. Jh. in Sankt Petersburg entdeckt.
> Lateinischer Quelltext in: Monumenta Germaniae Historica, Scriptores rerum Germanicum 16; 132-137; Hannover; 1869.

## Annales Palidenses (Pöhlder Annalen)

Im Kloster Pöde am Harz [Ruinen bei 51 37N 10 19E] in lateinischer Sprache verfasste Chronik. Als Hauptverfasser wird ein sonst unbekannter Mönch Theodor (Theodorus Monachus) vermutet.

Die Chronik beschreibt in dichter Folge die Ereignisse bis zum Jahr 1182 und enthält dann bis 1220 nur noch sporadische Zusatzeinträge; die Fortsetzung bis 1421 bezieht sich nur noch auf die mit dem Kloster direkt zusammenhängenden Ereignisse. Besonders wertvoll sind die Informationen über Heinrich den Löwen (1180 entmachtet).

Zu den Quellen gehörten vermutlich > Siegebert von Gembloux (bis 1111), > Ekkehard von Aura (bis 1125) und die > Annales Hildesheimenses.
> Deutsche Übersetzung (E. Winkelmann, W. Wattenbach): *Die Jahrbücher von Pöhlde*; Geschichtsschreiber der deutschen Vorzeit 61.
> Lateinischer Quelltext und deutsche Übersetzung: Müller, Th., Pentzel, A. (Herausgeber): *Quellensammlung zur mittelalterlichen Geschichte – Fortsetzung - Continuatio fontium medii evi*; MA II; CD-ROM; Verlag Heptagon; Berlin; 2000.

## Annales Ponteficis Maximi (> Fasti Consulares)

## Annales Quedlingburgenses (Annalen von Quedlingburg)

Vermutlich von ca. 1010 bis ca. 1030 von einer Klosterfrau im Quedlingburger Stift (das Heinrich I. als seine Grabstätte gegründet hatte) verfasste Jahrbücher. Der erste Teil ist eine Weltgeschichte von Adam bis 680, deren Informationen aus bekannten Quellen stammen wie: > Hieronymus von Stridon, > Isidor von Sevilla, > Beda Venerabilis, > Annales Hersfeldenses. Ab dem Berichtsjahr 702 wendet das Werk die Form von Annalen an. Nach einer Lücke zwischen 961 und 984 beginnt der originäre Teil, der sich bis zum Berichtsjahr 1025 erstreckt. Dort findet sich u. a. die älteste Erwähnung von Litauen.
> Lateinischer Quelltext und deutsche Übersetzung (E. Winkelmann, W. Wattenbach): *Die Annales Quedlinburgensesin*: in Scriptores rerum Germanicarum in usum scholarum separatim editi 72: Hannover; 2004.
> Lateinischer Quelltext und deutsche Übersetzung auf CD-ROM mit Abfrage-Software: Bogon, W. (Herausgeber): *Quellensammlung zur mittelalterlichen Geschichte*; MA I; CD-ROM; Verlag Heptagon; Berlin; 1999.

## Annales regni Francorum (Reichsannalen; Annales Laurissenses maiores)

Eine am Hofe Karls des Großen in dessen Auftrag durch sich ablösende anonyme Autoren verfasste Auflistung von Ereignissen im Frankenreich von 741 bis 829. Als Verfasser des ersten Teils wird Abt Hilduin von Saint-Denis vermutet. Die Nähe zum Auftraggeber macht sich bei Mängeln der Objektivität bemerkbar, wie dem Übergehen von Rückschlägen (z. B. Roncisvalle 778), der Verharmlosung von internen Zwisten und der einseitigen Berichterstattung (z. B. über den Konflikt mit Tassilo von Bayern). Trotzdem ist das Werk für die Regierungszeit Pippins II.

und Karls des Großen sowie für die Anfangsjahre der Regierung Ludwigs des Frommen eine der bedeutendsten.

Die Annalen wurden für das Westfränkische Reich mit den > Annales Bertiniani bis 882 fortgesetzt und für das Ostfränkische Reich mit den > Annales Fuldenses bis 902.

Die *Annales regnis Francorum* wurden vormals nach dem Fundort des ältesten Manuskripts *Annales Laurissenses maiores* (Große Lorscher Annalen) genannt und später auch *Reichsannalen*. Sie haben vermutlich der (ein Jahrhundert später erfassten) > Angelsächsischen Chronik als Vorbild gedient.

Die Annales regni Francorum dürfen nicht verwechselt werden mit den ebenfalls in Fulda gefundenen > Annales Laurissenses minores (Kleine Lorscher Annalen), die den Zeitraum von 680 bis 817 abdecken.

Nicht in Fulda entdeckt, dort aber vermutlich verfasst worden, sind die eigentlichen > Annales Laurissenses.

    Lateinischer Quelltext und deutsche Übersetzung (R. Rau): *Annales regni Francorum.* In: *Quellen zur karolingischen Reichsgeschichte, Teil 1.* (Ausgewählte Quellen zur deutschen Geschichte des Mittelalters, FSGA, Bd. 5; Wissenschaftliche Buchgesellschaft; Darmstadt; 1974.

    Lateinischer Quelltext und deutsche Übersetzung auf CD-ROM mit Abfrage-Software: Bogon, W. (Herausgeber): *Quellensammlung zur mittelalterlichen Geschichte*; MA I; CD-ROM; Verlag Heptagon; Berlin; 1999.

    Deutsche Übersetzung (Auszüge): http://www.genealogiemittelater.de/immedinger_widukind_sippe/reichsannalen.html

    Französische Übersetzung (F. Guizot, R. Fongières): *Annales royales des Francs (741-829)*; Éditions Paleo; Clermond-Ferrand; 2011.

### Annales Vedastini (Annalen von St. Vaast)

Im Benediktinerkloster von Sankt Vaast bei Arras [50 18N 2 46E] Anfang des 11. Jh. verfasste Jahrbücher über Ereignisse im West- und Zentralfränkischen Reich während des Berichtszeitraums 874 bis 900.

Die *Annales Vedastani* sind nicht zu verwechseln mit dem *Chronicon Vedastinum*, einer modernen Sammelausgabe mit karolingischen Reichschroniken, darunter auch die Annales Vedastani.

    Lateinischer Quelltext online: http://www.thelatinlibrary.com/annalesvedastini.html

    Lateinischer Quelltext und deutsche Übersetzung auf CD-ROM mit Abfrage-Software: Bogon, W. (Herausgeber): *Quellensammlung zur mittelalterlichen Geschichte*; MA I; CD-ROM; Verlag Heptagon; Berlin; 1999.

### Annales Xantenses (Annalen von Xanten)

Jahrbücher über Ereignisse im Fränkischen Reich bis zum Berichtsjahr 873. Sie wurden vermutlich ohne besonderen Auftrag, vermutlich von einem Mönch Gerwald des Klosters Gannetia [51 53N 5 59E] (Gendt bei Nimwegen, Geldern, Niederlande) verfasst, der vor den Normanneneinfällen nach Köln geflohen war und dort sein Werk bis zu seinem ca. 870 erfolgten Tod fortsetzte. Das Werk wurde vermutlich von einem Klosterbruder bis zum Berichtsjahr 873 erweitert.

Das Werk wurde im British Museum entdeckt und erhielt seinen irreführenden Titel dadurch, dass darin eine Brandschatzung von Xanten durch die Normannen erwähnt wird.

    Deutsche Übersetzung (C. Rehdantz, W. Wattenbach): *Die Jahrbücher von Fulda [Annales Fuldenses] und Xanten*; Geschichtsschreiber der deutschen Vorzeit 23; 3. Auflage 1941.

    Lateinischer Quelltext und deutsche Übersetzung auf CD-ROM mit Abfrage-Software: Bogon, W. (Herausgeber): *Quellensammlung zur mittelalterlichen Geschichte*; MA I; CD-

ROM; Verlag Heptagon; Berlin; 1999.

## Annalista Saxo (Der sächsische Annalist) (> Reichschronik des Annalista Saxo)

## Annalisten (> Römische Annalisten)

## Anonymus Belae regis notarius

Anonymer Autor, von dem man nur weiß, dass er Notar eines ungarischen Königs Belar (vermutlich des III., der von 1148 bis 1196 regierte) war und in Paris studiert hatte. Er verfasste eine Geschichte Ungarns (*Gesta Hungarorum*), die von den Hunnen bis 997 reicht. Es ist reicher an Informationen über die zeitgenössische ungarische Gesellschaft und Kultur, denn an politischen Ereignissen.

Deutsche Übersetzung (L. Veszprémy, G. Silagi): Die „Gesta Hungarorum" des anonymen Notars. Die älteste Darstellung der ungarischen Geschichte; Thorbecke; Sigmaringen; 1991

## Anonymus post Dionem (Continuator Dionis)

Anonymer Autor, der die Geschichte des > Cassius Dio bis zu den Regierungsjahren Konstantins des Großen (d.h. von ca. 235 bis ca. 337) fortsetzte. Davon sind nur 25 Fragmente erhalten geblieben, die die Zeit ab 253 betreffen. Nach einer Theorie handelt es sich um das Geschichtswerk des > Petros Patrinikos; nach einer anderen war > Helikonios von Byzanz der Verfasser.

Deutsche Übersetzung (O. Sundara): *Anonymus post Dionem*; Serv; 2012.

## Anonymus Valesianus I (Origo Constantini)

Eine vermutlich kurz nach 337, vermutlich von einem Heiden verfasste Biographie Konstantins des Großen für den Berichtszeitraum 305 bis 337. Der Autor hat vermutlich aus der > Enmmanschen Kaisergeschichte geschöpft, was die vielen Gemeinsamkeiten mit anderen Autoren wie > Aurelius Victor und > Eutropius erklären könnte, sowie aus der Biographie des > Praxagoras von Athen. Das Werk enthält auch sonst nicht tradierte Informationen, vor allem über den Aufstieg und die Tetrarchie des Kaisers.

Der Name des Werks stammt davon, dass der Text erstmalig im Jahr 1636 als eine Anlage zum Werk des > Ammianus Marcellinus durch Henricus Valesius (Henri de Valois) veröffentlicht worden ist.

Quelltext und kommentierte Übersetzung ins Deutsche (König, Ingemar): *Origo Constantini: Anonymus Valesianus 1*; Trierer Historische Forschungen; Trier; 1987.

## Anonymus Valesianus II (Chronica Theodericiana)

Eine vermutlich in Ravenna von einem ungebildeten römischen und katholischen Autor verfasste Geschichte der Jahrzehnte des Untergangs des Weströmischen Reichs. Es behandelt in vulgärlateinischer Sprache im Wesentlichen die Regierungszeit des Ostgotenkönigs Theoderichs (489 bis 526) in knapper Form. Der Autor schöpfte aus dem Werk des > Eugippius und vermutlich aus der verloren gegangenen Chronik des > Maximianus von Ravenna.

Der Name des Werks stammt davon, dass der Text erstmalig im Jahr 1636 als eine Anlage zum Werk des Ammianus Marcellinus durch Henricus Valesius (Henri de Valois) veröffentlicht worden ist. Theodor Mommsen nannte es „Chronica Theodericiana".

Quelltext und kommentierte Übersetzung ins Deutsche (König, Ingemar): *Aus der Zeit Theoderichs des Grossen. Einleitung, Text, Übersetzung und Kommentar einer anonymen Quelle*. Wissenschaftliche Buchgesellschaft; Darmstadt, 1997 (Texte zur Forschung, Bd. 69).

## Antias (> Valerius Antias)

## Antikleides von Athen

Griechischer Antiquar und Geschichtsschreiber (um ca.-300).

Sein Werk ist nur in Fragmenten erhalten. > Strabon (5,2,4) zitierte seine (für die Etruskologie interessante) Aussage, dass die „pelasgischen" Tyrrhenoi zuerst Lemnos sowie Imbros und dann Italien kolonisiert haben.

Quelltexte der Fragmente: Felix Jacoby (Hrsg.): *Die Fragmente der griechischen Historiker II A*; Berlin; 1926 (Nachdruck: Leiden; 1961); Nr. 15-16.

## Antiochos von Syrakus

Sizilischer Geschichtsschreiber (? bis ca.-400, Zeitgenosse Herodots).

Sein neunbändiges Werk *Sikeliká* („Über Sizilien") behandelte den Zeitraum von ca. -1280 (Kokalos) bis –424. Sein einbändiges Werk *Italiká* („Über Italien") behandelte die griechische Kolonisierung Süditaliens. Von beiden Werken sind nur Fragmente erhalten, sie waren aber die Quellen des > Thukydides hinsichtlich der griechischen Kolonisierung Siziliens und Süditaliens. Auch > Strabon und > Dionysios Halikarnassos zitierten ihn.

Antiochos ignorierte die Mythologie als Quelle zur Geschichte und wertete dafür lokale Gründungsgeschichten aus. Antiochos ist der erste Geschichtsschreiber des Westens Europas.

Quelltexte der Fragmente: Felix Jacoby (Hrsg.): *Die Fragmente der griechischen Historiker II A*; Berlin; 1926 (Nachdruck: Leiden; 1961); Nr. 555.

## Apollodoros von Artemita

Hellenistischer Geschichtsschreiber (-1. Jh.).

Stammte und/oder lebte in Artemita/Chalasar am Sillas (Irak, genaue Lage unbekannt) [ca. 33 35N 44 37E].

Er verfasste eine mindestens vierbändige Geschichte der Parther (*Ta Partika*), die bis auf wenige zitierte Fragmente verloren gegangen ist.

 > Stabon lobte ihn als sehr zuverlässige Quelle und zitierte ihn bezüglich des Abfalls der Helleno-Baktier vom Seleukidischen Reich und ihrer Eroberungen in Indien. Außerdem griff vermutlich auch > Pompeius Trogus auf das Werk des Apollodoros zurück.

Quelltexte der Fragmente: Felix Jacoby (Hrsg.): *Die Fragmente der griechischen Historiker II A*; Berlin; 1926 (Nachdruck: Leiden; 1961); Nr. 779.

## Appianus Alexandrinus (Appian)

Hellenistischer Beamter und Geschichtsschreiber (ca. 95 bis ca. 162).

In Alexandreia/Alexandria (Ägypten) geboren, wo er unter Kaiser Hadrian zu hohen Ämtern aufstieg. Dann siedelte er nach Rom über, wo er als Rechtsanwalt vor dem kaiserlichen Gericht erfolgreich tätig war. Sein Sarkophag wurde vor wenigen Jahren auf dem Gelände des Vatikans ausgegraben.

Sein in griechischer Sprache verfasstes und um 160 vollendetes Geschichtswerk *Romaniké* (auch *Italiké* genannt, lateinisch *Romanorum Historiarum*, d. h. „Geschichte Roms") unterteilte er nach Weltregionen in 24-Bände. Es behandelte die Eroberungen Roms von der Gründung (-753) bis zum Parthischen Krieg Trajans (113 bis 119). Dabei gliederte er den Stoff primär geographisch und sekundär chronologisch. Vollständig erhalten sind davon nur knapp die Hälfte, nämlich die Bände 6 (*Iberiké*), 7 (*Annibaliké*), 9 (*Makedoniké kai Illiriké*), 11 (*Syriaké*), 12 (*Mithridateios*), sowie 13 bis 17 (*Emphylíon*, d. h. römische Bürgerkriege): sie decken den Zeitraum von -218 bis -36 ab. Von den übrigen Bänden sind einige in Fragmenten erhalten: Band 1 bis 5 (von der Gründung Roms bis zur Eroberung Siziliens), Band 8 (*Lybiké*), Band 9 (Makedonische und Illyrische Kriege), 11 bis 17, Band 24 (Eroberung Arabiens und Ostfeldzüge Traians). Einige Bände sind zur Gänze verloren: Band 10 (Kriege in Griechenland und Asien) und Bände 18 bis 23 (Kriege in Ägypten und Dakien).

Appians wichtigste Quellen waren > Fabius Pictor, > Asinius Pollio, > Juba II.,> Seneca der Ältere sowie regionale Dokumente und Chroniken.

Der überlieferte Teil seines Werkes ist eine der bedeutendsten Quellen über die vier Mithridatischen Kriege und die gleichzeitigen römischen Bürgerkriege.

Appian hatte, wie kaum ein anderer Autor vor ihm, einen Blick für sozio-ökonomische Triebkräfte der Ereignisse.

> Metzler Lexikon Antiker Autoren: Artikel von Kai Brodersen.
> Lexikon der Alten Welt: Artikel von W. Spoerri.
> Deutsche Übersetzung (O. Veh): *Appian: Römische Geschichte*; 2 Bände.; Stuttgart, 1987 bzw. 1989.
> Englische Übersetzung (Horace White): *Roman History*; Loeb.
> Englische Übersetzung online: http://penelope.uchicago.edu/Thayer/E/Roman/Texts/Appian/home.html

## Ara Pacis Augustae

Ein im Jahr -9 im Auftrag des römischen Senats zu Rom fertiggestellter Altar der Friedensgöttin. Die vier Außenwände des ca. 10x10x4 m großen Bauwerks sind mit Friesen geschmückt. Der historiographische Wert liegt, außer in der Darstellung der damaligen römischen Riten, darin, dass sie in der Art eines Familienbildes, eine realistische Darstellung der Großfamilie des Kaisers wiedergibt.

## Aratos von Sikyon

Griechischer Staatsmann, Offizier und Geschichtsschreiber (-271 bis -213).

In Sikyon (bei Korinth, Griechenland) [37 37N 22 39E] geboren. Wurde Strategos des Achäischen Bundes und kämpfte für das Abschütteln der makedonischen Vorherrschaft. Er starb mit der Überzeugung, im Auftrag von Philipp V. vergiftet worden zu sein.

Seine Memoiren in 30 Bänden behandelten den Zeitraum bis –220. Sie wurden vielfach von > Polybios lobend erwähnt, gingen jedoch zur Gänze verloren. > Plutarch hat ihm eine Biographie gewidmet.

> Lexikon der Alten Welt: Artikel von F. Kiechle.

## Ari Thorgilsson Frodi (Ari der Gelehrte)

Isländischer Geschichtsschreiber (1067 bis 1148).

Er verfasste um 1122 die erste Chronik Islands (*Islendigabók*) in skandinavischer Sprache (Altnorsk). Sie behandelt den Zeitraum 874 (ersten Landnahme) bis

1118. Außer aus isländischen Quellen (darunter vermutlich auch > Saemundur Frodi) schöpfte er auch aus > Beda Venerabilis und > Adam von Bremen.

## Aristobulos von Kassandreia
Makedonischer Offizier und Geschichtsschreiber (-4. Jh.).
In Kassandreia [40 3N 23 25E] (Griechenland) geboren. Nahm am Asienfeldzug Alexanders teil (er leitete u. a. ein Sonderkommando zur Restaurierung des Grabes des Kyros).
Er verfasste im hohen Alter eine nur in Fragmenten erhaltene Biographie Alexanders, die später zur bevorzugten Quelle > Arrians wurde.
> Lexikon der Alten Welt: Artikel von W. Spoerri.
> Quelltexte der Fragmente: Felix Jacoby (Hrsg.): *Die Fragmente der griechischen Historiker II A*; Berlin; 1926 (Nachdruck: Leiden; 1961); Nr. 139.

## Aristodemos
Hellenistischer Geschichtsschreiber (ca. 2. Jh.).
Von seinem Werk unbekannten Titels sind Fragmente erhalten, die den Zeitraum von -486 bis -431 betreffen und wenig unikale Information enthalten.
> Quelltexte der Fragmente: Felix Jacoby (Hrsg.): Die Fragmente der griechischen Historiker II A; Berlin; 1926 (Nachdruck: Leiden; 1961); Nr. 104

## Arnold von Lübeck (Arnoldus Lubecensis)
Sächsischer Kirchenmann und Geschichtsschreiber (? bis 1211).
Wuchs in Braunschweig am Hof der Welfen auf; war Abt des Ägidienklosters von Braunschweig, 1177 Abt des Johannisklosters von Lübeck.
Seine *Chronica Slavorum* („Chronik der Slaven") setzt erklärtermaßen das gleichnamige Werk des > Helmhold von Bosau fort und behandelt den Zeitraum von 1171 bis 1209, darin den 3. und 4. Kreuzzug sowie das Interregnum der Gegenkönige Philipp von Schwaben und Otto IV. (ab 1198). Dabei scheint allenthalben seine tiefe Verehrung der Dynastie der Welfen durch.
> Lateinischer Quelltext und deutsche Übersetzung: Lübke, Ch., Auge, O., Hardt, M. (Hrsg.): *Arnold von Lübeck: Chronik*; Reihe FSGA, A, Bd. 20; Wissenschaftliche Buchgesellschaft; Darmstadt; in Vorbereitung.
> Lateinischer Quelltext und deutsche Übersetzung auf CD-ROM mit Abfrage-Software: Müller, Th., Pentzel, A. (Herausgeber): *Quellensammlung zur mittelalterlichen Geschichte – Fortsetzung - Continuatio fontium medii evi*; MA II; Verlag Heptagon; Berlin; 2000.
> Freytag, Hans-Joachim, „Arnold von Lübeck", in: Neue Deutsche Biographie 1 (1953), S. 381 [Onlinefassung]; URL: http://www.deutsche-biographie.de/pnd118819704.html

## Arnulfus Mediolanensis (Arnulf von Mailand)
Lombardischer Kirchenmann und Geschichtsschreiber (ca. 1030 bis ca. 1080).
Schilderte in seiner Chronik *Liber gestorum recentium* („Buch über Taten der jüngsten Vergangenheit") primär die politischen Ereignisse in Mailand zwischen 925 und 1077.
Das Werk ist für die epochalen Machtkämpfe zwischen dem Papsttum, dem Deutschen Reich, dem Adel und dem aufstrebenden Bürgertum von überregionalem Interesse.
> Lateinischer Quelltext online: *Arnulfus Mediolanensis: Liber gestorum recentium*

http://www.uan.it/alim%5Cletteratura.nsf/%28volu-
miID%29/C5873C9A1A28FC2BC1256E50003869AC!opendocument&vs=Autore

## Arrian (Lucius Flavius Arrianus)

Römischer Beamter und Geschichtsschreiber griechischer Sprache (86 bis ca. 170).

Sein Lebenslauf ähnelt dem seines Landsmannes > Cassius Dio, der ein halbes Jahrhundert später gelebt hat. In Nikomedia/Izmit [40 47N 29 55E] (Bitynien, Türkei) aus griechischer Familie geboren, hatte er in Nikopolis [39 30N 20 44E] (Epiros, Griechenland) den Stoiker Epiktet zum Lehrer (dessen Lehren sind uns durch Arrians Aufzeichnungen überliefert). Er machte in der römischen Verwaltung Karriere und wurde unter Kaiser Hadrian Statthalter der Provinz Baetica und 131 bis 137 von Kappadokien. Nach dem Tode Hadrians (138) zog er sich nach Athen zurück, wo er 32 Jahre bis zu seinem Tode lebte. > Cassius Dio verfasste über ihn eine Biographie.

Sein zwischen 145 und 165 in Athen auf Griechisch verfasstes Hauptwerk, das er in Anlehnung an sein Vorbild Xenophon den „Hinaufmarsch" Alexanders in das asiatische Binnenland (*Anabasis Alexandrou*) nannte und ebenfalls in 7 Bänden gliederte. Es beschrieb (etwa 450 Jahre nach den Ereignissen) den Asienfeldzug Alexanders des Großen (-334 bis -324). Ergänzend dazu verfasste er *Indikà*, einen Bericht (im Anklang an Herodot in ionischem Dialekt) der Inkursion Alexanders in Indien und der Rückkehr des Nearchos.

Eine weitere Ergänzung der Anábasis war die von ihm verfasste 10-bändige Diadochengeschichte *Ta meta Aléxandron* („Was nach Alexander geschah"), die den Zeitraum von -323 bis -319 behandelte. Von beiden Ergänzungswerken sind nur geringe Fragmente überliefert.

Arrian befasste sich außerdem in seinem 17-bändigen Werk *Parthiká* mit der Geschichte Parthiens und den Kriegen zwischen den Römern und Parthern, bis hin zum Feldzug Trajans von 119. Auch dieses Werk ist nur fragmentarisch erhalten.

Der Erhalt vieler Teile der Werke Arrians ist dem > Photios (9. Jh.) zu verdanken. Arrians wichtigste Quellen für die Biographie Alexanders waren > Ptolemaios I. Soter, > Kallisthenes von Olynthos und > Aristobulos von Kassandreia; zu Indien waren es > Megasthenes, > Eratosthenes und > Nearchos.

Das erklärte Vorbild Arrians war > Xenophon weswegen er der „neue Xepohon" genannt wurde. In seiner Bewunderung für Alexander stellte er dessen militärische Leistungen in den Vordergrund und die Folgen seiner politischen Maßnahmen in den Hintergrund.

Metzler Lexikon Antiker Autoren: Artikel von Heinz-Günther Nesselrath.
Lexikon der Alten Welt: Artikel von W. Spoerri.
Stadter, Ph.: *Arrian of Nicomedia*; Chapel Hill; 1980.
Griechischer Quelltext und deutsche Übersetzung (G. Wirth, O. v. Hinüber): *Arrian: Der Alexanderfeldzug – Indische Geschichte*; Artemis, München-Zürich; 1985.
Englische Übersetzung online: http://websfor.org/alexander/arrian/intro.asp
Französische Übersetzung aller überlieferten Quelltexte (J.A.C. Buchon): Arrien. Les Expéditions d'Alexandre le Grand; Précédé de l'Histoire de Perse et de l'Histoire de l'Inde, de Ctésias; Éditions Paleo; Clermond-Ferrand; 2011.

## Artapanos von Alexandreia

Jüdisch-Hellenistischer Geschichtsschreiber (-2. Jh.)

Verfasste eine verloren gegangene Geschichte der Juden, aus denen > Eusebios von Caesareia zitiert hat.

## Artemidoros von Ephesos
Griechischer Politiker und Geograph (um -100).
Führte im Auftrag seiner Geburtsstadt eine Dienstreise nach Rom durch und bereiste auch viele andere Gebiete des Mittelmeerraums.
Neben einer Beschreibung Ioniens (*Ioniká hypomnemata*) verfasste er eine elfbändige Beschreibung der damaligen Welt (*Geographoumena*) und zwar von Europa (Bände 1 bis 6), Afrika (Bände 7 bis 8) sowie Kleinasien und Asien (Bände 9 bis 11); dabei fokussierte er weniger die geodätischen, sondern mehr die einen Reisenden interessierenden Aspekte, darunter historische, ethnographische, urbanistische und klimatologische Informationen. Er führte die Entfernungsangaben in geometrischen Maßen (Stadien) statt in den bis dahin üblichen Reisetagen ein.
Artemidoros zitierte sehr ausführlich seine Quellen (> Ktesias von Knidos, > Ephoros von Kyme, > Pytheas von Massilia, > Timaios von Tauromenion, > Silenos von Kaleakte, > Eratósthenes und Polybios); dazu gehörten auch Reiseberichte und Notizen aus eigenen Reisen.
> Markian von Herakleia verfasste um 400 eine Zusammenfassung (Epitomae) des Werkes, unter Auslassung der ethnographischen Informationen.
Die Werke des Artemidoros sind bis auf wenige Fragmente verloren gegangen. Indirekt sind Teile davon in den Werken des > Strabon, > Plinius Secundus und des > Stephanos von Byzanz erhalten.

## Aschikpaschade (Aschiki)
Osmanischer Geschichtschreiber (ca. 1400 bis ca. 1484).
Geboren in Elvancelebi [40 34N 35 10E] (Osttürkei), vermutlich aus begüterter Familie poetischer Tradition; er hielt sich im Haus des Geschichtsschreibers > Yahschi Fakih auf; er starb in Istanbul.
Er schrieb eine Geschichte der osmanischen Dynastie *Tevarih-i Al-i Osman* (auch *Menakib* genannt), von der Gründung (um 1300) bis 1481. Dabei baute er auf dem (heute verschollenen) Werk des Yahschi Fakih auf. > Oruc und dann > Ibn-i Kemal führten sein Werk fort. > Nesri schöpfte aus seinem Werk.

## Asellio, Sempronius (> Sempronius Asellio)

## Asconius Pedianus, Quintus
Römischer Rhetoriker, Literat und Biograph (ca. -9 bis ca. 76).
Geboren in Padua, mit seinem Landsmann Vergil befreundet, gestorben in Rom.
Zeichnete einige Reden des Cicero auf, von denen fünf nur über ihn tradiert worden sind (*Contra Pisonem; Pro Scauro: Pro Milone; Pro Cornelio; In Toga Candida*) und berichtete über zum Teil unikale Details zum letzten Abschnitt der römischen Republik. Verfasste eine verloren gegangene Biographie des > Sallustius.

## Asinius Pollio, Gaius
Römischer Offizier, Politiker, Dichter und Geschichtschreiber (ca. -75 bis ca. 5).
Überquerte -49 mit Caesar den Rubikon, diente als sein Legat in Nordafrika, Griechenland und Spanien. Schlug sich nach Caesars Ermordung auf die Seite des Antonius, der ihn zum Statthalter von Norditalien ernannte (wo er -41 die Konfiszierung des Landguts des Catullus verhinderte, der ihm dankbar seine 4. Ekloge widmete). Wurde -40 Konsul und triumphierte -39 über die Illyrer. Im Ruhestand

gründete er die erste öffentliche Bibliothek Roms und führte den Usus der Autorenlesung ein.

Asinius Pollio schrieb im Ruhestand unter anderem eine 17-bändige Zeitgeschichte (*Historiae*) über die von ihm miterlebten Bürgerkriege von -60 bis -42. Von seinen *Historiae* sind nur wenige Fragmente erhalten: sie wurden von > Plutarch, > Tacitus, > Appian und > Sueton als objektive Quelle zitiert.

Pollio verfasste außerdem eine Zusammenfassung (*Epitome*) des Werks des > Attidographen > Philochoros von Athen.

Metzler Lexikon Antiker Autoren: Artikel von K. Brodersen.
Lexikon der Alten Welt: Artikel von U. Weidemann.
Fragmente in: Peter, H. (Hrsg.): *Historicorum romanorum fragmenta*. Leipzig; 1883; S. 262ff.

## Asinius Quadratus, Gaius

Griechischer Geschichtsschreiber (vermutlich ein jüngerer Zeitgenosse des Cassius Dio, d. h. von ca. 150 bis ca. 200).

Er verfasste auf Griechisch eine 1000-jährige Geschichte Roms (*Chilieterís*) in 15 Bänden, welche den Zeitraum bis Alexander Severus (bis 235) behandelte. Außerdem verfasste er eine Geschichte der Partherkriege (*Parthiká*) in 9 Bänden. Beide Werke, die von der > Historia Augusta und von > Agathias erwähnt wurden, sind bis auf 30 Fragmente verloren gegangen.

Lexikon der Alten Welt: Artikel von W. Spoerri.

## Asklepiades von Myreleia

Griechischer Literat und Geschichtsschreiber (um -100).

Vermutlich im bithynischen Myreleia (heutiges Mundanya, Türkei) geboren. Lebte einige Jahre bei den Turdetanern (*Periegesis ton tes turdestanias etnon*) und lehrte Griechisch in Rom.

Schrieb eine 10-bändige Geschichte seiner Heimat Bithynien und einen Bericht über Turditanien, die beide verloren gegangen sind. Erhalten geblieben sind zwei Zitate des > Strabo (in III, 4) hinsichtlich der Turdetaner.

## Asser (> John Asser)

## Assyrische Eponymenliste

Vom assyrischen König Shaqmshi-Adad I. (amurritischer Abstammung) Ende des -18. Jh. eingeführte Systematik der Benennung jeden Jahres nach dem jeweiligen Vorsitzenden der Neujahrsfeierlichkeiten (Limmus); dieser wurde aus einem engen Prominentenkreis (Provinzstatthalter, Heerführer, Hofmeister u.dgl., später auch der König) durch Los bestimmt. Es handelt sich also um eine Weiterentwicklung der > Mesopotamischen Jahresnamensliste. Diese offiziell geführte Liste der Namensträger (Eponymen) erwähnte gegebenenfalls auch das Hauptereignis des Jahres (das wichtigste kriegerische Ereignis, eine Finsternis oder Naturkatastrophe). Durchgehend erhalten sind die Einträge des Zeitraums -1876 bis -1781 (von König Naram-Sim bis König Samsi-Adad I.) und die des Zeitraums -858 bis -699. Die im assyrischen Eponymenjahr des Bur-Saggile erwähnte Sonnenfinsternis (15.6.-763) ist die erste zweifelsfrei zugeordnete Sonnenfinsternis der Geschichte des Nahen Ostens und ermöglicht eine partielle Zurückführung auf absolute Jahresangaben (> Chronologie der Frühgeschichte des Nahen Ostens).

Die Römer setzten mit ihren Konsularlisten die (vermutlich von den Etruskern übermittelte) eponymischen Zeitrechnung fort.
Englische Übersetzung online: http://www.livius.org/li-ln/limmu/limmu_2.html

## Assyrische Königsliste

Enthält die Namen von 105 Königen, von den Zeiten in denen sie „in Zelten lebten" (ca. -2500) bis -722. In drei Versionen überliefert: Nassouhi-Liste (Istanbul), Khorsabad-Liste, SDAS-Liste (Washington). Die erste Ausgabe wurde um -1350 durch den amurritischen Fürsten Shamshi-Adad I. nach dem Muster der sumerischen Königsliste verfasst, um sein Anrecht auf den assyrischen Thron zu untermauern.

Für die ab -1420 datierbaren 43 letzten Könige der Liste ergibt sich eine mittlere Regierungsdauer von 16 Jahren.
Englische Übersetzung online: http://www.livius.org/k/kinglist/assyrian.html

## Astronomus

Ein anonymer Autor einer Biographie Ludwigs I. des Frommen (778 bis 840) *Vita Hludowici Imperatoris*; sie ist in der Folge in die > Annalen von Saint-Denis und folglich in die > Grandes Chroniques de France aufgenommen worden.

Sein Werk ist neben dem von > Thegan die maßgebliche Quelle für die Epoche des Auseinanderfallens des Fränkischen Reichs.
Deutsche Übersetzung (R. Rau): *Das Leben Kaiser Ludwigs vom sog. Astronomus [Anonymi vita Hludowici imperatoris]*; In: Reinhold Rau (Hrsg.): Quellen *zur karolingischen Reichsgeschichte.* Erster Teil; Reige FSGA; Ausgewählte Quellen zur deutschen Geschichte des Mittelalters 5; Wissenschaftliche Buchgesellschaft; Darmstadt; 1974.
Lateinischer Quelltext und deutsche Übersetzung auf CD-ROM mit Abfrage-Software: Müller, Th. (Herausgeber): *Quellensammlung zur mittelalterlichen Geschichte – Zweite Fortsetzung – Continuatio secunda fontium medii evi*; MA II; Verlag Heptagon; Berlin; 2008.

## Ata al-Mulk Dschuwaini (> Juwaini (Dschuwaini), Ata Malik)

## Athanis von Syrakus

Griechischer Politiker und Geschichtsschreiber (-3. Jh.).
Setzte die Geschichte Siziliens seines Landsmanns > Philistos von Syrakus mit dem Zeitraum von -367 bis -337 fort. Davon sind nur Fragmente erhalten.
Lexikon der Alten Welt: Artikel von W. Burkert.
Quelltexte der Fragmente: Felix Jacoby (Hrsg.): *Die Fragmente der griechischen Historiker II A*; Berlin; 1926 (Nachdruck: Leiden; 1961); Nr. 562.

## Athenaeus Nacrautita (Athenaios Naukratites, Naucratitus)

Hellenischer Rhetor (ca. 175 bis ca. 225).
In Naukratis (Ägypten) geboren, lebte in Alexandreia und dann in Rom.
Er verfasste nach dem Beispiel Platons eine von ihm *Deipnosophistae* („Die Bankettgelehrten") genannte 15-bändige Sammlung fiktiver Tischgespräche, bei denen sich gebildete Gäste vornehmlich über Genüsslichkeiten unterhalten. Am Rande wird eine Vielzahl von sozialen, kulturellen und geschichtlichen Themen gestreift. Da große Teile des Werks erhalten geblieben sind, stellt es einen Fundus unikaler Informationen dar, vor allem über den Alltag und die Kultur der hellenistischen Bevölkerung während der römischen Kaiserzeit.

Deutsche Übersetzung (Claus Friedrich): *Athenaios. Das Gelehrtenmahl* ;Kommentiert von Thomas Nothers, herausgegeben von Peter Wirth; Hiersemann Verlag; Stuttgart; 1998.

## At-Tabari (> Al/At-Tabari)

## Attalische Weihgeschenke

Vom König Attalos I. Soter von Pergamon um -230 gestiftete Gruppe von Bronzestatuen ("Die Großen Gallier") zur Verherrlichung seiner Siege über die in sein Gebiet plündernd eingedrungenen Kelten (Galatoi) ("Großes Attalisches Weihgeschenk"), die das Heiligtum der Athena am Burgberg von Pergamon verzierten. Sein Sohn Attalos II. ließ um -159 in Pergamon ein Siegesdenkmal mit ähnlichen Bronzefiguren errichten ("Kleines Attalisches Weihgeschenk"). Nero ließ -64 die Bronzefiguren des Großen Attalischen Geschenks nach Rom bringen, wo marmorne Kopien erstellt wurden, von denen Fragmente erhalten sind (heute im Museo Capitolino und im Museo Nazionale Romano zu Rom). Der historiographische Wert liegt in der Wiedergabe mit fotografischer Detailtreue von Kelten jener Epoche: das mit Gips struppig gemachte Haar, der Schnurrbart, der Torque (Halsreif) u.a.m.

## Attidographen

Unter diesem Sammelbegriff werden jene Nachfolger der > Logographen genannt, die im 4. und 3. vorchristlichen Jahrhundert Lokalchroniken Athens verfasst haben:
 > Klytodemos, > Phanodemos, > Androtion, > Istros Kallimacheios und > Philochoros von Naukratis (Athen).
Ihre Werke, die nur in Fragmenten überliefert sind, flossen in die Werke späterer Autoren ein.

## Aufidius Bassus (> Bassus, Aufidius)

## Aurelius Victor Afer, Lucius Flavius Sextus

Spätrömischer Beamter und Geschichtsschreiber aus Nordafrika (ca. 320 bis ca. 389). Zeitgenosse des > Ammianus Marcellinus.

In Nordafrika aus ärmlichen Verhältnissen geboren, arbeitete er sich durch Bildung empor: er brachte es um 361 als Parteigänger des (ebenfalls heidnischen) Julian zum Präfekten der Pannonia Secunda und 388 (unter Kaiser Theodosius I,) sogar bis zum Rang des Stadtpräfekten von Rom; er starb vermutlich während dieser Amtsausübung. > Ammianus Marcellinus widmete ihm einen Nachruf.

Die von Aurelius Victor während seiner Dienstzeit in Sirmium (Pannonien) um 360 verfasste *Historiae abbreviatae* („Kurzgeschichte"), später auch *Liber de Caesaribus* oder *Caesares* genannt, ist eine Sammlung von ca. 50 Kurzbiographien (jeweils etwa eine pro Seite) führender Persönlichkeiten, von Augustus bis Constantius II., die also den Zeitraum von -30 bis 361 betreffen. Es gehört zu den zehn wichtigsten Quellen der römischen Kaisergeschichte, besonders für das 3. und frühe 4. Jahrhundert. Es ist dies sein einziges erhalten gebliebenes Werk. Darin beklagte er den Verfall der Sitten und den Machtzuwachs des von Barbaren dominierten Militärs im Römischen Reich. Eigenartigerweise erwähnte er (trotz seiner betonten Moralisierung der Geschichtsinterpretation) das Christentum mit keinem Wort.

Unter Aurelius Victors Namen wurden fälschlicherweise drei weitere Werke publiziert, die eine Modifizierung und zum Teil Erweiterung seines Werkes darstellen: *Liber de viris illustribus urbis Romae* (Biographien bis ca. -500); > *Epitome de Caesaribus* (bis zum Berichtsjahr 395); *Origo gentis Romanae* (eine historische Verkleidung der Gründungsmythen Roms).

Zu den Quellen des Aurelius Victor Afer gehörte vermutlich die hypothetische > Enmannsche Kaisergeschichte und vermutlich auch > Ammianus Marcellinus. Die > Historia Augusta schöpfte aus seinem Werk. Es setzte aber beim Leser historische Vorkenntnisse voraus, was wohl der Grund dafür war, dass es im Publikumsinteresse noch im selben Jahrhundert vom Werk des > Eutropius abgelöst wurde.

Metzler Lexikon antiker Autoren: Artikel von F. L. Müller.
Lexikon der Alten Welt: Artikel von R. Hanslik.
Lateinischer Quelltext und deutsche Übersetzung (Kirsten Groß-Albenhausen, Manfred Fuhrmann): *Die römischen Kaiser – Liber de Caesaribus*; Artemis&Winkler; 2003.
Englische Übersetzung (H.W. Bird): *Aurelius Victor, De Caesaribus*; Translated Texts for Historians; Liverpool University Press; Liverpool; 1994.
Französische Übersetzung der gesammelten Werke (A. Dubois, Y. Germain): Aurélius Victor: Œuvres complètes: Origine du peuple romain. Les hommes illustres de la ville de Rome. Les Césars. Epitomé; Éditions Paleo; Clermond-Ferrand; 2011.

## Ausonius, Decimus Maximus

Spätrömischer Dichter (ca. 310 bis ca. 393).

In Burdigala/Bordeaux als Sohn eines Arztes geboren. Studierte in Tolosa/Toulouse und lehrte dort Latein. Wurde 365 von Valentinian I. nach Augusta Treverorum/Trier als Erzieher des Prinzen Gratian berufen. Begleitete 365 den Kaiser auf einem Feldzug gegen die Alamannen.

Von seinen vielen poetischen Werken sind zwei von besonderem historiographischen Interesse, nicht hinsichtlich politischer Ereignisse, sondern als Beschreibung der damaligen Urbanistik und des Personentransportwesens. In seinem Gedichtzyklus *Ordo urbium nobilium* beschrieb er die damals wichtigsten Städte des Römischen Reiches: Rom, Konstantinopel, Karthago, Antiocheia, Alexandreia, Treviri/Trier, Mediolanum/Mailand, Capua, Aquileia, Arelate/Arles, Emerita Augusta, Corduba/Córdoba, Tarraco/Tarragona, Bracara/Braga, Athen, Syrakus, Catania, Tolosa/Toulouse, Narbo/Narbonne und Burdigala/Bordeaux. In seinem Gedicht *Mosella* beschrieb er seine Eindrücke von einer 371 durchgeführten Reise von Mogontiacum/Mainz über Bingium/Bingen und Noviomagus/Neumagen nach Augusta Treverorum/Trier (der heute ausgeschilderte Wanderweg von 118 km zwischen Bingen und Trier wird ihm zu Ehren „Ausoniusweg" genannt).

Lateinische Quelltexte und deutsche Übersetzung: Paul Dräger (Hrsg.): *Ausonius: Sämtliche Werke;* 3 Bände; Kliomedia; Trier; 2011 bis 2012.
Lateinische Quelltexte und deutsche Übersetzung: Paul Dräger (Hrsg.): *Mosella*; Paulinus-Verlag; Trier; 2001.
Französische Übersetzung eines Auszugs aus dem Werk Ordo: *Souvenirs de Bordeaux de Ausone de Bordeaux*; Éditions Paleo; Clermond-Ferrand; 2010.

## Aventinus (Johannes Turmaier)

Bayrischer Kirchenmann, Philologe und Geschichtsschreiber (1477 bis 1534).

In Abensberg (Niederbayern) geboren, war er als Lateinlehrere und ab 1517 als bayrischer Hofhistoriograph in Regensburg tätig, wo er starb.

1517 verfasste er eine Chronik von Scheyern (der ersten Stammburg der Wittelsbacher). Sein historisches Hauptwerk ist die um 1520 auf Lateinisch verfasste bayrische Geschichte (*Annales ducum Boiariae*), die bis zum Berichtsjahr 1460 reicht. Etwa zehn Jahre später verfasste er in deutscher Sprache die *Bairische Chronik*, eine Fassung für das allgemeine Leserpublikum, die eigentlich eine Geschichte des gesamten deutschen Sprachraums ist.

> Von seinen bayrischen Geschichten gibt es keine kommerziell verfügbare Ausgabe.
> Leidinger, Georg, „Aventinus, Johannes", in: Neue Deutsche Biographie 1 (1953), S. 469-470 [Onlinefassung]; URL: http://www.deutsche-biographie.de/pnd11850522X.html

### Avienus, Postumius Rufius Festus

Spätrömischer Politiker, Dichter und Übersetzer (ca. 350 bis ca. 400).

Aus altem etruskischen Adel in Volsinii/Bolsena geboren, Heide. War vermutlich Corrector in Lukanien und Bruttium und sicherlich Prokonsul der Provinzen von Achaia und Africa.

Sein Hauptwerk ist die Übersetzung ins Lateinische des Werkes über Sternkunde von Aratos von Soli (*Phaenomena*). Außerdem fertigte er unter dem Titel *Descriptio orbis terrae* eine freie Übersetzung des geographischen Werks *Periegesis tes oikumenes* („Rundreise um die Welt") des > Dionysios von Alexandria (Periegetes) an.

Aus zum Teil veralteten Quellen kompilierte er in Versform *Ora Maritima* („Meeresküsten"), eine Beschreibung von Küsten und deren Städte. Es fehlen selbst wichtige Städte (z. B. Emporion) und es werden auch mythische Landschaften erwähnt, so das „Schlangenland" sprich „Drachenland" Ophyssis im heutigen Portugal (dieser Mythos ist in die Heraldik Portugals eingegangen). Aus heutiger Sicht handelt es sich weniger um einen Reiseführer, als um einen Lesestoff über fremde Länder.

> Lateinischer Quelltext und deutsche Übersetzung (D. Stichtenoth): *Ora maritima*; Wissenschaftliche Buchgesellschaft; Darmstadt; 1968

### Avitus von Vienne

Gallorömischer Kirchenmann und Schriftsteller (460 bis 518).

Verwandter des Kaisers Avitus; war ab 494 Bischof von Vienna/Vienne (Südfrankreich) [45 32N 4 54E].

Die von ihm erhaltenen ca. 90 Briefe stellen eine wichtige Quelle für den Zeitraum von 499 bis 518 dar. Sie waren eine der Quellen von > Gregor von Tours.

> Englische Übersetzung (Shanzer, Danuta; Wood, Ian): *Avitus of Vienne: Selected Letters and Prose*; Translated Texts for Historians; Liverpool University Press; Liverpool; 2002.

### Azuma Kagami

Ab 1266 im Auftrag der japanischen Regierung verfasste Chronik des Kamakura-Shogunats („Spiegel des Ostens"), die in 52 Bänden den Zeitraum von 1180 bis 1266 abdeckt. In japanisiertem Chinesisch verfasst, wurde es einem breiteren japanischen Publikum erst nach seiner Übersetzung um 1626 verständlich. In Form eines Tagebuchs wird über die Ereignisse unterschiedlichster Art (bis hin zur Supernova von 1181) berichtet. Trotz seiner Parteilichkeit (pro Hojo, anti Miramoto, Auslassung unvorteilhafter Ereignisse) ist das Werk die wichtigste Quelle zur Geschichte Japans in der Kamakura-Zeit.

> Das Azuma Kagami ist noch in keine europäische Sprache übersetzt worden.

### Babur, Zahir –du-din-Muhammad

Türkischer Monarch und Literat (1483 bis 1530).

Als Sohn des Fürsten von Farghana (Transoxianien im heutigen Turkistan) in Andijan [40 47N 72 20E] (Ferganatal, Uzbekistan) geboren. Er war ein entfernter Nachkomme Tamerlans (wegen seiner mongolischen Verwandtschaft wurde er „Mogul", persische Bezeichnung für „Mongole", genannt). Er eroberte und verlor dreimal die Herrschaft über Samarkand. Daraufhin wandte er sich gegen Nordindien, eroberte es (v.a. dank seiner modernen Artillerie) und gründete dort das Großmogulische Reich, das er bis zu seinem Tod von Delhi (Indien) aus regierte. Sein Mausoleum befindet sich in Kabul (Afghanistan).

Seine Memoiren *Babur-Nama* verfasste er in seiner Muttersprache Chagatai-Türkisch, jedoch mit starker persischer Einfärbung; sie berichten über den Zeitraum von 1494 bis 1529. Das Werk gehört zu den beachtlichsten zeitgenössischen Dokumenten.

Deutsche Übersetzung: Babur, Z. M.: *Die Erinnerungen des ersten Großmoguls von Indien – Das Babur-Nama*; Manesse Bibliothek der Weltgeschichte; 1990.

## Babylonische Chronik der Frühen Könige („ABC 20")

Zwei Schrifttafeln mit insgesamt ca. 75 einzeiligen Einträgen zu herausragenden Ereignissen zwischen -2270 bis -1419. Vermutlich viele Jahrhunderte später verfasst.

Englische Übersetzung online: http://www.livius.org/cg-cm/chronicles/abc20/kings.html

## Bacchus, Cornelius (> Solinus, Gaius Julius)

## Baha ad-Adin Ibn Saddad (> Ibn Shaddad Baha ad-Din)

## Baladori (> Al-Baladhuri)

## Balderich von Bourgueil/Dol (Baudri/Baudry/Baldéric de Bourgueil; Baudericus Burguliensis)

Französischer Kirchenmann, Literat und Geschichtsschreiber (1046 bis 1130). In Meung-sur-Loire bei Orléans aus mittelständischer Familie geboren. Trat in den Benediktinerorden ein und wurde im Jahr 1079 Abt des Klosters Saint-Pierre in Bourgueil [47 17N 0 10E]. Reiste ausgesprochen gern (u. a. dreimal nach Rom), was sein Wissen bereicherte. Nahm am Konzil von Clermont-Ferrand (1095) teil, in dem Papst Urban II. zum Kreuzzug aufrief. Wurde 1107 zum Erzbischof von Dol (Bretagne) ernannt; hatte gegen seine dortigen „Schafe" Vorurteile, nannte sie „Skorpione" und hielt sich wenig in seinem Bistum auf; er wurde (wohl deshalb) im Jahr 1120 abgesetzt und starb als einfacher Mönch in Preaux (Haute-Normandie) [49 10N 0 29E].

Neben anderen literarischen Werken veröffentlichte er um 1110 eine Geschichte des 1. Kreuzzugs (*Historiae Hierosolymitanae libri IV*). Er hatte es vorher durch Abt Peter von Maillezais überprüfen lassen, der am Kreuzzug teilgenommen hatte.

Lateinischer Quelltext: *Baldrici episcopi Dolensis Historia Jerosolimitana*; Recueil des Historiens des Croisades; Autores occidentales; Bd. 4.; 1866.

## Bambusannalen (Zhúshu Jinián)

Kurz vor -300 im Staate Wei auf Bambusstreifen geschriebene chinesische Chronik (auch *Bambuschronik* genannt). Sie wurde im Jahr 281 von Grabräubern in

Goudian (Hubei) als Grabbeigabe für den König Anli von Wie (gest.-300) aufgefunden. Sie dokumentiert für jedes Regierungsjahr des Zeitraums von -2500 bis -298 die dynastischen, militärischen und sonstigen besonderen Ereignisse (1-2 Zeilen pro Jahr). Sie waren von der im Jahr 213 vom Kaiser Shi Huangdi angeordneten Bücherverbrennung verschont geblieben.

Die Bambusannalen gehören (neben dem > Zuozhuan und den > Vierundzwanzig Dynastiegeschichten) zu den wichtigsten Geschichtsdokumenten über das chinesische Altertum. Für die Chronologie vor -842 (die Datumsangaben der Vierundzwanzig Dynastiegeschichten setzen erst ab diesem Jahr ein) ist sie die wichtigste Quelle.

Obwohl sie als Annalen des Staates Wei verfasst wurden, stellen die Bambusannalen eine relativ unzensierte Quelle dar, in der unbequeme Wahrheiten (z. B. Aufstände, Niederlagen, fragwürdige Motivationen) nicht systematisch ausgeklammert werden, wie sonst zu jener Zeit üblich. Sie wurde wohl deshalb in der Quin-Zeit als Fälschung deklariert und mit Zitaten mittelalterlicher Autoren überarbeitet. Da es im Chinesischen keine Anführungszeichen gab, kann jedoch zwischen Zitaten und Meinungen des Überarbeiters nicht immer unterschieden werden. Da es von den überarbeiteten Fassungen der Bambusannalen unterschiedliche Versionen gibt („ancient versions") wird ihnen von einigen Autoren eine geringere Glaubwürdigkeit beigemessen, als der unbearbeiteten Version („current version").

> Französische Übersetzung online der unbearbeiteten Version (allerdings mit schwer verständlichen französischen Transkriptionen der chinesischen Namen):
> http://classiques.uqac.ca/classiques/chine_ancienne/B_autres_classiques/B_20_tchou_ki_annales/tch_chou.pdf

## Ban Gu (Pan Ku)

Chinesischer Geschichtsschreiber (32 bis 92).

Stammte aus einer Gelehrtenfamilie und war Berater eines hohen Staatsbeamten. Ban Gu wurde während der Regierungszeit des Kaisers He im Zuge eines Staatsstreichs hingerichtet.

Er ist der Hauptautor einer *Geschichte der Früheren Han-Dynastie* (-206 bis 24), das von seinem Vater begonnen worden war und nach seinem Tod von seiner Schwester ergänzt wurde. Das Werk bildet den Band 2 der Standardchronik der chinesischen Geschichte > Vierundzwanzig Dynastiegeschichten. Sein Bruder Ban Chao war ein bedeutender und verschlagener General, der von 73 bis 102 die chinesische Herrschaft über die von der Seidenstraße durchquerten Regionen bis zum Aralsee errang; es liegt nahe zu vermuten, dass sein Bruder wichtige Informationen zur Geschichte jener Regionen beigesteuert hat.

## Bar Ebraya (Bar Ebroyo) (> Ebn al-Ebri)

## Bar Hebraeus (> Ebn al-Ebri)

## Barani (> Ziya-du-Din Barani)

## Bartolomeo di Neocastro

Süditalienischer Geschichtsschreiber (ca. 1240 bis ca.1295).

Vermutlich in Nicastro [38 58N 16 19E] (Kalabrien) geboren. War in Messina als Rechtsanwalt tätig, dann im diplomatischen Dienst des Jakob II. von Aragón.

Sein Werk *Historia Sicula* (Zeitgeschichte Siziliens) behandelt die Ereignisse in Süditalien, speziell auf Sizilien, von 1250 bis 1293. Der Autor berichtet präzise über diesen von ihm miterlebten Zeitabschnitt; es unterliefen ihm aber grobe Fehler bei Angaben zu vorangegangenen Zeiten.
Wichtigste Quelle zur Sizilianischen Vesper nebst Vor- und Nachgeschichte.
> Lateinischer Quelltext: Giuseppe Paladino (Hrsg.): *Bartholomaei de Neocastro Historia sicula aa. 1250-1293*; Bologna; Nicola Zanichelli Editore; 1921-1922.

## Bartolomeo Sacchi "Platina"

Italienischer Bibliothekar, Humanist, Chronist und Gastronom (1421 bis 1481).

In Platina (heute Piadena bei Cremona) geboren, war in Mantua Lehrer der Kinder des Ludovico Gonzaga und wirkte dann in der Kanzlei der Päpste Pius II. und Paulus II. Er wurde unter dem Verdacht des Heidentums und der Verschwörung eingekerkert und gefoltert. Nach seiner Rehabilitierung war ab 1478 unter Sixtus IV. Bibliothekar des Vatikans. Er verkehrte mit den bekannten Humanisten seiner Zeit.

Bartolomeo Sacchi nutzte den Zugang zu den vatikanischen Archiven zum Verfassen einer 1479 veröffentlichten Chronik aller vergangener Päpste (*Liber de vita Christi ac omnium pontificum*), die viele unikale Informationen zur Kirchengeschichte enthält. Bis heute stark umstritten ist seine These, dass Papst Johann VIII. eine Frau gewesen sei („Päpstin Johanna"); 1580 wurde deshalb das Werk auf den Index gesetzt.

Bekannt ist auch sein Werk über die Gastronomie (mit Rezepten des berühmtesten Kochs seiner Zeit, Maestro Martino da Como) *De honesta voluptate et valetudine* (Von der zimlichen Wollust und Wohlbefinden)-
> Englische Übersetzung (A. F. D'Elia): *Platina - Lives of the Popes: Antiquity;* Harvard University Press; 2008.

## Bartossek (Bartossius de Drahonice)

Tschechischer Geschichtsschreiber (1419 bis 1443).
Vermutlich in Drahonice [49 12N 14 4E] (Süden Böhmens) geboren.
Seine Chronik (*Chronicon Bohemicum ab anno 1419 ad 1443*) deckt den Zeitraum von 1419 bis 1443 ab. Sie wurde in einem ungebildeten Stil geschrieben. Der Autor hat nur nackte Tatsachen erzählt, ohne sich um Ursachen und Folgen zu kümmern. Obwohl er zur katholischen Faktion gehörte, hat er sich nicht von der Präzision seiner Berichterstattung abbringen lassen.
> Palacky, F.: *Würdigung der alten böhmischen Geschichtsschreiber*; Prag; 1830. Digitalisiert von Google

## Bassus, Aufidius

Römischer Geschichtsschreiber (1. Hälfte des 1. Jh.).
Aus der plebäischen Familie der Aufidi in Fundi geboren, Zeitgenosse der Kaisers Tiberius.
Sein 1. historisches Werk *Libri belli Germanici* („Bücher über die Germanenkriege") behandelte vermutlich die Feldzüge des Drusus, Tiberius und Germanicus (-12 bis 16); es ist verloren gegangen.
Sein 2. historisches Werk *Historiae* beschrieb vermutlich die Bürgerkriege nach Caesars Ermordung und die Kaiserzeit bis zur Hinrichtung des Seianus (-44 bis 31). Auch dieses Werk ist verloren gegangen. Es war vermutlich als Fortsetzung des Werkes des > Livius gedacht. > Plinius der Ältere hat es (vermutlich für den

Zeitabschnitt von ca. 40 bis ca. 75) unter dem Titel *A fine Aufidii Bassi* fortgesetzt. > Tacitus hat daraus geschöpft.
    Lexikon der Alten Welt: Artikel von R. Till.

**Baudri von Bourgueil** (> Gesta Francorum)

**Baybar Al-Mansuri** (> Al-Mansuri, Baybar)

**Bayerischer Geograph** (Geographus Bavarus; Ostfränkische Völkertafel; Descriptio civitatum)
Eine vermutlich in der 2. Hälfte des 9. Jh. in lateinischer Sprache verfasste „Beschreibung der Burgen und Regionen bis zur nördlichen Seite der Donau" (*Descriptio civitatum et regionum ad septentrionalem plagam Danubi*). Sie ist eine Auflistung von 58 Herrschaftsbereichen und deren (überwiegend slawische) Ethnien im Ostfränkischen Reich und östlich davon bis einschließlich der Ukraine. Er nennt auch die jeweilige Anzahhl von Siedlungen (insgesamt 1.850). Nach einer Theorie wurde die Ausfistung im Kloster Reichenau verfasst, als sich der Christianisierer der Slawen Methodius dort aufhielt.
Das Dokument stellt eine Hauptquelle zur Verteilung der Slawen im Frühmittelalter vor der Deutschen Ostwanderung dar.
    Manuskript in der Bayerischen Staatsbliothek, München.

**Bayhaqi, Abul Fazl** (> Abul Fazl Bayhaqi)

**Bayhaqi, Zahir al-Din** (> Ebn Fondoq)

**Beda Venerabilis** (Beda der Ehrwürdige; Bede the Venerable)
Angelsächsischer Kirchenmann und Kirchenhistoriker (674 bis 735).
Vermutlich in Sunderland (Northumberland, Nordengland) oder Umgebung geboren. Lebte als Mönch im Benediktinerkloster Monkwearmoth [54 55N 1 23W] (Vorort von Sunderland) und Saint Peter von Jarrow [54 59N 1 28W] (Durham, heute Museum „Bede's World").
Er verfasste zwei Dutzend Werke kirchlicher Themen, darunter Biographien von Kirchenmänner und Heiligen, sowie ein *Martyrologium* (ein Verzeichnis der Märtyrer mit Angabe ihrer Lebensdaten und Todesumstände).
Sein 731 vollendetes Hauptwerk ist die *Historia ecclesiastica gentis Anglorum* („Englische Kirchengeschichte") in 5 Bänden, das sich von der Invasion Caesars (-55) bis zum Jahr 712 erstreckte und von Nachfolgern bis zum Jahr 1154 fortgesetzt wurde. Zu seinen Quellen gehörte die > Historia Britonum.
Beda Venerabilis gilt als der „Vater der englischen Geschichtsschreibung".
Beda Venerabilis wandte die 525 von > Dionysius Exiguus erstmals vorgeschlagene Zeitrechnung ab Christi Geburt als erster in einem Geschichtswerk durchgängig an. Er berechnete für die Schöpfung der Welt das Datum 18.3.-3952.
    Lateinischer Quelltext (Edition von B. Colgrave und R.A.B. Mynors) und deutsche Übersetzung (G. Spitzbart): *Beda der Ehrwürdige: Kirchengeschichte des englischen Volkes*;

2. Auflage; Wissenschaftliche Buchgesellschaft; Darmstadt; 1997.
Englische Übersetzung online:www.britannia.com/history/docs

## Benedikt von S. Andrea (Benedetto da S. Andrea del Soratte; Benedictus Monachus)

Italienischer Kirchenmann und Geschichtsschreiber (ca. 975 bis ca. 1025).

War Mönch des Benediktinerklosters von Sant'Andrea in Flumine bei Ponzano am Berg Monte Soratte (ca. 50 km nördlich von Rom) [42 15N 12 34E].

Verfasste eine Chronik (*Chronicon*), deren erhaltener Teil über den Zeitraum von 369 bis 965 berichtet.

> Italienische Übersetzung (G. Zuccetti): Il Chronicon di Benedetto, monaco di S. Andrea del Soratte e il „Libellus de imperatoria potestate in urbe; Tip.del Senato; Rom; 1920.

## Benes Krabice von Weitmül

Tschechischer Geschichtsschreiber (ca. 1310 bis 1375).

Er führte die Chronik Böhmens (*Chronica Bohemorum*) des > Cosmas von Prag, die vom > Mönch von Sazawa und dem > Kanonikus von Wyssehrad verlängert worden war, mit 4 Büchern für den Berichtszeitraum 1283 bis 1374 fort. Dabei schöpfte er (bis zum Berichtsjahr 1342) vom Werk seines Zeitgenossen > Franz von Prag.

> Palacky, F.: *Würdigung der alten böhmischen Geschichtsschreiber*; Prag; 1830. Digitalisiert von Google

## Benzo von Alba (Benzo Albensis)

Italienischer Kirchenmann und politischer Schriftsteller (ca. 1010 bis ca. 1085).

Wurde ca. 1059 Bischof von Alba (Ligurien) und ca. 1979 durch einen Volksabstand wieder abgesetzt.

In seinem ca. 1085 verfassten 7-bändigen Buch *Ad Henricum IV imperatorem libri VII* argumentierte er im Investiturstreit für die kaiserliche Seite.

> Lateinischer Quelltext online (Quellensammlung ALIM): http://www.uan.it/alim/letteratura.nsf/Autore?OpenView&Start=21&Count=20

## Beowulf

Ein zwischen 700 und 750 in England in lateinischer Sprache verfasstes Epos. Es behandelt die englische und skandinavische Geschichte im Grenzbereich zwischen Sage und Geschichte.

> Lateinischer Quelltext und deutsche Übersetzung (H. Gering): http://www.herot.dk/beo-intro-de.html

## Bernard Gui (Bernard Guy, Bernardus Guidonis)

Französischer Kirchenmann, Inquisitor und Schriftsteller (ca. 1261 bis 1331)

In Royère bei La Roche-l'Abeille (Haute-Vienne) geboren. Trat im Knabenalter in den Dominikanerorden ein. Er betätigte sich mit gnadenloser Effizienz in Südfrankreich als Inquisitor (vor allem gegen Katharer, Waldenser und Pseudo-Apostoliker) und war an 42 Todesurteilen (darunter die Katharerführer Pierre Guillaume Authier) und 307 Verurteilungen zu lebenslangem Kerker beteiligt. Starb als Bischof von Lodève (Languedoc-Rousseillon).

Er verfasste (in lateinischer Sprache) neben einem Handbuch der Inquisition (*Practica Inquisitionis Heretice Pravitatis*) mit Anleitungen zur Demaskierung von

Häretikern mittels entsprechender Verhörtechniken, eine Sammlung von Papstbiographien (*Flores Chronicorum*) sowie Kompilationen zur Geschichte des Dominikanerordens, der Pseudo-Apostoliker, der Diözesen von Toulouse, Limoge und Lodève, der Kirchenkonzilen, der römischen Kaiser und der französischen Könige. In seinen Abhandlungen schöpfte er aus dem Werk des > Gerhard von Frachet.

Im historischen Roman „Der Name der Rose" (1980) von Umberto Eco diente Bernard Gui als Vorbild für eine der Hauptfiguren („Bernardo Gui").

> Deutsche Übersetzung (Petra Seifert, Manfred Pawlik): Das Buch der Inquisition. Das Originalhandbuch des Inquisitors Bernhard Gui; Augsburg; 1999.

## Bernardus Marango (Bernardo Maragone)

Italienischer Geschichtsschreiber des 12. Jh.

In lateinischer Sprache kurzgefasste Stadtchronik von Pisa (*Annales Pisani*) für den Zeitraum von 768 bis 1175. Anonyme Autoren setzten sie auf Altitalienisch bis zum Berichtsjahr 1192 fort.

> Lateinischer/Altitalienischer Quelltext online (Quellensammlung ALIM):
> http://www.uan.it/alim/letteratura.nsf/Autore?OpenView&Start=21&Count=20
> Lateinischer/Altitalienischer Quelltext online: http://icon.di.unipi.it/ricerca/html/anp.html

## Bero(s)sos

Babylonischer Priester, Astronom und Geschichtsschreiber (ca. -340 bis ca. -270).

Er schrieb um -290 (vermutlich mit dem Titel *Babyloniaká*) in griechischer Sprache eine Geschichte Babyloniens in drei Bänden, welche den Zeitraum von der Urzeit bis zum Tode Alexanders (-323) behandelte. Band 1: Land und Völker Mesopotamiens; Band 2: Vorsintflutliche und nachsintflutliche Herrscher bis zum -8. Jh.; Band 3: von -745 bis -312. Davon sind nur Fragmente überliefert worden aus denen hervorgeht, dass Berossos sehr gewissenhaft vorgegangen ist. Die *Babyloniaká* haben vermutlich dem > Lucius Cornelius Alexander Polyhistor und > Abydenos als Vorlage gedient; > Josephus Flavius sowie > Eusebios von Caesarea haben auf ihn Bezug genommen.

> Quelltexte der Fragmente: Felix Jacoby (Hrsg.): *Die Fragmente der griechischen Historiker II A*; Berlin; 1926 (Nachdruck: Leiden; 1961); Nr. 680.

## Bernold von Konstanz/St. Blasien (Bernoldus Constantiensis)

Deutscher Kirchenmann und Geschichtsschreiber (1050 bis 1100).

Wurde an der Domschule von Konstanz ausgebildet. Mönch des Benediktinerklosters von St. Blasien (Schwarzwald) [47 46N 8 8E]. War 1086 bei der Schlacht bei Pleichfeld (Würzburg) auf der Seite der Gegner Heinrich IV. anwesend und berichtete darüber. Ab 1091 lebte er im Allerheiligenkloster in Schaffhausen.

Seine Weltchronik (*Chronicon*) erstreckt sich von Adam und Eva bis zum Jahr 1100. Bis zum Berichtsjahr 1054 besteht sie aus Zitaten (> Hieronymus von Strido, > Beda Venerabilis u.a.m.).

> Lateinischer Quelltext und deutsche Übersetzung (H. Robinson-Hammerstein) beider Fassungen:
> Robinson. I.-S. (Hrsg.): *Bertholds und Bernolds Chroniken*; Reihe FSGA, A, Bd. 14; Wissenschaftliche Buchgesellschaft; Darmstadt; 2002.
> Lateinischer Quelltext und deutsche Übersetzung auf CD-ROM mit Abfrage-Software:
> Müller, Th. (Herausgeber): *Quellensammlung zur mittelalterlichen Geschichte – Zweite Fortsetzung – Continuatio secunda fontium medii evi*; MA II; Verlag Heptagon; Berlin;

2008.
Autenrieth, Johanna, „Bernold von Konstanz", in: Neue Deutsche Biographie 2 (1955), S. 127-128 [Onlinefassung]; URL: http://www.deutsche-biographie.de/pnd119422352.html

## Berthold von Reichenau (Bertholdus Augiensis)

Deutscher Kirchenmann und Geschichtsschreiber (1030 bis 1088).

Mönch des Benediktinerklosters Reichenau (Insel auf dem Bodensee, Deutschland) [47 42N 9 4E].

Er erweiterte die Weltchronik seines Lehrers > Herrmann von Reichenau um die Berichtsjahre 1054 bis 1080 (Zeit Heinrichs IV. und Gregors VII.). Es sind zwei Fassungen der Bertholdchronik (*Chronicon*) überliefert: eine kaiserfreundliche und eine papstfreundliche. Nach einer Theorie sind beide aus der Feder des Berthold, der seine politische Stellung in Richtung Kaiserfeindlichkeit geändert habe.

Lateinischer Quelltext und deutsche Übersetzung (H. Robinson-Hammerstein) beider Fassungen: I. S. Robinson (Hrsg.): *Bertholds und Bernolds Chroniken*; Wissenschaftliche Buchgesellschaft; Darmstadt; 2002.

Plechl, Helmut, „Berthold von der Reichenau", in: Neue Deutsche Biographie 2 (1955), S. 165 f. [Onlinefassung]; URL: http://www.deutsche-biographie.de/pnd100937977.html

## Biladuri (> Al-Baladhuri)

## Bion von Soloi

Griechischer Geschichtsschreiber (ca. -3. Jh.).

Im kilikischen Soloi (Ruinen bei Mersin/Viransehir [36 44N 34 32E], Türkei) geboren. Er lebte angeblich vor dem Gelehrten Eratostenes von Kyrene (der von -276 bis -194 lebte). Er verfasste zwei geographisch-geschichtliche Werke, u.zw. ein mehrbändiges über Äthiopien (*Aithiopika*) und eines über Assyrien (*Assyriaka*), die beide bis auf winzige Fragmente verloren gegangen sind.

## Biruni (> Al-Biruni)

## Bitlisi (> Idris-i Bitlisi)

## Blaue Annalen (> Go Lotsawa)

## Briefe des Hammurapi

Hunderte in Mari und Larsa aufgefundene Briefe des babylonischen Herrschers Hammurapi (-1728 bis -1686 nach der Kurzen Chronologie). Sie sind an fremde Herrscher bzw. an seine Provinzverwaltung (v.a. von Larsa) gerichtet und geben wertvolle Einblicke in die Verhältnisse seines Reichs.

## Brito (> Wilhelm der Bretone)

## Bronzebänder der Torflügel des Palasts in Imgur-enlil (Balawat) (> Annalen des Salmanassar III.)

## Bruno von Merseburg (Bruno Magdeburgensis)

Sächsischer Kirchenmann und Geschichtsschreiber (ca. 1000 bis ca. 1090).

Er lebte als Mönch in Magdeburg und dann in Merseburg.

Er schrieb um 1082 ein Buch *Brunonis Saxonicum Bellum* („Brunos Sachsenkrieg"), auch *De bello Saxonico liber* genannt, über den deutschen Bürgerkrieg zwischen dem salischen König Heinrich IV. und dem Gegenkönig Rudolf von Schwaben mit dessen sächsischen Unterstützern (1073 bis 1082).

> Lateinischer Quelltext und deutsche Übersetzung (F.-J. Schmale) in: Schmale, F.-J., Schmale-Ott, I: *Quellen zur Geschichte Kaiser Heinrichs IV.*; Reihe FSGA, A, Bd. 12; 5. Auflage; Wissenschaftliche Buchgesellschaft; Darmstadt; 2006.
>
> Deutsche Übersetzung: Bruno: *Das Buch vom Sächsischen Krieg*; Reclam, Stuttgart; 1980.
>
> Lateinischer Quelltext und deutsche Übersetzung auf CD-ROM mit Abfrage-Software: Müller, Th., Pentzel, A. (Herausgeber): *Quellensammlung zur mittelalterlichen Geschichte – Fortsetzung - Continuatio fontium medii evi*; MA II; Verlag Heptagon; Berlin; 2000.

## Brut Chronicle (> The Chronicles of England)

## Brut y Brenhinedd (Chronicle of the Kings) (> Geoffrey of Monmouth)

## Brut y Tywysogion (Chronicle of the Princes)

Eine Übersetzung ins Walisische einer vermutlich im walisischen Kloster Strata Florida Abbey (bei Stratflur) [52 16N 3 51W] in lateinischer Sprache verfassten Verlängerung der (bis 634 reichenden) *Historia Regum Britanniae* von > Geoffrey of Monmouth. Der lateinische Quelltext ist verloren gegangen. Von der walisischen Übersetzung gibt es mehrere Versionen. Der Berichtszeitraum reicht von ca. 682 bis 1332.

> Englische Übersetzung (Thomas Jones): *Brut Y Tywysogion (History & Law)*; University of Wales Press; 2000.

## Burcardo (> Johannes Burckard)

## Burchard von Ursberg

Süddeutscher Kirchenmann und Geschichtsschreiber (ca. 1177 bis ca. 1230).

In Biberach (Württemberg) oder bei Roggenburg (Bayern) geboren. Trat 1205 in den Orden der Prämonstraten ein, war ab 1215 Probst des Klosters Ursberg bei Augsburg. Hielt sich zweimal in Rom und einmal in Bologna auf.

Er schrieb eine Weltchronik als Fortsetzung des Werkes des > Frutolf von Michelsberg und dessen Fortsetzers > Ekkehard von Aura, die ab 1169 unikale Einträge enthält und bis 1230 reicht. Seine Quellen waren Eckehard von Zwiefalten und Johannes von Cremona (deren Werke allein durch diese Zitate fragmentarisch erhalten geblieben sind). Das Werk des Burchards wurde von > Konrad von Lichtenau bis zum Berichtsjahr 1240 ca. erweitert.

> Lateinischer Quelltext und deutsche Übersetzung in: Becher, M. (Hrsg.): *Quellen zur Geschichte der Welfen und die Chronik Burchards von Ursberg*; Reihe FSGA, A, Bd. 18 b; Wissenschaftliche Buchgesellschaft; Darmstadt; 2007.
>
> Leuschner, Joachim, „Burchard von Ursberg", in: Neue Deutsche Biographie 3 (1957), S. 30 [Onlinefassung]; URL: http://www.deutsche-biographie.de/pnd11851749X.html

## Caesar, Gaius Julius

Römischer Politiker, Feldherr und Geschichtsschreiber (-100 bis -44).

Als Statthalter der Provinzen Gallia Cisalpina (Norditalien), Gallia Narbonensis (Südostfrankreich) und des Illyricums (Nordbalkan) führte er verfassungswidrig (ohne unmittelbare Bedrohung und ohne Senatsbeschluss) einen Expansionskrieg in der Gallia Transalpina.

Um sich vor dem Senat und der öffentlichen Meinung in Rom zu rechtfertigen schrieb er während des Gallischen Krieges einen Bericht *Commentarii de bello Gallico* („Erinnerungsprotokolle vom gallischen Krieg"), der aus sieben Bänden besteht (je einem für die Jahre -58 bis -52) und den er im Winter -52/-51 veröffentlichte. Sein Mitarbeiter > Hirtius ergänzte ihn mit einen achten Band über das Jahr –51. Trotz der Befangenheit das Autors als Hauptakteur des Geschehens ist das Werk von bemerkenswerter Sachlichkeit.

Der *De bello* Gallico stellt eines der wertvollsten historischen Dokumente über die Kultur der Kelten und Germanen dar. Caesar unterstützte seine propagandistische Absicht in meisterhafter Weise mit einer bis heute unübertroffen konzisen und sachlichen Erzähltechnik, welche das Werk auch zu einem der Hauptwerke der lateinischen Kunstprosa machen.

Über die nachfolgenden Geschehnisse des Bürgerkrieges gegen Pompejus schrieb er ein zweites Werk *Commentarii de bello civili* („Erinnerungsprotokolle zum Bürgerkrieg") in drei Bänden; es behandelt den Berichtszeitraum von Anfang -49 bis November -48. Anonyme Autoren setzten dieses Werk mit drei Monographien fort: > *De bello Alexandrino,* > *De bello Africo* und > *De bello Hispaniensis*.

> Lateinischer Quelltext und deutsche Übersetzung (M. Deissmann): Caesar, C. I.: *Der Gallische Krieg*; Reclam, Stuttgart, 1980.
> Lateinischer Quelltext und deutsche Übersetzung (O. Schönberger): Caesar, C. I.: *Der Bürgerkrieg*; Artemis Verlag; München; 1990.
> Französische Übersetzung aller erhaltenen Werke (M. Artaud, R. Fougères): *César. Œuvres complètes*: Band 1: *La guerre des Gaules*; Band 2: *La guerre civile, les guerres d'Alexandrie, d'Afrique et d'Espagne*; Éditions Paleo; Clermond-Ferrand; 2011.

## Caffaro di Rustico da Caschifellone (Cafarus Genuensis; Cafar von Genua)

Genueser Seefahrer, Beamter und Geschichtsschreiber (ca. 1080 bis ca. 1164).

In Caschifellone bei San Cipriano (heute Fraktion von Serra Riccò bei Genua) [44 30N 8 55E] geboren. Nahm als junger Mann im Jahr 1101 an den Kämpfen im Anschluss an den 1. Kreuzzug teil. War dann erfolgreicher Schiffskommandant gegen die Pisaner (1125) und Sarazenen (1146 und 1147).

Er verfasste in lateinischer Sprache eine Geschichte Genuas (*Annales Januenses*) für den Zeitraum von 1099 bis 1163.

> Deutsche Übersetzung (W. Arndt, W. Wattenbach, O. Holder-Egger): *Die Jahrbücher von Genua*; Bd.1; Geschichtsschreiber der deutschen Vorzeit 76; 1897.
> Deutsche Übersetzung (W. Arndt, W. Wattenbach, O. Holder-Egger): *Die Jahrbücher von Genua*; Bd.2; Geschichtsschreiber der deutschen Vorzeit 77; 1898.
> Italienische Übersetzung (C. Ceccardi, G. Monleone): *Caffaro: Annali Genovesi*; Municipio di Genova; 1923.

## Callinicus (> Kallinikos von Bitynien, > Kallinikos von Petra)

## Calpurnius Piso Frugi, Lucius (Censorinus)

> Römischer Annalist und Politiker (-2. Jh.).

Gewann jene Konsulwahlen von -133, an deren Vorabend sein Gegenkandidat Tiberius Sempronius Gracchus ermordet wurde (als Mandant dieses ersten politischen Mordes in der römischen Geschichte wird allerdings nicht er, sondern P. Cornelius Scipio Nasica Serapio vermutet).

Er schrieb *Annalen* in 7 Büchern, die den Zeitraum von der Gründung Roms bis zu seiner Gegenwart (ca. 146) behandelten; davon sind nur wenige Fragmente erhalten, die einen schlichten Erzählstil zeigen. > Livius (der ihm ob seiner Moralisierungen und Idealisierungen als tendenziös betrachtete) und > Dionysius Halicarnassus zitierten aus seinem Werk.

Lexikon der Alten Welt: Artikel von G. Gottlieb.
Fragmente: H. Peter (Hrsg*.): Historicum Romanorum Reliquiae* (HRR) I CLXXXI f, 120 ff. Lateinischer Quelltext und deutsche Übersetzung: Beck, H., Walter, U.: *Die Frühen Römischen Historiker- Bd. 1 Von Antipater bis Cn. Gellius*; 2. Auflage; Wissenschaftliche Buchgesellschaft; Darmstadt; 2005.

## Candidus Isaurus (> Kandidos)

## Canterbury Epitome (> Angelsächsische Chroniken)

## Cantinelli, Pietro (> Pietro Cantinelli)

## Cassiodorus, Flavius Magnus Aurelius (Kassiodor)

Weströmischer Beamter und Geschichtsschreiber (ca. 490 bis ca. 583).

Als Sohn eines begüterten weströmischen Politikers (vermutlich syrischer Abstammung) in Scyllacium/Squillace [38 47N 16 31E] (Kalabrien, Italien) geboren, wurde er Senator und dann Geheimsekretär des Ostgotenkönigs Theoderich und im Jahr 523 der Nachfolger des gestürzten Boethius als Kanzleichef. Er zog sich nach dem Sturz der Ostgoten aus dem politischen Leben zurück, verbrachte die Jahre 540 bis 554 in Ravenna und Byzanz, um sich ca. 555 (im Alter von ca. 65 Jahren) in das Kloster Vivarium („bei den Fischteichen") [38 46N 12 34E] zurückzuziehen, das er auf seinen Gütern in Kalabrien bei Scyllacium gegründet hatte.

Im Jahre 519 vollendete Cassiodorus eine kurzgefasste (erhalten gebliebene) Weltchronik *Chronica*, die bei den Assyrern ansetzt und sich bald auf die Abfolge der römischen Machthaber bis zum Berichtsjahr 519 konzentriert. Der Autor erwies sich als dezidiert gotenfreundlich eingestellt und ging dabei an die Grenze der Geschichtsklitterung. Seine Quellen waren die > Fasti consulares, > Eusebios, > Hieronymus von Strido, > Livius, > Aufidius Bassus, > Victorius Aquitanus und > Prosper Tiro Aquitanus. Erst ab dem Berichtsjahr 496 handelte es sich um originäre Einträge des Autors.

Cassiodorus verfasste zwischen 526 und 533 eine 12-bändige Geschichte der Goten *De origine actibusque Getarum* (auch unter den Titeln *De rebus Gethicis* bzw. *Historia Gothorum* tradiert), die vermutlich den Zeitraum von ca. 0 bis ca. 551 behandelte. Es war dies die erste Geschichte einer germanischen Ethnie. Die adulatorische Absicht des Autors den Goten und spezieller der Dynastie der Amalier gegenüber ist bereits im Titel des Werkes erkennbar, in dem er von einer Identität der Goten mit den Geten des Herodot ausgeht. > Jordanes, der in das Werk seiner Aussage nach allerdings nur einige Tage lang Einsicht nehmen konnte, hat den Inhalt in seiner *Getica* bis zum Berichtsjahr 541 zusammengefasst. Die Gotengeschichte des Cassiodorus ist, von wenigen Fragmenten abgesehen, nur in der Zusammenfassung des Jordanes überliefert worden.

Nach einer Theorie verfasste Cassiodorus auch die bis auf Fragmente verloren gegangene *Historia ecclesiastica tripartita* („Dreiteilige Kirchengeschichte"), die bis 519 reichte und auf dem Werk des > Hieronymus von Strido aufsetzte. Nach einer anderen Theorie hat er dafür lediglich das Vorwort geschrieben.

Unter dem Titel *Variae (epistolae)* werden ca. 400 Dokumente in 12 Bänden aus seinem Schriftverkehr geführt, den er im Dienste Theoderichs und dann Athalarichs geführt hatte und um 528 zusammengetragen hat. Dazu gehören von ihm verfasste Regierungserlasse, in denen er gern zu rhetorischen Exkursen ausholte. Sie sind für das Verständnis der ostgotischen Regierungspolitik von historischem Interesse und enthalten kulturhistorisch interessante Details.

Cassiodorus ist einer der bedeutendsten Zeitzeugen des Untergangs des Römischen Reiches. Er hat sich um den Erhalt der antiken Quellen bemüht. Dazu hat er deren Vervielfältigung durch Abschreiben als Mönchsaufgabe eingeführt und die ersten Skriptorien begründet. Außerdem veranlasste er Übersetzungen aus dem Griechischen ins Lateinische.

Metzler Lexikon antiker Autoren: Artikel von J. Alonso-Nunez.
Englische Biographie: James J. O'Donnell (1979): *Cassiodorus*; University of California Press; Online-Version: http://www9.georgetown.edu/faculty/jod/texts/cassbook/toc.html
Englische Übersetzung (Barnish, S.J.B.) der Briefe und Dokumente: *Cassiodorus:Variae*; Translated Texts for Historians; Liverpool University Press; Liverpool; 1992

## Cassius Dio Cocceianus (Dio Cassius)

Römisch-kaiserlicher Beamter und Geschichtsschreiber griechischer Sprache (ca. 160 bis ca. 235).

Sein Lebenslauf ähnelt dem seines Landsmannes Arrian, der ein halbes Jahrhundert vor ihm gelebt hatte. In Nikaia/Isnik [40 20N 29 43E] (Bithynien, Türkei) aus traditionsreicher griechischer Familie geboren (sein Vater war römischer Senator und Statthalter von Kilikien und Dalmatien). Er begab sich 180 als Senator nach Rom, wurde 205 Konsul und unter Severus Alexander ab 225 Statthalter kaiserlicher Provinzen (Africa, Dalmatien, Pannonien), was seine geographischen und geschichtlichen Kenntnisse erweiterte. Im Jahr 229 wurde er nochmals Konsul, Kaiser Severus Alexander riet ihm, wegen der in Rom herrschenden Unsicherheit, seine Amtszeit in den Provinzen zu verbringen, worauf er sich in seine Heimat zurückzog.

Cassius Dio verfasste eine verloren gegangene Biographie seines Landsmanns > Arrian, dessen Lebenslauf dem seinem geähnelt hatte.

Sein Hauptwerk (für das er 10 Jahre lang Informationen sammelte, die er in weiteren 12 Jahren niederschrieb) ist eine in griechischer Sprache verfasste Geschichte Roms (*Romaiké istoría*) in 80 Büchern, von Aeneas bis Severus Alexander (222 bis 235). Nur etwas mehr als die Hälfte seines Werks ist in der ursprünglichen Form überliefert: Bücher 36 bis 60 (-69 bis 47); Fragmente der Bücher 78 und 79 ( 218 bis 229), der Rest ist auszugsweise oder als Zusammenfassungen in Handbüchern späterer byzantinischer Geschichtsschreiber überliefert: > Joannes Xiphilinos, > Johannes Zonaras (1 bis 21, 44 bis 80) und die > Konstantinischen Exzerpte des 10. Jh.

Seine Quellen waren neben den > römischen Annalisten, > Sallustius, > Timagenes von Alexandreia, > Polybios, > Juba II., > Livius und > Arrian.

Cassius Dio beklagte, dass mit dem Übergang von der Republik zur Monarchie die Transparenz der politischen Entscheidungsprozesse verloren gegangen sei (Ersatz von Wahrheit durch Gerüchte), was die Arbeit des Historikers ungemein erschwert habe. Sein Ausblick auf die Zukunft des Römischen Reichs war, angesichts der Zerschlagung des Einflusses des Senats durch die Severer-Dynastie, pessimistisch.

Die Geschichte des Cassius Dio wurde bis zur Regierungszeit Konstantins des Großen von einem nicht identifizierten Autor (> Anonymus post Dionem) fortgesetzt.

Cassius Dio zählt zu den verlässlichsten Geschichtsschreibern der Antike. Für einige Abschnitte (2. Parther-Krieg des Septimus Severus von 197 bis 199 und Parther-Feldzug Caracallas von 216 bis 217) ist er sogar die einzige Quelle.

> Metzler Lexikon Antiker Autoren: Artikel von Heinz-Günther Nesselrath.
> Lexikon der Alten Welt: Artikel von W. Spoerri.
> Deutsche Übersetzung (O. Veh): *Cassius Dio: Römische Geschichte*; 5 Bände; Artemis&Winkler; 2007.
> Englische Übersetzung online: http://penelope.uchicago.edu/Thayer/E/Roman/Texts/Cassius_Dio/home.html

## Cassius Hemina, Lucius

> Römischer Annalist (ca. -200 bis ca. -146).

Er schrieb Mitte des -2. Jh. Annalen in 4 Bänden. Sie reichten von den Gründungsgeschichten Roms und anderer italischer Städte bis einschließlich zum „nachfolgenden Punischen Krieg" (vermutlich dem zweiten). Davon sind nur ca. 40 Fragmente über > Sallustius, > Plinius dem Älteren und Grammatikern überliefert. Auch> Appianus nahm auf sein Werk Bezug.

> Lexikon der Alten Welt: Artikel von R. Till.
> Fragmente: H. Peter (Hrsg.): Historicum Romanorum Reliquiae (HRR) 98-111.
> Lateinischer Quelltext und deutsche Übersetzung: Beck, H., Walter, U.: *Die Frühen Römischen Historiker- Bd. 1 Von Antipater bis Cn. Gellius*; 2. Auflage; Wissenschaftliche Buchgesellschaft; Darmstadt; 2005.

## Cato, Marcus Porcius „Censorius" alias „der Ältere"

Römischer Politiker (bis Konsul) und Offizier (-234 bis -149).

In Tusculum/Frascati [41 48N 12 41E] (Latium, Italien) aus (vermutlich etruskischem) Landadel geboren, machte er in Rom Karriere: Ädil, Prätor von Sardinien, Konsul und Triumph in Spanien. Im römischen Senat trat er als „Falke" gegen Karthago und als denunzierender „Moralapostel" hervor (ohne selbst seinen Maßstäben gerecht zu werden). Auch führte er eine Hetzkampagne gegen Scipio Africanus.

In seinem Ruhestand verfasste er neben anderen Fachbüchern (er gilt als der Gründer der lateinischen Fachliteratur) ab etwa -169 das erste Geschichtswerk in lateinischer Sprache *Origenes* (Ursprünge) in 7 Bänden; es behandelt den Zeitraum von der Vorgeschichte Roms (Ankunft der Trojaner) bis -149. Den Zeitraum von -450 bis -264 hat er überflogen. Das Werk hat späteren Geschichtsschreibern wie > Coelius Antipater, > Livius und > Sallust als Vorlage gedient, es verlor aber nach der Veröffentlichung des Werkes des Livius rasch die Gunst des Leserpublikums, so dass bereits in den ersten nachchristlichen Jahrhunderten alle Kopien verloren gegangen waren. Überliefert sind nur etwa 100 Fragmente.

Cato sah in der Geschichte mehr das Verhalten sozialer Konstrukte (speziell des römischen Staats) und weniger der Individuen (für die er in der Schilderung häufig nur die Funktion, nicht den persönlichen Namen anführte) Allerdings war er es, der in die römische Geschichtsschreibung die wortwörtliche Zitierung von Reden (vor allem eigener) einführte.

Metzler Lexikon antiker Autoren: Artikel von Ulrich Fellmeth.
Lexikon der Alten Welt: Artikel von R. Till.
Lateinischer Quelltext und deutsche Übersetzung: Beck, H., Walter, U.: *Die Frühen Römischen Historiker- Bd. 1 Von Antipater bis Cn. Gellius*; 2. Auflage; Wissenschaftliche Buchgesellschaft; Darmstadt; 2005.

## Chach Nama

Eine um 1216 angefertigte Übersetzung ins Persische einer im 9. Jh. auf Arabisch verfassten Geschichte von Sindh (*Tarekh-e-Hind wa Sindh*), der südlichsten Provinz des heutigen Pakistans. Der arabische Quelltext ist verloren gegangen.
Der Autor hat dem Text der arabischen Quelle, welche die ab 711 stattgefundenen arabischen Eroberung beschrieb, mit einem Vorspann über die im 7. Jh. vorangegangene buddhistische Dynastie der Siharsi und deren Sturz durch den Brahman Chach ergänzt.

Eintrag von D.N. McLean in Encycopaedia Iranica:
http://www.iranicaonline.org/articles/cac-nama
Englische Übersetzung (Mirza Kalichbeg Fredunbeg): *Chach-nama*; Delhi Reprint; 1979.
Englische Übersetzung: Elliot, H. M., John Dowson: *The History of India, as Told by Its Own Historians. The Muhammadan Period*; Vol. 1; Trübner & Co.; London; 1867 bis 1877. Nachdruck Adamant Media Corporation; 2000.
Online: http://archive.org/stream/cu31924024066593#page/n5/mode/2up

## Chaldun (> Ibn Khaldún)

## Chang Chun / Qiu Chuji (> Li Zhichang/Jichang)

## Chang De (> Liu Yu)

## Chares von Mytilene

Griechischer Beamter und Geschichtsschreiber (-4. Jh., Zeitgenosse Alexanders). Vermutlich in Mytilene/Mitilini [39 06N 26 34E] (Lesbos, Griechenland) geboren.
Verfasste eine Biographie Alexanders. Aus den wenigen erhaltenen Fragmenten scheint durch, dass er eine Vorliebe für kuriose Anekdoten hatte.

Lexikon der Alten Welt: Artikel von W. Spoerri.
Quelltexte der Fragmente: Felix Jacoby (Hrsg.): *Die Fragmente der griechischen Historiker II A*; Berlin; 1926 (Nachdruck: Leiden; 1961); Nr. 125.

## Charon von Lampsakos

Griechischer > Logograph (ca. -480 bis ca. -430, d.h. etwa eine Generation vor Thukydides).
Vermutlich in Lampsakos/Lapseki [40 21N 26 41E] (Türkei) geboren.
Von seinen 10 (Suda) Werken sind nur geringe Fragmente erhalten:
- *Horoi Lampsakenon* („Jahrbücher von Lampsakos") in 4 Bänden,
- *Persiká („Geschichte der Perser")* in 2 Bänden; die erhaltenen Fragmente handeln vom Ionischen Aufstand (-500 bis -493) und vom gescheiterten 2. Feldzug der Perser gegen Griechenland (-490),
- *Hellenika*

Charon von Lampsakos scheint sich von romanhaften Überlieferungen weniger gelöst zu haben, als sein um eine Generation älterer Vorgänger > Hekataios von Milet, und scheint sich mit der zeitlichen Einordnung wenig beschäftigt zu haben.

Quelltexte der Fragmente: Felix Jacoby (Hrsg.): *Die Fragmente der griechischen Historiker II A*; Berlin; 1926 (Nachdruck: Leiden; 1961); Nr. 262

## Chen Cheng

Chinesischer Weltreisender des 15. Jh.

Bereiste im Auftrag des Kaisers Yongle 1413, 1416 und 1420 Zentralasien und verfasste darüber zwei Berichte: *Xiyu xingcheng ji* („Aufzeichnungen über die Etappen einer Reise in die Westlande") und *Xiyu fanguo zhi* („Bericht über die Barbarenreiche der Westlande").

## Chen Shou

Chinesischer Geschichtsschreiber (233 bis 297).

Stammte aus Sichuan, diente bis 263 als Offizier in den Streitkräften des Staats Shu Han.

Sein um das Jahr 297 fertiggestelltes Werk behandelt die *Geschichte der Drei Reiche* im erweiterten Sinne (184 bis 280), d. h. einschließlich der vorangegangenen Perioden des Aufstands der Gelben Turbane (184 bis 205) und der Entstehung der drei Großstaaten Cao-Wei, Shu-Han und Östliches Wu. Das Werk bildet den Band 4 der Standardchronik der chinesischen Geschichte > Vierundzwanzig Dynastiegeschichten.

Im 11. Jh. schöpfte > Sima Guang aus diesem Werk. Es entstanden außerdem romanhafte Überarbeitungen, wie die im 14. Jh. *Die Geschichte der Drei Reiche* durch Luo Guanzhong.

Englische Übersetzung (M. Roberts): *Three Kingdoms: A Historical Novel*; University of California Press; 1991.

## Chunqiu (> Frühlings- und Herbstannalen)

## Childebrand (> Fredegar)

## Chondemir (Khondemir; Khwandamir, Khand-Amir)

Iranischer Geschichtsschreiber persischer Sprache (1475 bis ca. 1535).

In Herat ] (Afghanistan) [34 20N 62 12E] geboren; Enkel des Geschichtsschreibers > Mir Hwand und Sohn eines Vezirs der Timuriden in Samarkand. Seit seiner Kindheit war er von der Vergangenheit besessen. Er ließ sich 1527 nach Volklendung seines Hauptwerks (s.u.) auf Einladung des Großmoguls > Babur in Indien nieder, wo er den Rest seines Lebens verbrachte und begraben ist (in Delhi).

Chondemir verfasste mehrere historische Werke:
- Er ergänzte das Werk seines Großvaters mit einem 7. und 8. Band;
- Er fertigte eine Zusammenfassung des Werks seines Großvaters mit dem Titel *Khelasse-al-Akhbar* auch als *Khulasatuj al-akhbar fi bayan ahval al-akyan* transkribiert („Quintessenz vergangener Angelegenheiten") an, die vom den Anfängen der Geschichte, bis zur Gegenwart reichte. Der Vizir von Herat Alishir Navai (gest. 1501) hatte ihm dazu seine Bibliothek zur Verfügung gestellt.
- Sein in der Folge verfasstes Hauptwerk, eine Universalgeschichte *Habib al-Siyar fi akhbar-i afrad-i* („Freund der Biographien einer Vielzahl von Leuten") in drei Bänden mit insgsamt 2600 Seiten, reicht von der Schöpfungsgeschichte bis ins Jahr 1523.

Englische Übersetzung (Habib al-Siyar, Khelasse-al-Akhbar, Dasturu Wuzlar) in: Elliot,

H. M., John Dowson: *The History of India, as Told by Its Own Historians. The Muhammadan Period*; Vol. 4; Trübner & Co.; London; 1867 bis 1877. Nachdruck Adamant Media Corporation; 2000. Online: http://archive.org/stream/cu31924073036745#page/n3/mode/2up

## Chronica ad Sebastianum (Crónica Sebastianense; Crónica Ovetense)

Eine spätere Version der > Chronik Alfons III., die nach 887 vermutlich in Oviedo verfasst wurde. Das Werk ist mit einem Vorwort und Begleitbrief Alfons II. an einen nicht identifizierten Bischof Sebastian („ad Sebastianum") versehen.

Es wird derselbe Zeitabschnitt behandelt, die Redaktion wurde aber mit zeitpolitischer Absicht überarbeitet, um die Kontinuität mit dem westgotischen Königtum hervorzuheben.

> Lateinischer Quelltext und spanische Übersetzung (J. E. Casariego): Historias asturianas de hace más de mil años - Edición bilingüe de las crónicas ovetenses del siglo IX y de otros documentos; Oviedo; 1983.

## Chronica Gallica 452

Eine um 452 in Südgallien verfasste Chronik der Ereignisse von 379 bis 452 im Weströmischen Reich, speziell in Gallien. Sie datiert die Eroberung Britanniens durch die Angelsachsen in das Jahr 441. Sie wurde durch die > Chronica Gallica 511 fortgesetzt.

> Englische Übersetzung (S. Muhlberger): The Fifth-Century Chroniclers: Prosper, Hydatius, and the Gallic Chronicler of 452; Leeds 1990.

## Chronica Gallica 511

Eine um 511 in Südgallien verfasste Chronik der Ereignisse von 379 bis 511 im Weströmischen Reich, speziell in Gallien. Eine Fortsetzung der > Chronica Gallica 452 .

## Chronica monasterii Casinensis (> Leo Marsicanus)

## Chronica regia Coloniensis (Kölner Königschronik)

Eine vermutlich in Köln oder Siegburg verfasste Reichschronik mit dem Schwerpunkt Rheinland (*Chronica regia Coloniensis*), die sich bis zum Berichtsjahr 1240 erstreckt. Enthält unikale Detailinformationen, so über den Deutschen Kinderkreuzzug von 1212.

> Deutsche Übersetzung (C.A. Lückerath): *Kölner Königschronik und Chronik aus St. Pantaleon*; Wissenschaftliche Buchgesellschaft; Darmstadt; 2003.
> Lateinischer Quelltext und deutsche Übersetzung auf CD-ROM mit Abfrage-Software: Müller, Th., Pentzel, A. (Herausgeber): *Quellensammlung zur mittelalterlichen Geschichte – Fortsetzung - Continuatio fontium medii evi*; MA II; Verlag Heptagon; Berlin; 2000.

## Chronica Rotensis (Códice de Roda; Códice de Meyá)

Ein bis 1699 in der Kathedrale Roda de Isábena [42 17N 0 32E] (Ribagorza, Aragón) und später im Kloster Santa María de Meyá [42 00N 1 00E] aufbewahrtes Manuskript lateinischer Sprache.

Es ist vermutlich um 990 in Nájera am Hof des Grafen Sancho Garcés II. angefertigt worden. Die 232 Pergamentbögen enthalten u. a.: das Werk des > Orosius;

Fragmente der Werke > Isidors von Sevilla; die älteste überlieferte Version der > Chronik Alfons III.; Genealogien von Roda (zur Geschichte von Pamplona und Aragón).
Auf Spanisch kommentierter Quelltext:
http://www.unizar.es/cema/recursos/193_284.pdf

**Chronica Theodericiana** (> Anonymus Valesianus II)

**Chronicle of the Kings** (> Geoffrey of Monmouth)

**Chronicle of the Princes** (> Brut y Tywysogion)

**Chronicon Albendense** (> Albendensische Chronik)

**Chronicon Altinate** (> Chronicon Venetum)

### Chronicon Anonymi Cantuariensis
Eine Mitte des 14. Jh. von einem anonymen Autor verfasste Chronik von Canterbury für den Berichtszeitraum 1346 bis 1365.
Lateinischer Quelltext: Chris Given-Wilson (Hrsg.): *Chronicon Anonymi Cantuariensis - The Chronicle of Anonymous of Canterbury 1346-1365*; Oxford University Press; Oxford; 2008.

**Chronicon Aquense** (Aachener Chronik, Chronik von Aachen)
Eine von einem anonymen Autor Ende des 15. Jh. im damaligen Hochdeutsch verfasste Chronik des Zeitraums von 770 bis 1482. Die erste Hälfte des Berichtszeitraums ist in einem Dutzend Einträgen zusammengefasst. Erst die letzten fünf Jahrzehnte werden ausführlicher behandelt, allerdings auf die Stadtgeschichte von Aachen beschränkt.
Quelltext in Loersch, H. (Hrsg.): Annalen des Historischen Vereins für den Niederrhein; 1866.

**Chronicon Aulae regiae** (> Chronik von Königssaal)

**Chronicon Ceccanense** (> Annales Ceccaneneses)

### Chronicon Engolismense
Von einem anonymen Autor für den Berichtszeitraum 814 bis 991 verfasste Chronik der Region Angoulême (*Chronicon Engolismense ab anno DCCCXIV ad DCCCCXCI*). Nach einer Theorie war der Autor der Bischof Hugues I. von Angoulême.
Die Chronik dokumentierte ein Dutzend Raubüberfälle der Wikinger auf Städte und Klöster Westfrankreichs ab 843 bzw. von Kämpfen gegen sie, sowie den Aufstand der Bretonen gegen Karl den Kahlen.
Lateinischer Quelltext: *Annales Engolismenses 852*, MGH SS XVI.
Lateinischer Quelltext und französische Übersetzung online: http://www.histoirepassion.eu/spip.php?article1090

**Chronicon Farfense** (> Gregor von Catino)

## Chronicon Fossae Novae (> Annales Ceccanenses)

## Chronicon Gradense
Von anonymen Autoren verfasste Chronik des Bistums von Grado bis zum Beginn des 7. Jh.
> Roberto Pesce. "Chronicon Gradense." Encyclopedia of the Medieval Chronicle. Edited by: Graeme Dunphy. Brill Online, 2016. Reference. 15 March 2016 <http://referenceworks.brillonline.com/entries/encyclopedia-of-the-medieval-chronicle/chronicon-gradense-EMCSIM_001079>

## Chronicon Mellicense (> Abt Erchenfried)

## Chronicon monasteri Sancti Bartholomaei de Carpineto
Eine im Kloster der Abtei von Carpineto della Nora [42 20N 13 52] (Provinz Pescara, Abruzzen) verfasste Chronik (*Chronicon Sancti Bartholomei de Carpineto*).
> Lateinischer Quelltext: Ughelli, U. (Hrsg.): *Italia Sacra*, Vol. X; Forni; 1996.

## Chronicon Novalicense
Von einem nicht näher bekannten Mönch der Abtei von Novalesa [45 11N 7 1E] (im Piemont, in einem Seitental des Susatals, am Fuß des Alpenübergangs des Moncenisio) um 1060 verfasste Chronik. Das Original befindet sich heute im Staatsarchiv von Turin.
Als Vorbild diente das *Chronicon Farfense* des > Gregor von Catino.

## Chronicon Paschale (Alexandrinum, Constantinopolitanum, Fasti Siculi)
Eine von einem anonymen Autor (vermutlich einem hohen Zivilbeamten) in Konstantinopel um 630 in lateinischer Sprache (das im Oströmischen Reich bis 625 Amtssprache blieb) verfasste Chronik von der Erschaffung der Welt („21.3.-5505") bis 630, und zwar mit Datierungen nach dem „Osterkanon".
Es ist dies das erste vollständig erhaltene byzantinische Geschichtswerk. Dabei baute der Autor auf den > Fasti Consulares und dem Werk des > Sextus Iulius Africanus auf. Für den Berichtszeitraum von 602 bis 630 stellt sie eine der wichtigsten Quellen dar.
> Englische Übersetzung (M. und M. Whitby) des spätantiken Teils: *Chronicon Paschale 284–628*. Liverpool 1989

## Chronicon Roskildense
Eine um 1140 verfasste Kurzgeschichte Dänemarks (die älteste). Sie behandelt den Zeitraum von 846 bis 1140. Bemerkenswert daran ist, dass der unbekannte Autor, der vermutlich in Roskilde [55 39N 12 5E] lebte, tendenziell auf der Seite der Verlierer steht.
Die älteste erhaltene Abschrift befindet sich in der Universität Kiel (Kodex Kolionensis).

## Chronicon Salernitanum

Eine um 980 verfasste Chronik der langobardischen Herzogtümer von Benevent und Salerno, für den Zeitraum von 750 bis 974. Der Autor war vermutlich ein Kirchenmann aus Salerno, vielleicht Abt Radoald von Salerno. Er schöpfte u. a. aus dem Werk von > Erchempert.

Das Werk ist für seinen Berichtszeitraum eines der informativsten und zuverlässigsten über die langobardischen Herzogtümer.

Lateinischer Text online: http://centri.univr.it/RM/didattica/fonti/anto_cam/chrosalern/chrosalern_index.htm

## Chronicon Sanctae Sophiae

Eine um 1119 verfasste Chronik des Benediktinerklosters Sancta Sofia in Benevent. Mitunter auch *Annales Beneventani* genannt.

## Chronicon Sancti Petri vulgo Sampetrinum Erfurtense (Chronik von Sanct Peter zu Erfurt)

Erfasst den Zeitraum von 100 bis 1215.

Deutsche Übersetzung (G. Grandaur): *Chronik von Sanct Peter zu Erfurt, 1100-1215*, Die Geschichtsschreiber der deutschen Vorzeit, 12. Jahrhundert, Band 4; Leipzig; 1881.
Lateinischer Quelltext und deutsche Übersetzung auf CD-ROM mit Abfrage-Software: Müller, Th., Pentzel, A. (Herausgeber): *Quellensammlung zur mittelalterlichen Geschichte – Fortsetzung - Continuatio fontium medii evi*; MA II; Verlag Heptagon; Berlin; 2000.

## Chronicon Vedastinum (> Annales Vedastini)

## Chronicon Venetum (Chronicon Altinate)

Von anonymen Autoren Ende des 9. Jh. begonnene und im 10. Jh. fertiggestellte Chronik von Ereignissen in der venetischen Region, mit besonderem Fokus auf die Stadt Altino; sie reicht bis zum Berichtsjahr 1210. Darin wurde auch das > Chronicon Gradense eingearbeitet.

John Melville-Jones. "Chronicon Altinate." Encyclopedia of the Medieval Chronicle. Edited by: Graeme Dunphy. Brill Online, 2016. Reference. 16 March 2016 http://referenceworks.brillonline.com/entries/encyclopedia-of-the-medieval-chronicle/chronicon-altinate-EMCSIM_00541

## Chronicon Volturnense

Von einem nicht näher bekannten Mönch (auch Iohannes Monacus genannt) des Benediktinerklosters von San Vincenzo al Volturno [41 39N 14 05E] (Molise) um 1130 verfasste Chronik des Klosters in drei Bänden, ab der Gründung (731). Als Vorbild diente das *Chronicon Farfense* des > Gregor von Catino.

Lateinischer Quelltext online (Quellensammlung ALIM): http://www.uan.it/Alim/Letteratura.nsf/%28volumiID%29/5C917B0327658A19C12570C80042928A!opendocument&vs=Autore

## Chronik Alfons III.

Im Auftrag Königs Alfonso III. von León um 920 verfasste Chronik (*Chronica Adefonsi tertii regis*). Ihr Ziel war glaubhaft zu machen, dass die zeitgenössische Dynastie von León von der westgotischen Dynastie abstamme. In Fortsetzung der Geschichte der Könige der Goten, Vandalen und Sueben des > Isidor von Sevilla berichtet die Chronik vom westgotischen König Wamba bis König Ordoño I. von Asturien, d. h. über den Zeitraum von 672 bis 866.

Die Chronik ist in zwei Versionen überliefert worden: einer älteren, im > *Chronica Rotensis* enthaltene bzw. einer späteren, in der > *Chronica ad Sebastianum* enthaltene.

### Chronik der ersten Regierungsjahre Nebopolassars („ABC 2")

Eine neubabylonische (spätbabylonische) Chronik des Zeitraums -626 bis -623.
Englische Übersetzung online: http://www.livius.org/cg-cm/chronicles/abc2/early-nabopolassar.html

### Chronik der früheren Regierungsjahre Nebuchadnezars („ABC 5")

Eine neubabylonische (spätbabylonische) Chronik des Zeitraums -605 bis -594.
Englische Übersetzung online: http://www.livius.org/cg-cm/chronicles/abc5/jerusalem.html

### Chronik der Frankenkönige (> Liber Historiae Francorum)

### Chronik der letzten Merowingerkönige (> Fredegar)

### Chronik der Moskauer Akademie (> Suzdal-Chronik)

### Chronik der Regierung des Samas-suma-ukin („ABC 15")

Eine neubabylonische (spätbabylonische) Chronik des Zeitraums -694 bis -650.
Englische Übersetzung online: http://www.livius.org/cg-cm/chronicles/abc15/samas-suma-ukin.html

### Chronik der späteren Regierungsjahre Nebopolassars („ABC 4")

Eine neubabylonische (spätbabylonische) Chronik des Zeitraums -608 bis -605.
Englische Übersetzung online: http://www.livius.org/cg-cm/chronicles/abc4/late-nabopolassar.html

### Chronik des Asarhaddon („ABC 14")

Eine Schrifttafel mit 48 ein- bis zweizeiligen Einträgen zu herausragenden Ereignissen der assyrischen Geschichte zwischen -680 und -669.
Englische Übersetzung online: http://www.livius.org/cg-cm/chronicles/abc14/esarhaddon.html

### Chronik des 3. Regierungsjahrs von Neriglissar („ABC 6")

Eine Schrifttafel mit 26 ein- bis zweizeiligen Einträgen zum Feldzug des babylonischen Prinzen Neriglissar (Schwiegersohn und Mitregent von Nebukadnezar II.) von -557 gegen Kilikien.
Englische Übersetzung online: http://www.livius.org/cg-cm/chronicles/abc6/neriglissar.html

### Chronik des Falls von Ninive („ABC 3")

Eine neubabylonische (spätbabylonische) Chronik der Ereignisse um Ninive zwischen -616 und -608.
Englische Übersetzung online: http://www.livius.org/ne-nn/nineveh/nineveh02.html

## Chronik des Mönchs von Saint-Denis

Von einem Mönch des Klosters von Saint-Denis (Paris) verfasste Chronik des Berichtszeitraums von 1380 bis 1416. Sie wird auf Französisch *Chronique du Religieux de Saint-Denis* oder *Chronique du règne de Charles VI* genannt. Als Autor wird ein Mönch namens Michel Pintoin vermutet.

> Französische Übersetzung: Michel Pintoin, le religieux de Saint-Denis: Chronique du règne de Charles VI: Tome 1: La révolte des Rouennais (1380-1386); Tome 2: Le gouvernement des Marmousets (1387-1394); Tome 3: Bajazet la Foudre (1395-1400);Tome 4: Jean sans Peur, duc de Bourgogne (1401-1406);
> Tome 5: L'assassinat du duc d'Orléans (1407-1408); Tome 6: La maladie du roi (1409-1412); Tome 8: Azincourt (1415-1418); Tome 9: La grande misère du royaume de France (1419-1422); Éditions Paleo; Clermond-Ferrand; 2011.

## Chronik des Patriarchen Nikon

Eine im 16. Jh. verfasste Chronik des Zeitraums 859 bis 1520; mit Nachträgen für den Berichtszeitraum 1521 bis 1558.

Sie ist nach dem 7. Russisch-orthodoxen Patriarchen Nikon (gestorben 1681) benannt, in dessen Besitz sie gewesen war.

> Altslawischer Quelltext: Vollständige Sammlung der Russischen Chroniken: Band 14.

## Chronik des Presbyters von Duklija

Ein vermutlich im 14. oder 15. Jh. von einem Kirchenmann von Duklija (das römische Doclea, im SO Montenegros) [42 28N 19 16E] auf Slawisch verfasste regionale Chronik, von der nur zum Teil divergierende lateinische Übersetzungen erhalten sind. Sie enthalten an sich interessante Informationen über die Ethnogenese der Kroaten (z.B. über die angeblich gotische Abstammung deren Könige). Offensichtliche Lügengeschichten zu anderen Aspekten stufen das Werk für die meisten Historiker zu einem Phantasiewerk herab.

## Chronik des Samas-suma-ukin („ABC 15")

Eine neubabylonische (spätbabylonische) Chronik der Regierungsjahre des Samas-suma-ukin (-667 bis -648).

> Englische Übersetzung online: http://www.livius.org/cg-cm/chronicles/abc15/samas-suma-ukin.html

## Chronik des Seldschukischen Reichs (Akbar al-Dawlat al-Saljuqiya)

Eine vermutlich um 1225, vermutlich in Aserbaidschan, auf Arabisch verfasste Chronik des seldschukischen Reichs im Iran und Irak. Sie deckt den Zeitraum von den sagenumwobenen Ursprüngen in Zentralasien und der Westwanderung (ca. ab 1000) bis zum Berichtsjahr 1225 ab. Als Autor wird nach einer Theorie jener sonst nicht bekannte Sadr-al-din Hosayni vermutet, der im Untertitel genannt ist.

> Artikel von C.E. Bosworth in Encyclopaedia Iranica online: http://www.iranicaon-

line.org/articles/ajaeb-al-maqdur-fi-nawaeb-timur-the-wondrous-turns-of-fate-in-the-vicissitudes-of-timur-a-history-of-the-lif

## Chronik des Simon von Montfort (Chronique de Simon de Montfort)

Von einem unbekannten Autor verfasste Chronik der Ereignisse in Frankreich im Berichtszeitraum von 1202 bis 1311. Nach einer Theorie war der Verfasser der Bischof Pierre V. von Lodève (amtierte von 1382 bis 1385).

> Französische Übersetzung: Guillaume de Puy-Laurens: Histoire de l'expédition des Français contre les Albigeois (1170-1272); suivie de La Chronique de Simon de Montfort (1202-1311); Éditions Paleo; Clermont-Ferrand; 2011.

## Chronik P („ABC 24")

Eine Schrifttafel mit 76 einzeiligen Einträgen zu herausragenden Ereignissen der babylonischen Geschichte zwischen -1350 und -1159.

> Englische Übersetzung online: http://www.livius.org/cg-cm/chronicles/abc22/p.html

## Chronik von 819

Von syrischen Christen verfasste Chronik. Sie deckt den Zeitraum bis zum Berichtsjahr 819 ab.

> Englische Übersetzung (A. Palmer) enthalten in: *The Seventh Century in the West Syrian Chronicles*; Liverpool University Press; Liverpool; 1993.

## Chronik von 846

Von syrischen Christen verfasste Chronik. Sie deckt den Zeitraum bis zum Berichtsjahr 846 ab.

> Englische Übersetzung (A. Palmer) enthalten in: *The Seventh Century in the West Syrian Chronicles*; Liverpool University Press; Liverpool; 1993.

## Chronik von 1234

Von einem anonymen christlichen Autor vermutlich in Westsyrien (Edessa?) um 1250 verfasste Weltchronik; sie deckt den Zeitraum von der Schöpfung bis zum Berichtsjahr 1234 ab.

Der Autor schöpfte aus dem Werk des > Pseudo-Dionysius und folglich indirekt auch aus dem des > Theophilos von Edessa.

> Französische Übersetzung (Albert Abouna) mit Rahmentexten (Jean-Maurice Fiey): *Anonymi auctoris Chronicon ad A. C. 1234 pertinens II*; CSCO 354 (Script. Syri 154); Louvain; 1974.
>
> Englische Übersetzung (A. Palmer) von Auszügen enthalten in: *The Seventh Century in the West Syrian Chronicles*; Liverpool University Press; Liverpool; 1993.

## Chronik von Aleppo (> Ibn al-Adin, Kamal al-Din Umar ibn Ahmad)

## Chronik von Aniana (Chronik von Moissac; Chronicon Moissiancense)

Eine im Benediktinerkloster Saint Pierre de Moissac (auf dem Jakobsweg, Ruinen in Midi-Pyrénéés, Frankreich) [44 6N 1 5E] aufgefundene Chronik, die Ende des

10. Jh. im katalanischen Kloster von Aniana [43 41N 3 35E] verfasst worden ist. Sie behandelt die Ereignisse in Katalonien im Zeitraum von 670 bis 828.

## Chronik von Arbela (> Mesiha Zeka)

## Chronik von Battle Abbey

Von Mönchen der Benediktinerabtei der Heiligen Dreifaltigkeit erstellte Chronik über den Zeitraum von 1066 bis 1176. Die im Jahr 1094 eingeweihte Abtei hatte der normannische Eroberer Wilhelm I. an der Stelle [50 54 57N 0 28 56E] errichten lassen, an der sein Widersacher Harold II. Godwinson, König von England, während der Schlacht von Hastings (14.10.1066) einem Pfeilschuss erlegen war. Die Mönche führten auch eine Liste der Kampfgefährten Wilhelms des Eroberers („Roll of Battle Abbey"); die aber bald mit Falscheinträgen korrumpiert worden ist, die bis heute nicht zu Gänze bereinigt werden konnten.

> Lateinischer Quelltext und englische Übersetzung (Eleanor Searle): *The Chronicle of Battle Abbey*; Oxford University Press; Oxford; 1980.

## Chronik von Edessa

Von einem oder mehreren katholischen Autoren in syrischer Sprache verfasste Lokalchronik von Edessa/Sanliurfa/Urfa [37 08N 38 45E] (Türkei). Sie umfasst den Zeitraum von 201 bis 540. Die ersten vier Jahrhunderte werden mit nur 7 Zeilen übersprungen und die Berichterstattung ist erst ab dem 5. Jh. dichter gefasst (ca. 100 Einträge von ca. 1 Zeile / Berichtsjahr).

Die Chronik ist primär eine Stadtchronik. Sie berichtet über die Ausuferungen der die Stadt durchfließenden Gewässer, Einfälle von Hunnen und in der Region, stattgefundenen Schlachten und Belagerungen.

> Englische Übersetzung online: http://www.tertullian.org/fathers/chronicle_of_edessa.htm

## Chronik von Galizien (> Galyzisch-Wolhylnische Chronik)

## Chronik von Goustynya

Eine um 1625 im Kloster von Goustynya [50 38N 32 28E] (beim Dorf Pryluky, Region Tchernigov, Ukraine, damals Alt-Russland) verfasste Chronik der Ereignisse Alt-Russlands, und der dafür relevanten Vorgänge der Nachbarstaaten vom Baltikum bis zum Osmanischen Reich. Der erste Teil wiederholt im Wesentlichen die Hypatius-Version der > Nestorianischen Chronik, der zweite Teil behandelt den Berichtszeitraum von 1300 bis 1597.

> Altslawischer Quelltext: Vollständige Sammlung der Russischen Chroniken: Band 40 .

## Chronik von Irland (Chronicle of Ireland)

Wegen des Umstands, dass diverse irische Annalen für den Zeitraum 431 bis 740 (in geringerem Maß sogar bis 911) dieselben Ereignisse in derselben Reihenfolge und mit gleichem Wortlaut wiedergeben, vermutet man, dass sie von einer (nicht überlieferten) gemeinsamen Quelle stammen, der man den Arbeitstitel *Chronicle of Ireland* gegeben hat. Aufgrund der besagten Gemeinsamkeiten konnte das Werk rekonstruiert werden.

Die zeitlichen Angaben zeichnen sich durch hohe Genauigkeit aus, selbst für Ereignisse der britischen Hauptinsel.

> Englische Übersetzung (Charles-Edwards, T.M.): *The Chronicle of Ireland; Translated*

*Texts for Historians*; Liverpool University Press; Liverpool; 2006.

## Chronik von Königssaal (Chronicon Aulae regiae)

Eine im Zisterzenserkloster Königsaal (heute ein säkularisiertes Gebäude in einem Vorort von Prag) geführte Chronik. Sie wurde von Otto von Thüringen als *Liber de fundatione monasterii Aulae Regiae* begonnen, der sie bis zum Berichtsjahr 1294 brachte; sie wurde durch Peter von Zittau (Petr Zitavsky) überarbeitet und erweitert. Die 3-bändige Chronik deckt den Zeitraum von 1253 bis 1337 ab. Ab 1306 reicht der Berichtshorizont weit über Böhmen hinaus.

Palacky, F.: *Würdigung der alten böhmischen Geschichtsschreiber*, Prag; 1830. Digitalisiert von Google

## Chronik von Mont Saint-Michel

Eine von diversen anonymen Mönchen des Klosters von Mont Saint-Michel (Normandie) [48 38N 1 30W] verfasste Chronik der Ereignisse zwischen den Berichtsjahren 1343 und 1468. Der Schwerpunkt liegt beim Hundertjährigen Krieg und speziell bei den Abwehrmaßnahmen des Klosters gegen die Eroberungsversuche der Engländer.

Französische Übersetzung (E. de Bussac): *Chronique du Mont Saint-Michel*; Éditions L'Instant Durable; Clermond-Ferrand.

Französiche Übersetzung online der von Simeon Luce 1879 veröffentlichten Übersetzung: http://www.archive.org/stream/chroniquedumonts01bibluoft#page/n5/mode/2up

## Chronik von Nabornassar bis Asarhaddon („ABC 1B" oder „CM 17")

Eine neobabylonische (spätbabylonische) Chronik des Zeitraums -745 bis -675.

Englische Übersetzung online: http://www.livius.org/cg-cm/chronicles/abc1/cm17.html

## Chronik von Nabu-Nasir bis Samas-suma-ukin („ABC 1" oder „Chronik 1")

Eine neobabylonische (spätbabylonische) Chronik der Konflikte zwischen Babylon und Assyrien im Zeitraum -745 bis -667.

Englische Übersetzung online: http://www.livius.org/cg-cm/chronicles/abc1/abc1_col_i.html

## Chronik von Novgorod, Erste

Eine Ende des 13. /Anfang des 14. Jh. in Veliki Novgorod [58 31N 31 17E] verfasste Chronik dieser ältesten Stadt Russlands, von der sagenumwobenen Gründung (ca. 859) bis zum Berichtsjahr 1333.

Altslawischer Quelltext: Vollständige Sammlung der Russischen Chroniken: Band 3.IV.

## Chronik von Pskov (mittelalterliche)

Eine in der russischen Stadt Pskov [57 49N 28 20E] (altdeutsch Pleskow) ab dem 14. Jh. verfasste Chronik. Es sind mehrere Ausgaben der Chronik mit zum Teil stark abweichendem Inhalt erhalten geblieben. Nicht zu verwechseln mit der neuzeitlichen Chronik von Pskow, die im 17. Jh. verfasst worden ist.

Altslawischer Quelltext: Vollständige Sammlung der Russischen Chroniken: Band 5.1

und 5.2 .

## Chronik von Twer (Tverskoy Sbornik)
Eine in der altrussischen Stadt Twer [56 52N 35 55E] (170 km MW von Moskau, in sowjetischer Zeit Kalinin genannt), die anfänglich mit Moskau um den Vorrang stritt, verfasste Chronik. Der erste Teil behandelt den Berichtszeitraum von Adam und Eva bis 1247; der zweite Teil betrifft den Berichtszeitraum 1248 bis 1499.
    Altslawischer Quelltext: Vollständige Sammlung der Russischen Chroniken: Band 15.

## Chronik von Westminster (Westminster Chronicle)
Eine Chronik des Berichtszeitraums von 1381 bis 1394.
    Lateinischer Quelltext und englische Übersetzung (L. C. Hector, B. Harvey): *The Westminster Chronicle, 1381-1394*; Oxford University Press; Oxford; 1982.

## Chronik von Wolhylnien (> Galyzisch-Wolhylnische Chronik)

## Chronik von Zuqnin (> Pseudo-Dionysius von Tell-Mahre)

## Chroniken von England (> The Chronicles of England)

## Chroniken von Saint-Denis (> Grandes Chroniques de France)

## Chronique des Comptes d'Anjou (> Gesta Consulum Andegavorum)

## Chronograph von 354
Von Buchmaler Furius Dionysius Filicalus im Auftrag eines christlichen Vornehmen namens Valentinus verfasster Bildkalender (von Mommsen verwendeter Arbeitstitel). Er enthält u. a. eine Abschrift der > Fasti Consulares (von -509 bis 354) und eine Liste der Stadtpräfekten von Rom seit der Gründung der Republik (-509 bis 354). Erhalten sind im 16. und 17. Jh. angefertigte Kopien einer verschollenen karolingischen Kopie (Codes Luxemburgensis), von denen eine (Codex Romanus) im Vatikan aufbewahrt wird.

## Chronographus Saxo (> Annales Magdeburgenses)

## Chronologie der Frühgeschichte des Fernen Ostens
Die absolute **Chronologie der Frühgeschichte Chinas** stützt sich auf in den > Bambusannalen (Berichtszeitraums von -2500 bis -298) erwähnten Sonnenfinsternissen.
- Die für das 1. Regierungsjahr des Zhou-Kaisers Yih erwähnte Sonnenfinsternis ist wahrscheinlich die des 21.4.-899;
- Die für das 6. Regierungsjahr des Zhou-Kaisers Yeou erwähnte Sonnenfinsternis ist fast sicher jene des 6.9.-776;
- Die für das 51. Regierungsjahr des Zhou-Kaisers Yeou erwähnte Sonnenfinsternis ist fast sicher jene vom 29.1.-720; sie wird auch (mit 24 Tagen Differenz) in den > Frühlings- und Herbstgeschichten erwähnt.

Bronzetafeln aus der Westlichen Zhou-Dynastie (-1061 bis -771) haben mit ihren Hinweisen auf Regierungsjahre (meist ohne Nennung des Herrschers) und Mondphasen vereinzelt ebenfalls zur absoluten Datierung beigetragen.

Die Datierungsunsicherheit der Frühgeschichte Chinas beläuft sich im -2. Jt. und davor auf mehrere Jahrzehnte und nach ca. -900 auf nur wenige Jahre. Als das erste gesicherte Datum der chinesische Geschichte betrachtet Sima Qian das Jahr -841.

## Chronologie der Frühgeschichte des Nahen Ostens

Die relative **Chronologie des Alten Ägyptens** ist durch mehrere Pharaonenlisten ziemlich genau gesichert, die häufig die Anzahl der jeweiligen Regierungsjahre überliefert haben (> Quellen zur Frühgeschichte des Nahen Ostens).

Die **absolute Chronologie des Alten Ägyptens** gilt nur ab dem Jahre -664 (26. Dynastie) als gesichert. Die Datierung der vorangegangenen Dynastien ist auf astronomische Angaben angewiesen. Da die Ägypter mit einer Jahrlänge von 365 Tagen rechneten, ohne die fehlenden 0,25 Tage durch Schalttage auszugleichen, stimmte der offizielle Kalender mit dem astronomischen nur alle 1456 julianischen Jahre wieder überein. Da für die Ägypter das Jahr nominell mit dem Frühaufgang des Hundssterns Sirius begann, traf dies also nur alle 1456 Jahre zu, in allen übrigen Jahren fiel das Ereignis auf ein anomales Datum. Für das 7. Amtsjahr des Senwosret III. wurde die tagesgenaue Angabe eines anomalen Frühaufgangs berichtet, woraus sich dafür das Jahr -1872 extrapolieren lässt und daraus das Jahr -1991 für den Beginn der 12. Dynastie. Bis zurück zur 11. Dynastie (ca. -2100) weichen deshalb die unterschiedlichen Datierungstheorien zur ägyptischen Geschichte nur um maximal ca. 60 Jahre ab. Für die Dynastien davor weichen die Theorien aber um 200 bis 300 Jahre ab.

Die **relative Chronologie Mesopotamiens und Anatoliens** ist durch mehrere Königslisten und Annalen mit geringen Restzweifeln rekonstruierbar (> Quellen zur Frühgeschichte des Nahen Ostens).

Für die **absolute Chronologie Mesopotamiens und Anatoliens** im Zeitraum von -2500 bis -1200 ist die Frage des Jahrs der Zerstörung Babylons durch den hethitischen König Mursili I. der Angelpunkt. Es gibt dazu mehrere Annahmen und abgeleitete Chronologien:

| Chronologie | Angenommenes Jahr der Zerstörung Babylons | Versatz in Jahren zur Kurzen Chronologie |
|---|---|---|
| Ultrakurze | -1499 | +32 |
| Kurze | -1531 | 0 |
| Mittlere | -1595 | -64 |
| Lange | -1651 | -120 |

Traditionell war die Mittlere Chronologie die bevorzugte (im deutschen Sprachraum bis heute). Die Mehrheit der Experten (H. Freydank und vor allem angelsächsische Autoren) bevorzugt heute die Kurze Chronologie.

Eine ähnliche Ungewissheit besteht übrigens auch mit einzelnen Schlüsselereignissen der Epoche:

- *Ausbruch des Vulkans von Thera (Santorini)*: Radiocarbon-Experten bevorzugen das Jahr -1610, Archäologen das Jahr -1470.
- *Regierungsantritt Ramses II.*: Die vorherrschende Meinung nimmt dafür das Jahr -1279 an. Daraus leitet sich für die Schlacht von Kadesh (5. Regierungsjahr) die Datierung -1275 ab, die auch mit der Kurzen Chronologie kompatibel

ist (diese nimmt die Regierung des hethitischen Kontrahenten Muwatalli II. von -1295 bis -1272 an).

Ägypten taucht in den Keilschriften Mesopotamiens erstmals Mitte des -2. Jt. auf. Einer der ersten **Synchonisierungspunkte zwischen der Chronologie Ägyptens und des Nahen Ostens** ist, dass kurz nach dem Tod Tutanchamons Suppiluliuma I. eine Botschaft dessen Witwe erhielt, während er im Rahmen seines 3. Syrienfeldzugs Kadesh belagerte. Die ägyptische Datierung nach W. J. Munane und die Kurze Chronologie führen zu einer Deckungsgleichheit im Jahr -1325.

Sonnenfinsternisse können erst relativ spät als Fixpunkte für eine absolute Datierung herangezogen werden:

- Der assyrische König Mursili II. berichtete während seines 10. Regierungsjahres von einer Sonnenfinsternis während seines 10. Regierungsjahres. Eine fast totale Sonnenfinsternis fand in Anatolien im Jahre -1312 statt; die dazu nächstgelegen Sonnenfinsternisse fanden -1335 (23 Jahre früher) bzw. -1308 (4 Jahre später) statt, sie waren aber in Anatolien nur schwach bemerkbar, da partiell und zudem um 8 Uhr morgens; die Datierung -1312 deckt sich mit der Kurzen Chronologie.
- Assyrische Sonnenfinsternis (Bur-Saggile-Finsternis) vom 15.6.-**763**. Sie wurde in der > Assyrischen Eponymenliste im Eponymenjahr des Bur-Saggile bzw. 9. Regierungsjahr des Königs Assurdan III. erwähnt. Es ist dies die erste zweifelsfrei zugeordnete Sonnenfinsternis der Geschichte des Nahen Ostens.

In der Folge wurden einige weitere Sonnenfinsternisse berichtet, darunter:

- Ägyptische Sonnenfinsternis vom 30.9.-610 im Todesjahr Psammetichs I.

Die Website http://eclipse.gsfc.nasa.gov/SEcat5/SEcatalog.html#cattab enthält den von der Nasa erarbeiteten Katalog aller weltweit ab -2000 eingetretenen Sonnenfinsternisse jeden Ausmaßes (es sind übrigens ca. 2,5 pro Jahr).

Für die absolute Datierung der Geschichte des Nahen Ostens herrscht eine **weitgehende Einstimmigkeit** frühestens ab dem Jahr -**911**, dem Regierungsantrittsjahr des assyrischen Königs Adad-nirari II. (ab dann ist eine lückenlose Liste der Jahreseponymen bis Assurbanipal tradiert). Eine **völlige Einstimmigkeit** besteht erst ab dem Jahr -**747**, dem Regierungsantritt des babylonischen Königs Nebonassar, mit dem sowohl die Neubabylonische Chronik („ABC 1"), wie auch der Kanon des > Claudius Ptolemaios übereinstimmend beginnen.

Die **Radiokohlenstoffdatierung** ist für die absolute Datierung historischer Ereignisse leider ungeeignet, da sie eine Messunsicherheit von mindestens 1 % (d. h. 30 Jahre für das Jahr -1000) hat.

## Chronologie der Frühgeschichte Griechenlands und Roms

Die relative **Chronologie Griechenlands und Roms** bezieht sich, je nach Quelle, vor allem auf drei Schlüsselereignisse.

### a) Fall von Troja

Die griechischen Quellen erlauben keine genaue Datierung, da sie von „Generationen" sprechen oder sich auf andere (ebenfalls nicht genau terminierten) Ereignisse beziehen, wie die Herrschaft spartanischer Könige (ohne das Regierungsjahr anzugeben). Daraus ergibt sich ein Schätzungsintervall zwischen ca. -1196 und ca. -1061 (Mittelwert -1129).

- Der Philosoph Demokrit von Abdera (ca. -400) „ich habe dies 730 Jahre nach der Zerstörung von Troja verfasst", leider ist aber das Jahr der Niederschrift Demokrits nicht bekannt; dies ergibt: ca. -1130 (+/- einige Jahrzehnte)
- Thukydides (ca. -416): „Gründung von Melos durch die Dorer fand vor 700 Jahren statt"; durch Zuzählung der überlieferten 80 Jahre Nachlauf der dorischen

Invasion des Peloponnes zur Zerstörung Trojas ergibt dies für diese die Schätzung: -1196 (+/- einige Jahrzehnte).
- Ephoros von Kyme (ca. -350) „10 Generationen (vermutlich à 33 Jahre) vor der Gründung von Naxos (-735) und Megara Hyblea (-728)", d. h. ca. -1061 (+/- einige Jahrzehnte).
- Eratosthenes von Kyrene (ca. -200): „860 Jahre vor dem Tod Alexanders", also -1183.
- Sosylos von Lakonien (ca. -200): errechnete aus spartanischen Königslisten und Olympiaden das Jahr -1171.
- Velleius Paterculus (ca. 20): -1182
- Der arithmetische Mittelwert dieser Schätzungen liegt bei -1154

Viele Archäologen befürworten das Jahr -1260 (Datierung der Zerstörungsschicht VII A von Hissarlik).

**b) Jahr der ersten Olympiade**
Die antiken Quellen sind sich über das Jahr -776 für den Beginn der 1. Olympiade so gut wie einstimmig einig. Da die Olympiaden alle 4 Jahre stattfanden, wurde vereinzelt auf das Vierjahresintervall Bezug genommen, was eine Unsicherheit von bis zu 4 Jahren bedeutet.

**c) Gründung Roms**
Die Schätzungen der antiken Autoren streuen zwischen -754 (> Dionysius Exiguus), -753 (> Varro), -752 (> Dionysius Halicarnassus), -744 (> Velleius Paterculus) und -729 (> Cincius Alimentus)

**Weitere Unsicherheitsfaktoren:**
- Fehler bei relativen Datierungen die erst Jahrhunderte nach dem Ereignis vorgenommen wurden (dies gilt vor allem für Ereignisse vor dem 5. Jh.).
- Unsicherheiten durch Maßzahlen wie „Menschengenerationen" (25 Jahre? 30 Jahre? 33 Jahre?)
- Unsicherheiten aus der Anzahl von Tagen, die das Jahr des jeweiligen Kalenders enthielt. Alte Kalender waren noch Mondkalender mit etwas mehr als 300 Tagen pro Jahr, die durch Kalenderreformen erhöht wurden, aber vor dem Julianischen Kalender immer noch einen Fehlbetrag von ¼ Tag pro Jahr aufwiesen.

Nur in Einzelfällen kann die Unsicherheit durch markante Sonnenfinsternisse oder Mondfinsternisse eingegrenzt werden. Darunter:
- Die von Thales vorausberechnete Sonnenfinsternis vom 28.5.-585
- Die „Agathokles-Sonnenfinsternis" vom 15.8.-310.

Alles in allem liegt die absolute Unsicherheit der Jahresangaben in der griechischen und römischen Geschichte im Bereich von weniger als 10 Jahren, typischerweise bei 2 Jahren, und geht ab ca. -175 auf Null.

## Chunqiu (> Frühlings- und Herbstannalen)

## Cincius Alimentus

Römischer Politiker und Geschichtsschreiber griechischer Sprache (ca. -260 bis ca. -200).
Von plebejischer Abstammung, wurde zum Senator ernannt, war er -210 Prätor Siziliens. Führte den Flottenverband an, der -208 Hannibal in Lokroi belagerte, geriet dabei in die karthaginesische Gefangenschaft, während der er Hannibal kennen lernte.

Cincius Alimentus verfasste wie sein Zeitgenosse > Fabius Pictor eine (nur in Fragmenten erhaltene) Geschichte Roms in griechischer Sprache, von der Gründung (die er mit -729 datierte) bis einschließlich des 2. Punischen Krieges. Punktuelle Einblicke in sein Werk gewähren Hinweise des > Dionysios Halicarnassus. Demnach scheint er eine etwas weniger triumphalistische Schilderung der römischen Erfolge gegen die italischen Stämme verfasst zu haben, was das Interesse an seinem Werk geschmälert haben könnte. Dem Cincius Alimentus verdanken wir die Kenntnis einiger Einzelheiten, die ihm Hannibal über dessen Alpenüberquerung mitgeteilt hatte, die dann von nachfolgenden Geschichtsschreibern tradiert worden sind.

Lexikon der Alten Welt: Artikel von R. Till.
Fragmente: H. Peter (Hrsg.): Historicum Romanorum Reliquiae (HRR) I 40-43.
Griechisch und deutsche Übersetzung: Beck, H., Walter, U.: *Die Frühen Römischen Historiker- Bd. 1 Von Antipater bis Cn. Gellius*; 2. Auflage; Wissenschaftliche Buchgesellschaft; Darmstadt; 2005.

## Claudian (Claudius Claudianus)

Hellenistischer Epiker der Spätantike (ca. 370 bis ca. 403).

Als Halbgrieche in Alexandreia/Alexandria (Ägypten), geboren, eignete er sich perfektes Latein an. Zog um 395 nach Mailand an den Hof des Kaisers Honorius.

Dichtete in lateinischer Sprache, komponierte auch mehrere Lobgedichte zu Ehren Stichilos, des damaligen Herrn über das Weströmische Reich. Eine Art Lobrede ist auch seine kurze Abhandlung *De bello Pollentino* (sive Gothico) über den Einfall der Westgoten in Italien von 401.

Claudian gilt als letzter bedeutender Epiker des Altertums

Metzler Lexikon antiker Autoren: Artikel von Heinz-Günther Nesselrath.
Lexikon der Alten Welt: Artikel von W. Schmid.
Lateinischer Quelltext und englischer Übersetzung von „*De bello Pollentino*": http://penelope.uchicago.edu/Thayer/E/Roman/text/Claudian/De_Bello_Gothico*.html
Französischer Übersetzung der gesammelten Werke: Claudien: *Œuvres complètes*; Éditions Paleo; Clermond-Ferrand; 2011.

## Claudius

Römischer Kaiser und Geschichtsschreiber (-10 bis 54).

Als Sohn des älteren Drusus (des Eroberers Rätiens) und einer Tochter des Marcus Antonius in Lugdunum/Lyon geboren. Wegen seiner gebrechlichen Gesundheit wuchs er als „für die Nachfolge nicht in Frage kommend" und daher von politischen Machenschaften unbehelligt auf. Angesichts seines Interesses für Geschichte wurde, als er 17 Jahre alt war, > Titus Livius als sein Geschichtslehrer berufen. Bis zu seinem 51. Lebensjahr wurde er von seinem Onkel und Kaiser Tiberius und dann von dessen Nachfolger Caligula von Ämtern ferngehalten, so dass er sich nolens volens als Privatier seinen Studien widmete. Nach der Ermordung des Caligula (von deren Planung er zumindest gewusst habe) wurde er von den Prätorioanern als ältestes männliches Mitglied der julianischen Dynastie zum Kaiser erhoben. Er betrieb eine umsichtige Innenpolitik (er führte als erster Kaiser eine Art Ministerien ein, die er von Freigelassenen leiten ließ, die weder dem Ritterstand, noch dem Senat angehörten). Abgesehen von der Besetzung Britanniens (die in Gallien die Konjunktur fördern sollte) vermied er auf den anderen Grenzen Militärinterventionen. Er wurde vermutlich auf Veranlassung seiner letzten Gattin Agrippina der Jüngeren vergiftet, die für ihren in die Ehe mitgebrachten Sohn Nero die Thronfolge habe sichern wollen.

Neben dem Würfelspiel (über das er eine Abhandlung verfasste) gehörte die Linguistik zu den Interessenschwerpunkten des Claudius (so versuchte er, das lateinische Alphabet mit drei neunen Buchstaben zu bereichern und Punkte zur Trennung von Wörtern einzuführen, was sich beides nicht durchsetzte; auch verfasste er ein etruskisches Wörterbuch).
Der Schwerpunkt seiner wissenschaftlichen Tätigkeit betraf die Geschichte. Er verfasste mehrere historische Werke, die zur Gänze verloren gegangen sind:
- Eine Geschichte der nach der Ermordung > Caesars ausgebrochenen Bürgerkriege, deren Verfassung er aber wegen der noch aktuellen Brisanz nach dem Band 2 einstellte.
- Eine 42-bändige Geschichte der Regierung des Augustus
- Eine 20-bändige Geschichte der Etrusker (*Tyrrheniká*)
- Eine 8-bändige Geschichte Karthagos.
- Eine 8-bändige Autobiographie.

Seneca der Ältere (>) rächte sich unmittelbar nach dem Tod des Claudius für angeblich erlittenes Unrecht mit einer Schmähsatire. Die kurz nach dem Tod des Claudius geborenen Geschichtsschreiber > Tacitus und > Sueton sowie der 106 Jahre später geborene Cassius Dio überzeichneten (als Anhänger des Senats) die negativen Seiten der Persönlichkeit des Claudius. Tacitus und Sueton schöpften vermutlich aus dessen Werke, ohne ihn gebührend zu zitieren. > Plinius der Ätere zählte hingegen Claudius zu den großen Gelehrten seiner Zeit.
Als das Christentum im Römischen Reich zur Macht gelangte, fielen der Ausrottung alles Etruskischen vermutlich auch die letzten Exemplare der Tyrrheniká und des etruskischen Wörterbuchs zum Opfer, was zu den größten Verlusten der antiken Geschichtsschreibung gezählt werden kann.
> https://de.wikipedia.org/wiki/Claudius#Gelehrtent.C3.A4tigkeit
> [Hervorragend gelungener deutschsprachiger Wikipedia-Eintrag].

## Claudius Ptolemaios (> Ptolemaios, Claudius)

## Claudius Quadrigarius, Quintus

> Römischer Annalist (-1. Jh., Zeitgenosse Sullas).

Sein Werk umfasste mindestens 23 Bücher und deckte die Geschichte vom Galliereinfall (-391) bis mindestens zum Jahr -82 ab. Er wich vom überlieferten „buchhalterischen" Stil der römischen Annalisten ab, indem er Reden, Briefe, Anekdoten und lebhafte Kampfbeschreibungen einstreute. Von seiner Geschichte sind nur Fragmente erhalten. Er war eine der Quellen des > Livius (ab -187 sogar die Hauptquelle).
Claudius Quadrigarius fertigte vermutlich auch eine Übersetzung ins Lateinische des Geschichtswerks des > Acilius an, die jedoch verloren gegangen ist.
> Lexikon der Alten Welt: Artikel von R. Till.
> Lateinischer Quelltext und deutsche Übersetzung: Beck, H, Walter, U.,: *Die Frühen Römischen Historiker, Band 2. Von Coelius Antipater bis Pomponius Atticus*; 1. Auflage; Wissenschaftliche Buchgesellschaft; Darmstadt; 2004.

## Claudius Rutilius Namantianus (> Rutilius Namatianus, Claudius)

## Cluvius Rufus

Römischer Politiker und Geschichtsschreiber (ca. -2 bis ca. 70).

War 39/40 Konsul, Freund und Herold Neros bei dessen Kampfauftritten, dann unter Galba Statthalter der Gallia Terraconensis.

Sein Geschichtswerk *Historiae* deckte vermutlich die Regierungszeiten von Caligula, Claudius und Nero (37 bis 68) ab. Es ist verloren gegangen. > Josephus Flavius, > Tacitus, > Plutarch und > Cassius Dio schöpften daraus.

Cluvius Rufus genoss in der Antike den Ruf großer Objektivität und des Bestinformierten der Nero-Zeit.

> Lexikon der Alten Welt: Artikel von R. Till.

### Codex Calixtinus (Jakobsbuch)

Zwischen 1139 und 1172 von diversen Autoren (vermutlich des Scriptoriums von Compostela) verfasste 5-teilige Sammlung von Abhandlungen (*Liber Sancti Jacobi*) zu Ehren des Hl. Jakobs (des Patrons von Santiago de Compostela), lange irrtümlicherweise dem Papst Kallixtus II. (1119 bis 1124) zugeschrieben.

Teil 4 enthält eine Zusammenfassung der Kriege Karls des Großen gegen die Heiden. In einem Manuskript wird irrtümlicherweise als Autor Bischof Turpin von Reims (748 bis 795) genannt, weswegen dieser Teil auch „Pseudo-Turpin" genant wird.

Teil 5 beschreibt mit großer Detailtreue vier Pilgerrouten nach Compostela und deren Gefahren; er ist der historiographisch wertvollste Teil, da er unmittelbare Einblicke in die Mentalität und Umweltbedingungen jener Zeit tradiert.

> Englische Übersetzung (W. Melczer) des Teils 5: *The Pilgrim's Guide to Santiago De Compostela*; Italica Press; 1993.

### Coelius Antipater, L.

Römischer Rhetoriker und Geschichtsschreiber (ca. -180 bis ca. -120).

Sein nach -121 publiziertes Werk mit dem vermutlichen Titel *Historiae*, ab Cicero *Bellum Punicum*" genannt, behandelte in 7 Bänden den 2. Punischen Krieg (-218 bis -201). Seine Quellen waren > Fabius Pictor, > Cato und > Polybios. Aus seinem Werk schöpften > Sallust, > Livius, > Plutarch und > Frontinus.

Es war dies die erste historische Monographie in lateinischer Sprache. Dabei kam es ihm als gelernten Rhetoriker nicht auf die reine Tatsachenbeschreibung an, sondern auch auf die künstlerische Formulierung derselben. Er überließ in Zweifelsfällen dem Leser die Wahl zwischen verschiedenen Theorien. Von seinem Werk sind nur geringe Fragmente erhalten.

> Lexikon der Antike: Artikel von R. Till.
> Lateinischer Quelltext und deutsche Übersetzung: Beck, H, Walter, U.,: *Die Frühen Römischen Historiker, Band 2. Von Coelius Antipater bis Pomponius Atticus*; Wissenschaftliche Buchgesellschaft; 1. Auflage; 2004.

### Commynes, Philippe de

Burgundischer Diplomat und Geschichtsschreiber (1447 bis 1511).

Im damals zu Flandern gehörenden Renescure [50 44N 2 22E] (Frankreich) aus adliger Familie geboren. Sein Vater war einer der Gefangenen der Schlacht bei Anzicourt (1415) gewesen und ab 1436 der Landvogt Flanderns in burgundischen Diensten. Philippe de Commynes wurde nach dem Tod seines Vaters (1453) am Hofe Philipps III. des Guten erzogen. Er diente in den Schlachten von Montlhery (1465) und Brusthem (1467). Im Dienst Karls des Kühnen nahm er an Verhandlungen und diplomatischen Missionen (auch in Venedig) teil, bei denen er Ludwig XI., Heinrich VII. von England, Richard Neville, 16. Earl von Warwick und Edward

IV. von England kennen lernte. Er verbrachte seine letzten Jahre auf dem seiner Gemahlin gehörenden Schloss Argenton [46 59N 0 27W].

Seine posthum veröffentlichten Memoiren *Les memoires sur les principaux faicts et gestes de Louis onzieme et de Charles huitieme, son filz, roys de France* („Erinnerungen an die wichtigsten Ereignisse und Taten der französischen Könige Ludwig XI. und seines Sohnes Karl VIII.") sind reich an Charakterbeschreibung mehrerer Herrscher des letzten Drittels des 15. Jh., für das sein Werk zu den wichtigen Quellen zählt.

Philippe de Commynes erkannte den epochalen Zerfall der christlichen Staatengemeinschaft und die Zerbrechlichkeit jeder auf Gewalttätigkeit basierten politischen Lösung. Innenpolitisch hat er sich für die Einführung des Parlamentarismus in Frankreich engagiert und ist dafür zweimal eingekerkert worden. Da er viele Ereignisse und Akteure hautnah miterlebt hatte, wurde er dazu verleitet, den Einfluss der Herrscherpersonen auf die Geschichte zu überbewerten.

> Französiche Ausgabe: *Philippe de Commynes, Mémoires* (2 Bände); Joël Blanchard; Genf; 2007.

## Continuatio (> Fortsetzung)

## Compagni, Dino

Florentinischer Kaufmann, Politiker und Geschichtsschreiber (ca. -1246 bis 1324).

In Florenz aus einer wohlhabenden Kaufmannsfamilie geboren, wurde er ein erfolgreicher Händler von Seidentüchern. Betätigte sich politisch als Anhänger der „Weißen Guelfen" (Primat des Papsttums aber ohne dessen direkte Einwirkung in die Lokalpolitik zu tolerieren) und setzte sich für eine stärkere Regierungsbeteiligung der Gilden ein. Nach der Niederlage der Weißen Guelfen von 1301 wurde ihm (im Gegensatz zu Dante) das Exil erspart.

Seine zwischen 1310 und 1312 verfasste Zeitgeschichte von Florenz *Cronica delle cose occorrenti ne' tempi suoi* („Chronik der Geschehnisse seiner Zeit"), deckt den Zeitraum von 1280 bis 1312 ab. Sie war im Schwang der Intervention des Kaisers Heinrich VII. begonnen worden und mit dessen Tod eingestellt worden, der den Hoffnungen der Entmachtung der Schwarzen Guelfen ein jähes Ende gesetzt hatte. Mit einem sehr temperamentvollen Stil bewertete Dino Compagni die Ereignisse. Obwohl er dabei eindeutig befangen ist, enthält sein Werk wertvolle Informationen über das Florenz und Italien seiner Zeit.

> Italienischer Quelltext (Hrsg. Davide Cappi): *Dino Compagni, Cronica*; Istituto Storico Italiano per il Medioevo; Rom; 2000.
> Italienischer Quelltext (Hrsg. Gino Luzzatto): *Dino Compagni: Cronica*; Einaudi; Turin 1968
> Online: http://www.letteraturaitaliana.net/pdf/Volume_1/t9.pdf.
> Deutsche Übersetzung (Ida Schwartz): *Chronik des Dino Compagni von den Dingen, die zu seiner Zeit geschehen sind*. Eugen Diederichs; Jena; 1914.
> Online: http://archive.org/details/chronikdesdinoco00comp
> Englische Übersetzung (Daniel E. Bornstein): *Dino Compagni's Chronicle of Florence*; Philadelphia; 1986.

## Cornelius Nepos (> Nepos, Cornelius)

## Cornelius Sisenna, Lucius

Römischer Jurist, Politiker und Geschichtsschreiber (ca. -118 bis -67).

War Prokonsul von Sizilien und verteidigte (zusammen mit Cicero) im Jahr -70 seinen Amtsvorgänger Verres. Er erlag auf Kreta den während seines Einsatzes im Krieg gegen die Seeräuber erlittenen Verwundungen.

Er schrieb eine ca. 23-bändige Zeitgeschichte Roms *Historiae*, welche in Fortsetzung des Werks des > Sempronius Asellio den Bundesgenossenkrieg (-91 bis -88) sowie den Bürgerkrieg zwischen Marius und Sulla (-89 bis -82) beschrieb. Nur ca. 160 äußerst kurze Fragmente sind davon erhalten.

> Sallust knüpfte an seinem Werk chronologisch an, > Livius schöpfte daraus. Cicero betrachtete ihn als den bis dahin größten römischen Geschichtsschreiber.

Aus den Fragmenten ist zu erkennen, dass Sisenna die chronologische Ordnung der Erzählung der Annalisten beibehielt, die Themen aber in jedem Berichtsjahr regional gruppierte [Ch. Reichardt (2008)].

> Fragmente: H. Peter (Hrsg.): Historicum Romanorum Reliquiae (HRR) I 179 ff.
> Lexikon der Antike: Artikel von R. Till.
> Lateinischer Quelltext und deutsche Übersetzung: Beck, H, Walter, U.,: *Die Frühen Römischen Historiker, Band 2. Von Coelius Antipater bis Pomponius Atticus*; 1. Auflage; Wissenschaftliche Buchgesellschaft; Darmstadt; 2004.

## Cosmas (Kosmas) von Prag (Cosmas Pragensis)

Tschechischer Kirchenmann und Geschichtsschreiber (ca. 1045 bis ca. 1125).

Studierte in Lüttich, verweilte in Ungarn. Erhielt die Priesterweihe als Verheirateter (vor dem 1139 eingeführten Zölibatszwang). Wurde Domdechant des Prager Doms.

Er verfasste ab 1119 eine dreibändige Chronik Böhmens (*Chronica Bohemorum*), die von Adam und Eva bis 1125 reicht.

Die Chronik des Cosmas wurde vom > Mönch von Sazawa (Berichtszeitraum 1126 bis 1142), vom > Kanonikus von Wyssehrad (1142 bis 1283), von > Franz von Prag (ca. 1250 bis 1353) und von > Benes Krabice (1283 bis 1374) fortgesetzt.

Vermutlich stützte sich die > Dalimil-Chronik auf dem Werk des Cosmas.

> Palacky, F.: *Würdigung der alten böhmischen Geschichtsschreiber*; Prag; 1830. Digitalisiert von Google
> Deutsche Übersetzung (G. Grandaur, F. Huf): *Cosmas von Prag: Die Chronik Böhmens*; 2 Bände; Essen; Phaidon, 1987.
> Lateinischer Quelltext und deutsche Übersetzung auf CD-ROM mit Abfrage-Software: Müller, Th., Pentzel, A. (Herausgeber): *Quellensammlung zur mittelalterlichen Geschichte – Fortsetzung - Continuatio fontium medii evi*; MA II; Verlag Heptagon; Berlin; 2000.

## Crónica anónima de Enrique IV de Castilla 1454-1474

Von einem unbekannten Autor verfasste Geschichte der Iberischen Halbinsel des Zeitraums 1454 bis 1474.

> Spanische Ausgabe (M.P. Sanchez-Parra): *Crónica anónima de Enrique IV de Castilla 1454-1474 (Cronica castellana)*; 2 Bände; Ediciones de la Torre; 1991.

## Curtius Rufus, Quintus

Römischer Geschichtsschreiber, vermutlich des 1. Jh. (es gibt Vermutungen, dass er ein oder sogar zwei Jahrhunderte später gelebt habe).

Er verfasste, vermutlich zur Zeit Vespasians, d. h. um ca. 75, ein 10-bändiges Werk *Historia Alexandri Magni Macedonis*. Die Bücher 1 und 2 sowie Teile der

Bände 5, 6 und 7 gingen verloren. Die erhaltenen Bücher 3 bis 10 behandeln den Zeitraum von -333 bis -323.

Die Hauptintention des Autors war Unterhaltung, nicht Belehrung. Daher sein Hang zur Übertreibung und Melodramatik. Curtius Rufus nahm eine Alexanderkritische Haltung ein. Die von ihm vorgebrachten Einzelheiten sind mit Vorsicht zu behandeln. Seine Quellen waren > Ptolemaios I. Soter, > Kleitharchos von Kolophon und vermutlich > Pompeius Trogus. Im Stil lehnte er sich an >  Livius an.

> Lexikon der Alten Welt: Artikel von R. Till.
> 
> Deutsche Übersetzung (J. Siebelis): Quintus Curtius Rufus: Alexandergeschichte: Die Geschichte Alexanders des Großen; Phaidon; 1987.
> 
> Englische Übersetzung online: http://penelope.uchicago.edu/Thayer/E/Roman/Texts/Curtius/home.html
> 
> Französische Übersetzung der gesamten überlieferten Quelltexte (A. Trognon): *Quinte Curce. Histoire d'Alexandre le Grand*;Tome 1 Livres I à VI ;Tome 2 Livre VII à X ; Éditions Paleo; Clermond-Ferrand; 2011.

## Cyriacus von Ancona (Ciriaco de' Pozzecolli)

Italienischer Kaufmann und Altertumsforscher (1391 bis 1452).

Bei seinen Reisen durch Griechenland dokumentierte er antike Denkmäler und Inschriften mit Aufzeichnungen und Skizzen. Unter anderem lokalisierte er das antike Apollonia in Epiros (beim heutigen Fier, Albanien) [40 44N 19 33E].

Sein Hauptwerk ist seine 6-bändige Sammlung der auf seinen Erkundungsreisen gemachten Notizen, Inschriften und Skizzen *Antiquarium rerum commentaria* (kurz *Commentarii*). Nach einem 1514 stattgefundenen Brand der Sforza-Bibliothek in Pesaro glaubte man bis zum Jahr 2000, dass der Großteil der Commentarii verloren gegangen sei; es wurde jedoch ein weiteres Exemplar in Neapel aufgefunden.

Cyriacus gilt als „Der erste Archäologe der Neuzeit".

> Von den Commentarii gibt es bis dato keine vollständige Ausgabe, weder des Quelltextes, noch einer Übersetzung.

## Daimachos (> Hellenika Oxyrhynchia)

## Daimachos (Deimachos) von Plataiai

Hellenistischer Diplomat und Geschichtsschreiber (- 3. Jh.)

Trat in den diplomatischen Dienst des Antiochos I. (der von -281 bis -261 herrschte) und war als Nachfolger des > Megasthenes dessen Botschafter in Indien. Er verfasste eine (bis auf wenige Fragmente verloren gegangene) indische Geschichte (*Indiká*) der von ihm erlebten Zeit. Antike Autoren (besonders Strabon) gaben darüber ein schlechtes Urteil ab.

> Quelltexte der Fragmente: Felix Jacoby (Hrsg.): *Die Fragmente der griechischen Historiker II A*; Berlin; 1926 (Nachdruck: Leiden; 1961); Nr. 716,

## Dalimil-Chronik

Von einem völlig unbekannten Autor (der Name Dalimil ist ein später eingeführter Arbeitstitel) um 1315 verfasste Chronik Böhmens. Es ist das erste auf Tschechisch (sogar in Reimversen) verfasste Geschichtswerk. Es behandelt den Zeitraum von der slawischen Einwanderung (ca. 550) bis 1314. Besonders im ersten Teil hielt der Autor Sage und Geschichte nicht immer auseinander. Seine Quellen waren einheimische Chroniken, von denen er die „Bunzlauer Chronik" (vermeintlich meinte er damit die bis 1125 reichende Chronik des > Cosmas von Prag) am meisten schätzte. Für den Zeitraum 1125 bis 1230 zeigt sein Werk deutliche Schwächen, da ihm entsprechende Quellen unbekannt waren. Der Berichtszeitraum 1230 bis 1314, von dem er Zeitzeuge gewesen war, enthält eine wertvolle und zuverlässige Zeitgeschichte.

Die Dalimil-Chronik erfreute sich zwei Jahrhunderte lang großer Beliebtheit, wozu wesentlich beigetragen haben dürfte, dass es in der Volkssprache verfasst war, vielleicht auch seine antideutsche Einstellung.

> Palacky, F.: *Würdigung der alten böhmischen Geschichtsschreiber*; Prag; 1830. Digitalisiert von Google

## Damastes von Sigeion

Griechischer Geschichtsschreiber (ca. -5. Jh.)

In Sigeion (Troas) geboren. Nach dem > Suda-Lexikon war er ein Schüler des > Hellánikos von Mytilene.

Von seinen sechs Werken sind alle bis auf wenige Fragmente verloren gegangen. Darunter befanden sich interessante Titel wie *Peri ton en Helladi genomenon* (Geschichte Griechenlands), *Peri goneon kai progonon ton eis Ilion strateusamenon* (Über die Vorfahren und die Teilnehmer des Trojanischen Krieges) *Ethnon katalogon kai poleon* (Katalog der Völker und Städte) und *Peri poieton kai sophiston* (Über Dichter und Sophisten). Laut > Dionysius Halicarnassus schrieb er auch über die Gründung Roms. > Erattóstenes von Kyrene nahm vielfach auf ihn Bezug.

> Quelltexte der Fragmente: Felix Jacoby (Hrsg.): *Die Fragmente der griechischen Historiker II A*; Berlin; 1926 (Nachdruck: Leiden; 1961); Nr. 5

## Danilo II.

Serbischer Kirchenmann und Geschichtsschreiber (ca. 1270 bis 1337).

War von 1324 bis 1337 Erzbischof der Serbisch-Orthodoxen Kirche. Heiliger der Serbisch-Orthodoxen Kirche.

Verfasste eine Reihe von Biographien von Heiligen und serbischen Königen, für die später die Sammelbezeichnungen *Knjige starostavne* („Alte Bücher") und *Knjige carostavne* („Königliche Bücher") eingeführt worden sind.

> Deutsche Übersetzung: Serbisches Mittelalter, Altserbische Herrscherbiographien Danilo II. und sein Schüler: Die Königsbiographien; Bd. 9; Slavische Geschichtsschreiber; Styria; Graz; 1976

## Dandolo, Andrea

Venezianischer Jurist, Politiker und Geschichtsschreiber (1306 bis 1354).

Wurde zu einem der jüngsten Dogen Venedigs und zum ersten mit einem akademischen Abschluss. Persönliche Rückschläge (Trennung von seiner eifersüchtigen Frau) und politische Rückschläge (Hungersnot, Pest, glückloser Krieg gegen Genua) brachen dem talentierten „Sonny boy" das Herz, so dass er früh starb.

Er verfasste neben einer Kurzgeschichte Venedigs (*Chronica brevis*) eine *Chronica per extensum descripta* („Ausführliche Chronik"), welche den Zeitraum von 48 bis 1280 abdeckt. Die Hauptintention des Werks ist die juristische Rechtfertigung der erreichten Machtfülle Venedigs aber auch das Herausstellen des Rechts als dem einzig gültigen politischen Regulativ.

## De bello Africo (Africano)

Von einem anonymen Autor der Faktion Caesars, vermutlich noch zu dessen Lebzeiten verfasste Fortsetzung des zweiten Geschichtswerks > Caesars „Commentarii de bello civili". Das Werk schildert in 98 Absätzen die Ereignisse des Africanischen Feldzugs, von Caesars Abfahrt aus Sizilien (Dezember -47) bis zu dessen Rückreise über Sardinien (Juli -46), mit mehr Details als Caesar.

Für > Suetonius (ca. 150 Jahre später) kamen Aulus > Hirtius und Gaius Oppius als Verfasser in Frage. Da das Werk offensichtlich von einem Teilnehmer an den Ereignissen geschrieben wurde, scheidet Gaius Oppius (der während Caesars Abwesenheiten dessen Interessen in Rom wahrte) wohl aus und Aulus Hirtius ist wahrscheinlich dessen Verfasser oder zumindest Herausgeber.

Englische Übersetzung online: http://en.wikisource.org/wiki/The_African_War

## De bello Alexandrino

Von einem anonymen Autor der Faktion Caesars, vermutlich noch zu dessen Lebzeiten verfasste Fortsetzung des zweiten Geschichtswerks > Caesars „Commentarii de bello civili" und zwar für den Zeitraum September -48 bis August -47.

Das Werk schließt Caesars Bericht über seinen Ägyptenfeldzug nahtlos bis zu dessen Abschluss (Inthronisierung Kleopatras) fort. Die Hälfte der 78 Absätze des Werks beschreiben Ereignisse außerhalb Ägyptens: den Krieg gegen König Pharnakes II. von Pontos einschließlich des Blitzkriegs Caesars; die Ereignisse in Illyrien nach der Schlacht von Pharsalos; Wirren auf der Iberischen Halbinsel.

Für > Suetonius (ca. 150 Jahre später) kamen Aulus > Hirtius und Gaius Oppius als Verfasser in Frage. Da das Werk offensichtlich von einem Teilnehmer an den Ereignissen geschrieben worden ist, scheidet Gaius Oppius (der während Caesars Abwesenheiten dessen Interessen in Rom gewahrt hatte) wohl aus und Aulus Hirtius ist wahrscheinlich dessen Verfasser oder zumindest Herausgeber.

Englische Übersetzung online: http://en.wikisource.org/wiki/The_Alexandrian_War

## De bello Hispaniensis

Von einem anonymen Autor der Faktion Caesars, vermutlich noch zu dessen Lebzeiten verfasste Fortsetzung des zweiten Geschichtswerks > Caesars „Commentarii de bello civili". Das Werk berichtet in 42 erhaltenen Absätzen über die Ereignisse des auf der Iberischen Halbinsel ausgefochtenen Endkampf Caesars gegen die Pompejaner (2. Spanien-Feldzug Caesars) mit Einzelheiten, die in Caesars Bericht nicht enthalten sind, und zwar von seiner Ankunft in Corduba Ende -46 bis zu seinem Sieg bei Munda (März -45); es bricht mitten in einer Ansprache Caesars ab.

Für > Suetonius (ca. 150 Jahre später) kamen Aulus > Hirtius und Gaius Oppius als Verfasser in Frage. Da das Werk offensichtlich von einem Teilnehmer an den Ereignissen geschrieben worden ist, scheidet Gaius Oppius (der während Caesars Abwesenheiten dessen Interessen in Rom gewahrt hatte) wohl aus, so dass Aulus Hirtius wahrscheinlich dessen Verfasser oder zumindest Herausgeber war.

Englische Übersetzung online: http://en.wikisource.org/wiki/The_Spanish_War

## De expugnatione Lixbonensis

Von Historikern verliehener Titel eines Augenzeugenberichts (in lateinischer Sprache) der Belagerung von Lissabon durch ein Kreuzritterheer von 1146 bis 1147. Der Autor ist unbekannt, vermutlich war er ein Anglo-Normanne aus Suffolk.

Englische Übersetzung (Ch. Wendell David): *The Conquest of Lisbon*; Columbia University Press; 2000.

## Deinias

Griechischer Geschichtsschreiber (-3. Jh.).

Verfasste eine (bis auf winzige Fragmente verloren gegangene) Geschichte von Argos (Argolikà) von der mythischen Vorgeschichte bis -235.

> Quelltexte der Fragmente: Felix Jacoby (Hrsg.): *Die Fragmente der griechischen Historiker II A*; Berlin; 1926 (Nachdruck: Leiden; 1961); Nr. 306.

## Demetrios von Byzanz

Griechischer Geschichtsschreiber (-3. Jh.)

Verfasste laut Diogenes Laertios (Autor einer Geschichte der Philosophie) zwei Geschichtswerke, die zur Gänze verloren gegangen sind: eine Geschichte der Landnahme der Galater in Anatolien (ca. -276 bis -269) und eine Geschichte der Kriege zwischen Antiochos I. und Ptolemaios II.. (4. und 5. Diadochenkrieg) sowie der Sezession des Magas in Libyen,

## Demetrios von Kallatis

Hellenistischer Geschichtsschreiber (Schwelle vom -3. Jh bis -2. Jh.)

In Kallatis (heute Mangalia, Rumänien, W-Küste des Schwarzen Meers) geboren.

Verfasste ein 20-bändiges geographisches Werk mit historischen Randinformationen über Eurasien (*Peri Europes kai Asias*), von dem nur wenige Fragmente erhalten sind. Er stand bei später Autoren in hohem Ansehen, die aus seinem Werk schöpften (so > Strabon).

FGriHist 85.

## Demon von Athen

Griechischer > Attidograph (Wende vom -4. Jh. zum -3. Jh.).

Verfasste eine (bis auf winzige Fragmente verloren gegangene) Geschichte Attikas (Atthis), gegen die sein Zeitgenosse > Philochoros polemisierte.

> Quelltexte der Fragmente: Felix Jacoby (Hrsg.): *Die Fragmente der griechischen Historiker II A*; Berlin; 1926 (Nachdruck: Leiden; 1961); Nr. 327.

## Demophilos (> Èphoros von Kyme)

## Dexippos, Publius Hereunios

Griechischer Geschichtsschreiber und römischer Offizier (ca. 210 bis ca. 275).

In Athen geboren, zeichnete er sich 267 im Kampf gegen herulische Plünderer aus.

Er verfasste eine 4-bändige *Diadochengeschichte* (die vollständig verloren gegangen ist), eine 12-bändige Universalgeschichte *Chronika*, die sich (für das griechische Publikum) auf den Osten des Römischen Reichs konzentrierte und bis 270 reichte (von der nur Fragmente erhalten sind) sowie eine Geschichte der germanischen Invasionen (*Skytiká*), die vermutlich den Zeitraum von 238 bis 270 behandelte (auch dieses Werk ist nur in Fragmenten erhalten).

Seine Bücher dienten der > Historia Augusta, dem > Zosimos und vermutlich

dem > Ammianus Marcellinus als Quelle. > Eunapios setzte sein Werk bis zum Berichtsjahr 404 fort.
Lexikon der Alten Welt: Artikel von W. Spoerri.
Quelltexte der Fragmente: Felix Jacoby (Hrsg.): *Die Fragmente der griechischen Historiker II A*; Berlin; 1926 (Nachdruck: Leiden; 1961); Nr. 100.
Deutsche Übersetzung der Fragmente (Gunther Martin): *Dexipp von Athen. Edition, Übersetzung und begleitende Studien.* Tübingen 2006.

## Diaconus, Paulus (Warnefried, Paul)

Langobardischer Kirchenmann und Geschichtsschreiber. (ca. 725 bis ca. 800).

In Cividale del Friuli (Friaul, Italien) [46 6N 13 26E] aus einer langobardischen Adelsfamilie geboren. Wuchs in Papia/Pavia am Hofe des Königs Rachis auf und war dort bis zur Regierungszeit des Desiderius als Dozent und Erzieher dessen Tochter Alsperga tätig, der er nach Benevent folgte, als sie sich mit Arechis II. von Benevent vermählte. Folgte seinem 776 von den Franken nach Frankreich deportierten Bruder Arechis (der sich im Friaul den Franken widersetzt hatte), floh dann nach Monte Cassino, wo er in den Benediktinerorden eintrat. Verweilte von 782 bis 787 als Mönch wieder am Hof Karls des Großen in Aachen (wo er mit dem englischen Mönch Alkuin zu einem der Träger der „karolingischen Renessaince" wurde), um die Befreiung seines Bruders und anderer Verwandten zu erwirken, was ihm gelang. Kehrte dann nach Monte Cassino zurück, wo er bis zu seinem Tod lebte.

Während seiner Dozententätigkeit in Papia/Pavia ergänzte Paulus Diaconus um 770 die damals noch beliebte Zusammenfassung der Römischen Geschichte des > Eutropius unter dem Titel *Historia Romana* vom Berichtsjahr 364 bis zum Jahr 553, wobei er Informationen des > Hieronymus von Strido, > Paulus Orosius, > Jordanes (d. h. indirekt des > Cassiodorus) und der *Origo gentis Romanae* (> Aurelius Victor Afer) einarbeitete. Dieses 16-bändige Werk wurde später von > Landulfus Sagax bis zum Berichtsjahr 813 ergänzt, dann von > Andreas von Bergamo bis 877 und > Erchempert von Montecassino bis 889; es war während des gesamten Mittelalters ein beliebtes Lehrbuch der Geschichte.

Nach seiner Rückkehr nach Monte Cassino schrieb Paulus Diaconus von 787 bis 787 eine *Historia Langobardorum*, die von der mythologischen Auswanderung aus Skandinavien beginnend, ab 551 bis zum Tod des Königs Liutprand im Jahre 744 historisch berichtet. Darin verbrämte er in seiner leidenschaftltichen „Vaterlandsliebe" alle Taten und Untaten der Langobarden als schicksalsbedingt. Den Zerfall des Langobardenreichs, der der Glanzzeit Liutprands folgte und der sein eigenes Leben schmerzlich betraf, klammerte er aus seiner Schilderung aus. Das Werk ist dessen unbeschadet von großem historiographischen Wert und enthält einige unikale Informationen, darunter das Nachrücken der Slawen (Slowenen) bis in die Region Friaul ab dem Jahr 670.

Im Auftrag Karls des Großen stellte er das *Homiliarium* (eine Sammlung liturgischer Texte) zusammen. Die italienische Notenbezeichnung UT, RE, MI, FA, SOL, LA SI, DO wurde im 11. Jh. von Guido d'Arezzo aus den Anfangsbuchstaben einer darin enthaltenen, dem Johannes den Täufer gewidmeten Hymne abgeleitet.

Deutsche Übersetzung (O. Abel u. a. Heine): *Paulus Diaconus: Geschichte der Langobarden*; Phaidon; Essen; 1992.
Lateinischer Quelltext und deutsche Übersetzung auf CD-ROM mit Abfrage-Software: Müller, Th. (Herausgeber): *Quellensammlung zur mittelalterlichen Geschichte – Zweite Fortsetzung – Continuatio secunda fontium medii evi*; MA II; Verlag Heptagon; Berlin;

2008.

Englische Übersetzung (W.D. Foulke): *Paul the Diacon: History oft he Lombards*; Philadelphia, 1907.

## Diakon Johannes von Ägypten (Ioannes Diaconus)

Ägyptischer Kirchenmann und Geschichtsschreiber. (8. Jh.).
Verfasste ca. 770 eine Biographie des Patriarchen Michael. Es ist dies die wichtigste Quelle über Numidien in der 1. Hälfte des 8. Jh. (u. a. über den Beginn des arabischen Sklavenhandels mit Afrika).

## Diakon Johannes von Neapel (Ioannes Diaconus)

Italienischer Kirchenmann und Geschichtsschreiber (ca. 850 bis nach 910).
War Diakon in der Kirche des San Gennaro zu Neapel.
Er ergänzte die Bischofsgeschichte von Neapel *Gesta episcoporum Neapolitanorum* mit dem Berichtszeitraum von 762 bis 872.

## Diakon Johannes von Venedig (Ioannes Diaconus Venetus)

Venezianischer Diplomat und Geschichtsschreiber (ca. 950 bis 1009).
Vermutlich ein Verwandter des Dogen Pietro II. Orsoleo, für den er diplomatische Missionen durchführte und dabei mit Otto III. und Heinrich II. verhandelte.
Seine Chronik (nachträgliche Titel der Historiker *Chronicon Sagornini, Chronikon Venetum, Istoria Veneticorum*) holt bei der Stadtgründung aus und endet mit dem Berichtsjahr 1008. Historiographisch ist nur der zweite Teil zuverlässig und wertvoll. So ist es eine der wichtigsten Quellen zur Expansion der Slawen (v.a. Kroaten) in Dalmatien während des 9. und 10. Jh. und deren Konflikte mit den Venezianern.
Der Annalista Saxo (> Reichschronik des Annalista Saxo) und > Andrea Dandolo schöpften aus seinen Werken.

> Lateinischer Quelltext: Monticolo, G. (Hrsg.): *Cronache Veneziane antichissime*, Vol. 1 (sec. X-XI); 1890.
> Lateinischer Quelltext online (Quellensammlung ALIM): http://www.uan.it/Alim/Letteratura.nsf/%28volumiID%29/23D33187C84C59A2C12572FE005BC37F!opendocument&vs=Autore

## Dinawari (> Ad-Dinawari)

## Dinon von Kolophon

Griechischer Geschichtsschreiber (-360 bis -330).
In Kolophon [38 7N 27 9E] (bei Izmir, Türkei) geboren.
Er verfasste eine Geschichte *Persiens* von Semiramis bis Ataxerxes III. (-824 bis -338), von der nur wenige Fragmente überliefert worden sind. Sein Sohn > Kleitharchos von Kolophon knüpfte daran an.

> Griechisch mit französischer Übersetzung (Dominique Lenfant, Hrsg.): *Les Histoires perses de Dinon et d'Héraclide, fragments édités, traduits et commentés*. De Boccard; Paris; 2009.
> Quelltexte der Fragmente: Felix Jacoby (Hrsg.): *Die Fragmente der griechischen Historiker II A*; Berlin; 1926 (Nachdruck: Leiden; 1961); Nr. 690.

## Dio Cassius (> Cassius Dio Cocceianus)

## Diodorus Siculus (Diódoros, Diodor)

Hellenistischer Geschichtsschreiber (ca. -90 bis ca. -27).

In Agyrion [37 39N 14 31E] (heute Agira, im Zentrum Siziliens) geboren, lebte er zur Zeit Cäsars und des Augustus in Rom. Durch ausgedehnte Reisen in Europa, Asien und Nordafrika (ca. -60 in Ägypten) bereitete er sich auf seinen ehrgeizigen Plan vor, nach dem Beispiel des > Ephoros eine alle Länder und Völker und ihrer Kultur umfassende Universalgeschichte der Menschheit zu schreiben, die er als eine Gemeinschaft sah, die über die Grenzen des Römischen Reichs hinaus reichte. Er starb vermutlich in seiner Heimatstadt.

Sein in 30 Jahren Arbeit (ca. -60 bis -30) auf Griechisch verfasste Universalgeschichte *Historiké Bibliothéke* („Historische Bibliothek") behandelt in 40 Bänden die Zeit von der Vorgeschichte bis –59. So gut wie vollständig erhalten sind: die Bände 1-5 (Beschreibungen von Ägypten Mesopotamien, Skythien, Persien, Indien, Arabien, Äthiopien, Libyen, Sizilien, Sardinien, Iberien; Gallien und Griechenland; mit wenigen Hinweisen auf Herrscher und Ereignisse, abgesehen von einer Liste von Pharaonen) sowie die Bände 11 bis 20 (von Xerxes bis Demetrios, d. h. von -480 bis -300). Von den Bänden 6 bis 10 (ca. -1100 bis -500), 21 bis 32 (-350 bis -150), 34 (Antiochos Sidetes, 1. Sklavenkrieg), 37 (Marserkrieg), 38 (Tod des Lutatius Catullus) und 40 (Jüdischer Feldzug des Pompejus) sind Fragmente erhalten, die übrigen Bücher sind vollständig verloren gegangen. Viele Teile sind dank des Werks des > Photios (9. Jh.) zu verdanken, sowie (vor allem für die zweite Hälfte des Werks) den > Konstantinischen Exzerpten (10. Jh.)

Wie der Titel seines Werkes andeutet, wollte Diodorus die wichtigsten Quellen zur Geschichte der jeweiligen Regionen und Epochen zusammentragen, zum Teil durch Textzitate. Dadurch ist sein Werk auch eine wichtige Quelle über die Werke der zitierten Autoren, deren Originale verloren gegangen sind.

Seine wichtigsten Quellen waren für das Alte Ägypten > Herodot und > Hekataios von Abdera; für die griechische Geschichte bis Alexander, > Herodot, > Ephoros von Kyme, > Ktesias von Knidos, > Theopompos von Chios; für die Epoche Alexanders, > Kleitarchos von Kolophon: für die Diadochenzeit, > Dourides von Samos, > Hieronymos von Kardia; für Sizilien, > Philistos von Syrakus, > Timaios; für die Geschichte Roms die > Fasti Consulares, > Polybios , > Poseidonios von Apameia, > Josephus Flavius; für Indien, > Megasthenes; für Asien und das Rote Meer > Agatharchides von Knidos.

Sein Werk ist eine besonders wichtige Quelle zur Geschichte Siziliens, Süditaliens und Makedoniens. Bei den Jahresangaben hat er sich zum Teil beim Versuch verheddert, die griechische Chronologie (nach Olympiaden) mit der römischen Chronologie (nach Konsulaten) abzugleichen. Er verzichtete auf die bis dahin übliche Belebung der Darstellung, die in der wortwörtlichen Wiedergabe von Reden oder Briefen bestand. Für militärtechnische Details hatte er wenig Sinn. Er prangerte die Misshandlung des Menschen durch den Menschen an (z. B. der Minensklaven in Äthiopien und Spanien).

Metzler Lexikon Antiker Autoren: Artikel von Thomas Nothers.
Lexikon der Alten Welt: Artikel von W. Spoerri.
Deutsche Übersetzung aller erhaltenen Teile des Werkes (J.F. Wurm, 1840), Nachdruck (Hrsg. G. Klawes): *Diodoros Historische Bibliothek*; 1 Band; marix Verlag; 2014.
Deutsche Übersetzung (G. Wirth, Th. Nothers, O. Veh, W. Will, Th. Frigo, M. Böhme, M. Rathmann): *Diodoros, Griechische Weltgeschichte*; 10 Bände; Hiersemann Verlag; Stuttgart; 2009.
Griechischer Quelltext und englische Übersetzung (C.H. Oldfather): *Diodorus Siculus: The Library of History*; 12 Bände; Harvard University Press, Cambridge, Massachusetts

(Loeb Classical Library); 1990-1999.
online: http://penelope.uchicago.edu/Thayer/E/Roman/Texts/Diodorus_Siculus/home.html
Französische Übersetzung F. Hoefer, Y. Germain): *Bibliothèque historique: Tome 1, Description de l'Egypte de Diodore de Sicilie*; Éditions Paleo; Clermond-Ferrand; 2011.
Französische Übersetzung (F. Hoefer): *Bibliothèque historique: Tome 2, Histoire des Assyriens de Diodore de Sicilie*; Éditions Paleo; Clermond-Ferrand; 2011.

## Diogenianos Grammatikos

Antiker hellenistischer Philologe und Lexikograph griechischer Sprache (5. Jh.).

In Herkleia Pontika (heute Karadeniz Eregli am Schwarzen Meer [41 17N 31 25E]) geboren, wirkte er während der Herrschaft des Kaisers Hadrian (117 bis 138).

Er verfasste ein 5-bändiges Lexikon *Lexeis pantodapai kata stoicheion* („Allerlei Ausdrücke nach Buchstaben"), eines der ersten alphanumerisch geordneten Lexikas der Antike. Dabei fasste er Informationen aus den fast 100 Bände umfassenden Werken des Kompilators Pamphilos von Alexandreia (-1. Jh.) zusammen. Zu den Einträgen gehörten auch Sprichwörter, von denen (im Wesentlichen als einziger Teil) denen 775 erhalten geblieben sind. Als weitere Werke sind im > Suda-Lexikon vermerkt: eine Sammlung von auf Berge und Gewässer bezogenen Epigrammen und je einen alphabetische Auflistung der zu seiner Zeit bekannten Flüsse und Städte weltweit.

Auf seinem Lexikon baute vier Jahrhunderte später > Hesychios von Alexandria auf.

## Diokles von Peparethos

Griechischer Geschichtsschreiber (Wende vom -4. Jh. zum -3. Jh.).

Auf der Insel Peparethos (heute Skopelos) geboren. In seinem Werk, von dem nicht einmal der Name tradiert worden ist, soll er laut > Plutarch als erster von der Gründungsage von Romulus und Remus geschrieben haben, von der dann > Fabius Pictor geschöpft habe.

## Dionysios

Hellenistischer Diplomat und Geschichtsschreiber (- 3. Jh.)

Trat in den diplomatischen Dienst des Nachfolgers des > Megasthenes als dessen Botschafter in Indien. Er verfasste eine (bis auf wenige Fragmente verloren gegangene) indische Geschichte (*Indiká*).

Quelltexte der Fragmente: Felix Jacoby (Hrsg.): *Die Fragmente der griechischen Historiker II A*; Berlin; 1926 (Nachdruck: Leiden; 1961); Nr. 717.

## Dionysios von Alexandria (Periegetes)

Hellenistischer Geograph (2. Jh.).

Vermutlich in Alexandreia (Ägypten) geboren, gelebt und gestorben.

Veröffentlichte um 125 eine in über griechischen 1100 Hexametern gefasste Beschreibung der damals bekannten Welt, *Periegesis tes oikumenes* („Rundreise um die Welt"). Die Versform sollte den Schülern das Merken des Inhalts erleichtern; in der Tat war sein Werk bis ins Mittelalter hinein ein beliebtes Geographielehrbuch.

Eine freie Prosaübersetzung ins Lateinische wurde von > Avienus angefertigt und eine Übersetzung in lateinische Hexameter von Priscianus.

Griechischer Quelltext und deutsche Übersetzung: *Dionysios von Alexandria: Das Lied von der Welt*. Herausgegeben von Kai Brodersen; Olms; Hildesheim;1994.

## Dionysius Exiguus (Denys der Kleine, der Geringe)

Spätrömischer Kirchenmann und Übersetzer (ca. 470 bis ca. 540).
„Skythischer" Abstammung (vermutlich aus Dakien), lebte er ab ca. 500 als Mönch und Übersetzer in Rom, wo er sich mit > Cassiodorus befreundete.
Schlug im Jahr 525 die Zeitrechnung ab Christi Geburt vor, die nach seinen Berechnungen im Jahr 754 nach der Gründung Roms stattgefunden hat. Nach einer Vermutung baute er dabei auf verloren gegangenen Vorarbeiten des > Eusebios von Caesarea auf. > Beda Venerabilis wandte die Zeitrechnung ab Christi Geburt als erster in einem Geschichtswerk durchgängig an.

## Dionysius Halicarnassus (Dionysios von Halikarnassos)

Hellenistischer Rhetoriker, Schriftsteller und Geschichtsschreiber (ca. -53 bis ca. 4).
Er wurde in Halikarnassos/Bodrum [37 03N 27 28E] (Türkei) geboren, wie vier Jahrhunderte vor ihm Herodot. Um –30 kam er nach Rom, war dort bis zu seinem Tode als Rhetoriker, Pädagoge und Schriftsteller tätig.
Neben vielen rhetorischen Werken veröffentlichte Dionysios im Jahr -7 (nach 22 Jahren Arbeit) auf Griechisch eine 20-bändige römische Geschichte *Romaiké Archaiologia* (lateinische Bezeichnung *Antiquitates Romanae* „Römische Altertümer"oder „Römische Frühgeschichte"), die den Zeitraum bis -250 (vor dem 1. Punischen Krieg) behandelt. Davon sind die ersten 10 Bände (bis -440) vollständig erhalten, Band 11 unvollständig, die übrigen nur in Fragmenten oder Zusammenfassungen.
Er nannte über 50 Quellen, davon waren die > Fasti Consulares. > Zenodotos von Troizen und die > römischen Annalisten seine Hauptquellen; > Plutarch schöpfte aus seinem Werk.
Die Intention des Dionysios war zu belegen, dass die Römer von den Griechen abstammen und dass sie die Vorherrschaft verdient hätten, weil sie durch kluge Institutionen über Jahrhunderte hinweg Bürgerkriege in einem größeren Maße vermieden hätten, als andere Völker.

Metzler Lexikon Antiker Autoren: Artikel von Thomas Hidber.
Lexikon der Alten Welt: Artikel von W. Spoerri.
Deutsche Übersetzung (G.J. Schaller, A. Heinrich Christian): *Dionysius von Halikarnaß: Urgeschichte der Römer*. 12 Bände; Stuttgart; 1827 bis 1849.
Griech. Quelltext und englische Übersetzung (E. Cary): *The Roman Antiquities of Dionysius of Halicarnassus*; 7 Bände; New Haven; 1937 bis 1950.
Englische Übersetzung online: http://penelope.uchicago.edu/thayer/E/Roman/Texts/Dionysius_of_Halicarnassus/home.htm

## Dionysius von Tell-Mahre (> Pseudo-Dionysius von Tell-Mahre)

## Do You (Du You; Tu You)

Chinesischer Geschichtsschreiber (735 bis 812).
In Xian (Shaanxi) aus einer Familie hoher Tang-Beamter geboren. Sein 200-bändiges Werk *Togdian*, an dem er 24 Jahre gearbeitet hat und das er 801 dem Kaiser überreicht hat, ist eine Enzyklopädie kultureller, religiöser, juristischer, politischer und militärischer Institutionen der chinesischen Vergangenheit bis zur Epoche des Autors. Dabei setzte er auf das Werk *Zhengdian* von Liu Zhi auf.

> Ma Dualin (14. Jh.) setzte auf dem Werk des Do You auf.

## Domitios Kallistratos
Hellenistischer Geschichtsschreiber (verm. 1. Jh.)
Verfasste eine nur in Fragmenten erhaltene Geschichte von Herakleia Pontike.
Quelltexte der Fragmente: Felix Jacoby (Hrsg.): *Die Fragmente der griechischen Historiker II A*; Berlin; 1926 (Nachdruck: Leiden; 1961); Nr. 433.

## Dourides (Duris) von Samos
Hellenistischer Politiker und Geschichtsschreiber (ca. –340 bis –ca. 270).
In Herakleia Minoa [37 23N 13 17E] (Sizilien) geboren, wohin seine (angeblich mit Miltiades verwandte) Familie im Jahr -352 aus Samos geflohen war, als 2.000 athenische Landnehmer die einheimische Bevölkerung von der Insel vertrieben hatten. War in Athen Schüler des Theophrast. Im Jahre -322 nach Samos zurückgekehrt, wurde er Olympiasieger im Boxen (Pausanias VI. 13.3) und nach –301 Tyrann von Samos, als Nachfolger seines Vaters, bis die Insel -281 unter die Herrschaft von Ptolemaios II. geriet.
Sein 27-bändiges Werk *Historie* (auch *Helleniká*, *Makedoniká* oder *Historíai*) behandelte die Geschichte Griechenlands und Süditaliens von –370 bis –281; sie ist nur in Fragmenten überliefert, die eine melodramatische Erzählweise erkennen lassen. Seiner Auffassung nach sollte ein Geschichtswerk weniger moralisch belehren als den Leser fesseln. Er hatte eine stark auf Individuen bezogene Auffassung der Geschichte, wobei Frauen eine große Rolle spielten.
Auch von seiner 4-bändigen *Libyká* („Über Libyen", dafür ist der deutsche Titel *Geschichte des Agathokles* gebräuchlich), welche den Zeitraum von -317 bis -289 behandelte, sowie von seiner *Chronik von Samos* sind nur geringe Fragmente überliefert.
Dourides war eine wichtige Quelle für > Diodorus Siculus (v.a. für dessen Band XX), > Plutarch und > Pompeius Trogus/Justinus. Sein Werk wurde von > Philarchos von Naukratis fortgesetzt.
Lexikon der Alten Welt: Artikel von W. Spoerri.
Quelltexte der Fragmente: Felix Jacoby (Hrsg.): *Die Fragmente der griechischen Historiker II A*; Berlin; 1926 (Nachdruck: Leiden; 1961); Nr. 76.

## Dschuwaini (> Juwaini (Dschuwaini), Ata Malik)

## Dudo von Saint-Quentin (Dudo Sancti Quintini)
Französischer Kirchenmann und Geschichtsschreiber (ca. 962 bis ca. 1043).
Er schrieb zwischen 1015 und 1026 im Auftrag des Herzogs Richard I. Ohnefurcht der Normandie eine „Geschichte der Bräuche und Taten der ersten normannischen Fürsten" (*De moribus et actis primorum Normanniae ducum*), des Zeitraums von 852 bis 996. Zur Verstärkung der panegyrischen Intention streute er Versmaße verschiedener Art in den Prosatext ein. Im Werk des Dudo sind historischer Fakten stark mit Geschichtsfälschungen und Legendenbildungen verquickt.
> Wilhelm von Numièges, > Wilhelm von Poitiers bauten auf seinem Werk auf.
Englische Übersetzung online: http://www.the-orb.net/orb_done/dudo/dudindex.html

## Dusburg / Duisburg (> Peter von Dusburg/Duisburg)

## Dynastische Chronik („ABC 18")
Trotz seiner Namensgebung handelt es sich um eine Königsliste, die von den ersten babylonischen Königen bis nach der Ablösung der Dynastie von Chaldäa bis ca. -800 reicht. Die Liste erstreckt sich über 6 Spalten. Fast die Hälfte der Zeilen sind nicht mehr lesbar.
    Englische Übersetzung online: http://www.livius.org/cg-cm/chronicles/abc18/dynastic1.html

## East Anglian Chronicle (> Annalen von St. Neols)

## Easter Table Chronicle (> Angelsächsische Chroniken)

## Ebendorfer, Thomas (> Thomas Ebendorfer)

## Eberhard Windeck(e)
Deutsch-ungarischer Kaufmann und Geschichtsschreiber (ca. 1380 bis ca. 1440). In Mainz geboren. Er verfasste eine Biographie (ca. 300 Blätter) (*Kaiser Siegmunds Buch*) des Kaisers Sigmund von Luxemburg (1368 bis 1437), die sich bis zum Jahr 1439 erstreckt. Sein Werk hat einen außerordentlich hohen informativen Wert, u. a. über die Hussitenkriege.
    Deutsche Übersetzung (Th. von Hagen): *Das Leben König Sigmund von Eberhard Windecke*; Geschichtsschreiber der deutschen Vorzeit 87.

## Ebn (> Ibn)

## Ebn al-Atir (> Ibn al-Athir)

## Ebn al-Ebri Abul-Faraj, Grigor (Bar Ebraya; Bar Ebroyo; Bar Hebraeus; Gregorius Abulfaragus)
Syrischer Kirchenmann, Gelehrter und Geschichtsschreiber, Heiliger der syrisch-orthodoxen Kirche (ca. 1225 bis 1286)

Vermutlich in Ebra am Euphrat (bei Malitene/Malatya) [38 21N 38 19E] geboren (darauf bezieht sich sein Übername, nicht auf „Hebräer"). Sein Vater, ein Arzt und Diakon, flüchtete 1244 vor den Mongolen nach Antiocheia. Dort wurde Ebn al-Ebri im Folgejahr (bereits mit 20 Jahren) zum Priester der Westsyrischen (Jakobitischen) Kirche geweiht und 1246 zum Bischof („Katholikos") von Guba ernannt; in der Folge wurde er mehrmals versetzt (Lakabhin, Damaskus, Aleppo) und 1252 zum Oberhaupt der östlichen Gebiete („Maphrian des Ostens") mit Sitz in Tikrit am Tigris [34 36N 43 41E] ernannt. Er starb im Höhlenkloster, das er in Maragha [37 23N 4614N] (im NW von Iran) gegründet und wohin er sich 1279 zurückgezogen hatte. Ebn al-Ebri beherrschte eine Vielzahl von Sprachen (Syrisch /Aramäisch, Arabisch, Türkisch, Griechisch, Persisch).

Ebn-al-Ebri verfasste in syrischer Sprache mehrere Werke über fast alle Bereiche des damaligen Wissens (darunter ein Darstellung der Lehre des Aristoteles). Seine Enzyklopädie *Hewath Hekhmetha* („Die Sahne der Wissenschaft") ist nur in kleinen Auszügen übersetzt worden; das Gesamtwerk harrt noch einer modernen Herausgabe des Quelltextes, geschweige denn der Übersetzung.

Sein umfangreiches Geschichtswerk *Makhtbhanuth Zabhne* („Chronik") besteht aus einem kirchlichen Teil (moderner Titel *„Chronicon ecclesiasticum"*) und einem weltlichen Teil (moderner Titel *„Chronicum Syriacum"*).

Der *Chronicon Syriacum* geht von der Schöpfung bis zur Gegenwart des Autors (1286). Dabei baute Ebn al-Ebri auf dem Werk von > Michael den Syrer auf, der ein Jahrhundert vor ihm geschrieben hatte. Die weltliche Chronik wurde in der Folge bis zum Berichtsjahr 1297 verlängert.

Ebn-al-Ebri fertigte unter dem Titel *Tarikh Mukhtasar al-Duwal* („Buch der Dynastien") eine arabische Version des Chronicon Syriacum an, wobei er den Text etwas überarbeitete, um ihn auch Nichtchristen verständlich zu machen.

> Artikel von Herman B. Teule in Encyclopaedia Iranica online: http://www.iranicaonline.org/articles/ebn-al-ebri
>
> Englische Übersetzung des Chronicon Syriacum (E.A.W. Budge): The Chronography of Gregory Abul-Faraj Barhebraeus, Being the First Part of His Political History of the World; 2 Bände; London; 1932.

## Ebn al-Teqtaqa (> Ibn al-Tiqtaqa)

## Ebn Fondoq (Zahir al-Din Bayhaqi)

Iranischer Gelehrter und Geschichtsschreiber (ca. 1097 bis 1169)

Im Dorf Khusraugird (bei Sabzevar, Bezirk Bayhaq, heutige Provinz Khorazan im NO von Iran) [36 13N 57 41E] aus renommierter Richter-Familie arabischer Abstammung (Nachkommen des Mitstreiters Kozayma des Propheten Mohammed) geboren. Studierte in Nisapur und Marv Rechtswissenschaften und weitere Wissenschaften. Er hatte eine Schwäche für Astrologie. Er arbeitete vorübergehend in der Kanzlei seines Schwiegervaters, des Gouverneurs von Ray (heutiger Vorort von Teheran, 15 km südlich davon, vormaliges religiöses Zentrum der Meder) [39 35N 51 25E]. Nach mehreren Ortwechseln und der Vergeudung seines Vermögens zog er sich in das Umfeld der Moschee von Nisapur zurück („wo er seinen Wanderstab wegwarf").

Bayhaqi verfasste Bücher zu verschiedenen Themen (angeblich 71 Bücher, davon 4 auf Persisch). Zu geschichtlichen Themen verfasste er Fortsetzungen anderer Werke: *Masareb al-tajareb* als Fortsetzung eines Werks von > Al-Utbi/Otbi und *Tatemmat Sewan al-hekma* als Fortsetzung eines Werks des Philisophen Abu Solayman Sejestani.

Sein wertvollstes Geschichtswerk ist *Tarik-e Bayhaq (*auch *Tarikh-e Masoudi* genannt), eine Art Heimatbuch, das eine Beschreibung von Land, Leuten und Geschichte seiner Heimat Bayhaq enthält, nebst Kapiteln über berühmte Persönlichkeiten (darunter > Abul Fazl Bayhaqi) und einer Liste der in der Region stattgefundenen Schlachten. Es ist eine der wertvollsten Quellen über die Geschichte der Ghaznaviden.

> Artikel von H. Halm in Encyclopaedia Iranica online: http://www.iranicaonline.org/pages/about

## Ebn Meskavayh (> Ibn Meskavayh, Abu Ali Ahmad)

## Eckehard von Zwiefalten (> Burchard von Ursberg)

## Edikte des Ashoka

Im Auftrag des ersten gesamtindischen Kaisers Ashoka (-268 bis -232) auf Felsen, Säulen oder Höhlenwänden gemeißelte Edikte. Sie divulgierten des Kaisers

Leitlinien der Politik nach dessen Bekehrung zum Buddhismus. Darunter die Zivilisierung einiger Bräuche (zum Beispiel die Abschaffung der Massentieropfer zu bestimmten Feiertagen). Es sind mehrere derlei Edikte erhalten, die über gesamt Indien verteilt sind.

## Eginhard (Einhard, Einhart, Einhardus)

Fränkischer Beamter und Geschichtsschreiber (770 bis 840).

Im Maingau (Hessen) aus adliger Familie geboren. War wegen seiner niedrigen Statur für den Kriegsdienst ungeeignet. Er studierte in Fulda und war ab ca. 791 am Hof Karls des Großen tätig, für den er diplomatische Missionen durchführte. Wurde Oberaufseher der kaiserlichen Bauten (u. a. in Aachen und Ingelheim). War ab 814 Privatsekretär Ludwigs des Frommen, wandte sich dann Lothar I. zu. Zog sich 830 aus dem öffentlichen Leben zurück und starb in dem von ihm gegründeten Benediktinerkloster von Seligenstadt [50 3N 8 58E] (das damals Obermühlheim hieß) in Hessen.

Er schrieb von 830 bis 836 eine Biographie Karls des Großen (*De vita Karoli Magni*), der von 747 bis 814 gelebt hat; sie ist in der Folge in die > Annalen von Saint-Denis und folglich in die > Grandes Chroniques de France aufgenommen worden.

Die These, dass er an den > *Annales regni Francorum* und an den > *Annales Fuldenses* beteiligt gewesen sei, wird immer weniger geteilt.

> Lateinischer Quelltext und deutsche Übersetzung (E. Scherabon Firchow): *Vita Karoli Magni. Das Leben Karls des Großen*; Stuttgart; 1995.
> Lateinischer Quelltext und deutsche Übersetzung auf CD-ROM mit Abfrage-Software: Bogon, W. (Herausgeber): *Quellensammlung zur mittelalterlichen Geschichte*; MA I; CD-ROM; Verlag Heptagon; Berlin; 1999.
> Französische Übersetzung (A. Teulet et R. Fougères): *Eginhard. Œuvre complète:Vie de Charlemagne; Correspondance; Translation des reliques*; Éditions Paleo; Clermond-Ferrand; 2010.
> Löwe, Heinz, „Einhard", in: Neue Deutsche Biographie 4 (1959), S. 396 f. [Onlinefassung]; URL: http://www.deutsche-biographie.de/pnd118529560.html

## Eiga (Yotsugi) Monogatari

In der 2. Hälfte des 11 Jh. vermutlich von einer Hofdame verfasstes Geschichtswerk („Glanzvolle Geschichte"), das den Zeitraum von 1028 bis 1107 (i.W. die Heian-Zeit) abdeckt. Es ist das erste in japanischer Sprache verfasste Geschichtswerk.

> Englische Übersetzung (.W.H. und H.C. McCullough) : *A Tale of Flowering Fortunes — Annals of Japanese Aristocratic Life in the Heian Period*; Stanford University Press; Stanford, CA (1980).

## Einhard (> Eginhard)

## Eirir Oddsson (> Hryggjarstykki)

## Ekkehard von Aura (Eccardus Uraugiensis)

Deutscher Kirchenmann und Geschichtsschreiber (? bis ca. 1125).

Abt des Benediktinerklosters Aura [50 10N 10 0E] bei Bad Kissingen. Nahm am gescheiterten Kreuzzug von 1101 teil.

Ekkehard aktualisierte die Weltchronik des > Frutolf von Michelsberg (*Chronica Ekehardi Uraugiensis*), mit dem Berichtszeitraum von 1098 bis 1125, für den das

Werk eine (wenn auch etwas unpräzise, so doch lebhafte) wichtige Quelle der deutschen Geschichte ist, v.a. der Herrschaft Heinrichs V.
Er verfasste außerdem eine Chronik des 1. Kreuzzugs (1096 bis 1099) mit dem Titel *Hierosolymita*.

Lateinischer Quelltext und deutsche Übersetzung (F.-J. Schmale u. I. Schmale-Ott): *Frutolfs und Ekkehards Chroniken und die anonyme Kaiserchronik*; Wissenschaftliche Buchgesellschaft; Darmstadt; 1972.

Leuschner, Joachim, „Ekkehard von Aura", in: Neue Deutsche Biographie 4 (1959), S. 431-432 [Onlinefassung]; URL: http://www.deutsche-biographie.de/pnd118688529.html

## Eklektische Chronik („ABC 24")

Eine neubabylonische Chronik, die spärliche dynastische Informationen über Babylon und Assyrien des Zeitraums −1081 bis -727 enthält. Ereignisse werden kaum erwähnt, so dass sie das Informationsloch der assyrischen Annalistik zwischen -1077 und -911 nicht füllt.

Englische Übersetzung online: http://www.livius.org/cg-cm/chronicles/abc24/eclectic.html

## El-Odsri (> Al-Udri)

## Elija/Elya/Elia bar Sinaya (> Elias von Nisibis)

## Elias von Nisibis (Elija / Elya / Elia bar Sinaya; Illiya ibn Sina; Illia al-Nasabi; Elias von Soba; Mar Elia; Elias Nisebensis)

Syrischer, nestorianischer Kirchenmann und Geschichtsschreiber (ca. 975 bis ca. 1049).

Entweder in Shenna (Irak) [35 15N 43 26E], Heimat seines Vaters, davon einer seiner Übernamen, oder Nisibis/Nusaybin (NO Syrien) [37 05N 41 11E], davon sein anderer Übername, geboren. War Bischof von Adiabene mit Sitz in Arbela/Arbil (Norden Iraks [36 11N 44 1E]).

Zusätzlich zu Werken über Themen der Religion verfasste er eine *Chronographie*, die aus zwei Teilen besteht:
- Der 1. Teil enthält eine Listen der sasanidischen Könige, der Patriarchen von Seleukeia-Ktesiphon, der römischen Kaiser ab Tiberius, der Könige von Edessa; daran schließt sich eine Geschichte der Ausbreitung des Islams, besonders der arabischen Eroberung des Sasanidenreichs, sowie der syrischen Ereignisse bis zum Berichtsjahr 1018. Die wichtigsten Quellen waren > Sokrates Scholastikos, > Eusebios von Caesarea und > Johannes von Ephesos.
- Der 2. Teil befasst sich mit vergleichender Kalenderkunde.

Die Chronographie ist eine wichtige Quelle zur Geschichte des neupersischen Reichs der Sasaniden.

Artikel von W. Felix in Encyclopaedia Iranica online http://www.iranicaonline.org/articles/elija-bar-sinaja

Deutsche Übersetzung (K. Pinggéra): *Nestorianische Weltchronistik: Johannes Bar Penkaye und Elias von Nisibis*: in Iulius Africanus und die christliche Weltchronik: Texte und Untersuchungen zur altchristlichen Literatur (Hrsg. de Martin Wallraff); De Gruyter; Berlin; 2006.

## Elias von Soba (> Elias von Nisibis)

## Enguerrand de Monstrelet

Französischer Hofbeamter und Geschichtsschreiber (ca. 1390 bis 1453).
In Montrelet [50 05N 2 14E] (heute Fieffes-Montrelet, Picardie) aus adliger Familie geboren. Diente dem Haus Burgund und verhandelte 1430 mit Jeanne d'Arc. War dann als Steuereintreiber in Cambrai tätig und bekleidete hohe Ämter in Cambrai und Walincourt.

Sein in französischer Sprache verfasstes Werk La Chronique d'Enguerran de Monstrelet beschreibt die Ereignisse in seiner Heimatregion (die schon damals zu den am heißesten umkämpften Regionen Europas gehörte), die von 1400 bis 1444 stattgefunden haben. Trotz seiner Parteinahme für das Haus Burgund ist sein Werk eine der Hauptquellen für das letzte Drittel des Hundertjährigen Krieges.

> Print-on-demand-Ausgabe der gescannten Ausgabe von 1877 (Herausgeber Dou T-D'Arcq, Louis): *La Chronique D'Enguerran de Monstrelet 1400-1444*; 2 Bände; BooksAnywhere (Fairford, GLO, United Kingdom).

## Enmannsche Kaisergeschichte (EKG)

Aufgrund der Tatsache, dass sich bei vielen spätantiken Quellen ähnliche sprachliche und sachliche (auch falsche) Inhalte wiederfinden, hat Alexander Enmann im Jahr 1884 die Theorie aufgestellt, dass es ein heute verschollenes Geschichtswerk gegeben habe, das in der Mitte des 3. Jh. verfasst, dann bis zur Mitte des 4. Jh. überarbeitet wurde und schließlich den Zeitraum von ca. 0 bis ca. 350 abgedeckt habe. Die Autoren, die daraus geschöpft haben, seien u. a.: > Aurelius Victor; > Eutropius, > Rufius Festus, die > Historia Augusta, die > Epitomae de Caesaribus, > Hieronymus von Strido, der > Anonymus Valesianus I und vermutlich auch > Ammianus Marcellinus. Ein Gegenargument ist, dass es in jenen Quellen keinerlei Hinweis darauf gibt. Trotzdem glaubt die überwiegende Mehrheit der modernen Fachleute an die vormalige Existenz dieses Werkes.

## Ennodius, Magnus Felix

Spätrömischer Kirchenmann und Schriftsteller (473 bis 521).
Vermutlich in Arles geboren. War von 499 bis zu seinem Tod Bischof von Pavia.

Von besonderem geschichtlichen Interesse ist die von ihm verfasste Biographie seines Amtsvorgängers Ephanios (*Vita Epiphani*) von Pavia, der in seiner Amtszeit (467 bis 498) diplomatische Kontakte mit vielen Herrschern gehabt hatte (Antemius, Richimer, Eurich, Odoaker, Theoderich, Gundebald).

> Italienische Übersetzung (Maria Cesa): Ennodio. *Vita del beatissimo Epifanio vescovo della chiesa pavese*; Como; 1988.

## Ephippos von Olynth

Griechischer Geschichtsschreiber (-4. Jh.).
Vermutlich in Olynthos (Chalkidike, Griechenland) [40 21N 23 21E] geboren. War vermutlich am Hofe Alexanders des Großen tätig.

Er verfasste nach dessen Tod ein Werk *Über Alexanders und Hephaistions Leben*, in dem er über Exzesse Alexanders und seiner Entourage berichtete. Davon sind nur wenige Fragmente erhalten geblieben.

> Lexikon der Alten Welt: Artikel von W. Spoerri.
> Quelltexte der Fragmente: Felix Jacoby (Hrsg.): *Die Fragmente der griechischen Historiker II A*; Berlin; 1926 (Nachdruck: Leiden; 1961); Nr. 126.

## Èphoros von Kyme (der Jüngere)

Griechischer Geschichtsschreiber (ca. -400 bis ca. -330).
Geboren in Kyme/Cuma (Westküste der Türkei, SO von Lesbos) [38 46N 26 56E]. (Hauptstadt der frühgriechischen Äolier. Der Vater des Hesiod war 300 Jahre vorher von Kyme nach Böotien ausgewandert). In Athen (zusammen mit > Theópompos) Schüler des Isokrates.

Ėphoros verfasste zwischen -350 und -335 eine Universalgeschichte *Historía koinón práxeon* („Geschichte der gemeinsamen Taten"), welche in 29 Bänden die Zeitspanne von ca. -1000 (von der „Rückkehr der Herakliden", d. h. vor der dorischen Landnahme) bis –341 behandelte. Die mythologische Vorzeit klammerte er bewusst aus, da Mythologie keine Geschichte sei. Er konzentrierte sich zwar auf die griechisch-makedonische Geschichte, ging aber auch auf die „Barbaren" ein, wenn sie dazu im Zusammenhang standen. (Deshalb betrachtete Polybios das Werk des Ėphoros als „Universalgeschichte"). Den Stoff ordnete er nicht rein chronologisch, sondern thematisch; den Gang der Dinge nicht erklärende Aspekte habe er bewusst ausgelassen, auch wenn der Unterhaltungswert darunter geschmälert werde.

Ėphoros baute auf dem Werk des Logographen > Hellanikos von Mytilene auf und schöpfte auch aus > Herodot, > Thukydides und > Philistos von Syrakus. Sein Sohn Demophilos ergänzte das Werk mit einem 30. Band über den Zeitraum -357 bis -346. Das Werk des Ėphoros ist bis auf wenige Fragmente verloren gegangen, besteht aber als eine der Hauptquellen des > Tímaios, > Diódoros, von > Strabo, > Nicolaus Damascenus, > Pompeius Trogus, > Plutarch und > Polyaenus in deren Werken fort.

> Metzler Antiker Autoren: Artikel von W. Burkert.
> Fragmente: Quelltexte der Fragmente: Felix Jacoby (Hrsg.): *Die Fragmente der griechischen Historiker II A*; Berlin; 1926 (Nachdruck: Leiden; 1961); Nr. 70.

## Epitome de Caesaribus

Ein um 400 von einem unbekannten heidnischen Autor verfasster „Auszug aus der Kaisergeschichte", d. h. eine anspruchslose Zusammenstellung der Kurzbiographien der römischen Kaiser von Augustus bis Theodosius (-27 bis 395), wobei die Länge der Einträge mit denen des vorliegenden Buches vergleichbar ist . Das Werk hat moralisierende Absichten, erwähnt aber eigenartigerweise nicht das Christentum. Nach einer Theorie handelt es sich um eine Zusammenfassung (Epitome) des Werks des > Aurelius Victor, was andere stark bezweifeln.

Zu den Quellen gehörte > Eutropius, vermutlich auch die hypothetische > Enmannsche Kaisergeschichte und die ebenfalls verschollenen Annalen des > Nichomachus Flavianus.

> Englische Übersetzung (Th. Banchich) online: http://www.roman-emperors.org/epitome.htm

## Eponymenliste (> Assyrische Eponymenliste)

## Eratósthenes von Kyrene

Hellenistischer Wissenschaftler und Dichter (ca. -275 bis ca. -195).
In Kyrene/Shahhat (Libyen) [32 50N 21 52E], dem „Athen Libyens", geboren, studierte er in Athen und wurde von Ptolemaios III. nach Alexandreia/Alexandria (Ägypten) berufen, als Prinzenerzieher und Nachfolger des zurückgetretenen ersten Leiters der dortigen Bibliothek, Apollonios von Rhodos. (Zu seinen Mitarbeitern gehörte sein 30 Jahre älterer Landsmann > Kallímachos von Kyrene). Dort starb er etwa achtzigjährig.

Mit der Fülle der ihm in seiner Bibliothek zur Verfügung stehenden Informationen verfasste Eratosthenes verschiedene Werke über Astronomie, Geographie (geniale Leistungen sind u. a. seine auf 4 % genaue Schätzung des Erdumfangs und die auf 8 Gradminuten genaue Bestimmung der Schiefe der Ekliptik), Mathematik, Musik, Philologie, Philosophie u. a.m.

Eratósthenes leistete auch Beiträge zur Historiographie. Mit zwei Werken *Chronographien* und *Olympiasieger*, von denen nur kleine Fragmente oder vereinzelte Zitate durch spätere Autoren (u. a. von > Dionysius Halicarnassus) erhalten sind, untermauerte er die von > Tímaios von Tauromenion vorgeschlagene absolute Datierung nach den Olympiaden durch Quellenauswertungen und Erstellung einer datierten Liste von Olympiasiegern. Für die Zeit vor -776 (1. Olympiade) zog er die Liste der Könige von Sparta heran. Damit datierte er die Eroberung Trojas auf 860 Jahre vor dem Tod Alexanders, also auf -1183.

Quelltexte der Fragmente: Felix Jacoby (Hrsg.): *Die Fragmente der griechischen Historiker II A*; Berlin; 1926 (Nachdruck: Leiden; 1961); Nr. 241.

## Erchempert von Montecassino

Langobardischer Kirchenmann und Geschichtsschreiber (ca. 840 bis nach 889).

Wurde im Jahre 881 im Mannesalter durch einen Plünderungseinfall des Pandenolfus von Capua seines gesamten Besitzes in Castrum Pilanum (bei Caserta) [ca. 41 20N 13 59E] beraubt und nach Capua deportiert, wo er sich den Mönchen anschloss, die nach einer Brandschatzung des Klosters von Montecassino durch Sarazenen (883) dorthin geflohen waren.

Er verfasste eine *Historia Langobardorum Beneventarnorum* („Geschichte des langobardischen Herzogtums von Benevent"), die mit 82 kurzen Absätzen (12.000 Wörtern) über den Zeitraum von 787 bis 889 berichtet. Dabei inspirierte er sich nach eigener Aussage durch das Werk des Paulus > Diaconus.

Lateinischer Text online: http://www.thelatinlibrary.com/erchempert.html

## Ermentarius von Noirmoutier

Frankischer Kirchenmann und Biograph (2. Hälfte des 9. Jh.)

War Mönch im Benediktinerkloster der Insel Noirmoutier an der Loire-Mündung. Er schrieb um 839 eine Biographie des Heiligen Philibertus (*Vita Sancti Filiberti*) und um 860 einen Bericht über dessen Wundertaten (*Miracula Sancti Filiberti*). Seine Werke enthalten neben einer interessanten Auflistung von 16 französischen Städten, die bis ca. 860 Opfer wikingischer Plünderungsüberfälle geworden waren und schildert erlebnisnah vier Jahrzehnte der ostwärtigen Flucht der Mönche seines Klosters, auf der Suche nach einem Zufluchtsort vor den Wikingerüberfällen.

## Ermold der Schwarze (Ermold le Noire; Ermoldus Nigellus)

Aquitanischer epischer Dichter (? bis ca. 838).

Er wurde 824 mit dem Vorwurf, Pippin I. von Aquitanien gegen seinen Vater Ludwig den Frommen aufzuwiegeln, nach Strassburg verbannt.

Im Strassburger Exil verfasste er 826 ein Epos *In honorem Hludowici christianissimi Caesaris Augusti* zur Huldigung Königs Ludwigs des Frommen (vermutlich, um seine Rückkehr aus dem Exil zu erwirken); es besteht aus ca. 2.600 Versen. Trotz der adulatorischen Absicht des Autors enthält das Werk wertvolle historische Informationen.

Französische Übersetzung (F. Guizot, M. Tailhac): *Poeme historique en l'honneur de*

*Louis le Pieux (826) de Elmold Le Noir*; Éditions Paleo; Clermond-Ferrand; 2011.

## Ermolinskaya Lietopis (Ermoline-Chronik)

Im 15. Jh. verfasste Chronik.

Altslawischer Quelltext: Vollständige Sammlung der Russischen Chroniken: Band 23.

## Euagrios (Evagrios) Scholastikos

Spätrömischer Jurist und Geschichtsschreiber (ca. 536 bis 600).
In Epiphaneia/Hama (Syrien) [39 05N 36 44E] geboren.
Seine 6-bändige *Kirchengeschichte* behandelt den Zeitraum von 428 bis 594, dabei auch ausführlich die Profangeschichte Syriens und des übrigen Nahen Ostens (Perserkriege der Kaiser Justinian I., Justian II., Tiberius II. und Maurikios). Dabei baute er auf dem Werk seiner Landsleute > Eustathios von Epiphaneia und > Johannes von Epiphaneia auf, sowie auf die von > Priskos und > Prokopios.
Es war dies die letzte auf Griechisch geschriebene Kirchengeschichte der Antike.

Griechischer Quelltext und deutsche Übersetzung (Adelheid Hübner): *Evagrius Scholasticus. Historia ecclesiastica – Kirchengeschichte* (Fontes Christiani, 3. Serie, Bände 57-1 und 57-2). 2 Bände; Brepols, Turnhout; 2007.
Englische Übersetzung (Whitby, M.): *The Ecclesiastical History of Evagrius*; Translated Texts for Historians; Liverpool University Press; Liverpool; 2000.
Englische Übersetzung online: http://www.ccel.org/ccel/pearse/morefathers/files/evagrius_0_intro.htm; http://www.tertullian.org/fathers/evagrius_0_intro.htm

## Euagon (Eugeon, Eugaion) von Samos

Griechischer Geschichtsschreiber des -5. Jh.
Wurde von > Dionysius Halicarnassus unter den ältesten griechischen Geschichtsschreibern erwähnt.
Er verfasste eine Lokalchronik von Samos, von der nur wenige Fragmente erhalten sind.

Lexikon der Alten Welt: Artikel von K. von Fritz.
Quelltexte der Fragmente: Felix Jacoby (Hrsg.): *Die Fragmente der griechischen Historiker II A*; Berlin; 1926 (Nachdruck: Leiden; 1961); Nr. 535

## Eudes (> Odo)

## Eudoxos von Kyzikos

Hellenistischer Seefahrer (ca.- 2. Jh).
Griff vermutlich auf die mittlerweile in der hellenistischen Welt (nicht jedoch in der arabischen) weitgehend in Vergessenheit geratene Entdeckung des Seewegs nach Indien durch > Skylax von Karyanda zurück und unternahm eine Erkundungsreise vom Roten Meer nach Indien. Sein Bericht darüber ist verloren gegangen. Vermutlich gehörte > Hippalos zu seiner Besatzung. Bei seinem Versuch, von Marokko aus Afrika zu umschiffen, verloren sich seine Spuren.

## Eugippius Abbas

Spätrömischer Kirchenmann und Biograph (ca. 460 bis ca. 533).
Er verfasste um 511 als Abt des Klosters von Castrum Lucullanum (Castel dell'Ovo bei Neapel) [40 50N 14 15E] eine Biographie seines Lehrers, des Heiligen Severin (*Commemoratorium vitae Sancti Severini*).

Das Werk des Eugippius ist die wichtigste Quelle über die letzten Jahrzehnte der Römerherrschaft in Ost-Rätien und im Noricum, von 453 bis zum Exodus eines Großteils der rätoromanischen Bevölkerung im Jahre 488. Darin sind die Terrormethoden geschildert, mit denen die vordringenden Germanenstämme für ihre Landnahme die Aussiedelung der Vorbevölkerung erzwangen.

> Metzler Lexikon Antiker Autoren: Artikel von Ekkehard Weber.
> Lateinischer Quelltext und deutsche Übersetzung (Th. Nüsslein): *Eugippius: Vita Sancti Severini / Das Leben des Heiligen Severin*; Reclam, Stuttgart.
> Deutsche Übersetzung (R. Noll): Eugippus: *Das Leben des Heiligen Severin*; Passau, 1981.
> Englische Übersetzung (L. Bieler, L. Krestan): *The Fathers of the Church: A New Translation : Eugippius : The Life of Saint Severin*; The Catholic University of America Press; 1965.
> Englische Übersetzung online: http://www.tertullian.org/fathers/severinus_02_text.htm

## Eunapios von Sardes

Spätrömischer Geschichtsschreiber altgriechischer Sprache (ca. 345 bis ca. 420).

In Sardes (Türkei) [38 28N 28 02E] geboren, studierte er in Athen bei heidnischen und christlichen Lehrern.

Er verfasste Biographien von Sophisten. Sein 14-bändiges Werk *Historiká hypomnémnata* („Überlieferte Geschichte") setzte das Werk des > Dexippos fort und behandelte den Zeitraum von 270 bis 404; es ist nur in Fragmenten erhalten.

Das Werk des Eunapios diente dem > Zosimos als Quelle, der seine antichristliche Einstellung teilte.

> Metzler Antiker Autoren: Artikel von Stefan Rebenich.
> Lexikon der Alten Welt: Artikel von W. Spoerri.
> Englische Übersetzung (R.C. Blockley): The fragmentary classicising historians of the later Roman Empire. Eunapius, Olympiodorus, Priscus and Malchus; 2 Bände; Liverpool; 1981/83.

## Eupolemos

Jüdisch-hellenistischer Geschichtsschreiber (ca-2. Jh.).

In Judäa geboren. Vermutlich identisch mit dem gleichnamigen Gesandten der Makkabäer, der -161 in Rom verhandelte.

Verfasste auf Griechisch ein Werk über die Könige von Judäa, das von > Eusebios von Caesarea und > Alexander Polyhistor zitiert wurde. Davon sind nur Fragmente erhalten.

> Quelltexte der Fragmente: Felix Jacoby (Hrsg.): *Die Fragmente der griechischen Historiker II A*; Berlin; 1926 (Nachdruck: Leiden; 1961); Nr. 723.

## Eusebios von Caesarea

Hellenischer Kirchenmann und Geschichtsschreiber (ca. 265 bis ca. 339).

Vermutlich in Caesarea Palaestina / Har Qesari (Israel) [32 30N 34 54E] geboren, wirkte er dort als Bischof. Er schwor nur pro forma dem Arianismus ab, wird aber trotzdem zu den katholischen Kirchenvätern gezählt.

Sein (auf Griechisch verfasstes) historisches Hauptwerk ist *Chronikon*, eine „Chronologie und Zusammenfassung der Universalgeschichte der Griechen und Barbaren" in 2 Bänden (von denen beide in armenischer Übersetzung und der zweite nur in der lateinischen Übersetzung des Hieronymus überliefert sind). Band 1 fasst die Geschichte des Ostens und Griechenlands auf der Basis der biblischen Überlieferung zusammen. Band 2 stellt eine biblische und andere

Chronologien verschiedener Völker vergleichend gegenüber, darunter eine Liste der Olympiasieger von -776 bis 217; das jüngste Datum des *Chronikon* ist 325. Eusebios baute auf dem Werk seines Landsmanns > Sextus Iulius Africanus auf. Dabei hob er für alle nichtchristlichen Kaiser deren negativen Seiten hervor. Zu seinen Quellen gehörte vermutlich auch > Praxagoras und > Abydenos. > Hieronymus von Strido übersetzte die Chronologie des Eusebios und ergänzte sie bis mit den Zeitraum 325 bis 379, > Orosius bis 417, > Theodoret von Kyrrhos bis 428 und > Hydatius bis zum Jahr 469.

Eusebios verfasste auch die erste umfassende Kirchengeschichte (10 Bände, mit Schwerpunkt auf die Zeit von 260 bis 324). Sie wurde nach seinem Tod erweitert durch > Sokrates Scholastikos, > Sozomenos, > Theodoret von Kyrrhos und > Euagrios Scholastikos.

Nach dem Tod des von ihm verehrten Kaisers Constantinus I. (Konstantins des Großen) verfasste er 337 eine Biographie in vier Bänden (*De Vita Constantini*) und starb zwei Jahre später. Trotz der adulatorischen Absicht des Autors enthält das Werk unikale historische Informationen.

Einer Vermutung zufolge schlug Eusebios (in einer verloren gegangenen Schrift) die Zeitrechnung ab Christi Geburt vor.

Jacob Burckhard nannte Eusebios den „ersten durch und durch unredlichen Geschichtsschreiber".

> Metzler Lexikon Antiker Autoren: Artikel von Markus Vincent.
> Griechischer Quelltext und deutsche Übersetzung (P. Haeuser): *Eusebius von Caesarea: Kirchengeschichte*. Hrsg. und eingeleitet von Heinrich Kraft; 2. Auflage; Kösel-Verlag; München; 1981.
> Deutsche Übersetzung (P. Haeuser): *Eusebius von Caesarea: Kirchengeschichte*; 6. Auflage; Wissenschaftliche Buchgesellschaft, Darmstadt, 2012 (Lizenz Kösel-Verlag München).
> Griechischer Quelltext und deutsche Übersetzung (H. Schneider): *Eusebius von Caesarea: De vita Constantini – Über das Leben Konstantins*; Fontes Christiani, 3. Serie, Bd. 83; Brepols; Turnhout; 2007. Auch beziehbar über: Wissenschaftliche Buchgesellschaft, Darmstadt.

## Eustathius Thessalonicensis

Byzantinischer Kirchenmann, Beamter und Geschichtsschreiber (ca. 1110 bis ca. 1195).

War von 1175 bis 1191 Bischof von Thessalonike und erlebte die Einnahme der Stadt durch die Normannen im Jahre 1185. Er berichtete darüber in seinem Werk *De capta Thessalonica narratio* („Bericht der Einnahme von Thessalonike"). Außerdem verfasste er für Lehrzwecke einen Homer-Kommentar mit einigen tausend Seiten Umfang.

> Metzler Lexikon Antiker Autoren: Artikel von D. U. Hansen.
> Deutsche Übersetzung (H. Hunger): Die Normannen in Thessalonike. Die Eroberung von Thessalonike durch die Normannen 1185 n. Chr. in der Augenzeugenschilderung des Bischofs Eustathios; Graz; 1955.
> Englische Übersetzung (J. R. Melville-Jones): *Eustathios of Thessaloniki. The Capture of Thessaloniki*; Canberra; 1988.
> Italienische Übersetzung (V. Rotolo): Eustazio di Tessalonica: La espugnazione di Tessalonica; Palermo; 1961.

## Eustathios von Epiphaneia (Eustathius Epiphaneus)

Syrischer Historiker des 6. Jh.

In Epiphaneia/Hamah (Syrien) [35 09N 36 44E] geboren.

Er schrieb eine *Kurzfassung der Jüdischen Altertümer des Josephus Flavius*. Seine 9-bändige Weltgeschichte erstreckte sich von Aeneas bis 502. Dabei stützte er sich u. a. auf > Zosimos und > Hesychios von Milet. Sie ist mit Ausnahme weniger Fragmente verloren gegangen, aber einige spätere Geschichtsschreiber wie sein Landsmann > Euagrios Scholastikos und > Johannes Malalas nahmen darauf Bezug.

## Eutropius, Flavius (Eutrop)

Spätrömischer Beamter und Geschichtsschreiber (320 ca. bis 390).

Er bekleidete von Constantius II. bis Theodosius I. eine Reihe hoher Ämter: kaiserlicher Sekretär und Kanzler, Konsul, Prätorianerpräfekt und Regierungssprecher (magister memoriae) und kam dabei in Kleinasien und Illyrien zum Einsatz. Vermutlich nahm er am fatalen Persienfeldzug Julians von 363 teil.

Sein von Kaiser Valens beauftragtes Hauptwerk *Breviarium Historiarum Romanorum ab Urbe Condita* („Abriss der Geschichte Roms ab seiner Gründung") fasst in 10 Bänden den Zeitraum von -753 bis 387 zusammen, fokussiert die Außenpolitik des Reichs und die Persönlichkeiten der Kaiser. Trotz der gewollten Kürze ist sein Werk sehr informativ und objektiv. Das Christentum erwähnte er nicht, wohl um die alten Werte hervorzuheben, auf denen der Erfolg Roms gegründet hatte. Seine Hauptquellen waren > Livius, > Sueton, vermutlich die hypothetische > Enmannsche Kaisergeschichte sowie für den Zeitraum ab 363 seine eigenen Erlebnisse.

Das Werk des Eutropus löste sogleich in der Lesergunst das Werk des > Aurelius Victor ab und wurde um 380 ins Griechische übersetzt. Es blieb über Jahrhunderte eine beliebte Zusammenfassung der römischen Geschichte. > Paulus Diaconus ergänzte es bis zum Berichtsjahr 553 und > Landulfus Sagax bis 813. Heute noch ist das Werk eine beliebte Lektüre im Lateinunterricht.

Metzler Lexikon Antiker Autoren: Artikel von H.-O. Kröner.
Lexikon der Alten Welt: Artikel von E. Pasoli.
Lateinischer Quelltext und deutsche Übersetzung (F.L. Müller): Eutropii breviarium ab urbe condita – Eutropius: Kurze Geschichte Roms seit Gründung (753 v. Chr. bis 364 n. Chr.); Stuttgart, 1995.
Lateinischer Quelltext und deutsche Übersetzung online: http://www.gottwein.de/Lat/eutro/eutrop01.php
Englische Übersetzung (Bird, H.W.): *Eutropius: Brevarium*; Translated Texts for Historians; Liverpool University Press; Liverpool; 1993.
Englische Übersetzung online: http://forumromanum.org/literature/eutropius/index.html; http://www.tertullian.org/fathers/eutropius_breviarium_2_text.htm
Französische Übersetzung aller überlieferten Quelltexte (A. Dubois, R. Fougères): *Eutrope: Abrégé de l'histoire romaine, de Romulus à Jovien*; Éditions Paleo; Clermond-Ferrand; 2011.

## Eutychianos

Spätrömischer Geschichtsschreiber griechischer Sprache des 4. Jh.

Vermutlich in Kappadokien geboren. Nahm 363 am Persienfeldzugs des Kaisers Julian teil, dessen tragischer Ausgang ihn zum Verfassen eines Berichts mitiovierte, der nur in Fragmenten erhalten ist aber vermütlich dem > Ammianus Marcellinus, > Zosimos und > Johannes Malalas als Quelle diente.

Quelltexte der Fragmente: Felix Jacoby (Hrsg.): *Die Fragmente der griechischen Historiker II A*; Berlin; 1926 (Nachdruck: Leiden; 1961); Nr. 226.

## Eutychios von Alexandrien (Said ibn-Batriq, Ebn Betriq)

Ägyptischer Arzt, melchitischer Kirchenmann und Geschichtsschreiber arabischer Sprache (ca. 877 bis 940).

In Fustat (Alt-Kairo) geboren. Praktizierender Arzt bis zu seinem 60. Lebensjahr, als er mit politischem Druck der islamischen Regierung zum Patriarchen der Melkiten („griechisch-sprachige Kopten") von Alexandrien gewählt wurde.

Er verfasste in arabischer Sprache eine Weltchronik *Ketab al-tarik al-majmu alal thaqiq wal tasdiq* (auch Nazm al-jawhar), von den Historikern kurz „Annalen" genannt; das Originalmanuskript („Sinaiticus Arabicus 582") ist im Sinaikloster gefunden worden. Die Weltchronik des Eutychios reicht von der Schöpfung bis in das Berichtsjahr 937. Darin sind unter anderem wertvolle Informationen über die Sasaniden für den Zeitabschnitt von 421 bis 651 enthalten, die er gleichwertig mit dem Oströmischen Reich behandelte. Da er des Griechischen und Lateinischen nicht mächtig war, benutzte er nur Quellen in arabischer Sprache.

Sein Verwandter > Yahya ibn Said Antaqi setzte die Weltchronik für die Berichtsjahre 937 bis 1033 fort.

Artikel von Sidney Griffith and Elr in Encyclopaedia Iranica online
http://www.iranicaonline.org/articles/eutychius

Arabischer Quelltext und deutsche Übersetzung (M. Breydy): *Das Annalenwerk des Eutychios von Alexandrien; ausgewählte Geschichten und Legenden kompiliert von Said ibn Batriq um 935 AD*; Corpus Scriptorum Christianorum Orientalium 471-72; 2 Bände; Peeters; Louvain; 1985.

Italienische Übersetzung (B. Pirone): *Eutichio di Alessandria: Gli Annali*; Studia Orientalia Christiana Monographiae 1; Kairo und Jerusalem; 1987.

## Fabius Pictor, Quintus

Römischer Politiker und Geschichtsschreiber (ca.-260 bis ca. -200).

Aus dem Geschlecht der Fabier. Er beherrschte die griechische Sprache. Wurde Senator, diente in den Keltenkriegen und im 2. Punischen Krieg.

Er verfasste zwischen -215 und -210 nach griechischem Vorbild ein Werk *Romaion praxeis* („Taten der Römer"), die erste ausführliche römische Geschichte. Sein Werk deckte den Zeitraum von der Gründung Roms bis vermutlich den 2. Punischen Krieg ab (also von ca. -750 bis ca. -200).

Als erster Römer schrieb Fabius Pictore in griechischer Sprache, um beim griechischen Publikum den römischen Expansionismus zu rechtfertigen und den prokarthagischen Werken des > Timaios von Tauromenion und > Philinos von Akragas gegenzuhalten; dabei entgleiste er allerdings nicht in reine Gegenpropaganda.

Laut > Plutarch hat Fabius Pictor die Gründungssage Roms (Romulus und Remus) vom Werk des > Diokles von Peparethos bezogen.

Das Werk des Fabius Pictor ging vermutlich derart ausführlich in die späteren Werke von > Polybios, > Livius, > Dionysius Halicarnassus und > Diodorus Siculus (der ihn vielfach zitierte) ein, dass es dadurch überflüssig wurde und bis auf wenige Fragmente verloren gegangen ist, ebenso wie die lateinische Übersetzungen, die zu Zeiten Ciceros mit den Titeln *Annales* und *Rerum Gestarum Libri* erstellt wurden.

Sein Zeitgenosse > Cincius Alimentus verfasste ebenfalls eine Geschichte Roms auf Griechisch.

Metzler Lexikon Antiker Autoren: Artikel von Ch. Leidl.
Lexikon der Alten Welt: Artikel von R. Till.
Griechisch und deutsche Übersetzung: Beck, H., Walter, U.: *Die Frühen Römischen His-*

*toriker- Bd. 1 Von Antipater bis Cn. Gellius*; 2. Auflage; Wissenschaftliche Buchgesellschaft; Darmstadt; 2005.

## Fagrskinna

In Norwegen vermutlich von einem isländischen Autor um 1220 verfasste Geschichte der norwegischen Könige des Zeitraums von ca. 850 bis 1177. Der Name des Werks bedeutet „Schönes Pergament".

Der Autor schöpfte (ohne es zu erwähnen) aus der > Hryggjarstykki.

> Englische Übersetzung (A. Finlay): *Fagrskinna, a Catalogue of the Kings of Norway*; Brill Academic Publishers; 2004.

## Fa-hsien / Faxian

Chinesischer buddhistischer Mönch und Weltreisender.

In Shansi geboren, trat er 399 eine lange Reise nach Zentralasien (Kutscha, Khotan, Kaschgar, Kaschmir, Kabul) und Indien (Städte am Ganges) an, von der er 414 über Ceylon, Palembang/Sumatra und Kanton zurückkehrte.

Sein Werk *Fo-kuo chi* (Bericht über die buddhistischen Länder) für das auch die Bezeichnung *Faxian zhuan* (Bericht des Faxian) gebraucht wird, ist u. a. eine der wichtigsten landeskundlichen Quellen über das Indien seiner Epoche.

Englische Übersetzung online: http://www.buddhanet.net/pdf_file/rbddh10.pdf

## Falco von Benevent (Falcone di Benevento; - Beneventano)

Süditalienischer Jurist und Geschichtsschreiber (ca. 1190 bis ca. 1144).

Vermutlich in Benevent aus langobardischem Adel geboren. Wirkte in seiner Heimatstadt als Notar.

Schrieb eine Chronik von Benevent (*Chronicon Beneventanum*), die mit einem Umfang von ca. 35.000 Wörtern über den Zeitraum von 1102 bis 1144 berichtet. Sein Werk wurde aus der Sicht der entmachteten Langobardenfürsten Süditaliens geschrieben und muss mit jenem seines Zeitgenossen > Alexander von Telese gegengelesen werden, der für die normannischen Eroberer Süditaliens argumentiert hat.

> Lateinischer Quelltext: *Falcone di Benevento, Chronicon Beneventanum*; ed E. D'Angelo; 1998.
> Lateinischer Quelltext online: http://www.thelatinlibrary.com/falcone.html

## Fan Ye (Weizong)

Chinesischer Beamter, Gardegeneral und Geschichtsschreiber (398 bis 445).

Aus einer kaiserlichen Beamtenfamilie in Shaoxing (Zhejiang) geboren.

Er verfasste aus vielen Quellen (darunter > Sima Qian), die er erforderlichenfalls überarbeitete, ein Werk *Hou Hanshu*, eine *Geschichte der Späteren Han-Dynastie* (25 bis 220); von den geplanten 100 Kapiteln konnte er 90 fertigstellen. Unter der Federführung des Liu Zhao wurde das Werk um 550 mit 30 Kapiteln (die „Xu Hanzhi", die aus dem Werk des > Sima Biao abgeleitet wurden) erweitert, weswegen die modernen Ausgaben des *Hou Hanshu* 120 Kapitel umfassen. Das *Hou Hanshu* bildet den Band 3 der Standardchronik der chinesischen Geschichte > Vierundzwanzig Dynastiegeschichten.

## Fang Xuanling

Chinesischer Geschichtsschreiber des 7. Jh.

Sein um das Jahr 648 fertiggestelltes Werk behandelt die *Geschichte der Jin-Dynastie* (265 bis 419) und bildet den Band 5 der Standardchronik der chinesischen Geschichte > Vierundzwanzig Dynastiegeschichten.

## Fannius, Gaius

Römischer Annalist (-2. Jh.)

Seine Annalen erstreckten sich bis in seine Gegenwart und galten als wichtige Quelle zur Epoche der Gracchen. > Sallustius, lobte seine Objektivität. Von seinem Werk sind nur 8 Fragmente erhalten.

Die Fragmente lassen erkennen, dass Fannius (wie auch > Sempronius Asellio) den Versuch unternommen hat, sich von der in der römischen Geschichtsschreibung dominanten rhetorischen Ausrichtung zu lösen (die das Publikumsinteresse priorisierte) und sich der pragmatischen, die Ursachenforschung und das Ziehen von Lehren für die Zukunft priorisierenden Ausrichtung des Polybios zuzuwenden [Ch. Reichardt (2008)].

Fragmente: H. Peter (Hrsg.): Historicum Romanorum Reliquiae (HRR) 1 139-141.
Lateinischer Quelltext und deutsche Übersetzung: Beck, H., Walter, U.: *Die Frühen Römischen Historiker- Bd. 1 Von Antipater bis Cn. Gellius*; 2. Auflage; Wissenschaftliche Buchgesellschaft; Darmstadt; 2005.

## Fasti Capitolini (> Fasti Consulares)

## Fasti Consulares

Die Fasti Consulares stammen aus den Priesterchroniken etruskischer Tradition. Sie übernahmen davon die strenge chronologische Abfolge nach den Amtsjahren der Konsulen, ähnlich den mesopotamischen Eponymenlisten. Ab der frühen Republik (-509) wurden für jedes Jahr die Ernennungen der Magistrate, die wichtigsten Ereignisse der Außenpolitik (Kriege) und Innenpolitik aufgezeichnet, sowie religiöse Ereignisse, Lebensmittelausgaben und wundersame Vorkommnisse. Der jeweilige Pontifex Maximus war für die Einträge seiner Amtszeit verantwortlich, die auf einer weißen Holztafel („tabula dealbata") eingetragen, an seinem Amtssitz im Forum ausgehängt wurde.

Ab dem -2. Jh. bezogen daraus die > Römischen Annalisten die Informationen für eine Ausgabe in Buchform.

Um -131 kopierte bzw. rekonstruierte Publius Mucius Scaevola als Pontifex Maximus (er war -133 Konsul gewesen, als Tiberius Gracchus, mit dem er sympathisierte, ermordet worden war) den Bestand der Fasti Consulares und gab sie als 80-bändige *Annales Ponteficis Maximi* heraus. Ein Brand beschädigte in der Folge die gesammelten Tafeln.

Auch wenn die *Fasti Consulares* und die *Annales* des Publius Mucius Scaevola verloren gegangen sind, stellen sie bis heute das wichtigste Gerippe für die Datierung der Konsulariate und der wichtigsten Ereignisse der römischen Geschichte dar, da sie in Abschriften bzw. Verweisen spätere Autoren erhalten sind, und zwar (nach http://fr.wikipedia.org/wiki/Fastes_consulaires):

A) Auf den erhaltenen Fragmenten der von Augustus veranlassten Marmor-Kopien, die auf 4 Wandtafeln eingemeißelt waren und im Jahr 1547 auf dem Forum Romanum ausgegraben wurden. Heute sind sie Teil der *„Fasti Capitolini"* genannten Exponate der Musei Capitolini zu Rom, zu denen auch die > Fasti Triumphali gehören. Erhalten sind Einträge des Zeitraums von -483 bis -19 .

B) In den Verweisen der Werke vieler römischer Geschichtsschreiber, darunter :
- > Livius (ziemlich vollständig bis-293),

- > Dionysius Halicarnassus (-509 bis -443),
- > Diodorus Siculus (-486 bis -303)

C) In den von späteren Geschichtsschreibern verfassten *Fasti*, die auf den *Fasti Consulares* fußen:
- der > Chronograph von 354 (-509 bis 354)
- die *Fasti Hispani*, vermutlich des > Hydatius von Acquae Flaviae (-509 bis 486)
- die *Epitoma Chronicorum* des > Prosper Tio Aquitanus (29 bis 455)
- die *Chronica* des > Cassiodorus (-509 bis 519, allerdings mit Divergenzen in der frührepublikanischen Periode)
- das > *Chronico Paschale* (-509 bis 628).

> Degrassi, A.: I Fasti consolari dell'imperio romano dal 30 avanti Cristo al 613 dopo Cristo; Rom; 1952.
> Musei Capitolini, Guida, Electa, Roma 2005.
> Deißmann, M.L. (Hrsg.): *Daten zur antiken Chronologie und Geschichte*; Reclam (Bd. Nr. 8628); Stuttgart, 1990.
> Enthält eine vollständige Liste der römischen Konsuln von -509 bis 337, die aus den verschiedensten Quellen rekonstruiert worden ist.

## Fasti Hispani (> Hydatius von Acquae Flaviae)

## Fasti Ostienses

Auf Marmorplatten im Tempel des Saturn der Hafestadt Ostia zeitnah fortgeschreibene Jahresaufzeichnungen: neben den Konsuln werden herausragende Ereignisse der Gemeinde und des Römischen Reichs mit wenigen abgekürzten Wörtern registriert. Die Platten wurden seit der Spätantike als Baumaterial verwendet. Aus gefundenen Trümmern konnten die Einträge des Zeitraums -49 bis 175 mit einigen Lücken reskonstruiert werden. Sie enthalten einige unikale Details, darunter einige (sonst nicht bekannte) Angaben des Tages einiger Ereignisse.

> Lateinischer Quelltext online: http://db.edcs.eu/epigr/epi_einzel_it.php?p_belegstelle=CIL+14%2C+04543&r_sortierung=Belegstelle

## Fasti Triumphales

Eine ab -12 auf vier Blendpilastern eingemeißelte chronologische Aufzeichnung der Triumphzüge und deren Anlässe, die seit der Gründung Roms bis Augustus siegreichen römischen Feldherren gewährt worden sind (Beispiel: „Jahr 636 (d.h.-118) Lucius Caecilius Metellus triumphierte für den siegreichen Feldzug des Vorjahrs gegen die Dalmater und erhielt den Siegertitel „Delmaticus"). Der Erfassungszeitraum von -754 bis -19 enthielt ca. 95 Einträge, von denen 20 erhalten sind, Sie wurden 1547 auf dem Forum Romanum ausgegraben und sind heute Teil der Exponate „Fasti Capitolini" der Musei Capitolini zu Rom.

> Quelltext: Attilio Degrassi: *Inscriptiones Italiae*, Vol. XIII, fasc. 1 (Rom, 1947).
> Freie Italienische Übersetzung: http://it.wikipedia.org/wiki/Fasti_triumphales

## Felsinschrift von Bavian (> Annalen des Sennacherib)

## Felsinschrift von Behistun / Behistan (Iran)

Eine an einer Felswand des Bergs Behistun (beim Ort Bisutun, 30 km östlich von Kermanshah, Ostiran) [34 23N 47 26E] im Auftrag von Dareios I. Hystaspes eingemeißelte Inschrift. Sie berichtet mit 79 kurzen Absätzen (in rechtfertigender

Weise) über die Machtergreifung und die ersten Regierungsjahre des Dareios I. bis zu seinem Krieg gegen die Skythen, also von -522 bis -519.
Da die Inschrift in den Sprachen Altpersisch, Elamisch und Babylonisch verfasst ist, hat sie zur Entzifferung dieser Sprachen wesentlich beigetragen („Rosetta-Stein der Assyrologie").
Englische Übersetzung online: http://www.livius.org/be-bm/behistun/behistun-t02.html#1.9-17

## Felsinschrift von Wadi Brisa (Libanon)
Im Auftrag des neubabylonischen Königs Nebukadnezar II. (-605 bis -562) im Jahr -605 in der Nähe des heutigen Dorfes Brissa (Hermel, an der NO-Grenze Libanons) [34 29N 36 21E] angefertigte Felsinschrift.
Französische Übersetzung (V. Scheil, H. Pognon): Chroniques d'Assyrie et de Babylone: Annales de Tukulti Ninip II - Inscription de Bavian - Inscriptions du Wadi Brissa; Éditions Paleo; Clermond-Ferrand; 2011.

## Felsreliefs von Bishapur (Iran)
Im Auftrag des Sasanidenkönigs Shapur I. vermutlich von römischen Kriegsgefangenen angefertigte Reliefs in seiner 266 errichteten neuen Residenzstadt Bishapur [29 47N 51 34E] in der Provinz Fars. Dargestellt werden die Unterwerfungen der Kaiser Philippus Arabs, Gordian III. und Valerian. Nachfolger (Bahran I. und Shapur II.) haben weitere Reliefs zu ihrer eigenen Glorifizierung anfügen lassen.

## Ferdowsi (> Firdausi)

## Festus Rufius (> Rufius, Festus)

## Firdausi / Firdosi / Ferdowsi, Abu al-Qasim
Iranischer Dichter und Geschichtsschreiber (ca. 940 bis 1020).
In Bazbei Tus (20 km N von Maschhad, im NO des Iran) [36 27N 59 34E] aus wohlhabender Familie geboren, konnte er sich 35 Jahre lang seinem Lebenswerk widmen.
Firdausi verfasste in iranischer Sprache ein historisches Epos *Schahname (*auch als *Sah-nama* transliteriert, „Buch der Könige") mit ca. 60.000 Versen (doppelter Umfang der Ilias plus Odyssee). Darin besang er die Geschichte Irans ab der Erschaffung der Welt, das Entstehen der Zivilisation von den mythischen Anfängen bis zur Eroberung durch die Araber und dem Tod des letzten Königs der Sasaniden (651). Das Werk ist in etwa 60 „Sagen" unterteilt: so ist dem Dareios III. die Sage 19, dem Alexander dem Großen die Sage 20 gewidmet; bezeichnender Weise widmete er den 36 Herrschern der Partherdynastie nur eine Sage (Nr. 21), den ca. 30 Herrschern der Sasaniden jedoch je eine Sage. Historisch reichhaltig ist also der Zeitraum von 227 bis 651. Der historiographische Inhalt ist zuverlässig, er enthält aber nur wenige unikale Informationen
Das *Schaname* ist das Nationalepos der persischsprachigen Welt (die außer dem Iran auch Afghanistan und Tadschikistan umfasst). Mit diesem Werk hat Firdasi die neupersische Sprache (Farsi) entscheidend geformt und zu einem hohen historischen Wissensstand in der persischsprachigen Welt beigetragen.
> Hamdallah Mustaufi verfasste drei Jahrhunderte später ein Fortsetzungswerk.
Deutsche Übersetzung (Friedrich Rückert): Bayer, E.A: (Hrsg.): *Firdosi's Königsbuch*

(Schahname) Sage I-XIII; Nachdruck: epubli; Berlin; 2010.
Deutsche Übersetzung (Friedrich Rückert): Bayer, E.A: (Hrsg.): *Firdosi's Königsbuch (Schahname)* Sage XV-XIX; Nachdruck: epubli; Berlin; 2010.
Deutsche Übersetzung (Friedrich Rückert): Bayer, E.A: (Hrsg.): *Firdosi's Königsbuch (Schahname)* Sage XX-XXVI; Nachdruck: epubli; Berlin; 2010.
Englische Übersetzung: *Abu al-Qasim Hassan Firdawsi*; Houghton Shahnama; Harvard University Press; Faksimile Ausgabe; 1981,
Englische Übersetzung online: http://www.livius.org/be-bm/behistun/behistun-t02.html#1.9-17

## Flavio Biondo (Blondus Flavius Foroliviensis)

Italienischer Archäologe, Geograph und Geschichtsschreiber (1302 bis 1463).

Geboren in Forlì (Romagna), diente er den Päpsten Eugenius IV., Nikolaus V., Kalixtus III. und Pius II. als Sekretär.

Sein historisches Hauptwerk ist das 1483 veröffentlichte 32-bändige *Historiarum ab inclinatione Romanorum imperii decades* („Dekaden der Geschichte seit dem Untergang des Römischen Reichs"), das den Zeitraum von der ersten Plünderung Roms (410) bis 1442 behandelt. Dabei griff er ausschließlich auf Primärquellen zurück, die er kritiklos übernahm.

Flavio Biondo prägte für den Zeitraum seines Werkes als erster den Begriff „Mittelalter", d. h. in der Mitte zwischen der Antike und dem Rinascimento liegend. Er gilt auch mit drei wegweisenden Enzyklopädien als der Begründer der modernen Archäologie.

Lateinischer Quelltext online (Quellensammlung ALIM): http://www.uan.it/alim/letteratura.nsf/Autore?OpenView&Start=21&Count=20

## Flavius Vopiscus (> Historia Augusta)

## Flodoard von Reims

Fränkischer Kirchenmann und Geschichtsschreiber (ca. 894 bis 966).

Geboren in Epernay (Champagne-Ardennes). Ab 946 Archiviar der Kathedrale von Reims.

Seine *Historia Remenensis Ecclesiae* („Kirchengeschichte von Reims") behandelt den Zeitraum von 919 bis 966. Für diese relativ schwach dokumentierte Epoche zählt sein Werk, neben den Werken des > Liutprand von Cremona, zu den wichtigsten Quellen, vor allem für die Geschichte Frankreichs.

> Richerus von Reims schöpfte aus seinem Werk.

Englische Übersetzung (S. Fanning, B. S. Bachrach): *The Annals of Flodoard of Reims, 919-966*; Readings in Medieval Civilizations and Cultures 9; Broadview Press; 2004.
Französische Übersetzung: *Flodoard: Histoire de l'Église de Reims*; 2 Bände; Éditions Paleo; Clermond-Ferrand; 2011.

## Florus, Lucius Annaeus

Römischer Rhetoriker, Dichter und Geschichtsschreiber (ca. 70 bis ca. 140).

Vermutlich in Nordafrika (oder in Tarraco/Tarragona, Spanien) geboren, unternahm er ausgedehnte Reisen; er lebte lange in Rom und zuletzt in Tarraco. Vermutlich ist der Geschichtsschreiber Florus auch der Rhetor und Dichter Florus; für diese These spricht, außer der Namensgleichheit der Umstand, dass der Geschichtsschreiber Florus sehr häufig von einer Erzählung in eine Lobpreisung abschweift.

Sein um 120 verfasstes zweibändiges Werk hatte ursprünglich den zutreffenden Titel *Tabella Imperii Romanis,* wurde aber im Laufe der Tradierung verschiedentlich geändert: in *Epitoma de Tito Livio* („Auszug aus Titus Livius", ein irreführender Titel, denn Livius ist keineswegs die einzige Quelle, sondern auch Sallust und andere), oder *Bella Romana* („Römische Kriege"), *Rerum Romanorum* („Angelegenheiten der Römer") bzw. *Bellorum omnium annorum DCC libri duo* („Zwei Bücher aller Kriege von 700 Jahren"). Es handelt sich um einen Abriss in Form einer summarischen, fast tabellarischen Darstellung (sozusagen ein „antiker Ploetz") der römischen Kriege, von der Gründung Roms bis zur Herrschaft des Augustus (-753 bis 14).

Das Werk des Florus verherrlichte die kriegerischen Erfolge und Eroberungen Roms (es enthält u. a. eine Kurzschilderung der Schlacht am Teutoburger Wald im Jahre 9 n. Chr., dessen grausame Details in den anderen Quellen nicht enthalten sind) und war vermutlich für den Schulunterricht gedacht.

Die Quellen des Florus waren außer > Livius auch > Cato Censorius, > Sallustius, > Caesar, Vergil und > Seneca der Ältere. Seine zusammenfassende Darstellungsweise wurde von > Orosius, > Jordanes und > Johannes Malalas nachgeahmt.

Florus trug in seinem Prolog eine lebenszyklische Betrachtungsweise der Geschichte vor, die bei > Terentius Varro, > Cato Censorius und Cicero bereits angeklungen war (Staat als biologisches Wesen begrenzter Lebensdauer). In diesem Sinne riet er, sich nicht zu sehr auf die Größe des Römischen Reichs zu verlassen, denn das Ende seines Zyklus stehe bevor. Augustinus hat diesen Ansatz im christlichen Sinn ausgebaut (Einteilung der Geschichte in aetates" d. h. Zeitalter).

    Metzler Lexikon antiker Autoren: Artikel von José M. Alonso-Nunez.
    Lexikon der Alten Welt: Artikel von E. Pasoli.
    Lateinischer Quelltext und deutsche Übersetzung: Brodersen, K.: *Florus: Römische Geschichte*; Wissenschaftliche Buchgesellschaft; Darmstadt, 2005.
    Lateinischer Quelltext und englischer Übersetzung online: http://penelope.uchicago.edu/Thayer/E/Roman/Texts/Florus/Epitome/home.html

## Forma Urbis Romae (Marmoreae)

Ein zwischen 203 und 211, während der Regierung des Kaisers Septimus Severus, auf 150 Marmorplatten erstellter Stadtplan Roms, die eine Fläche von 18 m Breite und 13 m Höhe an einer Innenwand des Friedenstempels zu Rom bedeckten, wo der auch für das Katasterwesen zuständige Stadtpräfekt sein Büro hatte. Da das Bauwerk im Jahr 191 abgebrannt war, handelte es sich vermutlich um eine Sicherungskopie der dort lagernden Rollen mit den Katasterplänen. Wie diese ist die Forma Urbis im Massstab 1:240 ausgeführt und weist die Wiedergabetreue der damaligen Vermessungstechnik auf. Erhalten sind ca. 1.200 Marmorfragmente sowie Zeichnungen von ca. 90 weiteren wieder verloren gegangenen Fragmenten, die insgesamt ca. 10 % des Forma Urbis abdecken.

## Fortsetzung des Marius von Avenches (> Marius von Avenches)

## Fortsetzung des Sogenannten Fredegars (> Fredegar)

## Frachet (> Gerhard von Frachet)

## Fragmentum Sabbaiticum (> Amyntianus)

## Franz von Prag

Böhmischer Kirchenmann und Geschichtsschreiber (ca. 1233 bis ca. 1362).
War um 1439 Lehrer und vermutlich Domherr in Wyssehrad/Visegrad (N-Ungarn), zuletzt Dompropst von Prag.
Franz von Prag führte im Auftrag seines Vorgesetzten die Chronik des > Cosmas von Prag und seiner zwei Fortsetzer fort, und zwar vom Berichtsjahr 1250 bis 1353. Dabei schrieb er von der > Königsaaler Chronik ab, v.a. für den Berichtszeitraum 1283 bis 1336. > Benes Krabice schöpfte bis zum Berichtsjahr 1342 aus seinem Werk.
   Palacky, F.: *Würdigung der alten böhmischen Geschichtsschreiber*; Prag; 1830. Digitalisiert von Google

## Frate Salimbene (> Salimbene de Adam da Parma)

## Frechulf von Lisieux

Fränkischer Kirchenmann und Geschichtsschreiber (ca. 800 bis ca. 851).
War ab 825 Bischof von Liseux (Normandie)[49 9N 0 14E]. Anhänger Ludwigs I. des Frommen und damit der Reichseinheit.
Er verfasste (mit erstaunlicher Gelehrsamkeit) um 830 für die zweite Gemahlin Ludwigs I., Judith von Welf, eine kurzgefasste Weltgeschichte *Chronikon*, damit sie es beider Erziehung ihres damals 7-jährigen Sohnes (Karl der Kahle) verwenden könne. Sein zweibändiges Werk erstreckt sich bis 607.
Das Werk des Frechulf ist eine Hauptquelle für die Geschichte der Konversion der Franken zum Christentum. Dabei sah er das Römische Reich als etwas Vergangenes an, ohne eine künstliche Kontinuität zum Karolingerreich zu konstruieren.
   Latein online: Freculphus Episcopus Lexoviensis, Chronicorum libri duo (Google eBook)

## Fredegar (Fredegarius Scholasticus; Pseudo-Fredegar; Sogenannter Fredegar)

Geschichtsschreiber völlig unbekannter Identität; vermutlich burgundischer Abstammung. Der Name wurde im 16. Jahrhundert eingeführt.
Berichtete um 659 in seinem *Chronicon* über die Geschichte der Franken von 584 bis 642.
Seine Quellen waren u. a. > Sulpicius Alexander, > Hippolyt von Rom , > Isidor von Sevilla, > Hieronymus von Strido, > Hydatius von Aquae Flaviae, > Gregor von Tours. Dabei argumentierte er gegen Weltreiche wie das römische und für die Unabhängigkeit der Einzelvölker, nicht ahnend, dass die Franken nach ihm eine Reihe anderer Völker unterwarfen, um ein neues Großreich zu gründen.
Die Chronik des Fredegar wurde in der Folge von Childebrand (Sohn Pippins des Mittleren, Feldherr, gestorben 751) bis zum Berichtsjahr 751 und dann von einem anonymen Mönch von Saint-Denis („Pseudo-Fredegar") für die Berichtsjahre 657 bis 768 fortgesetzt: diese Zusätze werden *Continuationes* (Fortsetzungen) genannt, oder auch „Chronik der letzten Merowingerkönige".
   Lateinischer Quelltext und deutsche Übersetzung in: Kusternig, A., Haupt, H. (Hrsg): Quellen zur Geschichte des 7. und 8. Jahrhunderts. *Die vier Bücher der Chroniken des sogenannten Fredegar.* Buch 2, Kapitel 53 bis Buch 4, unwesentlich gekürzt. *Die Fortsetzungen des sogenannten Fredegar. Das Buch von der Geschichte der Franken. Das*

alte Leben Lebuins. Jonas erstes Buch vom Leben Columbans; Wissenschaftliche Buchgesellschaft; Darmstadt; 1982.
Deutsche Übersetzung (W. Wattenbach): Die Chronik Fredegars, die Chronik der Frankenkönige, die Lebensbeschreibungen des Abtes Columban, der Bischöfe Arnulf, Leodigar und Eligius, der Königin Balthilde; Johnson, 1970.
Lateinischer Quelltext und deutsche Übersetzung auf CD-ROM mit Abfrage-Software: Bogon, W. (Herausgeber): *Quellensammlung zur mittelalterlichen Geschichte*; MA I; CD-ROM; Verlag Heptagon; Berlin; 1999.
Französische Übersetzung: Chroniques du temps du roi Dagobert: Chronique du Pseudo-Frédégaire; Vie de Dagobert; Éditions Paleo; Clermond-Ferrand; 2010.
Französische Übersetzung (F. Guizot, R. Fougères): Chroniques des derniers rois Mérovingiens: Continuations du Pseudo-Frédégaire; Vie de saint Léger d'Autun; Vie de Pépin l'Ancien; Éditions Paleo; Clermond-Ferrand; 2010.
Classen, Peter, „Fredegar", in: Neue Deutsche Biographie 5 (1961), S. 385 f. [Onlinefassung]; URL: http://www.deutsche-biographie.de/pnd118873512.html

## Froissart, Jean

Französischer Kirchenmann und Geschichtsschreiber (1337 bis 1405).

In Valencienne geboren, bereiste er im Dienste adliger Gönner ganz Europa, lebte von 1361 bis 1368 in London und anschließend in Wallonien (Belgien) und zwar von 1370 bis zu seinem Tode als Kanonikus in Chimay [50 3N 4 19E].

Er verfasste ein vierbändiges Werk *Chroniques de France, d'Angleterre, d'Ecosse, de Bretagne, de Gascogne, de Flandre et lieux circonvoisins* („Chroniken Frankreichs, Englands, Schottlands, der Bretagne, der Gascogne, Flanderns und deren Nachbargebiete"). Es behandelt den Zeitraum von 1346 (Schlacht von Crecy) mit der anschließenden Belagerung von Calais (1347) bis 1388 (Schlacht von Otterburn), das heißt die erste Hälfte des Hundertjährigen Krieges, für den er zu den wichtigsten Quellen gehört.

Mit seinem Werk fand der Wandel von der mittelalterlichen Kriegschronik (meist Erlebnisberichte, Verherrlichung von Großtaten von Rittern) zur neuzeitlichen Geschichtsschreibung (Einholen und Abwägen mehrerer Erlebnisberichte, Eingehen auf das Leiden der Zivilbevölkerung) statt.

Englische Übersetzung online: http://etext.lib.virginia.edu/toc/modeng/public/FroChro.html
Französische Übersetzung (Nathalie Desgrugillers): *Jean Froissart. Chroniques*; 11 Bände; Éditions Paleo; Clermond-Ferrand; 2011.

## Frontinus, Sextus Julius

Römischer Politiker und Geschichtsschreiber (ca. 40 bis ca. 103).

Vermutlich in Südfrankreich geboren. Übte in der kaiserlichen Verwaltung verschiedene hohe Ämter aus. Als Statthalter von Britannien (74 bis 77) unterwarf er die Silurer (im Gebiet des heutigen Wales); 83 begleitete er Domitian gegen die Chatten; 85/85 war er Prokonsul der Provinz Asia; Nerva ernannte ihn 97 zum „curator aquarum" (Leiter des Wasseramts) der Hauptstadt.

Frontinus war einer der sachlichsten und vielseitigsten römischen Sachbuchautoren. Er verfasste, außer einem Buch über Vermessungskunst und einem über Wasserversorgung, zwei Werke über die Kriegskunst. Sein militärisches Hauptwerk *De re militari* („Über die Kriegskunst") ist verloren gegangen. Erhalten geblieben ist jedoch sein vierbändiges Werk *De stratagematibus bellicis* („Über Kriegslisten"), das zur Veranschaulichung der Kriegskunst 580 beispielhafte Episoden aus der griechischen und römischen Militärgeschichte enthält; diese sind u. a. eine der Quellen zum Sertorianischen Krieg (-82 bis -72).

Metzler Lexikon antiker Autoren: Artikel von Werner Eck.
Lexikon der Alten Welt: Artikel von G. Bendz.
Lateinischer Quelltext und deutsche Übersetzung: *Frontin: Kriegslisten*; Akademieverlag, Berlin, 1963.

## Frühlings- und Herbstannalen (Chunqiu alias Linjing; Annalen des Reiches Lu)

Die offizielle Chronik des chinesischen Kleinstaates Lu (SW-Shandong), die wegen der jahreszeitlichen Vermerke zu Beginn jedes Abschnitts von der Nachwelt „Frühling- und Herbst-Annalen" genannt wurde. Der erhaltene Teil deckt den Zeitraum von -722 bis -481 ab. Angeblich von Konfutius verfasst, wurde es von verschiedenen Autoren überarbeit. Es ist dies das älteste erhaltene chinesische Geschichtswerk in Annalenform. Als regionale Chronik blendet es die Ereignisse in anderen chinesischen Regionen zum Großteil aus.

Das Geschichtswerk > Zuozhuan deckt denselben Zeitraum mit detaillierteren Angaben ab.

## Frutolf von Michelsberg

Deutscher (vermutlich bayrischer) Kirchenmann und Geschichtsschreiber (? bis 1103).

Lebte als Mönch des Klosters Michelsberg bei Bamberg.

Er verfasste eine Weltchronik (*Chronikon universale*), in der er für jedes Jahr Informationen konzis einfügte, die er in der Vielzahl seiner Quellen gefunden hatte. Dabei setzte er sich mit den verschiedenen vergangenen Datierungssystemen kritisch auseinander. Ab dem 10. Jh. fokussierte er nur noch die deutsche Geschichte, die er, ohne Partei zu ergreifen, bis zum Berichtsjahr 1099 behandelte.

Nach seinem Tod führte > Ekkehard von Aura die Weltchronik bis zum Berichtsjahr 1116 fort, > Burchard von Ursberg bis 1230 ca. und > Konrad von Lichtenau bis 1240 ca.

Lateinischer Quelltext und deutsche Übersetzung (F.-J. Schmale u. I. Schmale-Ott): *Frutolfs und Ekkehards Chroniken und die anonyme Kaiserchronik*; Wissenschaftliche Buchgesellschaft; Darmstadt; 1972.
Schmale-Ott, Irene, „Frutolf", in: Neue Deutsche Biographie 5 (1961), S. 671 f. [Onlinefassung]; URL: http://www.deutsche-biographie.de/pnd118693905.html

## Fudoki

Im 8. Jh. auf kaiserlichen Erlass hin verfasste Topographien aller Provinzen Japans. Erhalten geblieben sind jene der Provinzen Hitachi, Harima, Izumo, Bungo und Hizen. Schwerpunkt ist die Beschreibung des Lebens der Landbevölkerung.

## Fulcher von Chartres

Französischer Kirchenmann und Geschichtsschreiber (1059 bis 1127).

Nahm als Kaplan Balduins von Boulogne am 1. Kreuzzug teil, und folgte diesem nach Edessa und Jerusalem, wo er bis zu seinem Tode lebte.

Sein um 1100 verfasstes dreibändiges Werk *Historia Hierosolymitana - Gesta Francorum Hierusalem Peregrinantium* behandelt die Zeit des 1. Kreuzzugs (1096 bis 1099) und die nachfolgende bis 1127. Er schrieb es, „damit nicht in Vergessenheit gerate, was erinnerungswürdig ist". In Einzelheiten ist er nicht immer zuverlässig. War eine der Quellen von > Wilhelm von Tyros.

Deutsche Übersetzung (Manfred Hiebl) online: http:/www.manfredhiebl.de/Fulcher-von-

Chartres/fulcher-von-chartres.htm
Französische Übersetzung (F. Guizot): *Foulcher de Chartres: Histoire des croisades (1095-1127)*; Éditions Paleo; Clermond-Ferrand; 2011.

## Fyong

Buddhistischer Mönch aus Südchina. Bereiste ab 420 mit 25 Begleitern Sichuan, die Oasen Zentralasien, Indien und SO-Asien. Sein Werk *Liguozhuan* (Bericht über die besuchten Länder), ist erhalten.

## Galeriusbogen

Vom Kaiser Ostroms Galerius um 299 in Thessalonike errichteter Triumphbogen zur Verherrlichung seines Kriegs gegen die Perser von 296 bis 298. Von den 32 Friesen, die die zwei Standsäulen des Bogens verzierten, sind 26 erhalten. Sie stellen auf propagandistischer Weise einige Schlüsselszenen des Kriegs und die Einigkeit der Tetrarchie dar, mit Galerius als den Primus inter pares.

## Galizisch-Wolhylnische Chronik

Eine Chronik des Fürstentums Galizien-Wolhynien (auch Halytsch-Wolhynien genannt, der Westen der heutigen Ukraine) für den Berichtszeitraum von 1201 bis 1292. Sie ist durch eine Abschrift im Hypatius-Manuskript (> Nestorianische Chronik) erhalten geblieben. Sie wird zuweilen unterteilt in eine Chronik von Galizien (1201 bis 1260) und eine Chronik von Wolhynien (1261 bis 1292).

Altrussischer Quelltext (Hypatius-Manuskript): Vollständige Sammlung der russischen Chroniken; Vol. 2.
Englische Übersetzung (Perfecky, G. A.): *The Galician-Volynian Chronicle*; Wilhelm Fink Verlag; München; 1973.

## Gallus Anonymus

Anonymer Kirchenmann und Geschichtsschreiber des 12. Jhs

Vermutlich in Frankreich geboren, kam er um 1100 nach Polen und trat in die Dienste von Boleslaw II. ein.

Er verfasste in drei Bänden *Cronicae et gesta ducum sive principum Poloniae* („Chronik und Bericht der Taten der Herzöge und Fürsten Polens"), die erste Geschichte Polens, jenes „von Pilgerwegen weit entfernten Landes". Sein Werk beschrieb die Ereignisse bis 1113 und wurde von > Vincentius Magister „Kadlubek" bis zum Berichtsjahr 1170 fortgesetzt.

Deutsche Übersetzung (J. Bujnoch): Gallus Anonymus, Chronik und Taten der Herzöge und Fürsten Polens; Styria; 1978.

## Gaufredus/Goffredo/Geoffrey Malaterra (Guillermus Apuliensis)

Französischer (vermutlich normannischer) Kirchenmann und Geschichtsschreiber (? bis ca. 1100).

Trat in das Benediktinerkloster Saint-Evroul-sur-Ouche (Normandie) [48 47 26N 27 46 0E] ein. Begleitete Robert Guiskard von Hauteville auf seinen Eroberungen in Süditalien. Verweilte dann im Benediktinerkloster Santa Trinità di Mileto (Kalabrien) [38 37N 16 4E] und zuletzt in dem von Sant'Agata in Catania (Sizilien) [37 30 25N 15 05 01E].

Seine Geschichte der normannischen Eroberungen in Süditalien ist im Wesentlichen eine Biographie des Robert Guiskard (*De Rebus Gestis Rogerii Calabriae et Siciliae Comitis et Roberti Guiscardi Ducis fratris eius*) und erfasst den Zeitraum von 1050 bis 1099. Sein Werk ist neben jenen von > Wilhelm von Apulien und > Amatus von Montecassino die dritte wichtige Quelle zu diesem Thema. Aus ihm schöpfte u. a. > Ordericus Vitalis.

 Lateinischer Quelltext online (Quellensammlung ALIM): http://www.uan.it/alim/letteratura.nsf/Autore?OpenView&Start=21&Count=20

 Englische Übersetzung (M. Chibnall): *Orderic Vitalis, The Ecclesiastical History*, 2 Bände; Oxford; 1969.

 Italienische Übersetzung (E. Spinnato): *Imprese del Conte Ruggero e del fratello Roberto il Guiscardo;* Flaccovio Editore; Palermo; 2000.

## Gaufridus (> Gottfried)

## Geheime Geschichte der Mongolen

Eine von 1227 bis 1240 im Auftrag der mongolischen Regierung und nur für den Dynastie-internen Gebrauch bestimmte (daher „geheime") verfasste Geschichte der Mongolen (*Mongol-un Niuca Tobcian*), die bei den Gründungslegenden mit Wölfen ausholt. Der historische Teil behandelt im Wesentlichen die Herrschaftszeit des Tschingis Khan (1206 bis 1227). Der uigurische Quelltext ist verloren gegangen. Erhalten geblieben ist eine chinesische Kurzfassung *Yuan Chao Bishi* (Geheime Geschichte der Yuan-Dynastie), aus denen alle anderen Übersetzungen abgeleitet wurden.

Der Autor ist unbekannt; vermutet wird als solcher der Stiefbruder Schigi-chutuchu, ein Adoptivbruder des Tschingis Khans dritten Sohns Ögedei.

Inhaltlich stimmt die Geheime Geschichte der Mongolen mit der zweiten zeitnah verfassten mongolischen Geschichte > Altan Debter so gut überein, dass die (nicht allgemein geteilte) Theorie formuliert wurde, dass erstere von der letzteren abgeleitet sei

 Deutsche Übersetzung (Manfred Taube): *Geheime Geschichte der Mongolen;* Beck; München; 2005.

## Gelasios von Kyzikos

Verfasste um 480 in griechischer Sprache eine „Anonyme Kirchengeschichte" in drei Bänden, die auf den Kirchengeschichten des > Eusebios von Caesarea und > Theodoret von Kyrrhos aufsetzte.

 Griechischer Quelltext und deutsche Übersetzung (G.Ch. Hansen): *Anonymus von Cyzicus. Kirchengeschichte*; 2 Bände; Brepols; Turnhout; 2008.

## Gellius, Gnaeus

Ein > Römischer Annalist des -2. Jh..

Von seinen Annalen sind nur 35 Fragmente erhalten.

 Fragmente: H. Peter (Hrsg.): Historicum Romanorum Reliquiae (HRR) I 148 ff.

 Lexikon der Alten Welt: Artikel von R. Till.

 Lateinischer Quelltext und deutsche Übersetzung: Beck, H., Walter, U.: *Die Frühen Römischen Historiker- Bd. 1 Von Antipater bis Cn. Gellius*; 2. Auflage; Wissenschaftliche Buchgesellschaft; Darmstadt; 2005.

## Geoffrey of Monmouth (Galfried von Monmouth; Galfridus Monemutensis)

Englischer Kirchenmann und Geschichtsschreiber (ca. 1100 bis 1154).
Vermutlich bretonischer Abstammung.

Er verfasste um 1135 eine *Historia regium Britanniae*, die den Zeitraum bis 634 beschreibt. Sein Werk wird heute als Mythologie (darunter die Sagen über Merlin und Arthus) mit eingestreuten historischen Ereignissen betrachtet. > Wilhelm von Newburgh wies einige seiner Aussagen als Lügengeschichten zurück.

Die *Historia regium Britanniae* wurde in der Folge mehrmals ins Mittelwalisische übersetzt und unterschiedlich überarbeitet; diese Übersetzungen werden *Brut y Brenhinedd* (Chronicle of the Kings) genannt.

Die walisische Cronik > *Brut y Tywysogion* setzt auf der *Historia regium Britanniae* auf.

> Englische Übersetzung (N. Wright): *The history of the kings of Britain*; Woodbridge; Boydell Press; 2007

## Geoffroi de Villehardouin (> Villehardouin, Geoffroi)

## Geoffroi / Geoffroy (> Gottfried)

## Geograph von Ravenna

Anonymer, in Ravenna um 670 tätiger Geograph.

Er erstellte in griechischer Sprache (Ravenna gehörte zum Byzantinischen Reich) eine kommentierte Liste aller damals bekannten Städte und Raststationen (ca. 5.000) und Flüsse (ca. 300) der Welt (von Irland bis Indien) in 5 Bänden (Band 1: Allgemeine Beschreibung der Erde; Band 2: Asien; Band 3: Afrika; Band 3: Europa; Band 5: Mittelmeer).

Die Liste stellt eine Aktualisierung des > Itinerarium Antonini und der > Peutingerschen Tafel dar. Es werden kaum Angaben zu Entfernungen gemacht. Die Anzahl der Einträge übersteigt jedoch die der > Peutingerschen Tafel.

Erhalten ist nur eine Übersetzung ins Lateinische des 9. Jh mit zahlreichen Schreibfehlern und Variationen der Kommentare.

> Lateinischer Text: Joseph Schnetz (Hrsg,): *Itineraria Romana*. Bd. II: *Ravennatis Anonymi cosmographia et Guidonos geographica*; Teubner; Leipzig; 1929 (Nachdruck: K.G. Saur; 1990)

## Georges Chastellain

Flämischer Geschichtsschreiber (ca. 1410 bis 1475).

Geboren in Aalst (Brabant/Belgien) [50 56N 4 2E]. Diente ab 1440 als Schildknappe des Herzogs von Burgund. Nach einer Theorie fiel er während der Belagerung von Neuss (1475).

Er verfasste eine *Chronique des choses de mon temps* („Chronik der Angelegenheiten meiner Zeiten"), welche die Geschichte Burgunds von 1419 bis 1461 behandelte. Es sind nur Fragmente des Buches 4 erhalten, die den Zeitraum von 1461 bis 1469 betreffen, Man kann daraus erkennen, dass seine Bindung an das Haus Burgund seine Objektivität kaum getrübt hat.

## Georgios Akropolites

Byzantinischer Beamter und Geschichtsschreiber (1217 bis 1282).

Sein um 1265 erstelltes Hauptwerk *Chroniké Syngraphé* („Zusammenfassende Chronik") beschreibt den Zeitraum der Kreuzritterherrschaft über Konstantinopel von 1203 bis 1261. Es wurde von > Georgios Pachymeres bis zum Berichtsjahr 1308 erweitert.

    Deutsche Übersetzung (W. Blum): *Die Chronik*; Verlag Hiersemann; Stuttgart; 1989.
    Englische Übersetzung ( Ruth Macrides): *George Akropolites. The History*. Oxford; 2007.

## Gregorius Albufaragus (> Ebn al-Ebri)

## Georgios Kedrenos (Georgius Cedrenus)

Byzantinischer Geschichtsschreiber des 11. Jh.

Vermutlich ein Mönch.

Er verfasste um 1050 eine Weltchronik *Synopse Historion* („Überblick über die Geschichte") von Adam und Eva bis 1057. Dabei fügte er Material aus vielen Quellen, oft wortwörtlich, zusammen, darunter aus > Chronicon Paschale, > Prokopios von Casarea, > Symeon Logothetes, > Sozomenos, > Johannes Malalas von Antiochia, > Theophylaktos Simokrates sowie der > Leoquelle. Dadurch enthält sein Werk nur in wenigen Fällen Neues.

## Georgios Kodinos Kouropalates (Kodinos)

Byzantinischer Hofbeamter und Geschichtsschreiber (? bis ca. 1453).

Er starb vermutlich in dem von den Türken belagerten Konstantinopel.

Sein Werk *Patria Constantinopoleos* („Heimat der Konstantinopler") ist die Aktualisierung einer seit dem 10. Jh. bereits mehrmals aufgelegten Abhandlung über die Geschichte und Denkmäler von Konstantinopel. Dabei baute er das Buch 6 des > Georgios Kodinos ein.

Georgios Kodinos verfasste außerdem ein Werk über die Zeremonien am byzantinischen Hof und eine summarische Weltchronik („Auszüge aus der Chronik der Heimat Konstantinopel") von der Erschaffung der Welt bis zur Belagerung Konstantinopels durch die Türken (1453); sie hat einen geringen historiographischen Wert.

## Georgios Monachos Hamartolos

Byzantinischer Kirchenmann und Geschichtsschreiber (2. Hälfte 9. Jh.).

Von seiner Person ist außer dem Namen nichts bekannt.

Er kompilierte um 865 aus den unten genannten Quellen Chronicon, eine Weltchronik von der Schöpfung bis zum Berichtsjahr 842. Spätere Autoren (darunter > Symeon Logotetes Metaphrastes) ergänzten die Einträge bis zum Berichtsjahr 948.

Die Hauptquellen des Georgios Monachos waren neben dem > Altes Testament, > Eusebios von Caesareia, > Theodoret von Kyrrhos, > Johannes Malalas von Antiochia und > Theophanes von Byzanz.

Die Chronik des Georgios Monachos erfreute sich großer Beliebtheit und wurde bald ins Kirchenslawische und Altgeorgische übersetzt. Es diente u. a. den Autoren der > Nestorianischen Chronik als Quelle.

    Griechischer Quelltext: Wirth, P.; de Boor, C. (Hrsg.): *Georgii Monachi (Harmatoli) Chronicon; 2 Bände*; 1904; Nachdruck: Teubner, 1996.

## Georgios Pachymeres

Byzantinischer Kirchenmann, Jurist und Geschichtsschreiber (1242 bis 1310).

Aus einer vor den Kreuzrittern von Konstantinopel nach Nikaia/Isnik (Bithynien, Türkei) [40 20N 29 43E] geflohenen Familie. Er studierte in Konstantinopel und wurde dort Hochschullehrer und Oberster Richter.

Sein 13-bändiges Werk *Syngraphikai Historiai* („Zusammengeschriebene Geschichten") beschreibt die Zeit von 1255 bis 1308, in Fortsetzung des Werks des > Georgios Akropolites; es zeichnet sich durch Objektivität aus.

Er machte sich außerdem durch eine Sammlung der Werke des Aristoteles verdient.

> Kommentierte französische Übersetzung (Albert Failler): *Georges Pachymérès: Relations historiques;* 5 Bände; Corpus fontium historiae Byzantinae; 24; Institut français d'études byzantines; Paris; 1984-2002.

## Georgios Sphrantzes

Byzantinischer Hofbeamter und Geschichtsschreiber (1401 bis ca. 1471).

Kaufte sich von der osmanischen Gefangenschaft frei, in die er beim Fall von Konstantinopel geraten war, und zog sich in das Kloster Tarchaneiotes auf Korfu zurück.

In seinem auf Korfu bis 1460 vollendeten Werk, das in Fachkreisen *Chronicon Minus* genannt wird, beschrieb er den Zeitraum von 1413 bis 1477, das heißt die Geschichte des Untergangs des Byzantinischen Reichs. Das sogenannte *Chronicon Maius* ist nicht aus seiner Feder, sondern wurde im 16. Jh. unter Auswertung und Erweiterung seines Werkes verfasst.

Georgios Sphrantzes kann als der letzte byzantinische Geschichtsschreiber betrachtet werden, denn sein Zeitgenosse > Michael Kritobulos berichtet bereits aus türkischer Sicht.

> Griechisch und italienische Übersetzung (R. Maisano): *Giorgio Sfranze: Cronaca.* Accademia Nazionale dei Lincei; Roma; 1990.
>
> Englische Übersetzung (M. Philippides): *George Sphrantzes: The Fall of the Byzantine Empire: a chronicle;* University of Massachusetts Press; Amherst ;1980.

## Georgios Synkellos (der Mönch)

Byzantinischer Mönch, Hofbeamter und Geschichtsschreiber (? bis ca. 810).

Stammte aus Palästina, wurde in Konstantinopel Privatsekretär (Synkellos) des Patriarchen Tarasios.

Er schrieb eine Weltchronik *Ekloge chronographias* („Erlesene Chronographie"), die durch seinen Tod abgebrochen wurde, als sie bei der Regierungszeit des Diocletianus (zurückgetreten 305) angelangt war. Das Hauptziel seines Werkes war die These des > Sextus Iulius Africanus zu belegen, dass Christus 5.493 Jahre nach der Schaffung der Erde geboren wurde. Sein Werk wurde von > Theophanes Homologetes bis zum Berichtsjahr 813 fortgesetzt.

> Englische Übersetzung (W. Adler, P. Tuffin): The Chronography of George Synkellos. A Byzantine Chronicle of Universal History from the Creation; Oxford University Press; Oxford; 2002.

## Gerald von Wales (> Giraldus Cambrensis)

## Gerhard von Augsburg (Gerhardus praepositus Augustanus)

Deutscher Kirchenmann und Geschichtsschreiber (ca. 940 bis ca. 990).

Vermutlich in Augsburg geboren, wo er als Probst der Marienkathedrale wirkte.

Er verfasste eine Biographie des Heiligen Ulrich (Ouldarich) (*Vita Sancti Uodalrici episcopi*), die reich an zeitgenössischen Informationen ist.

> Lateinischer Quelltext und deutsche Übersetzung (W. Berschin, A. Häse): Gerhard von Augsburg, „Vita Sancti Uodalrici". Die älteste Lebensbeschreibung des heiligen Ulrich; Heidelberg; 1993.

## Gerhard von Frachet (Géraud de Frachet, Gerardus de Fracheto)

Französischer Kirchenmann und Geschichtsschreiber (ca. 1205 bis ca. 1271).

Aus adliger Familie in Chalus (Limousin) [45 39N 0 59E] geboren. Trat in den Dominikanerorden ein und wurde dessen Geschichtsschreiber.

Neben einer Geschichte des Dominikanerordens (*Vitae Fratrum*) verfasste er zwischen 1248 und 1268 eine Weltchronik (*Chronikon*).

> Bernard Gui schöpfte in seinen historischen Abhandlungen aus dem Werk Gerhards von Frachet.

> Lateinischer Quelltext: Chronicon Gerardi de Fracheto et anonymus ejusdem operis continuatio; in: Bouquet 21 (1855).

## Gerlach (> Abt Gerlach)

## Gerwald (> Annales Xantenses)

## Gesang vom Albigenserkreuzzug (Chanson de la Croisade albigeoise, Canso / Cançon de la Crosada)

Von zwei Autoren von 1208 bis 1218 in okzitanischen Versen verfasstes Epos über die Albigenserkriege.

Ende des 14. Jh. oder Anfang des 15. Jh. brachte ein anonymer Autor das Werk in die Prosaform; diese Version wird gemeinhin *Histoire anonyme de la guerre des Albigeois* oder *Anonymus: Histoire de la guerre des Albigeois* genannt.

Der aus Tudela (Navarra) stammende und in Montauban ansässige Priester Wilhelm von Tudela (Guilhèm de Tudèla, Guillaume de Tudèle) begann das Werk beim Berichtsjahr 1202, konnte es aber mit ca. 2800 Versen nur bis zum Berichtsjahr 1213 bringen (vermutlich wegen Krankheit oder Tod). Als Kirchenmann stand er auf der Seite der Kreuzritter, verurteilte aber deren Grausamkeit.

Die zwei Autoren des Gesangs der Albigenserkreuzzüge haben sich trotz der Versform streng an den historischen Fakten gehalten. Das Werk gehört zusammen mit jenen des > Peter von Vaux-Cerny und von > Wilhelm von Puylaurens zu den wichtigen Quellen zu den Albigenserkriegen.

> Französische Übersetzung: Anonymus: *Histoire de la guerre des Albigeois (1202-1219)*; Éditions Paleo; Clermond-Ferrand; 2011.

## Gesta Consulum Andegavorum (Chronique des Comptes d'Anjou)

Eine von mehreren (meist anonymen) Autoren (zuletzt vom Mönch Jean de Marmoutier) der Benediktinerabtei von Marmoutier/Maursmünster (Elsass) [48 41N 7 23E], in lateinischer Sprache verfasste Chronik der Grafendynastie von Anjou. Das Werk beginnt bei den vermeintlichen gallorömischen Dynastiebegründern und endet (in der letzten Bearbeitung) mit dem Berichtsjahr 1140.

> Lateinischer Quelltext (Nachdruck einer Ausgabe von 1871): Marchegay, P., Salmón, A.

(Hrsg.): *Chroniques d'Anjou*; 2 Bände; Cambridge University Press; 2010.

## Gesta Francorum

Von einem anonymen Autor, vermutlich ein ungebildeter normannischer Kreuzritter Apuliens, vermutlich im Auftrag Bohemunds I. von Antiochia, um 1100 verfasste Geschichte des 1. Kreuzzugs (*De Gesta Francorum et aliorum Hierosolimitanorum*). Sie berichtet in ungeschliffenem Stil tagebuchartig die miterlebten Ereignisse zwischen 1095 bis 1099.

Verschiedene Autoren überarbeiteten in der Folge das Werk vor allem mit der Absicht, das redaktionelle Niveau zu heben: um 1109 > Guibert von Nogent, um 1110 > Baudri von Bourgueil und um 1122 > Robert der Mönch. Trotzdem bleiben die *Gesta Francorum* wegen ihrer Unmittelbarkeit eine wertvolle Quelle zum 1. Kreuzzug.

> Lateinischer Quelltext und englische Übersetzung (Rosalind Hill): Gesta Francorum et aliorum Hierosolimitanorum - The Deeds of the Franks and the other Pilgrims to Jerusalem; Oxford University Press; Oxford; 2003.
> Französische Übersetzung (Louis Bréhier): *Gesta Francorum et aliorum Hierosolimitanorum*; 1964.

## Gesta Francorum (> Liber Historiae Francorum)

## Ghazar Papetsi

Armenischer Geschichtsschreiber (ca. 442 bis ca. 500).

Seine *Geschichte Armeniens* behandelt den Zeitraum von 350 bis 484. Zu seinen Quellen scheint auch > Eusebios von Caesarea gehört zu haben.

## Ghewond

Armenischer Kirchenmann und Geschichtsschreiber. (8. Jh.).

Seine *Chronik* behandelt den Zeitraum von 632 bis 788 und ist die wichtigste Quelle zur arabischen Eroberung Armeniens.

> Englische Übersetzung online: http://rbedrosian.com/ghewint.htm

## Gildas der Weise, Heiliger

Schottischer Mönch und Geschichtsschreiber (ca. 500 bis ca. 570).

Vermutlich in Arecluta/Strathclyde (Schottland) [55 44N 5 02W] geboren; lebte im Kloster Caerworgan/Llantwit (Wales) [51 25N 3 29W], besuchte Irland; lebte vermutlich auch in der Bretagne, wo er nach einer Theorie das Kloster St.-Gildas-de-Rhuis (bei Vannes) [47 30N 2 50W] gründete.

Sein um 547 als dreiteilige Predigt verfasstes Werk *De excidio Britonniae* („Vom Untergang Britanniens") ist das zeitnaheste Dokument über die ersten vier Jahrhunderte der germanischen Invasion Britanniens, von ca. 110 bis ca. 500 (Schlacht am Mons Badonicus), das überliefert worden ist.

Aus dem Werk Gildas schöpfte u. a. der Autor der > Historia Britonum.

> Eine deutsche Übersetzung des Werks von Gildas ist im Buchhandel nicht verfügbar (!).
> Lateinischer Quelltext und englischer Übersetzung online: http://www.vortigernstudies.org.uk/arthist/vortigernquotesgil.htm
> Englische Übersetzung online: http://www.britannia.com/history/docs; http://www.tertullian.org/fathers/gildas_02_ruin_of_britain.htm

## Giovanni da Pian del Carpine (> Johannes de Plano Carpini)

## Giovanni (> Johann)

## Giraldus Cambrensis (Gerallt Cymro; Geralt von Wales; Gerald de Barri)

Walisischer Kirchenmann, Diplomat, Dichter und Geschichtsschreiber (1146 bis 1223).

Als Gerald de Barri in Manobrier Castle (Pembrokeshire / Wales) [51 39N 47 56W] als Sohn eines anglonormannischen Adligen und einer walisischen Prinzessin geboren. Nach Studium in Gloucester und Paris bewarb er sich mehrfach vergeblich (trotz Vorprache beim Papst) um das Bischofsamt von St. Davids. Trat 1184 als Kaplan in die Dienste des englischen Königs Henry II. Curtmantle ein und begleitete 1185 bis 1186 dessen Sohn (den späteren König John I. Lackland) bei dessen Besetzung Irlands, über die er 1188 einen Bericht verfasste (*Topographia Hibernica*). 1188 begleitete er in königlichem Auftrag den Erzbischof von Canterbury auf einer Rekrutierungsreise für den 3. Kreuzzug durch Walses, worüber er 1191 einen Bericht verfasste *(Itinerarium Cambriae)*. In der folge überarbeitete er dem Bericht über die Eroberung Irlands unter dem Titel *Expugnatio Hibernica*.

Der historiogrphische Wert seiner Werke liegt in den bis in das Alltägliche reichenden Details der Lokalgeschichte. Obwohl nur Halbnormanne, ließ er sich zur blinden Verachtung alles Uririschen hinreißen.

> Englische Übersetzung der *Topographia Hibernica* (John J. O'Meara): *The history and Topography of Ireland*; Penguin Books; Harmondsworth; 1985.
> Englische Übersetzung der *Expugnatio Hibernica* (Frederick J. Furnivall): *The English Conquest of Ireland: A.D. 1166-1185*, Woodbridge, Suffolk, Nachdruck 1998 der Ausgabe von 1896.
> Deutsche Übersetzung der Descriptio Cambriae (Philipp M. Schneider): Beschreibung von Wales. Eine völkerkundliche Beschreibung aus dem Mittelalter von Giraldus Cambrensis; Berlin; 2008.

## Gislebert von Mons

Wallonischer Kirchenmann und Biograph (ca. 1150 bis 1224).

Sein Werk *Chronicon Hanoniense* („Chronik von Hennegau") behandelt den Zeitraum von 1086 bis 1195; es handelt sich um eine lobpreisende Biographie seines Dienstherren Balduin V. von Hennegau, Namur und Flandern, ist aber auch eine Fundgrube von Informationen über die Außenbeziehungen der Region.

> Schmale, Franz-Josef, „Gislebert von Mons", in: Neue Deutsche Biographie 6 (1964), S. 416 [Onlinefassung]; URL: http://www.deutsche-biographie.de/pnd118695150.html

## Goffredo (> Gottfried)

## Go Lotsawa Zhonnu Pel

Tibetischer Geschichtsschreiber (1392 bis 1481).

Gab um 1476 die *Blauen Annalen* heraus, eine Art Religionsgeschichte Tibets vom 11. bis 15. Jh., in der die Verbreitung des Buddhismus in Tibet geschildert wird.

> Englische Übersetzung (J.N. Riorich und Gendun Chópel). Originalausgabe der Royal Asiatic Society of Bengal; 1949; durch neuere Nachdrucke verfügbar.

## Godefridus (> Gottfried)

**Godefroi** (> Gottfried)

**Godfrey** (> Gottfried)

**Gottfried von Bussero** (Goffredo da Bussero; Gothofredus de Bussero)
Italienischer Kirchenmann und Geschichtsschreiber (ca. 1220 bis ca. 1290).
In Bussero (21 km östlich von Mailand, bei Gorgonzola und Cassina de'Pecchi) geboren, war Pfarrer von Rovello (bei Como).
Verfasste eine Chronik (*Chronica*) der Ereignisse der Lombardei zwischen -72 und 1271 (5.300 Wörter). Auch stellte er ein Verzeichnis aller Kirchen und Altäre der Diözese Mailand zusammen (*Liber Notitiae Sanctorum Mediolani*).
> Lateinischer Quelltext online (Quellensammlung ALIM): http://www.uan.it/alim/letteratura.nsf/Autore?OpenView&Start=21&Count=20

**Gottfried von Villehardouin** (> Villehardouin, Geoffroi de)

**Gottfried von Viterbo** (Gaufridus / Godefridus / Gotefredus / Gotifredus Viterbiensis)
Italienischer Kirchenmann und Geschichtsschreiber (ca. 1125 bis ca. 1195).
Vermutlich in Viterbo geboren (nach einer anderen Theorie war er Sachse), wuchs er ab 1133 in Bamberg auf. Als leidenschaftlicher Anhänger des deutschen Königtums/Kaisertums diente er Lothar III. (in Bamberg), Konrad III., Friedrich I. Barbarossa und Heinrich VI., aber auch dem Kirchenstaat. Er führte für seine jeweiligen Dienstherren ausgedehnte Dienstreisen durch (nach Sizilien, Spanien, Frankreich und „40 mal" nach Rom) und wurde mit Pfründen in Pisa, Lucca und Viterbo (wo er starb) belohnt.
Während seiner Dienstreisen verfasste Gottfried von Viterbo mehrere Werke, darunter zwei kurze Weltgeschichten *Speculum Regum* und *Pantheon*.
Historiographisch besonders wertvoll (trotz einiger Ungereimtheiten) ist seine Schilderung der „Taten Friedrichs I. Barbarossas" (*Gesta Friderici I*), welche über den Zeitraum 1155 bis 1180 interessante Details zu den Ereignissen in Italien enthält.
> Lateinischer Quelltext online (Quellensammlung ALIM) der *Gesta Friderici*: http://www.uan.it/alim/letteratura.nsf/Autore?OpenView&Start=21&Count=20

**Gregor von Catino** (Gregorio da Catino; Gregorius Catinus)
Italienischer Kirchenmann und Geschichtsschreiber (ca. 1062 bis ca. 1133).
In Catino (Poggio Catino in den Sabiner Bergen, 65 km N von Rom [42 18N 12 42E]) vermutlich aus longobardischem Adel geboren. Trat in das Benediktinerkloster von Farfa [42 13N 12 43E], dem damals reichsten Mittelitaliens, ein. Als im fortgeschrittenen Alter seine Sehkraft nachließ, unterstütze ihn sein Neffe Todino.
Das Leitmotiv seines Lebenswerks war es (wie er im Vorwort seines *Chronicon* vermerkte), "das Eigentum der Abtei durch Formung seines Archivs und seines historischen Gedächtnisses zu wahren".

- Er legte von 1092 bis 1099 eine systematische geordnete Sammlung von Abschriften historiographischer Dokumente des Klosters von Farfa an, die heute *Regestum Farfense* genannt wird (es ist dies eine der ersten systematischen Quellensammlungen der Geschichte).

Italienische Übersetzung (Ugo Balzani, Ignazio Giorgi): *Il Regesto di Farfa*, 5 Bände; Rom; 1879 bis1914.
- Außerdem erstellte er systematische Sammlungen der Katasterurkunden zu den über ganz Mittelitalien verstreuten Besitztümern der Abtei von Farfa an (*Collectio Farfensis* oder *Collectio Canonum* genannt).
- Zwischen 1103 und 1107 legte Gregor von Catino eine Sammlung der Pachtverträge der Abtei an (*Liber notarius sive emphyteuticus*, später *Liber largitorius vel notarius monasterii pharphensis* genannt).
- Das historiographisch relevanteste Werk des Gregor von Catino ist die Chronik der Abtei von Farfa (*Chronicon Farfense*), an der er von 1107 bis 1119 gearbeitet hat. Sie umfasst den Zeitraum von der legendären Gründung des Klosters durch Lorenz von Syrien (um 380) bis zur Gegenwart des Gregor von Catino. Durch die Arbeiten am *Regestum Farfense* hatte er dazu eine wertvolle Grundlage geschaffen. Außerdem konnte er auf Chroniken der Abtei, die Vorgänger erstellt hatten, aufsetzen: auf dem *Libellus constructionis Farfensis* (700 bis 857) und der *Destructio monasterii Farfensis* (857 bis 1039). Der Autor hängt der Chronik Abschriften der wichtigsten Urkunden als Anlage bei. Das *Chronicon Farfense* diente späteren Chroniken Italiens zum Vorbild, so dem > *Chronicon Vulturnense*, dem > *Chronicon Novaliciense* und der *Chronica monasterii Casinensis* des > Leo Marsicanus.

Italienische Übersetzung (Ugo Balzani): *Il Chronicon Farfense di Gregorio di Catino*, 2 Bände; Fonti per la storia d'Italia, 33; Rom; 1903.

## Gregor von Tours (Gregorius Turonensis; Gregorius Florentius)

Gallorömischer Kirchenmann und Geschichtsschreiber (538 bis ca. 594), Zeitgenosse von Isidor von Sevilla und Marius von Avenches.

Aus adliger Familie der Averna (Auvergne) in Clermont-Ferrand geboren, wurde er 573 Bischof von Tours, wo er 594 starb. Er wurde später von der Katholischen Kirche heilig gesprochen.

Gregor von Tours war nach einem Jahrhundert wieder der erste gallorömische Geschichtsschreiber. Sein von 575 bis 592 verfasstes Werk hatte ursprünglich den Titel *Decem libri historiarum* („Zehn Bücher Geschichte"); es beschrieb in zehn Bänden die Geschichte von der Schöpfung bis 575, d. h. zur Gegenwart des Autors. Da die Schilderung rasch in die Frankenzeit hineinblendet, speziell ab deren Christianisierung (also ab ca. 500), kamen bald der Titel *Historia Francorum* bzw. *Liber Historiae Francorum* („Geschichte der Franken") in Gebrauch.
Seine Quellen waren > Orosius, > Avitus von Vienne, > Sidonius Apollinaris, > Sulpicius Alexander, > Renatus Profundus Frigeritus.

Das > *Liber Historiae Francorum* setzte das Werk des Gregor von Tours bis zum Berichtsjahr 727 fort.

Wie in seinen übrigen Werken (meist Biographien von gallischen Heiligen und Märtyrern) wollen die Werke des Gregor von Tours beweisen, dass man nur „durch Fürsprache der Heiligen gerettet werden könne". Einige wichtige Fakten, die als direkte Eingriffe Gottes schlecht zu erklären waren, hat Gregor von Tours übergangen.

Metzler Lexikon antiker Autoren: Artikel von Sicco Lehmann-Brauns.
Lateinischer Quellentext und deutsche Übersetzung (W. v. Giesebrecht): *Gregor von Tours: Zehn Bücher Geschichten (Fränkische Geschichte)*; Reihe FSGA, A: Quellenwerke, Mittelalter (QMA); Wissenschaftliche Buchgesellschaft; Darmstadt.
Deutsche Übersetzung (W. v. Giesebrecht): *Gregor von Tours: Fränkische Geschichte* ( aus „Historia Francorum"); 2 Bände.; Rütten&Loening, 1956.
Lateinischer Quellentext und deutsche Übersetzung auf CD-ROM mit Abfrage-Software: Bogon, W. (Herausgeber): *Quellensammlung zur mittelalterlichen Geschichte*; MA I; CD-

ROM; Verlag Heptagon; Berlin; 1999.
Französische Übersetzung (François Guizot, Henri Bordier, Pierre Sicard): *Grégoire de Tours: Œuvres complètes*; 5 Bände; Éditions Paleo; Clermond-Ferrand; 2011.

## Guibert von Nogent

Französischer Kirchenmann und Geschichtsschreiber (ca. 1055 bis ca. 1125). Vermutlich bei Beauvais aus adliger Familie geboren. Trat in den Benediktinerorden ein. Wurde im Jahr 1104 Abt der Abtei Nogent-sous-Coucy [heute unter Schlossruinen) [49 31N 3 19E].
Vollendete um 1109 eine Geschichte des 1. Kreuzzugs *Dei gesta per Francos* („Gottes Taten durch die Franken"). Es handelt sich um eine redaktionelle Überarbeitung der > Gesta Francorum (dessen ungeschliffenen Stil er teilweise in einen hochgeschraubten veränderte). Der unikale Wert seiner Version sind Kommentare und Details, die er von Heimkehrern erfuhr, die zum Teil zu seinem Bekanntenkreis gehörten.
Guibert von Nogent hinterließ auch Memoiren (*De vita sua sive monodiarum suarum libri tres*), die äußerst interessante Einblicke in das tägliche Leben und die sozialen Verhältnisse seiner Zeit gewähren.

Englische Übersetzung der Kreuzzugsgeschichte (Robert Levine): *The Deeds of God through the Franks. A Translation of Guibert de Nogent's „Gesta Dei per Francos"*; Boydell Press; Rochester; 1997;
Englische Übersetzung der Memoiren: Paul J. Archambault (Hrsg.): *A Monk's Confession. The Memoirs of Guibert of Nogent*; Pennsylvania State University Press; University Park; 1996
Französische Übersetzung der kompletten Kreuzzugsgeschichte (F. Guizot): *Guibert de Nogent: Histoire de la première croisade (1095-1099)*; Éditions Paleo; Clermond-Ferrand; 2012.
Französische Übersetzung der Memoiren (E. Roux, F. Guizot): *Guibert de Nogent: Histoire de ma vie*; Éditions Paleo; Clermond-Ferrand; 2011.

## Guidi-Chronik (> Khuzistan-Chronik)

## Guido (> Leo Marsicanus)

## Guillaume de Villeneuve

Französischer Hofbeamter und Geschichtsschreiber des 15. Jh.
Er begleitete Karls VIII. als dessen Hausmeister auf dessen Feldzug von 1494 nach Neapel und berichtete darüber in seinen *Mémoires* (Berichtszeitraum von 1494 bis 1497).

Französischer Quelltext: *Histoire de Charles VIII et de la conquête du royaume de Naples : Entreprise de Charles VIII (Desrey) - Mémoires (G. de Villeneuve) - Le Vergier d'honneur (A. de la Vigne) - Journal (J. Bruchard)*; Éditions Paleo; Clermond-Ferrand; 2011.

## Guillermus Apuliensis (> Wilhelm von Apulien)

## Guillaume/Guillelmus (> Wilhelm)

## Gunki Monogatari

Überbegriff von epischen „Berichten über die kriegerischen Auseinandersetzungen dieser Zeit", d. h. von japanischen Bürgerkriegen im Zeitraum 1156 bis 1568.

Sie wurden von diversen meist unbekannten Autoren (v.a. Mönchen) zeitnah verfasst und von anderen überarbeitet. Zugrunde liegt eine buddhistische Geschichtsauffassung der Vergänglichkeit irdischer Errungenschaften. Bekannte Einzelwerke dieses Genres sind:

*Heike Monogatari*: über den Krieg zwischen dem Clan der Taira (Heike) und dem Clan Minamoto

*Heiji Monogatari*: über den Aufstieg und Untergang des Heiji-Clans

*Hoke Monogatari*: über den Aufstieg und Untergang des Hoke-Clans

Von diversen Monogatari sind englische Übersetzungen verfügbar.

## Gunther von Pairis (Guntherus Parisiensis)

Deutscher Kirchenmann und Geschichtsschreiber (ca. 1150 bis 1220).

Vermutlich ein Elsässer; trat in den Zisterzenserorden ein; pflegte Kontakte zum Hof der Staufer (er widmete Friedrich II. ein Epos *Ligurinus* zur Lobpreisung seiner Taten in Norditalien).

Er verfasste ein Epos *Solimarius* über den 1. Kreuzzug (1202 bis 1204). Redigierte im Auftrag seines Vorgesetzten Abt Martin von Pairis (bei Colmar, Frankreich) [48 7N 7 8E]) dessen Bericht über den 4. Kreuzzug (1202 bis 1204), an dem jener teilgenommen hatte, unter dem Titel *Historia Captae a Latinis Constantinopoleos* („Geschichte der Eroberung von Konstantinopel durch die Lateiner"), kurz *Historia Constantinopolitana*. Diesem (teilweise in Versen gefassten) Bericht ermangelt es im Vergleich zu den Werken von > Villehardouin, > Niketas Choniates und > Martino de Canal an Einsicht in übergeordnete Zusammenhänge; dafür enthält er die vollständigste Liste des von den Kreuzzüglern geraubten Kulturguts (von dem ein Teil vom Kloster Pairis in Gewahrsam genommen wurde).

Deutsche Übersetzung (E. Assmann): *Die Geschichte der Eroberung von Konstantinopel*. Gunther von Pairis; Köln; 1956.

## Hafez-e Abru (Hafiz-i Abru; Nurallah Abdallah b. Lutfallah al-Hvaf)

Iranischer Geograph und Geschichtsschreiber (ca. 1350 bis ca. 1430).

In Khorasan geboren und in Hamadan aufgewachsen. Gehörte ab 1380 in Samarkand zum Gefolge Timurlenks (den er auf mehreren Feldzügen begleitete) und diente dann in Herat dem Sohn und Nachfolger Schah Ruch. Dadurch konnte er die gesamte Osthälfte der damaligen islamischen Hemisphäre kennen lernen.

Hafez-e Abru verfasste fünf Geschichtswerke (auf Persisch), von denen einige Auftragswerke waren:

- *Dayl-e Jame al-tawarik*: eine Fortsetzung der Weltgeschichte des > Rashid ed-Din für die Berichtsjahre 1304 bis 1335.
- *Dayl-e Zafar-nama-ye Sami*: eine 1412 fertiggestellte Ergänzung der Biographie Tamerlans des > Nizam ed-Din Shami um die Berichtsjahre 1404 bis 1405.
- *Tarik-e Sahrok*: eine Geschichte der Regierung des Schah Ruch von 1407 bis zum Berichtsjahr 1414 (Schah Ruch starb 1447).
- *Tarik-e Hafez-e Abru* (auch *Jografia-ye Hafez-e Abru*): ein um 1420 fertiggestelltes, mit Karten bebildertes Geographiewerk, in das Exkurse über die Geschichte der jeweiligen Regionen eingeflochten sind. Der 1. Band beschreibt Spanien, Maghreb, Ägypten, Syrien, Arabien, die iranischen Provinzen von Fars, Kerman und Khorasan; der 2. Band beschreibt Khorasan und Transoxianien.

Deutsche Übersetzung (D. Krawulski) des Abschnitts über Khorasan: Krawulski, D. (Hrsg.): *Horasan zur Timuridenzeit nach dem Tar͵h-e Hafez-e Abru* (verf. 817-823h.) des

Nurallah Abdallah b. Lutfallah al-Hvaf,, genannt Hafez-e Abru; 2 Bände; Wiesbaden; 1282-1984.
- *Majmu a-ye Hafez-e Abru.* Es ist dies eine Weltgeschichte, in die Hafez-e Abru Werke anderer Autoren (die er ggf. ins Persische übersetzt hat) und eigene Werke eingebaut und ergänzt hat, darunter: die bis 919 reichende Universalgeschichte des > Al-Tabari; das Kompendium des > Rashid ed-Din, das er bis zum Berichtsjahr 1393 fortsetzte; eine Geschichte der Kart-Dynastie von Herat, auf der Basis des Werks eines gewissen Syf bin Mohammad Haravi, sowie eigene Exkurse über einige Fürsten; eine Geschichte der Mazzarid-Dynastie; auf dem Werk *Maweh-e elahi* eines gewissen Moin-al-Din Yazdi basierend; die Biographie Tamerlans des > Nizam-ed-Din Shami und der oben erwähnten Ergänzung um die Berichtsjahre 1404 bis 1405; eine Überarbeitung der oben erwähnten Biographie des Schahs Ruch und Ergänzung bis zum Berichtsjahr 1416.
- *Maima al-tawarik al soltaniya*: eine Universalgeschichte bis zum Berichtsjahr 1427. Von den biblischen Propheten über Mohammed, den Kalifen und den Mongolen bis 1335 handelt es sich um die Zusammenstellung bekannter Informationen. Der historiographische Wert liegt im vierten Teil des Werks (*Zobdat al-tawarik-e Baysongori* genannt), der von 1335 bis 1427 berichtet und somit den Aufstieg und die Herrschaft Tamerlans sowie die erste Hälfte der Regierung des Schah Ruch erfasst, für die es eine wichtige Quelle ist. Spätere Geschichtsschreiber wie > Abd al Razzaq Samarqandi haben daraus geschöpft.

Artikel von M.E. Subtelny und Ch. Melville in Encyclopaedia Iranica online: http://www.iranicaonline.org/articles/hafez-e-abru
Persischer Quelltext (Tauer, F.): Histoire des conquetes de Tarmerlain intitulée Zafarnama, avec des additions empruntées au Zubdatu-t-tawarih-i Baysunguri de Hafiz-i Abru; 2 Bände; Prag; 1937-56.
Französische Übersetzung (K. Bayani) eines Auszugs des *Zobdat*: *Chronique des rois mongols en Iran*; 1936.

## Hamdallah Mustaufi / Mostafwi Qazvini

Iranischer Geograph und Geschichtsschreiber (ca. 1281 bis ca. 1344).

In Qazvin (180 km NW von Teheran) [36 16N 50 0E] aus einer arabischstämmigen Familie hoher Regierungsbeamter geboren. Seine Tätigkeiten als Gouverneur von Qazvin und dann anderer Provinzen weckte in ihm das Interesse für die Geographie und Vergangenheit des Landes.

Hamdallah Mustaufi verfasste mehrere Werke:

- *Nuzhat al-kulub:* einer Geographie Irans;
- *Tarik-e gozida.* („Ausgewählte Geschichte"): eine um 1330 komponierte Chronik in Versform (75.000 Verse), vom Propheten (geboren 579) bis zur Gegenwart (1344).

  Französische Übersetzung (Defrémery) eines Teils der Annalen: *Histoire des Seldjoukides et des Ismaéliens ou Assassins de l'Iran*: Extraite du Tarikhi Guzideh ou Histoire choisie d'Hamd-Allah Mustaufi; 1854. Faksimile-Ausgabe: Adamant Media Corporation; 2003.
  Englische Übersetzung: Elliot, H. M., John Dowson: *The History of India, as Told by Its Own Historians. The Muhammadan Period;* Vol. 3; Trübner & Co.; London; 1867 bis 1877. Nachdruck Adamant Media Corporation; 2000.
  Online: http://archive.org/stream/cu31924073036737#page/n5/mode/2up

- *Zafar-Nama* („Siegesbuch"): eine nach 15 Jahren Arbeit um 1334 fertiggestellte Chronik in Versform; sie ist als Fortsetzung des Epos von > Firdausi konzipiert. Es handelt sich um eine Geschichte der mongolischen Invasionen und Ilkhanate; bis zum Ende des 13. Jh. schöpfte er vor allem aus dem Werk des > Rashid ed-Din, der Bericht des Zeitraums von 1304 bis 1335 ist aus eigener

Feder, wurde von späteren Autoren wie > Hafez-e Abru übernommen und ist bis heute die wichtigste Quelle.
- *Dayl-e Tarik-e gozida:* eine Fortsetzung in Prosaform des *Zafar-Nama*; es beschreibt die Ereignisse im Ilkhanat von Persien zwischen 1335 bis 1343. Er schöpfte u. a. aus dem Werk des > Mohammad bin Ali Rawandi.
- *Nozhat al-qolub*: ist ein geographisch-historisches Werk mit einer Reichweite bis 1340. Die enthaltenen Karten verwenden die nach > Ptolemaios wieder außer Gebrach geratenen Angaben der Längen- und Breitengrade.

## Hamzah al-Isfahani (Hamzah ibn al-Hasan al-Isfahan)

Iranischer Geograph und Geschichtsschreiber (ca. 893 bis ca. 965).

Er schrieb auf Arabisch, obwohl er den Arabern das Recht absprach, den Iran politisch und kulturell zu beherrschen.

Von seinen 12 Werken sind 3 erhalten, darunter das um 1330 verfasste *Tarikhi Guzideh* („Ausgewälte Geschichte"), kurz als „Annalen" bezeichnet; es ist eine Geschichte des Irans bis zum Berichtsjahr 961. Es enthält Informationen über die Parther und Sasaniden, die aus nicht überlieferten vorarabischen Quellen stammen.

Englische Übersetzung (U.M. Daudpota): *Hamza al-Isfafani: The Annals of Hamzah al-Isfahani*; K.R. Cama Oriental Institute; 1932.

## Hanno der Seefahrer

Karthagischer Admiral und Geograph (ca. -630 bis ca. -530, nach einer anderen Theorie ca. -480 bis ca. -440).

Bereiste über Gadir/Cadiz aus die Westküste Afrikas bis südlich des Äquators („wo die Sonne vom Norden aus scheint").

Sein Reisebericht ist verloren gegangen, ebenso die Übersetzung ins Griechische *Periplous* („Umschiffung"), die aber > Pomponius Mela, > Plinius dem Älteren und > Arrian *(Indika)* noch vorlag.

Hanno legte die Grundlagen zum geographischen Begriff des erst ab dem Mittelalter „Afrika" genannten Kontinents.

## Hartmann Schedel

Deutscher Arzt, Humanist und Geschichtsschreiber (1440 bis 1514).

In Nürnberg aus begüterter Familie geboren, mit 14 Jahren Vollwaise, studierte er in Leipzig und Padua und ließ sich, nach Aufenthalten in Nördlingen und Amberg, von 1470 bis zu seinem Tode in Nürnberg als wohlhabender, zur Stadtprominenz gehörender Arzt nieder. (Zu den Mietern seiner zahlreichen Häuser zählte Albrecht Dürer.)

Seine umfangreichen geschichtlichen Lektüren fasste er in einer auf Frühneuhochdeutsch verfassten *Weltchronik* (auch bekannt als „Nürnberger Chronik " oder „Schedel'sche Weltchronik") zusammen, die er 1493 mit 596 Seiten veröffentlichte. Dazu machte er als einer der ersten vollen Gebrauch der Illustrationsmöglichkeiten der jungen Buchdruckerkunst, indem er ca. 1.800 Bilder einfügte (per Hand eingefärbte Holzschnitte über Bibelgestalten, Wunder, Porträts von Heiligen und Königen, Landkarten, Ansichten von Landschaften und Städten). Er ließ auch eine lateinische Ausgabe (*Liber chronicarum,* mit 656 Seiten) drucken, die sich europaweit eines großen Erfolges erfreute.

Hartmann Schelde ist dem Inhalt nach noch ein Geschichtsschreiber des Mittelalters (heilsgeschichtliche Sicht), der Form nach einer der ersten Geschichtsschreiber der Neuzeit.

Deutsche Ausgabe: *Hartmann Schedel: Weltchronik* - 1493. Kolorierte Gesamtausgabe von Stephan Füssel; Taschen; 2013.

## Heimskringla (> Snorri Sturluson)

## Heinrich (der) Taube von Selbach (Henricus Surdus de Selbach)

Deutscher Kirchenmann, Jurist und Geschichtsschreiber (? bis 1364).

Vermutlich in Selbach (Rheinland-Pfalz) [50 45N 746E] geboren. Studierte vermutlich in Bologna, war am päpstlichen Gerichtshof in Avignon tätig, ab 1336 bis zu seinem Tod in Eichstätt.

Er verfasste eine Kaiser- und Papstgeschichte (*Chronica imperatorum et paparum*), die den Zeitraum von 1294 bis 1362 abdeckt.

## Heinrich von Huntington (Henry of Huntington)

Englischer Kirchenmann und Geschichtsschreiber (ca. 1088 bis ca. 1154).

Als Sohn des weltlichen Domherrn von Lincoln geboren, genoß zeitlebens einen Wohlstand. Wurde um 1110 Erzdiakon von Huntington (Diözese von Ely bei Canterbury) [52 20N 011W]. Reiste 1139 nach Rom.

Er veröffentlichte um 1129 eine Geschichte Englands (*Historia Anglorum*), von - 43 bis zum Berichtsjahr 1154. Dazu führte er ein für die damalige Zeit beachtliches Quellenstudium durch: u. a. schöpfte er aus > Beda Venerabilis, > Historia Britonum, > Paulus Diaconus, > Eutropius, > Aurelius Victor, > Hieronymus von Strido, > Angelsächsische Chronik und die > Gesta Francorum. Der unikale Teil seiner Geschichte beginnt ungefähr beim Berichtsjahr 1126. Auch seine Briefe enthalten wertvolle Hinweise auf seine Epoche.

Heinrich von Huntington teilte sinnigerweise die Geschichte Englands in sieben Abschnitte ein, die im Wesentlichen von jeweiligen Invasionen („Plagen") bestimmt worden sind (dabei erfasste er nicht die diversen keltischen Invasionen, die vor dem Berichtszeitraum seines Werkes stattgefunden haben): die Invasion der Römer; die Invasion der Angelsachsen, deren Bekehrung und Königreiche; die Invasionen der Dänen/Wikinger; die Invasion der Normannen und deren Königreich. Bezüglich der angelsächsischen Periode prägte er den Begriff der „Heptarchie"(Epoche der Aufteilung Englands in sieben angelsächsische Königreiche Essex, Sussex, Wessex, Kent, East Anglia, Mercia, Northumbria), die bis zur Vereinigung als Königreich von England (ca. 850) währte. Er belebte seine Schilderung mit eingestreuten Anekdoten und moralischen Wertungen, was zur Popularität seines Werkes beitrug.

Als die schrecklichste und grausamste aller Invasionen beschrieb Heinrich von Huntington jene der Dänen/Wikinger; in seiner heilsgeschichtlichen Auffassung der Geschichte betrachtete er diese als eine gerechte Strafe Gottes für begangene Sünden oder Unterlassungen.

Lateinischer Quelltext und englische Übersetzung (Diana E. Greenway): *Henry Archdeacon of Huntingdon. Historia Anglorum. The History of the English People*; Oxford Medieval Texts; Oxford; 1996.

Englische Übersetzung des letzten Teils (Diana E. Greenway): *Henry of Huntingdon. The History of the English People, 1000–1154*. Oxford World's Classics; Oxford University

Press; Oxford: 2002.

## Heinrich von Knighton (Henry of Knighton/Knyghton)

Englischer Kirchenmann und Geschichtsschreiber (bis ca. 1396)

Er war ab 1363 Domherr des Augustinerklosters St. Mary of the Meadows (Ruinen in Leicester) [52 31N 1 08W].

Von 1378 bis 1396 verfasste er eine Chronik, die sich über den Berichtszeitraum von 956 bis 1396 erstreckt; bis zum Berichtsjahr 1337 handelt es sich um eine Zusammenfassung bekannter Quellen (i.W. von > Ranulf Higden), der unikale Bericht betrifft die Folgejahre.

Das Werk Heinrichs von Knighton ist eine wichtige Quelle über einige Vorgänge, die der Autor während der Regierungszeit Edwards III. miterlebt hat: der Ausbruch des Hundertjährigen Krieges (1337), der Ausbruch der Pest (1348), die Krise während der Senilität des Königs, einschließlich des Aufkommens des Parlamentarismus („Gutes Parlament" von 1376) und der Lollarden-Bewegung (Wegbereiter der englischen Reformation). Da sein Regionalfürst Henry of Gosmont als General Edwards III. in Frankreich gekämpft hatte, war Heinrich von Knighton über die Vorgeschichte und Anfangsphase des Hundertjährigen Kriegs besonders gut informiert.

Lateinischer Quelltext und englische Übersetzung (G. H. Martin): *Knighton's Chronicle 1337-1396*; Oxford University Press; Oxford; 1996.

## Heinrich von Lettland (Henricus de Lettis; Henricus Letticus)

Deutscher Kirchenmann und Geschichtsschreiber (? bis ca. 1259).

Bei Magdeburg geboren; missionierte vom Stift Segeberg (Holstein) [53 58N 10 19E] aus in Lettland, wo er sich als Pfarrer von Ymera/Rubene/Papendorf (35 km N von Cesis/Wenden, Lettland) [57 28N 25 15E] niederließ.

Er verfasste um 1225 in lateinischer Sprache eine Chronik Lettlands (*Chronicon Livoniae*), welche die mit „Kreuz und Schwert" betriebene Christianisierung der Letten, Esten, Kuren, Semgallen und Russen und die deutsche Besiedelung des Baltikums (gegen Esten, Kuren, Semgallen und andere) im Zeitraum 1180 bis 1227 behandelt. Dabei war der Autor ein proaktiver Teilnehmer (er bekehrte Letten und führte sie auf deutscher Seite ins Feld). Die Landnahme rechtfertigte er leidenschaftlich als Besitzstand der Muttergottes. > Hermann von Wartberge schöpfte später daraus.

Lateinischer Quelltext und deutsche Übersetzung (A. Bauer): *Livländische Chronik*; 2. Auflage; Wissenschaftliche Buchgesellschaft; Darmstadt; 1975.

Johansen, Paul, „Heinrich von Lettland", in: Neue Deutsche Biographie 8 (1969), S. 413 [Onlinefassung]; URL: http://www.deutsche-biographie.de/pnd119318679.html

## Hekataios von Abdera

Griechischer Ethnologe und Geschichtsschreiber (ca. -350 bis ca. 290).

Wirkte im Dienst des > Ptolomaios I. Soter in Ägypten und Sparta.

Er verfasste (vor > Manetho, der denselben Buchtitel wählte) eine Kulturgeschichte Ägyptens (*Aegyptiaká*), von der nur wenige Fragmente erhalten sind. > Diodorus Siculus schöpfte aus seinem Werk.

Lexikon der Alten Welt: Artikel O. Gigon
Quelltexte der Fragmente: Felix Jacoby (Hrsg.): *Die Fragmente der griechischen Historiker II A*; Berlin; 1926 (Nachdruck: Leiden; 1961); Nr. 264.

## Hekataios von Milet

Griechischer Geograph und Geschichtsschreiber (ca. -550 bis ca. -480).

Aus vornehmer Familie in Milet (Türkei) [37 38N 27 18E] geboren, unternahm er ausgedehnte Reisen durch Europa, nach Ägypten und Asien. Im Jahr –499 versuchte er vergeblich, seine Mitbürger vom Aufstand gegen die Perser abzuhalten.

Hekataios verfasste eines der ersten geographischen Werke *Periégesis* („Reise um die Welt"), von dem 300 Fragmente überliefert worden sind. Er entwarf ein auf den Himmel ausgerichtetes Koordinatensystem (wie es unsere modernen geographischen Koordinaten im Prinzip immer noch sind) und fertigte laut > Herodot eine (verloren gegangene) Weltkarte an, mit der Welt als runde, von Ozeanen umrahmte Scheibe. Ihm zu Ehren ist ein Mondkrater benannt. > Marinos von Tyros und > Ptolemaios, Claudius haben das Koordinatensystem für die Erstellung eines ausführlichen Atlasses angewandt.

Hekataios verfasste außerdem unter dem Titel *Genelogíai* („Stammbäume") eine vierbändige chronologische Darlegung der Überlieferungen zur Vorzeit. Darin erwähnte er als einer der ersten die Kelten. Obwohl nur etwa 30 Fragmente erhalten sind lässt sich daraus ableiten, dass Hekataios den Versuch unternommen hat, Mythologie rational zu erklären, frei von religiösen oder ethnizistischen Vorurteilen und dass er Überlieferungen nicht vorbehaltslos übernommen, sondern einer logischen Prüfung unterworfen hat. Die beschränkte nationale Sicht müsse mit den Sichten anderer Nationen abgewogen werden. Seine einleitenden Worte waren: „Ich, Hekataios von Milet, erkläre hiermit: ich schreibe diese Themen so, wie sie mir als wahr erscheinen, denn unter den Griechen kursieren diverse Diskurse, die meines Erachtens lächerlich sind".

Die *Genelogíai* sind daher das erste historische Werk der westlichen Welt. Auch wenn > Herodot gegen Hekataios polemisiert, so hat er doch dessen kritische Herangehensweise an Vergangenes und sogar dessen abgeklärten (ionischen) Sprachstil übernommen.

Hekataois kann als der „Großvater" der abendländischen Geschichtsschreibung und Geographie betrachtet werden.

> Metzler Lexikon antiker Autoren: Artikel von J. Engels.
> Lexikon der Alten Welt: Artikel K .v. Fritz.
> Lendle, O.: Einführung in die griechische Geschichtsschreibung. Von Hekataios bis Zosimos. Wissenschaftliche Buchgesellschaft; Darmstadt; 1992.
> Quelltexte der Fragmente: Felix Jacoby (Hrsg.): *Die Fragmente der griechischen Historiker II A*; Berlin; 1926 (Nachdruck: Leiden; 1961); Nr. 1.

## Helikonios von Byzanz

Byzantinischer Geschichtsschreiber (4. Jh.).

Laut dem > Suda-Lexikon stammte er aus Konstantinopel und verfasste eine Zusammenfassung der Weltgeschichte (*Chronike Epitome*) von Adam und Eva bis Theodosius I. Davon sind nur zwei winzige Zitate des Suda erhalten.

Nach einer Theorie war Helionikos auch der > Anonymus post Dionem.

## Hellanikos von Mytilene (Lesbos)

Griechischer Geschichtsschreiber (ca. –480 bis ca. –405), jüngerer Zeitgenosse Herodots.

Bedeutendster Vertreter der > Logographen.

Er verfasste mehrere Genealogien und Lokalgeschichten (u. a. von Attika, Äolien, Lesbos, Argolien, Boiotien, Thessalien) aber auch (wie Herodot) über die hellenische Welt hinaus (Zypern, Ägypten, Persien, Skythien). Dabei versuchte er, die mythologischen Ereignisse chronologisch zu ordnen.

Außerdem schrieb er eine Chronik der hellenischen Welt (*Hiereiai*) in drei Bänden und ordnete die Ereignisse auf der Basis der Priesterinnen von Argos ein.

Zuletzt verfasste Hellanikos (als erster) eine Geschichte von Athen, die von den mythischen Anfängen bis ca- -404 (Ende des Peloponnesischen Krieges) reichte. Hierzu benutzte er die Regierungsjahre der Könige bzw. der Archone als Zeitraster.

Hellanikos ist also der erste Geschichtsschreiber gewesen, der eine systematische Chronologie versucht hat.

Aus den Werken des Hellanikos schöpften spätere Geschichtsschreiber wie > Herodot , > Thukydides (der ihn als seinen Vorgänger bezeichnete), bis hin zu hellenistischen Geschichtsschreibern (v. a. > Ephoros).

Von den Werken des Hellanikos sind nur 200 Fragmente erhalten geblieben.

Lexikon der Alten Welt: Artikel K .v. Fritz
Artikel von J. Wiesehöfer in Encyclopaedia Iranica online; http://www.iranicaonline.org/articles/hellanicus-of-lesbos-
Quelltexte der Fragmente: Felix Jacoby (Hrsg.): *Die Fragmente der griechischen Historiker II A*; Berlin; 1926 (Nachdruck: Leiden; 1961); Nr. 4.

## Hellenika Oxyrhynchia

Aus den in Oxyrhynchos /Al Bahnasa [28 32N 30 39E] (160 km SW von Kairo, in der Antike die drittgrößte Stadt Ägyptens) gefundenen Papyrusfragmenten (> Oxyrhynchos Papyri) rekonstruiertes Werk eines Mitte des -4. Jh. verfassten Geschichtswerks im Stile des Thukydides, welches Ereignisse der letzten 5 Jahre des Peloponnesischen Krieges und die anschließende spartanische Inkursion in Kleinasien, also den Zeitraum von -409 bis -386, beschreibt. Andere in Florenz aufbewahrte Fragmente betreffen die Jahre –410 bis –407. Nach verschiedenen Theorien handelt es sich um Fragmente des Werks des > Theopompos, des Daimachos (eine von > Ephoros genannte Quelle) oder des > Kratippos von Athen.

Metzler Lexikon antiker Autoren: Artikel von Boris Dreyer.
Lexikon der Alten Welt: Artikel von W. Burkert.
Quelltexte der Fragmente: Felix Jacoby (Hrsg.): *Die Fragmente der griechischen Historiker II A*; Berlin; 1926 (Nachdruck: Leiden; 1961); Nr. 66.

## Helmold von Bosau (Helmoldus presbyter Bosoviensis)

Sächsischer Kirchenmann und Geschichtsschreiber (1120 bis 1177).

Bei Goslar geboren; Schüler des ersten Bischofs von Lübeck, Gerold; Pfarrer in Bosau (bei Plön) [54 6N 10 26E], wo er starb.

Seine zweibändige *Chronica Slavorum* („Chronik der Slaven") beginnt in der 1. Hälfte 9. Jh. und endet 1170. Darin schildert er die Unterwerfung der wendischen Bevölkerung östlich des Unterlaufs der Elbe ab Karl dem Großen und die „Eindeutschung" des Ostens von Holsteins unter Heinrich dem Löwen. Eine seiner Quellen war > Adam von Bremen. Helmold stand der deutschen Osterweiterung sehr kritisch gegenüber (es sei nicht um Christianisierung, sondern um Gier gegangen) und bemitleidete die erbarmungslos massakrierten Wenden. Das Werk enthält auch einige unikale Details zur Herrschaft Heinrichs des Löwen.

Der Benediktinermönch > Arnold von Lübeck setzte die Chronik bis zum Jahr 1209 fort.

> Deutsche Übersetzung (J. M. Laurent u. W. Wattenbach): *Helmold: Chronik der Slaven*; ISBN 3-88851-X.
> Lateinischer Quelltext und deutsche Übersetzung (H: Stoob): Stoob, H. (Hrsg.): *Helmold von Bosau: Slawenchronik;* Reihe FSGA, A, Bd. 19; 7. Aufl.; Wissenschaftliche Buchgesellschaft; Darmstadt; 2008.
> Lateinischer Quelltext und deutsche Übersetzung auf CD-ROM mit Abfrage-Software: Bogon, W. (Herausgeber): *Quellensammlung zur mittelalterlichen Geschichte;* MA I; CD-ROM; Verlag Heptagon; Berlin; 1999.
> Jordan, Karl, „Helmold von Bosau", in: Neue Deutsche Biographie 8 (1969), S. 502 [Onlinefassung]; URL: http://www.deutsche-biographie.de/pnd100945546.html

## Henricus de Lettis (> Heinrich von Lettland)

## Henricus Surdus (> Heinrich (der) Taube von Selbach)

## Henry (> Heinrich)

## Herakleides von Kymae

Griechischer Geschichtsschreiber (um -350)

Aus Kymae (an der Westküste Kleinasiens, SO von Milet) [38 46N 26 56E], wo eine Generation vor ihm > Éphoros geboren worden war.

Als persischer Untertan verfasste er eine fünfbändige Geschichte von Persien (Persika), die verloren gegangen ist, von der aber kleine Auszüge von späteren Autoren, v.a. von > Plutarch und > Athenaeus Naucrarita zitiert werden. Sie geben interessante Einblicke in das Leben am Hof des Artaxerxes II. (dieser regierte von -404 bis -358).

> Quelltexte der Fragmente: Felix Jacoby (Hrsg.): *Die Fragmente der griechischen Historiker II A*; Berlin; 1926 (Nachdruck: Leiden; 1961); Nr. 689.
> Französiche Übersetzung der Fragmente (D. Lenfant): *Les „Histoires perses" de Dinon et d'Héraclide (= Persika*. 13). Fragments édités, traduits et commentés; De Boccard; Paris 2009.

## Herennios Philon (Phylon von Byblos)

Hellenistischer Geschichtsschreiber (ca. 70 bis ca. 140).

In Byblos aus phönizischer Familie geboren. Er verfasste (in griechischer Sprache) mindestens drei Geschichtswerke.

- Eine 9-bändige Geschichte Phöniziens (*Phoinikia historia*) von der nur einige Auszüge durch > Eusebios von Caesarea überliefert worden sind. Von großem Interesse ist darin die Erwähnung eines phönikischen Geschichtsschreibers des -12. Jh. namens > Sanchuniathon. Die Aussage des Herennios, dass der phönizische Einfluss auf die griechische Mythologie bereits seit Hesiod verkannt worden sei, deckt sich mit modernen Ausgrabungen in Ugarit und mit sprachwissenschaftlich fundierten Theorien.
- Eine 30-bändige Faktensammlung über berühmte Persönlichkeiten, nach Herkunftsstädten geordnet, die restlos verloren gegangen ist.
- Eine Geschichte der Regierungsjahre Hadrians, von der nur der Titel überliefert worden ist.
- Ein weiteres Werk befasste sich mit Synonymen.

Quelltexte der Fragmente der Geschichte Phöniziens: Felix Jacoby (Hrsg.): *Die Fragmente der griechischen Historiker II A*; Berlin; 1926 (Nachdruck: Leiden; 1961); Nr. 1060.
Quelltexte und Übersetzung ins Englische (H.W. Attridge, R.A. Oden): *Philo Byblius, The Phoenician History*; CBQ monogr. sér. 9, Washington, 1981.

## Hermann/Herimann von Reichenau der Lahme (Hermannus Contractus/Augiensis)

Deutscher Kirchenmann, Universalgelehrter, Dichter und Geschichtsschreiber (1013 bis 1054).

Aus schwäbischem Adel in Altshausen (bei Ravensburg) [47 56N 9 33E] spastisch behindert geboren. Mönch des Benediktinerklosters Reichenau (Bodensee), wo er starb. Trotz seiner Behinderung, die ihm auch das Sprechen erschwerte, entfaltete er sich zu einem der größten Gelehrten seiner Zeit.

Er verfasste in lateinischer Sprache eine Weltchronik (*Chronicon*), welche die Zeit von der Geburt Christi bis 1054 abdeckte; sie ist eine der wichtigen Quellen zur deutschen Geschichte der ersten Hälfte des 11. Jahrhunderts. Sein Schüler > Berthold von Reichenau ergänzte sie um die Berichtsjahre 1054 bis 1080.

Lateinischer Quelltext und deutsche Übersetzung (Trillmich, Buchner, R.): *Quellen des 9. und 11. Jahrhunderts zur Geschichte der Hamburgischen Kirche und des Reiches: Rimbert Leben Ansgars; Adam von Bremen; Bischofsgeschichte der hamburger Kirche; Wipo Taten Kaiser Konrads II.; Hermann von Reichenau Chronik*; 7. Auflage; Wissenschaftliche Buchgesellschaft; Darmstadt; 2000.

Lateinischer Quelltext und deutsche Übersetzung auf CD-ROM mit Abfrage-Software: Müller, Th. (Herausgeber): *Quellensammlung zur mittelalterlichen Geschichte – Zweite Fortsetzung – Continuatio secunda fontium medii evi*; MA II; Verlag Heptagon; Berlin; 2008.

Brunhölzl, Franz, „Hermann von Reichenau", in: Neue Deutsche Biographie 8 (1969), S. 649 f. [Onlinefassung]; URL: http://www.deutsche-biographie.de/pnd118549693.html

## Hermann von Wartberge

Deutscher Kirchenmann und Geschichtsschreiber (1330 bis 1380).

Vermutlich in Niedersachsen geboren, wurde er Kaplan des Landmeisters des Deutschritterordens und von ihm mit der Verfassung der Chronik beauftragt.

Er verfasste auf Latein eine Geschichte Livlands (*Chronicon Livionale*), die den Zeitraum bis 1378 behandelt. Auch wenn sein Werk die Geschichte im Sinne des Deutschritterordens wiedergibt, sind die letzten zwei Jahrzehnte wertvoll, da sie auf dem Miterleben des Autors fußen. Zu seinen Quellen gehörte die Chronik des > Heinrich von Lettland.

Deutsche Übersetzung (Anti Selart): *Die livländische Chronik des Hermann von Wartberge*; in: Matthias Thumser (Hg.): *Geschichtsschreibung im mittelalterlichen Livland*; S. 59 bis 86; Berlin; 2011.

Triller, Anneliese, „Hermann von Wartberge", in: Neue Deutsche Biographie 8 (1969), S. 652 [Onlinefassung]; URL: http://www.deutsche-biographie.de/pnd100946097.html

## Herodianus (Herodian)

Römischer Geschichtsschreiber griechischer Sprache (ca. 180 bis ca. 250).

In Antiocheia/Antakya (Türkei) oder Alexandreia/Alexandria (Ägypten) geboren, lebte er u. a. in Rom, wo er vermutlich ein kleines Amt in der Regionalverwaltung bekleidete.

Sein um 250 auf Griechisch verfasstes achtbändiges Werk *Metá Márkon basileías historíai* („Geschichte nach Kaiser Marcus Aurelius") berichtet aus der Perspektive des Augenzeugen über die Geschehnisse in Rom vom Jahr 180 bis zum

Jahre 238 in oberflächlicher Weise (er überging das Aufkommen des Christentums und das Edikt von Caracalla). Er wollte bewusst nur die während seines Lebens stattgefundenen Ereignisse festhalten und schrieb als erster in der Ich-Form. Für die Regierung des Kaisers Alexander Severus (222 bis 235) ist er die wichtigste Quelle. Seine Hauptquellen waren seiner Aussage nach viele Zeitzeugen sowie seine eigene Erinnerung. Dabei kommt vielfach der Verdacht der freien Erfindung auf. Andererseits war er dem Antagonismus „Senat vs. Kaiser" gegenüber unvoreingenommen.

Herodian beobachtete mit Sorge die Militarisierung der Staatsspitze und die Machtverlagerung an die Peripherie des Römischen Reichs. Er stimmte mit seinem 35 Jahre älteren Zeitgenossen > Cassius Dio in der Einschätzung überein, dass im Jahr 180 ein Übergang von einem „Goldenen Zeitalter" in eine Epoche eines „eisernen und rostigen Kaisertums" stattgefunden habe.

Auf seinem Werk bauten die > Historia Augusta, > Zosimos und > Johannes Malalas von Antiochia auf.

>    Metzler Lexikon antiker Autoren: Artikel von H. Brandt.
>    Lexikon der Alten Welt: Artikel von W. Spoerri.
>    Deutsche Übersetzung (F. Müller): *Herodian: Geschichte des Kaisertums nach Marc Aurel*; Stuttgart; 1996.
>    Englische Übersetzung: http://www.tertullian.org/fathers/herodian_00_intro.htm
>    Französische Übersetzung der kompletten überlieferten Quelltexte (J.A.C. Buchon, J. Séruse): *Hérodien: Histoire romaine (180-237)*; Éditions Paleo; Clermond-Ferrand; 2011.

## Herodot (Heródotos)

Griechischer Geschichtsschreiber (ca. -484 bis ca. -430).

Aus karisch-griechischer Familie als persischer Untertan in Halikarnassos/Bodrum (Türkei) [37 03N 27 28E] geboren, einer ursprünglich dorischen, dann ionischen Kolonie auf karischem Gebiet. Nach ausgedehnten Reisen (Schwarzmeer, Skythien, Thrakien, Makedonien, Ägypten, Libanon, Mesopotamien) „um zu schauen" („theoreiein") und „nachzuforschen" („istoreiein"), lebte er in Samos, Athen (hier hatte er u. a. mit Perikles, Anaxagoras und Sophokles Kontakt) und schließlich in Thurioi (einzige athenische Kolonie im westlichen Mittelmeer, landeinwärts der Ruinen von Sybaris im Golf von Tarent [39 41N 16 28E]), an deren (von Perikles unterstützten) Gründung er –443 teilnahm und in der er (vermutlich zu Beginn des Peloponnesischen Krieges) starb.

Er verfasste ein neunbändiges Werk *Histories Apódixis* („Darlegung der Nachforschungen") „damit bei der Nachwelt nicht in Vergessenheit gerate, was unter Menschen einst geschehen ist", vor allem nicht die Ursachen der Kriege. Es behandelt den Zeitraum von ca. -700 bis –457 (Schlacht von Tanagra). Vermutlich begann er es mit dem Plan, eine Geschichte des Persischen Reichs zu verfassen, stellte es in Athen auf eine Geschichte des persisch-griechischen Konflikts um und vollendete es in Thurioi.

Herodots Werk baute auf jenen des > Hekataios von Milet und > Hellanikos von Mytilene auf und wurde für alle folgenden Geschichtsschreiber direkt oder indirekt zur Quelle, vor allem über die Geschichte des Persischen Reiches.

Auch wenn Herodot in manchem noch ein Kind seiner Zeit war (er glaubte an übernatürliche Einwirkungen auf den Gang der Dinge, an Orakeln und anderen Weissagungen, er übertrieb bei der Angabe feindlicher Truppenstärken u.s.f.), ging er ihr weit voraus, indem er das menschliche Individuum, dessen Erlebnisse und Leiden, als maßgeblichen Bezugspunkt der Geschichte betrachtete. Herodot gilt (seit einem Ausspruch Ciceros) als der „Vater der Geschichtsschreibung".

Metzler Lexikon antiker Autoren: Artikel von H. Bachmaier.
Lexikon der Alten Welt: Artikel von W. Burkert.
Deutsche Übersetzung (H. Stein): *Herodot: Neun Bücher der Geschichte*; 3. Aufl.; Phaidon Verlag; Essen.

## Hesychios von Alexandreia (Hesychius Alexandrinus)

Spätantiker hellenistischer Philologe und Lexikograph (5. Jh.).

Vermutlich in Alexandreia (Ägypten) geboren.

Er verfasste eine Art etymologisches Lexikon der griechischen Fremdwörter, das mit 51.000 Einträgen das umfangreichste Begriffslexikon der Antike ist. Darin sind viele Begriffe enthalten, die von keiner anderen antiken Quelle überliefert worden sind. Da er auch auf den Ursprung von Wörtern einging und dabeivor allem auf das Makedonische, Thrakische und Illyrische verwies, ist sein Werk eine wertvolle Quelle zur Rekonstruktion der früh-Indoeuropäischen Sprachen. Die alphabetische Ordnung seines Werks erwähnt er von > Diogenianos Grammatikos übernommen zu haben. Sein Werk ist durch ein in Venedig erhaltenes Manuskript fast vollständig überliefert worden. Die neueste Ausgabe ist das Lebenswerk des dänischen Philologen Kurt Latte, das durch Peter Allan Hansen abgeschlossen worden ist.

Griechischer Quelltext (Hrsg. Mauricius Schmidt): *Hesychii Alexandrini Lexicon;* 1 Band; Jena; 1867. Faksimile-Nachdruck durch Nabu Public Domain Reprint.

Griechischer Quelltext (Hrsg. Kurt Latte, Peter Allan Hansen): *Hesychii Alexandrini Lexicon. 4 Bände,* de Gruyter, Berlin, 1953 bis 2009.

## Hesychios von Milet

Spätantiker hellenistischer Geschichtsschreiber (6. Jh).

In Milet (Türkei) [37 38N 27 18E] geboren. Erreichte im Oströmischen Reich den senatorischen Rang.

Er verfasste eine 6-bändige Weltgeschichte *Bíblion istorikón os en sinópsei kosmikés* („Geschichtsbuch aus der Weltgesamtsicht"), von den mythologischen Anfängen bis 518. Sie ist mit Ausnahme eines größeren Fragments des Buches 6 (byzantinische Geschichte) verloren gegangen. Einige spätere Geschichtsschreiber wie > Eustathios von Epiphaneia und > Photios schöpften aus seinem Werk.

Er verfasste auch eine Literaturgeschichte *Onomatólogos,* die im 10. Jh. zum > Suda-Lexikon ausgebaut wurde.

Quelltexte der Fragmente: Felix Jacoby (Hrsg.): *Die Fragmente der griechischen Historiker II A*; Berlin; 1926 (Nachdruck: Leiden; 1961); Nr. 390.

## Hierokles der Grammatiker (Hierocles Grammaticus)

Byzantinischer Geograph (6. Jh.).

Vermuteter Verfasser des *Synékdemos* („Reisegefährte"), einer tabellarischen Auflistung in griechischer Sprache der 64 Regierungsbezirke (Eparchien) des Oströmischen Reichs zur Zeit des Kaisers Justinians (Stand vor 535) und ihrer insgesamt 912 Städte.

Französisch kommentierte Ausgabe (Ernest Honigmann): Le *Synekdèmos d'Hiéroklès et l'opuscule géographique de Georges de Chypre*; Bruxelles; 1939.

Eine Zusammenfassung des *Synékdemos,* der Zuordnung der modernen Ortsnamen (Stand 1939) und Kartographierung gemäß der o.g. Ausgabe von Ernest Honigmann: http://soltdm.com/sources/mss/hierocl/hierocles.htm

## Hieronymos von Kardia

Hellenistischer Diplomat und Geschichtsschreiber (ca. –350 bis –250).
Im thrakischen Kardia/Gelibolu/Gallipolis (Türkei) [40 25N 26 41E] geboren. Diente nacheinander mehreren Diadochen (Eumenes von Kardia, Antigonos I. Monophtalmos, Demetrios Poliorketes und vermutlich auch Antigonos II. Gonatas). Da Eumenes von Kardia (mit dem er vermutlich verwandt war) am makedonischen Hof Kanzleichef gewesen war und den Asienfeldzug Alexanders als offizieller Berichterstatter begleitet hatte, erhielt Hieronymos von Kardia vermutlich zu wertvollen Informationen Zugang.

Seine Werke *Geschichte der Diadochen* und *Geschichte der Epigonen* behandelten den Zeitraum von –323 bis –272, d. h. die Epoche der Diadochenkriege. Sie sind nur in Fragmenten erhalten, flossen jedoch in die Werke der > Diodorus Siculus, > Arrians und > Plutarchs ein. Sie wurden von > Philarchos von Naukratis bis zum Berichtsjahr -200 fortgesetzt.

Die Fragmente lassen höchste Objektivität und Gewissenhaftigkeit vermuten.

 Lexikon der Alten Welt: Artikel von W. Spoerri.
 Quelltexte der Fragmente: Felix Jacoby (Hrsg.): *Die Fragmente der griechischen Historiker II A*; Berlin; 1926 (Nachdruck: Leiden; 1961); Nr. 154.

## Hieronymus von Strido (Kirchenvater)

Dalmatischer Kirchenvater, Übersetzer und Geschichtsschreiber (347 bis 429).

In Strido Dalmatiae (einer bisher nicht lokalisierten „Grenzstadt Histriens zwischen Dalmatien und Pannonien", d. h. im Grenzgebiet der heutigen Staaten Slowenien und Kroatien) aus einer Großgrundbesitzerfamilie geboren, die ihm die beste literarische Ausbildung in Rom zuteil werden ließ. Brach eine in der Kaiserstadt Trier begonnene Beamtenlaufbahn ab, trat dort einem Mönchsorden bei und ging in Aquileia (Italien) in ein Kloster. Er verweilte auf einer Pilgerfahrt ins Heilige Land einige Jahre in Antiocheia/Antakya (Türkei), wo er Syrisch und etwas Hebräisch erlernte. Dann lebte er in kirchlicher Mission einige Jahre in Konstantinopel, wo er u. a. die Chronik des > Eusebios ins Lateinische übersetzte und sie ca. 380 unter dem Titel *Chronicon totius divinae historiae* (auch: *Temporarum liber*) um die Berichtsjahre 325 bis 379 ergänzte. (Während seines Aufenthalts in Konstantinopel wurde um 379 seine Heimatstadt von Goten gebrandschatzt). Im Jahr 382 begab sich Hieronymus anlässlich eines Konzils nach Rom, wo er bis zum Tode des Bischofs Damasus (384) verweilte und sich ab 385 der Überarbeitung und Ergänzung der Übersetzung der Bibel aus dem Griechischen (> Septuaginta) ins Lateinische (*Vulgata*) widmete. Er siedelte nach Palästina um, wo er bis zu seinem Tod (in Bethlehem) an der Bibelübersetzung weiter arbeitete.

Zu den Quellen des Hieronymus gehörte vermutlich die hypothetische > Enmannsche Kaisergeschichte.

> Hydiatus ergänzte das *Chronicon* um den Berichtszeitraum 370 bis 469, die > Chronica Gallica 452 ergänzte das *Chronicon* für Gallien bis zum Berichtsjahr 452, > Marcellinus Comes bis 534. Um 1111 setzte > Siegebert von Gembloux bei seiner Weltchronik auf dem Berichtsjahr 379 auf.

Das *Chronicon* diente als Vorlage u. a. für: > Prosper Tiro Aquitanus, > Cassiodorus, > Victor von Tunnuna, > Historia Britonum.

 Metzler Lexikon antiker Autoren: Artikel von Stefan Rebenich.

## Hilal al-Sabi (Hilal Ibn al-Muhassin al-Sabi)

Irakischer Beamter und Geschichtsschreiber (696 bis 1056).

In Harran (Ruinen bei Altinbasak, Türkei) [36 51N 39 01E] aus einer Familie sabischer Religion (Verehrung von Gestirnsgöttern) geboren, konvertierte zum Islam und bekleidete in Bagdad bis zu seinem Tode hohe Ämter.

Sein Werk *Tarich Abil-Husain Hilal ibn al-abin Ibrahimas Sabi* („Geschichte des Hilal as-Sabi"). Die erhaltenen Fragmente enthalten sonst nicht überlieferte Informationen über die Regierung der Buyidden-Dynastie bis zun Jahre 1003. > Ibn al-Qalanisi ergänzte das Werk um den Berichtszeitraum von 1056 bis 1160, allerdings auf den syrischen Horizont eingeschränkt.

Auch sein vollständig erhaltenes Werk *Rusum Dar al-Khilafa* („Regeln und Vorschriften des Abbasidischen Hofes") enthält wertvolle Hintergrundinformationen zur politischen Szene seiner Zeit.

> Englische Übersetzung (Elie A. Salem): *Hilal al-Sabi: Rusum Dar al-Khilafa* : The Rules and Regulations of the Abbasid Court; American University of Beirut; 1977.

## Hilduin von Saint-Germain

Fränkischer Kirchenmann und Geschichtsschreiber (ca. 770 bis ca. 855).

Aus fränkischem Hochadel geboren (er war Neffe der zweiten Gemahlin Karls des Großen, Hildegard, der Mutter Ludwigs des Frommen). Ab 815 Abt von Saint-Denis. Als er im Konflikt der Söhne Ludwigs des Frommen gegen den Vater für erstere Partei ergriff, wurde er abgesetzt und in Paderborn und dann in Corvey [51 47N 9 25E] interniert. 831 wurde er begnadigt und als Abt von Saint-Denis wieder eingesetzt. Er verlor das Amt jedoch endgültig 840, als er erneut gegen Ludwig den Frommen Partei ergriff. Vermutlich von Lothar I. als Bischof von Köln ernannt, konnte er das Amt wegen einer starken Opposition nicht ausüben. Er zog sich in das Kloster Prüm [50 12N 6 25E] zurück, wo er starb. Nach einer Theorie leitet sich der Name der Stadt Hildesheim von ihm ab.

Hilduin ist vermutlich der Autor der *Gesta Dagoberti,* der Geschichte der Regierungsjahre Dagoberts I. (623 bis 639). Auch wird er als Mitverfasser der > Annales regni Francorum (Reichsannalen) vermutet.

Die *Gesta Dagoberti* sind in der Folge in die > Annalen von Saint-Denis und folglich in die > Grandes Chroniques de France aufgenommen worden.

> Französische Übersetzung (François Guizot, Romain Fougère): *Chroniques du temps du roi Dagobert (592-639): Chronique du Pseudo-Frédégaire; Vie de Dagobert*; 2. Ausgabe; Éditions Paleo; Clermond-Ferrand; 2004.

## Himilkon von Karthago

Karthagischer Entdeckungsreisender und Geograph (-5. Jh.).

Bereiste vermutlich um -480 über Gadir/Cadiz (Nachbarstadt von Tartessos bei Sevilla) die Handelsrouten der Tartessianer zum Nordatlantik, vermutlich bis Großbritannien.

Sein Reisebericht ist verloren gegangen, ebenso die Übersetzung ins Griechische, die > Plinius dem Älteren und um 360 dem römischen Dichter Postumius Rufius Festus Avienus noch vorlag.

Die Erwähnung des Himilkon von „Seeungeheuern" (vermutlich Walfischen) schreckte in der Folge (beabsichtigt oder auch nicht) die mediterrane Welt vor Reisen in den Nordatlantik ab, was letztlich erst durch Kolumbus überwunden wurde.

Ein Jahrhundert später folgte > Pytheas von Massilia den Spuren des Himilkon.

## Hinkmar von Reims (> Annales Bertiniani)

## Hippalos

Hellenistischer Seefahrer (ca. -2. Jh.).

Unternahm vermutlich als Besatzungsmitglied des > Eudoxos von Kyzikos eine Erkundungsreise vom Roten Meer nach Indien. > Plinius vermerkte, dass er das Geheimnis der Nutzung der Monsumwinde für jene Navigation entdeckt habe. Der anonyme Autor des Berichts *Periplus maris Erythraei* (1. oder 2. Jh.) zitiert ihn als den Entdecker jener Route.

## Hippolyt von Rom

Frühchristlicher Theologe und Geschichtsschreiber (ca. 170 bis ca. 235).

Vermutlich in Anatolien geboren, wurde er vermutlich Bischof von Rom oder von Porto bei Rom, und war der erste Gegenpapst (gegen Papst Pontianus). Seine erzkonservative Einstellung trug zum ersten Schisma der christlichen Kirche bei (Hippolytisches Schisma). Wurde vermutlich im Rahmen der Christenverfolgung des Maximinus Thrax nach Sardinien verbannt, wo er nach einer Theorie den Märtyrertod erlitt. Vermulich wurde er in Rom in den nach ihm benannten Hippolyt-Katakomben bestattet. Legenden, die offensichtlich mehrere Personen zu einer verschmolzen, trugen zu seiner außergewöhnlichen Popularität bis nach Frankreich (Reims) bei.

Hippolyt war der produktivste christliche Autor der Epoche vor Konstantin dem Großen. Seine religiösen Schriften sind u.a eine der wichtigsten Quellen zur Lehre Heraklits. Da seine Schriften in griechischer Sprache verfasst waren, wurden sie in der Westhälfte des Römischen Reichs weit unter Wert bekannt. Einige seiner Werke blieben nur in altslawischer Übersetzung erhalten.

Historiographisch am relevantesten ist seine bis 235 reichende Weltchronik, deren überarbeitete lateinische Übersetzung als *Liber Generationis* überliefert worden ist. Aus ihr schöpfte > Fredegar.

## Hirtius, Aulus

Römischer Politiker, Offizier und Geschichtsschreiber (bis -43).

Ab -54 Vertrauensmann Caesars, -45 Statthalter in Gallien. Nach Caesars Ermordung (März -44) überzeugte ihn Cicero zum Überwechseln zur Senatspartei, wurde -43 Konsul und fiel als solcher in der Schlacht von Mutina, einen Tag vor dem in der Nähe erfolgten Tod des Marcus Antonius. Sein Grabmahl wurde 1938 in Rom unter dem Palazzo della Cancelleria entdeckt.

Hirtius verfasste das 8. (das Jahr -51 betreffende) Buch zu > Caesars *De bello Gallico* (*C. Iuli Caesaris commentarii de bello Gallico liber VIII*); nach einer Theorie war er auch der Herausgeber (wenn nicht gar der Verfasser) von > *De bello Alexandrino*, > *De bello Africo* und > *De bello Hispaniensis*.

    Lexikon der Alten Welt: Artikel von Chr. Meier.
    Deutsche Übersetzung (M. Deissmann): Caesar, C. I.: *Der Gallische Krieg*; Übersetzung; Reclam, Stuttgart, 1980.
    Quelltexte der Fragmente: Felix Jacoby (Hrsg.): *Die Fragmente der griechischen Historiker II A*; Berlin; 1926 (Nachdruck: Leiden; 1961); Nr. 154.

## Hisham Ibn Muhammad al Kalbi (> Ibn al-Kalbi)

## Historia Augusta (Scriptores Historiae Augusti)

Ein in der 2. Hälfte des 4. Jahrhunderts nach Christus verfasstes Sammelwerk von 30 Kaiserbiographien des Zeitraums 117 bis 283 (von Hadrian bis Numerian). Der Teil, der den Zeitraum 244 bis 253 beschrieb, ist verloren gegangen.
Nach einer Theorie wurde die *Historia Augusta* um 390 von einem Team nicht weiter bekannter Autoren verfasst:
- Aelius Spartianus: Hadrian, Lucius Aelius, Septimus Severus, Prescennius Niger, Caracalla, Gaeta
- Iulius Capitolinus: Antoninus Pius, Marcus Aurelius, Lucius Verus, Pertinax, Didius Iulianus, Clodius Albinus, Macrinus, Maximus Thrax, Gordian I., Gordian II., Gordian III., Papienus, Balbinus
- Vulcacius Gallicanus: Avidius Cassius
- Aelius Lampridius: Commodus, Diadumenianus, Heliogabalus, Severus Alexander
- Trebellius Pollio: Valerian, Gallienus, 30 Tyrannen, Claudius II. Gothicus
- Flavius Vopiscus: Aurelian, Tacitus, Probus, 4 Tyrannen, Carus, Carinus, Numerianus

Nach einer anderen Theorie wurde das Werk von nur einem Autor verfasst, der seine Identität angesichts der reaktionären (heidnischen) Absichten verbergen wollte; nach einer Version handelte es sich dabei um > Nichomachus Flavianus oder dessen Sohn. Dagegen spricht die unterschiedliche Qualität der Kapitel, von denen einige mit Übertreibungen, fiktiven Namen und Ereignissen bespickt sind.
Der(ie) Autor(en) schöpfte(n) aus dem Werk des > Aurelius Victor, > Marius Maximus, vermutlich auch aus der hypothetischen > Enmannsche Kaisergeschichte und vielleicht aus dem Werk des > Ammianus Marcellinus.
Die *Historia Augusta* ist für den Zeitraum von ca. 110 bis 160 die einzige erhaltene Primärquelle.

Metzler Lexikon antiker Autoren: Artikel von Hartwin Brandt.
Lexikon der Alten Welt: Artikel von J. Straub.
Deutsche Übersetzung (E. Hohl): Hohl, E.; Merten, E. W.;Rosger, A. (Hrsg.): *Historia Augusta – Römische Herrschergestalten*; 2 Bände; Artemis, Zürich-München, 1976 bzw. 1985.
Lateinischer Quelltext und englischer Übersetzung online: http://penelope.uchicago.edu/Thayer/E/Roman/Texts/Historia_Augusta/home.html
Lateinischer Quelltext und englische Übersetzung online: http://www.livius.org/hi-hn/ha/hist_aug.html
Französische Übersetzung aller überlieferten Quelltexte (E. Taillefert, A. Dubois, Yves Germain): *Histoire Auguste* Tome 1 *Des Antonins aux Sévères (117-235)*; Tome 2 *L'anarchie militaire (235-284)*; Éditions Paleo; Clermond-Ferrand; 2011.

## Historia Britonum

Eine vermutlich um 830 verfasste Chronik der Invasionen der Angelsachsen, Pikten und Skoten aus Sicht der leidtragenden Briten (der keltoromanischen Vorbevölkerung). Der Berichtszeitraum erstreckt sich von ca. 400 bis ca. 495 (v.a. Vortigern betreffend). Neben der „Geschichte der Briten" enthält das Werk auch Annalen von Wales (Cambriae), eine Biographie des Hl. Patrizius und diverse Abhandlungen. Der Autor schöpfte u. a. aus den Werken von > Caesar, > Hieronymus von Strido, > Prosper Tiro Aquitanus, > Victorius Aquitanus und > Gildas der Weise. Das Werk wurde etwa ein Jahrhundert später von > Nennius überarbeitet.

Eine deutsche Übersetzung des Werks ist im Buchhandel nicht verfügbar.
Englische Übersetzung online: www.britannia.com/history/docs

## Historia Norwegiae

Eine vermutlich um 1220 vermutlich im Osten Norwegens verfasste Kurzgeschichte und Königsliste Norwegens.
> Englische Übersetzung (Kunin, Phelpstead): A *History of Norway and the Passion and Miracles of the Blessed Óláfr*; University College London; 2001). Online: http://vsnrwebpublications.org.uk

## Historia / Genealogia Welforum (Geschichte der Welfen)

Eine um 1170 vermutlich am Hof Welfs IV. in Spoleto verfasste Geschichte der Dynastie der Welfen. Sie erstreckt sich von ca. 800 bis 1167.

Das Werk wurde von Mönchen des Klosters Steingaden (Oberbayern) [47 42N 10 52E] fortgesetzt.
> Lateinischer Quelltext und deutsche Übersetzung (E. König): *Historia Welforum*. In: Schwäbische Chroniken der Stauferzeit, 1. Band; 1938; Neudruck 1978
> Lateinischer Quelltext und deutsche Übersetzung auf CD-ROM mit Abfrage-Software: Müller, Th., Pentzel, A. (Herausgeber): *Quellensammlung zur mittelalterlichen Geschichte – Fortsetzung - Continuatio fontium medii evi*; MA II; Verlag Heptagon; Berlin; 2000.
> Online: http://digital.ub.uni-duesseldorf.de/ihd/content/titleinfo/1764920

## Holztäfelchen von Juyan (Edsen-gol alias Etsin-gol)

Ab 1930 vor allem in Etsingol (Juyan, Innere Mongolei) insgesamt über 20.000 ausgegrabene schmale Holz- bzw. Bambusstreifen mit Aufzeichnungen der dortigen Limes-Garnison während der Han-Zeit. Sie enthalten nützliche Informationsfetzen aus der Zeit von -100 bis 100.

## Homer

Griechischer epischer Dichter (ca. -8 Jh).

Vermutlich geboren in der Region von Smyrna (Izmir), einer äolischen Koloniestadt an der Westküste Kleinasiens. Seine zwei Epen Ilias und Odysse besingen die letzten 51 Tage des vermutlich zehnjährigen Handelskriegs von griechischen Eroberern gegen thrakische Kolonisten des NW-Zipfels Anatoliens (ca. -1170) bzw. die umwegreiche Heimfahrt eines der Protagonisten (Odysseos) im Mittelmeer nach Ithaka.

Auch wenn Homer noch der Epoche der mythologischen und epischen Verarbeitung der Vergangenheit angehört und nicht als Geschichtsschreiber zu betrachten ist, enthalten seine Werke eine Reihe von Informationen aus der besungenen Epoche (topographische, ethnographische, linguistische, waffentechnische, schiffstechnische, hausgerätetechnische, sozio-ökonomische), welche von der Archäologie und anderen Wissenschaftszweigen weitgehend als historisch bestätigt worden sind („Homerische Altertümer").
> Lexikon der Alten Welt: Eintrag „Homerische Altertümer" von G. Knebel.

## Hou Hanshu (> Fan Ye)

## Hryggjarstykki

Von einem sonst unbekannten Isländer Eirir Oddsson um 1150 verfasste Königssage mit realitätsnahem Ereignishintergrund des Zeitraums 1136 bis 1139. Von > Snorri Sturluson zitiert, der die Zuverlässigkeit der Quelle hervorhob, da jener bei einem langen Norwegen-Aufenthalt mit Zeitzeugen der Ereigniise gesprochen habe.

## Hsüan-tsang (> Xuanzang)

## Hugh the Chanter/Chantor

Englischer Kirchenmann und Geschichtsschreiber ( ? bis ca. 1140).

Verfasste eine Zeitgeschichte des Bistums von York für den Berichtszeitraum von 1066 bis 1127. Da darin über Konflikte mit dem englischen Königshaus und dem Papsttum berichtet wird, geht der historiographische Wert weit über eine lokale Kirchengeschichte hinaus.

> Lateinischer Quelltext und englische Übersetzung (Charles Johnson): *The History of the Church of York, 1066-1127*; Oxford University Press; Oxford; 1990.

## Hugo Falcandus (Ugo Falcando, Hugo Falcandus)

Süditalienischer Geschichtsschreiber (vor 1166 bis nach 1190).

Vermutlich aus normannischer Adelsfamilie geboren. Sein Name ist ein Jahrhunderte später gegebener Pseudonym. Genoss eine vorzügliche Ausbildung. War vermutlich am normannischen Hof in Palermo tätig.

Er verfasste eine Geschichte der normannischen Eroberung Siziliens (*Liber de regno Siciliae*), die den Zeitraum von 1154 bis 1169 beschreibt.

> Lateinischer Quelltext online (Quellensammlung ALIM): http://www.uan.it/alim/letteratura.nsf/Autore?OpenView&Start=21&Count=20
> Englische Übersetzung (G. A. Loud): *The history of the tyrants of Sicily by 'Hugo Falcandus' 1154–69*; Manchester Univ. Press; 1998 (Manchester medieval sources series).

## Hugo von Fleury (Hugo Floriacensis)

Französischer Kirchenmann und Geschichtsschreiber (? bis nach 1180).

Trat in den Benediktinerorden ein und lebte im Kloster von Fleury an der Loire [47 48N 2 18E].

Er verfasste unter anderem drei Geschichten fränkischer Könige:

- Eine Chronik der Könige von Frankreich (*Historia regum francorum monasterii Sancti Dionysii*), vom mythischen König Pharamond (ca. 400) bis zum Tod Philips I. im Jahr 1108 (MGH SS 9, 395-406).
- Ein Buch über die Taten der fränkischen Könige der Gegenwart und jüngsten Vergangenheit (*Modernorum regum francorum actus*), das den Zeitabschnitt von 842 bis 1108 abdeckt (MGH SS 9, 376-395).
- Eine Kurzchronik der Könige von Frankreich (*Historia francorum Senosensis*), die den Zeitabschnitt von 688 bis 1034 abdeckt (MGH SS 9, 364-369).

> Französische Übersetzung eines Auszugs: *Chronique des premiers rois capétiens (987-1108); Serment d'Hugues Capet; Vie de Bouchard (Eudes); Poème au roi Robert (Adalbéron); Vie du roi Robert (Helgaud), fragments de l'Histoire des Français; Chronique de Hugues de Fleury (années 949 à 1108), procès-verbal du sacre de Philippe Ier*; Éditions Paleo; Clermond-Ferrand; 2011.

## Hydatius von Aquae Flaviae (Idacio de Cháves)

Galizischer Kirchenmann und Geschichtsschreiber (ca. 395 bis 468).

In Aquae Flaviae/Chaves (Portugal) [41 44N 7 28W] geboren, wurde er Bischof seiner Heimatstadt.

Sein Werk *Chronica* setzt jenes des > Hieronymus von Strido (den er persönlich kennen lernte) für den Berichtszeitraum 379 bis 468 fort. Es schildert die Ereignisse vor allem auf der Iberischen Halbinsel, nämlich die Plünderungen, Landnahmen und gegenseitigen Kämpfe der germanischen Eroberer und speziell die Entwicklung des Suebenreichs. Ihm werden auch die *Fasti Hispani* zugeschreiben, die auf den > Fasti Consulares gründeten und den Zeitraum von -509 bis 486 abdecken.

> Englische Übersetzung (R.W. Burgess): The Chronicle of Hydiatus and the Consularia Constantinopolitana: Two Contemporary Accounts of the Final Years of the Roman Empire; Oxford, 1993.
>
> Steven Muhlberger: The Fifth-Century Chroniclers: Prosper, Hydatius, and the Gallic Chronicler of 452. Leeds 1990.

## Hypatius-Manuskript (Hypatius Chronik) (> Nestorianische Chronik)

## Ibn Abd Az-Zahir

Ägyptischer Geschichtsschreiber (1223 bis 1292).

In Kairo geboren. Sekretär des der Mameluckensultane Baibar und Qalaun. Er verfasste eine Biographie des Baibar (*Sirat al-Malik az-Zahir*), von der nur Fragmente erhalten sind, wohl eine von seinem Enkel Safi al-Asqalani erstellte Zusammenfassung. Die von Ibn Abd Az-Zahir verfasste Biographie des Qalaun und dessen Sohnes al-Asraf wird in einem anonymen Werk *Tashrif al-ajjam wa-l usur bi-sirat as-Sultan al-Malik al-Mansur* auszugsweise zitiert.

> Deutsche Übersetzung der Übersetzung aus dem Arabischen ins Italienische von F. Gabrieli einiger Auszüge (Einnahme von Antiocheia, 1268 und von Margat, 1285): siehe BIBLIOGRAPHIE (Gabrieli, F.; 1957).

## Ibn Abd-el-Hakam

Ägyptischer Geschichtsschreiber (? bis ca. 870).

Er verfasste eine der ersten Geschichten der arabischen Eroberung Ägyptens, Nordafrikas und Spaniens (*Futuh Misr wa'l-Maghrib wa akbaruha*), die den Zeitraum von 639 bis 711 beschreibt, für den sie (für die des Arabischen Mächtigen) eine wesentliche Quelle ist.

> Vom Werk der Ibn Abd-el-Hakam ist keine Übersetzung in eine westliche Sprache im Buchhandel verfügbar, auch nicht ins Spanische.

## Ibn Abi Tayyi, Yahya

Syrischer Geschichtsschreiber (ca. 1180 bis ca. 1232).
Vermutlich in Aleppo geboren. Schiitischer Konfession.
Seine Universalgeschichte *Maadin al-dhahab fi farikh al-muluk wa l-khulafa wa dhawi l-rutab* und seine Biographie Saladins sind verloren gegangen, sie wurde aber von späteren Geschichtsschreibern häufig zitiert, darunter > Abu Shama; > Ibn al-Furat.

## Ibn Abi Zar (> Rawd al-Qirtas)

## Ibn al-Adim, Kamal al-Din Umar ibn Ahmad

Syrischer Geschichtsschreiber arabischer Sprache (1192 bis 1262).

Geboren in Aleppo. Sein Hauptwerk *Bughyat-talab fi tarikh Halab* („Das ersehnte Ziel der Bestrebungen") ist eine Sammlung von Biographien berühmter Persönlichkeiten von Aleppo, mit einer Einleitung über die Geographie und Bräuche der Stadt. Es ist nur zum Teil erhalten.

Davon leitete er eine Chronik von Aleppo *Zubdat al-Halab fi ta'arikh Halab* („Der Rahm /das Wesentliche der Geschichte von Aleppo") ab, die bis 1243 reicht. Darin schöpfte er u. a. aus den Werken von > Usama ibn Munqidh und > Ibn al-Qalanisi.

Die Chronik des Ibn al-Adin ist u. a. die wichtigste Quelle über die Sekte der Assassinen und über die Kreuzritterkriege in Nordsyrien. Der Autor beklagte den Partikularismus der syrischen Regionalfürsten als den Wegbereiter der Kreuzritterinvasionen.

Artikel von M. Brett in: Kennedy, H. (Hrsg.): *The Historiography of Islamic Egypt*; Koninklijke Brill; Leiden; 2001.

Deutsche Übersetzung der Übersetzung aus dem Arabischen ins Italienische von F. Gabrieli einiger Auszüge zu den ersten drei Kreuzügen: siehe BIBLIOGRAPHIE (Gabrieli, F.; 1957).

## Ibn al-Athir, Ali (Ebn al-Atir; Ibn Asir)

Kurdischer Geschichtsschreiber arabischer Sprache (1160 bis 1233).

In Cisre am Tigris (SO-Türkei) [37 19N 42 12E] aus einer Landbesitzerfamilie geboren, war er ein Zeitgenosse Saladins, in dessen Heer er zeitweise diente (nach 1244 in Syrien). Er starb in Mossul.

Ibn al-Athir verfasste zwei historische Werke: *Al-Tarik al-baher fil-dawlat al-Atabakiya* („Die glänzende Geschichte der Atabeg-Dynastie"), um 1215 geschrieben, und *Kamil at-Tawarich* („Vollständige Geschichte" oder „Summe der Geschichten"), eine 13-bändige Geschichte der islamischen Welt (die zwar von Transoxanien bis Spanien reicht, sich aber auf Syrien und Mesopotamien konzentriert), von Mohammed (d. h. ab ca. 622 bis 1231).

Das *Kamil* ist trotz einiger dem Autor unterlaufenen Fehler wegen dessen Sachlichkeit und Blicks für Zusammenhänge die wichtigste muslimische Quelle über die islamische Welt ab der Jahrtausendwende bis einschließlich der ersten drei Kreuzzüge (des dritten war er Augenzeuge) und der arabischen Feldzüge im Punjab. Ibn al-Athir erwähnte die Rus als „andere Byzantiner". Seinem Landsmann Saladin gegenüber war er kritisch eingestellt. Ibn al-Athir teilt mit allen islamischen Geschichtsschreibern der Epoche zwar noch die heilsgeschichtliche Auffasung, hebt sich jedoch von ihnen heraus (Gabrieli, 1957).

Zu seinen Quellen gehörten > Ibn Meskavayh, > Ibn Amed Isfahani und > Ibn al-Qalanisi.

Viele spätere Geschichtschreiber schöpften aus seinem Werk, wie > Ibn al-Tiqtaqa.

Artikel von D.S. Richards in Encyclopaedia Iranica: http://www.iranicaonline.org/articles/ebn-al-air

Englische Übersetzung der Berichtsjahre 1097 bis 1146 (D.S. Richards): Richard, D.S. (Hrsg.): *The Chronicle of Ibn al-Athir for the Crusading Period from al-Kamil fi'l-Ta'rikh*; Part 1; Crusade Texts in Translation; Ashgate; 2010.

Englische Übersetzung der Berichtsjahre 1146 bis 1193 (D.S. Richards): Richard, D.S. (Hrsg.): *The Chronicle of Ibn al-Athir for the Crusading Period from al-Kamil fi'l-Ta'rikh*; Part 2; Crusade Texts in Translation; Ashgate; 2010.

Englische Übersetzung der Berichtsjahre 1193 bis 1231 (D.S. Richards): Richard, D.S. (Hrsg.): *The Chronicle of Ibn al-Athir for the Crusading Period from al-Kamil fi'l-Ta'rikh*; Part 3; Crusade Texts in Translation; Ashgate; 2010.

Arabischer Quelltext und französische Übersetzung der die Kreuzzüge betreffenden

Auszüge: *Recueil des historiens des croisades; Historiens Orientaux,* Bd.1, Teil 1 u. 2; Académie des Inscriptions et Belles-Lettres; Imprimerie nationale; Paris; 1872 u. 1887.
Deutsche Übersetzung der Übersetzung aus dem Arabischen ins Italienische von F. Gabrieli einiger Auszüge: siehe BIBLIOGRAPHIE (Gabrieli, F.; 1957).

## Ibn al-Dschauzi (> Ibn al-Jawzi)

## Ibn al-Faradi (Abu l-Walid Abdallah ibn al-Faradi)

Andalusischer Jurist und Geschichtsschreiber (962 bis 1012).

In Corduba als Muladi (Nachkomme von Konvertiten) geboren. Nach Studium und Aufenthalten in Mekka Kairuan war er als Kadi (Richter) in Valencia tätig. Kam bei bei der Einnahme Cordubas um, vermutlich aufgrund seiner Herkunft durch berberische Truppen.

Verfasste, neben einer verloren gegangenen Geschichte der Dichter Andalusiens und anderer kleinerer Werke, eine „Geschichte der Weisen Andalusiens" (*Tarik ulama al-Andalus*), mit Kurzeinträgen (in der Art des vorliegenden Buches) über die Ulamas (Islamgelehrten) der ersten drei Jahrhunderte von al-Andalus: der historiographische Wert liegt im zuverlässigen chronologischen Rahmen, der dank der exakten Recherchen des Autors geboten wird.

> Wie für die meisten Werke von Geschichtsschreibern von al-Andalus arabischer Sprache ist keine Übersetzung der „Geschichte der Weisen Andalusiens" in einer europäischen Sprache verfügbar.

## Ibn al-Furat

Ägyptischer Rechtsgelehrter und Geschichtsschreiber (1334 bis 1405).

In Kairo geboren.

Sein Werk *Tarikh Al-Duwal wal Muluk* („Buch der Dynastien und Könige") ist eine wichtige Quelle zur zweiten Hälfte der Geschichte der Kreuzfahrerstaaten im Nahen Osten ab 1106 und deren Untergang durch die Mamelucken (ca. 1300) und reicht bis ca. 1400. Bei der Wahl seiner Quellen (darunter > Ibn Abi Tayyi, > Ibn Asakir) hatte er keine religiösen Vorbehalte. Dies war vermutlich der Grund dafür, dass sein Werk bei seinen muslimischen Zeitgenossen und Nachfahren wenig Anklang gefunden hat, so dass nur Fragmente erhalten geblieben sind, die durch ihre Präzision bestechen.

> Englische Übersetzung (U. Lyons, M.C. Lyons) von Auszügen: *Ayyubids Mamlukes, and Crusaders: Selection from the Tarikh al-Duwal wal Muluk of Ibn al-Furat*; W. Heffer and Sons; Cambridge; 1971.
> Deutsche Übersetzung der Übersetzung aus dem Arabischen ins Italienische von F. Gabrieli einiger Auszüge (Einnahme von Krak des Chevaliers, 1271; Vertrag mit Akkon, 1283): siehe BIBLIOGRAPHIE (Gabrieli, F.; 1957).

## Ibn al-Jawzi, Abul Faraj (Ibn al-Dschauzi)

Irakischer Prediger, Hochschullehrer und Geschichtsschreiber (ca. 1116 bis ca. 1200).

In Bagdad aus reicher Kaufmannsfamilie geboren. Ein Wunderkind. Er leitete mehrere Hochschulen. Musste von 1194 bis 1199 in Wasit (Osten Iraks) im Exil leben. Er war der Großvater des Geschichtsschreibers > Sibt ibn al-Jawzi.

Ibn al-Jawzi verfasste ca. 400 Bücher und war damit einer der produktivsten Buchautoren arabischer Spache aller Zeiten. Fast alle seine Werke sind verloren gegangen.

Sein 10-bändiges Werk *Al-Muntazam fisuluk al-muluk wa-l-umam* („Geordnete Auflistung des Verhaltens der Herrscher und Völker") ist eine erhalten gegliebene Weltgeschichte bis zum Berichtsjahr 1179; der besonders wertvolle Teil beginnt beim Berichtsjahr 871.

## Ibn al-Kalbi, Hisham (Hisam Ibn Muhammad al Kalbi)

Arabischer Geschichtsschreiber (ca. 737 bis ca. 820).

In Kufa [32 2N 44 24E] (eines der Zentren der Schia, im Zentrum Iraks) geboren, lehrte er viele Jahre in Bagdad.

Von seinen angeblich über 140 Werken (viele Monographien über islamische Stämme und Schlachten) sind nur wenige erhalten.

Sein Werk *Dschamharat an-nasad* („Zusammenfassung der Genealogie") ordnet ca. 35.000 Personen der arabischen Vergangenheit genealogisch ein.

In seinem Werk *Kitab Al-Asnam* („Buch der Götzen") schrieb er die Ergebnisse seiner Recherchen über die vorislamische Kultur der arabischen Stämme nieder. Es ist eine religionsgeschichtlich äußerst wichtige Quelle, auch wenn er sie mit viel als Realität dargestellter Phantasie ausgeschmückt hat (z. B. die genealogische Brücke zwischen dem Abraham-Sohn Ismael und Mohammed).

Spätere Autoren wie > Al-Baladhuri schöpften aus seinen Werken.

Arabischer Quelltext und deutsche Übersetzung von Auszügen (Rose Klinke-Rosenberger): *Das Götzenbuch Kitab al-Asnam des Ibn al-Kalbi*; Leipzig; 1941.
Englische Übersetzung (N.A. Faris): *Hisham Ibn Al-Kalbi: The Book of Idols (Kitab Al-Asnam)*; Princeton; 1952.
Arabischer Quelltext und französische Übersetzung (W. Atallah): *Les Idoles de Hicham Ibn al-Kalbi*; C. Klienckseck; Paris; 1969.

## Ibn al-Khatib

Maurischer Beamter, Dichter und Geschichtsschreiber (1313 bis 1374).

Geboren in Loja (bei Granada, Spanien). Sein Vater fiel 1340 in der Schlacht am Rio Salado. Wurde Wesir (Kanzler) des Nasridischen Sultans von Granada, Mohammad V. Wegen einer Schlaftstörung widmete er die Nächte der Schriftstellerei. Während seines zweiten Exils in Fez (Marokko) wurde er im Auftrag des Sultans von Granada (der auch die Verbrennung aller seiner Werke verordnete) durch Häscher im Kerker von Fez ermordet.

Er verfasste 60 Werke verschiedener Wissenszweige, darunter eine 1369 veröffentlichte „Geschichte von Granada" (*Al-Ihata fi akbar Ghamata*) und später eine „Chronologie der Kalifen und Reiche von Afrika und Spanien" (*Khatrat al-tafyf: rihlat fi al-Maghrib wa al-Andalus*).

Er war einer der ersten, die erkannten, dass sich die Pest durch Ansteckung ausbreitete und gab entsprechende Empfehlungen (Isolieren der Kranken, Verbrennen der Wäsche).

Keines seiner Geschichtswerke ist in eine europäische Sprache übersetzt worden, selbst nicht ins Spanische, obwohl sie die Geschichte der Iberischen Halbinsel betreffen.

## Ibn al-Kutub (> Al-Suyuti)

## Ibn al-Qalanisi („der Hutmacher")

Syrischer Geschichtsschreiber (1073 bis 1160).

In Damaskus aus einer angesehenen Familie der Oberschicht geboren. Sein eigentlicher Name war Abu Jalaibn Asad at-Tamini. Er bekleidete in seiner Heimatstadt hohe Ämter (auch Bürgermeister) und starb daselbst.

Sein Werk *Dayl tarikh Dimashq* („Fortsetzung der Chronik von Damaskus") ergänzte die (fast vollständig verloren gegangene) Weltchronik des iranischen Geschichtsschreibers > Hilal as-Sabi um den Berichtszeitraum von 1056 bis 1160, allerdings auf die Vorgänge in Syrien fokussiert. Die erhaltenen Teile betreffen die Zeiträume 974 bis 1160.

Das Werk des Ibn al-Qalanisi ist eines der wenigen arabischen Geschichtsquellen, die aus der Zeit des 1. Kreuzzugs erhalten geblieben sind. Aufgrund seiner hohen politischen Funktion gehörte er „gut unterrichteten Kreisen an", weswegen seine Angaben als zuverlässig zu betrachten sind. Es handelt sich also um eine äußerst wertvolle weil islamische (trotzdem im Allgemeinen objektive) Darstellung der Ereignisse vom Vorabend des 1. Kreuzzugs bis zum Vorabend des 3. Kreuzzugs. Spätere arabische Geschichtsschreiber haben aus seinem Werk geschöpft, darunter > Ibn al-Athir und > Sibt ibn al-Jawzi.

> Englische Übersetzung des Abschnitts von 1097 bis 1159 (H.A.R. Gibb): The Damascus chronicle of the Crusades – Extracted and Translated from the Chronicle of Ibn al-Qalanisi; 1963.
> Deutsche Übersetzung der Übersetzung aus dem Arabischen ins Italienische von F. Gabrieli einiger Auszüge zu den ersten zwei Kreuzügen: siehe BIBLIOGRAPHIE (Gabrieli, F.; 1957).

### Ibn al-Qutia (> Abu Bakr Ibn Al-Qutia)

### Ibn al-Shina (> Abul al Fida)

### Ibn al-Tiqtaqa, Safi al-Din (Ebn al-Teqtaqa; Ali Ibn Tabataba)

Irakischer Geschichtsschreiber (ca. 1262 bis nach 1309).

In Bagdad aus der Familie der Aliden (Nachkommen des ältesten Sohns Alis mit Fatima) geboren. Lebte auch in Mossul und Shiraz.

Sein um 1302 verfasstes Werk *al-Fakhri* ist eine Zusammenfassung der Geschichte des Islam. Sie besteht aus zwei Teilen.

- Der erste Teil enthält Anekdoten, die den moralischen Zerfall der Abassiden und die Überlegenheit der Mongolen veranschaulichen sollen. Der zweite Teil enthält Biographien der Kalifen und Wesire, von 632 bis zum letzten abassidischen Kalifen al-Mustasir, der 1258 umgebracht worden ist. Darin werden die für die Schiiten relevanten Epochen und Herrscher ausführlicher behandelt. Seine Hauptquelle war > Ibn al-Athir .

- Ibn al-Tiqtaqa hat den zweiten Teil, nach Einarbeitung der Biographie des Propheten, unter einem anderen Titel (*Monyat al-fozala fi tawarik al-kolafa wal wozara*) getrennt herausgegeben, der um 1314 ins Persische übersetzt worden ist.

> Artikel von Ch. Melville in Encyclopaedia Iranica online: http://www.iranicaonline.org/articles/ebn-al-teqtaqa

### Ibn al-Wardi (> Abul al Fida)

### Ibn Arabshah Demasqi, Ahmad

Syrischer Biograph (ca.1389 bis ca. 1450).

In Damaskus geboren, wurde er 1400 nach der Plünderung von Damaskus von den Truppen Tamerlans nach Samarkand verschleppt (dem > Ibn Khaldun gelang bei jener Gelegenheit hingegen die Flucht nach Kairo). In der Gefangenschaft erlernte er Persisch, Mongolisch und Türkisch. Dann fand er in Adrianopel am Hof Bayazids als Sekretär und Prinzenlehrer eine Anstellung. 1422 kehrte er nach Damaskus zurück und zog 1436 nach Kairo um, wo er starb. Sein Sohn Abd al-Wahhab ibn Arabshah wurde ein renommierter Wissenschaftler.

In seiner 1435 fertiggestellten Biographie Tamerlans *Aja'ib al-Maqdur fi Nawa'ib al-Taymur* („Die wundersamen Schicksalsschläge Tamerlans") beschreibt er mit großer Präzison das Leben und die Laufbahn Tamerlans bis zu dessen Tod (1405) sowie die Machtkämpfe um seine Nachfolge.

Obwohl Ibn Arabshah dem Tamerlan gegenüber negativ eingestellt war und dessen abscheuliche Gräueltaten und Megamorde nicht überging, würdigte er bei dessen Porträtierung auch dessen Stärken. Sein Bericht über die während der oben erwähnten Belagerung von Damaskus stattgefundenen Verhandlung des Ibn Khaldun mit Tamerlan (der von mit Tamerlan sympathisierenden Historikern als Fälschung erklärt worden war) ist durch einen Dokumentenfund von 1951 bestätigt worden.

    Artikel von U. Mashashibi in Encyclopaedia Iranica online: http://www.iranicaonline.org/articles/ajaeb-al-maqdur-fi-nawaeb-timur-the-wondrous-turns-of-fate-in-the-vicissitudes-of-timur-a-history-of-the-lif

    Englische Übersetzung (J. H. Sanders): *Ahmad ibn Arabschah: Tamerlane or Timur the Great Amir*; Luzac & Co.; London; 1936.

## Ibn Asakir

Syrischer Geschichtsschreiber (1105 bis 1176).

Aus renommierter Familie in Damaskus geboren. Nach einem Studium in Damaskus bereiste er von 1126 bis 1141 den Großteil der damaligen islamischen Welt (von Mekka bis Transoxanien) und hielt sich lange bei den jeweiligen Gelehrten auf. Nach seiner Rückkehr war er eine Art Kultusminister Saladins bei der Unterdrückung der von den Fatimiden auch in Syrien geförderten Schia.

Sein Hauptwerk *Tarikh madinat Damashq* („Geschichte von Damaskus und seines Hinterlands") ist das umfangreichste je geschriebene muslimische Geschichtswerk. Es handelt sich um eine bibliographische Enzyklopädie; sie bietet keine durchgängige Geschichte, sondern einen enormen Fundus von Detailinformationen auch vorislamischer Biographien.

## Ibn Asir (> Ibn al-Athir)

## Ibn Bassam (Abu l'Hasan Ali ibn Bassam as-Santarini)

Maurischer Dichter und Geschichtsschreiber (1084 bis 1148).

In Santarem (Portugal) [39 14N 8 41W] geboren, kam er dort vermutlich durch die Kriegswirren der Reconquista um.

Seine um 1110 verfasste Antologie *Ad-Dahira fi mahasin ahl al-gazira* („Schatzkammer der Leistungen der iberischen Bevölkerung"), kurz auch *Dahira* genannt, enthält wertvolle, säuberlich als solche gekennzeichnete, seitenlange Zitate über die Epoche der Almoraviden (1040 bis 1147): darunter Informationen über den El Cid (gestorben 1099) und Auszüge aus dem verloren gegangenen Werk *Kitab el Matyyn* des > Ibn Hayyan, die uns durch ihn erhalten geblieben sind.

## Ibn Battuta

Arabischer Geschichtsschreiber berberischer Abstammung (1304 bis 1368).
Nach seinem Jura-Studium bereiste er von seiner Heimatstadt Tanger aus in 25 Jahren weite Teile Afrikas (bis Timbuktu und Kenya), Asiens (von Konstantinopel, über Indien, Vietnam und Sumatra bis Schanghai).
Sein Reisebericht *Rhila* („Reise") ist, trotz einiger vermutlich erfundener Ausschmückungen, für einige Weltregionen der ausführlichste Bericht des 14. Jh. Ibn Battuta gilt als der „Marco Polo der arabischen Welt", den er jedoch, mit über 120.000 durchreisten Kilometern, an Reiseumfang übertraf.
> Deutsche Übersetzung (H.-J. Grün): *Die Reisen des Ibn Battuta*; 2 Bände; München; Allitera-Verlag; 2007.
> Englische Übersetzung online (Auszüge):http://books.google.co.uk/books?id=zKqn_CWTxYEC

## Ibn Bibi

Iranischer Geschichtsschreiber des 13. Jh.
In Gorgan (Iran) [36 50N 54 29E] geboren, floh er mit der Familie vor den Mogulen nach Kleinasien, wo er am seldschukischen Hofe von Konya um 1230 zum Kanzler avancierte (seine Mutter als Astrologin).
Seine auf Persisch verfassten *Memoiren* sind die wichtigste Quelle zur Geschichte der Seldschuken und erfassen den Zeitraum von 1192 bis 1280.
> Deutsche Übersetzung (H.W. Duda): *Die Seldschukengeschichte des Ibn Bibi*; Kopenhagen; 1959.

## Ibn Challikan (Ibn Khallikan)

Irakischer Jurist und Geschichtsschreiber arabischer Sprache (1211 bis 1282).
Aus vermutlich kurdischer Familie in Arbil (Irak) [36 10N 44 10E] geboren, avancierte er in Ägypten und Syrien zum Oberrichter, mit zwischenzeitlichen Absetzungen und Verhaftungen. Starb in Damaskus.
Sein historiographisch relevantestes Werk ist das Lexikon *Wafayat al-ayan wa-anba'abna az-zaman* („Ableben eminenter Persönlichkeiten und die Nachrichten über Zeitgenossen"), das auf ca. 3.000 Seiten die Biographie von 900 bekannter und weniger bekannter Persönlichkeiten enthält.
> Deutsche Übersetzung (H. Fähndrich) von Auszügen: Die Söhne der Zeit – Auszüge aus dem biographischen Lexikon „Die Größe, die Dahingegangenen"; Thienemann; Stuttgart; 1984.
> Englische Übersetzung (de Slane): *Ibn Khallikan's Biographical dictionary*; 4 Bände; Oriental Translation Fund of Great Britain and Ireland, 1843. (Bände 1 und 2 sind online verfügbar).

## Ibn Fadlan, Ahmad

Arabischer Anthropologe iranischer Abstammung (877 bis 960).
Sein um 920 verfasster *Reisebericht* ist eine wichtige Quelle zu den Rus, Chasaren und Wolgabulgaren. Von seinem Werk sind eine gekürzte Fassung sowie von späteren Autoren zitierte Passagen erhalten.
Ibn Fadlan ist (in romanhaft entstellter Form) der Protagonist des 1976 vom US-Schriftsteller Michael Crichton veröffentlichten Romans „Eaters of the Dead" (deutsche Version „Die ihre Toten essen" oder „Schwarze Nebel") und darauf aufbauend des 1999 erschienenen Spielfilms von John McTiernan „The 13th Warrior" („Der 13. Krieger").
> Englische Übersetzung (Herausgeber Fuat Sezgin): Collection *of Geographical Works*

by Ibn al-Faqih, Ibn Fadlan, Abu Dulaf Al-Khazraji; Frankfurt a.M.;1987.

## Ibn Faradi (> Ibn al-Faradi)

## Ibn Habib al-Dimashki (> Abul al Fida)

## Ibn Hamed Isfahani, Muhammed (Imad ad-Din al Isfahani)

Iranischer Beamter, Literat und Geschichtsschreiber (1125 bis 1201).

In Isfahan/Esfahan (Iran) geboren, trat er in die Dienste Nur ad-Dins und später Saladins ein, der ihn zum Kanzler beförderte; war in dessen Gefolge Zeitzeuge vieler Ereignisse vor und während des 3. Kreuzzugs (1189 bis 1192), worüber er in geschwollenem Stil in einer (vollständig erhaltenen) Chronik der Eroberung Syriens und Palästinas durch Saladin *(Al-Fatah al-qussifil l-fath al-qudsi,* wörtlich „Die Beredsamkeit eines Cicero über die Eroberung der Heiligen Stadt") berichtete. Teilweise erhalten ist seine Biographie Saladins al-Barq as-sami („Der Blitz Syriens"), die mit dem Berichtsjahr 1175 einsetzt.

Die Werke des Ibn Hamed Isfahani enthalten in einem ermüdenden „Meer fürchterlichen Geschwätzes" (Gabrieli, 1957) eine Vielzahl zuverlässiger und unikaler Informationen zu Saladin und seiner Zeit.

Deutsche Übersetzung der Übersetzung aus dem Arabischen ins Italienische von F. Gabrieli einiger Auszüge (1187: Schlacht von Hattin und Einnhame von Jerusalem; 1192: Waffenstillstand Saladins mit Richard I. Lionheart, Ermordung Konrads von Montferrat durch Assassinen): siehe BIBLIOGRAPHIE (Gabrieli, F.; 1957).

## Ibn Hayyan, Abu Marwán Hayyán Ibn Jalaf

Andalusischer Geschichtsschreiber (987 bis 1076).

In Cordoba (Spanien) geboren, wurde er ein hoher Staatsbeamter und starb dortselbst.

Er verfasste einige mehrbändige Geschichtswerke. In seiner 10-bändigen Geschichte der Iberischen Halbinsel *Kitab el Muktabys* beklagte er den Zerfall des Umayadenreichs in Kleinstaaten (Taifas).

Von seiner verloren gegangenen 60-bändigen Zeitgeschichte *Kitab el Matyyn* sind seitenlange Auszüge durch > Ibn Bassam überliefert worden.

Arabischer Quelltext: Abd al-Rahman al-Hajji (Hrsg.): *Al-Muqtabis*; Beirut; 1965.
Arabischer Quelltext und spanische Übersetzung (Mª Jesús Viguera, Federico Corriente): *Ibn Hayyân: Muqtabis V, Crónica del Califa Abderrahmân III an-Nâsir entre los años 912 y 94;* Anubar; Saragossa; 1981.

## Ibn Hishan

Arabischer Geschichtsschreiber (bis ca. 830).

In Basra geboren, in Fustat (Alt-Kairo) gestorben.

Er überarbeitete das Werk des > Ibn Ishaq (Weglassen von Stellen, in denen der Prophet nicht vorkam bzw. von anstößigen Details; mit erläuternde Bemerkungen) und veröffentlichte es unter dem Titel *Sirat Muhammad rasuli Ilah* („Die Biographie Mohammeds, des Gesandten Gottes").

Englische Übersetzung (Alfred Guillaume): *The Life of Muhammad. A translation of Ishaq's Sirat rasul Allah.* 11. Auflage; Oxford University Press; Karachi; 1996.

## Ibn-i Kemal (Kemal-Pascha-zade)

Osmanischer Gelehrter und Geschichtsschreiber (1468 bis 1534).
Aus hoher Beamtenfamilie, war er von 1515 bis 1533 der Scheich-ul-islam (Kultus-, Justiz- und Erziehungsminister) des Osmanischen Reichs.
Er verfasste mehrere Werke in türkischer, persischer bzw. arabischer Sprache. Darunter in türkischer Sprache eine Geschichte der Osmanischen Dynastie (*Tevarih-i Al-i Osman*). Dabei baute er auf Vorgängerwerke, wie das gleichnamige Werk des > Oruc, auf.

Vom Werk des Ibn-i Kemal sind bisher nur Auszüge in eine europäische Sprache übersetzt worden.
Deutsche Übersetzung (Richard Franz Kreutel) eines Auszugs: Der fromme Sultan Bayezid. Die Geschichte seiner Herrschaft [1481-1512] nach den altosmanischen Chroniken des Oruç und des Anonymus Hanivaldanus; Reihe Osmanische Geschichtsschreiber. Band 9; Verlag Styria; Graz/Wien/Köln; 1978.

## Ibn Idhari

Berberischer Geschichtsschreiber (13. Jh.).
In Al Andalus (Südspanien) geboren. Lebte in Marrakesch (Marokko).
Verfasste um 1312 ein geographisch-historisches Werk *Al-Bayan al-Mughrib* über den Maghreb und Spanien. Es enthält unikale Informationen des 11. bis 13. Jahrhunderts, die zum Teil aus verlorenen Werken stammen. Der Autor stellte Al Andalus als eine zweite Kolonisierung der iberischen Halbinsel durch die Berber dar.

Übersetzung ins Spanische (A. Huici Miranda): *Al-Marrakusi Ibn Idari*; 1954 bzw. 1963.

## Ibn Ishaq (Ibn Khabbar)

Arabischer Geschichtsschreiber (ca. 740 bis ca. 770).
In Medina als Enkel eines dorthin verschleppten Christen geboren. Hielt sich zu Studienzwecken in Alexandria (Ägypten) auf. Verließ Medina, als er wegen angeblicher shiitischer Tendenzen und der These eines freien Willens des Menschen angefeindet wurde und fand bei den Abassiden in Bagdad Aufnahme, wo er starb.
Er sammelte die mündliche Tradition über das Leben des Propheten und fasste sie in seinem Werk *Sirah Rasul Allah* („Leben des Apostels Gottes") zusammen, auch *Al-kitab al-kabir* („Das große Buch") genannt. Dieses ist zwar verloren gegangen, aber durch die Überarbeitung des > Ibn Hisham (von einigen Kürzungen abgesehen) fast wortwörtlich rekonstruierbar; auch das Werk des > Ibn al-Athir lehnt sich sehr eng daran an. Demnach bestand das Werk des Ibn Ishaq aus drei Teilen: *Mubtada* (von der Schöpfung bis vor Mohammed); *Mabat* (die Taten Mohammeds bis zum Auszug aus Medina); *Magazi* (der Religionskrieg Mohammeds, d. h. bis 630).

Deutsche Übersetzung (Ferdinand Wüstenfeld, Hrsg.): Das *Leben Muhammeds nach Muhammed Ibn Ishak*, bearbeitet von Abd el-Malik ibn Hisham; Görttingen; 1859. Nachdruck: Minerva Journals; Frankfurt a.M. 2005.
Deutsche Übersetzung (Gernot Rotter): *Das Leben des Propheten. As-Sira An-Nabawiya*; Spoh; Kandern im Schwarzwald; 1999.
Englische Übersetzung (Alfred Guillaume): *The Life of Muhammad. A translation of Ishaq's Sirat rasul Allah*; 19. Auflage; Oxford University Press; Karachi ;2006.

## Ibn Iyas, Muhammad

Ägyptischer Söldner und Geschichtsschreiber (1448 bis 1522).
Diente als Mameluck.
Er schrieb eine 6-bändige Geschichte Ägyptens *Badai Alzuhur Fi Wakayi Alduhur*.

Das Werk des Ibn Iyas ist bisher in keine europäische Sprache übersetzt worden.

## Ibn Khaldún (Chaldun)

Tunesischer Geschichtsschreiber, Philosoph und Soziologe (1332 bis 1406). In Tunis aus einer Familie geboren, deren Vorfahren aus dem Jemen nach Al Andalus ausgewandert, im Rahmen der Reconquista jedoch nach Tunis geflohen waren. Arbeitete in Tunis, Fez und Granada in der merindischen Verwaltung bzw. als Prinzenerzieher. Kehrte aufgrund einer Hofintrige nach Nordafrika zurück, wo er u. a. bei den Berbern Steuern eintreiben musste und zog sich ab 1375 drei Jahre bei ihnen (südlich von Bijaya) zurück, wo er sein Werk *Al Mukaddima* aufsetzte. Nach einem Zwischenaufenthalt in Tunis wanderte er um 1380 nach Ägypten aus, das unter den Mameluken einen relativ hohen Wohlstand genoss. Er begleitete 1400 ein ägyptische Heer, das dem Tamerlan in Syrien entgegentreten sollte, und führte bei der Belagerung von Damaskus die Übergabeverhandlungen mit Tamerlan; er konnte dann nach Kairo entkommen (der junge > Ibn Arabshah wurde bei jener Gelegenheit nach Samarkand verschleppt). In Kairo war > Al-Maqrizi einer seiner Schüler.

Neben theologischen Werken verfasste Ibn Khaldun zwei bedeutende Geschichtswerke:

- Sein Hauptwerk ist *Al Mukaddima* („Die Einleitung"), ein Werk der Geschichtsphilosophie. mit bahnbrechenden Reflektionen über die Gründe des Aufstiegs und Untergangs von Staaten. Ibn Khaldun führte sie auf klimatische, kulturelle und sozio-ökonomische Einflussfaktoren zurück: im Fall der arabischen Macht postulierte er den arabischen Korpsgeist (asabiyya) als Haupterfolgsfaktor, einer Konsensualität, die nicht auf reiner Blutsverwandtschaft beruht habe.
- Eine Universalgeschichte *Kitab al-ibar wa diwan al-mubtada wa l-chabar fi ayyam al-arab wa l-adscham wa l-barbar wa man asarahum min dawi as-sultan al-akbar Kitab al-ibar* („Buch der Hinweise, Aufzeichnung der Anfänge und Ereignisse aus den Tagen der Araber, Perser und Berber und ihrer Zeitgenossen, die große Macht besaßen") kurz *Khitab al-ibar* genannt. Der Autor teilte das Werk in sieben Bücher ein. Als Buch 1 betrachtete er das *Al Mukaddima*. Die Bücher 2 bis 5 enthalten eine Weltgeschichte von der Schöpfung bis zur Gegenwart des Autors. Die Bände 6 und 7 enthalten eine Geschichte der Berber und sind der historiographisch wertvollste Teil, da sie vom Autor gesammelte Informationen seiner Epoche enthalten; er schöpfte aber auch aus anderen Quellen, u. a. aus dem > Rawd al-Qirtas.

Deutsche Übersetzung (A. Giese,;W. Heinrichs): *Die Muqqadima – Betrachtungen zur Weltgeschichte*; Beck; 2011.

Französische Übersetzung von Auszügen (J.-E. Bencherikh): *Le Rationalisme d'Ibn Khaldoun*; Hachette; Algier, 1965.

## Ibn Khallikan (> Ibn Challikan)

## Ibn Kathir Al Busrawi Imad ad-Din

Syrischer Gelehrter und Geschichtsschreiber (ca. 1301 bis 1373).

Geboren in Bosra (vormalige Hauptstadt der Nabatäer im Süden von Syrien) [32 31N 36 29E]. Lebte in Damaskus, wo er ab 1377 in der Moschee lehrte.

Er verfasste mehrere Werke, meist zu religiösen Themen. Sein historiographisch bedeutendstes Werk ist das 14-bändige *Al-bidaya wa al- nihaya* („Vom Anfang bis zum Ende"), das sich von der Schöpfung bis zum Berichtsjahr 1365 erstreckt.

Außerdem schrieb er *Al Sira Al Nabawiyya*, eine Biographie des Propheten .

Englische Übersetzung der Biographie des Propheten (Le Gassick, Fareed M.): *The Life of the Prophet Muhammad*: English translation of Ibn Kathir's Al Sira Al Nabawiyya; 2000.

## Ibn-Khayyat (> Khalifa Ibn-Khayyat)

## Ibn Meskavayh, Abu Ali Ahmad (Ebn Meskavayh)

Persischer Beamter, Schriftsteller und Geschichtsschreiber arabischer Sprache (932 bis 1030).

Aus einer vormals zoroastrischen Familie in Ray (heutiger Vorort von Teheran, 15 km südlich davon, vormaliges religiöses Zentrum der Meder) [39 35N 51 25E] geboren. Er arbeitete als Sekretär, Kanzler, Bibliothekar und Schatzmeister von Buyiden-Wesiren (in Bagdad, Ray und Shiraz). Die letzten Jahre seines Lebens verbrachte er in Isfahan, wo er starb.

Von den neun Werken diverser Themen, die ihm zugeschrieben werden, ist das bedeutendste seine Universalgeschichte *Tajareb al-Omam w ata aqeb al-hemam* („Erfahrungen der Staaten und herausragende Folgen"). Bis zum Berichtsjahr 915 fasste er das Werk von > Al-Tabari auf das Wesentliche zusammen und ergänzte es mit eigenen Einträgen bis zum Berichtsjahr 982.

Für Ibn Meskavayh bestand der Zweck der Geschichtsschreibung in der Ausarbeitung praktischer Verhaltensanweisungen und nicht in der Unterhaltung. Deshalb klammerte er explizit alle Ereignisse aus, die durch göttliches Eingreifen erfolgt sind, denn sie hätten für die Normalsterblichen keinerlei praktischen Lehrwert.

In den „Briefen des Ikhwan al-Safa" entwarf Ibn Meskavayh die erste reduktionistische Evolutionstheorie, mit denen er seiner Zeit um ein Jahrtausend vorauseilte: Gott ist zwar der Schöpfer, aber nicht des Menschen, sondern der Materie und Energie, aus denen sich über Dampf, Wasser, Mineralien, Vegetation, Tiere und speziell Affen entwickelt haben, aus denen dann der Mensch entstanden ist.

> Eintrag „Meskavayh, Abu Ali Ahmad" von C. E. Bosworth in Encyclopaedia Iramica online
> http://www.iranicaonline.org/articles/meskavayh-abu-ali-ahmad

## Ibn Munqidh (> Usama (Ussama) ibn Munqidh)

## Ibn Rustah, Ahmad (Ebn Rosta)

Iranischer Astronom, Weltreisender und Geograph (10. Jh.).

Geboren in der Region von Rosta (Isfahan). Nach einer Reise nach Medina und Sana, sowie vermutlich auch einer nach Novgorod, verfasste er ein Nachschlagewerk über seine dabei gewonnenen Erkenntnisse, in das er auch die Informationen anderer Reisender einflocht. Sein Werk enthält (außer der ausführlichsten aller zeitgenössischen Beschreibung seiner Heimatstadt Isfahan) unikale Informationen über die Rus, die er zutreffenderweise als eine skandinavische Krieger- und Händlerkaste unter Slaven identifiziert. Zudem berichtet er über Rom, Byzanz, Kroaten und Steppenvölker wie Bulgaren, Chazaren und Magyaren.

> Artikel von E. Bosworth in Encyclopaedia Iranica: http://www.iranicaonline.org/articles/ebn-rosta
> Das Werk des Ibn Rustah ist in keine der europäischen Sprachen übersetzt worden.

## Ibn Sad, Muhammad (Ibn Saad; Ibn Ishaq)

Arabischer Geschichtsschreiber (784 bis 845).

Sein Hauptwerk *Kita bat-tabaqat al-kabir* („Das große Klassenbuch") beschreibt das Leben des Propheten Mohammed (570 bis 632) sowie seiner Kampfgenossen und Nachfolger bis 845. Dabei schöpfte er aus den Werken seines Lehrers > Al-Wakidi.

Spätere Autoren wie > Al-Tabari, schöpften aus dem Werk des Ibn Sa(a)d und damit auch dessen Lehrers Wakidi.

> Deutsche Übersetzung: Ibn Saad: Biographien Muhammeds, seiner Gefährten und der späteren Träger des Islams bis zum Jahre 230 der Flucht; 8 Bände; Herausgegeben von Carl Brockelmann; Brill; Leiden; 1904.

## Ibn Shaddad Baha ad-Din

Irakischer Beamter und Biograph (1145 bis 1234).

Vermutlich aus kurdischer Familie in Mossul (Norden von Irak) geboren, wurde er von Saladin „auf Lebzeiten" in seinen Beamtenstab aufgenommen und zu dessen Freund und Berater; dadurch war er Zeitzeuge und Protagonist vieler der von ihm berichteten Ereignisse. Starb als oberster Richter von Aleppo.

Seine Biographie Saladins *al-Nawadir al-Sultaniyya wal-Mahasin al- Yusuffiya* („Anekdoten des Sultans und josephinische Tugenden"; Jusuf war Saladins Vorname)), auch *Sirat Salah al-Din* („Leben Saladins"), ist eine zuverlässige Quelle zu Saladin und der Epoche des 3. Kreuzzugs (1189 bis 1192).

> Englische Übersetzung (D.S. Richards): Richards, D.S. (Hrsg.): *Ibn Shaddad, Baha ad-Din, Rare and Excellent History of Saladin*; Ashgate; 2002.
>
> Deutsche Übersetzung der Übersetzung aus dem Arabischen ins Italienische von F. Gabrieli einiger Auszüge: siehe BIBLIOGRAPHIE (Gabrieli, F.; 1957).

## Ibn Taghribirdi, Abul Mahasin

Ägyptischer Politiker und Geschichtsschreiber (1411 bis 1469).

In Kairo als Sohn eines aus Kleinasien stammenden Mamelucken geboren. Studierte bei den damals prominentesten ägyptischen Geschichtsschreibern > al-Maqrizi/Makrizi und > al-Ayni. Er avancierte zum Oberbefehlshaber der ägyptischen Streitkräfte.

Er schrieb mehrere Geschichtswerke, die insgesamt den Zeitraum von 641 bis 1469 behandeln:

- *al-Manhal al-safti wa al-Mustawft bad al-Waft*, eine Sammlung von ca. 3.000 Biographien wichtiger Persönlichkeiten von 1248 bis 1458;
- *al-Nudjum al-Zahira fil Muluk misr wal-Kahira* ("Die funkelnden Sterne, über die Könige Ägyptens und Kairos") eine Geschichte Ägyptens von 641 bis 1453;
- *an-Nugum az-zahira fi muluk Misrwa-l-Qahira,* eine mehrbändige Geschichte des Reichs der Mamelucken, die den Zeitraum von 641 bis 1469 beschreibt;
- *Hawadith al-Duhur fit Mada al-Ayyam wa al-Shuhur*, eine Chronik von 1441 bis 1469, als Fortsetzung des Werks *Suluk li-ma'rifat duwwal al-Muluk* von > al-Maqrizi.Er verfasste auch mehrere Zusammenfassungen seiner Geschichtswerke Ibn-Taghribirdi veröffentlichte auch Werke zu anderen Themen, darunter eine Sammlung von Werken der Literatur und ein Buch über Gesang.

> Englische Übersetzung (William Popper): History of Egypt 1382–1469; Annals of Anbul l-Mahasin Ibn Taghri Birdi; Berkeley; 1954-63.
>
> Deutsche Übersetzung der Übersetzung aus dem Arabischen ins Italienische von F. Gabrieli einiger Auszüge (Fall von Akkon, 1291): siehe BIBLIOGRAPHIE (Gabrieli, F.;

1957).

## Ibn Wadih, al-Yaqubi

Arabischer Geograph und Geschichtsschreiber (bis ca. 897).

In Bagdad geboren, wuchs er in Nishapur (Khorasan, Iran) [36 12N 58 48E] am Hof der Tarihiden auf. Er reiste bis nach Indien. Nach dem Sturz der Tarihiden durch die Saffariden (873) bereiste er den Maghreb und starb in Ägypten.

Sein in Armenien verfasstes Werk al-*Khamil fi tarikh* („Die Vollkommenheit der Geschichte"), kurz *Tarikh ibn Wadih* („Buch des Ibn Wadi") oder *Tarikh Yaqubi* („Buch des Yaqub") genannt, ist die erste islamische Universalgeschichte. Der erste Teil beschreibt die israelitischen Propheten, Jesus und seine Apostel, die Dynastien von Syrien, Assyrien, Babylon, Indien, Griechenland, Rom, Persien, Türkei, China, Ägypten, Maghreb und Arabien bis Mohammed; der zweite Teil behandelt Mohammed und die islamische Expansion bis zum Berichtsjahr 872. Die Absicht des Autors war, in der Art eines Lehrbuchs, einen gerafften Überblick über die Geschichte zu bieten. Seine moderierte schiitische Einstellung hat die Objektivität nicht beeinträchtigt.

Nach seiner Rückkehr nach Ägypten verfasste Ibn-Wadih auch ein geographisches Werk *Kitab al-buldan* („Buch der Länder"). Darin beschrieb er Landschaften und wichtige Städte des Maghreb, Ägyptens, Nubiens, Syriens, des Byzantinischen Reichs, Mesopotamiens, Irans (v.a. Khorasan), Indiens und Chinas. Der Autor baute in das Werk in der Art eines Reiseführers auch nützliche Informationen ein (Entfernungen in Reisetagen, Gebühren).

## Ibn Wasil, Gamal ad-Din Muhamma

Syrischer Diplomat, Universalgelehrter und Geschichtsschreiber (1207 bis 1298).

In Hama (Syrien) geboren, wirkte er als Hochschullehrer in Jerusalem und Kairo. Von 1261 bis 1262 lebte er als Gesandter in Palermo (bei Manfred). Seine letzten Lebensjahre war er als Großqadi (Oberster Richter) in seiner Heimatstadt tätig.

Er verfasste unter dem Titel *Mufarrig al-kurub fi ahbar bani Ayyu* („Der Zerstreuer der Ängste hinsichtlich der Geschichte der Ayyubiden") eine Geschichte der Dynastie der Zengiden, Ayyubiden (Saladin und Nachkommen) und der Mamelucken bis zum Berichtsjahr 1282. Es ist dies eine der wichtigsten Quelllen zu den Kreuzritterkriegen des 13. Jh. (5. Kreuzzug mit Friedrich II., 6. und 7. Kreuzug des Louis IX.)

> Deutsche Übersetzung der Übersetzung aus dem Arabischen ins Italienische von F. Gabrieli einiger Auszüge (zum 6. Kreuzzug, zum Verhältnis Manfreds mit des Ajjubiden): siehe BIBLIOGRAPHIE (Gabrieli, F.; 1957).

## Ibn Yahya (> Al-Baladhuri, Ahmad Ibn Yahya)

## Ibn Zubayr (> Urwah ibn Zubayr)

## Ibrahim ibn Yaqub (Abraham ben Jacob)

Al-andalusischer Reisender (ca. 912 bis ca. 966).

Vermutlich in Tortosa (Ebro-Mündung) [40 49N 0 31E] geboren, vermutlich jüdischer Abstammung. Bereiste im Auftrag des Kalifen von Cordoba das Ostfränkische Reich und Baltikum zu Erkundungszwecken.

Seine Aufzeichnungen, die nur auszugsweise in Werken al-andalusischer Geographen erhalten gelieben sind, v.a. des -> Abu Ubayd al Bakri, gehören zu den wichtigen Quellen über die von ihm besuchten Länder.

## Idácio de Chaves (> Hydatius von Aquae Flaviae)

## Idris-i Bitlisi

Osmanischer Beamter, Dichter und Geschichtsschreiber kurdischer Abstammung (ca. 1455 bis 1520).

Aus einer Fürstenfamilie von Bitlis (Osten der Tükei) [38 32N 42 23E] stammend, beherrschte er außer Kurdisch auch Persisch, Arabisch und Türkisch. Trat in den Dienst der Osmanen ein und betrieb in deren Auftrag die Eingliederung der Kurden in das Osmanische Reich (er wird deshalb von vielen modernen Kurden als Vaterlandsverräter betrachtet).

Neben Übersetzungen und Abhandlungen zu diversen Themen verfasste er im Auftrag von Sultan Bayezid II. eine Geschichte der Osmanischen Dynastie mit dem Titel *Hascht Bihischt* („Acht Paradiese"), welche die ersten acht Sultane betrifft, (d. h. den Zeitraum 1288 bis 1512), die er auf Persisch aufsetzte. Als Bayezid II ihm die Bezahlung verweigerte, weil er zu gnädig mit den Persern umgegangen sei, floh er nach Mekka und drohte ihm, die erlittene Kränkung im Werk mit zu veröffentlichen (was er schlussendlich tat). Der Sohn und Nachfolger des Bayezid II., Selim I., sah dem Idrisi sein Aufmüpfen nach und beauftragte ihn mit der Verwaltung der kurdischen Gebiete. Idris starb vor der Vollendung einer Chronik der Regierung Selims I.

Vom Werk des Idris-i Bitlisi gibt es moderne Ausgaben in türkischer Sprache.

## Illia al-Nasabi (> Elias von Nisibis)

## Illiya ibn Sina (> Elias von Nisibis)

## Imad ad-Din al Isfahani (> Ibn Hamed Isfahani, Muhammed)

## Imad ad-Din, Ibn Kathir al Busrawi (> Ibn Kathir Al Busrawi Imad ad-Din)

## Inschriften des Assurbanipal

Auf dem Ruinenhügel Kujundschik (bei Mossul, NW-Irak) [36 22N 43 9E], der vormaligen assyrischen Hauptstadt Ninive, gefundene Fragmente von Prismen mit Inschriften zu Ereignissen der Regierung Assurbanipals (-669 bis -627). Die Fragmente werden von den Fachleuten in mehrere Klassen eingeteilt (A bis F); sie sind überwiegend auf Museen in London und Chicago aufgeteilt. Das Prisma A wird auch „Rassam-Prisma" genannt (ein zehnseitiges Prisma von ca. 49 cm Höhe und 20 cm Durchmesser, mit ca. 1.800 Zeilen) und wird im British Museum aufbewahrt. Er beschreibt die neun Feldzüge des Monarchen.

Assurbanipal sammelte in Ninive den bis dahin größten Bibliotheksbestand der Welt. Einer der Themenschwerpunkte waren mythologische Texte, darunter das Gilgamesch-Epos.

## Inschriften des Samudragupta

Dieser Herrscher hinterließ diverse Inschriften, die wertvolle Informationen über seine Regierung (335 bis 375) enthalten. Besonders die Inschrift auf einer Steinsäule in Allalabad listet die zeitgenössischen Reiche und Herrscher Indiens auf.

 Englische Übersetzung der Inschrift von Allahabad: http://en.wikipedia.org/wiki/Allahabad_Stone_Pillar_Inscription_of_Samudra_Gupta

## Inschriften des Sargon II.

An mehreren Fundstellen (zuletzt in Khorsabad) aufgefundene Inschriften des neoassyrischen Königs Sargon II., in denen über seine Feldzüge zwischen -720 und -705 berichtet wird.

 Deutsche Übersetzung (Rykle Borger) in: O. Kaiser (u. a.) (Hrsg.): *Texte aus der Umwelt des Alten Testaments (TUAT)* I, Gütersloh; 1982–1985.

## Ioannes Diaconus (> Diakon Johannes von Ägypten)

## Ioannes Diaconus (> Diakon Johannes von Neapel)

## Ioannes Diaconus Venetus (> Diakon Johannes von Venedig)

## Ioannes Monachus (> Chronicon Volturnense)

## Ion von Chios

Griechischer Dramaturg, Dichter und > Logograph (ca. -490 bis -422).

Nach einem Studium in Athen (Unterkunft im Hause Kimon) kehrte er immer wieder für längere Aufenthalte dorthin zurück, vor allem um sich in Dramaturgiewettbewerben mit Euripides zu messen. Stand mit der geistigen und politischen Prominenz Athens in engem Kontakt (u. a. mit Sokrates und Perikles).

Er schrieb eine *Geschichte der Besiedelung von Chios*, von der nur wenige Fragmente erhalten sind. Diese deuten auf einen kritiklos gleitenden Übergang von abstruser Mythologie zu frühhistorischen Fakten hin.

 Quelltexte der Fragmente: Felix Jacoby (Hrsg.): *Die Fragmente der griechischen Historiker II A*; Berlin; 1926 (Nachdruck: Leiden; 1961); Nr. 392

## Ioseph Genesios

Autor unbekannter Identität. Nach einigen Theorien handelt es sich um das Pseudonym eines Verwandten des oströmischen Kaisers Konstantin des Armeniers.

Er verfasste in der 1. H. des 10. Jh. im Auftrag Kaisers Konstantinos VII. Porphyrogennetos (905 bis 959) Kaiserbiographien (*Basileiai*), die den Zeitraum von 813 bis 886 behandeln. Die Tendenziösität des Werkes wurde bereits von > Johannes Skylitzes bemängelt.

 Deutsche Übersetzung ( Anni Lesmüller-Werner): *Ioseph Genesios: Byzanz am Vorabend neuer Größe*; Wien; 1989.

## Isfahani (> Ibn Hamed Isfahani)

## Isidor von Sevilla (Isidorus Hispaliensis)

Iberischer Kirchenmann, Enzyklopädist und Geschichtschreiber (ca. 560 bis 636), d.h. Zeitgenosse von > Gregor von Tours und > Marius von Avenches.

In Cartagena (damals unter byzantinischer Herrschaft) geboren, seine Mutter stammte vermutlich aus hohem westgotischen Adel, wurde er 601 Bischof zu Sevilla, wo er starb. Er wurde 1722 von der katholischen Kirche heilig gesprochen und kürzlich als katholischer Patron des Internet vorgeschlagen.

Isidor verfasste Bücher zu verschiedenste Themen. Seine historischen Werke sind:

- *Chronica*
- *Historiae*
- *De viris illustribus*
- *Historia de regibus Gothorum, Vandalorum et Suevorum* („Geschichte der Könige der Goten, Vandalen und Sueben"). Um 625 verfasst, war sie als Fortsetzung der Werke des Paulus > Ororius, > Idacius und > Victor von Tunnuna gedacht und behandelt den Zeitraum ab 265 bis zur Gegenwart des Autors (625). Darin verteidigt er die gotische Identität der Iberischen Halbinsel.

Isidor ist einer der bedeutsamsten Geschichtsschreiber der Völkerwanderungszeit, für den Zeitraum von ca. 560 bis 624 ist sein Werk zum Teil die einzige Quelle über das Westgotenreich.

Metzler Lexikon antiker Autoren: Artikel von Manfred Tietz.

Deutsche Übersetzung (D. Coste): Isidor von Sevilla: Geschichte der Goten, Vandalen und Sueven („Historia Gotorum", „Historia Wandalorum"); Phaidon Verlag; Essen; 2. Auflage 1990.

Lateinischer Quelltext und deutsche Übersetzung auf CD-ROM mit Abfrage-Software: Bogon, W. (Herausgeber): *Quellensammlung zur mittelalterlichen Geschichte*; MA I; CD-ROM; Verlag Heptagon; Berlin; 1999.

Französische Übersetzung (Nathalie Desgrugillers): Isidore de Séville. Histoire de l'Espagne wisigothique:Tome 1 Chronique universelle; Tome 2 Histoire des Goths, des Vandales et des Suèves; Tome 3 Le livre des hommes illustres; Éditions Paleo; Clermond-Ferrand; 2010.

## Isidoros von Charax

Hellenischer Geograph (ca. -50 bis 30).

Stammte aus dem damals wichtigsten Hafen des Indienhandels, Charax-Spasinu (bei Basra, am Persischen Golf, im Süden von Irak) [30 54N 47 35E], der von Alexander gegründet und Alexandreia am Tigris genannt worden war, später in Antiochia in Susania und dann in Hyspaosines umbenannt wurde.

Er verfasste im Auftrag des Augustus einen Reiseführer für das Parthische Reich *Mansiones Parthicae* („Parthische Raststätten"), der eine Zusammenfassung eines größeren Vorgängerwerks zu sein scheint, das sich laut > Athenaeus Nacrautita „Rundreise durch Parthien" nannte und vollständig verloren gegangen ist. Von den *Mansiones* sind nur Fragmente erhalten geblieben, die aber sonst nicht überlieferte Informationen zum Partherreich enthalten. > Plinius zitierte ihn mehrfach (auch unter dem irrtümlichen Namen Dionysios).

Quelltexte der Fragmente: Felix Jacoby (Hrsg.): *Die Fragmente der griechischen Historiker II A*; Berlin; 1926 (Nachdruck: Leiden; 1961); Nr. 781.

## Islendingabok (> Ari Thorgilsson Frodi)

## Istros Kallimacheios

Griechischer Geschichtsschreiber (> Attidograph) (-3. Jh.).

Vermutlich in Paphos (im Südwesten Zyperns) [34 46N 32 25E] geboren, studierte er in Alexandreia (Ägypten) bei > Kallimachos (daher sein Beiname) und wirkte dort (mit Zugang zu den Bibliotheksbeständen) bis zu seinem Tode.

Eines der 15 Werke, die ihm das > Suda-Lexikon zuschreibt, ist eine 14-bändige Chronik Attikas (*Attiká*), von der nur Fragmente erhalten sind. Darin fasste er die Informationen vorheriger Chroniken Attikas zusammen. > Pausanias schöpfte aus seinem Werk.

> Lexikon der Alten Welt: Artikel von O. Gigon.
> Monica Berti: *Istro il Callimacheo, Testimonianze e frammenti su Atene e sull'Attica*, Edizioni Tored, Tivoli (Roma) 2009.
> Quelltexte der Fragmente: Felix Jacoby (Hrsg.): *Die Fragmente der griechischen Historiker II A*; Berlin; 1926 (Nachdruck: Leiden; 1961); Nr. 334.

## Itineraria Gaditana (Becher von Vicarello)

Vier ca. 10 cm hohe Silberbecher, die 106 Orte und ihre Entfernungen der 2.700 km langen Landreise von Cadiz bis Rom auflisten. Sie wurden zwischen dem 1. und 4. Jh in Spanien hergestellt und vermutlich von Kurgästen zum damaligen Thermalort Aquae Apolinnates (Vicarello bei Rom) gebracht.

> Lateinische Inschrift und spanische Kommentierung online: http://www.chinchillademontearagon.com/d_historia/vasos_apolinares/apolinares1.htm

## Itinerarium Antonini

Während der Regierungszeit Caracallas (211 bis 217) erstelltes Verzeichnis der 372 Fernstraßen des Römischen Reichs, mit Entfernungsangaben in Meilen zwischen den Städten. Der vollständige Titel lautet *Itinerarium provinciarum Antonini Augusti*. Nach einer Theorie handelt es sich um ein privates Routenbuch.

Mit dem Namen *Itinerarium Antonini Augusti maritimum* ist auch ein Verzeichnis der wichtigen Seeefahrtsstrecken unter Angabe deren Länge bezeichnet.

Etwa 140 Jahre später wurde mit der > Peutingerschen Tafel eine graphische Darstellung der Fernstraßen des Römischen Reichs hergestellt. Eine aktualisierte Auflistung erstellte der > Geograph von Ravenna etwa 320 Jahre später.

> Bernd Löhberg: Das „Itinerarium provinciarum Antonini Augusti". Ein kaiserzeitliches Straßenverzeichnis des Römischen Reiches; Überlieferung, Strecken, Kommentare, Karten; 2 Bände; Frank & Timm; Berlin; 2006.
> Onlinezugriff zum lateinischen Quelltext mit italienischer Übersetzung des Itinerarium Antonini Augusti maritimum: http://www.romaeterna.org/antichi/itinerario/

## Itinerarium Hierosolymitanum sive Burdigalense

Eine 333 bis 334 von einem unbekannten Autor verfasster Reisebericht einer Pilgerreise von Bordaux nach Jerusalem: mit der Hinreise die Donau entlang und über Anatolien, die Rückreise über Italien (insgesamt über 10.000 km). Er enthält eine Fülle von damaligen Toponymen, auch kleinerer Ortschaften, bis herab zu den Raststätten und Pferdewechselstellen.

> Lateinischer Quelltext und französische Übersetzung online: http://www.arbreceltique.com/encyclopedie/itineraire-de-bordeaux-a-jerusalem-6866.htm

## Iulianus „Apostata" oder „Philosophus"

Römischer Kaiser, Schriftsteller und Geschichtsschreiber (ca. 331 bis 363).

In Konstantinopel als Vetter des Kaisers Constantinus I. (des Großen) geboren, erhielt er durch den Rhetor Libanius und den Philosophen Maximus eine ausgezeichnete Bildung (er war einer der gebildetsten Monarchen aller Zeiten). Wurde 331 vom Hof verbannt; dann mit der Leitung der Abwehr der Invasionen der Alamannen beauftragt. 360 von den mit ihm erfolgreichen Legionen zum Kaiser ausgerufen, versuchte als solcher die Christianisierung des öffentlichen Lebens rückgängig zu machen; kam auf einem Feldzug gegen die Perser unter unklaren Umständen um.

Er hinterließ eine Anzahl (in griechischer Sprache verfasster) Werke verschiedenen Inhalts. Sein Bericht über seine Alamannenfeldzüge *Kommentare über die Kriege in Gallien* ist nur in winzigen Fragmenten erhalten geblieben.

Lexikon der Alten Welt: Artikel von H.-J. Diesner:

## Iulius Africanus (> Sextus Iulius Africanus)

## Iulius Capitolinus (> Historia Augusta)

## Iulius Obsequens

Spätrömischer Schriftsteller (2. Hälfte des 4. Jh.).

In seinem Werk *Liber de prodigiis* (Buch der Vorzeichen) setzte er die Hauptereignisse der römischen Geschichte (v.a. nach > Titus Livius) mit Vorzeichen in Verbindung. Die Ereignisse sind streng chronologisch (nach Konsulatsjahren) geordnet und erwähnen in jeweils wenigen Zeilen die wichtigsten politischen und militärischen Ereignisse des Jahres sowie besondere meteorologische und astronomische Vorkommnissse (ohne explizit einen Zusammenhang herzustellen). Erhalten geblieben sind die 72 Einträge des Berichtszeitraums von -190 bis -11.

Lateinischer Quelltext online: http://www.thelatinlibrary.com/obsequens.html
Deutsche Übersetzung online: http://aillyacum.de/Obsequens.html

## Jacques du Clercq (Duclercq)

Französischer Geschichtsschreiber (ca. 1424 bis ca. 1469).

In Flandern als Sohn eines Beraters Philipps III. des Guten von Burgund geboren. War in Arras als Magistrat tätig.

Er verfasste ab 1449 in Arras Aufzeichnungen (*Mémoires*) der von ihm zwischen 1448 und 1467 erlebten Ereignisse.

Französischer Quelltext: Jacques du Clercq: *Mémoires d'un magistrat d'Arras au temps de l'hérésie vaudoise;* Éditions Paleo; Clermond-Ferrand

## Jacques/Jacobus/Jacopo (> Jakob)

## Jahrbücher (> Annales)

## Jahresnamenslisten (> Mesopotamische Jahresnamenslisten)

## Jakob von Edessa Mafshekonoh Dachtobeh

Syrischer Kirchenmann und Geschichtsschreiber (ca. 633 bis 708).

In En-Deba/Aindaba im Bezirk Gumyah/al Jumah bei Antiocheia [36 12N 36 9E] geboren. Studierte im Kloster Kenneshre [36 50N 38 02E] Theologie und Griechisch. War Bischof von Edessa, trat aber bald vom Amt zurück. Arbeitete über 9

Jahre lang im Kloster Tell Adda/Tell Addi an der Übersetzung des Alten Testaments in Syrische (Aramäische). Dazu reformierte er die syrische Orthographie, indem er hochgestellte Buchstaben für Vokale einfügte; er kann als der „Hieronymus und Luther der syrisch-orthodoxen Kirche" betrachtet werden.

Schrieb 692 eine Chronik (*Chronikon*), die von 326 bis 630 reichte. Sie ist bis auf wenige Seiten verloren gegangen. > Michael der Syrer schöpfte daraus.

## Jakob von Varagine (Jacopo da Varazze; Jacopo De' Fazio; Jacobus de Varagine)

Italienischer Kirchenmann und Geschichtsschreiber (1228 bis 1298).

In Varazze bei Savona aus adliger Familie geboren. Trat dem Dominikanerorden bei und wirkte in Como, Bologna und Asti. War von 1285 bis 1287 General des Dominikanerordens. Wurde 1292 zum Erzbischof von Genua ernannt. Bemühte sich um die Schlichtung des Konflikts zwischen Guelfen und Ghibellinen. Wurde 1816 von der Katholischen Kirche selig gesprochen.

Seine Sammlung von Lebensgeschichten Heiliger *Legenda aurea* (*Legenda sanctorum*) erfreute sich enormer Beliebtheit. Historiographisch wertvoll ist seine Geschichte Genuas *Chronica civitatis Ianuensis*, die von der Gründung bis 1297 reicht.

> Lateinischer Quelltext online (Quellensammlung ALIM) der *Chronica*: http://www.uan.it/alim/letteratura.nsf/Autore?OpenView&Start=21&Count=20
> Italienische Übersetzung: Bertini, Guido (Hrsg.): *Jacopo Da Varagine, Cronaca della citta di Genova dalle origini al 1297;* Collana Dimensione Europa; ECIG; 1995.

## Jakob von Vitry (Jacques de Vitry; Iacopus Vitriacensis)

Französischer Kirchenmann und Geschichtsschreiber (1170 bis 1240).

In der Gegend von Reims geboren. Studierte in Paris Theologie. Wurde 1208 von den wallonischen Beginen (Laienorden) und speziell von Maria von Oignes fasziniert, schloss sich ihnen bis zum ihrem Tod (1213) an. Der Maria von Oignes widmete er später eine Biographie (*Vita B. Mariae Oigniacensis*). Er ließ sich mit 40 Jahren zum Priester weihen. War dann einer der Prediger für den Kreuzzug gegen die Albigenser und für den 5. Kreuzzug (1217 bis 1221). Wurde 1216 zur Belohnung zum Bischof von Akkon ernannt und begab sich dorthin. Traf dort u. a. Franz von Assisi. Kehrte 1221, von den nichtreligiösen Entartungen der Kreuzritter enttäuscht, nach Europa zurück und wirkte als Assistent des Bischofs von Lüttich. 1228 berief ihn Papst Gregor IX. nach Rom; als Bischof von Tusculum/Frascati führte er verschiedene diplomatische Missionen durch (Frankreich, Mailand, Palästina); starb in Rom; seine Reste wurden auf seinen testamentarischen Wunsch hin nach Oignes (Wallonien) überführt, um an der Seite der Maria von Oignes beigesetzt zu werden.

Jakob von Vitry verfasste mehrere Werke, von denen zwei wichtige Quellen zu den Kreuzzügen, speziell zum 5. Kreuzzug sind: eine Geschichte Jerusalems (*Historia Hierosolymitana*) ab der Eroberung durch die Araber, und eine *Historia orientalis et occidentalis* .

> Französische Übersetzung (F. Guizot): *Jacques de Vitry. Histoire de l'Orient et des croisades pour Jérusalem*; Éditions Paleo; Clermond-Ferrand; 2011.

## Jakobsbuch (> Codex Calixtinus)

## Jalal ad-Din as-Suyuti (> Al-Suyuti, Jalaluddin)

## Jan Duglosz (Johannis Longinus)

Polnischer Kirchenmann und Geschichtsschreiber (1415 bis 1480).

In Brzezinki bei Radomsko (Zentrum Polens) [51 02N 19 34E] geboren. Studierte in Krakau. Wirkte als Pfarrer in Schlesien. Ab 1452 Sekretär des Bischofs von Krakau. Nahm in dessen Auftrag an den Verhandlungen mit dem Deutschen Orden teil, die zum 2. Frieden von Thorn (1466) führten. Er wurde kurz vor seinem Tod zum Bischof von Lemberg gewählt.

Jan Duglosz verfasste um 1448 *Banderia Prutenorum*, eine Beschreibung der Schlacht von Grunwald/Tannenberg von 1410.

Von 1455 bis 1480 verfasste er in lateinischer Sprache die *Annales seu Cronicae incliti Regni Poloniae* („Annalen oder Chronik des berühmten Königreichs von Polen"), eine Chronik für die Gebiete zwischen der Oder und dem Dniepr (Litauen, Weißrussland, Polen, Böhmen, Ungarn und die Ukraine) im Berichtszeitraum von 965 bis 1480.

Zu einem unbekannten Zeitpunkt übersetzte Jan Duglosz die Preußenchronik des > Wigand von Marburg vom Mittelhochdeutschen ins Lateinische (*Chronica nova Prutenica*), die nur dank seiner Bemühung erhalten geblieben ist (vom mittelhochdeutschen Quelltext sind 97 % verloren gegangen).

> Übersetzung ins Englische (Michael J. Mikos) von Auszügen der Werke des Duglosz: Polish *Literature from the Middle Ages to the End of the Eighteenth Century: A Bilingual Anthology*, ;Waszawa; Constans; 1999.

## Jans der Enikel

Österreichischer Dichter und Geschichtsschreiber (ca. 1235 bis ca. 1302).

Aus patrizischer Familie in Wien. War vermutlich als Stadtschreiber von Wien tätig („Jans der Schreiber").

Seine zwei Geschichtswerke sind eine *Weltchronik* (in Versform, von der Schöpfung bis 1250) und ein *Fürstenbuch* (erste Geschichte Wiens, ebenfalls in Versform, von der Gründung bis ca. 1280, mit der ersten Erwähnung der österreichischen Farben Rot-Weiß-Rot). Der unikale historische Fakteninhalt ist gering. Zu seinen Quellen zählte die > Kaiserchronik.

## Jean de Joinville

Französischer Jurist und Geschichtsschreiber (1225 bis 1317).

Aus dem Hochadel der Champagne in Joinville (Haute Marne) [48 27N 5 8E] geboren. Übte ab 1241 das geerbte Amt eines Bezirksrichters (Seneschall) aus. Er nahm als junger Mann am 6. Kreuzzug (1248 bis 1254) teil. Geriet bei der gescheiterten Belagerung von Mansura im April 1250 zusammen mit König Ludwig IX. in mameluckische Gefangenschaft und wurde aufgrund seiner Verwandtschaft mit Friedrich II. nicht umgebracht, sondern durfte freigekauft werden. Riet nach der Freilassung dem König, im Heiligen Land zu verbleiben und begleitete ihn dort während der folgenden vier Jahren (er besuchte u. a. das Grab seines Onkels Gottfried V. de Joinville im Krak des Chevaliers). Nahm nach seiner Rückkehr an mehreren Kampfhandlungen in seiner Region teil. Die Teilnahme am 7. Kreuzzug lehnte er ab, da er ihn für sinnlos erachtete.

In hohem Alter verfasste er zwischen 1305 und 1309 sein Werk *Histoire de Saint Louis* („Leben Ludwigs des Heiligen"), was im Wesentlichen eine Schilderung des 7. (und letzten) Kreuzzugs (1270 bis 1272) ist.

Zu seinen Hauptquellen zählte die Weltchronik des > Wilhelm von Nangis.

Jean de Joinville ist der erste französische Geschichtsschreiber, der die Ich-Form verwendet hat.

Deutsche Übersetzung (E. Mayser): *Das Leben des heiligen Ludwig*; Düsseldorf; 1969.

Französische Übersetzung des kompletten Quelltextes: *Joinville: Vie de saint Louis* Éditions Paleo; Clermond-Ferrand; 2011.

## Jean Juvénal des Ursins

Französischer Jurist, Kirchenmann und Geschichtsschreiber (1388 bis 1473).

Aus einer traditionsreichen Familie der Champagne in Paris geboren. Er studierte Kirchenrecht. Ab 1432 Bischof von Beauvais , ab 1444 Bischof von Laon, ab 1449 Erzbischof von Reims.

Verfasste eine Geschichte der Regierungszeit Karls VI. von Frankreich, die den Zeitraum von 1380 bis 1422 abdeckt. Sie ist eine der Hauptquellen jenes Abschnitts des Hundertjährigen Krieges, darunter der Schlacht von Agincourt (1415).

Das Werk des Jean Juvénal wurde in die > Grandes Chroniques de France integriert.

Französische Übersetzung (Nathalie Desgrugillers): *Jean Juvénal des Ursins: Histoire de Charles VI*; Tome 1: 1380-1392; Tome 2: 1393-1407; Éditions Paleo; Clermond-Ferrand; 2011. Weitere Bande vermutlich in Vorbereitung.

## Jiménez de Rada, Rodrigo (> Ximénez (Jiménez) de Rada, Rodrigo)

## Jean Molinet

Französischer Bibliothekar, Chronist, Dichter, Komponist und Kirchenmann (1435 bis 1507).

In Desvres (Pas-de-Calais) geboren, trat nach dem Studium in Paris 1463 des burgundischen Herrschers Karl des Kühnen ein und zwar als Sekretär dessen Chronisten > Georges Chastellain, dessen Nachfolger er 1475 er wurde. Ab 1497 war er Berater des Habsburgers Philipps I. des Schönen. Als Witwer ließ er sich zum Priester weihen.

Seine Chronik (*Les Chroniques*), die erst 1827 veröffentlicht wurde, enthält kaum unikale Informationen, wohl aber ein lebendiges Gesellschaftsbild des Berichtszeitraums von 1474 bis 1504.

## Jehan de Mandeville (John Mandeville)

Pseudonym eines unbekannten Geographne des 14. Jh.

Er stammte, wenn man seiner Aussage glaubt, aus St. Albans (England).

Er verfasste zwischen 1357 bis 1371 auf Französisch einen zweibändigen romanhaften Reisebericht (in Ich-Form) in den Nahen Osten (Band 1) und in den Mittleren Osten, Fernen Osten und Afrika (Band 2). Darin verarbeitete der hochgebildete und belesene Autor u.a. die Reiseberichte des > Johannes de Plano Carpini (nach 1247 verfasst), > Wilhelm von Rubruk (nach 1256 veröffentlicht), > Oderich von Portenau (nach 1330 veröffentlicht) und > Wilhelm von Boldensele (veröffentlicht nach 1337), vermutlich aber nicht jenen des > Marco Polo (nach 1299 veröffentlicht). Mit seiner fremden Völkern gegenüber ausgewogenen Einstellung hat der Autor einen wertvollen zivilisatorischen Beitrag geleistet.

Das Werk wurde zu einem der ersten internationalen in viele Landessprachen übersetzten „Bestseller". Unter den vom Autor verbreiteten Konzepten war die

Kugelgestalt der Erde (gemäß > Ptolemaios, Claudis); dabei unterschätzte der Autor den Erdumfang im ein Drittel, was Kolumbus zu seiner Unterschätzung des Reisevorhabens „westwärts nach China" verleitete, und damit zur Entdeckung Amerikas beitrug.

> Deutsche Übersetzung (Ch. Buggisch): John Mandeville: Reisen des Ritters John Mandeville vom Heiligen Land ins ferne Asien: 1322–1356; Erdmann; Lenningen; 2004.

## Johannes Aventinus (> Aventinus)

## Johannes bar Penkaje (Johannes von Penek; Johannes von Kamul; Yohannan Bar Penkayé)

Syrischer Kirchenmann und Geschichtsschreiber (ca. 630 bis ca. 700).

In Penek/Finik (bei Cizre, Türkei) [37 24 11N 42 04 44E] am Tigris geboren. Nestorianischer Mönch im Kloster Mar Yohannan von Kamoul (Region von Qardon).

Neben anderen Werken verfasste er eine Weltgeschichte mit dem Titel *Kthava d-resh mellé: tashhitha hal halma d-zavna* („Buch der Grundsätze: Zeitgeschichte des Weltlichen"). Sie beginnt mit der Schöpfung und endet im Berichtsjahr 687. Von den 15 Kapiteln des Werkes ist historiographisch betrachtet das 15. (letzte) das interessanteste, da es von der Machtergreifung und den ersten zwei Regierungsjahren des Umayyaden Abd al-Malik handelt, die durch einen arabischen Hegemoniekampf, Pestepidemien, Hungersnöte und byzantinische Angriffe geplagt wurden.

> Deutsche Übersetzung (K. Pinggéra): *Nestorianische Weltchronistik: Johannes Bar Penkaye und Elias von Nisibis*: in Iulius Africanus und die christliche Weltchronik: Texte und Untersuchungen zur altchristlichen Literatur (Hrsg. de Martin Wallraff); De Gruyter; Berlin; 2006.

## Johannes Burckard (Jean Burchard; Burcardo; Johannes Burchardus)

Deutscher Kirchenmann und Geschichtsschreiber (ca. 1450 bis 1506).

In Niederhaslach (Elsass) geboren. Wurde Notar am päpstlichen Hof und ab 1483 Zeremonienmeister. Der Name des Platzes „Largo di Torre Argentina" in Rom geht auf den von ihm errichteten"Strassburger Turm" (Torre Argentina, neben seiner Residenz Casa del Burcardo) zurück. Er starb in Rom (Grab in der Kirche Santa Maria del Popolo).

Sein Tagebuch (*Liber notarum ab anno MCCCCLXXXIII usque ad annum MDVI*) enthält interessante Informationen zur Zeitgeschichte (1483 bis 1506), vor allem über den Kirchenstaat (Innozenz VIII., Alexander VI., Pius III., Julius II.) und über den Abschnitt November 1495 bis April 1495 des Feldzugs Karls VIII. nach Neapel.

> Lateinischer Quelltext in: Enrico Celani (Hrsg.): *Rerum italicarum scriptores*, 2.Ed, vol. 32 *Liber notarum ab anno MCCCCLXXXIII usque ad annum MDVI*, ; Città di Castello; 1906.
> 
> Französischer Quelltext des Auszugs über den Feldzug Karls VIII.: *Histoire de Charles VIII et de la conquête du royaume de Naples : Entreprise de Charles VIII (Desrey) - Mémoires (G. de Villeneuve) - Le Vergier d'honneur (A. de la Vigne) - Journal (J. Bruchard)*; Éditions Paleo; Clermond-Ferrand; 2011.

## Johannes de Plano Carpini (Giovanni da Pian del Carpine)

Italienischer Kirchenmann und Weltreisender (ca. 1185 bis ca. 1252).

In Pian di Carpine/Magione [43 9N 12 12E] (bei Perugia, Italien) geboren, wurde er ein Schüler und Weggefährte des Franz von Assisi. Missionierte ab 1220 für den Orden in Deutschland, Tunesien und Spanien und wurde zum Ordensgeneral für die Ostgebiete. Im Jahr 1245 brach er mit päpstlichem Auftrag zum Khan auf, den er in der Nähe von Karakorum antraf, kehrte 1247 zurück und starb als Erzbischof der Hafenstadt Antivari/Bar (Montenegro [42 6N 19 6E]).

Sein Reisebericht *Historia Mongolorum quos nos Tartaros appellamus* („Geschichte der Mongolen, von uns Tartaren genannt") ist vor dem Bericht des > Wilhelm von Rubruk das erste europäische Zeitdokument über den Fernen Osten; er enthält auch wertvolle Informationen über die damaligen Verhältnisse in der Ukraine.

Deutsche Übersetzung (J. Gießauf): *Die Mongolengeschichte des Johannes von Piano Carpine*; Schriftenreihe des Instituts für Geschichte, Band 6; Graz; 1995.

Deutsche Übersetzung (F. Schmieder): *Johannes von Plano Carpini: Kunde von den Mongolen 1245-1247* ;Thorbecke; Sigmaringen; 1997.

## Johannes Kaminiates (Cameniates)

Byzantinischer Geschichtsschreiber des 10. Jh.

Er verfasste einen Bericht *De expugnatione Thessalonicae* über die im Jahre 904 erfolgte Eroberung von Thessaloniki durch die Araber.

Deutsche Übersetzung (Gertrud Böhlig): *Die Einnahme Thessalonikes durch die Araber im Jahre 904*; Styria; Graz; 1975.

## Johannes Kantakuzenos

Byzantinischer Beamter, Kaiser und Geschichtsschreiber (1295 bis 1383).

Um 1296 in Konstantinopel aus adliger Familie geboren. Wurde Minister; beteiligte sich am Machtkampf um die Regentschaft des unmündigen Kaisers Johannes V. Palaiologos, aus dem er 1347 als Gegenkaiser Johannes VI. hervorging. Verhalf der mystischen Lehre der Hesychasten zur Durchsetzung. Im Jahre 1354 zur Abdankung gezwungen, widmete er sich als Mönch der schriftstellerischen Tätigkeit.

Sein 4-bändigem Geschichtswerk *Historion Biblia IV*, welches den Zeitraum von 1320 bis 1356 behandelt, hat Lücken und Fehler, die jedoch dank des sich zum großen Teil überlappenden Werks von > Nikephoros Gregoras bereinigt werden können.

Griechisch mit deutscher Übersetzung (K. Förstel): *Johannes Kantakuzenos, Christentum und Islam. Apologetische und polemische Schriften*; Oros Verlag, Altenberge 2005.

Deutsche Übersetzung (G. Fatouros, T. Krischer): *Johannes Katakuzenos, Geschichte (Historia)*; 2 Bände; Hiersemann; Stuttgart; 1982 bzw. 1986

## Johannes Kinnamos

Byzantinischer Beamter und Geschichtsschreiber (ca. 1143 bis ca. 1200).

Wirkte als Sekretär des Kaisers Manuel II. Komnenos. War vermutlich Augenzeuge der Schlacht von Myriokephalon (1176).

Er verfasste ein 7-bändiges Geschichtswerk, dessen Originaltitel nicht überliefert worden ist und traditionell als *Epitome* bezeichnet wird: es behandelt in Fortsetzung des Werks der > Anna Komnena den Zeitraum von 1118 bis 1176; das konkurrierende Werk des > Niketas Choniates deckt den Zeitraum 1118 bis 1206 ab.

Englische Übersetzung (C. M. Brand): *John Kinnamos. The Deeds of John and Manuel*

*Comnenus*; New York; 1976.

## Johannes Malalas von Antiochia

Oströmischer Geschichtsschreiber der Völkerwanderungszeit (490 bis ca. 570). Nicht zu verwechseln mit > Johannes von Antiochia.

In Antiocheia/Antakia (Türkei) geboren, zog er nach dem Erdbeben von 526 nach Konstantinopel um, wo er bis zu seinem Tode lebte.

Seine 18-bändige *Chronographia* ist die älteste erhaltene Weltchronik. Sie reichte von der Mythologie Ägyptens bis ins Jahr 563. Historiographisch interessant ist im wesentlichen nur die Regierungszeit des Justinian (527 bis 565). Für die davor liegenden Zeiten enthält das Werk zum Teil abstruse Informationen.

Malalas orientierte sich in seinem knappen Berichtsstil an > Florus und wertete Informationen des > Herodianus sud sowie des > Philostratos von Athen, den er im Zusammenhang mit den Feldzügen des Odaenathus von Palmyra gegen die Perser (um 267) zitierte, wobei er vermutlich die Fehlinformation einfügte, dass Odoinathos den Perserkönig getötet habe. Auf seinem Werk baute u. a. > Johannes von Antiochia auf. Das zeitgenössische Griechisch seines Werks trug zu dessen Popularität bei.

Eine Übersetzung ins Slawische ward Vorbild für viele slawische Chroniken.

Metzler Lexikon antiker Autoren: Artikel von Kai Trampedach.
Englische Übersetzung: *The Chronicle of John Malalas*; Australian Association of Byzantine Sudies; 1986.
Deutsche Übersetzung (Johannes Thurn und Mischa Meier): *Johannes Malalas: Weltchronik*; Hiersemann; Stuttgart; 2009.

## Johannes (Hans) Schiltberger

Bayrischer Ritter und Geschichtsschreiber (ca. 1380 bis ca. 1427).

In Freising geboren. Geriet in der Schlacht von Nikopolis (1396) in türkische Gefangenschaft. Nahm als Sklavensoldat an Feldzügen Bayezids I. (Schlacht von Ankara von 1402), Tamerlans (bis nach Vorderindien) und der Goldenen Horde teil. Kehrte 1427 nach Freising zurück und diente in der Region Straubing seinem Gutsnachbarn Albrecht III. (dessen Geliebte Agnes Bernauer dann 1435 von dessen Vater umgebracht wurde) als Kommandant der Leibwache.

Sein 1460 gedruckter Bericht enthält nicht nur Einzelheiten über Schlachten, an denen er teilgenommen hat, sondern auch interessante Bemerkungen zu Land und Leute der vielen Länder, die er kennen gelernt hatte (Kleinasien, Syrien, Ägypten, Mesopotamien, Vorderindien, Persien, Kaukasus, Sibirien). Zum Teil schöpfte er aus dem Werk des > Jehan de Mandeville, dem damals verbreitetsten Geographiebuch.

Niederalemannischer Quelltext: *Hans Schiltbergers Reisebuch*; Faksimiledruck der Originalausgabe von Augsburg um 1476; Pressler; Wiesbaden; 1969.
Tremmel, Markus, „Schiltberger, Hans", in: Neue Deutsche Biographie 22 (2005), S. 773-774 [Onlinefassung]; URL: http://www.deutsche-biographie.de/pnd118795007.html

## Johannes Skylitzes

Byzantinischer Geschichtsschreiber (ca. 1040 bis ca. 1101).

Sein Werk *Synopsis Hystorion* („Überblick über die Geschichte") beschreibt die Zeit von 811 bis 1057 und setzt damit das Werk des > Theophanes Homologetes fort.

Deutsche Übersetzung (Hans Thurn): Johannes Skylitzes: Byzanz wieder ein Weltreich.

Das Zeitalter der Makedonischen Dynastie; Graz u. a. 1983
Englische Übersetzung (John Wortley): *John Scylitzes, a synopsis of histories (811-1057 A.D.)*, Cambridge; 2010.

## Johannes Turmaier (> Aventinus)

## Johannes von Antiochia

Byzantinischer Geschichtsschreiber des 7. Jh.

Außer dem Namen ist über die Person nichts bekannt. Nach einer Theorie handelt es sich um den Patriarchen Johann II. von Antiocheia, der von 631 bis 648 amtiert hat, was von Umberto Roberto widerlegt worden ist. Nicht zu verwechseln mit > Johannes Malalas von Antiochia.

Sein nur in Fragmenten (deren Zordnung zu ihm strittig ist) überliefertes Werk *Historía Chroniké* reichte von der Schöpfung bis zum Jahr 610. Obwohl der Autor vermutlich ein Kirchenmann war, konzentrierte er sich auf die politischen Ereignisse. Er schöpfte aus den Werken von > Sextus Julius Africanus, > Eusebios von Caesarea, > Ammianus Marcellinus, > Johannes Malalas von Antiochia und vermutlich auch aus der > Leoquelle.

Griechischer Quelltext und italienische Übersetzung: Roberto, Umberto (Hrsg.): *Ioannis Antiocheni Fragmenta ex Historia Chronica;* Walter de Gruyter; Berlin; 2005.

Griechischer Quelltext und englische Übersetzung: Mariev, Sergiei (Hrsg.): *Ioannis Antiocheni fragmenta quae supersunt.* > Corpus fontium historiae Byzantinae 47; Berlin-New York; 2008.

## Johannes von Biclaro (Juan de Biclaro; Iohannes Biclarensis)

Hispanischer Kirchenmann und Geschichtsschreiber (ca. 540 bis 620).

In Scallabis/Santarem (Portugal) [39 14N 8 41W] aus einer Familie westgotischer Abstammung geboren. Lebte von 559 bis 576 in Konstantinopel. Da er sich weigerte, dem Arianismus beizutreten, musste er von 557 bis 586 im Exil (in Barcino/Barcelona) leben. Gründete das Kloster von Biclarum (nach einer Theorie bei Vallclara [41 23N 0 59E], nach einer anderen bei Cabacès [41 15N 0 44E]). War ab ca. 592 Bischof von Gerunda / Gerona.

Johannes von Biclaro verfasste als Fortsetzung des Werks von > Prosper Tiro Aquitanus und > Victor von Tunnuna eine Chronik (*Chronicon*), welche den Zeitraum von 567 bis 589 abdeckt, für den es eine wichtige Quelle ist.

Englische Übersetzung (Kenneth Baxter Wolf): *Conquerors and Chroniclers of Early Medieval Spain*; 2. Auflage; Translated Texts for Historians; Liverpool University Press; Liverpool; 1999.

## Johannes von Cremona (> Burchard von Ursberg)

## Johannes von Ephesos

Byzantinischer Kirchenmann und Geschichtsschreiber der Völkerwanderungszeit (ca. 507 bis 588).

In Armenien geboren, unternahm er weite Reisen, um Material über Biographien von Heiligen zu sammeln. Er war zeitweise Bischof von Ephesos (Türkei), bis er wegen seiner monophysitischen Überzeugung verbannt und später sogar eingekerkert wurde.

Seine in der Verbannung in syrischer Sprache verfasste *Kirchengeschichte* behandelte den Zeitraum von Caesar bis 588; die überlieferten Fragmente (571 bis 585) enthalten auch interessante politische Informationen.
: Englische Übersetzung online des 3. Teils: http://www.tertullian.org/fathers/ephesus_0_preface.htm

## Johannes von Epiphaneia

Oströmischer Geschichtsschreiber (6. Jh.).

Sein um 590 verfasstes Werk *Historiai* ist bis auf ein Fragment (die ersten 5 Absätze) verloren gegangen. > Euagrios Scholastikos und > Theophylaktos Simokates schöpften aus seinem Werk.
: Englische Übersetzung des Fragments: http://www.tertullian.org/fathers/john_of_epiphania.htm

## Johannes von Marignola (Giovanni de Marignolli)

Italienischer Kirchenmann und Geschichtsschreiber (1290 bis 1357).

In Florenz aus der traditionsreichen Familie der Marignolli geboren; trat in das Franziskanerkloster Santa Croce zu Florenz ein; war Theologieprofessor in Bologna. Brach 1338 im Auftrag des Papstes Benediktas XII. zu einer diplomatischen Mission nach China auf, wo er sich vier Jahre lang aufhielt; kehrte über Ceylon und Indien zurück und traf 1353 in Avignon ein. Hielt sich 1353 als Hofkaplan Karls IV. in Prag auf. Wurde 1354 Bischof von Bisignano bei Cosenza (Kalabrien [39 31N 16 17E]), wo er sich vorerst nicht aufhielt.

Giovanni de Marignolli verfasste 1360 eine Geschichte Böhmens (*Chronicon Bohemiae*), die er dem Karl IV. versprochen hatte. Darin flocht er viele Informationen ein, die er auf seiner Chinareise gesammelt hatte. Der auf Böhmen bezogene historiographische Wert seines Werks ist sehr gering, da er sich bei der Auswertung seiner böhmischen Quellen (> Cosmas von Prag und seine zwei Nachfolger) bei den tschechischen Namen verheddert hat.

Das Werk des Giovanni de Marignolli wurde erst 1820 entdeckt.
: Palacky, F.: *Würdigung der alten böhmischen Geschichtsschreiber*, Prag; 1830. Digitalisiert von Google
: Französische Übersetzung des Ceylon betreffenden Auszugs (Christine Gadrat): *Jean de Marignoli, „Au jardin d'Eden"*; Anacharsis; 2009.

## Johannes von Neapel (> Diakon Johannes von Neapel)

## Johannes von Nikiu

Spätrömischer Geschichtsschreiber (7. Jh.).

War Bischof von Nikiu/Abshadi (Ägypten) [30 37N 30 50E], der damaligen Hauptstadt der Nildelta-Insel Prosopitis (griechisch auch „Prosopis", koptisch „Pshati", arabisch Abshadi" oder „Absai"). Johannes wurde um 695 wegen „übermäßiger Strenge" abgesetzt.

Seine (vermutlich vor seiner Priesterweihe in jungen Jahren verfasste) bis zum Jahr 643 reichende *Chronik* ist das wichtigste abendländische Dokument über die Eroberung Ägyptens durch die Araber, die der Autor persönlich miterlebt hat. Es wurde auf Griechisch oder Koptisch verfasst; erhalten geblieben ist nur eine 1601 angefertigte Übersetzung vom Arabischen ins Äthiopische, in der aus unbekannten Gründen zwischen den Berichtsjahren 610 und 640 eine Lücke besteht (islamisch-arabische Zensur?).

Johannes von Nikiu kann als letzter spätrömischer Geschichtsschreiber betrachtet werden.
> Englische Übersetzung aus dem Äthiopischen (R. H. Charles): *The Chronicle of John, Bishop of Nikiu- Translated from Zotenberg's Ethiopic Text*; Nachdruck 2007 der Evolution Publishing.
> Englische Übersetzung online: http://www.tertullian.org/fathers/nikiu1_intro.htm

## Johannes von Salisbury (John of Salisbury)

Englischer Kirchenmann, Theologe, Philosoph und Geschichtsschreiber (ca. 1115 bis ca. 1180).

Bei Salisbury aus ärmlicher angelsächsischer Familie geboren, studierte er in Paris beim Philosophen Abelard. Er wirkte dann als Sekretär von Bischöfen von Canterbury: zuerst von Theobald und dann von Thomas Becket (er war bei dessen Ermordung am 29.12.1170 anwesend, worüber er in der ihm gewidmeten Biographie *Vita Sancti Thomae* später berichtete) und ab 1176 bis zu seinem Tod vom Bischof von Chartres.

Johannes von Salisbury war einer der brillantesten Denker des Hochmittelalters. In seinem bedeutendsten philosophischen Werk *Metalogicon* nahm er im Universalienstreit zwischen den Nominalisten und Realisten eine pragmatische Kompromissstellung ein. Er entwickelte mit seinem Werk *Polycraticus sive de nugis curialium et vestigiis philosophorum* (ca. 1159) die bereits im Alten Rom formulierte Analogie zwischen dem menschlichen Körper und einem Staat fort, allerdings um daraus ein Primat der Kirche abzuleiten (die Analogie wurde später von Hobbes aufgegriffen). Das Ziel jeder Erziehung sei vor allem ein moralisches (Johaqnnes von Salsbury erkannte also den Unterschied zwischen rationaler und emotionaler Erziehung). Die Metapher des Stehens auf den Schultern von Giganten der Antike stammt von ihm.

Johannes von Salisbury erfasste 1163 eine Kirchenzeitgeschichte (*Historia Pontificalis*), welche den Zeitabschnitt 1126 bis 1154 behandelt; sie ist nicht vollständig erhalten geblieben. Auch sein umfangreicher Schriftverkehr ist für das Verständnis seiner Zeit eine wertvolle Quelle.

> Lateinischer Quelltext und englische Übersetzung (M. Chibnall): *The Historia Pontificalis of John of Salisbury*; Oxford University Press; Oxford; 1986.
> Lateinischer Quelltext und englische Übersetzung (W. J. Millor, H. E. Butler): *The Letters of John of Salisbury*, 2 vols., Oxford: Oxford University Press; Oxford; 1979–86.
> Lateinischer Quelltext und englische Übersetzung (H. E. Butler, W. J. Millor, C. N. L. Brooke): *The Letters of John Salisbury*; Oxford University Press; Oxford.
> Volume I: The Early Letters (1153-1161) (Ausgabe 1986); Volume II (Ausgabe 1976).

## Johannes von Venedig (> Diakon Johannes von Venedig)

## Johannes von Worcester (John of Worcester; Johannes Wigorniensis)

Englischer Kirchenmann und Geschichtsschreiber (bis ca. 1140).

Verfasste mit der Ambition einer Weltchronik eine Chronik Englands (*Chronicon ex chronicis*) von der Schöpfung bis 1140.

Johannes von Worcester schöpfte aus dem Werk des > Marianus Scotus und aus der > Angelsächsischen Chronik; außerdem verwendete er vermutlich dieselbe (verschollene) Quelle wie > Wilhelm von Malmesbury. > Symeon von Durham setzte sein Werk für die Jahre 1119 bis 1129 fort.

> Lateinischer Quelltext und englische Übersetzung (J. Bray, P. McGurk): Darlington, R.R.,

McGurk, P. (Hrsg.): *The Chronicle of John of Worcester*; Oxford University Press; Oxford. Band 1 (Rahmentexte): in Vorbereitung; Band 2; *The Annals from 450-1066.*; Ausgabe 1995; Band 3: *The Annals from 1067-1140*; Ausgabe 1998.

## Johannes Xiphilinos

Byzantinischer Mönch und Geschichtsschreiber (ca. 1050 bis ca. 1100)

Verfasste im Auftrag des Kaisers Michael VII. eine Zusammenfassung (Epitomai) des Werks des > Cassius Dio. Erhalten geblieben sind die Zusmmenfassungen der Bände 36 bis 80 des Cassius Dio (Zeitraum von ca. -50 bis ca. 230).

Der Inhalt einiger der letzten Bücher des Cassius Dio ist nur über das Werk des Johannes Xiphilinos erhalten geblieben.

## Johannes Zonaras

Byzantinischer Kanzler und Geschichtsschreiber (? bis nach 1160).

War nach eigenen Angaben der Privatsekretär (und damit auch Leiter der Kanzlei) des Kaiser Alexios I. (1081–1118). Zog sich nach dessen Tod vermutlich in das Kloster der Insel Hagia Glykeria (Incir Adasi, Propontis) [40 47N 29 10E] zurück, wo er sich der Schriftstellerei widmete.

Er verfasste ein 18-bändiges Werk *Chronikón*, alias *Epitomae* alias *Annales*, welches die Weltgeschichte bis 1118 behandelt. Darin greift er auf Vorgängerwerke, die er zitiert, v.a. > Josephus Flavius, > Cassius Dio (die Informationen der verloren gegangenen ersten 20 Bücher des Werkes des Cassius Dio, d.h. für den Zeitraum 222 bis 395, sind nur dank Johannes Zonaras erhalten geblieben), > Johannes Skylizes und > Michael Psellos. Nach einer Theorie (Edwin Patzig) gegen Gemeinsamkeiten mit den Werken von > Leon Grammatikos und > Gerorgios Kedrenos auf eine gemeinsame >Leoquelle zurück.

Sein Werk wurde von > Niketas Choniates (Acomitatus) fortgesetzt.

Englische Übersetzung (M. Banchich, E. N. Lane) des Auszugs zum Zeitabschnitt 222 bis 395: *The History of Zonaras. From Alexander Severus to the Death of Theodosius the Great*; London; 2009.

Deutsche Übersetzung (E. Trapp) des Auszugs zum Zeitabschnitt 969 bis 1118: *Militärs und Höflinge im Ringen um das Kaisertum*; Styria; Graz; 1986.

## John Asser (Asserius Menevensis)

Walisischer Kirchenmann und Geschichtsschreiber (bis ca. 905)

In Pembrokeshire (die SW-Spitze der britischen Insel) geboren. Sein Name war vermutlich Gwynn (Gesegneter, hebräisch „Asser"). Wurde Mönch des Klosters St. David [51 53N 5 16W]. Hielt sich auf Einladung König Alfreds ein Jahr lang an dessen Hof auf. Ab ca. 890 Bischof von Sherborne.

John Asser verfasste 893 in lateinischer Sprache eine Biographie des Königs Alfred des Großen (*Vita Ælfredi regis Angul Saxonum*). Sie umfasst die Berichtsjahre von 849 bis 887. Es handelt sich im Wesentlichen um eine Übersetzung ins Lateinische der Berichtsjahre 851 bis 887 der > Angelsächsischen Chronik, die mit Alfred- und Wales-spezifischen Einträgen auf einen doppelten Textumfang gebracht worden sind.

Die Absicht des John Asser war, seine walisischen Landsleute mit der neuen angelsächsischen Oberherrschaft zu versöhnen. Dazu hob er u. a. die Verdienste des Königs Alfred bei der Abwehr der Wikinger-Raubzüge hervor. Sein Werk ist die wichtigste Quelle für die Regierungszeit Alfreds des Großen.

Englische Übersetzung (S. Keynes; M. Lapidge): *Asser's Life of King Alfred and other*

*contemporary sources*; Penguin Classics; 1983.
Englische Übersetzung (Alfred P. Smyth): The medieval life of King Alfred the Great: a translation and commentary on the text attributed to Asser; Basingstoke; 2002.

## Jonas von Bobbio (Giona di Bobbio, Ionas Bobiensis)

Italienischer Kirchenmann und Geschichtsschreiber (ca. 600 bis ca. 659).

In Sigusia/Susa (Piemont) geboren, trat er 618 in das 614 vom irischen Heiligen Columban gegründete Kloster von Bobbio bei Piacenza [44 46N 9 23E], „das Montecassino Norditaliens", ein. Er starb im Kloster Moutiers-Saint-Jean [47 34N 4 13E] bei Chalon-sur-Saône, wohin er zur Missionierung der Franken versetzt worden war.

Er verfasste mehrere Biographien von Heiligen, darunter die des Heiligen Columban (*Vita sancti Columbani*), der von 542 bis 615 gelebt hat. Sie enthalten nebenbei interessante Einzelheiten über eine schwach dokumentierte Epoche.

Lateinischer Quelltext: Krusch (Hrsg.): Monumenta Germaniae Historica: Script. Rer. Mer., III, 406-13, 505-17; IV, 61-152: Hannover; 1896 und 1902.
Lateinischer Quelltext: Vita Columbani et discipulorum eius (Hrsg. M. Tosi); Piacenza; 1965.
Französische Übersetzung: *Jonas de Bobbio, Vie de Saint Colomban et de ses disciples*; Éditions du Cerf; Paris; 1988.

## Jordanes Geta (Iordanes / Iordanis Gotus)

Oströmischer Beamter und Geschichtsschreiber (? bis ca. 552).

Vermutlich gotisch-alanischer Abstammung. Sein Großvater war Sekretär des Alanenkönigs Candacs gewesen. Er erhielt keine literarische Ausbildung, beherrschte aber Lateinisch und Griechisch. Er fungierte im Norden Bulgariens als Sekretär des gotisch-alanischen Fürsten Gunthigis Baza (der väterlicherseits mit dem ostgotischen Geschlecht der Amaler verwandt war) und begleitete ihn nach Italien, wo jener im Rang eines Magister Militum am Ostgotenkrieg teilnahm. Konvertierte zum Katholizismus und war vermutlich eine Zeit lang Bischof von Crotone (Kalabrien). Begleitete vermutlich Papst Virgilius ins Exil nach Konstantinopel. War dort vermutlich als Schreiber im Staatsdienst tätig.

Er veröffentlichte um 551 in Konstantinopel sein erstes Werk *De origine actibusque Getarum* („Vom Ursprung und den Taten der Goten"). Wie er selbst erklärte, war dies ein unter Zeitnot erstelltes Resümee der (verloren gegangenen) Gotengeschichte des > Cassiodorus, die er von ca. 500 bis zum Berichtsjahr 541 (Tod des Witiges) verlängerte. Er griff auch auf den „ausgezeichneten Verfasser einer sehr zuverlässigen Geschichte der Goten" namens „Ablabius" zurück, über den keinerlei sonstige Informationen überliefert worden sind.

Kurz darauf (ca. im Jahre 552) führte er sein zweites Werk *De summa temporum vel origine actibusque gentis Romanorum* („Römische Geschichte" bis zum Berichtsjahr 567) zu Ende, an der er bereits vor der Gotengeschichte gearbeitet hatte. Es handelt sich im Wesentlichen um eine Zusammenfassung der Werke des > Florus, > Rufius Festus, > Hieronymus von Strido, > Orosius, > Eutropius und > Marcellinus Comes; da diese weitgehend erhalten sind, bietet dieses Werk des Jordanes nur für den Zeitabschnitt ab 537 unikale Informationen. Aus seinem Werk schöpfte u. a. > Landulfus Sagax.

Laut Jordanes hatte das Leiden der Menschen den göttlichen Zweck, um sie zur Bekehrung zum Christentum zu bewegen.

Metzler Lexikon antiker Autoren: Artikel von S. Rebenich.
Lexikon der Alten Welt: Artikel von E. Pasoli.
Deutsche Übersetzung (W. Martens): Jordanis: *Gotengeschichte, nebst Auszügen aus*

*seiner Römischen Geschichte*; Phaidon Verlag; Essen; ohne Jahresangabe.
Lateinischer Quelltext und deutsche Übersetzung auf CD-ROM mit Abfrage-Software: Müller, Th. (Herausgeber): *Quellensammlung zur mittelalterlichen Geschichte – Zweite Fortsetzung – Continuatio secunda fontium medii evi*; MA II; Verlag Heptagon; Berlin; 2008.
Französische Übersetzung: Jordanès: *Histoire des Goths, suivie de l' Histoire de Rome des origines à Justinien*; Éditions Paleo; Clermond-Ferrand; 2010.

## Joseph Genesios (> Ioseph Genesios)

## Joseph Grünpeck

Österreichischer Geschichtsschreiber (1473 bis ca. 1530).

Er verfasste in lateinischer Sprache eine Geschichte Friedrichs III. und Maximilians I. (*Historia Friderici III et Maximiliani I*), die also den Zeitraum von 1415 bis 1519 abdeckt.

Deutsche Übersetzung (Th. Ilgen): Geschichtsschreiber der deutschen Vorzeit.
Deutsche Übersetzung auf CD-ROM mit Abfrage-Software: Müller, Th. (Herausgeber): *Quellensammlung zur mittelalterlichen Geschichte – Zweite Fortsetzung – Continuatio secunda fontium medii evi*; MA II; Verlag Heptagon; Berlin; 2008.

## Josephus Flavius (Joseph ben Mathitjahu)

Jüdischer Politiker und Geschichtsschreiber (ca. 37 bis ca. 100).

In Jerusalem aus einer prominenten Familie von Hohepriestern geboren, war er zu Beginn des Jüdischen Aufstands gegen Rom (69 bis 70) einer dessen militärischen Anführer. Nach seiner Gefangennahme sah er die Aussichtslosigkeit des Aufstandes ein, und richtete während der Belagerung Jerusalems einen vergeblichen Appell an die Belagerten, die Waffen niederzulegen. Erhielt von Vespasian die römische Staatsbürgerschaft. Er widmete den Rest seines Lebens der Aufgabe, der Nachwelt Bericht zu erstatten, sein persönliches Handeln zu rechtfertigen und (bei aller Römerfreundlichkeit) das Judentum zu verteidigen. Er starb vermutlich in Rom.

Um 75 verfasste Josephus auf Aramäisch (seiner Muttersprache) eine *Geschichte des jüdischen Krieges gegen die Römer*; sie schildert in 7 Bänden, von der Regierung des Antiochos IV. ausholend, den jüdischen Aufstand von 69 bis 70 und die Belagerung von Masada, insgesamt also den Zeitraum von -175 bis 72. Er übersetzte selbst sein Werk ins Griechische; eine spätere lateinische Übersetzung erhielt den Titel *Bellum Judaicum*.

Um dem Antisemitismus entgegen zu wirken, verfasste Josephus um das Jahr 93 auf Griechisch eine jüdische Geschichte in 20 Bänden *Ioudaiké Archaiología* („Jüdische Altertümer"), deren lateinische Übersetzung den Titel *Antiquitates Judaorum* erhielt; sie beschreibt den Zeitraum bis zum Jahr 66. Das Werk enthält eine kurze Passage, die Jesus Christus erwähnt („testimonium Flavianum"); sie ist vermutlich von christlichen Abschreibern eingefügt worden, was andererseits dazu beigetragen hat, das Werk zu erhalten. > Eustathios von Epiphaneia verfasste davon eine Kurzfassung.

Josephus Flavius schöpfte in seinen Werken unter anderem aus > Manetho, > Menander von Ephesos, > Berosos, > Cluvius Rufus, > Nicolaus Damascenus, > Kastor von Rhodos. Aus seinem Werk schöpfte unter anderen > Diodorus Siculus.

Metzler Lexikon antiker Autoren: Artikel von René Bloch.
Lexikon der Alten Welt: Artikel von R. Meyer.
Griechischer Quelltext und deutsche Übersetzung: Michel, O., Bauernfeind, O. (Hrsg.): *Josephis Flavius: De bello Judaico – Der jüdische Krieg*; 3 Bände; Wissenschaftliche

Buchgesellschaft in Zusammenarbeit mit dem Kösel-Verlag, Darmstadt, 1963 bis 1982.

Deutsche Übersetzung (H. Clementz): *Flavius Josephus: Geschichte des jüdischen Krieges und kleinere Schriften*; Flavius Josephus: Jüdische Altertümer; Wiesbaden; 2004.

## Josua Stylites

Syrischer Geschichtsschreiber (ca. 475 bis ca. 525).

Ein vermutlich in Edessa lebender syrischer Katholik, dessen Name als Platzhalter zu betrachten ist. Er wird deshalb auch als „Pseudo-Josua Stylites" bezeichnet.

Er verfasste auf Syrisch (Aramäisch) eine lebhafte Zeitgeschichte des oberen Mesopotamiens zwischen 494 bis 506. Das Schwerpunkt-Thema ist dabei der Byzantinisch-Persische Krieg (502 bis 506).

Deutsche Übersetzung (Andreas Luther): *Die syrische Chronik des Josua Stylites*; Berlin; 1997.

Englische Übersetzung (Trombley, Frank R.; Watt, John W.): *Chronicle of Pseudo-Joshua the Stylite*; Translated Texts for Historians; Liverpool University Press; Liverpool; 2000.

## Juba II.

Numidischer König und Geschichtsschreiber (ca. -50 bis -23).

Nach der Niederlage seines regierenden Vaters Juba I. gegen Caesar bei Thapsos (-46) wuchs er als Geisel in Rom auf, wo er sich eine ausgezeichnete Bildung aneignete. Wurde -25 von Augustus als König von Numidien und Mauretanien eingesetzt und blieb es bis zu seinem Tod. War mit Kleopatra Selene (Tochter der Kleopatra VII. und des Marcus Antonius) verheiratet. Veranlasste geographische Erkundungsreisen (zu den Kanarischen Inseln, zu den Nilquellen).

Juba II. verfasste auf Griechisch Abhandlungen zur Geschichte Roms, Nordafrikas und Arabiens, die bis auf wenige Fragmente verloren gegangen sind. > Plutarch, > Plinius, > Livius, > Appian, > Lucius Cornelius Alexander Polyhistor und > Cassius Dio schöpften aus seinen Schriften. Die Athener ehrten sein Andenken mit einer Statue, die > Pausanias noch gesehen hat.

Juba II. gehört zu den gebildetsten Monarchen aller Zeiten.

Quelltexte der Fragmente: Felix Jacoby (Hrsg.): *Die Fragmente der griechischen Historiker II A*; Berlin; 1926 (Nachdruck: Leiden; 1961); Nr. 275.

## Julian von Toledo

Iberischer Kirchenmann und Geschichtsschreiber der Völkerwanderungszeit (652 bis 690).

In Toledo aus einer Familie von Juden christlichen Glaubens geboren. Ab 690 als „Julian II." Erzbischof von Toledo (damals Hauptstadt des Westgotenreichs). Vertrat als Theologe die Theorie der „zwei Willen Gottes". Wirkte 680 bei der Absetzung des Westgotenkönigs Wamba mit, der die Privilegien der Kirche zu beschneiden begonnen hatte.

Schrieb eine Geschichte des Aufstands des Herzogs Paulus von Septimanien (Südfrankreich) von 673 gegen die Zentralregierung des Westgotenkönigs Wembas (*Historia Rebellionis Pauli adversus Wambam*); darin formulierte er als einer der ersten die Theorie, dass ein Herrscher sein Amt dem Willen Gottes verdanke und dass deshalb eine politische Unbotmäßigkeit gegen einen Herrscher auch eine Gotteslästerung sei.

Auch verfasste er eine Geschichte der Regierungszeit Wembas (672 bis 680) (*Historia Wambae Regis*). Darin stellt er seine Teilnahme am Sturz Wembas als erlittene Täuschung dar. Auch bringt er seine Verachtung für die „Gallier" (Keltoromanen Südfrankreichs) und der von ihnen tolerierten Juden zum Ausdruck. Er kann als der ideologische Vater des hispanischen Antisemitismus betrachtet werden.

Seine Werke sind für ihren Berichtszeitraum eine der informationsreichsten Quellen.

Englische Übersetzung (J. Martinez Pizarro): *The Story of Wamba: Julian of Toledo's „Historia Wambae Regis"*; Washington/D.C.; 2005.
Französische Übersetzung (Oliver Rimbault): Julien de Tolède: Histoire du roi Wamba, Lettre de Paul, Histoire de Wamba, Invectives contre la Gaule, Jugement sur les usurpateurs; Éditions Paleo; Clermond-Ferrand; 2011.

## Juan (> Johannes)

## Justinus, Marcus Iunianus

Römischer Schriftsteller (2. oder 3. Jh. n. Chr.).

Stammte nach eigener Aussage nicht aus Rom, hat dort aber eine längere Zeit gelebt.

Sein Werk *Epitomae historiarum Philippicarum Pompei Trogi Libri XLIV* stellt nach den Aussagen des Autors eine Zusammenfassung und Überarbeitung des umfangreicheren Werks des > Pompeius Trogus dar, jenes Werkes, das sich als Komplement des Werks des Titus Livius auf die außerrömische Geschichte konzentrierte und mit dem Berichtsjahr 9 endete. In 44 Bänden wird auf die Geschichte seit den jeweiligen Anfängen folgender Regionen eingegangen: Assyrien, Persien, Makedonien und Diadochenreiche, Sizilien, Karthago, Armenien, Parthien und Iberische Halbinsel. Der Wert des Werks liegt mehr in anekdotischen Details, denn in politischen Informationen.

Bis in das Mittelalter hinein war dies eines der meist gelesenen antiken Geschichtswerke.

Lexikon der Alten Welt: Artikel von O. Seel.
Deutsche Übersetzung (O. Seel): *Pompeius Trogus: Weltgeschichte von den Anfängen bis Augustus im Auszug des Justin* (aus „Epitoma historiarium Philippicarum Pompei Trogi"); Artemis&Winkler; 1972.
Englische Übersetzung online: http://www.tertullian.org/fathers/justinus_00_eintro.htm; http://forumromanum.org/literature/justin/english/index.html
Französische Übersetzung (M. Thailac, J. Pierrot): Histoire des empires de l'antiquitè: Assyriens, Babyloniens, Mèdes, Perses. Scythes,et Grecs de Justin; Éditions Paleo; Clermond-Ferrand; 2011.

## Juwaini (Dschuwaini), Ata Malik

Persischer Beamter und Geschichtsschreiber (1226 bis 1283).

Aus traditioneller choresmischer Beamtenfamilie (sein Vater diente unter Ugedei, dem Nachfolger Tschingis Khans). Er machte in der Verwaltung des Mongolischen Reichs Karriere und war im Gefolge von Hülegü Augenzeuge einiger seiner Feldzüge; als Gouverneur von Mesopotamien war er für den Verfall des Bewässerungssystems und des folgenden wirtschaftlichen Ruins des Landes mitverantwortlich.

Er vollendete 1259 (23 Jahre vor seinem Tod) eine Geschichte der mongolischen Eroberungen *Tarikh-i-Jahan Gusha* („Geschichte des Welteroberers"), die bis zum Jahr 1257 reichte. Sein Werk wurde von > Wassaf fortgesetzt.

Englische Übersetzung (J.A. Boyle): *History of the World Conqueror by Ala Ad Din Ata*

*Malik Juvaini;* Harvard University Press; 1958: Nachdruck 1997.
Englische Übersetzung: Elliot, H. M., John Dowson: *The History of India, as Told by Its Own Historians. The Muhammadan Period;* Trübner & Co.; Vol.2; London; 1867 bis 1877. Nachdruck Adamant Media Corporation; 2000.
Online: http://archive.org/stream/cu31924073036729#page/n5/mode/2up
Englische Übersetzung online: http://www.archive.org/details/historyoftheworl011691mbp

## Kadlubek (> Vincentius Magister)

## Kadmos von Milet

Lebte vermutlich im -6.Jh.
In der Antike galt er als der erste > Logograph. Im > Suda-Lexikon wird ihm eine vierbändige *Geschichte der Kolonisierung Milets und ganz Ioniens* zugeschrieben, die restlos verloren gegangen ist. Für einige moderne Autoren handelt es sich um eine fiktive Person.

## Kairo-Fragmente (> Annalenstein der 5. Dynastie)

## Kaiserchronik

Neuzeitlicher Titel einer um 1150 von einem unbekannten Autorenteam (das vermutlich am Regensburger Herzogs- oder Bischofshof tätig war) in Reimen verfassten und *Cronica* genannten Weltchronik. Sie reicht von der Gründung Roms bis 1147. Das Anliegen der Autoren des Werks war, eine Kontinuität vom römischen Kaiserreich bis zum Heiligen Römischen Reich nachzuweisen. Die Hauptquelle der Autoren war > Frutolf von Michelsberg; außerdem scheinen Ihnen zumindest Auszüge der dem > Cassiodiorus zugesprochenen *Historia ecclesiastica tripartita* zur Verfügung gestanden zu haben.
Aus der Kaiserchronik schöpften später u.a. die > Sächsische Weltchronik und > Jans der Enikel.

## Kalhana

Indischer Geschichtsschreiber (12. Jh.).
Er schrieb um 1148 in 7.826 Versen auf Sanskrit eine Geschichte der Rajas Kaschmirs (*Ratschatarangini*), die den Zeitraum vom -19. Jh. bis 1060 erfasst. Obwohl er sich auf rein Biographisches beschränkt, ohne jeden Blick für Sozialpolitisches, gilt er als erster bedeutender Geschichtsschreiber Indiens.
Englische Übersetzung (M. A. Stein): *Kalhana's Rajatarangini. A Chronicle of the Kings of Kasmir;* Elibron Classics; 2001.

## Kallias von Syrakus

Griechischer Geschichtsschreiber (-3-Jh.)
Verfasste eine Geschichte der Regierung des Agathokles (*Ta peri Agathokleia*), von der nur sehr wenige Fragmente erhalten sind. Sie deckte somit die sizilische Geschichte von -317 bis -289 ab. > Diodorus Siculus bezichtigte ihn der Geschichtskittung zugunsten des Agathokles.
Quelltexte der Fragmente: Felix Jacoby (Hrsg.): *Die Fragmente der griechischen Historiker II A*; Berlin; 1926 (Nachdruck: Leiden; 1961); Nr. 564.

## Kallimachos von Kyrene

Hellenistischer Bibliothekar, Dichter und Gelehrter (ca- -305 bis -240).
In Kyrene/Shahhat (Libyen) [32 50N 21 52E], dem „Athen Libyens", geboren, war er bis zu seinem Tode in der Bibliothek von Alexandreia (Ägypten) tätig, zeitweise unter der Führung seines 30 Jahre jüngeren Landsmanns > Eratósthenes von Kyrene.
Laut dem > Suda-Lexikon verfasste er ca. 800 Werke (Gedichte, Aufsätze oder Bücher), von denen fast alle verloren gegangen sind. Vollständig erhalten geblieben sind nur 6 Hymnen und ca. 60 Epigramme.
Aus den über 700 Fragmenten und Zitaten späterer Autoren lässt sich sein Hauptwerk *Aitia* („Ursprünge") in groben Zügen rekonstruieren, einer 4-bändigen Sammlung mit über 1000 Versen zur Entstehung diverser hellenistischer Kulte.
Auch verfasste er ein Verzeichnis (*Pínakes*) aus 120 Bänden der griechischsprachigen Autoren, von denen Werke in der Bibliothek von Alexandreia vorhanden waren (erstes Bibliotheksverzeichnis). Sie wurden nach Themen gruppiert und darunter alphabetisch angeführt. Jeden Eintrag ergänzte er (in der Art des vorliegenden Buches) mit Kurzangaben zum Leben und den Werken des Autors.
Obwohl die Werke das Lieblingsthema des Autors, den vorgeschichtlichen Fundus von Mythen, Riten, Bräuchen und Wörtern, fokussieren, enthalten sie am Rande und vereinzelt Informationen geschichtlicher Relevanz.

Griechische Quelltexte und deutsche Prosaübersetzung (Markus Asper): *Kallimachos, Werke*; Wissenschaftliche Buchgesellschaft; Darmstadt; 2004.

## Kallinikos von Bithynien

Oströmischer Mönch, Hagiograph und Geschichtsschreiber (? bis 446).
Vermutlich syrischer Herkunft. Wurde Abt des Klosters Ruphinianai von Chakedon/Kaldeköy (heute Stadtteil von Istanbul, Türkei).
In seiner um 450 auf Griechisch verfassten *Vita Hypathi*, der Biographie seines Amtsvorgängers, des Heiligen Hypatios (366 bis 446), beschrieb er u. a. die Schrecken der Hunneninvasionen.

Eine Übersetzung in eine moderne europäische Sprache ist nicht verfügbar.

## Kallinikos von Petra

Syrischer Sophist, Politiker und Geschichtsschreiber (3. Jh.).
In der Felsenstadt Petra (Jordanien) [41 37N 41 36E] geboren. Lehrte in Athen.
Vermutlich anlässlich der 270 erfolgten Invasion Ägyptens durch Zenobia (wo sie sich zur Kaiserin ausrufen ließ) hat er wohl als „geschichtlichen Nachhilfeunterricht" eine 10-bändige *Geschichte von Alexandreia* verfasst, von der nur Fragmente erhalten sind.

Lexikon der Alten Welt: Artikel von W. Spoerri.
Quelltexte der Fragmente: Felix Jacoby (Hrsg.): *Die Fragmente der griechischen Historiker II A*; Berlin; 1926 (Nachdruck: Leiden; 1961); Nr. 281.

## Kallisthénes von Olynthos

Griechischer Geschichtsschreiber und Philosoph (ca. −370 bis -327).
In Olynthos (Chalkidike, Griechenland) [40 21N 23 21E] geboren. Er war ein Großneffe des Aristoteles und wurde von diesem zum Teil zusammen mit Alexander dem Großen erzogen, woraus mit jenem eine Freundschaft entstand. Ab -334 begleitete er Alexander auf seinem Asienfeldzug als Hofhistoriker. Dort zog er sich jedoch den Groll Alexanders zu, weil er durch seine (dann von anderen nachgeahmte) Verweigerung des Kniefalls (Proskynese) erwirkt hatte, dass alle

Makedonier davon ausgenommen wurden. Alexander ließ Kallisthenes schließlich im Rahmen der Pagenverschwörung hinrichten, mit dem Vorwand, dass er Lehrer eines der Verschwörer gewesen war.

Vor 334 schrieb er eine 10-bändige Geschichte Griechenlands (*Hellenika*), die den Zeitraum von -386 bis-356 behandelte. Das Werk ist bis auf wenige Fragmente verloren gegangen; es scheint reich an geographischen und ethnographischen Exkursen gewesen zu sein. Vermutlich hat > Ephoros daraus geschöpft.

Er verfasste auch eine *Geschichte des 3. Heiligen Krieges* (-356 bis -346), die ebenfalls verloren gegangen ist.

Sein Hauptwerk *Alexandru práxis* („Taten des Alexander") berichtete bis zum Jahr -330, ist aber ebensowenig erhalten. Es war eine der Hauptquellen späterer Geschichtsschreiber wie des > Arrian.

> Metzler Lexikon antiker Autoren: Artikel von José M. Alonso-Nunez.
> Lexikon der Alten Quelltexte der Fragmente: Felix Jacoby (Hrsg.): *Die Fragmente der griechischen Historiker II A*; Berlin; 1926 (Nachdruck: Leiden; 1961); Nr. 124.

## Kallixeinos von Rhodos

Hellenistischer Schriftsteller (-3. Jh.).

Lebte in Alexandreia. Verfasste eine bis auf wenige Fragmente verloren gegangene Zeitgeschichte von Alexandreia (*Peri Alexandreias*), die von > Athenaios zitiert wird.

> Quelltexte der Fragmente: Felix Jacoby (Hrsg.): *Die Fragmente der griechischen Historiker II A*; Berlin; 1926 (Nachdruck: Leiden; 1961); Nr. 627.

## Kandidos (Candidus Isaurus)

Oströmischer Notar und Geschichtsschreiber (5. Jh.).

Stammte aus Isaurien (Zentrum des Taurusgebirges, heutige Region Konya, Türkei) und verbrachte dort sein Leben.

Seine 3-bändige Chronik *Historíai* behandelte den Zeitraum von 457 bis 491, in dem die Isuarier in das Rampenlicht der Geschichte traten; sie ist nur in einer äußerst knappen Zusammenfassung des > Photios (der seinen Stil kritisierte) erhalten, auch das > Suda-Lexikon enthält einen Eintrag über ihn. > Johannes Malatas von Antiochia hat vermutlich Informationen aus der Chronik des Kandidos bezogen.

## Kamal al-Din (> Ibn al-Adim, Kamal al-Din Umar ibn Ahmad)

## Kanonikus von Wyssehrad

Tschechischer Kirchenmann und Geschichtsschreiber (12. Jh.).

Er setzte die Chronik Böhmens (*Chronica Bohemorum*) des > Cosmas von Prag bzw. des Mönchs von Sazawa fort.

> Lateinischer Quelltext und deutsche Übersetzung auf CD-ROM mit Abfrage-Software: Müller, Th., Pentzel, A. (Herausgeber): *Quellensammlung zur mittelalterlichen Geschichte – Fortsetzung - Continuatio fontium medii evi*; MA II; Verlag Heptagon; Berlin; 2000.

## Kantakuzenos (> Johannes Kantakuzenos)

## Kasani, Abul-Qasim Abdallah

Kasanischer Geschichtsschreiber arabischer Sprache (8. Jh.).
Vermutlich in Kasan (an der Wolga, im Osten Russlands) [55 47N 49 7E] geboren, aus renommierter Töpferfamilie. War Mitglied des Mitarbeiterteams, das die Weltchronik des > Rashid ed-Din verfasst hat.
Nach einem Buch über Mineralien, Halbedelsteine und Parfüms (*Ara es al-jawaher wa nafa es al-arta*) verfasste er zwei Geschichtsbücher:

- Eine Geschichte des Islam bis zum Berichtsjahr 1258 (Zerstörung von Bagdad durch die Mongolen) mit dem Titel *Zobdad al-tawarik*.
- Eine Geschichte der Regierung des mongolischen Sultans von Iran, Öljeitu Xodabande (1304 bis 1316, dieser katholisch erzogene Herrscher hat sich zum Buddhismus und schließlich zum Islam/Shia bekehrt), mit dem Titel *Tarik-e Oljaytu* („Buch des Oljaytu").

Artikel von P.P. Soucek in Encyclopaedia Iranica: http://www.iranicaonline.org/articles/abul-qasem-abdallah-kasani-historian-of-the-reign-of-the-il-khan-olaytu-r

## Kastor von Rhodos

Hellenistischer Geschichtsschreiber (-1 Jh.).
Verfasste eine Universalgeschichte bis zum Berichtsjahr -60, von dem nur Fragmente erhalten sind. Daran ist aber erkennbar, dass er die Geschichte Griechenlands mit der des Orients verknüpfen wollte und dass er die Olympiaden als Zeitraster verwendete.
In der Folge schöpften > Varro, > Josephus Flavius, > Plutarch, > Eusebios von Caesareia und > Georgios Synkellos aus seinem Werk.
FGrieHist 250.

## Kemal-Pascha-zade (> Ibn-i Kemal (Kemal-Pascha-zade)

## Khalifa Ibn-Khayyat (Khalifa bin Hayyat)

Arabischer Geschichtsschreiber (ca. 777 bis ca-854).
Vermutlich in Basra (Irak) geboren oder aus einer von dort stammenden Familie. Von seinen vier Werken sind nur zwei erhalten. *Tabaqat* ist ein Sammelwerk von Biographien und *Kitab al-Tarikh* („Buch der Geschichte") ist eines der ältesten arabischen Geschichtswerke.

## Khuzistan-Chronik (Guidi-Chronik)

Eine um das Jahr 660 in syrischer Sprache verfasste Chronik, die Ende des 19. Jh. von Ignazio Guidi entdeckt wurde. Der Autor war vermutlich ein hoher nestorianischer Geistlicher.
Die Chronik behandelt den Zeitraum von ca. 580 bis ca. 650. Sie enthält interessante Details zu den Persisch-Byzantinischen Kriegen von 572 bis 591 und 604 bis 628 sowie der arabischen Eroberung Persiens (640 bis 650).

Artikel von S.P. Brock in Encyclopaedia Iranica online: http://www.iranicaonline.org/articles/guidis-chronicle
Deutsche Übersetzung (Th. Nöldeke): *Die von Guidi herausgegebene syrische Chronik*; 1893: Nachdruck: Gorgias Press.

## Khwandamir, Khand-Amir (> Chondemir (Khwandamir, Khand-Amir)

## Kiewer-Chronik
Eine in Kiew verfasste Chronik des Berichtszeitraums 1117 bis 1200. Sie ist durch das Hypatius-Manuskript (> Nestorianische Chronik) erhalten geblieben, das eine Abschrift davon integriert hatte.

## Kim Busik
Koreanischer Politiker und Geschichtsschreiber (1075 bis 1151).

Er verfasste im Auftrag des Königs Injong von Goguryeo (1122 bis 1146) mit einem Mitarbeiterstab in klassischem Chinesisch eine Geschichte Koreas *Samguk Sagi* („Chronik der drei Königreiche") in 50 Bänden für den Zeitraum des -1. Jh. bis zum 9. Jh. Das Hauptaugenmerk galt den drei Dynastien der Goguryeo, Baekje und Silla. Dabei schöpfte er offensichtlich (ohne sie zu zitieren) aus chinesischen und japanischen Quellen. Es ist die wichtigste Quelle zur Frühgeschichte Koreas.

Eine vollständige Übersetzung in eine europäische Sprache liegt nur ins Russische vor; ins Englische sind vorerst nur Auszüge übersetzt worden.

## Kirakos Ganjakeci (von Ganjak)
Armenischer Kirchenmann und Geschichtsschreiber (1200 ca. bis 1271 ca.).

In Ganjak (heutiges Gence, Aserbaidschan) [40 40N 46 22E] geboren. Wirkte im Kloster von Getik (Armenien) [39 42N 45 34E]. Geriet in die Gefangenschaft der Mongolen und diente ihnen als Sekretär. Seine um 1240 verfasste „Geschichte der Armenier" (*Hayoc Patmut iwn*) ist eine wichtige Quelle zur Geschichte des 13. Jh. der Kaukasusregion und der dortigen mongolischen Einfälle jener Epoche.

## Kitabatake Chikafusa
Japanischer Geschichtsschreiber des 14. Jh.

Verfasste um 1341 ein Werk *Jinno shotoki* (Bericht über die wahre Gott-Kaiser-Linie), eine Sammlung der Biographien der japanischen Kaiser bis zum Berichtsjahr 1339.

## Kiujiki
Eine im kaiserlichen Auftrag um 620 verfasste „Chronik der alten Zeiten", dessen Großteil im Jahr 645 durch einen Brand verloren gegangen ist. Die erhaltenen Fragmente werden *Kokuki* („Staatsannalen") genannt.

Aus den Fragmenten des *Kokuki* haben wahrscheinlich die Autoren des > *Nihongi* geschöpft.

## Kleitharchos von Kolophon (Alexandreia)
Griechischer Geschichtsschreiber (-4. Jh.).

Sein Vater > Dinon von Kolophon war ein auf Persien spezialisierter Geschichtsschreiber. Kleitharchos verbrachte sein Leben in Alexandreia (Ägypten).

Er verfasste um -310 ein 12-bändiges Werk *Péri Alexándu historíai* („Nachforschungen über Alexander"), das den Zeitraum von der Krönung bis zum Tod Alexanders (-336 bis -323) erfasste. Davon sind nur ca. 50 Fragmente erhalten.

Trotz des Rufs mehrfacher Geschichtsverfälschung gefiel das Werk Kleitharchs wegen des gediegenen Erzählstils. Spätere Alexanderbiographen (> Plutarch und

Curtius, Rufus) sowie > Justinus und > Diodorus Siculus sind von ihm beeinflusst worden.

Metzler Lexikon antiker Autoren: Artikel von José M. Alonso-Nunez.
Quelltexte der Fragmente: Felix Jacoby (Hrsg.): *Die Fragmente der griechischen Historiker II A*; Berlin; 1926 (Nachdruck: Leiden; 1961); Nr. 137.

## Klytodemos

Griechischer Geschichtsschreiber (> Attidograph) (-4. Jh.).

Er schrieb eine vierbändige Geschichte Attikas (*Atthis*), mit unbekannter zeitlicher Abdeckung, die vollständig verloren gegangen ist.

## Kojiki

Eine vom Kaiser Tenmu 682 in Auftrag gegebene „Geschichte der alten Angelegenheiten", die vom Adligen O-No-Yasumaro im Jahr 712 fertiggestellt worden ist. Sie behandelt in Altjapanisch mit chinesischen Schriftzeichen den Zeitraum vom legendären ersten Kaiser (ab ca. -660) bis zum 15. Kaiser (bis zum Jahr 310), sozusagen die Antike Japans. Das erste offizielle japanische Geschichtswerk und das erste literarische Werk Japans.

Deutsche Übersetzung (Iwao Kinoshita): *Kojiki: Älteste japanische Reichsgeschichte;* 3 Bände; Fukuoka; 1976.
Englische Übersetzung (Hall Chamberlain, B.): *Kojiki: Records of Ancient Matters*; Tuttle Classics of Japanese Literature; Tuttle Publishing; 2005.
Englische Übersetzung (Philippi, Donald L): *Kojiki;* University of Tokyo Press; Tokyo; 1977.
Italienische Übersetzung (Paolo Villani): *Kojiki: un racconto di antichi eventi*; Marsilio; 2006.

## Kokuki (> Kiujiki)

## Kölner Königschronik (> Chronica regia Coloniensis)

## Konfutius (> Frühlings und Herbstannalen)

## Königsaaler Chronik (> Chronik von Königsaal)

## Königsberger Chronik (> Radziwill-Chronik)

## Königsliste, assyrische (> Assyrische Königsliste)

## Königsliste, sumerische (> Sumerische Königsliste)

## Königsliste von Abydos

Wand mit Reliefs im Totentempel des Sethos I. in Abydos, Oberägypten [26 11N 31 55E]. Enthält die Bilder und Namen von 74 Pharaonen von Menes bis Sethos I. Sie deckt den Zeitraum von ca. -3000 bis -1279 ab, ist aber keine lückenlose Auflistung (u. a. fehlen die „aus der Geschichte gelöschten Pharaonen"). Allerdings kennen wir einige Pharaonen der 7. und 8. Dynastie nur aus dieser Liste.

Die Version im Totentempel des Sethos I. ist besser erhalten als die heute im British Museum befindlichen Fragmente der Version aus dem Totentempel des Ramses II.

## Königsliste von Karnak

Wand mit Reliefs im Tempel des Amun von Karnak, Oberägypten [25 43N 32 39E]. Enthält die Bilder und Namen von 61 Pharaonen (davon sind 14 unleserlich), von Neferkare bis Sekhem-re (ca. -2750 bis -1500). Die Auflistung ist allerdings nicht lückenlos (u. a. fehlen die „aus der Geschichte gelöschte Pharaonen").

## Königsliste von Sakkra (Saqqara)

Wand mit Reliefs im Grab des königlichen Schreibers Tjyneroy in Sakkra (Unterägypten) [29 52N 31 13E]. Enthält die Bilder und Namen von 58 Pharaonen (davon 8 unleserlich), von Anedjib bis Ramses II. und deckt den Zeitraum von ca. -2900 bis -1213 ab, ist aber keine lückenlose Auflistung (u. a. fehlen „aus der Geschichte gelöschten Pharaonen").

## Königspapyrus von Turin

In Luxor (Ägypten) gefundene Auflistung der Namen (mit Anzahl der Regierungsjahre) der Pharaonen von -2744 bis -1570. Die Auflistung enthält 255 Pharaonen, ist weniger lückenhaft als andere Königslisten und ist vermutlich die vollständigste, die in der ägyptischen Antike angefertigt worden ist.

Der Papyrus zerbrach beim Transport nach Italien in bis zu 1 cm² kleine Fetzen; nur die Hälfte des Dokuments konnte einwandfrei rekonstruiert werden; 49 Namen sind verloren, 27 nur teilweise lesbar.

## Konrad von Lichtenau (Ursberg)

Süddeutscher Kirchenmann und Geschichtsschreiber (ca. 1200 bis ca. 1240). In Mindelzell (Bayern) [48 14N 10 26E] geboren. Trat in den Orden der Prämonstraten ein, war Domherr in Konstanz und Abt des Klosters Ursberg bei Augsburg. Er ergänzte die Weltchronik des > Burchard von Ursberg bis zum Berichtsjahr 1240 ca.

> Lateinischer Quelltext und deutsche Übersetzung in: Becher, M. (Hrsg.): *Quellen zur Geschichte der Welfen und die Chronik Burchards von Ursberg*; Reihe FSGA, A, Bd. 18 b; Wissenschaftliche Buchgesellschaft; Darmstadt; 2007.
>
> Silagi, Gabriel, „Konrad von Lichtenau", in: Neue Deutsche Biographie 12 (1979), S. 544 [Onlinefassung]; URL: http://www.deutsche-biographie.de/pnd100939457.html

## Konstantin von Antiochia (> Kosmas Indikopleutes)

## Konstantinbogen

Von 312 bis 315 auf dem Forum Romanum zu Rom errichteter Triumphbogen zur Verherrlichung des Siegs Konstantin des Großen von 312 an den Milvinischen Brücken gegen Maxentius. Da die Friese aus anderen Bauten des Zeitraums 98 bis 180 stammen, ist der historiographische Wert gering.

## Konstantinos VII. Porphyrogennetos

Byzantinischer Kaiser und Gelehrter (905 bis 959).

Ohne Titel (weil nicht zur Veröffentlichung bestimmt) verfasste er ein Zeremonienbuch für den byzantinischen Kaiserhof (bei der 5 Jh. später in Italien erfolgten ersten Drucklegung erhielt das Werk den lateinischen Titel *De officiis aulae Byzantinae*). Sie enthält auch eine Sammlung historischer und geographischer Informationen über die Provinzen des Byzantinischen Reichs (*De administrando imperio*). Zudem veranlasste er die Erstellung der > Konstantinischen Exzerpte durch ein Autorenteam sowie von Kaiserbiographien („Basileiai") durch > Ioseph Genesios. Er hat sich also für die Erhaltung von Geschichtswerken sehr verdient gemacht.

Griechischer Quelltext und englische Übersetzung (Gy. Moravcsik, K.J.H. Jenkins) von *De administrando imperio* online: http://books.google.de/books?id=3al15wpF-WiMC&printsec=frontcover&hl=de&source=gbs_v2_summary_r&redir_esc=y#v=onepage&q&f=false

## Kosmas Indikopleutes (Konstantin von Antiochia)

Oströmischer Reisender und Geograph (6. Jh).
Vermutlich in Antiocheia (Syrien) geborener nestorianischer Christ, Schüler des Patriarchen Aba I.. Veröffentlichte um 550 in fortgeschrittenem Alter unter dem Pseudonym „Kosmas der Indienreisende" eine Topographia Christiana (Christliche Ortsbeschreibung). Es ist fraglich, ob er persönlich weiter als Äthiopien gereist ist, sicherlich hat er Personen befragt, die bis Indien gereist sind. Sein reich bebildertes Werk bezweckt die auf sphärischen Strukturen basierende Kosmographie des > Ptolemaios, Claudius zu wiederlegen. Es enthält skurrile wie auch unikale Informationen aus dem spätantiken Wissen über die Anrainerländer des Roten Meeres und des Indischen Ozeans bis Ceylon (wo er von einer christlichen/nestorianischen Gemeinschaft berichtete. Darüber hinaus berichtete er als Zeitzeuge über die Vorbereitungen des äthiopischen Kaisers Caleb für seinen Eroberungskrieg gegen Jemen (517 bis 570) und dokumentierte in diesem Kontext das > Monumentum Adulitanum.

Deutsche Übersetzung (H. Schneider): Kosmas Indikopleustes. Christliche Topographie. Textkritische Analysen. Übersetzung. Kommentar;. Brepols; Turnhout; 2010.
Englische Übersetzung online: http://www.tertullian.org/fathers/#Cosmas_Indicopleustes

## Kosmas von Prag (> Cosmas (Kosmas) von Prag)

## Krateros der Makedone

Makedonischer General und Urkundenforscher (-370 bis -320).
Nach einer Theorie ist er mit dem Kampfgefährten Alexanders identisch, der zum makedonischen Stadthalter von Griechenland ernannt wurde, den antimakedonischen Aufstand niederschlug und im 1. Diadochenkrieg fiel.
Er stellte (vermutlich aus Inschriften) eine Sammlung athenischer Volksbeschlüsse (*Psephismaton syntagoge*) zusammen, von denen nur Fragmente (v.a. des -5. Jh.) erhalten geblieben sind.
FGrieHist 342.

## Kratippos von Athen

Athenischer Geschichtsschreiber. Laut Plutarch war er jünger als > Thukydides (geboren ca. -460) und älter als > Xenophon (geb. ca.-427), demzufolge wurde er vermutlich um -440 geboren.

Kratippos setzte das Werk des Thykydides für den Berichtszeitraum -410 bis -394 fort. Sein Werk ist explizit nicht erhalten geblieben, nach einer Theorie stellen die > Hellenika Oxyrhynchia einen Teil davon dar.

## Ktesías von Knidos

Griechischer Arzt und Geschichtsschreiber (ca. -450 bis ca. -390, vermutlich ein Zeitgenosse Xenophons).

In Knidos (Karien, Türkei) [36 36N 27 27E] geboren, lebte er von -415 bis -398 in Persien, wo er u. a. als Leibarzt des Ataxerxes II. Mnemon fungierte.

Er verfasste nach seiner Heimkehr eine 23-bändige Geschichte der Perser (*Persiká*), die von ca. -550 (Astyges) bis –398 reichte. Auch schrieb er eine einbändige Geschichte Indiens (*Indiká*). Von seinen Werken sind nur Fragmente und eine Zusammenfassung des > Photios erhalten, die effekthaschende Übertreibungen und Erfindungen durchscheinen lassen. Seine Glaubwürdigkeit wurde bereits in der Antike bezweifelt (> Plutarch, > Lucanus). Er bezog sich auf das Werk > Herodots.

Aus seinen Werken schöpften u. a. > Diodoros Siculus (2. Buch) und > Plutarch (Leben des Ataxerxes II.). Er prägte über Persien und die die östliche Welt ein negatives Bild (Dekadenz) und sogar ein entfremdendes Bild (Bericht über Mensch-Tier-Hybride). Der > Pseudo-Plutarch zitierte ein ansonsten nicht bekanntes „Buch der Flüsse" des Ktesias von Knidos.

Lexikon der Alten Welt: Artikel von W. Burkert.
Quelltexte der Fragmente: Felix Jacoby (Hrsg.): *Die Fragmente der griechischen Historiker II A*; Berlin; 1926 (Nachdruck: Leiden; 1961); Nr. 688.
Sammlung aller Fragmente mit englischer Übersetzung (Jan P. Stronk): *Ctesias' Persian History. Part I: Introduction*; Wellem Verlag, Düsseldorf 2010.
Englische Übersetzung online der Zusammenfassung des Photios: http://hum.ucalgary.ca/wheckel/sources/ktesias.pdf
Französische Übersetzung aller überlieferten Quelltexte (J.A.C. Buchon): *Arrien. Les Expéditions d'Alexandre le Grand; Précédé de l'Histoire de Perse et de l'Histoire de l'Inde, de Ctésias*; Éditions Paleo; Clermond-Ferrand; 2011.

## Kyros-Zylinder

Eine vom persischen König Kyros II. von Anschan nach seiner Besetzung von Babylon (-539) veranlasste Propagandainschrift, heute im British Museum.

In jüngster Vergangenheit hat der persische Shah Reza Palhevi vorgeschlagen, aufgrund der von Kyros II. bezeugten Religionstoleranz, den Text als erste Charta der Menschenrechte zu postulieren.

Englische Übersetzung online: http://www.livius.org/ct-cz/cyrus_I/cyrus_cylinder2.html

## Lactantius, Lucius Caecilius Firmianus (Laktanz)

Römischer Schriftsteller, Rhetoriker und Apologet (ca. 250 bis nach 317).

In Nordafrika, vielleicht in Sicca Veneria (Le Kef, Tunesien [36 10N 8 42E]) aus heidnischer Familie geboren. Wurde von Kaiser Diokletian als Rhetoriklehrer in dessen Hauptstadt Nikomedia (Izmir) berufen, wo er 301 zum Christentum übertrat und 303 von seinem Amt zurücktrat, als Diokletian seine Verfolgung der Christen begann. Er widmete daraufhin seine schriftstellerische Energie dem Anliegen, das Christentum als die wahre Lehre zu argumentieren. Im Jahr 313 wurde er von Kaiser Konstantin den Großen an dessen Hof nach Trier berufen (als Lehrer seines Sohns Crispus), wo er vermutlich den Rest seines Lebens verbrachte.

Neben seinem 7-bändigen Hauptwerk *Institutiones Divinae* („Göttliche Unterweisungen"), in dem er die antiken Philosophen aus christlicher Sicht kritisierte, verfasste er um 314 eine Propagandaschrift *De mortibus persecutorum* („Von den Todesarten der Verfolger"), in der er die Strafen Gottes für die Kaiser beschrieb, die die größten Verfolger der Christen gewesen waren (Nero, Domitian, Decius, Valerian, Aurelian, Diokletian, Maximian, Galerius, Maximin). Trotz der faktiösen Überzeichnungen enthält das Werk wertvolle Randinformationen zur Regierungszeit jener Kaiser. Das Werk ist durch ein Manuskript vollständig erhalten, das 1678 (nach der Säkularisierung) im Benediktinerkloster Saint Pierre de Moissac [44 6N 1 5E] (auf dem Jakobsweg, Ruinen in Midi-Pyréneés, Frankreich) gefunden worden ist.

>Lateinischer Quelltext und deutsche Übersetzung (Alfons Städele): *De mortibus persecutorum – Die Todesarten der Verfolger*, Fontes Christiani 43; Turnhout; 2003.
>Deutsche Übersetzung (Alois Hartl) online von *De mortibus persecutorum*: http://www.unifr.ch/bkv/kapitel500.htm

## Lampert/Lambert von Hersfeld / Aschaffenburg (Lampertus monachus)

Deutscher Kirchenmann und Geschichtsschreiber (ca. 1020 bis 1080). Vermutlich aus fränkischem Adel. Reiste 1059 ins Heilige Land. Lebte als Mönch in Hersfeld und dann als Abt in Hasungen.

Er verfasste in Anlehnung an > Beda Venerabilis eine Weltchronik *Annales*, die mit einer detaillierteren Zeitgeschichte für den Zeitraum 1040 bis 1077 endet, mit dem Investiturstreit zwischen Heinrich IV. und Gregor VII. und dem dadurch ausgelösten Deutschen Bürgerkrieg. Dabei war er in der Sorge um die Einheit des Reichs und der Kirche gegen den König eingestellt, was ihm bei einem Teil der deutschen Historiker des 19. Jh. die Verleumdung als „notorischer Lügner" eingebracht hat.

>Lateinischer Quelltext und deutsche Übersetzung (A. Schmidt): *Lampert von Hersfeld: Annalen*; Reihe FSGA, A, Bd. 13; 4. Auflage; Wissenschaftliche Buchgesellschaft; Darmstadt; Sonderausgabe 2011.
>Struve, Tilman, „Lampert von Hersfeld", in: Neue Deutsche Biographie 13 (1982), S. 461-462 [Onlinefassung]; URL: http://www.deutsche-biographie.de/pnd10095135X.html

## Landnamabok (Landnahmebuch)

Eine Auflistung der Grundstücke von ca. 400 überwiegend norwegischen Siedlern, die zwischen 870 und 930 in Island eingewandert waren; sie enthält Angaben über herausragende Vorkommnisse in ihrem Leben und dem ihrer Nachkommen. Also eine Art Chronik der wikingischen Besetzung Islands. Sie wurde vermutlich im 11. Jh. zum ersten Mal angelegt und es gibt mindestens vier spätere Neuauflagen bis 1636.

>Deutsche Übersetzung (W. Baetke): *Islands Besiedlung und älteste Geschichte*; Diederichs; Düsseldorf; 1967.
>Englische Übersetzung (A. Myer) online: http://www.northvegr.org/lore/landnamabok/index.php

## Landulf der Jüngere (Landolfo Iuniore; Landulfus Junior; Landulfus de Sacto Paulo)

Mailänder Geschichtsschreiber (ca. 1077 bis nach 1137).

Verfasste eine Geschichte Mailands *Liber historiarum Mediolanensis urbis*, die den Zeitraum von 1045 bis 1137 behandelt.

Lateinischer Quelltext online (Quellensammlung ALIM): http://www.uan.it/Alim/Letteratura.nsf/%28volumiID%29/50EE89D6BC4D8836C1256D58007E2247!opendocument&vs=Autore

## Landulfus Sagax (Landolfo Sagace)

Süditalienischer Geschichtsschreiber (ca. 850 bis ca. 900).
Vermutlich langobardischer Abstammung und kein Kirchenmann.
Er ergänzte in seinem 27-bändigen Werk *Historia Romana* (ab 1526 *Historia Miscella* genannt) die damals noch beliebte Zusammenfassung der Geschichte Roms von > Eutropius (Bände 1-10), die > Paulus Diaconus bereits um den Zeitraum von 364 bis 553 erweitert hatte (Bände 11-17), in den letzten 10 Bänden bis zum Berichtsjahr 813. Zu seinen Quellen gehörten u. a.: > Jordanes, > Theophanes Homologetes und > Orosius.

> Vom Werk des Landulfus ist keine Übersetzung in eine moderne europäische Sprache verfügbar.
> Lateinischer Quelltext: Amedeo Crivellucci (Hrsg.): *Landolfi Sagacis Historia Romana*; Fonti per la storia d'Italia, Scrittori dei secoli X-XI; Roma; Tipografia del Senato; 1912-1913

## Laonikos Chalkokondyles

Byzantinischer Geschichtsschreiber (1423 bis 1490).
Vermutlich in Athen aus adliger Familie geboren, auf dem Peloponnes (wohin sein Vater verbannt worden war) aufgewachsen und in Mystras (bei Sparta) [37 4N 22 23E] durch den (antichristlichen) Neoplatoniker Georgios Gemistos Plethon ausgebildet. Trat in den Dienst des letzten byzantinischen Kaisers Konstantinos XI., emigrierte vermutlich bereits vor der Eroberung Konstantinopels durch die Türken nach Italien.

Sein im italienischen Exil auf Griechisch geschriebenes Werk, für das der lateinische Titel *Historarium Demonstrationes* gängig ist, beschreibt den Zeitraum von 1298 bis 1463.

Vom Werk des Laonikos sind nur Auszüge in westeuropäische Sprachen übersetzt worden.

> Englische Übersetzung (N. Nikoloudis) der Bände 1 bis 3: Laonikos Chalkokondyles. A Translation and Commentary of the Demonstrations of Histories; Athen; 1996.
> Englische Übersetzung aus Band 8: J. R. Melville Jones: *The Siege of Constantinople: Seven Contemporary Accounts*; Amsterdam;1972.

## Lateinische Chroniken (> Grandes Chroniques de France)

## Laterculus Veronensis (Veroneser Verzeichnis)

Eine in der Biblioteca Capitolare in Verona aufbewahrte, um 310 verfasste Liste der 12 Diözesen und ihrer insgesamt 101 Provinzen gemäß der Reichsreform des Diocletianus. Von besonderem historischem Wert ist die darin enthaltene ergänzenden Auflistung der Randvölker des Römischen Reichs.

> Englische Übersetzung: (Timothy David Barnes): *The new empire of Diocletian and Constantine*. Harvard University Press,; Cambridge MA; 1982.

## Laud Manuscript (> Angelsächsische Chroniken)

## Laurentianischer Codex (> Nestorianische Chronik)

## Laurenz von Brezowa/Byzyn (Magister Laurentinus)

Tschechischer Geschichtsschreiber (1365 bis 1437).
Vermutlich in Prag aus niedrigem Adel geboren; war am Hof Wenzels IV. tätig.
Seine Chronik deckt den Zeitraum von 1414 bis 1422 ab. Der Autor war bei seiner Berichterstattung stark befangen: als fanatischer Calixtiner (der moderate Flügel der Hussiten) verteufelte er die Utraquisten (der radikale Flügel der Hussiten) und Katholiken und verharmloste demgegenüber die Missetaten seiner eigenen Faktion; die militärischen Erfolge der Gegenpartei versuchte er durch die Einwirkung Gottes kleinzureden. Trotzdem ist sein leider allzu kurzes Werk eines der tiefgründigsten der tschechischen Geschichtsschreibung.

> Palacky, F.: *Würdigung der alten böhmischen Geschichtsschreiber*; Prag; 1830. Digitalisiert von Google
> Deutsche Übersetzung (Josef Bujnoch): Laurentius de Brezowa: Die Hussiten : die Chronik des Laurentius von Brezová, 1414 – 1421; Verlag Styria; Graz; 1988.

## Leinenbücher (libri lintei)

Die Römer übernahmen von den etruskischen Priestern die Technik, Leinenstreifen spaltenweise zu beschriften und sie an den Spaltenrändern leporelloartig zu falten. Zu Livius Zeiten waren Leinenbücher nicht mehr in Gebrauch; er berichtet aber, dass im Tempel der Iuno Moneta Leinenbücher gefunden worden waren, die Listen von Beamten vorangegangener Jahrhunderte enthielten und die von > Aelius Tubero für seine Annalen ausgewertet worden seien. Kein einziges römisches Leinenbuch historischen Inhalts ist erhalten geblieben.

## Leo Marsicanus/Ostiensis (Leone dei Conti di Marsi)

Italienischer Kirchenmann und Geschichtsschreiber (1046 bis 1115).
In Marsica (Abruzzen) [ca. 42 3N 13 26E] aus adliger Familie geboren. Trat ca. 1060 in das Benediktinerkloster von Montecassino ein, wo er das Amt des Bibliothekars ausübte. Ab ca. 1105 war er Bischof und Kardinal von Ostia und Velletri. Sein Werk *Chronica monasterii Casinensis* („Geschichte des Klosters von Montecassino"), an dem er bis zu seinem Lebensende arbeitete, erfasst den Zeitraum bis 1075. Es enthält wertvolle Informationen über die Zeitgeschichte des Klosters sowie Mittel- und Süditaliens. Sein Werk wurde in der Folge durch Klosterbrüder fortgesetzt: durch Guido bis 1127 und Petrus Diaconus Bibliothecarius bis 1138.

> Lateinischer Text und deutsche Übersetzung (H. Hoffmann): *Chronica monasterii Casinensis*: *Die Chronik von Montecassino*; MGH; Scriptores 34; Hannover;1980.

## Leon Diakonos (Leo Diaconus)

Byzantinischer Geschichtsschreiber (ca. 950 bis ca. 1000).
Er verfasste um 992 eine *Geschichte des Byzantinischen Reichs*, die den Zeitraum von 959 bis 976 behandelt, für den er zu den wichtigsten Quellen zählt.

> Deutsche Übersetzung (F. Loretto): Leon Diakonos: Nikephoros Phokas „Der bleiche Tod der Sarazenen" und Johannes Tzimiskes: Die Zeit von 959 bis 976. Styria; Graz-Wien-Köln 1961.
> Englische Übersetzung (A.-M. Talbot; D. F. Sullivan): The History of Leo the Deacon: Byzantine military expansion in the tenth century; Washington-DC; 2005.

## Leon Grammatikos

Byzantinischer Geschichtsschreiber des 11. Jh.

Vollendete um 1013 eine bis 948 reichende Chronik, denen die Nachwelt den Namen *Leonis Grammatici Chronographia* verliehen hat.

Aufgrund von Textsträngen, die auch in den Werken von > Johannes Zonaras und > Georgios Kedrenos vorkommen, war eine seiner Quellen ein von der modernen Forschung > Leoquelle genanntes Werk eines unbekannten Autors.

## Leoquelle

Augrund der Gemeinsamkeiten von Textsträngen in den Werken von >Johannes Zonaras, > Leon Grammatikos und > Georgios Kedrenos stellte der Byzantinist Edwin Patzig im 19. Jh. die Theorie auf, dass es ein gemeinsames ansonsten unbekanntes Quellwerk gegeben haben muss, die als „Leoquelle" bezeichnet wird. Nach einer Theorie handelt es sich dabei um das verloren gegangene Werk (Istoriai) des > Petros Patrinikos.

## Leontios Machairas

Zypriotischer Beamter und Geschichtsschreiber (ca. 1370 bis nach 1432).

Vermutlich in Nikosia aus griechischsprachiger Familie geboren. Beteiligte sich am Kampf gegen die Genueser Besatzung und die ägyptische/mameluckische Intervention von 1426.

Er verfasste eine kurz *Kronika* genannte Geschichte Zyperns. Es beginnt mit dem Zypern-Besuch der heiligen Kaiserin Helena (ca. 325). Am ausführlichsten wird über den Zeitraum 1359 bis 1432 berichtet; das Werk wurde später bis 1548 ergänzt.

Französiche Übersetzung (I. Cervellin-Chevalier): *Une histoire du doux pays de Chypre*; Éd. Praxandre; Nancy; 2002.

## Leopold von Wien (Stainreuter)

Österreichischer Geschichtsschreiber (1340 bis 1385).

Theologieprofessor in Wien.

Er schrieb vermutlich im Auftrag des Habsburger Herzogs Albrechts III. von Österreich eine *Österreichische Chronik von den 95 Herrschaften*, welche beanspruchte, die Abfolge der österreichischen Herrscher seit Noah darzustellen, um damit die biblische Abstammung der Habsburger nachzuweisen. Es handelt sich hier um eine der gröbsten Geschichtsklitterungen, die weltweit je gewagt worden sind.

## Li Baiyao (> Li Delin und Li Baiyao)

## Liber Historiae Francorum (Gesta Francorum; Chronik der Frankenkönige)

Von unbekanntem Autor vermutlich im Nordwesten Frankreichs um 727 verfasste Chronik der Franken. Nach einer Zusammenfassung der Informationen des > Gregor von Tours für den Zeitraum 500 bis 584 berichtet das Werk über die Ereignisse im Fränkischen Reich (vor allem in Neustrien) von 584 bis 721.

Deutsche Übersetzung: W. Wattenbach: Die Chronik Fredegars, die Chronik der Frankenkönige, die Lebensbeschreibungen des Abtes Columban, der Bischöfe Arnulf, Leodigar und Eligius, der Königin Balthilde; Johnson; 1970.

Deutsche Übersetzung (Herbert Haupt): *Liber Historiae Francorum. Das Buch von der Geschichte der Franken* (unwesentlich gekürzt). In: Kusternig, A., Haupt, H. (Hrsg.): Quellen zur Geschichte des 7. und 8. Jahrhunderts (Ausgewählte Quellen zur deutschen

Geschichte des Mittelalters 4a); Seiten 338ff; Wissenschaftliche Buchgesellschaft; Darmstadt; 1982.
Lateinischer Quelltext und französische Übersetzung (Nathalie Desgrugillers): *Liber Historiae Francorum - Le Livre de l'Histoire des Francs (VIIIe siècle)*; Éditions Paleo; Clermond-Ferrand; 2011.

## Licinius Macer, C.
> Römischer Annalist und Politiker (? bis -66).
Setzte sich laut Sallustius -73 als Volkstribun für das gemeine Volk ein. Verübte Selbstmord, als ein Gericht unter Ciceros Mizwirkung ihn wegen Erpressung und Bestechung verurteilte.
Von seinen 18-bändigen Annalen, deren Weitschweifigkeit Cicero tadelte, sind nur wenige Fragmente erhalten. Laut Livius wertete er alte > Leinenbücher (libri lintei) aus. > Livius (für seine Bände 1 bis 10) und > Dionysius Halicarnassus schöpften aus seinem Werk.
Fragmente: H. Peter (Hrsg.): *Historicum Romanorum Reliquiae* (HRR) I 298 ff.
Lexikon der Alten Welt: Artikel von R. Till.
Lateinischer Quelltext und deutsche Übersetzung: Beck, H, Walter, U.,: *Die Frühen Römischen Historiker, Band 2. Von Coelius Antipater bis Pomponius Atticus*; 1. Auflage; Wissenschaftliche Buchgesellschaft; Darmstadt; 2004.

## Li Delin und Li Baiyao
Chinesische Geschichtsschreiber und Beamter.
Li Delin begann eine *Geschichte der Nördlichen Qi-Dynastie* (550 bis 577), die dann sein Sohn Li Baiyao im Jahr 636 fertigstellte. Das Werk bildet den Band 11 der Standardchronik der chinesischen Geschichte > Vierundzwanzig Dynastiegeschichten dar.

## Li Tiao (> Sima Guang)

## Li Yanshou
Chinesischer Geschichtsschreiber.
Er vollendete im Jahr 659 eine *Geschichte der Südlichen Dynastien* (Früh. Sung/Song, Südl. Ch'i/Qi, Ch'en) (420 bis 589) und eine *Geschichte der Nördlichen Dynastien* (Früh. Sung/Song, Südl. Ch'i/Qi, Ch'en) (Nördl. Wei, Westl. Wei, Östl. Wei, Nördl. Chou/Zhou, Nördl. Ch'i/Qi, Sui) (368 bis 618), welche die Bände 14 und 15 der Standardchronik der chinesischen Geschichte > Vierundzwanzig Dynastiegeschichten sind.

## Li Zhichang/Jichang
Chinesischer Daoist und Geschichtsschreiber (1193 bis 1278).
Er verfasste im Auftrag seines Lehrers Chang Chun / Qiu Chuji (1148 bis 1227) den Bericht *Changchun zhenren xiyou ji* („Aufzeichnungen über die Reise des daoistischen Alchemisten Changchun in den Westen") über die Reise, die jener von 1220 bis 1224 auf Einladung des Tschingis Khans unternommen hatte, um mit ihm über Gott, die Welt und die Möglichkeit des Hinauszögerns des Todes zu sprechen. Der Reisebericht enthält mit seinen aufmerksamen Schilderung von Land und Leuten Innerasiens (bis Afghanistan) unikale Informationen.
Englische Übersetzung (A. Waley): *The Travels of an Alchemist. The Journey of the Taoist Ch'ang-ch'un from China to the Hindukush at the Summons of Chingiz Khan, Recorded by His Disciple Li Chih-ch'ang*. Nachdruck:. Routledge & Kegan Paul; London;

1963.

## Linjing (> Frühlings- und Herbstannalen)

## Linghu Defen

Chinesischer Geschichtsschreiber des 7. Jh.
Er verfasste im Jahr 636 eine *Geschichte der Nördlichen Zhou-Dynastie* (557 bis 581), welche als Band 12 in die Standardchronik der chinesischen Geschichte > Vierundzwanzig Dynastiegeschichten aufgenommen worden ist.

## Liu Xu

Chinesischer Geschichtsschreiber.
Er vollendete im Jahr 945 eine *Geschichte der Tang-Dynastie* (618 bis 906), welche der Band 16 der Standardchronik der chinesischen Geschichte > Vierundzwanzig Dynastiegeschichten ist.

## Liu Yu

Chinesischer Geschichtsschreiber des 13. Jh.
Redigierte den Reisebericht *Xishiji* („Aufzeichnungen über eine Mission in den Westen") des chinesischen Diplomaten Chang De, der von 1259 bis 1263 im Auftrag von Khan Möngke, von Karakorum aus, dessen Bruder Hülegü im Iran besuchte. Neben Informationen über die Städte der Seidenstrasse (Samarkand, Täbris u. a.) enthält der Bericht auch Informationen über die im Jahr von seiner Ankunft erfolgte Einnahme von Bagdad durch die Mongolen und über die von den Mongolen gerade eroberten islamischen Länder des Mittleren Ostens.

## Liu Zhi

Chinesischer Geschichtsschreiber des 8. Jh.
Sohn des Theoretikers der Geschichtsschreibung Liu Zhiji. In seinem 740 veröffentlichten 35-bändigen Werk *Zhengdian* durchbrach er den traditionellen Rahmen der Dynastiegeschichte. Sein Werk ist verloren gegangen, aber > Du You baute darauf auf.

## Liu Zhiji

Chinesischer Theoretiker der Geschichtsschreibung (661 bis 721).
In seinen 710 veröffentlichten „Studien zur Historiographie" (*Shitong*) plädierte er für eine Ablehnung irrationaler Erklärungen und für eine Beschränkung auf die menschlichen Einflussfaktoren der Geschichte. In diesem Sinne befürwortete er wortwörtliche Zitate.

## Liutprand/Liudprand von Cremona (Liutprandus Cremonensis)

Italienischer Kirchenmann und Geschichtsschreiber (920 bis 972).
Aus langobardischer Herkunft in Pavia geboren. Hielt sich 949 in diplomatischer Mission in Konstantinopel auf, zerstritt sich mit Berengar II. und floh zum Hofe Ottos I., mit dem er 961 nach Italien zurückkehrte und der ihn als Bischof von Cremona einsetzte. 968 führte er für Otto I. eine diplomatische Mission nach Konstantinopel durch.

Sein Werk *Liber regum atque principum partis Europae* („Buch der Könige und Fürsten Europas") berichtet in sarkastischem Ton über die Zeit von 883 bis 962 und wird deshalb auch *Antopodosis* („Heimzahlung") genannt. Sein sechsbändiges Werk *Liber gestibus Othonis* („Buch der Taten Ottos") ist eine Lobeshymne auf Otto I. Sein weiteres Werk *Relatio de legatione constantinopolitana* („Bericht über die Gesandtschaft in Konstantinopel") schildert in ironischem Ton die Verhältnisse am Hofe des Kaisers Nikephoros Phokas.

Auch wenn Liutprand in seiner Germanophilie ein vermutlich verzerrtes Bild seiner Zeit wiedergegeben hat, enthält sein Werk wertvolle Informationen über diese relativ schwach dokumentierte Epoche, die zum Teil mit jenen des > Flodoard von Reims in Widerspruch stehen.

> Lateinischer Quelltext und deutsche Übersetzung: Bauer, A., Rau, R. (Hrsg.): *Die Sachsengeschichte des Widukind von Korvei; Adalberts Fortsetzung der Chronik Reginos; Liudprands Werke;* Reihe FSGA, A; Bd. 8 (Quellen zur Geschichte der sächsischen Kaiserzeit); 5. Auflage; Wissenschaftliche Buchgesellschaft; Darmstadt; 2002.
> Lateinischer Quelltext und deutsche Übersetzung auf CD-ROM mit Abfrage-Software: Müller, Th. (Herausgeber): *Quellensammlung zur mittelalterlichen Geschichte – Zweite Fortsetzung – Continuatio secunda fontium medii evi*; MA II; Verlag Heptagon; Berlin; 2008.

## Livius, Titus

Römischer Geschichtsschreiber (ca. -59 bis 17), gleichaltriger Zeitgenosse des Kaisers Augustus.

In Patavium (Padua, Italien) geboren, lebte und starb er dort, mit langen Aufenthalten in Rom zwecks Quellenstudium.

Zu Livius Zeiten bestand eine Marktlücke für eine Gesamtdarstellung der römischen Geschichte in zeitgenössischer lateinischer Sprache, da sich das Latein derart fortentwickelt hatte, dass (nach Aussage Ciceros) die Werke der Annalisten kaum noch lesbar waren.

Livius verfasste in ca. 45 Jahren reiner „Schreibtischarbeit" (von -30 bis zu vermutlich kurz vor seinem Tode) eine Geschichte Roms (*Ab urbe condita libri CXLII*), in 142 Büchern, mit einem Umfang von 7.000 modernen Druckseiten. Er schrieb also konstant über 45 Jahre im Mittel eine halbe Seite pro Tag!). Die Bücher wurden sukzessive ab ungefähr dem Jahr -25, veröffentlicht.

Das Gesamtwerk deckt den Zeitraum ab der Gründung Roms im Jahre -753 bis zum Tode des Drusus im Jahre –9 ab; davon galt etwa die Hälfte den Bürgerkriegen von -133 bis -44. Von den 142 Büchern sind nur 35 (ein Viertel) erhalten: die Bücher 1 bis 10 (-366 bis -293) und 21 bis 45 (-218 bis -167); alle übrigen Bücher sind überhaupt nicht, oder nur in Fragmenten überliefert worden. Es sind jedoch Resümees („Epitomae") aller seiner Bücher (mit Ausnahme von zweien) erhalten geblieben, die von späteren Autoren verfasst worden sind. Für 15 der 107 fehlenden Bücher sind in jüngster Vergangenheit unter den > Oxyrhynchos Papyri Inhaltsangaben gefunden worden (Bücher 37 bis 40, 48 bis 55, 58, 87, 88).

Livius war einer der ersten professionellen römischen Geschichtsschreiber und kein Politiker, der sich im Ruhestand durch „Annalen" ins rechte Licht rücken wollte. Seine Quellen waren die > Fasti Consulares, eine Vielzahl > römischer Annalisten (> Calpurnius Piso Frugi, > Aelius Tubero, > Claudius Quadrigarius, > Valerius Antias, > Coelius Antipater, > Fabius Pictor) sowie griechischsprachige Autoren, darunter > Polybios (für seine Bücher 21 bis 45), > Poseidonios von Apameia und > Juba II.. Wegen des immensen Volumens konnte Livius nicht viel Zeit in die Prüfung der Quellen investieren, so dass deren Unrichtigkeiten in Einzelheiten vielfach in sein Werk mit eingeflossen sind, was aber der Objektivität der Gesamtübersichten keinen Abbruch tut.

Livius wollte mit seinem Werk in einer Epoche moralischen Verfalls die altrömischen Tugenden wieder aufleben lassen. Da die Veranlagung der Menschen von den Epochen unabhängig sei, sollte sein Geschichtswerk einen Katalog von Verhaltensmustern bieten, die als Vorbild bzw. der Abschreckung dienen könnten. Um das Leserinteresse wachzuhalten, wandte er einen gepflegten Redaktionsstil an, mischte in Tolstoi-scher Art rührende Einzelschicksale mit kollektiven Ereignissen und streute bewegende Reden ein.

Sein Zeitgenosse > Pompeius Trogus ergänzte sein Werk mit einer Geschichte der außerrömischen Welt.

Faktisch alle späteren römischen Geschichtsschreiber schöpften aus dem Werk des Livius, darunter: > Lucanus, > Bassus Aufidius, > Curtius Rufus, > Florus, > Cassius Dio, > Silius Italicus, > Orosius, > Cassiodorus, > Eutropius.

> Metzler Lexikon antiker Autoren: Artikel von Holger Sonnabend.
> Lexikon der Alten Welt: Artikel von W. Hoffmann.
> Deutsche Übersetzung (H. J. Hillen): *Livius, T.: Römische Geschichte*; 11 Bände; Artemis&Winkler Verlag; 1988 – 1996.
> Lateinischer Quelltext und deutsche Übersetzung (diverse Übersetzer): *Livius: Ab urbe condita*; (je ein Band für die Libri 1, 2, 3, 4, 5, 21, 22, 23, 24, 25, 25); Reclam, Stuttgart.
> Französische Übersetzung aller erhaltenen Bücher und Fragmente (Liez, Dubois, Verger, Yves Germain): *Tite-Live. Histoire de Rome depuis sa fondation*; 10 Bände; Éditions Paleo; Clermond-Ferrand; 2011.

## Logographen

Logographen („in Prosa Schreibende") ist seit > Thukydides (der den Terminus in herablassender Form prägte) der Sammelbegriff für alle griechischen Geschichtsschreiber bis zur Zeit Herodots. Ihre Werke müssen dahingehend als Pionierleistungen bewertet werden, da in ihnen die Entflechtung von Mythologie und Geschichte bzw. Geographie erarbeitet worden ist. Sie befassten sich meist mit Lokalgeschichte und/oder berichteten über Reisen in fremde Länder. Typische „Schwächen" der Logographen sind das Abschweifen in Anekdoten oder in skurrile Lokalkolorite, sowie Rückfälle in das Zurückführen von Ursachen auf Götterwillen, Schicksal oder Individuen, ohne jeglichen Blick für die Eigendynamiken von Kollektiven. Leider sind nur wenige Prozent ihrer Werke überliefert worden. Als erster Logograph galt in der Antike > Kadmos von Milet. Zu den bedeutendsten Logographen gehören: > Pherekydes von Athen, > Akusilaos von Argos, > Xanthos der Lyder, > Hekataios von Milet, > Charon von Lampsakos, > Ion von Chios, > Hellánikos von Mytilene.

> Lendle, O.: Einführung in die griechische Geschichtsschreibung. Von Hekataios bis Zosimos. Wissenschaftliche Buchgesellschaft; Darmstadt; 1992.

## Logothetenchronik (> Symeon Logothetes)

## London-Fragment (> Annalenstein der 5. Dynastie)

## Lorscher Annalen (> Annales Laurissenses)

## Lucanus, Marcus Annaeus (Lukan)

Römischer Dichter und Geschichtsschreiber (39 bis 65).

Enkel des Rhetorikers > Seneca des Älteren und Neffe des Philosophen und Politikers Senecas des Jüngeren. Wie diese in Corduba (Córdoba, Spanien) geboren. Studierte in Athen, lebte in Rom am Hof Neros und verübte im Rahmen der

Pisonischen Verschwörung gegen Nero im Jahre 65 wie sein Onkel Selbstmord (nachdem seine Schuldabweisung auf seine Mutter gescheitert war).

Lukan verfasste u. a. ein 9-bändiges episches Werk *De bello civili libri sive Pharsalia*, welches den Bürgerkrieg zwischen Caesar und Pompeius (-48 bis -45) zum Gegenstand hat. Das Werk ist vollständig erhalten. Darin zeichnete Lucanus ein düsteres Bild der Entartung des Egoismus der Machthaber, denen sich die Massen in analoger Entartung anschließen. Nach der Vollendung der territorialen Expansion des Römischen Reichs sei nun der Bürgerkrieg die logische Fortsetzung, über deren Ausgang der meist grausame und ungerechte Zufall (Fortuna) entscheidet und nicht moralisierende Götter (die gar nicht ins Spiel gebracht werden). Der Bürgerkrieg wird als ein aus persönlicher Machtgier verübtes Verbrechen an den römischen Staat und an das römische Volk dargestellt. Die Quellen Lukans waren > Caesar (den er als Zerstörer der Republik tadelte) und > Livius.

Mit seiner Kritik an der Kollektivgewalttätigkeit war Lucanus seiner Zeit um mindestens zwei Jahrtausenden voraus, weswegen er bis heute unterschätzt wird.

Metzler Lexikon antiker Autoren: Artikel von Christine Walde.
Lexikon der Alten Welt: Artikel von E. Burck.
Lateinischer Quelltext und deutsche Übersetzung (G. Luck): *De bello civili. Der Bürgerkrieg*; Reclam; Stuttgart; 2009.
Englische Übersetzung online: http://omacl.org/Pharsala/

## Lucas de Tuy

Spanischer Kirchenmann und Geschichtsschreiber (gestorben 1249)

In Leon (Spanien) geboren. Seine Reisefreudigkeit brachte ihn nach Rom, Jerusalem, Armenien und Frankreich. War ab 1239 Bischof von Tuy (heute galizische Grenzstadt zu Portugal) [42 3N 8 39W].

Veröffentlichte 1236 eine Weltchronik (*Chronicon Mundi*), die von der Schöpfung bis 1236 reicht; sie ist gleichzeitig eine Geschichte der Iberischen Halbinsel. Seine Hauptquellen waren u. a. > Isidor von Sevilla, > Johannes von Biclaro, > Hydatius von Aquae Flaviae, > Orosius und die > Chronik Alfons III.

Lateinischer Quelltext: Falque, Emma (Hrsg.): *Lucae Tudensis Chronicon Mundi. Corpus Christianorum: Continuatio Mediaevalis*; LXXIV; Turnhout: Brepols; 2003.

## Lucius Cornelius Alexander Polyhistor

Hellenistischer Literat und Geschichtsschreiber (ca. -100 bis ca. -50).

In Karien (in Milet oder Myndos) geboren, wurde er von Sulla als Kriegsgefangener nach Rom deportiert, nahm er nach seiner Freilassung den römischen Namen Lucius Cornelius an und blieb in Rom. Kam in den Flammen seines Hauses in Laurentium (Castel Porziano, heute Landgut des italienischen Staatspräsidenten, vor Rom) [41 45N 12 24E] um, als es von einer Brandrodung erfasst wurde.

Er verfasste 42 Bände über historische und geographische Kuriositäten verschiedener Länder der damaligen Welt, eine Geschichte der Chaldäer, ein Werk über jüdische Schriftsteller und eines über Philosophen. Zu seinen Quellen gehörte > Juba II.

Von seinen Werken sind Informationen nur über Zitate durch spätere Autoren bekannt. Der > Pseudo-Plutarch (in *De fluviis*) und > Eusebios von Caesarea schöpften aus seinem Werk.

## Lukas (Evangelist)

Hellenistischer religiöser Divulgator (ca. 10 bis ca. 93).

Vermutlich in Antiocheia (Syrien) aus einer heidnischen Familie geboren. Wurde von der ethnischen Universalisierung durch Paulus begeistert und begleitete ihn vermutlich auf einem Teil seiner Reisen. Starb vermutlich in Theben (Griechenland).

Die in seinem Evangelium im Zusammenhang mit der Geburt Jesu gemachten historischen Angaben (Reichszählung des Quirinus, Tod des Herodes) sind schwer mit den Informationen aus anderen Quellen zu vereinbaren.

## Ma Duanlin

Chinesischer Enzyklopädist (14. Jh.).
Seine Geschichte der Institutionen (*Wenxian tongkao*) setzt auf dem Werk des > Do You auf.

## Macer (> Licinius Macer)

## Magister Laurentinus (> Laurenz von Brezowa)

## Magnus von Karrhai

Spätrömischer Geschichtsschreiber des 4. Jh.
In Karrhai (Carrhae, Mesopotamien) geboren. Nahm 363 am Perserfeldzug des Kaisers Julian teil und verfasste darüber in griechischer Sprache einen Bericht, der verloren gegangen ist. Überliefert wurde ein Auszug durch > Johannes Malalas von Antiocheia. Aus seinem Werk schöpften vermutlich sein Kommilitone > Ammianus Marcellinus und > Johannes Zonaras.

## Mahabharata

Um -1500 (nach anderer Theorie bereits um -3100) verfasstes altindisches Versepos *Mahabharata* („Die große Geschichte der Bharata") in 100.000 Doppelversen. Es ist vermutlich das längste jemals verfasste Buch. Sein historischer Hintergrund ist ein Bürgerkrieg extrem unsicherer Datierung (die Schätzungen streuen zwischen -6000 bis -500, vermutlich um -1500) zwischen zwei Zweigen der Dynastie der Bharata, mit einer 18-tägigen Entscheidungsschlacht in der Ebene von Kuru (Kurukshetra, Haryana, Indien).

## Mahavamsa

In der Sprache Pali verfasste „Große Chronik" der Insel Sri Lanka (Ceylon) für den Zeitraum von -543 bis 361. Das vorher nur mündlich überlieferte historische Epos wurde um das Jahr 300 vom buddhistischen Mönch Mahathera Mahanama niedergeschrieben. Obwohl ein historischer Kirchenroman zur Verbreitung des Buddhismus auf Ceylon, sind seine Bezugnahmen auf indische Dynastien recht zuverlässig und aufschlussreich.

Englische Übersetzung (W. Geiger und Mabel Haynes Bode):
online: http://lakdiva.org/mahavamsa/.

## Makkabäerbücher

Zwischen Ende des -2. Jh. und Anfang des 2. Jh. verfasste Berichte in vier Bänden über den Widerstand der Juden gegen die Assimilierungsversuche der hellenistischen Könige:

- Buch 1: Um -120 vermutlich in Jerusalem verfasst (die hebräische Urversion ging im Mittelalter verloren); schildert die Ereignisse zwischen -175 und -134).
- Buch 2: Um -120 vermutlich in Jerusalem auf Griechisch (durch einen anderen Autor als dem des 1. Buches) verfasst; enthält die Schilderung des Zeitraums -175 bis -160.
- Buch 3: Um -50 vermutlich in Alexandreia auf Griechisch verfasst; beschreibt (neben der Schlacht von Raphia -217) die bald darauf erfolgte wundersame Rettung der Alexandrinischen Juden vor der Verfolgung durch Ptolemaios IV.
- Buch 4: Um 100 in Syrien oder Kleinasien auf Griechisch verfasst; enthält die Lebensbeschreibungen verschiedener jüdischer Märtyrer.

Die Makkabäerbücher wurden in die jüdische Thora nicht aufgenommen (da sozusagen „nach Redaktionsschluss" entstanden), wohl aber in den Bibelumfang der katholischen Kirche; Luther hat sie aus seiner Bibelfassung ausgegliedert.

    Metzler Lexikon antiker Autoren: Artikel von Clemens Weidmann.
    Zu Entstehung und Inhalt (Stephanie von Dobbelen): http://www.bibelwissenschaft.de/nc/wibilex/das-bibellexikon/details/quelle/WIBI/zeichen/i/referenz/8764/

## Malatas (> Johannes Malatas)

## Malchos von Philadelphia

Syrischer Geschichtsschreiber altgriechischer Sprache ( ca. 450 bis ca. 500).

Sein nur in Fragmenten erhaltenes Werk *Historíai* (auch *Byzantíaka*) setzte das Werk des > Priskos fort und behandelte in sieben Bänden sehr detailliert die Zeit von 473 bis 480.

    Lexikon der Alten Welt: Artikel von W. Spoerri.
    Englische Übersetzung (R.C. Blockley): The fragmentary classicising historians of the later Roman Empire. Eunapius, Olympiodorus, Priscus and Malchus; 2 Bände; Liverpool; 1981/83.

## Manetho

Ägyptischer Priester und Geschichtsschreiber (ca. -300 bis ca. -250).

In Sebennytos (Nildelta, Ägypten) [30 58N 31 15E] geboren, wurde er Hoherpriester von Heliopolis (Ägypten) [30 07N 31 15E], Berater des > Ptolomaios I. Soter (der von -323 bis -285 über Ägypten herrschte) und maßgeblicher Förderer des Serapis-Kultes (im Sinne einer Verknüpfung ägyptischer und griechischer Mythologie).

Er schrieb in griechischer Sprache *Aegyptiaká,* eine Geschichte Ägyptens (auch „Aufzeichnungen über Ägypten" genannt), die den Zeitraum von -3100 bis -343 behandelte. (Kurz vor ihm hatte > Hekataios von Abdera ein Werk gleichen Titels veröffentlicht). Sie ist zum großen Teil nur über Zitate späterer Geschichtsschreiber (> Josephus Flavius, > Sextus Julius Africanus, > Eusebios von Caesarea, > Georg Synkellos) überliefert, die offensichtlich Ungenauigkeiten bei den Jahresangaben eingebracht haben.

Manetho gliederte als erster die Geschichte Ägyptens nach Dynastien.

    Lexikon der Alten Welt: Artikel von W. Spoerri.

## Maqrizi/Makrizi (> Al-Maqrizi/Makrizi)

## Mar Elia (> Elias von Nisibis)

**Maragone, Bernardo** (> Bernardus Marango)

**Marbacher Annalen** (> Annales Marbacenses)

## Marcellinus Comes (Marcellinus Illiricus)
Oströmischer Geschichtsschreiber aus Illyrien (gestorben ca. 534).
Wirkte in Konstantinopel als Kanzler Justinians und lebte dort bis zu seinem Tod.
Führte die *Chronik* von > Hieronymus von Strido vom Berichtsjahr 379 bis 534 fort (mit wenigen Zeilen pro Berichtsjahr). Dabei konzentrierte er sich auf das Oströmische Reich und bezog kirchliche Ereignisse stark mit ein. Eigenartigerweiser erwähnte er nicht die Schlacht auf den Katalaunischen Feldern (451).
> Jordanes Geta schöpfte aus seinem Werk.
Marcellinus Comes formulierte als einer der ersten die Ansicht, dass der Sturz des Kaisers Augustulus im Jahr 476 eine epochale Zäsur bedeutet habe.
   Lexikon der Alten Welt: Artikel von E. Pasoli.
   Brian Croke: *Count Marcellinus and his Chronicle*; Oxford University Press; Oxford; 2001.
   Lateinisch mit französischer Übersetzung (Marc Swaizer): http://remacle.org/bloodwolf/historiens/marcellin/table.htm

## Marco Polo
Venezianischer Handelsreisender (1254 bis 1324).
Vermutlich in Venedig geboren; seine Familie stammte vermutlich aus Pola/Pula (Dalmatien, Kroatien), widmete sich dem Handel mit Juwelen und hatte auf der Krim eine Niederlassung. Sein Vater Niccolò und sein Onkel Maffeo waren bereits auf einer Handelsreise (1260 bis 1269) bis Peking vorgestoßen. 1271 wurde Marco Polo mit 17 Jahren von ihnen zu einer zweiten Reise nach Peking mitgenommen, von der er 1295 zurückkehrte. Er leistete nach seiner Rückkehr in einem Krieg Venedigs gegen Genua 1298 Kriegsdienst und diktierte in Genueser Kriegsgefangenschaft 1299 seinem Mitgefangenen Rustichello da Pisa (Autor eines Arthur-Romans) seinen Reisebericht, den dieser als Konzept in einer Mischung von Okzitanisch (Langue d`oil) und Pisanisch unter dem Arbeitstitel *Le livre de Marco Polo* niederschrieb. Für die französische Ausgabe wurde der Titel in *Le divisament dou monde* („Die Beschreibung der Welt") geändert und schließlich in *Le Livre des merveilles du monde* („Das Buch der Wunder der Welt"). Für die später erfolgte Übersetzung ins Italienische bürgerte sich der Titel *Il Milione* ein (der Spitznamen, den Marco Polo erhielt, weil er in Gesprächen so viel von den Reichtümern des Kublai Khans schwärmte). Es war dies nach > Johannes de Plano Carpini (1247) und > Wilhelm von Rubruk (1256) das dritte und umfangsreichste der europäischen Zeitdokumente über den Fernen Osten, die den Horizont der Europäer ungemein erweiterten.

Bereits zu Marco Polos Lebzeiten wurde der Wahrheitsgehalt seines Berichts angezweifelt: als ihm der Beichtvater auf dem Sterbebett riet, seinen „Lügengeschichten" abzuschwören, antwortete er, dass er im Gegenteil nur die Hälfte dessen erzählt, was er gesehen habe. Die Theorie, Marco Polo sei nie in China gewesen und habe lediglich fremde Reiseberichte ausgewertet, stützt sich auf zwei Hauptargumenten: Jenem, dass sich in den chinesischen Quellen keine Hinweis auf ihn befinde; dem kann entgegnet werden, dass sein chinesischer Name unbekannt ist. Im Werk des > Rashid ed-Din wird gemäß einer Theorie die Rückreise Marco Polos (allerdings ohne Nennung von Namen) durch den Iran erwähnt. Das zweite Hauptargument ist, dass er die Chinesische Mauer nicht erwähnt habe;

dem kann entgegnet werden, dass diese in jener Zeit keine „Mauer", sondern ein stark verfallenes System von Erdwällen war (eine Wiederinstandsetzung und Vermauerung erfolgte erst Jahrhunderte später). Zudem dürfte die Anlage, die der Abwehr der Mongolen und anderer zentralasiatischer Reitervölker gegolten hatte, während der damals noch jungen Mongolenherrschaft tabuisiert worden sein.

Im Jahr 1275, in dem Marco Polo am Hof des Kublai Khan eintraf, brach von dort der in China aufgewachsene nestorianische Mönch > Rabban Bar Sauma mit der Zustimmung des Kublai Khan nach Europa auf. Dessen Tagebuch ist eine Art Spiegelbild des Werks des Marco Polo (Europa aus chinesischer Sicht).

    Deutsche Übersetzung aus dem Altfranzösischen (E. Guignard): *Marco Polo, Il Milione. Die Wunder der Welt*; Manesse; Zürich; 1983.
    Deutsche Übersetzung (H. Eckart): Marco Polo, *Die Reisen des Venezianers*; W. Heyne; München; 1983.
    Italienische Übersetzung (A. Barbieri): *Marco Polo: Milione*; 768 Seiten; Edizioni Guanda; Parma; 1998.
    Italienische Übersetzung online: http://www.letteraturaitaliana.net/pdf/Volume_1/t24.pdf

## Marcus Terentius Varro (> Varro, Marcus Terentius „Reatinus")

## Marinos von Tyros

Hellenistischer Geograph (ca. 50 bis ca. 100).

Von > Ptolemaios, Claudius als sein Vorgänger anerkannter Geograph, der das von > Hekataios von Milet konzipierte Koordinatensystem systematisch anwandte. Dem > Al-Masudi (10. Jh.) lag der Atlas des Martinos von Tyros noch vor, der in der Folge aber verloren ging.

## Marianus Scotus (Mael Brigde)

Irischer Kirchenmann und Geschichtsschreiber (ca. 1028 bis ca. 1082).

Wurde 1052 Mönch und wanderte 1056 nach Deutschland aus: vom irischen Kloster St. Martin zu Köln zog er nach Fulda und dann nach Würzburg; lebte von 1060 bis 1070 bei Fulda als Eremit, dann bis zu seinem Tod im Kloster St. Alban bei Mainz.

Marianus Scotus verfasste eine Weltchronik (*Chronicon*) von der Schöpfung bis zum Berichtsjahr 1082. Sie erfreute sich bis zum Beginn der Neuzeit großer Beliebtheit und viele späteren Geschichtsschreiber, darunter > Johannes von Worcester, schöpften daraus.

## Marius Maximus

Römischer Beamter und Geschichtsschreiber (165 bis 230).

Vermutlich in Nordafrika geboren, durchlief er eine glänzende militärische Laufbahn und war bis zu seinem Tod nacheinander Statthalter einer Vielzahl von Provinzen.

Mit hoher Wahrscheinlichkeit ist er der Autor der in den antiken Quellen mehrmals zitierten „Kaiserbiographien des Marius Maximus". Das Werk enthielt vermutlich die Biographien der zwölf Kaiser von Nerva bis Elagabal. Der Autor übertrieb den von > Suetonius eingeführten Klatschkolumnistenstil und schwelgte in pikanten Details. Die > Historia Augusta und vermutlich auch die > Enmannsche Kaisergeschichte haben daraus geschöpft. > Ammianus Marcellinus hat gegen die Oberflächlichkeit der Kaiserbiographien des Marius Maximus und dessen zahlreiche Leserschaft gelästert. Das Werk ist bis auf wenige Fragmente verloren gegangen.

## Marius von Avenches/Lausanne (Marius Aventicum)

Gallorömischer Kirchenmann (katholischer Heiliger) und Geschichtsschreiber (530 bis 593, Zeitgenosse von Gregor von Tours und Isidor von Sevilla).

Goldschmied, Bischof von Autun/Lausanne.

Seine *Chronik* setzt jene von > Prosper Tiro fort und behandelt den Zeitraum 455 bis 581. Dabei berichtete er in konziser und präziser Form über alle Hauptereignisse Westeuropas. Für den Zeitraum 555 bis 568 ist sein Werk die wichtigste Quelle.

Ein anonymer Autor verfasste eine Continuatio für die Berichtsjahre von 581 bis 615.

> Französische Übersetzung (J. Favrod): *La chronique de Marius d'Avenches (455 – 581)*; Lausanne; 1991.
>
> Französische Übersetzung (Nathalie de Desgugrillers): *Marius d'Avenches. Chronique, suivie de la Continuation par un auteur anonyme*; Éditions Paleo; Clermont-Ferrand; 2011.

## Mark-Aurel-Säule

Säule von 40 m Höhe auf der Piazza Colonna zu Rom, zur Verherrlichung der vom Kaiser Mark Aurel zwischen 166 und 175 geführten Kriege gegen Markomannen, Quaden und Jazygen. Sie wurde vermutlich nach dessen Tod vom Sohn und Nachfolger Commodus (180 bis 192) errichtet.

Die nach dem Vorbild der ca. 70 Jahre vorher errichteten > Trajanssäule gestaltete Säule unterscheidet sich von ihr durch ihre drastische Theatralik, um den Betrachter mit propagandistischer Absicht zu beeindrucken. So wurde die Höhe des Reliefstreifens auf 1,6 m verdoppelt (der mit 110 m nur halb so lang ist) und zudem die Größe der Köpfe überdimensioniert, um die Gesichtsausdrücke stärker zur Geltung zu bringen. Gezeigt werden nur die Leiden des Gegners; der Kaiser wird, vom Geschehen losgelöst, mehrfach als Protagonist dargestellt; die Szenen folgen keiner zeitlichen Reihenfolge; es werden übernatürliche Einflussfaktoren dargestellt. Der historiographische Wert ist auf die fotografische Wiedergabe technischer Details beschränkt.

## Markian (Marcianus) von Herakleia

Griechischer Geograph der Spärantike (um 400).

Geboren in Herakleia Pontica (Karadeniz Eregli an der türkischen Schwarzmeerküste).

Er verfasste (unter dem späteren lateinischen Titel *Artemidori geographia (epitome Marciani)*, eine Zusammenfassung des Werks des > Artemidoros von Ephesos und unter dem späteren lateinischen Titel *Menippi* eine des Werks des > Menippos von Pergamon *periplus maris interni (epitome Marciani)*. Als Ergänzung der „Küstenfahrtbeschreibung des Binnenmeers" des Menippos verfasste er eine "Küstenfahrtbeschreibung des Außenmeers" (*Periplus maris exteri*) mit Informationen über die europäische Atlantikküste. Zusammen stellen sie nach dem Werk des > Ptolemaios, Claudius das ausführlichste Geographiewerk der Antike dar. Von seinen Werken ist nur eine lateinischen Übersetzung des 13. Jh, erhalten geblieben.

## Marmorchronik von Paros (Marmor Parium)

Eine um -264 (während des von Ägypten unterstützten Aufstand Griechenlands gegen die makedonische Vorherrschaft) auf der Insel Paros [37 5N 25 9E] errichtete Stele (200 cm hoch und 70 cm breit) aus Marmor mit einer eingemeißelten Chronik der 107 vermeintlich wichtigsten Ereignisse der griechischen Geschichte, vom mythischen König Kekrops (ca. -1582) bis zum Jahr -264.
> Lexikon der Alten Welt: Artikel von W. Spoerri.

## Maronitische Chronik

Von syrischen maronitischen Christen nach 665 verfasste Chronik. Sie deckt den Berichtszeitraum von 658 bis 665 ab. Darin wird vom Leiden der Christen unter der neuen muslimischen Herrschaft berichtet.
> Englische Übersetzung (A. Palmer) enthalten in: *The Seventh Century in the West Syrian Chronicles*; Liverpool University Press; Liverpool; 1993.

## Marsyas von Pella

Makedonischer Offizier und Geschichtsschreiber (-4. Jh.).

In Pella (Makedonien, Griechenland) [40 47N 22 25E] geboren; war „Tischgenosse" Alexanders; kämpfte nach dessen Tod an der Seite seines Verwandten Antigonos I. Monophtalmos.

Er verfasste eine 10-bändige *Geschichte Makedoniens*, von der nur spärliche Fragmente erhalten sind.
> Lexikon der Alten Welt: Artikel von W. Spoerri.
> Quelltexte der Fragmente: Felix Jacoby (Hrsg.): *Die Fragmente der griechischen Historiker II A*; Berlin; 1926 (Nachdruck: Leiden; 1961); Nr. 135.

## Martin von Troppau (Martinus Polonus, Martinus Oppiavensis)

Schlesischer Kirchenmann und Geschichtsschreiber (? bis 1278).

Geboren in Opava (dt. Troppau, Schlesisch Mähren, Tschechien) [49 56N 17 54E]. Von Dominikanern in Prag erzogen, trat er dem Orden bei. Weilte ab 1261 in Rom und starb in Bologna auf der Rückreise nach Polen, wo er in Gnesen das Erzbischofamt antreten sollte.

Er verfasste für Schulzwecke eine Chronik der Päpste und Kaiser (*Chronicon pontificum et imperatorum*), die zum Jahr 1277 reicht. Darin wandte er ein übersichtliches paarig-synchrones Layout an (kirchliche Geschichte links, weltliche Geschichte rechts). Der Eintrag zur Päpstin Johanna ist vermutlich nach seinem Tod eingefügt worden.

Dank dieser Benutzerfreundlichkeit hat das Werk eine über Europa hinausragende Verbreitung genossen und wurde in zahlreiche Volkssprachen übersetzt; sogar der iranische Geschichtsschreiber > Rashid ed-Din schöpfte daraus.
> Facsimile einer deutschen Übersetzung von 1460 online: www.ub.uni-heidelberg.de /helios/fachinfo/www/kunst/digi/lauber/cpg137.html
> Studt, Birgit, „Martin von Troppau", in: Neue Deutsche Biographie 16 (1990), S. 279-280 [Onlinefassung]; URL: http://www.deutsche-biographie.de/pnd118782223.html

## Martino da Canal(e)

Venezianischer Zollbeamter und Geschichtsschreiber (? bis ca. 1275).

Er verfasste von 1267 bis 1275 eine Geschichte Venedigs (*Les Histoires de Venise*) von der Gründung (421) bis zum vermutlichen Todesjahr des Autors (1275).

Er wählte dafür die französische Sprache, um eine weitere Verbreitung sicherzustellen. Sein Werk ist eine wichtige Quelle für den 4. Kreuzzug (1202 bis 1204) und für die Kriege zwischen Venedig und Genua in der Mitte des 13. Jh.

> Französischer Quelltext (Hrsg. A. Limentani): *Les Estoires de Venise*; Olschki; Firenze; 1973.
> Englische Übersetzung ( L. K. Morreale): *Martin da Canal, Les Estoires de Venise*; Padova; UniPress; 2009.

## Matthäus (von) Paris (Matthieu Paris; Matthaeus Parisiensis)

Englischer Kirchenmann und Geschichtsschreiber (ca. 1200 bis 1259).

Vermutlich in Hildersham bei Cambridge geboren. Studierte in Paris. Trat 1217 in das Benediktinerkloster von St. Albans ein. War dort Nachfolger des Roger von Wendover als Chronist der Abtei.

Seine 7-bändige Weltchronik *Chronica Maiora* setzte die Weltchronik des > Roger von Wendover von 1234 bis zum Berichtsjahr 1273 fort, die damit einen Gesamtumfang von 1066 bis 1273 erhielt.

Zudem verfasste er eine *Chronica Minipora* oder *Abbrevatio Chronicorum Angliae*, welche den Zeitraum von 1067 bis 1253 erfasst.

Er schrieb auch einige Biographien von Heiligen (darunter von Eduard dem Bekenner, Thomas Becket, Stephen Langton). Die Illustrationen seiner Bücher fertigte er selbst an, darunter viele Wappen, die wichtige Dokumente der Geschichte der Heraldik sind.

Obwohl ihm viele Fehler unterlaufen sind und er seine „nationale" Voreingenommenheit zum Teil überzeichnet hat, enthält sein Werk äußerst interessante Informationen.

> Englische Übersetzungen online: http://standish.stanford.edu/bin/search/simple/process?query=Matthew+Paris&offset=0
> Französische Übersetzung: *Matthieu Paris. Grande Chronique d'Angleterre*: Tome 1 La conquête de l'Angleterre (1066-1100); Tome 2 L'héritage d'Aliénor d'Aquitaine (1100-1184); Tome 3 Richard Ier Cœur de Lion (1184-1199); Tome 4 Jean sans Terre (1199-1216); Tome 5 Le double couronnement d'Henry III (1216-1232); Tome 6 Le Concile de Londres (1233-1238); Tome 7 Les chantiers du roi (1238-1241); Tome 8 Les guerres du Poitou (1241-1244); Tome 9 La déposition de Frédéric II (1244-1247); Tome 10 La septième croisade (1248-1251); Tome 11 La révolte des Gascons (1252-1255); Tome 12 Les provisions d'Oxford (1256-1273); Tome 13 Le livre de additions ; Éditions Paleo; Clermond-Ferrand; 2011.

## Matthias von Edessa

Armenischer Mönch und Geschichtsschreiber (kam vermutlich 1144 bei der Belagerung von Edessa um).

Seine auf Westarmenische verfasste *Chronik* deckt den Berichtszeitraum von 952 bis 1136 ab und wurde von einem Kirchenmann Gregorius bis zum Berichtsjahr 1162 fortgesetzt. Es ist eine wichtige Quelle zur Geschichte der Kreuzzüge und der Kreuzritterstaaten. Der Autor nimmt darin eine kritische Stellung zu den Europäern ein, die sich im Zuge der Kreuzzüge im Nahen Osten niederließen. Auf seinem Werk baute > Smbat Sparape auf.

> Englische Übersetzung (Ara Edmond Dostourian): *Armenia and the Crusades: Tenth to Twelfth Centuries: the Chronicle of Matthew of Edessa*: National Association for Armenian Studies and Research; 1993.

## Matthias von Neuenburg (Mathias Neoburgensis)

Deutscher Jurist und Geschichtsschreiber (1295 bis 1364).

In Neuenburg im Breisgau aus adliger Familie geboren, studierte in Bologna.
Seine Chronik (*Chronikon*) beschreibt die Geschehnisse im Heiligen Römischen Reich in der Epoche von 1245 bis 1350 (darunter der Aufstieg der Habsburger mit Rudolf I., die Auseinandersetzungen Ludwigs IV. des Bayern und die ersten Regierungsjahre des Gegenkönigs Karl IV.), für die sie, vor allem für Deutschland, eine wichtige Quelle ist.

> Deutsche Übersetzung (A. Hofmeister): *Die Chronik des Mathias von Neuenburg*; MGH Scriptores rerum Germanicarum; Nova series Bd. 4,1; Berlin 1924/1940.

> Heinig, Paul-Joachim, „Matthias von Neuenburg", in: Neue Deutsche Biographie 16 (1990), S. 411 [Onlinefassung]; URL: http://www.deutsche-biographie.de/pnd119299437.html

## Maximianus von Ravenna

Spätrömischer Kirchenmann und Geschichtsschreiber (ca. 498 bis ca. 556).

In Colonia Pola/Pula (Istrien/Dalmatien/heute Kroatien) [49 56N 17 54E] geboren. Finanzierte seine Laufbahn und seine Stiftungen aus einem von ihm gemachten Schatzfund. Dies verhalf ihm 554 zum Bischofsamt in Ravenna, nachdem die Stadt von den Byzantinern eingenommen worden war. Dort finanzierte er die Fertigstellung von San Vitale (er ist dort auf einem Mosaik mit seinem Namen zur Rechten des Kaisers Justinian abgebildet) und den Bau von Sant'Apollinare (dessen Reliquien er nach Ravenna holte).

Er verfasste eine Chronik, von der nur wenige Zitate durch > Agnellus von Ravenna überliefert sind.

## Megasthenes

Griechischer Diplomat und Geschichtsschreiber (ca. -350 bis ca. -290).

Er schrieb ein 3- oder 4-bändiges Werk *Indiká* mit Informationen, die er um -300 während einer diplomatischen Mission in Indien gesammelt hatte. Davon sind nur Fragmente überliefert (darunter eine Beschreibung von Pataliputra/Patna, der Hauptstadt des Maurya-Reichs).

> Diodorus Siculus, > Strabon und > Arrian schöpften in ihren Werken daraus.

> Lexikon der Alten Welt: Artikel von F. Lasserre.

> Quelltexte der Fragmente: Felix Jacoby (Hrsg.): *Die Fragmente der griechischen Historiker II A*; Berlin; 1926 (Nachdruck: Leiden; 1961); Nr. 715.

## Memnon von Herakleia

Griechischer Geschichtsschreiber (ca. 50 bis ca. 100, vermutlich Zeitgenosse Plutarchs).

In Herakleia Pontike/Ereghli (in Bithynien am Schwarzen Meer, Türkei) [41 17N 31 25E] geboren, wo er sein Leben verbrachte.

Er schrieb *Peri Herakleias*, eine Geschichte seiner Heimatstadt. Das Werk ist uns nur über eine Zusammenfassung bekannt, die > Photios im 9. Jh. von den Büchern 9-16 erstellt hat (-364 bis -47). Photios erwähnte, dass es über das Buch 16 hinaus weitere gab; es ist aber unbekannt, wie viele es waren und welche Reichweite sie hatten.

Dies ist eine der wenigen Lokalgeschichten des Altertums, die (wenn auch wie in diesem Fall nur als Zusammenfassung und mit Lücken) erhalten geblieben sind.

Lexikon der Alten Welt: Artikel von W. Spoerri.
Quelltexte der Fragmente: Felix Jacoby (Hrsg.): *Die Fragmente der griechischen Historiker II A*; Berlin; 1926 (Nachdruck: Leiden; 1961); Nr. 343.

## Menander Protector

Oströmischer Jurist, Rhetor und Geschichtsschreiber (? bis ca. 582).

In Konstantinopel geboren, trat er in die kaiserliche Leibgarde ein (daher „Protector").

Sein nur in Fragmenten erhaltenes Werk setzte jenes des > Agathias für den Zeitraum 558 bis zum Jahre 582 fort, über den es wertvolle Informationen enthält, zumal der Autor Augenzeuge einiger der Ereignisse gewesen ist. Zu seinen Quellen gehören > Olympiodoros von Theben, > Priskos von Panion, > Petros Patrikios und vermutlich auch > Theophanes von Byzanz. Sein Werk wurde von > Theophilaktos Simokates bis zum Berichtsjahr 602 fortgesetzt.

Englische Übersetzung (Roger Blockley): *The History of Menander the Guardsman*; Liverpool; 1985

## Menander von Ephesos (Pergamon)

Griechischer Geschichtsschreiber (um -200).

Er schrieb eine *Geschichte der Griechen und Barbaren*, die verloren gegangen ist. > Josephus Flavius zitierte vielfach daraus.

Lexikon der Alten Welt: Artikel von W. Spoerri.
Quelltexte der Fragmente: Felix Jacoby (Hrsg.): *Die Fragmente der griechischen Historiker II A*; Berlin; 1926 (Nachdruck: Leiden; 1961); Nr. 783.

## Menekrates von Xanthos

Griechischer Geschichtsschreiber (ca. -4. Jh.).

Vermutlich in Xanthos (Südwestspitze der Türkei) [36 22N 29 20E] geboren.

Er schrieb eine *Lykiaká*, eine Geschichte Lykiens, die bis auf wenige Fragmente verloren gegangen ist.

Lexikon der Alten Welt: Artikel von W. Spoerri.
Quelltexte der Fragmente: Felix Jacoby (Hrsg.): *Die Fragmente der griechischen Historiker II A*; Berlin; 1926 (Nachdruck: Leiden; 1961); Nr. 769.

## Merenptah-Stele (Israel-Stein)

Eine in Karnak, in den Ruinen des Totentempels des Pharao Merenptah (13. Sohn und Nachfolger Ramses II., Begründer der 19. Dynastie, regierte von -1212 bis -1202) gefundene Siegesstele aus Granit (318x161x31 cm). Sie berichtet in 35 Zeilen über seine Regierungszeit und wird auch „Israel-Stein" genannt, weil sie das einzige ägyptische Dokument ist, in dem das Land Israel erwähnt wird.

Eine ausführlichere Textversion enthalten 80 Zeilen einer Wand des Amuntempels von Karnak. Ergänzende Informationen enthält eine Stele mit 35 Zeilen, die in Athribis gefunden worden ist.

Vollständige englische Übersetzung des Texts der Merenptah-Stele: http://ib205.tripod.com/israel_stela.html

## Menippos von Pergamon

Griechischer Geschichtsschreiber des -1. Jh.

Eine Zusammenfassung seines Werks ist durch die Zusammenfassung *Menippi periplus maris interni (epitome Marciani)* ( „Küstenfahrtbeschreibung des Binnenmeers") erhalten geblieben, die > Markian von Herakleia im 4. Jh. davon verfasst hat.

## Mescha-Stele (Moabiter-Stein)

Eine bei Dhiban/Dibon (östlich des Toten Meeres) [31 30N 35 47E] im Jahr 1868 entdeckte, dann von einheimischen Beduinen mutwillig beschädigte, heute restaurierte im Louvre befindliche Stele (mit Kopie im British Museum). Auf ihr rühmt sich Mescha, der König der Moabiter, der (im Jahr -849 erfolgten) Befreiung seines Volkes von der Tributpflichtigkeit gegenüber dem jüdischen Nordstaat Israel. Der in moabitischer Sprache verfasste Text (in deutscher Übersetzung ca. 550 Wörter) ist der in einer dem Hebräischen verwandten Sprache älteste erhaltene.

Deutsche Übersetzung des Textes: http://de.wikipedia.org/wiki/Mescha-Stele

## Mesiha Zeka

Syrischer Kirchenmann und Geschichtsschreiber (6. Jh.)

Autor der *Ketaba d-eqlisastiqi da-Mesiha-Zeha* („Kirchenchronik des Mesiha Zeka") kurz „Annalen von Arbela" genannt. Von ihm sind außer seiner Nennung im Titel des Werks keine weiteren Daten bekannt. Vermutlich war er ein syrisch-orthodoxer Kirchenmann.

Es handelt sich um die Chronik der Region Adiabene (Hauptstadt Arbela/Arbil, Irak)[36 10N 44 10E]. Sie umfasste vermutlich den Zeitraum von 100 bis 500. Nur ein Teil ist davon erhalten.

Dies ist ein zeitgenössisches Dokument über die frühe Weigerung der syrisch-orthodoxen Kirche, sich dem Primat von Rom zu unterwerfen. Die Authentizität wurde von einigen katholischen Historikern angezweifelt; sie wird aber durch eine astronomische Bestätigung (Sonnenfinsternis vom 10.7.218) und eine Inschrift (Bishapur) gestützt.

Artikel von P. Kawerau in Encyclopaedia Britannica online: http://www.iranicaonline.org/articles/chronicle-of-arbela
Englische Übersetzung online: http://www.humanities.uci.edu/sasanika/pdf/ChronicleofArbela.pdf

## Meskavayh (> Ibn Meskavayh, Abu Ali Ahmad)

## Mesopotamische Jahresnamenslisten

In mesopotamischen Stadtstaaten wurden jeweils Listen von herausragenden Ereignissen geführt, die den Jahren in ihrer Abfolge gegeben wurden, vornehmlich ein wichtiges hierarchisches Ereignis (z. B. Regierungsantritt), religiöses Ereignis (z. B. Einweihung einer neuen Götterstatue) oder vereinzelt auch ein herausragendes militärisches Ereignis (z. B. Einnahme einer Stadt). Die historiographisch bedeutendsten Jahresnamenslisten und ihre Berichtszeiträume sind:

| | |
|---|---|
| *Agade* | -2270 bis -2129 |
| *Babylon* | -1830 bis -1531 |
| *Isin* | -1953 bis -1730 |
| *Lagasch* | -2150 bis -2080 |
| *Larsa* | -1868 bis -1699 |
| *Mari* | -1811 bis -1795 |
| *Ur* | -2047 bis -1940 |

Die meist auf Tontafeln registrierten Einträge konnten von den Archäologen teilweise aus verschiedenen Fundstellen rekonstruiert werden.

Fortentwicklungen der Jahresnamensliste sind die > assyrische Eponymenliste (wo für jedes Jahr eine prominente Person als Namensgeber genannt) und die > römischen Annalisten (Amtsjahre der Konsuln).

    Englische Übersetzung online: http://cdli.ucla.edu/tools/yearnames/yearnames.htm

## Michael Attaleiates (Attaliates)

Byzantinischer Beamter und Geschichtsschreiber (ca. 1025 bis 1085).

Vermutlich in Attaleia/Antalya (Türkei) geboren, erreichte er in Konstantinopel die höchsten richterlichen Stellungen.

Um 1080 verfasste er eine byzantinische Zeitgeschichte für den Zeitraum von 1034 bis 1079.

    Griechisch mit span. Übersetzung (I. Pérez Martín): *Miguel Ataliates, Historia*; Madrid 2002

## Michael (Konstantin) Psellos (der Lispler, der Jüngere)

Byzantinischer Jurist, Hofbeamter, Universalgelehrter und Geschichtsschreiber (ca.1018 bis 1078).

Aus mittelständischer Familie in Konstantinopel geboren, genoss er eine humanistische Ausbildung. Seine Bewunderung für Platon und den Neoplatonismus brachten ihm den Verdacht ein, ein Heide zu sein. Als Jurist, Sekretär, Prinzenerzieher und skrupelloser Kanzler unter den byzantinischen Kaisern Konstantinos IX. Monomachos (als „Philosophenkonsul"), Isaak I. Komnenos, Romanos IV. Diogenes und Michael VII. Dukas am kaiserlichen Hof tätig. Trat schließlich mit dem Namen Michael in ein Kloster ein.

Neben einer Vielzahl von Schriften und Reden verfasste er in Fortsetzung des Werks von > Leon Diakonos eine *Chronographia* genannte Sammlung von Biographien der 13 Kaiser des Zeitraums von 976 bis 1077, von denen er die Hälfte als Erwachsener miterlebt hatte bzw. von denen er vieren gedient hatte. Sein Werk fokussiert Hofintrigen in Byzanz („dem Götter-losen Olymp") und wird durch zum Teil amüsante Anekdoten und geistreiche Bemerkungen belebt. Es gehört zu den besten byzantinischen Geschichtswerken. Die einzige erhaltene Handschrift wird in Paris aufbewahrt.

    Englische Übersetzung (E. R. A. Sewter): *Chronographia*; London; 1953.
    Online-Version: http://www.fordham.edu/halsall/basis/psellus-chrono-intro.html
    Quelltext und Französische Übersetzung (Émile Renauld): *Chronographie ou Histoire d'un siècle de Byzance (976-1077)*. 2 Bände; Paris; 1926/28. Nachdruck Les Belles Lettres.
    Italienische Übersetzung (Salvatore Impellizzeri): *Imperatori di Bisanzio (Cronografia)*; 2 Bände; Vicenza; 1984.
    Spanische Übersetzung (Juan Signes Codoñer): *Vidas de los emperadores des Bizancio (Cronografia)*; Madrid; 2005.

## Michael der Syrer (Michael Syrus; Michael der Große; Michael der Ältere)

Syrisch-orthodoxer (jakobitischer) Kirchenmann und Geschichtsschreiber (ca. 1126 bis 1199).

In Melitene/Malatya (Türkei) [38 22N 38 18E] geboren. Trat in das Kloster Mar Barsauma (in Midyat, Türkei, Grenze zu Syrien) [37 25N 41 22E] ein, dessen Abt er wurde. Wurde 1166 als Michael I. zum Patriarchen von Antiocheia gewählt. Er bewahrte, obwohl unter muslimischer Herrschaft stehend, seine Unabhängigkeit von der orthodoxen bzw. katholischen Kirche.

Er verfasste in syrischer (aramäischer) Sprache die umfangreichste Weltchronik des Mittelalters. Sie erstreckt sich bis zum Berichtsjahr 1195; die Einträge sind nach drei Rubriken gegliedert: Kirchliches, Politisches und Sonstiges (Klimatisches, Katastrophen u.dgl.). Seine Hauptquellen waren > Eusebios von Caesarea, > Jakob von Edessa, > Theophilos von Edessa und andere uns unbekannte Autoren.

Die Weltchronik Michaels des Syrers wurde von > Ebn al-Ebri bis zum Berichtsjahr 1286 fortgesetzt.

Michael berichtet über eine im Jahr 536 eingetretene Abschattung der Sonne, die nur noch während 4 Stunden pro Tag einigermaßen durchdrang, was sich über 18 Monate hinzog; nach moderner Theorie war sie auf das zufällige Zusammentreffen eines Ausbruchs des Vulkans El Chichón (Mexiko) und des Einschlags eines Meteoriten von 600 m Durchmesser im Golf von Carpentaria (Australien) zurückzuführen.

> Artikel von Florence Jullien in Encyclopaedia Iranica online: http://www.iranicaonline.org/articles/michael-syrian
> Französische Übersetzung (Jean-Baptiste Chabot): *Chronique de Michel le Syrien, Patriarche Jacobite d'Antiche (1166-1199)*. 4 Bände; 1899;1901;1905;1910; Nachdruck 2010.

### Michael Kritobulos von Imbros

Byzantinischer Geschichtsschreiber (14. Jh.).

Arrangierte sich mit türkischen Eroberern und wurde von ihnen zum Gouverneur der Insel Imbros (Gökceada, Türkei) [40 10N 25 51E] ernannt.

Um 1366 (13 Jahre nach dem Fall von Konstantinopel) verfasste er eine *Biographie des Sultans Mehmed Fatih*, des Eroberers von Konstantinopel, welche den Zeitraum von 1451 bis 1476 behandelt. Da Michael Kritobulos bereits aus türkischer Sicht berichtet, ist er eigentlich kein byzantinischer Geschichtsschreiber mehr.

### Michel Pintoin (> Chronik des Mönchs von Saint-Denis)

### Minhaj us-Siraj

Indischer Geschichtsschreiber arabischer Sprache (1193 bis nach 1260).

Richter in Delhi.

Sein Werk *Tabaqat-i-Nasiri* ist eine Geschichte des Islam von der Schöpfung bis zum Berichtsjahr 1260. Darin setzt er sich kritisch mit dem islamischen Rechtssystem (Ulama) auseinander.

> Englische Übersetzung: Elliot, H. M., John Dowson: *The History of India, as Told by Its Own Historians. The Muhammadan Period;* Vol. 3; Trübner & Co.; London; 1867 bis 1877. Nachdruck Adamant Media Corporation; 2000.
> Online: http://archive.org/stream/cu31924073036737#page/n5/mode/2up

### Mir Hwand (Mirchond, Mirkhond)

Iranischer Geschichtsschreiber persischer Sprache (1433 bis 1498).

In Bukhara/Buxoro (Usbekistan) geboren, verbrachte er den Großteil seines Lebens in Herat (Afghanistan).

Seine blumig und zuweilen pompös formulierte Weltgeschichte *Rauzat us safa* („Garten der Lauterkeit") enthält wertvolle Informationen, darunter eine Geschichte der Samaniden, der Ghasnawiden, der Bujiden, der Sasaniden und der Seldschuken. Er schöpfte u. a. aus dem Werk des > Mohammad bin Ali Rawandi.

Sein Enkel > Chondemir (Khwandamir) ergänzte das Werk und verfasste 1495 davon eine Zusammenfassung.

> Englische Übersetzung (E. Rehatsek) in 4 Bänden (Ausgabe 1891 bis 1894); angeblich online abrufbar.
>
> Englische Übersetzung: Elliot, H. M., John Dowson: *The History of India, as Told by Its Own Historians. The Muhammadan Period;* Vol.4; Trübner & Co.; London; 1867 bis 1877. Nachdruck Adamant Media Corporation; 2000. Online: http://archive.org/stream/cu31924073036745#page/n3/mode/2up

## Miskavayh (> Ibn Meskavayh, Abu Ali Ahmad)

## Moabiterstein (> Mescha-Stele)

## Mohammad Abu Bakr al-Baydhaq

Berberischer Geschichtsschreiber gestorben nach 1164).

Im Maghreb aus dem Berberstamm Sanhadscha geboren.

Veröffentlichte um 1150 eine Geschichte der Almohaden (*Al moqtabass min kitabi al anssab fi maärifati al ashab*) bis zum Jahr der Niederschrift, d. h. den Berichtszeitraum von 1121 bis 1150 umfassend.

> Arabischer Quelltext und französische Übersetzung (É. Lévi-Provençal): *Al-Baydhaq (Abû Bakr Ibn 'Alî al-Sinhâdjî), Histoire des Almohades; Documents inédits d'histoire almohade;* Geuthner; Paris; 1928. Enthält auch das *Kitab al-Muwahiddin,* d. h die Chroniken der Almohaden, Briefe und Reden des Ibn Tumart und Abd al-Mumin sowie die al-Baydhaq's Biographie von Ibn Tumart.

## Mohammad bin Ali Rawandi

Persischer Kalligraph und Geschichtsschreiber (ca. 1150 bis ca. 1210).

Veröffentlichte um 1205 eine Zeitgeschichte *Rahat al-sudur wa ayat al-surur,* die den Zerfall des Seldschukischen Reichs und den Aufstieg des Reichs der Choresmer schildert.

Aus seinem Werk schöpften > Mir Hwand und > Hamdallah Mustaufi.

## Moin-al-Din Yazdi (> Hamdallah Mustaufi)

## Mönch Theodor (Theodorus Monachus) (> Annales Palidenses)

## Mönch von Opatowic

Tschechischer Kirchenmann und Geschichtsschreiber (12. Jh.).

Trat in das Benediktinerkloster von Opatowic (Tschechien, zwischen Königgrätz und Chrudim, die Ruinen sind heute von der Elbe überflutet) ein.

Er verfasste, vermutlich nach 1160, eine Chronik, die von Christi Geburt bis 1163 reichte.

Palacky, F.: *Würdigung der alten böhmischen Geschichtsschreiber*; Prag; 1830. Digitalisiert von Google

## Mönch von Saint-Denis (> Chronik des Mönchs von Saint-Denis)

## Mönch von Sazawa

Tschechischer Kirchenmann und Geschichtsschreiber (ca. 1126 bis ca. 1162). Trat in das Benediktinerkloster an der Sazawa [49 52N 14 54E] (Tschechien) ein. Er führte die Chronik Böhmens (*Chronica Bohemorum*) des > Cosmas von Prag für den Berichtszeitraum 1126 bis 1162 fort.

Die Chronik des Mönchs von Sazawa ist vom > Kanonikus Wyssehrad und dann von > Benes Krabice fortgesetzt worden.

Palacky, F.: *Würdigung der alten böhmischen Geschichtsschreiber*; Prag; 1830. Digitalisiert von Google
Lateinischer Quelltext und deutsche Übersetzung auf CD-ROM mit Abfrage-Software: Müller, Th., Pentzel, A. (Herausgeber): *Quellensammlung zur mittelalterlichen Geschichte – Fortsetzung - Continuatio fontium medii evi*; MA II; Verlag Heptagon; Berlin; 2000.

## Mönch von Volturno (> Chronicon Volturnense)

## Monumentum Adulitanum

Eine nur aus dem Werk des > Kosmas Indikopleutes überlieferte Inschrift auf Ge'ez (Aksumitisch) und Griechisch auf einem Königsthron in Adulis (verschollene Hafenstadt Aksums am Roten Meer, vermutlich 60 km S von Massaua / Eritrea). Sie enthält neben einer Inschrift des Ptolemaios III. Euergetes (-247 bis -221) einen Kurzbericht der Feldzüge eines Königs, der sich rühmt, als erster die Gebiete auf beiden Seiten des Südendes des Roten Meers unterworfen zu haben. Nach einer Theorie handelt es sich um König Shammar Yuharish von Hirmyar (SW-Spitze der Arabischen Halbinsel), der von 238 bis 300 geherrscht hat.

## Monumentum Ancyrianum (> Res gestae divi Augusti)

## Monumentum Apolloniense (> Res gestae divi Augusti)

## Monumentum Antiocheum (> Res gestae divi Augusti)

## Morkinskinna

In Island um 1220 verfasste Saga norwegischer Könige mit realitätsnaher Schilderung von Ereignissen des Zeitraums von ca. 1025 bis 1157. Die einzige erhaltene, in Kopenhagen aufbewahrte Abschrift, bricht im Jahr 1157 ab. Der Name bedeutet „morsches Pergament". Zu den Quellen des Autors gehörte die > Hryggjarstykki.

Englische Übersetzung (Th. Murdock Andersson und K. E.): *Morkinskinna: The Earliest Icelandic Chronicle of the Norwegian Kings (1030-1157)*; Cornell University Press (2000).

## Moses von Choren (Khorenatsi)

Armenischer Kirchenmann und Geschichtsschreiber (ca. 410 bis ca. 490).

In Khorni/Khoronk (Provinz Taron/Turuberan, Armenien) [40 08N 44 15E] oder in Khorena (Provinz Syunik im Südosten von Armenien) geboren. War Mitglied einer Gruppe, der auch > Yeghishe Vardapet angehörte, die um 433 nach Alexandreia (Ägypten) entsandt wurden, um Griechisch zu lernen, um die > Septuaginta ins Armenische übersetzen zu können. Moses von Choren kehrte nach ca. 5 Jahren zurück.

Auf eine Aufforderung des Prinzen Sahak Bagratuni hin, schrieb er eine Geschichte Armeniens, die er um 482 fertigstellte. Sie umfasst den gesamten Zeitraum ab den mythologischen Ursprüngen (die als solche deklariert werden); erst ab der Gründung der arsakidischen Dynastie (-149) beruht sie auf historischen Fakten. Sie endete ursprünglich mit dem Jahr 428 und wurde nach dem Tod des Autors bis zum Berichtsjahr 491 erweitert. Das Werk enthält sonst nicht überlieferte Angaben über das vorchristliche Armenien.

Die Objektivität und Wahrheitstreue des Moses von Choren wurde von vielen modernen Historikern in Frage gestellt, jedoch zum Teil mit Ansprüchen, denen vor der Neuzeit kaum ein Geschichtsschreiber gerecht geworden ist. Er gilt als der Vater der armenischen Geschichtsschreibung bzw. als der „Herodot Armeniens".

> Englische Übersetzung (G. A. Gevorkian): *Movses Khorenatzi: The History of Armenia*; Yerevan University Press; 1991

## Moses von Kalankatuyk (> Movses Kaghankatvatsi)

## Movses Daskhurantsi (> Movses Kaghankatvatsi)

## Movses Kaghankatvatsi (Moses von Kalankatuyk)

Armenischer Geschichtsschreiber des 7. Jh.

Seine zweibändige *Geschichte des Landes Albaniens* behandelt die Zeitgeschichte des östlichen Kaukasus („Großarmenien") ab dem 3. Göktürkisch-Persischen Krieg (ab 627). Es wurde im 10. Jh. von > Movses Daskhurantsi mit einem dritten Band bis zum Einfall von Rus in Azerbajan (913) erweitert.

> Englische Übersetzung (C.F.J. Dowsett): *Movses Dasxuranci: The History of the Caucasian Albanians*; London Oriental Series, Vol. 8; 1961.

## Mucius Scaevola, Publius (> Fasti Consulares)

## Mudjimal at-tawarikh wal-qisas

Eine persische Universalgeschichte aus dem 12. Jh., von der Schöpfung bis zur Gegenwart des unbekannten Autors. Der Schwerpunkt liegt bei der Geschichte des Islams und Irans. Man könnte das Werk auch als ein Handbuch der Weltgeschichte betrachten: es enthält Listen von Propheten, Kalifen, von Königen diverser Länder und ihrer Graborte, die Beschreibung wichtiger Städte.

> Artikel von Siegfried Weber and Dagmar Riedel in Encyclopaedia Iranica: http://www.iranicaonline.org/articles/mojmal-al-tawarik
>
> Persischer Quelltext: Seyfeddin Najmabadi; Siegfried Weber (Hrsg.): Mudjmal at-tawârîkh wa-l-qisas: Eine persische Weltgeschichte aus dem 12. Jahrhundert, nach den Handschriften Heidelberg, Berlin, Dublin und Paris herausgegeben und bearbeitet; Deux Mondes; 2000.
>
> Persischer Quelltext online: http://digi.ub.uni-heidelberg.de/diglit/codheidorient118

## Mudhammad Aufi/Ufi, Sadiduddin

Persischer Geschichtsschreiber arabischer Sprache (1171 bis 1242).
In Bukhara geboren. Durchreiste den Osten der damaligen islamischen Welt (bis Delhi).
Er verfasste eine Sammlung von Biographien persischer Dichter (*Lubab ul-Albab*).
Sein Geschichtswerk *Jawami ul-Hikayat* ist eine monumentale (2.500 Seiten) Sammlung historischer Anekdoten, von der Schöpfung bis zum Jahr 1242. Einige davon haben unikalen Wert.
Seine „Geschichte der Herrscher Turkestans" ist verloren gegangen.
> Englische Übersetzung von Auszügen des *Jawami*: Elliot, H. M., John Dowson: *The History of India, as Told by Its Own Historians. The Muhammadan Period;* Trübner & Co.; Vol. 2; London; 1867 bis 1877. Nachdruck Adamant Media Corporation; 2000. Online: http://archive.org/stream/cu31924073036729#page/n5/mode/2up

## Muhammad Ibn Iyas (> Ibn Iyas, Muhammad)

## Mujir al-Din al-Ulaymi

Palästinensischer Geschichtsschreiber arabischer Sprache (1456 bis 1522).
In Jerusalem geboren. Wirkte dort als Richter (Kadi). Am Fuße des Olivenbergs befindet sich sein kleines Mausoleum.
Er veröffentlichte 1495 eine Lokalgeschichte *al-Uns al-Jalil bi-tarikh al-Quds wal-Khalil* („Die glorreiche Geschichte von Jerusalem und Hebron"). Sie beginnt bei Adam und Eva und zoomt in die Gegenwart des Autors hinein, für die es eine ausführlichere Zeitgeschichte und Stadtbeschreibung liefert.
> Französische Übersetzung (H. Sauvaire):. *Histoire de Jérusalem et d'Hébron depuis Abraham jusqu'à la fin du XVe siècle de J.-C. fragments de la Chronique de Moudjir-eddyn;* 1876.

## Mussato (> Albertino Mussato)

## Mustaufi/Mostafwi (> Hamdallah Mustafi/Mostafwi)

## Mutsu Waki

Eine im Jahre 1062 in Japan verfasste *Geschichte von Mutsu*. Sie berichtet über den Aufstand des Abe-Clans (1051 bis 1062).

## Nabonidus-Chronik („ABC 7")

Annalen der Regierung des letzten unabhängigen Königs von Babylon, Nabonidus (-556 bis -538). Im British Museum.
> Englische Übersetzung online: http://www.livius.org/ct-cz/cyrus_I/babylon02.html

## Nearchos

Makedonischer Offizier gestorben ca. -312).
Jugendfreund Alexanders. Leitete die Rückfahrt des Geschwaders Alexanders vom Indus zum Euphrat.
Sein Reisebericht ist nur in Fragmenten erhalten; er wurde von > Arrian und anderen verwertet.

Lexikon der Alten Welt: Artikel von E. Badian.
Quelltexte der Fragmente: Felix Jacoby (Hrsg.): *Die Fragmente der griechischen Historiker II A*; Berlin; 1926 (Nachdruck: Leiden; 1961); Nr. 133.

## Nennius (Nynniaw)

Walisischer Kirchenmann und Geschichtsschreiber (? bis 809).

Vermutlich aus Bangor stammend. Er ist vermutlich der Autor der um 946 verfassten > *Historia Britonum*.

## Nepos, Cornelius

Römischer Biograph (ca. -100 bis ca. -30, ein Landsmann und Zeitgenosse des Dichters Catull).

„Am Po" (vermutlich in Ostiglia bei Mantua) aus betuchter keltischer (vermutlich insubrischer) Familie (vermutlich aus dem Ritterstand) geboren. Er zog mit 30 Jahren nach Rom und stand mit Cicero und dem Publizisten Titus Pomponius Atticus in enger Beziehung.

Er schrieb ca. -60 als erster Römer eine Weltgeschichte *Chronica* in 3 Büchern, die aber verloren gegangen ist. Catull lobte die darin investierte harte Arbeit und manifestierte Bildung. Auch sein ca. -45 verfasstes zweites Werk *Exemplorum Libri* oder *Exempla* („Beispiele"), in dem er in 5 Bänden mustergültige Persönlichkeiten der Vergangenheit vorstellte, ist verloren gegangen. Da ihn >Pomponius Mela zitierte, hat er vermutlich auch ein geographisches Werk verfasst.

Sein Hauptwerk *De viris illustribus* („Über berühmte Männer") enthielt in 16 Büchern insgesamt ca. 300 Biographien berühmter Männer der Politik, des Kriegswesens und der Kunst, nach dem Vorbild des Werks *Imagines* von Varro; die Bücher enthielten paarweise nichtrömische und römische Persönlichkeiten, ohne dabei (wie später > Plutarch) Parallelen herausstellen zu wollen, sondern um die Gleichwertigkeit der Kulturkreise hervorzuheben. Überliefert sind uns 22 Biographien aus dem Buch 1 (über nichtrömische Generäle, von Miltiades bis Timoleon) sowie 2 Biographien (Cato und Atticus) aus dem Buch über römische Geschichtsschreiber, also weniger als 10 % seines Werkes.

Wie Plutarch hatte auch Nepos bewusst nicht die Ambition, ein Geschichtsschreiber zu sein; sein Ziel war die gekonnte Beschreibung von Charakteren. Viele Einzelheiten und Daten Nepos sind mit großer Vorsicht zu genießen; sein historischer Beitrag besteht vor allem in der Überlieferung von Charakterbildern historischer Persönlichkeiten.

Nepos war der erste politische Biograph der Literaturgeschichte.

Metzler Lexikon antiker Autoren: Artikel von Rüdiger Kinsky.
Lexikon der Alten Welt: Artikel von R. Hanslik.
Deutsche Übersetzung: *Nepos, Cornelius: Berühmte Männer: De viris illustribus*; Wissenschaftliche Buchgesellschaft; Darmstadt; 2005.
Lateinischer Quelltext und deutsche Übersetzung (P. Krafft, F. Olef-Krafft): *Nepos: De viris illustribus / Biographien berühmter Männer*; Reclam, Stuttgart.
Englische Übersetzung online: http://www.tertullian.org/fathers/nepos_eintro.htm
Französische Übersetzung (P.-F. de Calonne; A. Pommier): Cornelius Nepos: Les Vies:Miltiade, Thémistocle, Aristide, Pausanias, Cimon, Lysandre, Alcibiade, Thrasybule, Conon, Dion, Iphicrate, Chabrias, Thimothée, Datame, Épaminondas, Pélopidas, Agésilas, Eumène, Phocion, Timoléon, des Rois, Hamilcar, Hannibal, Caton, Atticus; Éditions Paleo; Clermond-Ferrand; 2011.

## Nesri (Neshri), Mevlana Mehemed

Türkischer Geschichtsschreiber (? bis vor 1520).

In Karaman (Süden der Türkei) [37 11N 33 13E] geboren, lebte und starb er vermutlich in Bursa.

Seine um 1490 verfasste Universalgeschichte *Cihannüma* („Weltenschau") diente der Rechtfertigung und Verherrlichung der Politik des Osmanischen Reichs. Nur der letzte der 6 Teile des Werkes ist erhalten. Dieser behandelt die Dynastien der Oghusen, Seldschuken und Osmanen für den Zeitraum von ca. 1000 bis 1485; darin befindet u. a. die ausführlichste Beschreibung der Schlacht am Amselfeld von 1389 sowie die Schilderung der Janitscharenaufstände von 1446 und 1449. Zu den Quellen gehörten heute verschollene Chroniken und > Aschikpaschade. Aus seinem Werk schöpften > Idris-i Bitlisi und spätere Geschichtsschreiber der Neuzeit.

Deutsche Übersetzung (F. Taeschner): *Gihannüma. Die altosmanische Chronik des Mevlana Mehemmed Neschri*; 2 Bände; Leipzig 1951 bzw. 1955.

## Nestorianische Chronik (Nestor-Chronik; Russische Primärchronik; Povest Vremenich Let)

Zwischen 1113 und 1118 unter der Redaktionsleitung des Abts Silvester des Vydubickij-Klosters (bei Kiew) [50 26N 30 34E] unter dem Titel *Povest Vremenich Let* („Erzählung der vergangenen Jahre") kompilierte Chronik. Sie wird im Deutschen bevorzugt *Nestorianische Chronik* oder *Nestor-Chronik* genannt.

Die Ereignisse sind nach der Zeitrechnung des > Nikephoros von Konstantinopel (Patriarchés) datiert, d. h. in Jahren ab der Erschaffung der Erde im Jahre -5550. Die Chronik setzt bei der Sintflut an und datiert die Ereignisse ab dem Berichtsjahr 852 und reicht bis 1113. Historisch zuverlässig ist die Chronik für ihren jüngsten Berichtszeitraum von 1060 bis 1116. Die Chronik enthält auch viele literarische und hagiographische Exkurse. Zu den Quellen gehörten verloren gegangene lokale Chroniken, skandinavische Sagas und byzantinische Autoren wie > Georgios Monachos Harmatolos.

Ähnlich wie im Fall der Angelsächsischen Chroniken ist die Urversion verloren gegangen und der Inhalt kann nur anhand folgender zwei Überarbeitungen und Ergänzungen näherungsweise rekonstruiert werden:

- Der *Laurentianische Codex* ist eine 1377 vom Mönch Laurentij in Nischni Novgorod [56 20N 44 00E] verfasste Überarbeitung der Urversion der Nestorianischen Chronik. Er erweiterte sie bis zum Berichtsjahr 1305; aus unbekannten Gründen ließ er die Berichtsjahre 898 bis 922, 1263 bis 1283 und 1288 bis 1294 aus.

  Altslawischer Quelltext: Vollständige Sammlung der Russischen Chroniken: Band 1.

- Das *Hypatius-Manuskript* auch *Hypatius-Chronik* genannt, ist eine im 15. Jh. verfasste Sammlung von Chroniken, darunter eine Abschrift der Nestorianischen Chronik (außerdem eine Abschrift der > Kiewer Chronik und der > Galizisch-Wolhynischen Chronik). Die Sammlung wurde im 18. Jh. über ein Exemplar im Hypatius-Kloster [57 47N 40 54E] (bei Kostroma, Russland) wieder entdeckt.

  Altslawischer Quelltext: Vollständige Sammlung der Russischen Chroniken: Band 2.

## Nezam-al-Din Sami (> Hafez-e Abru)

## Nichomachus Flavianus, Virius

Römischer Politiker Geschichtsschreiber (ca. 334 bis 394).

Aus senatorischem Adel in Rom geboren, bekleidete er mehrere hohe zivile Ämter im Römischen Reich. Er gehörte in Rom dem heidnischen

„Symmachokreis" an, der sich die Pflege der vorchristlichen Traditionen zur Aufgabe gestellt hatte. Im Machtkampf des Theodosius gegen Eugenius/Arbogast engagierte er sich voll für die letzteren (da sie eine heidnische Renaissance förderten) und beging Selbstmord, als Theodosius obsiegt hatte.

Sein Werk *Annales* ist vollständig verloren gegangen, so dass selbst dessen zeitliche Abdeckung völlig unbekannt ist. Möglicherweise haben viele spätere Autoren daraus geschöpft, darunter die > Epitomae de Caesaribus und vermutlich auch > Ammianus Marcellinus und > Petros Patrikios.

Nach einer Theorie war Nichomachus Flavianus (oder sein Sohn) der Verfasser der> Historia Augusta.

## Nicolas de Baye

Französischer Parlamentsschreiber und Geschichtsschreiber (1364 bis 1419).

Aus einer Landarbeiterfamilie in Baye (Champagne) [48 51N 3 46E] geboren. Promovierte als Jurist. War von 1400 bis 1416 Schreiber des Pariser Parlaments.

Seine Tag für Tag gemachten persönlichen Notizen (Journal) sind ein wichtiges Dokument der Zeitgeschichte Frankreichs zwischen 1400 und 1417.

> Lateinischer Quelltext und französische Übersetzung (Nathalie Desgrugillers): *Nicolas de Baye: Journal - Registres du greffe civil de Parlement de Paris*; Tome 1 (1400-1401); Éditions Paleo; Clermond-Ferrand; 2011.

## Nicolas de Bray

Französischer Geschichtsschreiber des 13. Jh.

Schrieb um 1228 *Faits et gestes de Louis VIII*, eine Chronik in Reimen über die Regierung Ludwigs VIII. des Löwen (1223 bis 1226).

> Französische Übersetzung: *Nicolas de Bray: La Geste de Louis VIII, suivie de La Vie de Louis VIII*; Éditions Paleo; Clermond-Ferrand; 2011.

## Nicolaus Damascenus (Nikolaos von Damaskus)

Hellenistischer Geschichtsschreiber (-64 bis ca. 10).

In Damaskus (Syrien) geboren, war er Sekretär Herodes des Großen, der ihn auch bei einer Gesandtschaft an den Hof des Augustus einsetzte.

Neben Schriften über Philosophie und Botanik verfasste er eine Universalgeschichte (*Historíai*) in 144 Bänden, vom Beginn der Menschheit bis Augustus, die nur in Fragmenten erhalten ist. Außerdem schrieb er ein *Leben des Augustus*, von welchem zwei große Fragmente erhalten sind. Aus den wenigen Fragmenten lässt sich eine moralisierende Absicht seines Werks vermuten. Einige Details über die Jugendjahre des Augustus und die Verschwörung gegen Caesar wissen wir nur über ihn.

> Éphoros von Kyme und > Xanthos der Lyder gehörten zu seinen Quellen.

Aus seiner Universalgeschichte schöpften u. a. > Josephus Flavius, > Strabon und > Athaenaeus.

> Lexikon der Alten Welt: Artikel von W. Spoerri.
> Quelltexte der Fragmente: Felix Jacoby (Hrsg.): *Die Fragmente der griechischen Historiker II A*; Berlin; 1926 (Nachdruck: Leiden; 1961); Nr. 90.
> Deutsche Übersetzung der Augustus-Fragmente (Jürgen Malitz): *Nikolaos von Damaskus: Leben des Kaisers Augustus*;Wissenschaftliche Buchgesellschaft; Darmstadt; 2003.
> Französische Übersetzung (Édith Parmentier, Francesca Prometea Barone): *Nicolas de Damas: Histoires; Recueil de coutumes; Vie d'Auguste; Autobiographie; Fragments*; Les

Belles Lettres; Paris; 2011.

## Nihongi (Nihonshoki)

Im Jahr 714 von der japanischen Kaiserin in Auftrag gegebene „Staatsgeschichte", die von den Prinzen Toneri und Yasumaro Futo im Jahr 720 fertiggestellt wurde. Es ist dies das zweitälteste offizielle japanische Geschichtswerk. Der Berichtszeitraum erstreckt sich von der mythologischen Vorgeschichte bis zum Jahr 697. Auf historischem Boden bewegt sich das Werk erst ab dem 5. Jh.

Im Stile chinesischer Dynastiegeschichten wurde das Werk in der damaligen auch in Japan vorherrschenden Gelehrtensprache Chinesisch verfasst, was bei einigen Fachausdrücken mit Schwierigkeiten verbunden war.

Für die Vorgänge bis zum Anfang des 7. Jh. schöpften die Autoren aus den Fragmenten des > Kuijiki.

> Englische Übersetzung (W.G. Aston) des Teils bis 499 (entgegen der falschen Information des Untertitels): *Nihongi: Chronicles of Japan from the Earliest Times to A.D. 697*; Tuttle Classics of Japanese Literature; Tuttle Publishing; 2005.

## Nikandros von Kolophon

Griechischer Arzt, Dichter und Geschichtsschreiber (-197 ca. bis -130 ca.)

Von seinen zahlreichen Werken sind nur zwei Lehrgedichte über die Behandlung von Vergiftungen erhalten. Verloren gegangen sind seine Geschichte Kolophons (*Kolophoniaka*) und seine Geschichte Aetoliens (*Aetolika*). > Varro zitierte daraus.

## Nikephoros Briennios

Byzantinischer Offizier, Beamter und Geschichtsschreiber (1057 bis 1137).

Von einnehmendem Wesen, heiratete er die Kaisertochter Anna Komnena (ebenfalls eine Geschichtsschreiberin), ohne es auf den Thron abgesehen zu haben. Sein Werk *Historía* sollte der Verherrlichung des Hauses Komnenos dienen und behandeln den Zeitraum von 1057 bis 1081. Seine Gemahlin > Anna Komnena setzte das Werk bis zum Berichtsjahr 1118 fort.

## Nikephoros Gregoras

Byzantinischer Geschichtsschreiber (ca. 1294 bis ca. 1360).

Er verfasste eine *Historia Romaiká*, welche in 37 Büchern den Zeitraum 1204 bis 1359 abdeckt. Eine der wichtigsten Quellen der Dynastie der Paleologen. Sein Werk ist für Ergänzungen und Korrekturen des Werks des > Johannes Kantakuzenos nützlich und umgekehrt.

> Deutsche Übersetzung: Nikephoros Gregoras: *Historia Romaiká – Rhomäische Geschichte*; 6 Bände; Stuttgart, 1973.

## Nikephoros Kallistos Xanthopulos

Byzantinischer Kirchenmann und Geschichtsschreiber (ca. 1270 bis ca. 1328).

Er verfasste auf Griechisch eine Kirchengeschichte in 18 Bänden (sie wird i. a. mit dem Titel der lateinischen Übersetzung, *Historia ecclesiastica*, genannt), welche bis zum Berichtsjahr 610 reicht. Es war dies die erste Kirchenchronik eines byzantinischen Autors seit > Euagrios und dann auch die letzte. Er schöpfte für die ersten vier Jahrhunderte ziemlich kritiklos aus den Werken von > Eusebios von Caesarea, > Sokrates Scholastikos, > Sozomenos, > Theodoret von Kyrrhos und > Euagrios; unikale, sonst nicht überlieferte Informationen liefert er für das 6. Jh.

> G. Gentz, F. Winkelmann: Die Kirchengeschichte des Nicephorus Callistus Xanthopulus und ihre Quellen; Akademie-Verlag;Berlin; 1966.

## Nikephoros von Konstantinopel (Patriarchés)

Byzantinischer Kirchenmann und Geschichtsschreiber (758 bis 828).
War als Nikephoros I. Patriarch von Konstantinopel.
Er schrieb unter dem Titel *Chronographikon syntomon* eine kurz gefaßte Geschichte (auch *Historia syntomon*, latinisiert *Breviarium*) für den Zeitraum 602 bis 769, jedoch mit den Lücken von 641 bis 663 und von 733 bis 741. Nach dem 630 verfassten > Chronicon Paschale ist dies das zweite vollständig erhaltene byzantinische Geschichtswerk. Seine Hauptquelle, wie die seines Zeitgenossen > Theophanes Homologetes, war vermutlich ein nicht näher bekannter > Traianos Patrikios.
Er führte eine Zeitrechnung ab der Erschaffung der Erde ein, die er mit dem Jahr -5550 datierte.

## Niketas Choniates (Acomitatus)

Byzantinischer Hofbeamter und Geschichtsschreiber (1150 bis 1212).
Im phrygischen Chonae /Honaz (Türkei) [37 45N 29 16E] geboren; nahm er im 3. Kreuzzug (1189 bis 1212) und 4. Kreuzzug (1201 bis 1204) eine leitende Beamtenstelle am byzantinischen Kaiserhof ein. Bei der Plünderung Konstantinopels durch die Kreuzritter im Jahre 1204 verlor er Hab und Gut, konnte nur sein nacktes Leben und das seiner Familie retten, woraufhin er die restlichen acht Jahre seines Lebens zurückgezogen in Nikaia/Isnik (Bithynien, Türkei) [40 20N 29 43E] verbrachte.
Im Exil verfasste er verbittert sein Geschichtswerk *Chroniké diegesis*, das den Zeitraum von 1120 bis 1207 behandelt (darunter die Plünderung Konstantinopels); seine Darstellung aus der Sicht der Opfer ist eine wertvolle Ergänzung des Berichts des > Villehardouin, Geoffroi de. Dabei setzte er auf dem Werk des > Johannes Zonaras auf und erweiterte es um den Zeitraum von 1118 bis 1206. (Das Werk des > Johannes Kinnamos deckt den Zeitraum 1118 bis 1176 ab).
Er schrieb auch ein Werk *De signis* über die 1204 zerstörten Denkmäler Konstantinopels.

> Englische Übersetzung (H. J. Magoulias) der Chroniké diegesis: *O city of Byzantium, Annals of Niketas Choniates*; Detroit; Wayne State University Press; 1984.

## Nikolaus von Butrinto (Ligny)

Lothringischer Kirchenmann und Geschichtsschreiber (? bis 1316).
In Ligny (Lothringen, Frankreich) geboren. Trat in den Dominikanerorden ein, wurde Bischof von Butrinto (Albanien)[39 45N 20 1E], Vikar von Lousanne und schließlich von Toul, wo er starb. Er begleitete Heinrich VII, auf seinem Italienzug (1310 bis 1312).
Nikolaus von Butrino verfasste einen „Bericht über den Italienzug Heinrichs VII. (*Relatio de itinere italica Henrici VII*).

> Lateinisch: Baluze, E. (Herausgeber), Mollat G. (Überarbeitung): *Nikolaus von Butrinto :Relatio de itinere Italico Henrici VII. imperatoris ad Clementem V*. In: Vitae paparum Avenionensium; Bd. 3; Paris; 1921, S. 491–561.
> Lateinischer Quelltext und deutsche Übersetzung auf CD-ROM mit Abfrage-Software:

Müller, Th. (Herausgeber): *Quellensammlung zur mittelalterlichen Geschichte – Zweite Fortsetzung – Continuatio secunda fontium medii evi*; MA II; Verlag Heptagon; Berlin; 2008.

## Nikolaus von Jeroschin (> Peter von Dusburg)

## Nikostratos von Trapezunt

Hellenistischer Geschichtsschreiber (3. Jh.).
Wirkte vermutlich am Hofe des Odaenathus von Palmyra.
Laut > Euagrois Scholastikos verfasste er eine Geschichte für den Zeitraum 244 bis 267, d.h. vom Regierungsantritt Kaisers Phillipus Arabs bis zur Niederlage Kaiser Valerians gegen die Perser und die Wiederherstellung der Ostgrenze des Reichs durch Odaenathus. Von diesem Werk sind nicht einmal Zitate tradiert worden.

## Nithard (Nithardus Sancti Richardi)

Fränkischer Ritter und Geschichtsschreiber (ca. 800 bis 844).
Unehelicher Sohn der Tochter Karls des Großen, Bertha, und des weltlichen Abts Angilbert von St. Riquier an der Somme (Picardie, Nordfrankreich) [50 8N 1 57E]. Er kämpfte im Jahr 841 in Fontenoy auf der Seite seines Vetters Karl des Kahlen. Er trat die Nachfolge seines Vaters als weltlicher Abt von St. Riquier an. Er erlag den Verletzungen, die er bei einem Hinterhalt plündernder Wikinger in Aquitanien erlitten hatte (nach einer anderen Theorie im Kampf gegen Pippin II. von Aquitanien).
Seine 842 und 843 geschriebene Zeitgeschichte *Historiarium Libri Quattuor*, auch genannt *De dissensionibus filiorum Ludovici pii* („Von den Meinungsverschiedenheiten der Söhne Ludwigs des Frommen"), ist ein wichtiges Zeitdokument über die Periode von 838 bis 843, in dem das Fränkische Reich auseinanderfiel (er dokumentierte den Strassburger Eid, dem er beiwohnte). Nidhart wollte damit seinem von ihm geschätzten Onkel Ludwig den Frommen (dritten Sohns Karls des Großen und dessen Thronfolger, gestorben 840) einen Nachruf widmen und sah wehmütig den Zerfall des Karolingischen Reichs voraus.
Nithard streute in sein Werk fachmännische Exkurse über die Militärtechnik seiner Zeit ein, die ihn auch zu einem bedeutenden Militärhistoriker machen.

Deutsche Übersetzung (J. v. Jasmund): *Nithards vier Bücher Geschichten*; Europäischer Geschichtsverlag; 2011.
Lateinischer Quelltext und deutsche Übersetzung auf CD-ROM mit Abfrage-Software: Müller, Th. (Herausgeber): *Quellensammlung zur mittelalterlichen Geschichte – Zweite Fortsetzung – Continuatio secunda fontium medii evi*; MA II; Verlag Heptagon; Berlin; 2008.
Französische Übersetzung (R. Latouche): *Nithard: Histoire des fils de Louis de Pieux;* Paris; 1963-1965.
Französische Übersetzung (F. Guizot, R- Fougères): *Nithard: Histoire des fils de Louis le Pieux (814-843)*; Éditions Paleo; Clermond-Ferrand; 2011.
Seibert, Hubertus, „Nithard", in: Neue Deutsche Biographie 19 (1998), S. 291 [Onlinefassung]; URL: http://www.deutsche-biographie.de/pnd100955525.html

## Nizam ed-Din Shami (Nezam al-Din Shami)

Iranischer Biograph Tamerlans gestorben ca. 1411).
Aufgrund seines Übernamens vermutlich im Vorort Shanb-i-Ghazani von Täbris (Ost-Aserbaidschan, Iran) [38 5N 46 17E] geboren. Er verfasste um 1404, noch

zu Lebzeiten Tamerlans, in dessen Auftrag eine Biographie *Zafar nama* („Buch der Siege") in persischer Sprache, die er nach dessen Tod überarbeitete.

Das Werk wurde von > Hafez-e Abru bis zum Berichtsjahr 1405 ergänzt.

## Notitia Dignitatum

Ein vermutlich um 400 in Konstantinopel erstmals erstelltes Verwaltungshandbuch, das bald auf das Weströmische Reich erweitert wurde. Es ist eine Art Stellenbeschreibung für die römischen Zivil- und Militärverwaltung. Für die Militärposten werden die zugeordneten Truppenteile mit der Einheitsbezeichnung aufgelistet und deren Insignien abgebildet. Erhalten ist eine Abschrift („Codex von Speyer") des Ausgabenstands von ca. 425.

> Metzler Lexikon antiker Autoren: Artikel von Stefan Rebenich.
> Lateinischer Quelltext: Notitia Dignitatum et administrationum omnium tam civilium quam militarium; Ausgabe von O. Seeck; Berlin; 1876.
> D. Hoffmann: *Das spätrömische Bewegungsheer und die Notitia dignitatum*; 2 Bände.; Rheinland-Verlag, Düsseldorf, 1970.

## Notker I. von St. Gallen (Notker der Stammler; Notkerus Balbulus; Notkerus Poeta)

Schweizer Kirchenmann und Geschichtsschreiber (ca. 840 bis ca. 912).

Vermutlich in Jonschwil (Nordschweiz) geboren. Trat in das Kloster St. Gallen ein, in dem er den Rest seines Lebens verbrachte.

Er verfasste ca. 833 *Gesta Karoli Magni* (Taten Karls des Großen), eine Biographie Karls des Großen (747 bis 814). Dabei baute er auf Erzählungen auf, die er 833 aus dem Munde Karls III. (Urenkel Karls des Großen) vernommen hatte, als jener (auf der Rückweg aus dem von ihm begleiteten Italienzug Jothars I.) im Kloster St. Gallen eine dreitägige Rast eingelegt hatte und sich noch auf der Seite der Gegner der Reichsteilung befand. Sein Werk enthält eine Ansammlung zum Großteil frei erfundener Anekdoten und diente dem politischen Zweck, durch eine Idealisierung des Reichsgründers die Wahrung der Reichseinheit zu unterstützen.

> Lateinischer Quelltext und deutsche Übersetzung (R. Rau): *Gesta Karoli*; *Quellen zur karolingischen Reichsgeschichte*, 3. Teil, Reihe FSGA, A 5, S. 321–427; Wissenschaftliche Buchgesellschaft; Darmstadt; 1969.
> Lateinischer Quelltext und deutsche Übersetzung auf CD-ROM mit Abfrage-Software: Müller, Th. (Herausgeber): *Quellensammlung zur mittelalterlichen Geschichte – Zweite Fortsetzung – Continuatio secunda fontium medii evi*; MA II; Verlag Heptagon; Berlin; 2008.
> Französische Übersetzung: *Notker le Bègue: La vie et les actions de Charlemagne*; Éditions Paleo; Clermond-Ferrand; 2011.
> Aris, Marc-Aeilko, „Notker Balbulus", in: Neue Deutsche Biographie 19 (1998), S. 362 [Onlinefassung]; URL: http://www.deutsche-biographie.de/pnd118588850.html

## Nymphis von Herakleia

Hellenistischer Geschichtsschreiber (-3. Jh.)

In Herakleia (Pontos) aus prominenter Familie geboren. Musste bis -281 im Exil leben.

Seine 24-bändige Universalgeschichte, die bis -246 reichte, ist zur Gänze verloren gegangen. Von seiner 13-bändigen Geschichte seiner Heimatstadt sind Fragmente erhalten.

Spätere Autoren wie > Plutarch, > Athenaeus und der Mythologe Apollonios von Rhodos schöpften aus seinen Werken.

FGrieHist 432

## Obesliskenfragmente aus Ninive

Auf dem Ruinenhügel Kujundschik (bei Mossul, NW-Irak) [36 22N 43 9E] der vormaligen assyrischen Hauptstadt Ninive gefundene Fragmente eines zerbrochenen Obelisken, der Informationen zu den Feldzüge von Assur-bel-kala gegen Aramäer (-1074 bis -1068) enthält. Heute im British Museum.

> Deutsche Übersetzung und Kommentierung: J. Orlamünde: *Die Obeliskenfragmente aus Assur*; Harrassowitz; Wiesbaden; 2011.

## Oderich von Portenau (Odorico da Pordenone, Odorico Matiussi)

Italienischer Kirchenmann und Weltreisender (1265 bis 1286).

Aus böhmischer Abstammung in Pordenone (damals als Portenau ein böhmisches Lehen) bei Udine geboren. Trat in den Franziskanerorden ein und brach um 1314 nach Peking auf (wo bereits eine Franziskanermission bestand). Über Konstantinopel, Iran, Indien, Sumatra, Kanton erreichte er Peking, wo er sich drei Jahre lang aufhielt. Er reiste über Innerasien zurück und traf 1330 ein. Sein Ordensbruder Guillaume de Soragne redigierte seinen Reisebericht, der viele zuverlässige Informationen über Bräuche und Sitten der bereisten Länder enthält.

> Deutsche Übersetzung (F. Reichert): Die Reise des seligen Odorico von Portenau nach Indien und China (1314/18 -1330); 1987.
>
> Italienische Übersetzung: Odorico da Pordenone Omin. Libro delle nuove e strane e meravigliose cose. Volgarizzamento italiano del secolo XIV dell'Itinerarium di Odorico da Pordenone; Ed. Centro Studi Antoniani - Padova; 2000

## Odo von Deuil (Odon/Eudes de Deuil)

Französischer Kirchenmann und Geschichtsschreiber (ca. 1110 bis 1162).

In Deuil-la-Barre (Ile-de-France) [48 59N 2 20E] aus ärmlichen Verhältnissen geboren. Trat in die Benediktinerabtei von Saint-Denis ein. Begleitete 1147 König Ludwig VII. auf dem 2. Kreuzzug als sein Kaplan. Wurde 1151 Abt von Daint-Denis und dann von Saint-Corneille (Compiègne).

Odo von Deuil verfasste *De profectione Ludovici VII in orientem* („Von der Reise Ludwigs VII. in das Morgenland"), einen Bericht über seine Erlebnisse während des 2. Kreuzzugs (1147 bis 1149). Sein Bericht endet mit der Ankunft der Kreuzritter in Antiochia im März 1148 und beschreibt also nicht die Belagerung von Damaskus.

Odo von Deuil führt im Gegensatz zu > Otto von Freising das Scheitern des Kreuzzugs nicht auf göttliche Fügung, sondern auf menschliches Versagen und auf die „Hinterhältigkeit" der Byzantiner zurück.

> Französische Übersetzung (F. Guizot): *Odon de D euil: Histoire de croisade du roi Louis VII*; Éditions Paleo; Clermond-Ferrand; 2011.

## Olivier de la Marche

Französischer Hofbeamter und Geschichtsschreiber (ca. 1425 bis 1502).

Wahrscheinlich aus burgundischem Adel geboren. Diente sich am burgundischen Hof vom Pagen zum Münzmeister empor. Nahm an der Schlacht von Nancy (1477) teil, in der sein Herr Karl der Kühne fiel und er selbst in Gefangenschaft geriet. Er diente dann der Maria von Burgund und ihrem Gemahl Maximilian I. und erzog ab 1480 deren Sohn Philipp den Schönen.

Seine auf Französisch geschriebenen *Mémoires de Messire Olivier de La Marche* decken den Zeitraum von 1435 bis 1488 ab und sind, trotz der Parteilichkeit des Autors für die burgundische Sache, eine wertvolle Ergänzung des Werks seines Zeitgenossen > Commynes.

Online-Zugriff auf den französischen Quelltext im Rahmen des Projekts > Gallica Bibliothèque Numérique:
http://www.voltaire-integral.com/__La%20Bibliotheque/Histoire/LaMarche_Olivier.html

## Olympiodoros von Theben

Ägyptischer Diplomat, Dichter und Geschichtsschreiber griechischer Sprache (ca. 370 bis ca. 425).

In Theben (Ägypten) [25 41N 32 40E] aus koptischer Familie (d.h. ägyptischer Sprache) heidnischer Religion geboren. Trat in den oströmischen diplomatischen Dienst ein und nahm 411/412 an Verhandlungen mit den Hunnen teil.

Sein auf Altgriechisch (mit vielen lateinischen Neologismen) verfasstes 22-bändiges Werk (dem Kaiser Theodosius II. gewidmet) behandelt von ihm miterlebte Zeitgeschichte, nämlich den Zeitraum von 407 bis 425, in Fortsetzung des Werks von > Eunapios von Sardes, der seinerzeit das bis 270 reichende Werk des > Dexippos bis 404 ergänzt hatte. Olympiodoros behandelte in sehr objektiver und zuverlässiger Weise die Anfangsphase der massiven Invasionen der Germanen (Rheinüberquerung 406) und Hunnen, das heißt v. a. die Geschicke des Westreichs. Obwohl Heide, äußerte er sich über das Christentum nicht in abfälliger Weise.

Vermutlich baute Olympiodoros auf dem Werk des > Asinius Quadratus auf. Viele spätere Autoren (> Zosimos, > Prokopios von Caesara, > Sozomenos) bezogen sich auf ihn. Vom Werk des Olympiodoros sind (dank > Photios) zumindest einige Fragmente erhalten, die äußerst informativ sind.

Olympiodoros war einer der bedeutendsten Geschichtsschreiber der Spätantike, von dessen Werk leider allzuwenig erhalten ist.

Lexikon der Alten Welt: Artikel von W. Spoerri.

Englische Übersetzung (R.C. Blockley): The fragmentary classicising historians of the later Roman Empire. Eunapius, Olympiodorus, Priscus and Malchus; 2 Bände; Liverpool; 1981/83.

## Onesikritos von Astypalaia

Griechischer Seefahrer und Schriftsteller (ca. -380 bis ca. -300).

Auf der Sporaden-Insel Astypalea [36 35N 26 22E] geboren, war er in Athen Schüler des Diogenes. Schloss sich dem Asienfeldzug Alexanders an, wo er sich auf der Fahrt vom Indus zum Euphrat als Schiffskapitän unter Nearchos auszeichnete.

Er verfasste nach seiner Rückkehr ein nur in Fragmenten erhaltenes Werk *Pos o Aléxandros échte* (Über die Erziehung Alexanders), in der er Alexander als kulturellen Heilsbringer darstellte.

Einige Fragmente deuten auf ein weiteres Werk über seine Expedition hin.

Lexikon der Alten Welt: Artikel von K. v. Fritz.
Fragmente: FGrHis 134.

## Orakelknochen

Überwiegend Schildkrötenpanzer, die zu Orakelzwecken ins Feuer geworfen wurden und auf die man dann das Ergebnis der Weihsagung einritzte. Sie enthalten u.a. Namen von Herrschern und erwähnen Konflikte. Mittlerweile sind über

15.000 Stück ausgegraben worden. Diese „Orakelknochen" stellen eine wichtige Quelle zur Epoche der Shang-Dynastie (-1766 ca. bis -1044 ca.) dar. Es sind dies die ältesten schriftlichen Dokumente des Alt-Chinesischen. Aus ihnen konnte die Königsliste der Epoche rekonstruiert werden.

## Ordericus Vitalis Angligena

Normannischer Benediktinermönch und Geschichtsschreiber (1075 bis 1142).

Sohn eines französischen Priesters, der im Gefolge normannischer Invasoren nach England umsiedelte. Ordericus wuchs in Shrewsbury (England) auf, trat dann als Novize in das normannische Benediktinerkloster Saint-Evroul-sur-Ouche [48 47 26N 27 46 0E] ein, wo er Französisch erlernte.

Ordericus führte die „Geschichte der normannischen Fürsten" (*Gesta Normannorum Ducum*) des > Wilhelm von Numièges vom Berichtsjahr 1139 bis zum Berichtsjahr 1141 fort.

Sein als Biographie des Hl. Èvroult begonnenes Werk baute er zu einer Kirchengeschichte (*Historia Ecclesiastica*) aus, die letztlich die Geschichte der Normannen (auch in Süditalien) bis zum Berichtsjahr 1141 behandelt. Einer Wiederholung von Schilderungen aus den Werken von > Wilhelm von Numièges und > Wilhelm von Poitiers, schloss Ordericus für seinen zeitgenössischen Zeitraum von 1071 bis 1140 eigene Recherchen an, die dadurch begünstigt wurden, dass sein Kloster durch Schenkungen normannischer Eroberer Besitztümer in England und Süditalien besaß und von dortigen Töchterklöstern laufend Besuch erhielt; außerdem war es ein beliebter Altersruhesitz normannischer Ritter.

Mit seiner Scharfsinnigkeit erinnert Ordericus an den um eine Generation jüngeren > Frate Salimbene.

Lateinischer Quelltext und englische Übersetzung (Marjorie Chibnall): *The Ecclesiastical History of Orderic Vitali;* 6 Bände, Oxford Medieval Texts; 1969 bis 1980.

Lateinischer Quelltext und englische Übersetzung (Elisabeth M. C. van Houts): *The Gesta Normannorum Ducum of William of Jumièges, Orderic Vitalis, and Robert of Torigni*; Oxford University Press; Oxford; 1995.

Französische Übersetzung des vollständigen Quelltexts (Louis du Bois): *Orderic Vital: Histoire de Normandie;* 5 Bände; Éditions Paleo; Clermond-Ferrand; 2011.

## Orosius, Paulus

Galizischer Kirchenmann und Geschichtsschreiber (ca. 385 bis ca. 418).

Vermutlich in Bracara Augusta / Braga (Portugal) [41 32N 8 26W] geboren. Verlegte seinen Wohnsitz nach Nordafrika, zum Heiligen Augustinus, in Hippo Regius (Annaba, Algerien) [36 55N 7 47E]. Nach einer Mission in Palästina mit dem Auftrag Augustins, dem Pelagianismus entgegen zu wirken, kehrte er nach Nordafrika zurück, wo er vermutlich starb.

Auf Anregung des Augustins verfasste Orosius in den Jahren 417 und 418 sein 7-bändiges Werk *Historiarum adversus paganos libri VII* („Geschichtswerk gegen die Heiden in sieben Büchern"). Es ist dies sozusagen eine „Weltgeschichte der Katastrophen", die bis in das Jahr 417 reicht. Damit setzte er das Werk des > Eusebios von Caesarea fort. Seine Hauptintention war, der sich breit machenden Meinung entgegenzuwirken, wonach das Christentum am Zerfall des Römischen Reichs schuld sei. Die Katastrophen der Vergangenheit seien viel schlimmer und von Gott berechtigterweise so gewollt gewesen; die Gegenwart sei halb so schlimm.

Die Quellen des Orosius waren > Livius, > Justinus, > Eusebios von Ceasarea und > Eutropius. Sein Werk enthält über die Spätantike (v. a. ab 378) neuartige

Informationen und ist eine der wichtigsten Quellen über die Regierungszeit des (aus Spanien stammenden) Kaisers Theodosius I. des Großen.

Das Werk des Orosius ist die erste christliche Universalgeschichte und war in der Folge eine der Quellen von > Isidor von Sevilla, > Gregor von Tours, > Landulfus Sagax. Alfred der Große von England ließ es um 890 ins Angelsächsische übersetzen und mit aktuellen Informationen, vor allem aus dem skandinavischen Raum, ergänzen.

Orosius wandte als erster ausschließlich die Zeitrechnung „ab urbe condita" an.

> Metzler Lexikon antiker Autoren: Artikel von José M. Alonso-Núnez.
> Lexikon der Alten Welt: Artikel von K. Stieve.
> Deutsche Übersetzung: *Orosius: Die antike Weltgeschichte aus christlicher Sicht*; 2 Bände.; Artemis & Winkler; 1985 bzw. 1986.
> Englische Übersetzung (R.J. Deferrari): *Orosius, The Seven Books of History against the Pagans*; Washington, 1964.
> Englische Übersetzung (Fear, A.T.): *Seven Books of History against the Pagans*; Translated Texts for Historians; Liverpool University Press; Liverpool; 2010.

## Orosius-Chronik, späte

Als Fortsetzung des Werks des > Orosius verfasst. Enthält wertvolle Informationen über die islamische Gründerzeit in Spanien. Es ist das einzige Werk, das um 970 vom Lateinischen ins Arabische übersetzt worden ist; es war dann eine der Quellen des > Ibn Khaldun.

## Oruc

Osmanischer Beamter und Geschichtsschreiber (spätes 15. Jh. bis frühes 16. Jh.).

War Sekretär in Edirne (vormaliges Adrianopolis, Türkei).

Er schrieb eine osmanische Zeitgeschichte *Tevarih-i Al-i Osman* (auch *Chronik des Urdusch* genannt) für den Zeitraum 1444 bis 1512.

Es ist dies eines der ersten Geschichtswerke in türkischer Sprache. > Ibn-i Kemal (Kemal-Pascha-zade) baute auf seinem Werk auf.

> Das Werk des Oruc ist bisher in keine europäische Sprache übersetzt worden.

## Otbi (> Al-Utbi)

## Otto de Nyenhusen (> Wilhelm von Boldensele)

## Otto Morena (Ottone di Morena)

Italienische Geschichtsschreiber des 12. Jh. (von 1111 bis ca. 1165).

In Lodi (Lombardei) geboren, wo er von 1143 und 1174 das Amt des Konsuls ausübte.

Er verfasste ab 1160 das Werk *Libellus de rebus a Frederico gestis* („Büchlein über die Taten Friedrichs"), das den Zeitraum von 1153 bis 1162 abdeckte; es wurde durch seinen Sohn Acerbo (gestorben 1167) bis zum Berichtsjahr 1167 fortgesetzt. In schlechtem Latein wird mit großer Genauigkeit berichtet.

> Lateinischer Quelltext und deutsche Übersetzung: F. Güterbock (Hrsg.): *Das Geschichtswerk des Otto Morena und seiner Fortsetzer*; MGH SS rer. Germ; Nova Series VII; 1930 (Nachdruck 1964);
> Lateinischer Quelltext und deutsche Übersetzung (F.-J. Schmale): *Ottonis Morenae eiusdemque continuatorum Libellus de rebus a Frederico imperatore gestis*; Frhr. vom Stein-

Gedächtnisausgabe 17 a (S. 6-13, 34-239); 1986.

## Otto von Freising

Österreichisch-bayrischer Kirchenmann und Geschichtsschreiber (1112 bis 1158). Fünfter Sohn des Markgrafen Leopold III. „des Heiligen" von Österreich; Bruder Leopolds IV. und Heinrichs II. Jasomirgott; Onkel von Friedrich I: Barbarossa. Probst von Klosterneuburg, dann Studium in Wien und Paris. Trat als Novize des Zisterzenserordens in das neugegründete Zisterzenserkloster Morimond (Champagne-Ardenne) [48 3N 5 40E] ein und wurde nach 6 Jahren zu dessen Abt gewählt; bereits ein Tag später erreichte ihn die Berufung Konrads III. zum Bischof von Freising (Bayern). Er vermittelte im Investiturstreit und nahm am 2. Kreuzzug (1147 bis 1149) teil. Er starb auf einer Dienstreise zur Ordenszentrale Citaux während eines Zwischenaufenthalts in dem 100 km davon entfernten Zisterzenserkloster Morimond, in deren Kirche er beigesetzt wurde (die Kirche verfiel im 19. Jh. zur Ruine).

Otto von Freising verfasste von 1132 bis 1146 eine achtbändige *Chronica sive historia de duabus civitatibus* („Chronik oder die Geschichte der zwei Staaten"), in der er die Geschichte des Kampfes des Christus gegen den Antichristus darstellte. Die Bedeutung dieses Werkes liegt im gesellschaftstheoretischen Versuch, für eine Gleichberechtigung weltlicher und religiöser Ordnung zu plädieren.

Um 1157 wurde Otto von Freising von seinem Neffen Friedrichs I. Barbarossa mit der Anfertigung der Biographie beauftragt. Sein Werk *Gesta Frederici imperatoris* („Die Taten Friedrichs") konnte er bis zu seinem plötzlichen Tod nicht vollenden: die von ihm verfassten ersten zwei Bände behandeln die Zeit von 1053 bis 1158. Otto von Freisings Assistent > Rahewin ergänzte das Werk mit einem 3. und 4. Band für den Zeitraum von 1157 bis 1160. Auch das Werk des > Otto von St. Blasien kann als Fortsetzung (für den Zeitraum 1146 bis 1209) betrachtet werden.

>Deutsche Übersetzung (A. Schmidt) in :F.-J. Schmale, F.-J. (Hrsg.): *Einleitung zu den „Taten Friedrichs"*. In: Bischof Otto von Freising und Rahewin: Die Taten Friedrichs oder richtiger Chronica; Deutscher Verlag der Wissenschaften; Berlin; 1965.
>Lateinischer Quellentext und deutsche Übersetzung (A. Schmidt): Lammers, W. (Hrsg.): *Otto von Freising: Chronik oder die Geschichte der zwei Staaten*; Reihe FSGA, A, Bd. 16; 6. Auflage; Wissenschaftliche Buchgesellschaft; Darmstadt; Sonderausgabe 2011.
>Lateinischer Quellentext und deutsche Übersetzung auf CD-ROM mit Abfrage-Software: Bogon, W. (Herausgeber): *Quellensammlung zur mittelalterlichen Geschichte*; MA I; CD-ROM; Verlag Heptagon; Berlin; 1999.
>Goetz, Hans-Werner, „Otto von Freising", in: Neue Deutsche Biographie 19 (1998), S. 684-686 [Onlinefassung]; URL: http://www.deutsche-biographie.de/pnd118590782.html

## Otto de Nyenhusen ( > Wilhelm von Boldensele)

## Otto von St. Blasien (Otto de Sancto Blasio)

Deutscher Benediktinermönch und Geschichtsschreiber (? bis nach 1209). Über den Autor ist nur bekannt, dass er ein Mönch des Benediktinerklosters von St. Blasien (Schwarzwald) [47 46N 8 8E] war.

Sein Werk *Chronica* (auf Deutsch „Chronik von St. Blasien" genannt) behandelt die deutsche Politik und deren Interventionen in Italien im Zeitraum 1146 bis 1209. Sie kann als eine Fortsetzung des Werks von > Otto von Freising angesehen werden.

>Lateinischer Text und deutsche Übersetzung (F.-J. Schmale): *Die Chronik Ottos von St.*

*Blasien und die Marbacher Annalen*; Reihe FSGA, A, Bd. 18a; Wissenschaftliche Buchgesellschaft; Darmstadt; 1998.
Lateinischer Quelltext und deutsche Übersetzung auf CD-ROM mit Abfrage-Software: Müller, Th., Pentzel, A. (Herausgeber): *Quellensammlung zur mittelalterlichen Geschichte – Fortsetzung - Continuatio fontium medii evi*; MA II; Verlag Heptagon; Berlin; 2000.

## Ouyang Xiu und Song Qiu

Chinesische Geschichtsschreiber.

Sie verfassten im Jahr 1060 in kaiserlichem Auftrag eine Neuausgabe der *Geschichte der Tang-Dynastie* (618 bis 906), welche der Band 17 der Standardchronik der chinesischen Geschichte > *Vierundzwanzig Dynastiegeschichten* ist. Ouyang Xiu stellte außerdem 1072 eine Neuausgabe der *Geschichte der Fünf Dynastien* (907 bis 960) fertig, welche der Band 19 der besagten *Vierundzwanzig Dynastiegeschichten* ist.

## Oxyrhynchos Papyri

1908 in den Ruinen von Oxyrhynchos /Al Bahnasa (160 km SW von Kairo, in der Antike die drittgrößte Stadt Ägyptens) [28 32N 30 39E] in den untersten Schichten einer Jahrhunderte lang benutzen Müllhalde gefundene rund 400.000 Schriftfragmente, heute in der Sackler Library in Oxford. Es handelt sich überwiegend um altgriechische literarische Texte. Mittlerweile wurde auch ein Geschichtswerk > *Hellenika Oxyrhynchia* eines unbekannten Autors teilweise rekonstruiert, das u. a. vom Krieg Spartas gegen Persien von -396 bis -386 berichtet. Außerdem wurden bisher Inhaltsangaben von 15 der 107 bis dahin fehlenden Bücher des > Livius gefunden.

## Pamphilos von Alexandreia (> Diogenianos Grammatikos)

## Pan Ku (> Ban Gu)

## Papyrus Harris I (Großer Papyrus Harris, Papyrus British Museum 9999)

Ein im Jahr -1151 herausgegebener Rechenschaftsbericht des Pharao Ramses III. (-1182 bis -1151). Die Papyrusrolle von ca. 40 m Länge und 42 cm Breite, mit ca. 1.500 Zeilen in hieratischer (kursiver) Schrift und reicher Bebilderung, wurde von A.C. Harris 1855 in einem kleinen Privargrab (eines Grabkammernräubers?) in Deir el-Medina (Ruinen einer antiken Arbeitersiedlung bei Theben, Ägypten) gefunden. Sie enthält neben einem Verzeichnis aller Tempel Ägyptens, der jährlichen Tempelfeste sowie der königlichen Ein- und Ausgaben, einen Abriss der Dynastie Ramses III. und seiner Feldzüge. Sie deckt den Zeitraum von -1194 bis -1163 ab, für den es die primäre Geschichtsquelle ist.

## Parker Chronicle (> Angelsächsische Chroniken)

## Paterculus, Velleius C. (> Velleius, Paterculus C.)

## Paulus Diaconus (> Diaconus, Paulus)

## Pausanías Periheget

Griechischer Schriftsteller (ca. 115 bis ca. 180).

Vermutlich aus Lydien und von sehr begüterter Familie abstammend. Bereiste große Teile des Römischen Reichs auf der Suche nach Spuren der Vergangenheit.

Pausanias fertigte um 175 einen „Reiseführer durch Griechenland" (*Helládos Periégesis*) in 10 Bänden (ca. 900 moderne Druckseiten) an, mit der Beschreibung von Städten des Festlands (es fehlen die Inseln) und mit darauf bezogenen geschichtlichen Hinweisen (eine Art „Baedecker Griechenlands"). Bei den Denkmälern galt sein Augenmerk der klassischen Antike; dabei vernachlässigte er die hellenistischen Denkmäler und die Landschaft. In seinen Beschreibungen blendete er längere historische Exkurse ein, bei denen er viel aus dem Werk des Attidographen > Istros Kallimacheios schöpfte. Sein Werk enthält auch unikale Informationen der griechischen Geschichte, u. a. über die Messenischen Kriege.

Die Ausgrabungsergebnisse der modernen Archäologen bestätigen die Angaben des Pausanias fast ausnahmslos.

Metzler Lexikon antiker Autoren: Artikel von Christiane Reitz.
Lexikon der Alten Welt: Artikel von F. Lasserre.
Deutsche Übersetzung: *Pausanias: Beschreibung Griechenlands*; Manesse Bibliothek der Weltgeschichte, 2004.

## Peter von Dusburg/Duisburg (Petrus de Dusburg)

Deutscher Kirchenmann und Geschichtsschreiber (ca. 1275 bis ca. 1326).

Vermutlich in Duisburg (Deutschland) oder Doesburg (Niederlande) geboren. Trat in der Deutschritterorden ein.

Erweiterte zwischen 1324 und 1326, vermutlich in Königsberg, eine vorhandene (uns nicht überlieferte) Chronik der Unterwerfung des baltischen Stamms der Prußen durch die Deutschordensritter und der Aufstände der Prußen, die vermutlich den Zeitraum von 1222 bis 1295 abdeckte. Sein Werk „Geschichte des Preußenlandes" (*Chronikon Terrae Prussiae*) erstreckte sich bis zum Berichtsjahr 1326 und wurde in der Folge bis zum Jahr 1330 erweitert. Neben Berichten über militärische Ereignisse enthält das Werk auch wertvolle kulturelle Informationen über den baltischen Stamm der Prußen.

Der Deutschordensbruder Nikolaus von Jeroschin hat das Werk des Peter von Dusburg um 1335 ins Mittelhochdeutsche übersetzt.

Deutsche Übersetzung (K. Scholz, D. Wojteck): *Chronik des Preußenlandes*; Wissenschaftliche Buchgesellschaft; Darmstadt;1984 (= Ausgewählte Quellen zur deutschen Geschichte des Mittelalters, Band XXV).

## Peter/Petrus von Eboli (Petrus de Ebulo; Pietro da Eboli; Petrus de Ebulo)

Italienischer Kirchenmann und Geschichtsschreiber (ca. 1170 bis nach 1220).

In Eboli (Kampanien) geboren. Über sein Leben ist kaum etwas bekannt.

Er verfasste um 1195 ein Epos *Liber ad honorem Augusti sive De rebus Siculis carmen* zu Ehren Heinrichs VI., den er verehrte. Darin besingt der Autor die drei Italienfeldzüge Heinrichs VI. (1191 bis 1196) zur Durchsetzung seiner Erbansprüche über das süditalienische Normannenreich.

Lateinischer Quelltext und deutsche Übersetzung (Gereon Becht-Jördens): Kölzer, T., Stähli, M. (Hrsg.): *Petrus de Ebulo, Liber ad honorem Augusti sive De rebus Siculis carmen*; Codex 120 II der Burgerbibliothek Bern. Eine Bilderchronik der Stauferzeit; Jan

Thorbecke VerlagSigmaringen; J. Thorbecke Verlag; 1994.
Lateinischer Quelltext (in der Bearbeitung durch T. Kölzer und M. Stähli) online (Quellensammlung ALIM):
http://www.uan.it/Alim/Letteratura.nsf/%28volumiID%29/AE0A1A0799DD65CEC1256FB90034BF7B!opendocument&vs=Autoren

## Peter von Vaux-Cerny (Pierre de Vaulx-Cernay; Petrus Vallum Sarnaii)

Französischer Kirchenmann und Geschichtsschreiber (ca. 1182 bis nach 1218).

Trat in das Zisterzenserkloster von Vaux-de-Cernay (Ruinen, Ile-de-France) [48 41N 56 9E] ein, dessen Abt ein Onkel von ihm war. Er begleitete Simon de Montfort IV. (der als wichtigster Fürst der Region ein wichtiger Stifter des Klosters war) auf dem 4. Kreuzzug (sie verließen jedoch aus Protest gegen die Belagerung von Zara das Kreuzritterheer und zogen auf eigene Faust nach Syrien).

Unter dem Titel *Historia Albigensis; Historia de factis et triumphis memorabilibus nobilis viri domini Simonis comitis de Monte Forti* verfasste er bis 1218 eine Geschichte des mittleren Abschnitts der Albigenserkriege (Berichtszeitraum von 1203 bis 1218).

Er ist dies mit dem > Gesang vom Albigenserkreuzzug und dem Werk des > Wilhelm von Puylaurens das wichtigste Zeitdokument über die Albigenserkriege. Im Gegensatz zu jenem war Peter von Vaux-Cerny ein bedingungsloser Gegner der Albigenser, für deren Vernichtung jedes Mittel heilig war. Trotzdem ist sein Bericht bezüglich der berichteten Fakten sehr genau; historiographisch wertvoll ist zudem seine Beschreibung der Lehren und Sitten der Katharer.

Deutsche Übersetzung: Gerhard E. Sollbach (Hrsg.): *Historia Albigensis (1212-1218); Kreuzzug gegen die Albigenser;* Manesse Verlag; Zürich; 1997.
Französische Übersetzung (Pierre de Vaulx-Cernay): *Histoire de la guerre des Albigeois (1203-1218);* Éditions Paleo; Clermond-Ferrand

## Peter von Zittau (Petr Zitavsky) (> Chronik von Königsaal)

## Peterborough Chronicle (Laud Manuscript) (> Angelsächsische Chroniken)

## Petrarca, Francesco

Italienischer Dichter, Humanist und Geschichtsschreiber (1304 bis 1374).

In Arezzo als Sohn eines exilierten Florentiner Notars der guelfischen Faktion geboren, folgte er mit 7 Jahren seinem Vater nach Avignon. Nach abgebrochenem Jurastudium in Montpellier und Bologna kehrte er 1323 nach Avignon zurück, wo er sich zum Priester weihen ließ. Nach ausgedehnten Reisen durch Europa (oft in diplomatischer Mission) floh er vor der Pest nach Venedig und von dort zu dem nach ihm benannten Arquà Petrarca (bei Padua), wo er seine letzten vier Lebensjahre verbrachte.

Petrarca gilt als einer der größten italienischen Dichter (Gedichtszyklus *Canzionere* und viele Madrigale in italienischer Sprache) und als einer der Pioniere der italienischen Schriftsprache. Sein Aufruf zur integralen Rückkehr zur antiken Kultur (er prägte den Begriff der mittelalterlichen Epoche als „dunkles Zeitalter") begründete den Humanismus. Mit seiner Verknüpfung von Naturerlebnis mit Selbstreflexion gilt er als einer Begründer des modernen Naturalismus. Dieses Rücken des Individuums in den Mittelpunkt der Aufmerksamkrit war auch sein Beitrag zur Geschichtsschreibung, in Antithese zur damaligen Lehrmeinung, dass Gott und seine irdischen Vertreter die Aktuere der Geschichte seien. Sein um 1350 verfasstes Geschichtswerk *Rerum memorandarum libri* („Bücher über erinnerungswerte Ereignisse") ist eine Sammlung von Vorkommnissen (vor allem der römischen Geschichte) in denen die Rolle des Zufalls hervorgehoben wird, der das Individuum nicht von seiner Gleichmut abbringen sollte.

> Lateinischer Quelltext der Rerum memorabilium libri online: http://www.interbooks.eu/poesia/trecento/francescopetrarca/rerummemorandarumlibri.html.

## Petros Patrikios (Flavius Petrus Patricius)

Oströmischer Beamter und Geschichtsschreiber (ca. 500 bis ca. 565).

In Thessaloniki (Griechenland) geboren, avancierte er zu hohen Verwaltungsposten (Zeremoniemeister und Außenminister), die er 26 Jahre lang innehatte. Höchstwahrscheinlich ist er in der Entourage abgebildet, die den Kaiser Justinian I. auf den Mosaiken Ravennas umgeben. Er führte im kaiserlichen Auftrag Verhandlungen mit den Ostgoten, Persern und dem Papst. Nach einer Theorie veranlasste er, als er sich damals in diplomatischer Mission in Ravenna aufhielt, 535 die Ermordung der Tochter Amalasuntha des Theoderichs des Großen, um für den Vernichtungskrieg Ostroms gegen die Ostgoten den Casus belli herbeizuführen. Er geriet in die Gefangenschaft der Ostgoten, die ihn erst 539 freiließen. Nach seiner Rückkehr wurde er mit den Ehrenämtern „Paticius Officiorum" und „Patricius" geehrt. 561 war er Verhandlungsführer des mit den Persern zu Dara ausgehandelten 50-jährigen Friedens.

Er verfasste ein Buch über das byzantinische Hofzeremoniell (*Peri politikes katastaseos*), aus dem dann Konstantinos VII. geschöpft hat; es enthält den Wortlaut des Friedensvertrags mit den Sasaniden von 298/299.

Von seiner Geschichte Roms (*Istoriai*) mit dem Erfassungszeitraum von -44 bis 361 sind nur zwei Dutzend Fragmente erhalten, darunter eines zum Jahr 358. In diesem Werk schöpfte er z.T. wortwörtlich aus > Cassius Dio, aber auch aus > Herodianus, > Dexippos, dessen Fortsetzer > Eunapios und vermutlich auch aus > Nichomachus Flavianus.

Nach einer Theorie ist Petros Patrikios der > Anonymus post Dionem und nach einer anderen Theorie sind seine *Istoriai* die > Leoquelle.

## Petrus de Mladoniovicz

Tschechischer Kirchenmann und Geschichtsschreiber (ca. 1390 bis 1451).

In Mladonovice (Mähren) [49 0N 15 39E] geboren. Schüler des Jan Hus, den er als Assistent 1414 bis 1415 auf dessen Reise nach Konstanz begleitete und dessen Prozess und Verbrennung er erlebte. Er entkam 1421 in der Schlacht bei Kutna Hora nur knapp dem Tod. Lebte von 1427 bis 1438 in der Verbannung in Batelov. War ab 1440 Professor der Universität von Prag.

Petrus de Mladoniovicz verfasste einen Bericht über den Prozesse von Konstanz (*Relatio de magistri Joannis Hus causa in Constantiensi consilio acta*).

> Deutsche Übersetzung (Josef Bujnoch): *Hus in Konstanz: der Bericht des Peter von Mladoniowitz*; Styria; Graz;1963.

## Petrus Diaconus Bibliothecarius (> Leo Marsicanus)

## Peutingersche Tafel (Tabula Peutingeriana)

Eine vermutlich Mitte des 4. Jh. erstellte römische Straßenkarte in schematischer Form. Sie enthält über 500 Städte und 3.500 sonstige topographische Angaben

(Raststätten, Tempel, Leuchttürme u.dgl.) längs 200.000 km Straßen von Irland bis China (jedoch keine Angaben für das unbesetzte Germanien). Ursprünglich eine Pergamentrolle von 680 x 40 cm, von der der westlichste Teil (Irland) verloren gegangen ist. Trotz vieler Fehler ist dies eine wichtige Quelle zur Identifizierung von Orten nach ihrer antiken Bezeichnung.

Eine reine Auflistung der römischen Fernstraßen und Städte war ca. 140 Jahre vorher mit dem > Itinerarium Antonini erstellt worden. Eine aktualisierte Auflistung der Städte und Flüsse erstellte zwei Jahrhunderte nach der Peutingerschen Tafel der > Geograph von Ravenna.

Im Jahr 1507 entdeckte der in Wien lehrende Humanist Conrad Celtis (1459 bis 1508) eine mittelalterliche Abschrift der Tafel (vermutlich im 12. Jh. im Kloster Reichenau erstellt) und vermachte sie dem Augsburger Humanisten Konrad Peutinger (1465-1547), der einen Nachdruck veranlasste. Ein Druckexemplar erwarb Prinz Eugen von Savoyen und es wurde im Rahmen des Erwerbs der Bibliotheka Eugeniana durch Karl VI zum Bestand der Österreichischen Nationalbibliothek in Wien.

> Metzler Lexikon antiker Autoren: Artikel von Ekkehard Weber.
> Faksimile-Farbbild online herunterladbar (23 Bilder, einschließlich der Rückseiten): http://aleph.onb.ac.at/F?func=file&file_name=login&local_base=ONB06 (in Suchfeld eingeben „Tabula Peutinger")
> Faksimile mit Kommentaren (E. Weber): *Tabula Peutingeriana. Codex Vindobonensis 324, Österreichische Nationalbibliothek; Wien.* Akademische Druck- u. Verlagsanstalt Dr. Paul Struzl; Graz; 2004.

## Phainias von Eresos

Griechischer Philosoph, Geschichtsschreiber, Botaniker und Musikwissenschaftler (-4. Jh.).

In Eresos auf Lesbos [39 10N 25 56E] geboren, kam er -332 nach Athen, wo sein Landsmann Theophrastos die Nachfolge des Aristoteles angetreten hatte.

Alle seine Werke sind verloren gegangen. Neben Kommentaren zu Schrifften von Aristoteles verfasste er ein Werk über die Sokratiker und eines über die Tyrannen Siziliens. > Plutarch hielt ihn für einen großen Kenner der Geschichte; > Diogenes Laertios zitierte ihn zu Solon und Themistokles.

## Phanodemos

Griechischer Politiker und Geschichtsschreiber (> Attidograph) (-4. Jh.).

Er verfasste eine mindestens 9-bändige *Chronik Attikas*, von der nur wenige Fragmente erhalten sind.

> Quelltexte der Fragmente: Felix Jacoby (Hrsg.): *Die Fragmente der griechischen Historiker II A*; Berlin; 1926 (Nachdruck: Leiden; 1961); Nr. 385.

## Pherekydes von Leros (von Athen)

Griechischen > Logograph.

Stammte aus der Insel Leros und lebte in Athen.

Seine Werke *Peri Leros* (Geschichte von Leros), *Peri Iphigeneias* (Über Iphigenie) und *Peri ton Dionysou eorton* (Über die Dionysischen Feiern) sind zur Gänze verloren gegangen. Sein um -500 verfasstes Werk *Historiai* (Geschichten) befasst sich hauptsächlich mit der Mythologie und Geschichte Attikas, von den heroischen Anfängen bis zu seiner Gegenwart. Von diesem Werk sind nur kurze aber

relativ viele Fragmente erhalten; daraus ist erkennbar, dass er den Versuch unternommen hat, die übernatürlichen Erklärungen der vorgeschichtlichen Mythen auf menschliche Entscheidungen herunterzubrechen.
> Quelltexte der Fragmente: Felix Jacoby (Hrsg.): *Die Fragmente der griechischen Historiker II A*; Berlin; 1926 (Nachdruck: Leiden; 1961); Nr. 3.

## Philinos von Akragas

Griechischer Geschichtsschreiber (-3. Jh.).

Er schrieb eine (in nur wenigen Fragmenten erhaltene) *Geschichte des 1. Punischen Krieges*, die > Polybios als Karthago-freundlich kritisierte. Möglicherweise schöpfte noch > Diodorus Siculus aus seinem Werk.
> Lexikon der Alten Welt: Artikel von WE. Spoerri.
> Quelltexte der Fragmente: Felix Jacoby (Hrsg.): *Die Fragmente der griechischen Historiker II A*; Berlin; 1926 (Nachdruck: Leiden; 1961); Nr. 174.

## Philistos von Syrakus

Griechischer Politiker und Geschichtsschreiber (−432 bis −356, Zeitgenosse des Thukydides).

Finanzierte aus seinem Vermögen die Machtergreifung des Dionysios I., der ihn aber aus Syrakus verwies, als er ohne Absprache die Tochter des rivalisierenden Bruders des Dionysios, Letines, heiratete. Kehrte nach Syrakus zurück, erwirkte -361 den Abbruch des zweiten Aufenthalts von Platon in Syrakus, kam als Kommandant des Dionysios II. bei einem Aufstand um.

In seinem Exilort Adria (Venetien) [45 3N 12 3E] schrieb er im Zeitraum -386 bis -366 nach dem Vorbild des > Thukydides eine 11-bändige Geschichte Siziliens *Peri Sikelías* (Über Sizilien), die den Zeitraum bis -363 behandelte und von der nur wenige Fragmenten überliefert sind. Das Werk des Philistos war in der Folge eine wichtige Quelle des > Diodoros Siculos und wurde durch > Athanis von Syrakus fortgesetzt.

Cicero nannte ihn den „kleinen Thukydides".
> Lexikon der Alten Welt: Artikel von W. Burkert.
> Quelltexte der Fragmente: Felix Jacoby (Hrsg.): *Die Fragmente der griechischen Historiker II A*; Berlin; 1926 (Nachdruck: Leiden; 1961); Nr. 556

## Philochoros von Athen

Griechischer Dichter und Geschichtsschreiber (ca. -320 bis ca. -260).

Er wurde nach der Eroberung der Stadt durch Antigonos Gonatas wegen seiner antimakedonischen und philoptolomäischen Einstellung hingerichtet.

Seine 17-bändige Geschichte Athens (*Atthis* oder *Attika*) setzte auf dem Werk des > Androtion von Athen auf, polemisierte gegen das Werk des > Demon von Athen und behandelte die Zeit von Kekrops (dem mythischen Gründer von Athen) bis ca. -260. > Asinius Pollo verfasste davon eine Zusammenfassung (*Epitome*).

Die wenigen erhaltenen Fragmente lassen eine Gewissenhaftigkeit aber auch eine Kritiklosigkeit vermuten.

Philochoros war der letzte Geschichtsschreiber Attikas (> Attidograph).

Lexikon Antiker Autoren: Artikel von José M. Alonso-Núnez.
Lexikon der Alten Welt: Artikel von W. Spoerri.
Quelltexte der Fragmente: Felix Jacoby (Hrsg.): *Die Fragmente der griechischen Historiker II A*; Berlin; 1926 (Nachdruck: Leiden; 1961); Nr. 328.

## Philon von Alexandreia

Jüdisch-hellenistischer Theologe und Geschichtsschreiber (ca. -10 bis ca. 40).
Aus reicher und prominenter jüdischer Familie von Alexandreia. Griechisch gebildet (das Hebräische beherrschte er nur mangelhaft).
Neben mehreren Dutzenden theologischen Schriften verfasste er vier Geschichtswerke:

- Über die Judenverfolgung in Alexandreia unter Flaccus von 32 bis 38
- Über die Judenverfolgung in Alexandreia von 39 bis 40
- Über die Herkunft und Sitten der Juden

## Philostratos von Athen

Hellenistischer Geschichtsschreiber (3. Jh.).
Sein verloren gegangenes Geschichtswerk wurde von > Johannes Malalas im Zusammenhang mit den Feldzügen des Odaenathus von Palmyra gegen die Perser (um 267) zitiert, wobei Malalas vermutlich die Fehlinformation einfügte, dass Odoinathos den Perserkönig getötet habe.

Quelltexte der Fragmente: Felix Jacoby (Hrsg.): *Die Fragmente der griechischen Historiker II A*; Berlin; 1926 (Nachdruck: Leiden; 1961); Nr. 99.

## Phlegon von Thralleis

Hellenistischer Schriftsteller und Geschichtsschreiber (2. Jh.).
Vermutlich in Thralleis (heute Aydin, Türkei) geboren, lebte als Freigelassener in Rom.
Sein historiographisch bedeutendstes Werk ist *Olympiades*, eine nach Olympiaden zeitlich geordnete 16-bändige Chronik Sammlung eigenartiger Ereignisse (von -776 bis 137) (von der später eine Zusammenfassung in acht Bänden verfasst worden ist), von der nur wenige Kapitel durch Zitate von > Eusebios von Caesarea, > Photios und > Georgios Synkellos erhalten geblieben sind. Darunter befindet sich der Hinweis auf eine große Sonnenfinsternis („Phlegon-Sonnenfinsternis") während der 202. Olympiade (29 bis 33), die jene des Kreuzigungstags Jesu sein könnte (die in den späteren Quellen überlieferte Einengung auf das letzte Jahr jener Olympiadenperiode könnte eine Fälschung sein). Goethe hat eines der „eigenartigen Ereignisse" in seiner Ballade *Die Braut von Korinth* thematisiert.
Sein einziges erhaltenes Werk ist Opuscula de rebus mirabilibus et de longaevis, eine Sammlung von „Wundern" (Missgeburten u. dgl.) mit einer Aufzählung von über 100 Jahre alten Zeitgenossen.
Weitere (völlig verloren gegangene) Werke befassten sich laut dem > Suda-Lexikon mit Olympioniken (in zwei Bänden), bzw. mit den römischen Festen (in drei Bänden), bzw. mit der Topographie Roms (in zwei Bänden), bzw. mit der Beschreibung Siziliens (in drei Bänden).

Quelltexte der Fragmente: Felix Jacoby (Hrsg.): *Die Fragmente der griechischen Historiker II A*; Berlin; 1926 (Nachdruck: Leiden; 1961); Nr. 257.
Griechischer Quelltext und Übersetzung ins Deutsche (K. Brodersen): Phlegon von Thralleis: Das Buch der Wunder und Zeugnisse seiner Wirkungsgeschichte (Texte zur

Forschung); Wiss. Buchges.; Darmstadt; 2002.
Phlegon Trallianus: *Opuscula de rebus mirabilibus et de longaevis*, edidit Antonio Stramaglia, (Bibliotheca Scriptorum Graecorum et Latinorum Teubneriana); Berlin/New York; 2011.

## Photios von Konstantinopel

Griechischer Kirchenmann und Geschichtsschreiber (ca. 815 bis ca. 895).

Aus armenischer Familie in Konstantinopel geboren, wo sein Vater in der kaiserlichen Leibwache diente. Studierte in Konstantinopel, wurde dort 842 Professor und 858 als Laie zum Patriarchen von Konstantinopel gewählt; bereitete als solcher mit Eskalationen das Schisma vor und initiierte die Missionierung der Slawen durch seinen Schüler Kyrill. Er fiel zweimal durch Staatsstreiche in Ungnade und starb ca. 895 in einem armenischen Kloster.

Photios war einer der bedeutendsten Gelehrten seiner Zeit. Er setzte sich energisch für den Erhalt antiker Quellen ein und sammelte besonders wertvolle Zitate, Zusammenfassungen und Kommentare zu 280 antiken (v. a. historischen) Quellen in seinem Werk *Myribyblon* (auch *Bibliotheka* oder *Lexikon*), dank dessen uns viele antike Quellen erhalten geblieben sind. Unter vielem anderem verfasste er von den Büchern 9-16 des Werks des > Memnon von Herakleia eine Zusammenfassung (*Excerpta*) sowie eine Zusammenfassung des Werks des > Kandidos. Auch viele Teile der Werke von > Ktesias, > Diodorus Siculus und > Arrian sind uns dank Photios überliefert worden.

Metzler Lexikon antiker Autoren: Artikel von Dirk Uwe Hansen.
Englische Übersetzung online: http://www.tertullian.org/fathers/photius_01toc.htm
Französische Übersetzung (J.A.C. Buchon, Y. Germain): *Histoire de l'Inde et de la Pewrse: Bibliotheque de Photius de Ctésias*; Éditions Paleo; Clermond-Ferrand; 2011.

## Phylarchos von Naukratis (von Athen)

Hellenistischer Geschichtsschreiber (? bis ca. -215).

Es ist ungewiss, ob er in Naukratis (Ägypten) oder Sikyon (bei Korinth) geboren wurde. Er lebte bis zu seinem Tode in Athen, dessen Staatsbürgerschaft er erlangte.

Sein 28-bändiges Werk *Historiai* behandelte die Epoche der Diadochen von −272 bis −220 und ist nur in Fragmenten überliefert. Damit setzte er die Werke des > Hieronymos von Kardia (das bis -272 reichte) bzw. des > Dourides von Samos (das bis -281 reichte) fort. Sein Werk war eine wichtige Quelle des > Plutarch (Leben des Kleomenes) und des > Polybios (obwohl dieser seinen Sensationalismus kritisierte).

An den Fragmenten erkennt man, dass er einen feuilletonistischen Stil pflegte, wohl um das Leserinteresse zu wecken.

## Phylon von Byblos (> Herennios Philon)

## Piccolomini, Eneaea Silvio (Pius II.)

Italienischer Kirchenmann, Dichter, Geschichtsschreiber (1405 bis 1464).

In Corsignano (Toskana, heute nach ihm Pienza genannt) [43 5N 11 41E] aus einer aus Siena verbannten adligen Familie geboren. Wirkte von 1432 bis 1439 am Basler Konzil mit. Arbeitete von 1443 bis 1445 in Wiener Neustadt und in Graz als Sekretär Friedrichs III. und hielt nebenbei Vorlesungen an der Universität Wien über Dichter der Antike (er lebte über zwei Jahrzehnte im deutschsprachigen

Raum). Ab 1447 Bischof von Triest, ab 1449 von Siena, ab 1458 Papst. Er versuchte vergeblich, zumindest die Versklavung von Christen zu bannen. Er starb (wohl aus Gram) in Ancona, als er bei der Vorbereitung eines Feldzugs gegen die Türken von allen im Stich gelassen wurde.

Er verfasste unter anderem mehrere historiographisch relevante Werke:
- *Historia Friderici III. sive Historia Austrialis*: eine Erinnerung an die Zusammenarbeit mit Friedrich III.
- *Commentarii de gestis Concilii Basiliensis*: ein Rückblick auf das Konzil von Basel (1431 bis 1449)
- *Historia Bohemica*: eine kurze Geschichte Böhmens von der Einwanderung der Slawen (ca. 550) bis 1458. Bis zum Berichtsjahr handelt es sich um eine Kompilierung von Werken böhmischer Chronisten (v.a. des Pukawa); der historiographisch wertvolle Teil ist der von 1419 bis 1458. Wegen seiner politischen Mitwirkung am Geschehen, ist die Objektivität des Autors eingeschränkt (zu starke Vorurteile gegenüber den Hussiten); trotzdem enthält das Werk einige unikale Informationen.
- *De ritu, situ, moribus et conditione Germaniae*: eine kurze Abhandlung über die damalige Kulturlandschaft in Deutschland; er erwähnt die aufkommende Missstimmung gegen den Vatikan, also die Vorboten des Protestantismus;
- *Asia* und *Europa*: zwei Monographien mit einer geschlossenen Darstellung der jeweiligen geographischen Grenzen und Vergangenheit. Dabei hat Andrea Silvio Piccolomini als einer der ersten den Begriff „Europa" in seinen heute verstandenen Grenzen als kulturelle Einheit definiert; er betrachtete Europa sogar als christliches „Vaterland", das es gemeinsam zu verteidigen gelte.
- *Commentarii rerum memorabilium que temporibus suis contigerunt*: eine Art Rückblick auf die Epoche. Wie von Mandell Creighton in seiner Geschichte des Papsttums bemerkt worden ist, hat der Autor als erster die Gegenwart mit den Augen der Nachwelt betrachtet und somit einer wissenschaftlichen Behandlung der Geschichtsschreibung neue Impulse gegeben.

Palacky, F.: Würdigung der alten böhmischen Geschichtsschreiber; Prag; 1830. Digitalisiert von Google

Deutsche Übersetzung der Historia Friderici III. auf CD-ROM mit Abfrage-Software: Müller, Th. (Herausgeber): Quellensammlung zur mittelalterlichen Geschichte – Zweite Fortsetzung – Continuatio secunda fontium medii evi; MA II; Verlag Heptagon; Berlin; 2008.

Lateinischer Quelltext und deutsche Übersetzung (J. Sarnowski): Sarnowski, J.: Aeneas Silvius de Piccolomini: Historia Austrialis– Österreichische Geschichte; Reihe FSGA, A, Bd. 44; Wissenschaftliche Buchgesellschaft; Darmstadt; 2005.

## Pierre de Fénin

Französischer Adliger und Geschichtsschreiber (ca. 1400 bis ca. 1450).

Er verfasste zeitnah und aus burgundischer Sicht eine Chronik der Ereignisse des Berichtszeitraums 1407 bis 1427, dessen thematischer Schwerpunkt der Machtkampf zwischen dem französischen Königshaus und Burgund ist.

Französische Übersetzung: Pierre de Fenin: Mémoires des règnes de Charles VI et Charles VII (1404-1425):
Tome 1: Les Bourguignons à Paris (1405-1422); Tome 2: Henry VI, roi de Paris (1423-1449); Zusatzband:Texte intégral du manuscrit de Rome; Éditions Paleo; Clermond-Ferrand; 2011.

## Pierre Desrey

Französischer Geschichtsschreiber des 15. Jh.

Er verfasste einen Bericht über den Abschnitt Juni bis Dezember 1494 des Feldzugs Karls VIII. von Frankreich nach Neapel (*Entreprise de Charles VIII pour aller recouvrer son royume de Naples, et comment il fuit incité*).

> Französischer Quelltext: Histoire de Charles VIII et de la conquête du royaume de Naples : Entreprise de Charles VIII (Desrey) - Mémoires (G. de Villeneuve) - Le Vergier d'honneur (A. de la Vigne) - Journal (J. Bruchard); Éditions Paleo; Clermond-Ferrand; 2011.

## Pierre d'Ogremont

Französischer Adliger und Geschichtsschreiber (ca. 1300 bis 1389).

Geboren in Lagny-sur-Marne. [48 53N 2 42E]. War 1373 bis 1380 Kanzler Karls V. von Frankreich.

Verfasste für die > Grandes Chroniques de France die Ergänzung für den von ihm miterlebten und zum Teil mitgestalteten Zeitabschnitt von 1350 bis 1380 (Regierungszeiten von Johann II. der Gute und Karl V. der Weise).

> Französische Übersetzung: Pierre d'Orgemont: Chroniques: Tome 1 Chronique de Jean II (1350-1364); Tome 2 Chronique de Charles V (1364-1380); Éditions Paleo; Clermond-Ferrand; 2011.

## Pierre (> Peter)

## Pietro Cantinelli

Italienischer Geschichtsschreiber (ca. 1243 bis ca. 1306, Zeitgenosse Dantes).

Vermutlich in Faenza geboren.

Seine Chronik (*Chronicon*) ist eine Zeitgeschichte seiner Heimatregion (Romagna) ab dem Jahr 1229 bis 1306; für die letzten drei Jahrzehnte des 13. Jh. ist sie dafür die informativste Quelle.

Viele der politischen Persönlichkeiten des Chronicon sind auch Akteure der Göttlichen Kommödie von Dante Alighieri.

> Lateinischer Quelltext online (Quellensammlung ALIM): http://www.uan.it/Alim/Letteratura.nsf/%28volumiID%29/78875DF30D492095C1256EAE0057BFE9!opendocument&vs=Autore

## Pieter (> Peter)

## Platina (> Bartolomeo Sacchi)

## Plinius Caecilius Segundus der Jüngere (>Plinius Segundus der Ältere)

## Plinius Secundus der Ältere (Maior), Gaius

Römisch-kaiserlicher Beamter, Offizier und Enzyklopädist (ca. -23 bis 79).

In Novum Comum / Como (Italien) geboren. Nach dem Studium in Rom leistete er von ca. 47 bis ca. 57 in Germanien Militärdienst. Nach einer Anwaltstätigkeit in Comum bekleidete er unter Vespasian (dieser war vormals sein Kamerad in Germanien gewesen) hohe Verwaltungsposten in Spanien und Südfrankreich, zuletzt den des Admirals der Kriegsflotte im Tyrrhenischen Meer; kam dabei in Stabiae beim Vesuvausbruch ums Leben (vermutlich durch eine Giftgaswolke). Sein 17-jähriger Neffe (Sohn seiner Schwester) **Plinius Caeciulius Segundus** (der vom

Vesuv-Ausbruch, den er in 30 km Entfernung in Misenum beobachten konnte, einen Bericht hinterließ) übernahm sein Erbe. Obwohl der Neffe seinen Traum, Geschichtsschreiber zu werden, nicht erfüllen konnte, stellen dessen bewusst für „Verewigungszwecke" publizierten Briefe eine wichtige Quelle zur römischen Zeitgeschichte dar.

Er war ein unermüdlicher und gewissenhafter Sammler von Daten und Fakten, der sich nach der Aussage seines Neffen Plinius des Jüngeren tatgtäglich vor Tagesanbruch und nach Entrichtung seiner zivilen Aufgaben bis spät in der Nacht bei künstlichem Licht der Lektüre der von ihm gesammelten Fachbücher hingab: er rühmte sich, 2.000 Bücher (dies entspräche ca. 100.000 Druckseiten) gelesen und 20.000 Informationen gesammelt zu haben; er zitierte ca. 150 römische und ca. 300 griechische Autoren.

Sein Hauptwerk ist eine 36-bändige *Naturalis Historia*, eine Enzyklopädie der Naturwissenschaften (Geographie in den Bänden 3 bis 6, Anthropologie, Zoologie, Botanik, Mineralogie, Bildende Künste), die vollständig erhalten geblieben ist und uns den Wissenstand seiner Zeit überliefert hat. Zu seinen Quellen gehörte > Juba II.

Zwei seiner verlorenen Werke behandelten historische Themen:

- *Bella Germaniae)* eine 20-bändige Geschichte aller Kriege mit den Germanen bis zum Jahre -9 (Drusus).
- Um das Jahr 77 vollendete er eine 31-bändige Zeitgeschichte *A fine Aufidi Bassi* („von dort beginnend, wo Aufidius Bassus aufgehört hatte") eine Fortsetzung des Werks des Aufidius > Bassus (das mit dem Berichtsjahr 31 geendet hatte) vermutlich bis zum Berichtsjahr 75. Aus beiden haben u.a. > Tacitus, >Plutarch und > Suetonius geschöpft.

Lexikon der Alten Welt: Artikel von G. Bendz.
Lateinischer Quelltext und deutsche Übersetzung (Roderich König u. a.): *C. Plinius Secundus d.Ä.: Naturkunde*; 37 Bände; Artemis; Zürich u. a.; 1990–2004.
Deutsche Übersetzung (Georg C. Wittstein): Lenelotte Möller/Manuel Vogel (Hrsg.): *Die Naturgeschichte des Gaius Plinius Secundus*. 2 Bände; Marix Verlag; Wiesbaden; 2007.

## Plutarch

Griechischer Universalgelehrter, Philosoph, Schriftsteller und Biograph (ca. 45 bis ca. 125).

In Chaironeia (Boiotien, Griechenland) [38 32N 22 50E] aus wohlhabender und gebildeter Familie geboren. Nach seinem Studium in Athen unternahm er von seiner Geburtsstadt aus ausgedehnte Weltreisen mit längeren Aufenthalten in Alexandreia und Rom, wo er als Lucius Mestrius Plutarchus die römische Staatsbürgerschaft annahm. Kaiser Trajan ernannte ihn zum Prokurator von Achaia. In seinen letzten 20 Lebensjahren bekleidete er in seiner Heimat religiöse Ehrenämter (Apollon-Priester von Delphi) bis er 80-jährig starb.

Plutarch verfasste vor allem philosophische und theologische Schriften, darunter ein populär philosophisches Werk *Ethiká* (Lat. *Moralia*) welches sich mit ethischen, pädagogischen, politischen, physikalischen, literarischen und antiquarischen Themen befasst.

Plutarch widmete sich historischen Themen mit der Absicht, paradigmatisch Charaktertypen herauszuarbeiten, um Vorbilder für moralische Lehren hervorzuheben. Er erhob bewusst nicht den Anspruch, ein Geschichtsschreiber zu sein, sondern verstand sich als Biograph. Dabei baute er auf eine reichhaltige Tradition hellenistischer Biographen auf: Aristoxenos von Tarent (Philosphen), Satyros von

Tarent (prominente Persönlichkeiten), Hermippos von Smyrna (prominente Persönlichkeiten), Antigonos von Karystos (Philosphen), Diogenes Laertios (Philosphen), > Nicolaos Damascenus (Augustus).

Seine ersten biographischen Schriften waren *Kaiserbiographien* von Augustus bis Vitellius (69). Davon sind nur zwei vollständig erhalten (Otho, Galba) und zwei in Fragmenten (Tiberius, Nero). Sie wurden vermutlich um das Jahr 97 veröffentlicht.

Sein zweites biographisches Werk, an dem er nach 96 zu schreiben begann, enthielt 6 *Einzelbiographien nichtrömischer Herrscher*, von denen 2 erhalten sind (Aratos von Sikyon, Artaxerxes II.) und 4 verloren gegangen sind (Hesiod, Pindar, Krates, Daiphantos).

Sein drittes biographisches Werk enthält „Parallelbiographien" (*Bioi parálleloi*, Lateinisch *Vitae parallelae*), in denen 23 römische Persönlichkeiten jeweils mit einer ähnlichen griechischen Persönlichkeit verglichen werden; davon sind 22 Paare erhalten geblieben. Mit 4.500 Druckseiten ist dies das umfangreichste erhaltene Werk der griechischen heidnischen Antike. Durch paarweise Gegenüberstellungen wollte Plutarch die Gleichwertigkeit der zwei Kulturen herausarbeiten und deren wechselseitige Befruchtung fördern.

Seine Quellen waren u. a. > Stesimbrotos von Thasos, > Hieronymos von Kardia, > Ktesías von Knidos, > Philarchos von Naukratis (Athen), > Kastor von Rhodos. > Polybios, > Valerius Antias, > Silius Italicus, > Juba II. und |> Plinius Secundus der Ältere.

Plutarch förderte auf hellenistische Art durch packende Schilderungen bewusst das Leserinteresse; dies trug zu allen Zeiten zu seiner Popularität bei (z. B. ließ sich Shakespeare von ihm inspirieren), was wiederum durch einen Mitzieheffekt dazu geführt hat, dass von keinem anderen griechischen Autor der Antike so viele Werke tradiert worden sind, wie von ihm.

> Metzler Lexikon Antiker Autoren: Artikel von Rainer Hirsch-Luipold.
> Lexikon der Alten Welt: Artikel von Ph. Merlan.
> Deutsche Übersetzung aller Biographien (K. Ziegler): *Große Griechen und Römer*. 6 Bde. Zürich 1954-1965. (Bibliothek der alten Welt)
> Deutsche Übersetzung (F. Geissler) einer Auswahl der Biographien: *Plutarch: Doppelbiographien*; Artemis&Winkler.
> Englische Übersetzung online: http://penelope.uchicago.edu/Thayer/E/Roman/Texts/Plutarch/Lives/home.html

## Pöhlder Annalen (> Annales Palidenses)

## Polo, Marco (> Marco Polo)

## Polyaenus (Polyanios, Polyaen)

Römischer Jurist und Militärschriftsteller griechischer Sprache (2. Jh.).

Vermutlich in Nikaia/Isnik (Bithynien, Türkei) [40 20N 29 43E] aus einer Familie makedonischer Abstammung geboren.

Sein zwischen 161 und 162 herausgegebenes militärgeschichtliches Werk *Stratagemata* („Strategeme") in 8 Bänden ist nach Ethnien geordnet und befasste sich vornehmlich mit der makedonischen Militärtechnik; die ca. 900 als Fallbeispiele geschilderten Kriegsepisoden enthalten einige nur über ihn überlieferte historische Details, v.a. der griechischen Antike. Damit wollte der Autor dem Kaiser Marcus Aurelius und dessen Mitkaiser Lucius Verus für den 161 ausgebrochenen Partherkrieg militärtechnisches Wissen vermitteln.

Englische Übersetzung (P. Krentz; L. Everett Wheeler): *Polyaenus: Stratagems of war*; 2 Bände; Chicago; 1994.
Französische Übersetzung (Y. Germain, G.A. Lobineau): *Ruses de guerre des strateges grecs de Polyen*; Éditions Paleo; Clermond-Ferrand; 2011
Französische Übersetzung (Y. Germain, G.A. Lobineau): *Ruses de guerre d'Alexandre et des ses génèraux de Polyen*; Éditions Paleo; Clermond-Ferrand; 2011

## Polybios

Griechischer Politiker und Geschichtsschreiber (ca. -201 bis ca. -120).

In Megalopolis (Arkadien, Peloponnes, Griechenland) [37 24N 22 08E] aus begüterter Familie geboren. Wie sein Vater Lykortas bekleidete er das Amt des Hipparchos (Befehlshaber der Kavallerie) des Achäischen Bundes. Als Folge der makedonischen Niederlage im 3. Römisch-Makedonischen Krieg (Schlacht bei Pydna -168) wurde der 40-jährige Polybios als einer von tausend makedonienfreundlichen Achäern für 17 Jahre nach Italien deportiert; dank seines literarischen Rufes wurde ihm Rom als Internierungsort zugewiesen, wo er bald zum Sklaven der Scipionen avancierte. Er kehrte -150 in seine Heimat zurück, nahm trotzdem auf Einladung des Cornelius Scipio Aemilianus am 3. Punischen Krieg als Beobachter teil, wurde Augenzeuge der endgültigen Zerstörung Karthagos (-146) und anschließend der Endphase des Numantinischen Krieges in Spanien. Er verbrachte seine letzten Lebensjahre in Arkadien, wo er sich seiner Geschichtsschreibung widmete und 82-jährig durch Sturz von einem Pferd starb.

Polybios verfasste eine dreibändige *Biographie des Philopoímen*, die verloren gegangen ist (sie diente dem Plutarch als Quelle). Von ca. -167 bis zu seinem Tode arbeitete er an seinem Hauptwerk, einer Universalgeschichte (im Sinne von „überregional") *Historíai* in 40 Bänden, die in Fortsetzung des Werks des > Tímaios von Tauromenion den Zeitraum von -264 bis -144 betraf. Erhalten sind nur die ersten 5 Bände (vollständig), welche den Aufstieg Roms im 2. Punischen Krieg und in den Römisch-Makedonischen Kriegen beschreiben (d. h. der Zeitraum von -264 bis -216) und einige Fragmente, insgesamt fast ein Drittel des Werkes. Der Inhalt anderer Teile ist gekürzt durch die > Konstantinischen Exzerpte des 10. Jh. erhalten geblieben. Das Werk des > Cornelius Cisenna schloss sich zeitlich an das Werk des Polybios an.

Seine Quellen (an denen er in eifersüchtiger Weise gerne herumkritisierte, v.a. in Buch 12) waren u. a. > Timaios von Tauromenion, > Phílarchos von Naukratis und > Fabius Pictor.

Wohl wegen seiner Römerfreundlichkeit hielt sich der Erfolg seines Werkes unter seinen griechischen Landsleuten in Grenzen. > Poseidonios von Apameia und > Starbon von Amaseia knüpften an sein Werk an. > Livius schöpfte daraus Informationen (v.a. in den Büchern 21 bis 45).

Polybios bezeichnete sich als Vertreter der „pragmatischen Geschichtsschreibung", welche die ursächlichen Zusammenhänge erklärt, ohne Bezugnahme auf überirdische Ursachen; er versuchte als erster, zwischen Vorwand (Próphasis), Anlass (Aché) und realer (rational erklärbarer) Ursache (Aitía), zu unterscheiden. Polybios erkannte die fundamentale Rolle von Institutionen (z. B. die römische Verfassung) als Akteure der Geschichte und versuchte Einzelvorgänge als Wirkung kollektiver Gesetzmäßigkeiten zu erklären. Als eine dieser Gesetzmäßigkeiten sah er den zyklischen Wandel (Anankýklosis) der Institutionen (Monarchie-Tyrannis-Aristokratie-Oligarchie-Demokratie). Polybios wies auch auf die Verflechtung (Symploké) der Ereignisse unterschiedlicher Regionen hin und daraus auf die Notwendigkeit einer überregionalen Geschichtsbetrachtung. Mit diesen Erkenntnissen war Polybios selbst der gegenwärtigen vorherrschenden Ansichten

im Voraus, welche die Rolle der Individuen überschätzen und die Eigendynamiken der sozialen Konstrukte unterschätzen. Zur „pragmatischen „ Ausrichtung" seines Werks gehörte auch der Verzicht auf rhetorische Kunstmittel zur Steigerung des Leserinteresses, wie die Wiedergabe von Reden, der er strenge Auflagen auferlegte [Ch. Reichardt (2008)], (> Diodorus Siculus hat sie später zur Gänze verbannt).
> Metzler Lexikon Antiker Autoren: Artikel von Johannes Engels.
> Lexikon der Alten Welt: Artikel von W. Spoerri.
> Deutsche Übersetzung (Hans Drexler): *Polybios: Geschichte;* (2 Bande); Artemis&Winkler Verlag; 1978-1979.
> Deutsche Übersetzung (A.F. Haakh, K. Kraz): *Polybios: Der Aufstieg Roms – Historien*; Marix Verlag; Wiesbaden; 2010.
> Englische Übersetzung (Robin Waterfield): *Polybius. The Histories*; Oxford University Press; Oxford/New York ;2010.
> Englische Übersetzung online: http://penelope.uchicago.edu/Thayer/E/Roman/Texts/Polybius/home.html
> Italienische Übersetzung (M. Mari): *Polibio, Storie*; Rizzoli; Milano; 1993.

## Polyhistor (> Lucius Cornelius Alexander Polyhistor)

## Pompeius Trogus (> Trogus, Pompeius)

## Pomponius Atticus, Titus

Römischer Verleger und Geschichtsschreiber (-110 bis -32).

Aus begüterter Ritterfamilie; wurde im Laufe seines Lebens durch Erbschaften noch reicher. Studierte ab -85 in Athen und hielt sich dort bis -65 auf (was ihm den Spitznamen „Atticus" einbrachte). Er begleitete vermutlich den Lucullus als Kommandant der Reitertruppen während des 3. Mithridatischen Krieges (-74 bis -68). Nach seiner Rückkehr aus Athen nach Rom (-65) betätigte er sich als Verleger (einer der ersten der Geschichte), u. a. der Werke seines engen Freundes Cicero (mit dem er verschwägert war). Dazu beschäftigte er einen Stab von Schreibern für die Vervielfältigung von Büchern, die er dann im Freundeskreis verschenkte. Als er schwer erkrankte gab er sich den Freitod. Seine Tochter vermählte sich mit Marcus Vipsanius Agrippa. > Nepos widmete ihm eine Biographie („Leben des Atticus").

Pomponius Atticus verfasste ein *Liber annalis*, eine Art Faktensammlung der römischen Geschichte (Kriege, Friedensschlüsse, Gesetze etc.), von der nur Fragmente erhalten sind. Wohl aber sind 16 Bände von Briefen Ciceros an Pomponius Atticus erhalten, die außer Privatem auch viele Hintergrundinformationen jener Epoche enthalten.
> Lateinischer Quelltext und deutsche Übersetzung: Beck, H, Walter, U.: *Die Frühen Römischen Historiker, Band 2. Von Coelius Antipater bis Pomponius Atticus*; 1. Auflage; Wissenschaftliche Buchgesellschaft; Darmstadt; Auflage 2004.

## Porphyrios von Tyros (Malchos)

Syrischer Universalgelehrter und Philosoph (234 bis 305).

Nach einer umstrittenen Theorie hat er eine (verloren gegangene) Universalchronik verfasst, die wie die seines Zeitgenossen > Dexippos bis 270 reichte.

## Pomponius Mela

Römischer Geograph (? bis 45), Zeitgenosse > Plinius des Älteren.

Geboren in Tingentera/Cingentera/Iulia Traducta (bei Algeciras, Spanien). Vielleicht mit den Senecas verwandt.

Veröffentlichte im Jahr 43 *De chrorographia libri III* („Lagebeschreibung"), auch genannt *De situ orbis libri III* („Die Lage der Erde"), das erste in lateinischer Sprache verfasste Geographiewerk (ca. 100 moderne Druckseiten). Von seinem heimatlichen Südspanien ausgehend beschreibt es nach Nordafrika, Kleinasien, das Schwarze Meer, Nordeuropa (darunter als erster Skandinavien und die Orkney-Inseln), Westeuropa und die Mittelmeerinseln; dann Indien und zurück über Persien, Arabien auch Äthiopien und Südafrika. Den von ihm selbst als „trocken" bezeichneten Stoff versuchte er durch „memorabilia" (Bemerkenswertes) zu beleben, die zum Teil „Seemannsgeschichten" sind, zum Teil eben andere Sitten und Gebräuche.

Zu seinen erklärten Quellen gehörten Homer, > Hanno der Seefahrer und > Cornelius Nepos. > Plinius zitierte das Werk mehrfach als zuverlässige Quelle und es wurde über das gesamte Mittelalter hindurch gelesen (so gehörte es noch zur Borddokumentation des Brasilien-Entdeckers Cabral).

> Lateinischer Quelltext und deutsche Übersetzung: Kai Brodersen (Hrsg.): *Pomponius Mela – Kreuzfahrt durch die Alte Welt*; Wissenschaftliche Buchgesellschaft; Darmstadt; 1994.

## Poseidonios von Apameia (von Rhodos)

Syrischer Philosoph (Stoiker), Geograph und Geschichtsschreiber (ca. -135 bis ca. -51).

In Apameia (heute Ruinen, am Orontes, Syrien) [35 26N 36 24E], damals eine der größten Städte des Nahen Ostens, aus einer Familie griechischer Abstammung geboren. Ließ sich nach einem Studium in Athen auf Rhodos nieder. Er bereiste die Länder des westlichen Mittelmeerbeckens, die damals unter römischer Herrschaft standen.

Er war einer der größten Universalgelehrten seiner Zeit. Er verfasste Werke über verschiedene Themen („Über den Ozean", „Über die Götter", „Über die Affekte", „Über die Kunst des Weissagens") die nur in Fragmenten erhalten sind. Er betrachtete das Universum in stoischer Art als einen Organismus, dessen Teile in Wechselwirkung stehen. So erkannte er den klimatischen Einfluss auf die Konstitution der Menschen. Poseidonius hat vermutlich den ethnographischen Begriff „Germanen" eingeführt („sie essen gebratenes Fleisch, trinken Milch und unverdünnten Wein").

Sein Geschichtswerk *Historía* (52 Bände) setzte jenes des > Polybios fort und behandelte den Zeitraum −146 bis −86. Er vertrat die zyklische Geschichtsauffassung der Stoiker und wies demzufolge auf die sich abzeichnenden Zerfallserscheinungen der römischen Macht hin. Obwohl nicht antirömisch eingestellt, kritisierte er zum Beispiel die sozialen Zustände, die zu dem Sklavenaufstand auf Sizilien geführt hatten.

Die *Historía* ist in einer großen Anzahl von Fragmenten erhalten. Die Werke von > Strabon, > Livius, > Caesar und > Tacitus enthalten indes viele Zitate daraus und > Diodoros Siculus schöpfte ebenfalls daraus.

Poseidonius war einer der ersten antiken Geschichtsschreiber, welche die angeblich wortgetreue Wiedergabe von Reden der Akteure vollkommen ablehnte; > Pompeius Trogus schloss sich ihm in der folgenden Generation an.

> Metzler Lexikon Antiker Autoren: Artikel von Johannes Engels.
> Lexikon der Alten Welt: Artikel von O. Gigon.
> Deutsche Übersetzung: *Poseidonios: Die Fragmente*. Hrsg. von Willy Theiler. 2 Bände.

Berlin, New York: de Gruyter, 1982.
Englische Übersetzung online der Fragmente: http://www.attalus.org/translate/poseidonius.html
Quelltexte der Fragmente: Felix Jacoby (Hrsg.): *Die Fragmente der griechischen Historiker II A*; Berlin; 1926 (Nachdruck: Leiden; 1961); Nr. 87.

## Possidius von Calama, Aurelius Augustinus

Nordafrikanischer Kirchenmann und Geschichtsschreiber (429 bis 439).

War 40 Jahre lang, bis zu dessen Tod, ein Freund des Heiligen Augustinus (354 bis 430). Er wurde ca. 397 Bischof von Calama (Guelma, Algerien) [36 27N 7 25E]. Er floh vor den Vandalen in das nahe gelegene Hippo Regius / Annaba (Algerien) [36 54N 7 45E], das dann von diesen ebenfalls belagert wurde. Dort war er während der Belagerung am 28.8.430 beim Tod des Kirchenvaters Augustinus zugegen. Er selbst starb, vermutlich von den arianischen Vandalen vertrieben, im Exil in Mirandola (Italien) [44 53N 11 4E].

Possidius widmete dem Augustinus eine Biographie (*Vita Augustini*). Sein Werk enthält für die ersten zwei Jahre der Invasion Nordafrikas durch die Vandalen (429 bis 430) in knapper Form Informationen über deren Brutalität.

Lateinischer Quelltext und deutsche Übersetzung (W. Geerlings): *Aurelius Augustinus, Possidius: Vita Augustini*; 2005.
Englische Übersetzung online des Lebens des Hl. Augustinus: http://www.tertullian.org/fathers/possidius_life_of_augustine_01_intro.htm

## Postumius Albinus, Aulus

Römischer Politiker und Geschichtsschreiber (ca.-190 bis ca. -120).

Leitete -155 die Sitzung des Senats, in der die Philosophen Karneades, Diogenes und Kritolaos empfangen wurden und bei der Gaius > Acilius dolmetschte. War -154 Mitglied der römischen Vermittlungsdelegation zwischen Prusias II. von Bithynien und Attalos II. von Pergamon. Wurde -151 Konsul (zusammen mit Lucullus). War -146 nach der Zerstöung von Korinth durch Mummius Mitglied der Kommission zur Einrichtung der Provinz Achaia.

Er schrieb auf Griechisch eine Geschichte Roms ab der Gründungslegende. > Plutarch (39,12) bewertete seine Geschichte negativ, Cicero lobte seinen Schreibstil.

Von seinem Werk sind nur Fragmente erhalten.

Griechisch und deutsche Übersetzung der Fragmente: Beck, H., Walter, U.: *Die Frühen Römischen Historiker- Bd. 1 Von Antipater bis Cn. Gellius*; 2. Auflage; Wissenschaftliche Buchgesellschaft; Darmstadt; 2005.

## Povest Vremenich Let (> Nestorianische Chronik)

## Praxagoras von Athen

Er schrieb vermutlich um die Mitte des 4. Jh. eine panegyrische Biographie des römischen Kaisers Flavius Valerius Constantinus, den er als erster mit „der Große" betitelte. Von seinem Werk sind nur Informationen aus einem Exzerpt des Photius übermittelt worden. Vermutlich haben spätere Autoren daraus geschöpft wie der > Anonymus Valesianus I und > Eusebios von Caesarea.

## Priskos (Priscus) von Panion

Oströmischer Beamter und Geschichtsschreiber (ca. 415 bis ca. 474).

In Panion/Panidos (europäische Türkei) [40 54N 27 28E] geboren, vermutlich gotischer Abstammung. Er nahm an diplomatischen Missionen Ostroms zur Hunnenzeit teil (er besuchte 449 den hunnischen Königshof).

Er schrieb in griechischer Sprache eine byzantinische Geschichte (*Historia*, auch *Ereignisse der Zeiten Attilas*), welche den Zeitraum von 433 bis 471 behandelte. Obwohl nur in Fragmenten erhalten, ist sie eine der wichtigsten Quellen der Hunnengeschichte.

Möglicherweise hat bereits > Cassiodorus auf ihn zurückgegriffen, sicherlich > Jordanes Geta.

> Malchos von Philadelphia setzte sein Werk bis zum Berichtsjahr 480 fort.

Englische Übersetzung (R.C. Blockley): The fragmentary classicising historians of the later Roman Empire. Eunapius, Olympiodorus, Priscus and Malchus; 2 Bände; Liverpool; 1981/83.

Englische Übersetzung online (J.B. Bury) des Fragments vom Besuch am Hunnenhof: http://ccat.sas.upenn.edu/jod/texts/priscus.html

## Prisma / Prismeninschrift von Kuyunjik (> Annalen des Sennacherib)

## Prokopios von Caesarea (Procopius; Prokop)

Byzantinischer Beamter und Geschichtsschreiber (ca. 500 bis nach 565).

In Caesarea Palaestina / Har Qesari (Israel) [32 30N 34 54E] geboren, wo zwei Jahrhunderte vorher der Kirchenhistoriker Eusebios (als Bischof der Stadt) gelebt hatte. Studierte in Ghaza, Beiruth und Konstantinopel. Begleitete zwischen 528 und 534 den oströmischen General Belisar auf dessen Persien- und Nordafrikafeldzug als „Symbolos" (Rechtsberater) und von 536 bis 540 als Privatsekretär auf dessen Italienfeldzug. Lebte den Rest seines Lebens hauptsächlich in Konstantinopel, wo er sich dem Verfassen seiner Geschichtswerke widmete.

Sein Hauptwerk *Historíai* („Geschichte") auch genannt *Hypon ton polemon logoi* („Abhandlungen über den Krieg"). Lateinisch „De Bellis", oder „Bella" („Über die Kriege") genannt, verfasste er in griechischer Sprache ab ca. 545 und veröffentlichte es in 8 Bänden ab ca. 550 bis ca. 560. Es sind dafür lateinische Untertitel gebräuchlich: die Bände 1,2 und 8 als *De bello Persico* (Berichtszeitraum 502 bis 555), die Bände 3 und 4 als *De bello Vandalico* (Berichtszeitraum 395 bis 547), sowie die Bände 5 bis 7 als *De bello Gothico* (Berichtszeitraum 474 bis 552). Es behandelt in zuverlässiger Weise die Kriege des Justinian gegen die Goten, Perser und Vandalen, zur Wiederherstellung des Römischen Reichs. Es handelt sich zum Teil um ein Rechtfertigungswerk für seinen bei Kaiser Justinian 542 in Ungnade gefallenen ehemaligen Vorgesetzten Belisar.

In seinem nach dem Tode Justinians (565) publizierten Werk *Anekdota* (Lateinisch *Historia Arcana* und auf Deutsch *Unveröffentlichte Geschichte* genannt) versuchte Prokopios, die in seinem Hauptwerke enthaltenen Huldigungen des Kaiserhofs Justinians durch Hintergrundinformationen zu relativieren.

Ein historisch relevantes Werk des Propopios ist auch sein um 558 verfasstes sechsbändiges *Peri Ktismáton* (Lateinisch *De aedificis* und Deutsch *Über die Bauwerke* genannt), in dem die militärischen und zivilen Bauvorhaben (bis hin zur Verschönerung kleinerer Ortschaften) des Kaisers Justinians minuziös aufgelistet werden; der Umstand, dass Italien fehlt deutet darauf hin, dass der Autor während der Bearbeitung gestorben ist. Die Hunderte von Ortsnamen (654 auf der Balkanhalbinsel) sind auch ein wertvoller Fundus der Ortsnamen- und Sprachkunde.

Prokopios war neben > Ammianus Marcellinus der bedeutendste Geschichtsschreiber der Spätantike.

Der Abschnitt *De bello Gothico* wurde durch > Agathias von Myrina um den Berichtszeitraum 522 bis 553 ergänzt, dann von > Menander Protector bis zum Berichtsjahr 582 und später durch > Theophilactos Simokatas bis 602.

> Metzler Lexikon antiker Autoren: Artikel von Kai Trampedach.
> Lexikon der Alten Welt: Artikel von P. Langlois.
> Griechischer Quelltext und englische Übersetzung (H.B. Dewing, G. Downey) sämtlicher Werke: *Procopius: Buildings, History of the Wars, and Secret History;* Loeb Classical Library; 7 Bände; Cambridge; 1940 bis 1947.
> Deutsche Übersetzung (D. Costa, A. Heine, A. Schaefer): Prokopius von Caesarea: Der Gotenkrieg – Der Vandalenkrieg - nebst Auszügen aus Agathias, sowie Fragmenten des Anonymus Valesianus und des Johannes von Antiochia; Essen, ohne Jahresangabe.

## Prosper Tiro Aquitanus

Spätrömischer Kirchenmann und Geschichtsschreiber (ca. 390 bis ca. 465).

Aus Aquitanien stammend, lebte er bis 435 als Anhänger des Heiligen Augustinus in Marsilia/Marseille (Frankreich), wurde Mönch (nachdem er seine Gattin aufgefordert hatte, ebenfalls ihr Leben Gott zu weihen). Er lebte danach in Rom, wo er u. a. Kanzler von Papst Leo I. des Großen war.

Prosper verfasste u. a. eine Weltchronik (*Epitoma Chronicorum*), die auf den > Fasti Consulares und das Werk von > Hieronymus von Strido aufsetzte. Es ist dies eine wichtige Quelle über die Hunnenzeit, vor allem für den Zeitraum von 433 bis 455 (Plünderung Roms durch die Vandalen).

Das Werk des Prosper Tiro diente als Quelle u. a. für: > Historia Britonum.

Sein Werk wurde durch > Victor von Tunnuna bis zum Berichtsjahr 566 und von > Johannes von Biclaro bis zum Berichtsjahr 589 fortgesetzt.

> Metzler Lexikon antiker Autoren: Artikel von Kurt Smolak.
> Englische Übersetzung (A.C. Murray): *From Roman to Merovingian Gaule – A Reader*; Ontario, 2003.
> Steven Muhlberger: The Fifth-Century Chroniclers: Prosper, Hydatius, and the Gallic Chronicler of 452. Leeds 1990.

## Prudentius von Troyes (> Annales Bertiniani)

## Pseudo-Dionysius von Tell-Mahre

Syrischer Geschichtsschreiber (8. Jh).

Ein unbekannter Autor, dessen Name aus der Vergangenheit stammt, als man ihn fälschlicherweise mit einem gewissen Patriarchen Dionysius von Tell Mahre identifizierte. Dieser anonyme Autor war vermutlich ein Mönch des monophysistischen Zuqnin-Klosters bei Amida/Diyarbakir [37 55N 40 14E] im Südosten der heutigen Türkei (aus diesem Grund wird das Werk nun auch oft als Chronik von Zuqnin bezeichnet).

Die in syrischer (aramäischer) Sprache geschriebene Weltchronik ist in vier Teile geteilt: Teil I reicht bis Konstantin den Großen und schöpft aus > Eusebios von Caesarea; Teil 2 reicht bis Theodosius und schöpft aus > Sokrates Scholastikos; Teil III reicht bis Justin II. (gestorben 578) und schöpft aus > Johannes von Ephesos und > Theophilos von Edessa; der sich bis zum Berichtsjahr 775 erstreckende Teil IV ist das originäre Werk des Autors.

Der Autor war kein spezialisierter Geschichtsschreiber. Er beherrschte offensichtlich nicht die griechische Sprache und verwendete das seleukidische Datierungssystem. Sein Anliegen war es, das harte Los der christlichen Landbevölkerung unter den islamischen Herrschern (ab ca. 730) zu dokumentieren.

> Englische Übersetzung der Teile III und IV (Amir Harrak): *The Chronicle of Zuqnin, Parts III and IV A.D. 488–775*. Toronto; 1999.
> Englische Übersetzung (Witakowski, W.): *Pseudo-Dionysius of Tel-Mahre: Chronicle*, Part III ; Translated Texts for Historians; Liverpool University Press; Liverpool; 1996.

## Pseudo-Elmham

Unbekannter Autor von *Vita et Gesta Henrici Quinti*, einer Biographie Heinrichs V. von England (regierte von 1413 bis 1422). Man hatte lange den > Thomas Elmham als den Autor gehalten.

> Englische Übersetzung (F. Taylor; J. S. Roslkell): *Gesta Henrici Quinti – The Deeds of Henry the Fifth*; Oxford; 1975

## Pseudo-Fredegar (> Fredegar)

## Pseudo-Josua Stylites (> Josua Stylites)

## Pseudo-Sebeos (> Sebeos)

## Pseudo-Plutarch

Eine Sammlung von Werken, die vormals > Plutarch zugeschrieben wurden und zum Teil in die *Ethikà* eingereiht wurden. Vermutlich handelt es sich um Texte diverser Autoren, die vom 2. Jh. bis zum 4. Jh. verfasst wurden. Es werden darin zum Teil sonst unbekannte Personen und Quellen genannt.

Ein marginales Interesse für die antike Geographie hat das Werk *De fluviis* („Über die Flüsse"), in dem 25 Flüsse der den Griechen bekannten Welt (bis zum Ganges) beschrieben werden und deren damaliger und angeblicher vormaliger Name mythologisch erklärt wird. Von sprachgeschichtlichem Interesse sind drei darin erwähnte Glossen der phrygischen Sprache.

> Quelltext und italienische Übersetzung (E. Calderón Dorda, A. De Lazzer, E. Pellizer E.): *Plutarco, Fiumi e monti*; M. D'Auria Editore; 2003.
> Englische Übersetzung online von *De fluviis*: http://www.perseus.tufts.edu/hopper/text?doc=Perseus%3Atext%3A2008.01.0400%3Achapter%3D21

## Pseudo-Skylax

Anonymer Verfasser des -4. Jh. einer Beschreibung in griechischer Sprache der *Meeresküsten der bewohnten Teile Europas, Asiens und Libyens (Afrikas)*. Ausgehend von der Iberischen Halbinsel werden die Mittelmeerküsten im Uhrzeigersinn beschrieben und Hunderte von Orten genannt und die Fahrzeiten zur See genannt. Zu den erwähnten Orten und Regionen werden die entsprechenden Ethnien genannt. Der afrikanische Abschnitt lehnt sich an > Hanno den Seefahrer an. Der Zweck war vermutlich die Gesamtlänge der Mittelmeerküsten abzuschätzen. Manche einem Verfassungsdatum um -330 zuordenbare Aktualität der gebotenen Informationen schließt die vormals übliche Gleichsetzung des Autors mit -> Skylax von Karyanda aus.

> Quelltext und englische Übersetzung (Graham Shipley): *Pseudo-Skylax's Periplous: The Circumnavigation of the Inhabited World*; Exeter: Bristol Phoenix Press/The Exeter

Press; 2011.
Französische Übersetzung (J.C. Poncelin, 1797) online: http://remacle.org/bloodwolf/erudits/skylax/voyage.htm

**Pseudo-Turpin** (> Codex Calixtinus)

**Ptolemaios, Claudius** (Ptolemäus)

Hellenistischer Astronom, Geograph und Mathematiker. (ca. 100 bis ca. 180). Vermutlich in Ptolemais Hermaiou / El-Manscha/Al Minshah (Mittel-Ägypten) [26 29N 31 48E] geboren und in Alexandreia (Ägypten) gestorben. Er hatte als Bibliothekar von Alexandreia (als Handelsmetropole auch ein Sammelpunkt von Informationen aus der gesamten damaligen zivilisierten Welt) zur umfangreichsten Dokumentation seiner Zeit Zugriff, was er mit bewundernswertem Fleiß und analytischer Schärfe für bahnbrechende Ausarbeitungen nutzte.

Er stellte als erster einen „Atlas der Oikumene" (*Geographiké Hyphegesis*) mit einer lagetreuen Wiedergabe her. Er besteht aus einer Übersichtskarte und 26 Einzelkarten, in dem er über 6.300 Siedlungen, Flussmündungen und Berge des Römischen Reichs und seiner Nachbarländer erfasste; zudem beschrieb er die Grenzen von 84 Ländern und listete (ohne Koordinatenangaben) die entsprechenden Landschaften und Völkerschaften auf. Dabei wandte er das von > Hekataios von Milet konzipierte Koordinatensystem (Äquator 0°, Pole ±90°), das (mit Ausnahme des Nullmeridians von Greenwich) im Prinzip heute noch gültig ist. Er baute auf die Vorarbeit des > Marinos von Tyros auf, den er als Vorgänger würdigte. Der Atlas des Ptolemaios ist (trotz der Lagefehler von bis zu 100 km) eine vorrangige topographische Quelle zum Verständnis der Geschichte der Antike und zudem eine extrem nützliche Quelle für das Studium der vorgeschichtlichen Ortsnamen und Sprachen.

Größte Berühmtheit bis in die Gegenwart erlangte Ptolemaios mit seinem astronomischen Modell, in dem von der Erde als ruhenden Mittelpunkt aus betrachtet, die Bewegung der Sonne und Planeten mit einer Genauigkeit abbilden konnte, die nicht vom heliozentrischen Modell des Kopernikus, sondern erst von dessen Überarbeitung durch Kepler übertroffen wurde.

Für seine astronomischen Studien stellte er ein Verzeichnis der Regierungsjahre von 43 ägyptischen, assyrischen, babylonischen, persischen und makedonischen Herrschern ab -747 bis Kleopatra VII. (-51 bis -30) zusammen (*Kanon*), die im Wesentlichen mit den Ergebnissen der modernsten Forschung übereinstimmen. Ptolemaios hielt in seinem Kanon auch herausragende astronomische Ereignisse fest, was für den von ihm behandelten Berichtszeitraum eine Synchronisierung der ägyptischen und mesopotamischen Geschichte erlaubt.

> Faksimile der Übersichtskarte und der 26 Einzelkarten mit einer ins Deutsche übersetzten Einleitung des Herausgebers: Pagani, L. (Hrsg.) (1990): *Ptolemäus – Cosmographia – Das Weltbild der Antike*; Parkland; Stuttgart.
> Faksimile der Übersichtskarte und der 26 Einzelkarten mit einer ins Französische übersetzten Einleitung des Herausgebers: Pagani, L. (Hrsg.) (1990): *Claudii Ptolemaei COSMOGRAPHIA Tabulae; Editions des planches du manuscritlatin VF.32 (XVe siècle) de la Bibliothèque Nationale de Naples*; Bookking International- Paris.
> Eine entzerrte Wiedergabe der Ortsangaben des Ptolemaios für den deutschen Sprachraum und der Beneluxländer: Kleineberg, A., Marx, Ch., Knobloch, E., Lelgemann, D. (2010): *Germania und die Insel Thule – Die Entschlüsselung von Ptolemaios' „Atlas dee Oikumne"*; Wissenschaftliche Buchgesellschaft; Darmstadt.

**Ptolemaios I. Soter** (Lagos)

Makedonischer Offizier, Staatsmann und Geschichtsschreiber (ca. -367 bis ca. -283).

Freund, Leibwächter und Vertrauensmann Alexanders des Großen. Nahm am Asienfeldzug mit Kommandofunktionen teil (u. a. Leiter der Spezialeinheit zur Festnahme des Bessos), wurde mit der Satrapie Ägypten belohnt, die er nach Alexanders Tod zu einem eigenständigen hellenistischen Reich ausbaute, zu dessen ersten König er sich als Ptolemaios I. ernannte.

Im Alter verfasste er eine *Biographie Alexanders*, die nur noch in Fragmenten erhalten geblieben ist, die aber für spätere Geschichtsschreiber einschließlich > Arrian, eine ernst genommene Quelle war.

Die Fragmente lassen vermuten, dass sich Ptolemaios auf politische und militärische Fakten beschränkte, den Erfolg als makedonisch und nicht als griechisch wertete und dass er Alexander als gottesfürchtigen, erfolgreichen Strategen betrachtete.

> Lexikon der Alten Welt: Artikel von H.-H. Schmitt.
>
> Quelltexte der Fragmente: Felix Jacoby (Hrsg.): *Die Fragmente der griechischen Historiker II A*; Berlin; 1926 (Nachdruck: Leiden; 1961); Nr. 138.

## Pulkawa/Pulkava von Radenin / Tradenin, Pribik

Tschechischer Kirchenmann und Geschichtsschreiber (ca. 1320 bis ca. 1380). Vermutlich in Radenin (Böhmen) [49 22N 14 50E] geboren, studierte und wirkte er in Prag, wo er ab 1375 der Hofchronist Karls IV. war.

Er verfasste in lateinischer Sprache eine Chronik Böhmens. Seine Quellen waren u. a. die > Dalimil-Chronik und die Chronik des > Cosmas von Prag bzw. seiner Fortsetzer. Karl IV. ließ das Werk ins Deutsche und Tschechische übersetzen.

> Palacky, F.: *Würdigung der alten böhmischen Geschichtsschreiber*, Prag; 1830. Digitalisiert von Google

## Publius Mucius Scaevola (> Fasti Consulares)

## Publius Rutilius Rufus (> Rutilius Rufus, Publius)

## Pytheas von Massilia

Griechischer Kaufmann, Entdeckungsreisender und Geograph (ca. -380 bis ca. -310).

In der griechischen Koloniestadt Massalia/Marseille geboren, unternahm er (ein Jahrhundert nach > Himilkon von Karthago) eine Reise zum Nordatlantik, und zwar bis in den Norden der britischen Inseln (deren Bewohner er „Ptetannoi" nannte (aus dem sich der Name Briten ableitet) und bis „Thule" (vermutlich Norwegen oder Island). Dabei beobachtete er das Phänomen von Ebbe und Flut (das er bereits mit den Mondphasen in Zusammenhang brachte) und die Veränderung der Tageslänge mit den Breitengraden (die er bereits zur Abschätzung von Entfernungen einsetzte).

Pytheas hat einen Reisebericht verfasst, dessen Titel vermutlich *Períodos ges* („Reise um die Erde") war. Es ist zur Gänze verloren gegangen, auf seinen Inhalt gewähren jedoch Zitate späterer Autoren, v.a. von > Eratosthenes, > Strabon, > Diodorus Siculus und > Plinius den Älteren, Einblicke.

Die überlieferten Zitate aus seinem Werk lassen vermuten, dass Pytheas keine geschichtlichen Ereignisse erwähnt hat. Pytheas hat aber einige geographische und ethnographische Begriffe geprägt, die späteren Geschichtsschreibern klarere

Ortsbeschreibungen bzw. ethnographische Kategorisierungen ermöglicht haben. So hat er den britischen Inseln, die er „Pretannikaí Nésoi", d. h. „Inseln der Gesichtsbemalenen" nannte, einen bis heute gültigen Kollektivnamen (Britische Inseln) gegeben; auch verstärkte er für deren Hauptinsel den Gebrauch des Begriffs „Albion" (vermutlich „Land der Berge"), deren Umfang er auf 150 km genau abschätzte.

**Qadi al-Numan** (> Al-Qadi al-Numan)

**Qavzini** (> Hamzah al-Isfahani)

**Quadigarius** (> Claudius Quadrigarius)

### Quellen zur Frühgeschichte Osten- und Zentralasiens

Die ältesten chinesischen Quellen zur Frühgeschichte Chinas, Koreas, Japans und Zentralasiens sind:

|  | Berichtszeitraum (Kurze Chron.) |
|---|---|
| > *Shang-shu (Buch der Urkunden)* | -2500 bis -621 |
| > *Bambusannalen* | -2500 bis -220 |
| Werk „Shiji" des > *Sima Qian* (Band 1 der > *Vierundzwanzig Dynastiegeschichten* | -2600 bis 95 |
| > *Orakelknochen* | -1766 ca. bis -1044 ca |
| > *Zuozhuan* | -722 bis -464 |
| > *Frühlings- und Herbstannalen* (Chunqiu alias Linjing; Annalen des Reiches Lu) | -722 bis -481 |
| Werk des > *Sima Guang* | -403 bis 959 |

Die Fülle der antiken Annalen wurde durch zwei Vorgänge drastisch auf das oben angegeben Maß reduziert:
a) Der Staat Qin zerstörte im Zuge seiner Eroberung der Vormacht über China (-316 bis -221) systematisch die Archive samt Annalen der unterworfenen Staaten, um sie durch eigene Versionen der Vergangenheit zu ersetzen. Dies wurde mit einer durch den Reichsgründer Qin Shihuangdi -213 angeordnete Verbrennung aller jener Bücher abgeschlossen, die dazu dienen könnten, die Gegenwart zu kritisieren.
b) Der Großteil des Archivs des Staates Qin ging bei der Plünderung durch Aufständische der Qin-Hauptstadt Xianyang (-202) verloren.

### Quellen zur Frühgeschichte des Mittleren Ostens

Die wichtigsten Quellen zur Frühgeschichte Afghanistans, des indischen Kontinents und Südostasiens sind:

|  | Berichtszeitraum (Kurze Chronologie) |
|---|---|
| Epos > *Mahabharata* | -1500 |
| Reisebericht des > *Fa-hsien* | 4. Jh. |

### Quellen zur Frühgeschichte des Nahen Ostens

Die wichtigsten Quellen zur Frühgeschichte Ägyptens, Anatoliens, Mesopotamiens und Irans sind im Folgenden zusammengefasst. Die Zeitangaben folgen der Kurzen Chronologie:

A) > Mesopotamische Jahresnamenslisten

|  | Berichtszeitraum (Kurze Chronologie) |
|---|---|
| Agade | -2270 bis -2129 |
| Babylon | -1830 bis -1531 |
| Isin | -1953 bis -1730 |
| Lagasch | -2150 bis -2080 |
| Larsa | -1868 bis -1699 |
| Mari | -1811 bis -1795 |
| Ur | -2047 bis -1940 |

B) Königslisten

|  | Berichtszeitraum (Kurze Chronologie) |
|---|---|
| > Stein von Palermo | -3050 bis -2345 |
| > Sumerische Königsliste (Weld-Blundell-Prisma) | -3000 bis -1800 |
| > Babylonische Chronik der Frühen Könige („ABC 20") | -2270 bis -1419 |
| > Königsliste von Abydos (Sethos I.) | -3000 bis -1279 |
| > Königsliste von Sakkra (Saqqara) | -2900 bis -1213 |
| > Königsliste von Karnak | -2750 bis -1500 |
| > Königspapyrus Turin | -2744 bis -1570 |
| > Dynastische Chronik („ABC 18„) | -3000 bis -800 |
| > Assyrische Königsliste | -2500 bis -722 |
| Kanon des > Ptolemaios Claudius | -747 bis 150 |

C) Annalen, Chroniken, Inschriften, Geschichtswerke

|  | Berichtszeitraum (Kurze Chronologie) |
|---|---|
| > Weidner (Esagila) Chronik | -2300 bis -1845 |
| > Assyrische Eponymenliste | -1876 bis -1781 und -858 bis -699 |
| > Annalen des Anitta . | -1720 bis -1700 |
| > Annalen des Hattusili I. (Annalen des Suppiluliuma I. und Zehnjahresannalen) | -1586 bis -1556 |
| > Thronfogeerlass des Telipinu | -1531 bis -1460 |
| > Annalen des Mursili II. | -1344 bis -1312 |
| > Annalen des Salmanassar I. | -1263 bis -1233 |
| > Merenptha-Stele (Israel-Stein) | -1212 bis -1202 |
| > Chronik P („ABC 22") | -1350 bis -1159 |
| > Obeliskenfragmente von Ninive | -1074 bis -1068 |
| > Walker-Chronik („Chronik 25") | -1223 bis -1050 |
| > Synchronistische Geschichte („ABC 21") | -1400 bis -800 |
| > Eklektische Chronik„ („ABC 24") | -1081 bis –727 |
| Die „ Eklektische Chronik" enthält außer dynastischen Daten kaum Informationen über Ereignisse (bei den wenigen | |

Hinweisen handelt es sich um Probleme mit der Landnahme von Aramäern, welche die Tore von Babylon und Borsippa erreicht hatte).

Nach Georges Roux („Ancient Iraq") wird die Periode zwischen dem Tod Tiglat Pilesers I. (-1077) und dem Regierungsantritt von Adad-nirari (-911) als „dunkle Periode" bezeichnet. Die Zeiten waren derart turbulent, dass es auch zum Erliegen der Annalistik gekommen ist.

| | |
|---|---|
| > Annalen des Adad-Ninari II. | -911 bis -894 |
| > Annalen des Tukulti-Ninutra II. | -889 bis -884 |
| > Annalen Assurpanipals II. | -883 bis -859 |
| > Annalen Salmanessers III. | -858 bis -824 |
| > Chronik von Nabu-Nasir bis Samas-suma-ukin („ABC 1" oder „Chronik 1") | -745 bis -667 |
| > Chronik von Nabornassar bis Asarhaddon („ABC 1B" oder „CM 17") | -745 bis -675 |
| > Inschriften des Sargon II. | -720 bis -705 |
| > Chronik des Samas-suma-ukin („ABC 15") | -694 bis -650 |
| > Chronik des Asarhaddon („ABC 14") | -680 bis -669 |
| > Inschriften des Assurbanipal | -669 bis -627 |
| > Akitu-Chronik („ABC 16") | -652 bis -626 |
| > Chronik der ersten Regierungsjahre Nebopolassars („ABC 2") | -626 bis -623 |
| > Chronik der Falls von Ninive („ABC 3") | -616 bis -608 |
| > Chronik der späteren Regierungsjahre Nebopolassars („ABC 4") | -608 bis -605 |
| > Chronik der früheren Regierungsjahre Nebuchadnezars („ABC 5") | -605 bis -594 |
| > Felsinschriften Nebukadnezars II. im Wadi Brisa und am Nahr el-Kelb | |
| > Chronik des 3. Regierungsjahrs von Neriglissar („ABC 6") | -557 |
| > Nabonidus-Chronik (ABC 7) | -556 bis -539 |
| > Kyros-Zylinder | -550 bis -539 |
| > Felsinschrift von Behistun (Iran) | -522 bis -519 |
| Geschichtswerk des > Manetho | -3100 bis -343 |

**D) Tontafelnarchive**

Den Umständen, dass in Mesopotamien mangels anderer Rohstoffe Tontafeln als Träger der Keilschriftdokumente dienten und dass diese durch die hohen Temperaturen der Zerstörungsbrände an Dauerhaftigkeit zugewonnen haben, ist es zu verdanken, dass einige umfangreich Archive erhalten geblieben sind. Diese befinden sich zum Großteil noch in Auswertung, so dass weiterhin neue Erkenntnisse zu erwarten sind.

| | Berichtszeitraum (Kurze Chronologie) |
|---|---|
| Tell Hariri (Mari): 20.000 Tontafeln<br><br>Obwohl das Archiv von Mari nur die letzten zwei Jahrzehnte vor dem Untergang der Stadt abdeckt, tut sie dies desto ausführlicher. Es enthält neben Einzelheiten aus allen Bereichen des Wirtschafts- und Rechtswesen auch vertraulichste diplomatische Informationen, bis hin zu abgefangenen feindlichen Depeschen. | -1714 bis -1694 |
| Tell Leilan (Shekhna): 1.100 Tontafeln | -18. Jh. |
| Tell Asmar (Eshnunna): 1.500 Tontafeln | |

| | |
|---|---|
| Tell-el-Amarna (Achet-Aton): 400 Tontafeln<br>Es handelt sich um das Archiv des Auswärtigen Amtes des Pharao Echnaton aus seiner neuen Residenzstadt Achet-Aton. Sie enthält selbst vertrauliche Hintergrundinformationen, sowohl Kopien abgegangener Depeschen an fremde Herrscher und Vasallen, als auch von diesen eingegangene Dokumente. Alle Dokumente des Archivs sind in der damaligen Diplomatensprache Akkadisch verfasst. Ihr Informationsinhalt übersteigt den der Hieroglyphen der Tempelreliefs, da sie weniger an offizielle Propagandazwänge gebunden waren. | -1350 bis -1334 |

    Chavalas, Mark W. (Hrsg.): *The Ancient Near East: Historical Sources in Translation* (Blackwell Sourcebooks in Ancient History); Blackwell Publ (2006)
    Englische Übersetzungen online: http://www.livius.org/cg-cm/chronicles/chron00.html

## Quintus Aelius Tubero (> Aelius Tubero, Quintus)

## Quintus Curtius Rufus (> Curtius Rufus, Quintus)

## Rabban Bar Sauma

Turkstämmischer, nestorianischer Kirchenmann und Weltreisender (1220 bis vor 1294).

In Peking aus turkstämmiger (vermutlich uigurischer) Familie nestorianischen Glaubens (die sich dort im Geleit der mongolischen Invasoren niedergelassen hatte) geboren. Wurde mit 23 Jahren Mönch. Um 1275 (im Jahr, in dem Marco Polo am Hof des Kublai Khan eintraf) brach er (mit der Zustimmung des Kublai Khan) in Begleitung eines Schülers zu einer Pilgerreise nach Jerusalem auf, die aber wegen Kriegswirren in Bagdad endete. Während sein Schüler als nestorianischer Metropolit namens Mar Yahballaha III. in Bagdad verblieb, begab sich Rabban Bar Sauma nach Maragha (NW-Iran) [37 23N 46 14E], der Residenzstadt des mongolischen Ilkhan von Persien, Abaqa. Von diesem wurde er 1287 nach Europa entsandt, um eine Allianz gegen die ägyptischen Mamelucken zu schmieden, mit denen das Ilkanat seit 1260 auf dem Kriegsfuß stand. Rabban Bar Sauma traf Kaiser Andronikos II. (in Byzanz), Philipp II. von Frankreich (in Paris), Erduard I. von England (in Bordeaux) und 1288 auch Papst Nikolaus IV. (in Rom). Seine Mission scheiterte (man hatte sich in Europa mit dem Verlust der Kreuzritterstaaten bereits abgefunden). Rabban Bar Sauma kehrte nach Abaqa zurück, wo er den Rest seines Lebens verbrachte. Er starb ein Jahr vor der Rückkehr Marco Polos nach Venedig.

Ein anonymer syrischer Autor des 14. Jh. hat einen Bericht *Die Reise der Pilger Mar Yahballaha und Rabban Sauma nach Europa* verfasst, in dem er den Wortlaut des Tagebuchs des Rabban Bar Sauma aufgenommen hat.

Das auf persisch verfasste Tagebuch des Rabban Bar Sauma ist eine Art Spiegelbild des Berichts > Marco Polos: das Europa des 13. Jh. wird hier mit den Augen eines in China aufgewachsenen Christen beschrieben.

    Deutsche Übersetzung: Toepel, A. (Hrsg.): *Die Mönche des Kublai Khan - Die Reise der Pilger Mar Yahballaha und Rabban Sauma nach Europa*; Wissenschaftliche Buchgesellschaft; Darmstadt; 2008.
    Französische Übersetzung (A. Egly): Borgone, Pier Giorgio (Hrsg.): Un ambassadeur du Khan Argun en Occident, Histoire de Mar Yahlallaha III et de Rabban Sauma (1281-

1317); L'Harmattan; Paris; 2008.

## Radolf/Radulf/Ralf/Ralph von Mailand (> Sire Raul)

## Radulf von Caen (Radulfus Cadomensis, Raoul de Caen)

Normannischer Ritter und Geschichtsschreiber (1080 vor 1120).
In Caen (Normandie) geboren. Nahm 1107 an der gescheiterten 2. Normannischen Invasion Griechenlands unter Bohemund von Caen teil und diente ab dem Folgejahr in Bohemunds Fürstentum von Antiocheia unter dessen Statthalter Tankred von Tiberias.
Nach dem Tod Tankreds 1112 begann er dessen Biographie zu schreiben (*Gesta Tancredi In Expeditione Hierosolymitana*); sie überspannte den Zeitraum von 1096 bis 1112; der Teil nach 1105 ist aber verloren gegangen.
> Englische Übersetzung (Bernard S. Bachrach, David Steward Bachrach): *The Gesta Tancredi of Ralph of Caen. A history of the Normans on the First Crusade;* Ashgate; Burlington; 2005.
> Französische Übersetzung: *Raoul de Caen: Histoire de Tancrède*; Éditions Paleo; Clermond-Ferrand; 2011.

## Radziwill-Chronik (Radvila-Chronik; Radzivilov-Chronik; Königsberger Chronik)

Eine Ende des 15. Jh. in Litauen in altrussischer Sprache verfasste Chronik.
Eine wichtige Quelle zur Entstehung des russischen Staats. Das Original wurde 1668 vom litauischen Fürsten Boguslaw Radziwill der Schloßbibliothek in Königsberg vermacht und 1756 nach Sankt Petersburg gebracht.
> Altrussischer Quelltext: Vollständige Sammlung der Russischen Chroniken; Band 38.
> Deutsche Übersetzung (H. Grasshoff; D. Freydank; G. Sturm, J. Harney): *Radziwill-Chronik - Rauchspur der Tauben*; Kiepenheuer; 1994.

## Rafaino de'Caresini (> Andrea Dandolo)

## Rahewin von Freising

Bayrischer Kirchenmann und Geschichtsschreiber (? vor 1177).
Vermutlich in Freising geboren, wo er der persönliche Assistent des Bischofs > Otto von Freising wurde, bei dessen Tod (1168) er anwesend war.
Er ergänzte dessen Biographie Kaisers Friedrich I. Barbarossa *Gesta Frederici imperatoris* („Die Taten Friedrichs") mit einem 3. und 4. Band für den Zeitraum von 1157 bis 1160 und ist damit eine wichtige Quelle zum 2. Italienfeldzug Friedrichs I. Barbarossa.
> Deutsche Übersetzung (A. Schmidt) in :F.-J. Schmale, F.-J. (Hrsg.): *Einleitung zu den „Taten Friedrichs".* In: Bischof Otto von Freising und Rahewin: *Die Taten Friedrichs oder richtiger Chronica*; Deutscher Verlag der Wissenschaften, Berlin 1965.
> Lateinischer Quelltext und deutsche Übersetzung (A. Schmidt): Lammers, W. (Hrsg.): *Otto von Freising: Chronik oder die Geschichte der zwei Staaten*; Reihe FSGA, A, Bd. 16; 6. Auflage; Wissenschaftliche Buchgesellschaft; Darmstadt; 2011.
> Lateinischer Quelltext und deutsche Übersetzung auf CD-ROM mit Abfrage-Software: Bogon, W. (Herausgeber): *Quellensammlung zur mittelalterlichen Geschichte*; MA I; CD-ROM; Verlag Heptagon; Berlin; 1999.
> Deutinger, Roman, „Rahewin von Freising", in: Neue Deutsche Biographie 21 (2003), S.

111-112 [Onlinefassung]; URL: http://www.deutsche-biographie.de/pnd118787691.html

## Raimund von Aguilers

Französischer Kirchenmann und Geschichtsschreiber (11. Jh.).

Vermutlich in Südfrankreich geboren. Nahm als Kaplan Raimunds IV. von Toulouse am 1. Kreuzzug (1096 bis 1099) teil.

Während der Belagerung von Antiochia (1097 bis 1098), zu der er den ausführlichsten Bericht hinterließ, begann er sein Werk *Historia Francorum qui ceperunt Jherusalem* („Geschichte der Franken, die Jerusalem einnahmen") niederzuschreiben. Seine Glaubwürdigkeit ist auf eigenartiger Weise gemischt, da er einerseits Augenzeuge vieler der von ihm geschilderten Ereignisse gewesen ist, andererseits an Wunder und Visionen glaubte.

> Englische Übersetzung (J.H. Hill, L.L. Hill): *Raymond d'Aguilers: Historia Francorum qui ceperunt Iherusalem*; Philadelphia; American Philosophical Society;1968.
>
> Französische Übersetzung (F. Guizot): *Raymond d'Agile: Histoire de la première croisade (1095-1099)*; Éditions Paleo; Clermond-Ferrand; 2011.

## Ranulf Higden/Higdon (Ranulphus Castrensis)

Englischer Kirchenmann und Geschichtsschreiber (ca. 1280 bis ca. 1364).

War ab 1299 Mönch in der Benediktinerabtei von St. Werburgh in Chester [53 12N 2 54W].

Er verfasste eine Universalchronik in sieben Büchern *Ranulphi Castrensis, cognomine Higden, Polychronicon (sive Historia Polycratica) ab initio mundi usque ad mortem regis Edwardi III in septem libros dispositum* kurz *Plychronicon* genannt, die den Zeitraum von der Schöpfung bis 1377 abdeckt.

Ranulf Higden wollte seine Weltchronik möglichst umfassend gestalten, so dass er keine Einzelheiten vertiefen konnte; daher enthält sein Werk kaum Informationen zur Zeitgeschichte, die nicht schon aus anderen Quellen bekannt sind. Sein Werk war in England bis zum Aufkommen des Buchdrucks die populärste Weltchronik, auch weil der Autor sich explizit um den Unterhaltungswert bemüht hatte. > Adam von Usk verstand seine Chronik als Fortsetzung des Werks des Ranulf Higden.

Bemerkenswert ist die Feststellung des Ranulf Higden, dass sich die Akteure der Weltgeschichte nach sieben Rollen kategorisieren lassen (der Fürst, der die Städte gründet; der Ritter, der die Städte verteidigt; der Bischof, der die Verbrechen rügt; der Politikern, der das öffentliche Leben gestaltet; der Hausherr, der das Privatleben gestaltet; der Mönch, der das Seelenheil fördert).

> Lateinischer Quelltext und englische Übersetzung (C. Babington, J.R. Lumby): *Polychronicon Ranulphi Higden Monachi Cestrensis*; RS 41; 1865-68. Durch Google im Jahr 2007 digitalisiert.

## Rashid ed-Din Hamadami, Fadl Allah

Iranischer Arzt, Beamter und Geschichtsschreiber (1247 bis 1318).

Aus jüdischer Familie in Hamadan (Iran) [34 46N 48 35E] geboren. Konvertierte zum Islam und trat vorerst als Arzt in den Dienst der Mongolen ein; brachte es dann zum Wesir von Täbris (Nordwesten Irans) [38 5N 46 17E]. Wurde im Rahmen sunnitisch-schiitischer Machtkämpfe des Mordes angeklagt und mit seinem Sohn hingerichtet.

Sein im Auftrag des Ilkhans von Iran mit einem Mitarbeiterstab (ein Mitglied war > Kasani, der sich bei der Vergütung benachteiligt gefühlt hat) zwischen 1300 und 1310 angefertigtes Werk *Giami/Jame al-Tawarikh*, auch *Dschami at-tawarich* oder

*Jame al-Tawarik* („Kompendium der Chroniken") genannt, besteht aus zwei Teilen.
- Der 1. Teil (auch „*Geschichte des Gazan Khan*" genannt) ist eine Geschichte der Mongolen und Turkstämme bis zu den Nachfolgern des Dschingis Khan. Dabei handelt es sich im Wesentlichen um eine Übersetzung der mongolischen Geschichte des > Altan Debter.
- Der 2. Teil ist eine über den eigenen Kulturkreis hinausgehende Weltchronik. Nach einer gerafften Schilderung von Adam und Eva bis zu den letzten vorislamischen Herrschern, folgt eine Geschichte der islamischen Welt bis 1258. Es werden dann die Völker (Land, Leute und Geschichte) vorgestellt, mit denen die Mongolen in Kontakt gekommen sind: Türken, Chinesen, Juden, „Franken" (hierzu schöpfte der Autor aus der Chronik der Päpste und Kaiser von > Martin von Troppau) und Inder.

Der 2. Teil des Werks des Rashid ed-Din gehört zu den ersten und bedeutendsten Universalgeschichten arabischer Sprache.

Im Werk des Rashid ed-Din wird gemäß einer Theorie die Rückreise Marco Polos (allerdings ohne Nennung von Namen) durch den Iran erwähnt.

Spätere Autoren wie > Hamdallah Mustaufi und > Hafez-e Abru haben aus dem Kompendium des Rashid ed-Din geschöpft.

> Artikel von Ch. Melville in Encyclopaedia Iranica: http://www.iranicaonline.org/articles/afzal-al-tawarik
> Vom Werk des Rashid ed-Din sind diverse Auszüge in westeuropäische Sprachen übersetzt worden, zum Beispiel:
> Deutsche Übersetzung (Karl Jahn): *Die Geschichte der Oguzen des Rasid Ad-Din*; Österreichische Akademie der Wissenschaften; Wien; 1971.
> Englische Übersetzung (Wheeler M. Thackstone): Rashiduddin *Fazlullah's Jami u't-tawarikh – A Compendium of Chronicles : A History of the Mongols*; 3 Vol.; Cambridge; Mass.; 1998-99.
> Englische Übersetzung: Elliot, H. M., John Dowson: *The History of India, as Told by Its Own Historians. The Muhammadan Period;* Vol. 3; Trübner & Co.; London; 1867 bis 1877. Nachdruck Adamant Media Corporation; 2000. Online: http://archive.org/stream/cu31924073036737#page/n5/mode/2up

## Rawd al-Qirtas

Eine um 1326 fertiggestellte Geschichte von Marokko, die auch Algerien und Al Andalus mit einbezieht. Der vollständige Titel lautet *Kitab al anisal-mutrib biraawdal-qirtas fi akhbar muluk al-maghrab wa tarikh madinah Fas* („Das unterhaltende Begleitbuch im Garten der Seiten der Chronik der Könige von Marokko und der Geschichte der Stadt Fez"). Sie deckt den Zeitraum von 788 bis 1326 ab.

Der die Almohaden und Almoraviden betreffende mittlere Teil wird als von minderer Qualität betrachtet (was mit politischen Rücksichtnahmen des Autors oder nachträglichen Textmanipulationen zusammenhängen könnte). > Ibn Khaldun schöpfte aus dem Werk und übernahm dabei einige der Fehler.

Als Autor wird ein nicht näher bekannter Ibn Abi Zar vermutet.

> Französische Übersetzung ( A. Beaumier): Rawd al Kirtas. Histoire des Souverains du Maghreb et Annales de la Ville de Fes; Editions La Porte; Rabat; 1999.
> Spanische Übersetzung (H. Miranda): *Rawd el-Qirtas*; 2. Ausgabe; Anubar Ediciones; Valencia; 1964.

## Razzaq (> Abd al Razzaq)

## Regino von Prüm (Regino Prumiensis)

Westfränkischer Kirchenmann, Musiktheoretiker und Geschichtsschreiber (840 bis 915).
Vermutlich in Altrip bei Mannheim [49 26N 8 30E] geboren. War ab 892 Abt des Klosters Prüm in der Eifel [50 12N 6 26E], dessen Wiederaufbau er nach der Zerstörung von 882 und 892 durch die Wikinger leitete. Zog sich 899 nach Querelen in das Kloster St. Maximin von Trier zurück.
Er schrieb 907 eine kurzgefasste Weltgeschichte in zwei Bänden (*Chronikon*), die den Zeitraum von Christi Geburt bis zum Jahr 906 abdeckt. Das Werk war vermutlich als Lehrbuch für den damals 13–jährigen König des Ostfrankenreichs, Ludwig IV. das Kind, gedacht. Zu seinen Quellen gehörten > Beda Venerabilis und dessen Fortsetzer > Ado von Vienne. Es wurde zu einer der verbreitetsten Weltchroniken des Hochmittelaters. Sein Werk wurde in der Folge (vermutlich von > Adalbert von Magdeburg) unter dem Titel *Chronicon cum continuatione Treverensi* bis zum Berichtsjahr 967 erweitert.

> Lateinischer Quelltext und deutsche Übersetzung (W. Hartmann): *Das Sendhandbuch des Regino von Prüm. herausgegeben und übersetzt von Wilfried Hartmann*; Reihe FSGA, A, Bd. 42; Wissenschaftliche Buchgesellschaft; Darmstadt; 2004.
> Lateinisch mit deutscher Übersetzung (M. Bündinger): Lateinischer Quelltext und deutsche Übersetzung: Bauer, A., Rau, R. (Hrsg.): *Die Sachsengeschichte des Widukind von Korvei; Adalberts Fortsetzung der Chronik Reginos; Liudprands Werke;* Reihe FSGA, A; Bd. 8 (Quellen zur Geschichte der sächsischen Kaiserzeit); 5. Auflage; Wissenschaftliche Buchgesellschaft; Darmstadt; 2002.
> Lateinischer Quelltext und deutsche Übersetzung auf CD-ROM mit Abfrage-Software: Bogon, W. (Herausgeber): *Quellensammlung zur mittelalterlichen Geschichte*; MA I; CD-ROM; Verlag Heptagon; Berlin; 1999.
> Englische Übersetzung (S. MacLean): History and politics in late Carolingian and Ottonian Europe. The chronicle of Regino of Prüm and Adalbert of Magdeburg; Manchester, 2009.
> Hartmann, Wilfried, „Regino von Prüm", in: Neue Deutsche Biographie 21 (2003), S. 269-270 [Onlinefassung]; URL: http://www.deutsche-biographie.de/pnd118598996.html

### Reichsannalen (> Annales regni Francorum)

### Reichschronik des Annalista Saxo

Von einem unbekannten Mönch („Annalista Saxo") des Benediktinerklosters Nienburg an der Saale [51 50N 11 46E] um 1150 verfasste Reichschronik für den Zeitraum 741 bis 1142.
Das Original (237 Pergamentseiten) befindet sich in der Nationalbibliothek von Paris.

> Lateinischer Quelltext und deutsche Übersetzung (K. Nass): Die *Reichschronik des Annalista Saxo*. Neuedition mit ausführlichen Registern (MGH Scriptores 37); Hahnsche Buchhandlung; München; 2006.
> Lateinischer Quelltext und deutsche Übersetzung auf CD-ROM mit Abfrage-Software: Müller, Th., Pentzel, A. (Herausgeber): *Quellensammlung zur mittelalterlichen Geschichte – Fortsetzung - Continuatio fontium medii evi*; MA II; Verlag Heptagon; Berlin; 2000.

### Renatus Profuturus Frigeridus

Spätrömischer Geschichtsschreiber (2. H. des 5. Jh.). Zeitgenosse des Aetius.
Vermutlich ein römischer Beamter oder Offizier, vermutlich christlicher Religion. Von seinem in lateinischer Sprache verfassten 12-bändigen Werk *Historiae* sind nur geringe Fragmente durch Zitate des > Gregor von Tours erhalten. Vermutlich

setzte es das Werk des > Sulpicius Alexander von 392 bis 454 fort, welches seinerseits das Werk von > Ammianus Marcellinus von 378 bis 392 ergänzt hatte.

## Res gestae divi Augusti

Die *Res gestae divi Augusti* („Tatenbericht des göttlichen Augustus") sind eine Art Rechenschaftsbericht, den Kaiser Augustus im Jahre 14 n. Chr. (in seinem 76. und letzten Lebensjahr) verfasste und mit seinem Testament bei den Vestalinnen in Rom hinterlegte. Es wurde auf Bronzetafeln am Eingang seines Mausoleums in Rom angebracht, die verloren gegangen sind. Erhalten geblieben ist der Text durch in Marmor eingemeißelte Abschriften, die in Veteranenstädten Anatoliens angefertigt wurden. Davon befinden sich die größten erhalten gebliebenen Fragmente an den Wänden des „Monumentum Ancyrianum" in Ankara, Türkei (heute dient das Gebäude im Komplex der Haci-Beiram-Moschee als Museum) und zwar auf Steintafeln in griechischer und lateinischer Sprache. Fragmente einer anderen „Monumentum Apolloniense" genannten Abschrift wurden in Apollonia in Pisidien (Urluborlu, Türkei) und weitere, „Monumentum Antiocheum" genannte, in Antiochia in Pisidien (Yalovadi, Türkei), so dass der Text lückenlos rekonstruiert werden konnte.

In 35 kurzen Absätzen werden herausragende Ereignisse seiner Herrschaft zusammengefasst: die unternommenen Feldzüge; die Entwicklung der Anzahl „römischer Bürger" im Reich (von 4 Mio. auf 4,9 Mio.); der Verteilerkreis der 600 Millionen Denari (ca. 200 t Gold), die er aus seinem Vermögen verteilte; die wichtigsten errichteten bzw. renovierten öffentlichen Bauten; die wichtigsten von ihm gesponserten „Spiele".

Theodor Mommsen nannte das Dokument die „Königin der Inschriften". Gipsabdrücke befinden sich im Pergamon-Museum in Berlin.

Lateinischer Text mit deutscher Übersetzung online:
http://agiw.fak1.tu-berlin.de/Auditorium/RomRecht/SO5/RGdivAug.htm

Deutsche Übersetzung (K. Bringmann, D. Wiegandt): *Augustus. Schriften, Reden und Aussprüche*; Wissenschaftliche Buchgesellschaft; Darmstadt; 2008.

## Richerus/Richer von Reims/Saint Remi (Richerius Remensis)

Fränkischer Kirchenmann und Geschichtsschreiber (ca. 940 bis ca. 998).

In Reims aus adliger Familie geboren; ab 969 Abt des Klosters Saint Remi (bei Reims).

Er schrieb eine 4-bändige Geschichte des Frankenreichs (*Histororiarum libri IIII*), welche den Zeitraum 888 bis 995 behandelt (Ablösung der Karolinger durch die Kapetinger, Wikingereinfälle). Eine wichtige Quelle war für ihn das Werk von > Flodoard von Reims. Ab dem Berichtsjahr 969 beruht es auf eigenen Recherchen.

Das Werk ist dank eines 1833 in der Bibliothek Bamberg gefundenen Manuskripts erhalten geblieben.

Deutsche Übersetzung (K. v. Osten-Sacken) online: *Richers vier Bücher Geschichte*. Die Geschichtsschreiber der deutschen Vorzeit 37; Leipzig; 1891.

Lateinischer Quelltext und deutsche Übersetzung auf CD-ROM mit Abfrage-Software: Müller, Th. (Herausgeber): *Quellensammlung zur mittelalterlichen Geschichte – Zweite Fortsetzung – Continuatio secunda fontium medii evi*; MA II; Verlag Heptagon; Berlin; 2008.

Französische Übersetzung (J. Guadet): *Richer: Le coup d'état capétien (888-997)*, Éditions Paleo; Clermond-Ferrand; 2011.

## Rig-Veda

Indisches Versepos („Wissens-Verse") mit historischem Hintergrund. Mitte des 2. Jahrtausends vor Christus in Sanskrit verfasst, Es ist nach den > Annalen des Anitta eines der ältesten in indoeuropäischer Sprache verfassten Werke. Es besingt die Landnahme der indoeuropäischen Aryer (halbnomadische Viehzüchter, Bronzewaffen, noch ohne Götterbilder) im Punjab während der auslaufenden Bronzezeit.

Deutsche vollständige Übersetzung (Karl Friedrich Geldner): *Rig-Veda: Das Heilige Wissen Indiens*; 1923. Neu herausgegeben von Peter Michel; Marix-Verlag; 2008.

## Rigord (Rigordus)

Französischer Kirchenmann und Geschichtsschreiber (ca. 1150 bis ca. 1209). Vermutlich in Südfrankreich geboren. Trat in das Kloster von Argenteuil ein und lebte dann in der Abtei von Saint-Denis (heute Vorort von Paris).

Er verfasste eine Kurzchronographie der französischen Könige (*Regis Francorum chronographus*).

Sein Hauptwerk ist eine Geschichte der Regierungsjahre Königs Philipps II. (*Gesta Philippi Augusti*), die er nur für die Berichtsjahre 1179 bis 1206 vollenden konnte (Philipp II. starb 1223, d. h. er überlebte den Autor um mehr als ein Jahrzehnt). Rigord überhöhte die moralische Statur des Königs (dem er das Epitheton „Augustus" verlieh und den er sogar als Heiligen postulierte, obwohl jener seine Gemahlin Ingeborg von Dänemark jahrelang in schwerer Kerkerhaft hielt, um ihr die Einwilligung zur Scheidung zu erpressen); sein Werk ist trotzdem die wichtigste Quelle über diesen Zeitabschnitt der Geschichte Frankreichs.

> Wilhelm der Bretone setzte die Gesta Philippi Augusti bis zum Berichtsjahr 1220 fort. Das so ergänzte Werk ist in der Folge in die > Annalen von Saint-Denis und folglich in die > Grandes Chroniques de France aufgenommen worden.

Französische Übersetzung: *Rigord: Vie de Philippe II Auguste;* Éditions Paleo; Clermond-Ferrand; 2011.

## Rikkokushi

Sammlung von sechs japanischen Geschichtswerken (daher „Sechs Reichsgeschichten"), die den Zeitraum von den mythischen Anfängen bis zum Jahr 887 abdecken:

| Reichsgeschichte | Berichtszeitraum | Verfasst |
| --- | --- | --- |
| Nihongi | Urzeit bis 697 | 720 |
| Shoku Nihongi | 697 bis 791 | 797 |
| Nihon Koki | 791 bis 833 | 840 |
| Shoku Nihon Koki | 833 bis 850 | 869 |
| Nihon Montoku Tenno Jituroku | 850 bid 858 | 879 |
| Nihon Sandai Jitsuroku | 858 bis 887 | 901 |

Englische Übersetzung (J. S. Brownlee): *The Six National Histories of Japan;* UBC Press, University of Tokyo Press; 1991.

## Rimbert (Rimbertus)

Flämischer Kirchenmann und Geschichtsschreiber (830 bis 888).

Vermutlich in T(h)orhout (Westen Flanderns) [51 4N 3 6E] geboren, trat in das dortige Benediktinerkloster ein, wurde dann Bischof von Bremen. Missionierte in Skandinavien.

Die von ihm um 876 abgeschlossene Biographie seines Vorgängers Ansgar auf dem Bischofsstuhl (*Vita sancti Anscharii*) enthält unikale Informationen über das Skandinavien des 9. Jh. und speziell über das Skandinavien des 9. Jh. und im Einzelnen über die schwedische Invasion des Kurlands von 855.

> Deutsche Übersetzung (J.C.M. Laurent, W. Wattenbach): *Leben der Erzbischöfe Anskar und Rimbert*; Geschichtsschreiber der deutschen Vorzeit 22; Nachdruck durch Book on Demand.
> Lateinischer Quelltext und deutsche Übersetzung auf CD-ROM mit Abfrage-Software: Bogon, W. (Herausgeber): *Quellensammlung zur mittelalterlichen Geschichte*; MA I; CD-ROM; Verlag Heptagon; Berlin; 1999.
> Becher, Matthias, „Rimbert", in: Neue Deutsche Biographie 21 (2003), S. 624 [Onlinefassung]; URL: http://www.deutsche-biographie.de/pnd118601040.html

## Robert der Mönch (Robert von Reims; - von Saint-Remi; - le Moine)

Französischer Mönch und Geschichtsschreiber, Seliger der katholischen Kirche (ca. 1055 bis 1122).

Wurde Abt des Klosters von Saint-Remi bei Reims; wurde zweimal abgesetzt und starb als einfacher Mönch.

Erhielt von seinem Abt den Auftrag > Gesta Francorum (Geschichte des 1. Kreuzzugs) zu überarbeiten, dessen „grober Stil" anstößig sei; hintergründig war vermutlich die Intention, die Rolle der Kirche stärker hervorzuheben. Demzufolge gibt seine um 1122 fertiggestellte *Historia Iherosolimitana* die vom Papst Urban II. auf dem Konzil von Clermont-Ferrand (1095) gehaltene flammende Rede wieder; Robert der Mönch erwähnt, davon Augenzeuge gewesen zu sein.

> Englische Übersetzung (C. Sweetenham): *Robert the Monk's History of the First Crusade: Historia Iherosolimitana*; Ashgate; 2006.
> Französische Übersetzung (F. Guizot): *Robert le Moine: Histoire de la première croisade (1095-1099)*; Éditions Paleo; Clermond-Ferrand; 2011.

## Robert von Torigni (Thorigny)

Normannischer Mönch und Geschichtsschreiber lateinischer Sprache (1106 bis 1186).

Geboren in Torigni-sur-Vire (Normandie) [49 2N 0 59W]. Trat 1129 in den Benediktinerorden ein, war ab 1149 Abt von Notre Dame du Bec (Normandie) [49 14N 0 43E] und ab 1154 Abt von Mont-Saint-Michel (Normandie) [48 38N 1 31W].

Er erweiterte die von > Wilhelm von Jumièges begonnene und von > Odericus Vitalis fortgesetzte *Gesta Normannorum Ducum* um den Berichtszeitraum 1100 bis 1186.

> Französische Biographie: Yves Sandre: *L'abbé du Mont-Saint-Michel, Robert de Torign 1106-1186*; Éditions Siloë; Nantes; 2004.
> Englische Übersetzung (E. M.C. Van Houts): *The Gesta Normannorum Ducum of William of Jumièges, Orderic Vitalis and Robert of Torigni*; Oxford University Press; Oxford; 1995.

## Rodulfus Glaber (Radulfus Glaber; Raoul Glaber; Rudolf der Kahle)

Französischer Kirchenmann und Geschichtsschreiber (ca. 985 bis ca. 1050).

In Burgund geboren, wurde er wegen Ungehorsam als Zwölfjähriger dem Benediktinerkloster Saint-Léger-de-Champeaux [47 19N 5 22E] übergeben aber bald von dort wegen Streitsucht ausgewiesen; wechselte so mehrere Male das Kloster. Im Jahr 1028 begleitete er seinen damaligen Abt auf einer Reise nach Italien. Er lebte seine letzten Jahre im Kloster von Saint-Germain d'Auxerre [47 48N 3 34E].

Rodulfus verfasste um 1047 in Cluny auf Mittellatein eine Zeitgeschichte für den Berichtszeitraum von 900 bis 1044 der nachträglich die Titel *Historiarum libri quinque ab anno incarnationis DCCCC usque ad annum MXLIV* oder *Historiae* zugewiesen worden sind. Sein Werk ist das wichtigste Zeugnis der in Europa eingetretenen Millennium-Panik und der ersten Hälfte des 11. Jh.

> Lateinischer Quelltext und englische Übersetzung (John France, Neithard Bulst, Paul Reynolds): *The Five Books of the Histories and The Life of St. William*; Oxford University Press; Oxford; 1990.
> Lateinischer Quelltext und französische Übersetzung (Edmond Pognon): L'an mille. Oeuvres de Liutprand, Raoul Glaber, Adémar de Chabannes, Adalberon [et] Helgaud. Mémoires du passé pour servir au temps présent;Paris; 1947.
> Französische Übersetzung (F. Guizot): *Raoul Glaber: Chronique de l'an mil*; Éditions Paleo; Clermond-Ferrand; 2011.

## Roger von Hoveden

Englischer Geschichtsschreiber (1174 bis 1201).

Vermutlich in Howden (Yorkshire/England) [53 45N 0 52W] geboren. Hofbeamter des normannisch-englischen Königs Heinrich II. (1133 bis 1189). Begleitete von 1191 bis 1192 Richard Löwenherz auf dem 3. Kreuzzug.

Er schrieb in lateinischer Sprache eine Geschichte der Taten seiner zwei Gönner (*Gesta Regis Henrici II - Gesta Regis Ricardi),* die den Zeitraum von 1169 bis 1192 behandelt.

Dann verfasste er unter dem Titel *Annales* eine Geschichte Englands, ebenfalls in lateinischer Sprache, die den Zeitraum von 732 bis zu seiner Gegenwart betrifft. Bis zum Berichtsjahr 1192 handelt es sich um eine Abschrift von Chroniken bzw. seines Erstlingswerks; für den Zeitraum von 1192 bis 1201 birgt das Werk neue Informationen.

> Englische Übersetzung der Annalen online: http://www.medievalist.globalfolio.net/eng/h/hoveden-annales-1/index.php

## Roger von Wendover

Englischer Kirchenmann und Geschichtsschreiber (? bis 1236).

Vermutlich in Wendover (Buckinghamshire, England) [51 46N 0 45W] geboren. Mönch der Benediktinerabtei St. Albans (Hertfordshire, England)[51 45N 0 20W]

Er verfasste eine Weltchronik *Flores Historiarum* („Blumen der Geschichte"), die bis 1234 reichte. Sie wurde von nachfolgenden Klosterbrüdern der Abtei (> Matthäus Paris, > Wilhelm Rishanger und > Thomas Walsingham) bis zum Berichtsjahr 1392 fortgesetzt.

## Römische Annalisten

Ab dem -2. Jh. brachten Privatleute, meist Politiker, die sich im Ruhestand durch Annalen ins rechte Licht der Geschichte rücken wollten, den Inhalt der > Fasti Consulares in Buchform heraus, wohl mit Informationen aus anderen Quellen ergänzt.

Zu den Älteren Annalisten zählen L. > Cassius Hemina, L. > Calpurnius Piso Frugi, Cn. > Gellius, > Vennonius. Als Jüngere Annalisten bezeichnet man > Aelius Tubero, > Claudius Quadrigarius, > Valerius Antias, C. > Licinius Macer.

Die ersten römischen Geshichtsschreiber, die den traditionell buchhalterischen Stil der Annalistik verließen waren Gaius > Fannius, > Coelius Antipater und > Fabius Pictor.

Der Nachteil dieser Darstellungsweise war, dass damit jahrübergreifende Zusammenhänge kaum darstellbar waren, wie bereits > Diodorus Siculus (20, 43,7) festgestellt hat. Nach Aussage von > Livius hatte sich die lateinische Sprache zu seiner Zeit bereits so weit fortentwickelt, dass die Annalen kaum noch lesbar waren. Dies induzierte die Abfassung von Geschichtswerken in zeitgenössischer lateinischer Sprache und das allmähliche Invergessenheitgeraten der Annalen.

## Romulad / Romoald von Salerno (Romualdo II Guarna)

Süditalienischer Arzt, Kirchenmann und Geschichtsschreiber (ca. 1115 bis ca. 1181).

In Salerno aus der adligen Familie Guarna geboren. War anfänglich als Arzt tätig, wurde dann Geistlicher und diente im diplomatischen Dienst des Papstes und dann Wilhelms I. von Sizilien. War ab 1153 Bischof von Salerno. Als ranghöchster Geistlicher des süditalienischen Normannenreichs war er an der Vormundschaft des minderjährigen Wilhelm II. beteiligt und krönte ihn 1167 in Palermo. Nahm 1179 am Laterankonzil teil, der die Albigenser und Katharer verurteilte.

Verfasste eine Weltchronik (*Chronicon sive Annales*), die bis zum Berichtsjahr 1178 reicht. Bis zum Berichtsjahr 839 handelt es sich um eine Zusammenfassung althergebrachter Fakten; ab dann enthält es wertvolle unikale Informationen. Bei den zeitgenössischen Ereignissen an denen er mitgewirkt hat, konnte er der Versuchung der Selbstbeweihräucherung nicht standhalten.

> Lateinischer Quelltext: *Romoaldi II archiepiscopi Salernitani Annales*; Wilhelm Arndt (Hrsg.) in > Monumenta Germaniae Historica, SS XIX (Seiten 387–461); Hannover; 1866.
> 
> Lateinischer Quelltext: *Romualdi Salernitani Chronicon*; in: Muratori, L. A.: Rerum Italicorum Scriptores - Raccolta degli storici italiani dal cinquecento al millecinquecento; Vol. VII; Zanichelli; 1977.
> 
> Deutsche Übersetzung (F.-J. Schmale) von Auszügen in Monumenta Germaniae Historica SS 29; FvS 17a.

## Rote Annalen (> Tshelpa Künga Dorje)

## Rudolf von Ems

Deutscher Dichter und Geschichtsschreiber (ca. 1200 bis ca. 1254).

Aus vorarlbergischem Hochadel in Hohenems (Vorarlberg) geboren. Diente den Grafen von Montfort und starb vermutlich während des Italienzugs Konrads IV. (1252 bis 1254).

Nahm die Arbeiten zu einer Weltchronik auf, die er nur bis Salomo schreiben konnte. Es handelt sich um die erste in deutscher Sprache verfasste Weltchronik.

> Deutsche Übersetzung (Gustav Ehrismann, Hrsg.): *Rudolf von Ems, Weltchronik*. Aus der Wernigeroder Handschrift; Weidmann; Dublin; 1967.
> 
> Weigele-Ismael, Erika, „Rudolf von Ems", in: Neue Deutsche Biographie 22 (2005), S. 194-195 [Onlinefassung]; URL: http://www.deutsche-biographie.de/pnd118603736.html

## Rufius Festus, Sextus

Römischer Hofbeamter und Geschichtsschreiber (ca. 320 bis ca. 390).

Diente unter Kaiser Valens (der 378 bei Hadrianopolis fiel). Erhielt vals „magister memoriae" von deisem (anlässlich des 373 ausgebrochenen Kriegs gegen Persien) den Auftrag, die territoriale Expansion Roms noch stärker zusammenzufassen (und zu rechtfertigen), als es dem ebenfalls von Valens beauftragten > Eutropius gelungen war.

Sein Werk *Breviarium rerum gestarum populi Romanis* („Zusammenfassung der Taten des römischen Volkes") fasst in 30 Kapiteln die territoriale Expansion des Römischen Reichs während der Kaiserzeit bis in seine Gegenwart (also den Zeitraum von -30 bis 372) in einem Viertel des Umfangs des > Eutropius zusammen. Dabei bewies Festus eine Gabe, das Wesentliche zu erkennen. Nur die Hälfte (der zweite Teil des Werkes bis Jovian, 364) ist erhalten.

Zu den Quellen des Rufius gehörte vermutlich auch die hypothetische > Enmannsche Kaisergeschichte.

Auf seinem Werk haben > Ammianus Marcellinus, > Isidor von Sevilla und > Jordanes Geta aufgebaut.

> Metzler Lexikon antiker Autoren: Artikel von Friedhelm L. Müller.
> Lexikon der Alten Welt: Artikel von G. Calboli.
> Französische Übersetzung (Marie-Pierre Arnaud-Lindet): *Abrégé des hauts faits du peuple Romain*; Les Belles Lettres; Paris; 1994.
> Englische Übersetzung (Th. M. Banchich, J. A. Meka) online: http://www.roman-emperors.org/festus.htm

## Rufius Festus Avienus (> Avienus, Postumius Rufius Festus)

## Rufus, Cluvius (> Cluvius Rufus)

## Rufus, Publius Rutilius (> Rutilius Rufus, Publius)

## Rufus, Quintus Curtius (> Curtius Rufus, Quintus)

## Rutilius Namatianus, Claudius

Spätrömischer Dichter des 5. Jh.

Vermutlich aus Südgallien (Toulouse?) stammend, Heide. Bekleidete in Rom im Jahr 414 (6 Jahre nach der Plünderung der Stadt durch die Westgoten) das Amt des „praefectus urbi". Im October 417 musste er sein Amt niederlegen und in seine Heimat zurückkehren, vermutlich um dort die von den Westgoten erwirkte Landzuteilung zu überwachen. Historiographisch interessant ist sein Epos *De Reditu Suo* über jene" seine Heimfahrt", in dem er seine der Küste entlang durchgeführte Rückreise nach Südgallien geschildert hat. Erhalten geblieben ist nur der anfängliche Reiseabschnitt bis Albenga. Darin gab er interessante Bemerkungen zum Verwüstungszustand einiger Städte und Infrastrukturen ab, sowie über zeitgenössische Politiker (v.a. Stilicho).

Rutilius Claudius Namatius kann als einer der letzten römischen historiographisch relevanten Autoren betrachtet werden. In den Versen, mit denen er sich im Jahr 415 von der Stadt Rom verabschiedete, preiste er die Verbreitung der Rechtsstaatlichkeit als die Hauptleistung Roms, das damit „aus der Welt eine einzige Stadt" gemacht habe.

Lateinischer Quelltext: E. Doblhofer (Hrsg.): Heidelberg; 1972 und 1977.
Englische Übersetzung (Harold Isbell): *The Last Poets of Imperial Rome*; Harmondsworth; 1971
Französische Übersetzung: *Rutilius Namatianus: Le Retour en Gaule (419)*; Éditions Paleo; Clermond-Ferrand; 2011.
Italienische Übersetzung (A. Fo): *Rutilio Namaziano: Il ritorno*; Einaudi; 1993.

## Rutilius Rufus, Publius

Römischer Politiker, Jurist und Geschichtsschreiber (-154 bis -78).

Diente ab -134 im Numantischen Krieg (wo er vielleicht Polybios kennen lernte) und -109 im Jugurtinischen Krieg (wo er sich in der Schlacht von Muthul besonders auszeichnete). Wurde -105 nach der römischen Niederlage gegen die Kimbern (Arausio) zum Konsul gewählt, führte Militärreformen (v.a. der Ausbildung) durch und unterstützte seinen Nachfolger Marius bei deren Fortsetzung. Diente -94 als Legat in Asien, wo er die Korruption der römischen Steuerpächter (aus dem Ritterstand) bekämpfte; wurde deshalb -92 mit falschen Beschuldigungen vom Verwaltungsgericht in Rom (deren Richter alle aus dem Ritterstand stammten) verurteilt und ging nach Mytilene und dann Smyrne ins Exil, wo er auch nach seiner Rehabilitation bis zu seinem Tode blieb. Publius Rutilius Rufus war ein Großonkel Caesars.

Im Exil verfasste er auf Griechisch eine Autobiographie in 5 Bänden und eine Geschichte Roms, die hauptsächlich die Zeitgeschichte fokussierte (einschließlich des Numantinischen Krieges, also mindestens bis -133), von denen nur Fragmente erhalten sind. Er schrieb auch juristische Abhandlungen (bahnbrechende Neuerungen des Konkursrechts), von denen Teile in die Digesten eingegangen sind.

Cicero, > Titus Livius, > Velleius Paterculus und > Valerius Maximus erwähnten ihn voller Bewunderung.

Griechischer Quelltext und deutsche Übersetzung: Beck, H, Walter, U.: *Die Frühen Römischen Historiker, Band 2. Von Coelius Antipater bis Pomponius Atticus*; 1. Auflage; Wissenschaftliche Buchgesellschaft; Darmstadt; 2004.

## Ruy Gonzales de Clavijo

Spanischer Diplomat und Geschichtsschreiber gestorben 1412).

Brach 1403 im Auftrag des Königs Enrique III. von Kastilien auf, um mit Tarmelan ein Bündnis gegen die Osmanen auszuhandeln. Über Konstantinopel, Trapezunt, Armenien und Aserbaidschan erreichte er im Folgejahr Samarkand, wo er Tamerlan nur wenige Monate vor dessen Tod noch erreichen konnte; nach drei Monaten trat er die Rückreise an.

Sein Bericht *Vida y hazañas del Gran Tamorlán, con las descripción de las tierras de su imperio y señorío* („Leben und Taten des Großen Tamerlan, mit einer Beschreibung seines Reichs und Länder") wurde erst 1582 veröffentlicht.

Spanische Übersetzung online:
http://bib.cervantesvirtual.com/servlet/SirveObras/12593175330140403087846/
Französische Übersetzung (L. Kehren): *La route de Samarkand au temps de Tamerlan*; Imprimerie Nationale; 2006.

## Saba Malaspina

Italienischer Kirchenmann und Geschichtsschreiber (13. Jh.).

Aus der adligen Sippe der Malaspina. War päpstlicher Sekretär (Johannes XXI.) und dann Bischof von Mileto (Kalabrien) [38 37N 16 4E].

Er verfasste eine Zeitgeschichte Siziliens (*Rerum sicularum libri*), welche den Zeitraum von 1250 bis 1276 aus der Sicht des Kirchenstaats abdeckt.

> Lateinischer Quelltext online (aus der Quellensammlung ALIM):
> http://www.uan.it/Alim/Letteratura.nsf/%28volu-miID%29/B512DBE04AB361D4C12573CD005725B5!opendocument&vs=Autore
> Lateinischer Quelltext und deutsche Übersetzung: Koller, W.; Nitschke, A. (Hrsg.): *Die Chronik des Saba Malaspina;* Monumenta Germaniae Historica, Scriptores, T.35: Bd 35; Nachdruck: Hahnsche Buchhandlung; 1999.

## Sächsische Weltchronik

Zwischen ca. 1225 und ca. 1275 in mittelhochdeutscher Prosa vermutlich im Erzbistum Magdeburg verfasste Chronik, von der Schöpfung der Welt bis zur Gegenwart der Autoren. Zu den Quellen gehörte die > Kaiserchronik.

> Menzel, M.: Die sächsische Weltchronik - Quellen und Stoffauswahl; Sigmaringen; 1985.
> Lateinischer Quelltext und deutsche Übersetzung auf CD-ROM mit Abfrage-Software: Müller, Th., Pentzel, A. (Herausgeber): *Quellensammlung zur mittelalterlichen Geschichte – Fortsetzung - Continuatio fontium medii evi*; MA II; Verlag Heptagon; Berlin; 2000.

## Sadr-al-din Hosayni (> Chronik des Seldschukischen Reichs)

## Saemundur Sigfusson Frodi (der Gelehrte)

Isländischer Kirchenmann und Geschichtsschreiber (1056 bis 1133).

Aus adliger Familie in Oddi (Süden von Island) [63 46N 20 24W] geboren, studierte er als erster Isländer im Ausland (vermutlich in Frankreich).

Die von ihm in lateinischer Sprache verfasste *Geschichte der Könige Norwegens* ist verloren gegangen, es diente aber nachfolgenden Geschichtsschreibern als Quelle, darunter vermutlich dem > Ari Thorgilsson Frodi sowie dem > Snorri Sturluson.

## Safi al-Asqalani (> Ibn Abd Az-Zahir)

## Said ibn-Batriq (> Eutychios von Alexandrien)

## Salimbene de Adam da Parma (Salimbene Parmensis)

Italienischer Mönch und Geschichtsschreiber (1221 bis ca.1290, also eine Generation vor Dante Alighieri).

In Parma aus wohlhabender Familie geboren (Taufname Omnebonum, nach seinem französischen Taufpaten auch Balianus de Sagitta genannt), trat er gegen den Willen der Eltern mit 17 Jahren als Fra' Salimbene in den Franziskanerorden ein und verbrachte sein Leben in den Klöstern von Florenz, Ravenna, Reggio Emilia, Lucca, Parma, Genua, Ferrara und Reggio Emilia. Auf Reisen lernte er persönlich bedeutende Persönlichkeiten seiner Zeit kennen: Innozenz IV., Ludwig IX., Friedrich II.

Von seinen Geschichtswerken ist nur die um 1282 in lateinischer Sprache verfasste *Cronica* erhalten. Sie beschreibt die Geschichte Italiens für den Zeitraum von 1168 bis 1287; dabei streut er prägnante Charakterbeschreibungen der Akteure ein (darunter Friedrichs II.), die seiner Meinung nach allesamt schweres Unheil über die Bevölkerung herbeigeführt haben. Viele der politischen Persönlichkeiten seiner *Cronica* sind auch Akteure der Göttlichen Kommödie von Dante Alighieri.

Seine wichtigste Quelle war > Sicardo da Cremona.

Mit seiner Scharfsinnigkeit erinnert Salimbene an seinen um eine Generation älteren normannischen Zeitgenossen > Ordericus Vitalis. Wegen der lebhaften Schilderung und weil das Werk eine ergiebige Fundgrube von Informationen ist, erfreut es sich bis heute einer relativ großen Beliebtheit.

> Lateinischer Quelltext onlibe (Quellensammlung ALIM):
> http://www.uan.it/Alim/Letteratura.nsf/%28volu-
> miID%29/79639A883D5C4E9CC1256D4F004126CF!opendocument&vs=Autore
>
> Deutsche Übersetzung (A. Doren): *Die Chronik des Salimbene von Parma*, 2 Bände; Geschichtsschreiber der deutschen Vorzeit 93 und 94; Leipzig 1914.
>
> Englische Übersetzung (J. L. Baird, G. Baglivi, J. R. Kane): *The Chronicle of Salimbene de Adam*; Binghamton; New York: Center for medieval and early renaissance studies; 1986.
>
> Übersetzung ins Italienische (C.Tonna): *Salimbene de Adam, Cronaca*; Diabasis; Reggio Emilia; 2001 (2. Ausg. 2006)

## Sallustius Crispus, Gaius (Sallust)

Römischer Politiker und Geschichtsschreiber (-86 bis ca. -34).

In Aminternum (Ruinen bei San Vittorino, Abruzzen) [42 24N 13 18E] aus adliger Familie geboren. Wurde in Rom Tribun und Senator, -50 vermutlich im Zusammenhang mit einem Ehebruchskandal aus dem Senat ausgestoßen. Nahm am Bürgerkrieg als Parteigänger Caesars teil, der ihn -46 mit der Statthalterschaft der Africa Nova belohnte, an der er sich ungemein bereicherte und die ihm Gerichtsvergahren einbrachten, welche seiner politischen Karriere ein Ende setzten. Nach Caesars Ermordung (-44) zog er sich auf sein luxuriöses Anwesen auf dem Monte Pincio in Rom zurück, heute bei der Spanischen Treppe), wo er seine Geschichtswerke niederschrieb.

Sein um -42 veröffentlichtes Werk *De coniurationae Catilinae* („Über die Verschwörung des Catilina") schildert den -63 bis -62 stattgefundenen Aufstand des Catilina. Es ist vollständig erhalten. Darin verteidigt Sallust die Interessen Caesars; so schwärzt er Pompeius an und vertuscht, dass Caesar einer der Hintermänner der Verschwörung des Catilina gewesen war.

Sein im Jahre -40 veröffentlichtes Werk *De bello Iugurthino* („Über den Krieg mit Jugurtha") schildert den Krieg gegen Jugurtha (-111 bis -105) und ist ebenso vollständig erhalten. In ihm prangert er die Habgier der senatorialen Aritokratie und rechtfertige die vom Geldadel (Rittertum) und den Plebäern betriebene Einverleibung Nordafrikas.

Von seinem unvollendetzen fünfbändigen Werk *Historiae*, mit dem er das gleichnamige Werk des C. Cornelius > Sisenna ab dem Berichtsjahr -78 fortsetzte, sind nur Fragmente erhalten. Darin zeichnete er in brillanter Form ein überzeichnetes Bild der generellen Verkommenheit der spätrepublikanischen Gesellschaft (aus der er sich allerdings selbst nicht hatte rausgehalten können).

> Asconius verfasste eine verloren gegangene Biographie des Sallustius.

> Metzler Lexikon antiker Autoren: Artikel von G. Krapinger.
>
> Lexikon der Alten Welt: Artikel von K. Büchner.
>
> Lateinischer Quelltext und deutsche Übersetzung (W. Eisenhut, J. Lindauer): *Sallust: Werke* („*De coniurationae Catilinae*", „*De bello Iuguthino*"; Fragmente der „*Ex Historiis*",

*"Epistulae ad Caesarem"*); Artemis&Winkler; Zürich; 1994.
Lateinischer Quelltext und deutsche Übersetzung (K. Büchner): *Sallust: Bellum Jugurthium / Krieg mit Jugurtha*; Reclam, Stuttgart.
Lateinischer Quelltext und deutsche Übersetzung (K. Büchner): *Sallust: De coniuratione Catilinae / Die Verschwörung des Catilina*; Reclam, Stuttgart.
Lateinischer Quelltext und deutsche Übersetzung (O. Leggewie): *Sallust: Historiae / Zeitgeschichte; Fragmenta es proemio / Bruchstücke aus der Vorrede*; Reclam, Stuttgart.
Französische Übersetzung aller erhaltenen Werke (C. du Rozier): *Salluste: Œuvres complètes: Guerre de Jugurtha; Conjuration de Catilina; Histoire romaine; Lettres à César du Pseudo-Salluste*; Éditions Paleo; Clermond-Ferrand; 2010.

## Samarqandi (> Abd al Razzaq)

## Samguk Sagi (> Kim Busik)

## Sanchuniathon

Phönikischer Schriftsteller (ca. 7-12. Jh.).

Ein von > Herennios Philon im 1. Jh. zitierter phönizischer Autor, der vor dem Trojanischen Krieg gelebt haben soll. In dessen Werk, das er ins Griechische übersetzt habe, befänden sich Aussagen, dass die griechische Mythologie aus der phönizischen geschöpft habe, was sich mit neuesten Funden in Ugarit und mit modernen, sprachwissenschaftlich fundierten Theorien deckt. Ein weiteres Werk habe sich mit der phönizischen Schrift befasst.

## Saxo Grammaticus

Dänischer Kirchenmann und Geschichtsschreiber (ca. 1140 bis 1220).

Auf der Insel Seeland (Dänemark) geboren. Er verfasste zwischen 1185 und 1223 die *Gesta Danorum* („Taten der Dänen"), eine 16-bändige Geschichte Dänemarks in fehlerfreiem und stilvollem Latein (was ihm die Bezeichnung „Grammaticus" einbrachte). Sie beschreibt den Zeitraum vom legendären König Dan I. (Zeitgenosse des Augustus) bis zum Berichtsjahr 1187.

Es ist dies das erste historische Werk über Dänemark und zugleich der erste dänische Beitrag zur Weltliteratur. Darin hebt der Autor den positiven Einfluss der Kirche hervor. Das Werk enthält u. a. die Sage von Hamlet und jene des Apfelschusses.

Es ist unklar, inwieweit Saxo Grammaticus und sein zeitgenössischer Vorläufer > Sven Aggensen Informationen ausgetauscht haben.

Deutsche Übersetzung (H.-J. Hube): Saxo Grammaticus – Der berühmte mittelalterliche Geschichtsschreiber berichtet in 9 Büchern von unseren nordischen Vorfahren; Marixverlag, Wiesbaden, 2004.
Englische Übersetzung online.: http://omacl.org/DanishHistory/

## Sayf ibn Umar, Usayyidi Tamini

Arabischer Geschichtsschreiber gestorben ca.796).

In Kufa (Irak) aus dem arabischen Stamm der Banu Tamim geboren.

In seinem Buch *Kitab al-Jamal wa mansir Aisha wa Al* beschrieb er die Vorgänge der Ermordung von Othman ibn Ahhan im Jahr 656, des Gefährten und dritten Nachfolgers (Kalifen) des Propheten, welche die Teilung zwischen Sunniten und Schiiten ausgelöst haben.

Von einem weiteren Buch *Kitab Futuh al-Kabir wa Riddah* sind nur Fragmente erhalten.

Aus seinen Werken schöpften später Geschichtsschreiber wie > Abu Mikhnaf und > Al-Tabari.

**Schedel'sche Weltchronik** (> Hartmann Schedel)

**Schiltberger** (> Johannes Schiltberger)

**Schwarzer Basaltobelisk von Tell Nimrud** (> Annalen des Salmanassar III.)

**Scriptores Historiae Augustae** (> Historia Augusta)

## Sebeos

Armenischer Kirchenmann und Geschichtsschreiber (ca. 625 bis ca. 675).

Ihm wird von der armenischen Tradition die „*Geschichte des Herakleois*" (des byzantinischen Herrschers) zugeschrieben, welche die Ereignisse während des Zeitraums von 450 bis 661 in Armenien und seiner Nachbarreiche (Byzantinisches Reich, Sasanidenreich) und im gesamten Nahen Osten schildert. Viele Historiker zweifeln an dieser Autorenschaft und bezeichnen deshalb den Autor als „Pseudo-Sebeos".

Das Werk ist die wichtigste nichtarabische Quelle über die Anfangsphase der islamischen Expansion.

Englische Übersetzung (Robert W. Thomson) und Kommentierung (James Howard-Johnston): *The Armenian History Attributed to Sebeos*; 2 Bände; Translated Texts for Historians; Liverpool University Press; Liverpool; 1999.

## Sempronius Asellio, Publius

Römischer Politiker und Geschichtsschreiber (ca. -158 bis ca. -91).

Nahm am Numantinischen Krieg (-134 bis -133) als Militärtribun teil.

Er schrieb im Alter die erste römische Zeitgeschichte (das heißt über einen begrenzten Zeitabschnitt der jüngsten Vergangenheit, ohne bis zur Gründung Roms auszuholen) mit dem Titel *Historiae* (auch *Libri rerum gestarum*) in mindestens 14 Bänden. Es beschreibt den Zeitraum von ca. -150 bis zur Ermordung des L. Drusus (-91) und kann somit als Fortsetzung des Werks des > Polybios beabsichtigt worden zu sein. Cicero kritisierte seinen schlichten Schreibstil. Das Werk ging bis auf 15 Fragmente verloren; erhalten sind einige Zitate durch andere Autoren.

C. Cornelius > Sisenna knüpfte an seinem Werk chronologisch an.

Die Fragmente lassen erkennen, dass Sempronius Asellio (wie auch > Fannius) den Versuch unternommen hat, sich von der in der römischen Geschichtsschreibung dominanten rhetorischen Ausrichtung (der das Publikumsinteresse priorisierte) zu lösen und sich der pragmatischen Ausrichtung des Polybios (die die Ursachenforschung und das Ziehen von Lehren für die Zukunft priorisierte) zuzuwenden [Ch. Reichardt (2008)].

Lexikon der Antike: Artikel von R. Till.
Lateinischer Quelltext und deutsche Übersetzung: H. Peter, *Historicorum Romanorum Reliquiae* (HRR) 179-184.
Lateinischer Quelltext und deutsche Übersetzung: Beck, H, Walter, U.: *Die Frühen Römi-*

schen Historiker, Band 2. Von Coelius Antipater bis Pomponius Atticus; 1. Auflage; Wissenschaftliche Buchgesellschaft; Darmstadt; 2004.

## Sempronius Tuditanus, Gaius.

Römischer Politiker und Geschichtsschreiber (ca. -170 bis ca.-100).
Sohn eines gleichnamigen Vaters. Quästor in -145, triumphierte als Konsul im Jahr -129 gegen die Japoden (Istrien).
Er verfasste eine Geschichte Roms (Historia), von der nur 9 Fragmente überliefert sind. Cicero lobte seinen Schreibstil.
    Lateinischer Quelltext und deutsche Übersetzung: H. Peter, Historicorum Romanorum Reliquiae (HRR) 143-147.
    Lateinischer Quelltext und deutsche Übersetzung: Beck, H., Walter, U.: Die Frühen Römischen Historiker- Bd.1; Von Antipater bis Cn. Gellius; 2, Auflage; Wissenschaftliche Buchgesellschaft; Darmstadt; 2005.

## Seneca, Lucius Annaeus, der Ältere

Römischer Rhetoriker und Geschichtsschreiber (-55 bis 40).
Aus begüterter Ritterfamilie in Corduba/Cordoba (Spanien), Vater des gleichnamigen Philosophen und Dramaturgen Seneca der Jüngere, Großvater des Dichters Lukan. Studien- und Besuchsaufenthalte in Rom.
Er verfasste eine Geschichte von den Bürgerkriegen bis zur Gegenwart, die vollständig verloren gegangen ist. > Appian und vermutlich auch > Florus schöpften daraus.

## Septuaginta

Eine, der Legende nach, von 70 jüdischen Gelehrten im Auftrag des Ptolemaios II. (-308 bis -246) angefertigte Übersetzung ins Griechische der Torah genannten ersten 5 Bücher (Mose) der jüdischen Bibel (> Tanach ).
Es war dies eine der ersten Übersetzungen eines umfangreichen Werks der Weltliteratur.
Später wurde der Name auf die griechische Übersetzung des gesamten Tanach angewandt.
Die Septuaginta bildete die Vorlage für die vom Kirchenvater > Hieronymus von Strido zwischen 385 und 429 überarbeitete und ergänzte Übersetzung ins Lateinische (> Vulgata).
    Metzler Lexikon antiker Autoren: Artikel von Timothy Janz.

## Sextus Aurelius Victor (> Aurelius Victor Afer, Lucius Flavius Sextus)

## Sextus Iulius Africanus

Römischer Gelehrter und Geschichtsschreiber (ca. 165 bis 240).
Vermutlich in Jerusalem geboren, verkehrte er mit vielen prominenten Zeitgenossen und hielt sich an vielen Orten des Römischen Reichs auf (in Rom wurde er mit der Einrichtung einer öffentlichen Bibliothek im Pantheon beauftragt). Erwirkte den Wiederaufbau von Emmaus als Nikopolis (heute Ruine 30 km W von Jerusalem)[31 50N 34 59E].
Er verfasste auf Griechisch die erste christliche Weltchronik (Chronographíae), die den Zeitraum von der Erschaffung der Welt („5500 Jahre vor Christi Geburt")

bis 221 erfasste. Dabei versuchte er als erster, die biblische Chronologie mit der griechisch-römischen zusammenzuführen. Von der Weltchronik sind nur Fragmente erhalten geblieben; sie diente späteren Autoren als Quelle, darunter > Eusebios von Caesarea, Georgios > Synkellos und im > Chronikon Paschale.

> Griechischer Quelltext und englische Übersetzung (W. Adler): Wallraf, M. (Hrsg.): *Iulius Africanus: Chronographiae. The Extant Fragments*; Die Griechischen Christlichen Schriftsteller Der Ersten Jahre; de Gruyter; Berlin; 2007.

## Sextus Rufius (> Rufius Festus)

## Shams-i Siraj Afif

Indischer Geschichtsschreiber arabischer Sprache (14. Jh).

In Abuhar (Punjab, Pakistan) [30 08N 74 12E] geboren.

Sein bedeutendstes Werk *Tarik-i Firoz Shahi* („Buch des Firoz Shahi) beschreibt die Regierung von Firuz Schah Tughluq, des Sultans von Delhi von 1351 bis 1388. Der Autor hatte ein Mitgefühl für das Elend der Massen und das Leiden der Frauen.

> Englische Übersetzung: Elliot, H. M., John Dowson: *The History of India, as Told by Its Own Historians. The Muhammadan Period;* Vol. 3; Trübner & Co.; London; 1867 bis 1877. Nachdruck Adamant Media Corporation; 2000.
> Online: http://archive.org/stream/cu31924073036737#page/n5/mode/2up
> Englische Übersetzung (H.M. Elliot, John Dowson): *Ziya'al-Din Barani: Tarikh-e Firuzshahi*. English: Tarikh-i-Firoz Shahia / Zia-ud Din Barni, Shams-i Siraj Afif; Sang-E-Meel Publications; Lahore, 2006.

## Shang-shu (Buch der Urkunden)

Eine Sammlung von Texten zu Schlüsselereignissen der chinesischen Geschichte von -2500 bis –621. Darunter viele Ansprachen und Ernennungen. Die Datierung der Niederschrift sowie die Historizität der frühesten Ereignisse sind umstritten. Drei Textversionen haben die 213 vom Kaiser Shi Huangdi angeordnete Bücherverbrennung überstanden.

## Sharaf ad-Din Ali Yazdi (Sharafuddin)

Persischer Geschichtsschreiber (ca. 1380 bis ca. 1450).

In Yazd (Zentrum Irans, vormaliges Zentrum des Zoroaster-Kults) [31 54N 54 22E] geboren. Zeitgenosse des Shah Ruch, dessen Jugendfreund er war, und Lehrer dessen Sohns Mirza Ibrahim Sultan. Wirkte um 1442 in Qom als Berater des Gouverneurs Mirza Sultan Muhammed.

Stellte um 1425 *Zafar Nama* („Buch des Sieges"), eine in persischer Sprache verfasste Geschichte der Timuriden fertig. Aus seinem Werk schöpfte u. a. > Abd al-Razzaq Samarqandi.

> Englische Übersetzung: Elliot, H. M., John Dowson: *The History of India, as Told by Its Own Historians. The Muhammadan Period;* Vol. 3; Trübner & Co.; London; 1867 bis 1877. Nachdruck Adamant Media Corporation; 2000.
> Online: http://archive.org/stream/cu31924073036737#page/n5/mode/2up

## Shen Yue

Chinesischer Geschichtsschreiber.

Sein um das Jahr 493 fertiggestelltes Werk behandelt die Geschichte der Liu-Song-Dynastie *(Songhu)* (420 bis 478) und bildet den Band 6 der Standardchronik der chinesischen Geschichte > Vierundzwanzig Dynastiegeschichten.

## Shihab Al-Din Ahmad Al-Nuwayri (> Al-Nuwayri)

## Shiji (> Vierundzwanzig Dynastiegeschichten)

## Sibt ibn al-Jawzi/Gauzi (Yusuf ibn Abd-Allah; Abu Muzaffar)

Arabischer Jurist und Geschichtsschreiber (ca. 1186 bis 1256).

In Bagdad aus renommierter Familie geboren (er war Neffe des Geschichtsschreibers > Ibn al-Jawzi). Er lebte dann in Mossul und schließlich Damaskus, wo er auf dem Hausberg Dschabal Qasiyun lebte und starb.

Er verfasste eine Weltgeschichte *Mir'at al-zaman fi ta'rikh al-a'ydn* („Spiegel der Zeiten") in acht Bänden. Darin schöpfte er unter anderem aus dem Werk des > Ibn al-Qalanisi. Es ist besonders für das 10. und 11. Jh. wertvoll, für die es an Quellen mangelt.

> Abu Shama schöpfte aus seinem Werk.

Deutsche Übersetzung der Übersetzung aus dem Arabischen ins Italienische von F. Gabrieli einiger Auszüge ( Details zur Belagerung von Damaskus /2. Kreuzzug / 1148 und zum Besuch Freidrichs II. in Jerusalem / 5. Kreuzzug /1229): siehe BIBLIOGRAPHIE (Gabrieli, F.; 1957).

## Sicardo da Cremona (Sicardus Cremonensis)

Italienischer Kirchenmann und Geschichtsschreiber (1155 bis 1215).

In Cremona geboren, studierte er in Bologna und Mainz; nahm 1203 am 4. Kreuzzug teil; war dann bis zum Lebensende Bischof seiner Geburtsstadt.

Seine Universalgeschichte *Chronica Universalis* reicht bis zum Jahr 1213. Aus ihr schöpfte > Salimbene da Adam.

Lateinischer Quelltext online (Quellensammlung ALIM): http://www.uan.it/Alim/Letteratura.nsf/%28volumiID%29/82191F5C527E03E7C12573D2003EF24E!opendocument&vs=Autore
oder (Quellensammlung Documenta Catholica Omnia):
http://www.documentacatholicaomnia.eu/04z/z_1155-1215__Sicardus_Cremoniensis_Episcopus__Chronicon__MLT.pdf.html

## Sidonius Apollinaris, Gaius Sollius Modestus

Gallorömischer Politiker, Kirchenmann, Literat und Geschichtsschreiber, katholischer Heiliger (ca. 432 bis ca. 479).

In Lyon aus galloromanischem Hochadel geboren, Schwiegersohn des in Arles zum Kaiser ausgerufenen Avitus (aus Avergne). Er war 468 Stadtpräfekt von Rom (wie 54 Jahre zuvor sein Landsmann > Rutilius Numatianus). Als Bischof von Clermont-Ferrand verteidigte er 471 bis 474 die Stadt gegen die Westgoten, wurde nach der gotischen Okkupation für ca. 2 Jahre in der Festung Julia Libyca /Puigcerda (Katalonien) [42 26N 1 56E] eingesperrt. Fand sich dann mit der Herrschaft der Westgoten ab und erwirkte seine Freilassung.

Seine ca. 150 Briefe sind eine wichtige Quelle über den Untergang des Römischen Reichs; sie waren eine der Quellen von > Gregor von Tours. Sidonius Apollinaris schrieb aus der Sicht der Opfer der germanischen Plünderungen und Landnahmen und wird deshalb von einigen Autoren als „einseitig" eingestuft.

Metzler Lexikon antiker Autoren: Artikel von Jens-Uwe Kause.
Eine vollständige Übersetzung des Werks ist in Buchform nur in französischer Sprache verfügbar (A. Loyen): *Sidonius Apollinaris*; 3 Bände; Paris; 1960-1970.
Englische Übersetzung: *Sidonius Apollinaris, Poems and Letters* (Latein. u. Engl. durch W.B. Anderson); 2 Bände., Loeb Classical Library, Cambridge, Ma. und London, 1936-

1965.
Englische Übersetzungen online der Briefe: http://www.tertullian.org/fathers/sidonius_letters_01book1.htm

## Siegebert von Gembloux (Sigebert de Gembloux, Sigebertus Gemblancensis)

Belgischer Kirchenmann, Enzyklopädist und Geschichtsschreiber (ca. 1030 bis 1112).

In Gembloux (Belgien) [50 34N 4 42E] geboren, trat er dem Benediktinerorden bei. Wirkte 25 Jahre als Leiter einer Klosterschule in Metz. Verbrachte seine letzten 40 Jahre in seiner Heimatstadt. Er setzte sich im Investiturstreit für die kaiserliche Seite ein.

Sein Hauptwerk ist eine Weltchronik (*Chronicon sive Chronographia*), die über den Zeitraum von 379 (Ende der Aktualisierung der Chronologie des > Eusebios von Caesarea durch > Hieronymus von Strido) bis 1112 berichtet. Nur die letzten 6 Berichtsjahre enthalten originale Informationen, für den überwiegenden Rest des Werkes handelt es sich um eine eher unzuverlässige Zusammenstellung uns überlieferter Quellen. Nicht desto trotz hat sich seine Weltchronik während des gesamten Mittelalters einer großen Verbreitung erfreut (bis hin zu einer gedruckten Ausgabe 1513) und vielen Geschichtsschreibern als Basis für eigene Werke gedient.

> Wilhelm von Nangis schöpfte stark aus der Weltchronik des Siegebert von Gembloux.

Für die Weltchronik des Siegebert von Gembloux ist keine Übersetzung in eine westeuropäische Sprache verfügbar.
Lateinischer Quelltext online: http://gallica.bnf.fr/ark:/12148/bpt6k57741807/f9.image

## Silenos von Kaleakte

Sizilianischer Geschichtsschreiber (-3./-2. Jh.).

In Kale Akte/Caronia (Sizilien) [38 1N 14 26E] geboren. War vermutlich ein Geschichtsschreiber Hannibals.

Er verfasste eine *Sikeliká* (Geschichte Siziliens) aus mindestens 4 Bänden. Die wenigen erhaltenen Fragmente deuten auf eine Karthago-freundliche Einstellung hin.

Vermutlich haben > Artemidoros von Ephesos, > Diodorus Siculus, > Coelius Antipater und > Polybios aus seinem Werk geschöpft.

Klaus Meister: Die griechische Geschichtsschreibung. Stuttgart 1990
Lexikon der Antike: Artikel von W. Spoerri.
Quelltexte der Fragmente: Felix Jacoby (Hrsg.): *Die Fragmente der griechischen Historiker II A*; Berlin; 1926 (Nachdruck: Leiden; 1961); Nr. 175.

## Silius Italicus, Tiberius Catius Asconius

Römischer Politiker und epischer Dichter (ca. 30 bis 100).

Nach einer politischen Laufbahn (Statthalter von Asia um 77) verfasste er in seinem Ruhestand ein 17-bändiges episches Werk *Punica*. Dabei schöpfte er vor allem aus > Valerius Antias und > Livius. Es ist dies kein historiographisch relevantes Werk (Fakten werden mit einem mythologischen Überbau verquickt), es hat jedoch seinerzeit zum Publikumsinteresse für historische Themen beigetragen.

Metzler Lexikon antiker Autoren: Artikel von Chr. Reitz.
Lexikon der Alten Welt: Artikel von M. von Albrecht.

## Sima Biao

Chinesischer Geschichtsschreiber (240 bis 305).
Er verfasste eine Fortsetzung der Geschichte der Späteren Han-Dynastie (*Xu Hanshu*). Diese diente als Vorlage für die Ergänzung des Werks des > Fan Ye.

## Sima Guang (Ssu-ma Kuang)

Chinesischer Geschichtsschreiber, Lexikograph und Beamter (1019 bis 1086).
Sein in 294 Bänden (mit 3 Millionen chinesischen Schriftzeichen) eingeteiltes Werk *Zizhi Tongjian* („Durchgehender Zeitspiegel zur Hilfe bei der Regierung") zwischen 1072 und 1084 verfasste Werk ist eine annalistische (streng chronologisch geordnete) Geschichte Chinas von -403 bis 959. Es ist das „größte, berühmteste und einflussreichste Werk des 11. Jh." (Gernet, 1972). Sein Werk entstand in Zusammenarbeit mit Liu Shu Liu Ban und Fan Zuyu, wobei u. a. aus dem Werk des > Chen Shou geschöpft wurde. Zukunftsweisend war seine Bemühung um vollständige Erfassung der Quellen und deren Kritik.

Der berühmte Philosoph **Zhu Xi** (1130 bis 1200) verfasste eine moralisierende Zusammenfassung *Tongjian gangmu*. **Li Tiao** (1115 bis 1184) verfasste eine Fortsetzung des Werks von Sima Guang für den Berichtszeitraum von 1127 bis 1130 unter dem Titel *Xu zizhitongjian*. **Yuan Shu** (1131 bis 1205) gliederte das Werk des Sima Guang unter dem Titel *Tonggjan jishi benmo* (Bericht über die Begebenheiten aus dem Durchgehenden Spiegel, von Anfang bis Ende) nach Sachgebieten um.

> Englische Übersetzungen der die Kriege mit den Xiongnu betreffenden Teile: Yap, Joseph P.: *Wars With The Xiongnu, A Translation from Zizhi tongjian*; AuthorHouse; Bloomington (Indiana); 2009.

## Sima Qian (Ssu-ma Ch'ien)

Chinesischer Geschichtsschreiber der Han- und Sung-Dynastie (-145 bis -90).
Folgte seinem Vater > Sima Tan (Ssu-ma T'an) im Amt des obersten Astronomen und Geschichtsschreibers des Reichs, womit auch er Zugang zum kaiserlichen Archiv hatte. Als er sich im Jahre -99 für den befreundeten General Li Ling einsetzte, der sich den Xiongnu hatte ergeben müssen, wurde er dafür auf Veranlassung des Kaisers Wu vor ein Kriegsgericht gestellt und wegen Majestätsbeleidigung zum Tode verurteilt (da ihm die Mittel für einen Freikauf fehlten, musste er sich mit der Wandlung der Todesstrafe in Kastrierung und drei Jahre Haft abfinden). Nach seiner Freilassung weigerte er sich, den unter derartigen Umständen erwarteten Selbstmord zu verüben, da er sich seinem Vater gegenüber verpflichtet sah, dessen Werk zu vollenden. Er setzte auf eine Rehabilitierung nach seinem Tod, wenn seine Schriften weltbekannt werden würden.

Er vollendete die Vorarbeit seines Vaters zur ersten in China verfassten Weltgeschichte aus. Sein Werk *Shiji* („Aufzeichnungen der Geschichtsschreiber") beschreibt in 130 Kapiteln den Zeitraum von dem vorgeschichtlichen Gelben Kaiser (ca. -2600) bis 95. Dabei nennt er das Jahr -841 als das älteste genaue Datum der chinesischen Geschichte. Das Werk besteht im Prinzip aus einer Sammlung von Biographien bedeutender Persönlichkeiten (Kaiser, Könige, Herzöge, Generäle, Beamte), in denen sich die historischen Ereignisse widerspiegeln. Zu seinen Quellen gehörten auch die verloren gegangenen Berichte des Zhang Qian, der von -139 bis -115 Zentralasien für die chinesische Welt entdeckt hatte.

Sima Qian hat mit seinem Stil die chinesische Geschichtsschreibung und damit auch die koreanische und japanische geprägt. Sein Werk wurde in der Folge von etwa 20 Autoren bis zum Berichtsjahr 1644 fortgesetzt und bildet somit den Band 1 des Standardwerks der chinesischen Geschichte > Vierundzwanzig Dynastiegeschichten.

> Watson, Burton: *Ssu-ma Ch'ien: Grand Historian of China*; Columbia University Press; New York;1958.
> Englische Übersetzung (Herbert J. Allen) der ersten drei Kapitel: Ssuma Ch'ien: *Including History of the Hsia Dynasty and Yin Dynasty*; Nachdruck; Forgotten Books; 2007
> Englische Übersetzung (Burton Watson) der 12 Kapitel über die Qin-Dynastie: *Records of the Grand Historian: Qin Dynasty*; 3rd edition; Columbia University Press; New York; 1995.
> Englische Übersetzung (Burton Watson) der Kapitel über die erste Hälfte der Han-Dynastie (ab 209): *Records of the Grand Historian: Han Dynasty I*; 3rd edition; Columbia University Press; New York; 1993.
> Englische Übersetzung (Burton Watson) der Kapitel über die zweite Hälfte der Han-Dynastie (i.w. Kaiser Wu): *Records of the Grand Historian: Han Dynasty II*; 3rd edition; Columbia University Press; New York; 1993.

## Sima Tan (Ssu-ma T'an)

Chinesischer Geschichtsschreiber (-165 bis -110).

Als oberster Astronom und Geschichtsschreiber des Reichs hatte er Zugang zum kaiserlichen Archiv. Er begann als erster Chinese mit der Verfassung einer Weltgeschichte, starb indes vor deren Vollendung. Sein Sohn und Amtsnachfolger > Sima Qian führte das Werk zu Ende.

## Simon de Keza (Simon Kézai/Keszi)

Ungarischer Kichenmann und Geschichtsschreiber (13. Jh.).

War Kapellan, Erzieher und Notar am ungarischen Hof.

Er verfasste um 1285 in lateinischer Sprache eine zweibändige Geschichte Ungarns *Gesta Hunnorum et Hungarorum*. Im Band 1 beschrieb er die Geschichte der Hunnen und versuchte, ihre Verwandtschaft mit den Magyaren mit Sagenelementen zu belegen, wobei er Aussagen des > Jordanes Geta widersprach; im Band 2 schilderte er die Landnahme der Magyaren und die Entwicklung Ungarns bis 1280. Dafür benutzte er deutsche, italienische und französische Quellen.

> Das Werk des Simon de Keza wurde ab dem 18. Jh. mehrmals ins Ungarische übersetzt, jedoch in keine westeuropäische Sprache.

## Sire Raul (Radolf / Radulf / Ralf / Ralph von Mailand)

Mailänder Geschichtsschreiber (ca. 1125 bis ca. 1200).

Vermutlich ein Mailänder Stadtschreiber, dessen Namen ungewiss ist und mitunter auch Radolf/Radulf/Ralf/Ralph von Mailand genannt. Nahm vermutlich an der Schlacht von Carcano (1160) teil.

Er verfasste unter dem Titel *Gesta Friderici I. imperatoris in Lombardia auctore cive Mediolanensis* eine Geschichte der Interventionen Friedrichs I. Barbarossa in Norditalien (1154 bis 1186).

> Deutsche Übersetzung (F.-J. Schmale): MGH SS, FvS 17a.
> Lateinischer Quelltext und italienische Übersetzung von Auszügen in: F. A. Rossi di Marignano, *„Federico Barbarossa e Beatrice di Borgogna. Re e regina d'Italia"*; Oscar Mondadori; 2009.

## Sisenna (> Cornelius Sisenna, C.)

## Skylax von Karyanda

Karischer Seefahrer und Geograph (-550 ca. bis -470 ca.).

In Karyanda (Türkbükü) [37 08N 27 23E], in dem damals ob ihrer Segeltechnik berühmten Region Karien (an der Westküste Anatoliens) geboren, nahm er an einer von Dareios I. verordneten Erkundungsreise nach Indien teil. Die Seefahrt begann -518 von Kaspatyros (Afghanistan) aus und erreichte vermutlich Sri Lanka. Sein verloren gegangener Reisebericht *Periplos* ist in der Antike verschiedentlich zitiert worden, darunter von seinem Landsmann > Herodot. Eine um -330 verfasste geographische Abhandlung *Periplos des Pseudo-Skylax* hat zu seinem Werk keinen direkten Bezug.

Der Seeweg nach Indien wurde von den helleneistischen Mächten kaum kommerziell genutzt (wohl aber von den arabischen) und geriet weitgehend in Vergessenheit, bis er ca. im -2. Jh. von > Eudoxos von Kyzikos und > Hippalos neu für die westliche Welt erkundet wurde.

> Quelltexte der historischen Fragmente: Felix Jacoby (Hrsg.): *Die Fragmente der griechischen Historiker* II A; Berlin; 1926 (Nachdruck: Leiden; 1961); Nr. 709.

## Skylitzes (> Johannes Skylitzes)

## Smbat Sparape

Armenischer Hofbeamter und Geschichtsschreiber (1208 bis 1276)

Bruder des Königs Hethum I. des Kleinarmenischen Reichs. Trat in den Dienst des armenischen Königs Leo II. ein. War 1246 in Karakorum Augenzeuge der Inthronisierung des Güyük Khan, des Neffen und zweiten Nachfolgers des Dchingis Khan.

Seine Chronik deckt den Berichtszeitraum von 951 bis 1162 ab und ist die Hauptquelle zur Geschichte des Armenischen Königreichs von Kilikien. Seine wichtigsten Quellen waren > Matthias von Edessa und das armenische Staatsarchiv. Ein anonymer Autor setzte sein Werk bis zum Berichtsjahr 1331 fort.

> Englische Übersetzung (Sirarpie Der Nassian): *The Armenian chronicle of the Constable Smpad or of the „Royal Historian".* http://rbedrosian.com/cssint.htm

## Snorri Sturluson

Isländischer Politiker, Skalde (Dichter) und Geschichtsschreiber (1179 bis 1241).

Er ist der Verfasser einer der zwei Edda-Werke, nämlich der *Snorra-Edda*, eines Lehrbuchs für Skalden; die darin als Beispiele eingestreuten alten Lieder enthalten wertvolle Informationen über die germanische Mythologie.

In einem seiner Werke, dem *Heimskringla* („Weltkreis") schilderte er die Geschichte der norwegischen Könige von 868 bis 1177; dabei nimmt die mythologische Komponente desto mehr ab, je mehr sich der Autor der Schilderung seiner Gegenwart nähert.

> Englische Übersetzung (L.M. Hollander): *The Sagas of the Viking Kings of Norway. Heimskringla.* Oslo, 1987.
> http://omacl.org/Heimskringla/

## Sogenannter Fredegar (> Fredegar)

## Sokrates Scholastikos (Socrates Scholasticus) von Konstantinopel)

Oströmischer Geschichtsschreiber (ca. 380 bis ca. 440).
Lebte als Anwalt in seiner Geburtsstadt Konstantinopel.
Mit seiner auf Griechisch geschriebenen Kirchengeschichte in sieben Bänden *Ekklesiasté Historia* (in lateinischer Sprache *Historia Ecclesiastica* genannt) setzte er das Werk des > Eusebios von Caesarea fort und behandelte den Zeitraum 305 bis 439. Sein Werk ist vollständig erhalten und enthält wertvolles Urkundenmaterial jener Zeit. Sein Zeitgenosse und Zunftgenosse > Sozomenos baute auf seinem Werk auf.

> Griechischer Text (Hrsg. G.C. Hansen): *Sokrates Scholastikos / Kirchengeschichte*; Berlin; 1995
> Englische Übersetzung online: http://www.ccel.org/ccel/schaff/npnf202.pdf

## Solinus, Gaius Julius

Spätrömischer Schriftsteller (ca. 3. Jh.).
Verfasste eine Zusammenstellung von Merkwürdigkeiten der Geschichte (*Collectanea rerum memorabilium* alias *De mirabilibus mundi*). Dabei schöpfte er u.a. aus Werken von > Plinius, > Sueton, > Varro und > Pomponius Mela. Sein Werk enthält unikale Informationen über die Frühgeschichte Roms, darunter über die Entwicklung des römischen Kalenders. Von historiographischem Wert sind auch seine Zitate aus dem (sonst nur aus Zitaten des Plinius) bekannten Werk des Cornelius Bocchus, der damals als Autorität zur Kultur der Iberischen Halbinsel betrachtet wurde.

Das Werk erfreute sich wegen seiner Kürze und seines feuilletonistischen Stils im Mittelalter unter dem Namen *Polyhistor* großer Popularität.

> Mommsen, Th.: *C. Ivlii Solini collectanea rervm memorabilivm;* Nachdr. der 1. Aufl., Berlin 1895. Weidmann, Zürich u. Hildesheim; 1999.
> Quelltext und deutsche Übersetzung (K. Brodersen) (Hrsg. Th. Baier, M. Hose, K. Brodersen): *Wunder der Welt: Collectanea rerum mirabilium*; Wissenschaftliche Buchgesellschaft; Darmstadt; 2015.

## Song Lian

Chinesischer Geschichtsschreiber.
Er stellte im Jahr 1370 eine *Geschichte der Yuan-Dynastie* (1206 bis 1369) fertig, welche der Band 23 der Standardchronik der chinesischen Geschichte > Vierundzwanzig Dynastiegeschichten ist.

## Sophia-Chronik I

Eine in der Kathedrale der Hl. Sophia von Novgorod aufbewahrte Chronik ab dem Berichtsjahr 1205. Die Urversion endet mit 1418, spätere Aktualisierungen bis 1508.
Sie diente der > Suzdal-Chronik für den Berichtszeitraum 1205 bis 1238 als Vorlage.

> Altrussischer Quelltext: Vollständige Sammlung der Russischen Chroniken; Band 6.

## Sosikrates von Rhodos

Griechischer Geschichtsschreiber (ca. -200 bis ca. -128)
Verfasste neben einer Geschichte der Philosophie eine Geschichte von Kreta, die verloren gegangen sind.

## Sosylos von Lakonien (der Lakedaimonier)

Griechischer Geschichtsschreiber (-3./-2. Jh.).

Vermutlich in Helos/Elos in Lakonien (Peloponnes, Griechenland) [36 50N 22 42E] geboren.

Er schrieb über Hannibal, den er begleitet hatte, ein Werk, das von > Polybios als Geschwätz abgetan wurde (vermutlich wegen der Karthago-freundlichen Einstellung). Ein überliefertes Fragment („Würzburger Papyrus") macht indes einen guten Eindruck.

> Lexikon der Antike: Artikel von W. Spoerri.
> Quelltexte der Fragmente: Felix Jacoby (Hrsg.): *Die Fragmente der griechischen Historiker II A*; Berlin; 1926 (Nachdruck: Leiden; 1961); Nr. 176.

## Sozomenos, Salamares Hermeias

Oströmischer Mönch und Geschichtsschreiber (ca. 400 bis ca. 450).

In Bethelia/Beit Lahia NO von Gaza (Palästina) [31 33N 34 30E] aus wohlhabender christlicher Familie geboren, studierte er in Beirut und war in Konstantinopel als Rechtsanwalt tätig.

Seine um 440 verfasste Kirchengeschichte *Ekklesiasté Historia* (in lateinischer Sprache *Historia Ecclesiastica* genannt) deckt in 2 Bänden den Zeitraum von 0 bis 323 bzw. von 323 bis 425 ab. Damit setzte er das Werk des > Eusebios von Caesarea fort. Seine Kirchengeschichte ist auch zur Profangeschichte jener Zeit eine wichtige Quelle. Eine seiner Quellen war das Werk seines Zeit- und Zunftgenossen > Sokrates Scholastikos.

> Metzler Lexikon antiker Autoren: Artikel von Martin Wallraff.
> Griechisch mit deutscher Übersetzung (G.C. Hansen): *Sozomenos. Historia ecclesiastica – Kirchengeschichte* (Fontes Christiani, 3. Serie, Bände 73-1 bis 73-4). 4 Bände; Brepols, Turnhout; 2004.
> Engl- Übersetzung: http://www.ccel.org/ccel/schaff/npnf202.pdf

## Sphrantzes (> Georgios Sphrantzes)

## Ssu-ma Ch'ein (> Sima Qian)

## Stadiasmos von Patara (Miliarium Lyciae)

In Patara/Arsinoe heute Gelemis (an der SW-Küste Anatoliens [36 16N 29 19E]) 1992 gefundene Fragmente einer rechteckigen Säule, die die wichtigsten Straßenverbindungen Lykiens mit der Entfernungsangaben in Stadien (mit 8 Stadien = 1 römische Meile umgerechnet) enthielt. Von den 59 Marmorblöcken konnten 52 bisher geborgen werden. Es basiert auf einer von Kaiser Claudius (41 bis 54) veranlassten Vermessung der Fernstraßen Lykiens. Es ist deswegen eine wertvolle Quelle zur antiken Geographie Lykiens, weil diese Region in den meisten anderen geographischen Werken der Antike unterbelichtet ist. Heute im Museum von Antalya.

> Graßhof, G., Mittenhuber, F.(Hrsg.): *Untersuchungen zum Stadiasmos von Patara*; Bern; 2009.

## Stein von Kairo (> Annalenstein der 5. Dynastie)

## Stein von Palermo (> Annalenstein der 5. Dynastie)

## Stele von Kurkh (> Annalen des Salmanassar III.)

## Stele des Pianchi (Pije)

Eine im Ägyptischen Museum von Kairo erhaltene Siegesstele des Pharao Oberägyptens Pianchi (Pije) der 25. (nubisch/kuschitischen) Dynastie. Sie enthält einen ausführlichen Bericht über seinen siegreichen Feldzug von ca. -727 gegen die Koalition der vier Könige von Unterägypten, mit dem er die Wiedervereinigung Ägyptens herbeiführte. Der 1,8 x 1,8 m große Stein enthält 159 Textzeilen.

> Deutsche kommentierte Übersetzung (E. Kausen): *Die Siegesstele des Pije;* in Otto Kaiser (Hrsg.): Texte aus der Umwelt des Alten Testaments; Verlagshaus Gerd Mohn; Gütersloh; 1985.

## Stephanos von Byzanz

Byzantinischer Lexikograph (1. H. 6. Jh.).

Sein 60-bändiges Werk *Ethniká* ist ein geographisches Lexikon der des antiken Griechenlands. Es enthält wertvolle Informationen zu Ortsnamen und darauf bezogener mythologischer und historischer Informationen. Auch zitiert es eine Fülle von antiken damit im Zusammenhang stehende Autoren, darunter > Herodot, >Thukydides, > Xenophon, > Polybios, > Artemidoros von Ephesos, > Herodianus und > Strabo.

Das Werk ist nur teilweise in einer ein Jahrhundert später verkürzten Zusammenfassung des > Konstantinos VII. Porphyrogennetos erhalten.

> Metzler Lexikon antiker Autoren: Artikel von Dirk Uwe Hansen.
> Griechischer Quelltext (Hrsg. A. Meinecke): *Ethnikon*; Berlin; 1849; Nachdruck: Graz 1958;
> Nachdruck: *Ethnikon: A Geographical Lexicon on Ancient Cities, Peoples, Tribes & Toponyms*; Chicago; 1992.
> Griechischer Quelltext (Hrsg. M. Billerbeck): *Stephani Byzantii Ethnica*; de Gruyter; Berlin: Bd. 1, 2006; Bd. 2, 2011; Bd. 3, 2014.

## Stesimbrotos von Thasos

Griechischer Sophist und politischer Schriftsteller (ca. -470 bis ca- -420).

Wurde nach der Besetzung seiner Heimatinsel Thasos durch die Athener (-465) von der Insel verbannt und lebte schließlich in Athen.

Sein Werk *Peri teteton* beschrieb die Riten des von ihm geschätzten Orhismus. Er verfasste eine neuartige Interpretation des Werks Homers, die u.a. > Xenophon schätzte. Sein Werk *Themistokles, Kimon und Perikles* befasste sich kritisch mit zeitgenössischen Athener Politikern, deren Imperialismus er kritisierte und was er mit privaten Klatschinformationen zu untermauern versuchte. > Plutarch (der ihn allerdings in seinen Parallelbiographien ein Dutzend mal erwähnte) kritisierte seinen Mangel an Präzision. Einige moderne Philologen sehen in ihm einen Pionier der modernen Klatschpresse.

> Fragmente griechischer Historiker 107

## Stierininschrift von Calah/Kalah (> Annalen des Salmanassar III.)

## Strabon von Amaseia (Strabo)

Römischer Geograph und Geschichtsschreiber griechischer Sprache (-64 bis ca. 28). Strabo ist die lateinische Namensform.

In der ehemaligen Hauptstadt des Pontischen Reichs Amaseia/Samsun (am Schwarzen Meer, Türkei) [41 17N 36 20E] aus einer Familie kleinasiatischer Griechen geboren, die mehrere Offiziere des Mithridatischen Reichs hervorgebracht hatte. Er studierte in Alexandreia (Ägypten) und lebte ab -44 in Rom, von wo aus er ausgedehnte Weltreisen unternahm.

Strabon verfasste zwischen -20 und -7 auf Griechisch ein erdkundliches Werk *Geographika* (in 17 Büchern, die fast vollständig überliefert wurden). Von Gibraltar ausgehend beschrieb er (im Uhrzeigersinn) die hellenistische Welt. Dabei fokussierte er die Wirtschaftsgeographie und Ethnographie; die topographischen Angaben hat er mit weniger Sorgfalt recherchiert. Es ist auch eine historisch wertvolle Quelle; so enthält es u. a. einen wertvollen Bericht über die Kelten.

Von seinem 47-bändigen Geschichtswerk *Historiká Hypomnémata* („Historische Denkwürdigkeiten"), das als Fortsetzung des Werks des > Herodot gedacht war und die Epoche von –146 bis 14 behandelte, sind nur 19 Fragmente erhalten. Seine Quellen waren u. a. > Megasthenes (indische Geschichte), > Éphoros von Kyme, > Polybios, > Nicolaus Damascenus, > Poseidonios von Apameia, > Asklepiades von Myreleia.

Metzler Lexikon antiker Autoren: Artikel von Johannes Engels.
Deutsche Übersetzung (A. Forbiger): *Strabo: Geographica*; Marixverlag; Wiesbaden, 2005.
Englische Übersetzung (H.L. Jones): *The Geography*; Loeb.

## Suda-Lexikon (Suida-Lexikon)

Im 10. Jh. vermutlich in Konstantinopel verfasstes Lexikon mit ca. 30.000 Einträgen über die Antike. Die Hauptquelle war das im 6. Jh. durch > Hesychios von Milet erstellte Lexikon der Literaturgeschichte *Onomatólogos*.

Metzler Lexikon antiker Autoren: Artikel von Dirk Uwe Hansen.

## Suetonius Tranquillus, Caius (Sueton)

Römischer Beamter und Schriftsteller (ca. 70 bis ca. 140).

Als Geburtsort werden vermutet: Ostia, Lanuvium, Rom oder Pisaurum (Pesaro). Seine Vorfahren waren (aufgrund einer Inschrift höchstwahrscheinlich) von Hippo Regius/Ippona (Osten Algeriens) nach Rom umgezogen. Sein Vater war Militärtribun (er kämpfte im Heer Othos gegen Vitellius bei Bedriacum). Von Plinius dem Jüngeren gefördert, trat er unter Traian in den zivilen kaiserlichen Dienst: als Archivar, Bibliothekar, kaiserlicher Privatsekretär. Ab 118 war er Vorsteher der kaiserlichen Kanzlei Hadrians, bis er um 122 in Ungnade fiel (vermutlich im Rahmen der Absetzung von Günstlingen der verstorbenen Sabina, Gattin des Kaisers Traians, durch Plotina, Gattin des Nachfolgers Hadrians). Bis zu seinem Tode widmete er sich als Privatmann seiner intensiven schriftstellerischen Tätigkeit.

Suetons Hauptwerk *De vita duodecim Caesarorum libri VIII* („Acht Bücher über das Leben von 12 Caesaren") enthält 12 Biographien, von Caesar und von den römischen Kaisern bis Domitian (Zeitraum -100 bis 96); es ist bis auf die Einleitung vollständig überliefert worden. Suetonius strukturierte alle Biographien nach derselben Abfolge von Rubriken: Herkunft, Kindheit, Umstände der Machtergreifung, für die Allgemeinheit relevantesten Taten und Untaten, Tugenden und Untugenden, Umstände des Todes, Verhalten und letzte Worte des Sterbenden. Er zielte auf den Unterhaltungswert und konzentrierte sich in moderner feuilletonistischer Art auf die „menschlich-allzu menschlichen" Aspekte der jeweiligen Figur. Die politischen und militärischen Vorgänge wurden nur mit wenigen Worten gestreift. Trotzdem gelten seine Informationen als zuverlässig.

Sein zweites Werk *De viris illustribus* („Von berühmten Männern") war eine Sammlung kurzer Biographien von Poeten, Rhetorikern, Geschichtsschreibern. Davon sind nur Fragmente überliefert. Die weiteren Werke Suetons sind völlig verloren gegangen.

Sueton kann als der erste „Klatschkolumnist" der Weltliteratur bezeichnet werden. Sein Stil wurde von > Marius Maximus sogar überzogen Zu seinen Quellen gehörte > Plinius Secundus der Ältere.

    Metzler Lexikon antiker Autoren: Artikel von Holger Sonnabend.
    Lexikon der Antike: Artikel von R. Hanslik.
    Deutsche Übersetzung (A. Lambert): *Sueton: Leben der Cäsaren*; Zürich, 1955.
    Deutsche Übersetzung (H. Martinet): *Sueton: Das Leben der römischen Kaiser*; Düsseldorf, 2001.
    Lateinischer Quelltext und partielle deutsche Übersetzung (D. Schmitz): *Sueton: Augustus*; Reclam, Stuttgart.
    Lateinischer Quelltext und partielle deutsche Übersetzung (D. Schmitz): *Sueton: Caesar*; Reclam, Stuttgart.
    Lateinischer Quelltext und partielle deutsche Übersetzung (D. Schmitz): *Sueton: Nero*; Reclam, Stuttgart.
    Lateinischer Quelltext und partielle deutsche Übersetzung (D. Schmitz): *Sueton: Vespasian, Titus, Domitian*; Reclam, Stuttgart.
    Französische Übersetzung (M. de Golbery) sämtlicher erhaltener Werke: Suétone: Œuvres complètes: Tome 1 La vie des 12 Césars; Tome 2 Suite de La vie des 12 Césars, Vie des hommes illustres; Éditions Paleo; Clermond-Ferrand; 2011.

## Suger von Saint-Denis

Französischer Kirchenmann, Diplomat und Geschichtsschreiber (1081 bis 1151).

Aus begüteter Familie vermutlich in Chennevières-lès-Louvres (25 km nördlich von Paris) geboren. Wurde nach dem frühen Tod seiner Mutter im Kindesalter dem Benediktinerkloster Saint-Denis anvertraut, wo er den späteren König Ludwig VI. (der Dicke, 1081 bis 1137) als Schulkameraden hatte. Trat dem Benediktinerorden bei und führte für den französischen König und den Papst diplomatische Missionen durch. Ab 1122 Abt von Saint-Denis, dessen Klosterkirche er ausbauen ließ, wobei er die Entwicklung eines innovativen Architekturprinzips unterstützte (Ersatz von tragenden Mauern durch abgestützte Tragpfeiler, um großen Kirchenfenstern Platz zu machen) und zum Initiator der französischen und damit der gesamten Gotik wurde. Während des Kreuzzugs Ludwigs VI. vertrat er ihn an der Spitze der Regierung.

Suger von Saint-Denis verfasste unter anderem eine Biographie Ludwigs VI. (*Vita Ludovici Grossi regis*). Sie ging in die Quellensammlung > Annalen von Saint-Denis und folglich auch in die > Grandes Chroniques de France ein.

## Sulpicius Alexander

Spätrömischer Geschichtsschreiber (um 500).
Er verfasste eine vierbändige römische Geschichte (*Historia*), die vermutlich eine Fortsetzung des Werks des > Ammianus Marcellinus von 378 bis 392 darstellte. Sein Werk ist zur Gänze verloren gegangen, aber > Gregor von Tours zitierte ausführlich aus ihm und auch > Fredegar schöpfte daraus.

## Sulpicius Severus

Spätrömischer Geschichtsschreiber (ca. 363 bis 425).
Aus aquitanischem Adel geboren, vermutlich ein Schüler des Dichters Ausonius. Er trat nach dem frühen Tod seiner Gemahlin in ein Kloster ein.
Sein Hauptwerk *Chronicorum Libri duo*, alias *Historia sacra* ist eine Weltgeschichte bis 400, unter Ausklammerung der im Neuen Testament erwähnten historischen Ereignisse. Bereits zu Lebzeiten des mit ihm befreundeten Martin von Tours begann er mit der Verfassung dessen Biographie *Vita Martini*.

>Deutsche Übersetzung online: http://www.unifr.ch/bkv/kapitel.php?ordnung=0&werknr=135&buchnr=205&abschnittnr=2033
>Französische Übersetzung der gesammelten Werke (MM. Hebert, Riton, Ranque): *Sulpice Sévère: Œuvres complètes; Histoire sacré; Vie de saint Martin de Tour; Dialogu;, Lettres*; Éditions Paleo; Clermond-Ferrand; 2011.

## Sumerische Königsliste (Weld-Blundell-Prisma)

Um -2000 auf Sumerisch verfasste Auflistung der sumerischen und akkadischen Herrscher des Zeitraums von ca. -3.000 bis ca. -1800, mit der Angabe der Regierungsdauer. Die Liste erwähnt 8 Könige vor der Sintflut und 142 Könige nach der Sintflut. Legt man die mittlere Regierungsdauer von 14 Jahren der Periode -2018 bis -1794 zugrunde, so ergibt sich aus der Anzahl der Könige für die Datierung der Sintflut das Jahr -3680. Heute im Asmolean Museum von Oxford.

## Suzdal-Chronik (Chronik der Moskauer Akademie)

Eine in der russischen Stadt Rostov Veliki [57 11N 39 25E] im 15. Jh. verfasste Chronik.
Der erste Teil des Textes lehnt sich an die > Nestorianische Chronik (bis 1113), die > Radziwill-Chronik (bis 1205) und die > Sofia-Chronik I (bis 1237) an. Die unikalen Einträge umfassen den Berichtszeitraum von 1238 bis 1418 und sind für das Herzogtum Rostov besonders informativ.

>Altrussischer Quelltext: Vollständige Sammlung der Russischen Chroniken; Band 1.2.

## Sven Aggesen (Sveno Aggonis)

Dänischer Kirchenmann und Geschichtsschreiber (ca. 1145 bis ca. 1190).
Adliger Herkunft, vermutlich in Frankreich ausgebildet.
Er verfasste u. a. eine *Brevis Historia Danie* (Kurzgeschichte Dänemarks), welche den Zeitraum von 300 bis 1185 abdeckt. Es ist unklar, inwieweit sich Sven Aggensen und sein Zeitgenosse > Saxo Grammaticus ausgetauscht haben. Im Gegensatz zu jenem spielt Sven Aggesen die Rolle der Kirche herunter.

>Englische Übersetzung ( E. Christiansen): *The Works of Sven Aggesen, Twelfth-Century Danish Historian*. Publications of the Viking Society; London, 1992.

## Symeon Logothétes (Metaphrastés, Magistros)

Byzantinischer Kirchenmann und Geschichtsschreiber (ca. 950 bis ca. 1000).

Er verfasste ein Heiligenlexikon (*Hagíon Bíoi*). Ihm wird (nicht unumstritten) auch eine meist als *Logothetenchronik* bezeichnete Weltchronik (*Simeon Magistrou kai Logothétou Chronographía*) zugeschrieben, die je nach tradierter Version bis zum Jahr 948 bzw. 963 reicht und eine Verlängerung der Chronik des > Georgios Monachos Hamartolos ist. Ihr letzter Teil stellt eine wertvolle Vergleichsmöglichkeit mit dem, dieselbe Epoche beschreibenden, Werk des > Theophanes Continuatus dar, da es im Gegensatz dazu, die makedonische Dynastie eher kritisch betrachtet.

> Kommentierter griechischert Quelltext: Staffan Wahlgren (Hrsg.): *Symeonis Magistri et Logothetae Chronicon*. De Gryter; Berlin; 2006.

## Symeon (Simeon) von Durham

Englischer Kirchenmann und Geschichtsschreiber (ca. 1060 bis ca. 1130).

Lebte im Benediktinerkloster der Kathedrale von Durham.

Er vollendete um 1108 eine Kirchengeschichte von Durham *Libellus de Exordio atque Procursu istius, hoc est Dunelmensis, Ecclesie*, die bis zum Berichtsjahr 1096 reicht und die Wechselfälle der nomannischen Eroberung und Wikingerüberfälle beschreibt. Spätere Autoren setzten das Werk bis zum Berichtsjahr 1154 fort.

In seinen letzten Lebensjahren verfasste er eine britische Geschichte *Historia regium Anglorum et Dacorum*. Sie beginnt mit dem letzten Berichtsjahr des Werks des Beda Venerabilis (712). Bis zum Berichtsjahr 957 kopiert er vermutlich verloren gegangene Annalen von Durham und bis 1119 das Werk des > Johannes von Worchester. Sein originärer Beitrag umfasst den Zeitraum von 1119 bis 1129, für den er eine wichtige Quelle zur Geschichte des Nordens der britischen Insel ist.

> Lateinischer Text und englische Übersetzung (D.W. Rollason): Symeon of Durham: Libellus de Exordio atque Procursu istius, hoc est Dunhelmensis, Ecclesie / Tract on the origins and progress of this the Church of Durham; Clarendon Press; Oxford; 2000.
> 
> E-book einer englischen Übersetzung (J. Stevenson) beider Werke in: *The Historical Works of Simeon of Durham*; 1855: http://books.google.de/books?id=VSA-DAAAAQAAJ&printsec=frontcover&hl=de&source=gbs_ge_summary_r&cad=0#v=onepage&q&f=false

## Synchronistische Geschichte/Chronik („ABC 21")

Eine kurz nach -810 verfasste neoassyrische Propagandainschrift aus Assur zur Vergangenheit der assyrisch-babylonischen Beziehungen. Sie schildert aus assyrischer Sicht (mit einigen Fehlern) den Zeitraum von ca. -1400 bis -800. Vermutlich als Text für eine Tafel an der assyrisch-babylonischen Euphrat-Grenze gedacht. Es sollte des „Lob Assurs" und die „Verbrechen Sumers und Akkads" verewigen. Nur 2/3 des Textes sind erhalten.

> Englische Übersetzung online: http://www.livius.org/cg-cm/chronicles/abc21/synchronistic1.html

## Synkellos (> Georgios Synkellos (der Mönch))

## Tabari (> At-Tabari)

## Tabula Peutingeriana (> Peutingersche Tafel)

## Tacitus, Publius Cornelius

Römischer Rhetoriker, Beamter und Geschichtsschreiber (ca. 55 bis ca. 120).

Vermutlich aus der Gallia Narbonensis oder Gallia Cisalpina stammend, begann er unter Vespasian eine Beamtenlaufbahn, die 97 mit der Konsulatswürde und 112/113 mit der Statthalterschaft der Provinz Asia gipfelte.
Tacitus verfasste mehrere Werke, die sich alle mit der Kaiserzeit ab Augustus befassen, und zwar (in der Reihenfolge des ungefähren Veröffentlichungsjahres):
- Ca. 98: *De Vita et moribus Iulii Agricolae* („Über das Leben und die Sitten des Julius Agricola"), ein rührender Nachruf auf seinen Schwiegervater Agricola (40 bis 93) und dessen Verdienste als römischer Feldherr, Staatsmann und Statthalter von Britannien; eine Nebenabsicht war vermutlich zu rechtfertigen, weshalb Agricola unter dem nachträglich als Tyrann verschrieenen Kaiser Domitian eine solch brillante Karriere gemacht hatte.
- Ca. 98: *De Origine et Situ Germanorum* („Vom Ursprung und Siedlungsgebiet der Germanen"), eine der wichtigsten antiken Quellen über die Kultur der Germanen.
- Ca. 102: *Dialogus de Oratoribus* („Dissertation über die Redekunst").
- Ca. 105: *Historiarum Libri* (eine nur in Auszügen überlieferte Chronik der römischen Geschichte vom Dreikaiserjahr bis zur Ermordung Domitians (69 bis 96) in mindestens 12 Bänden; erhalten sind nur die ersten 4 Bände und der Anfang des 5. Bandes (bis 70).
- Ca. 115: *Annales ab Excessu Divi Augusti* , d. h. die römischen Geschichte ab dem Tod des „vergöttlichten Augustus" bis zum Tod Neros, d. h. von 14 bis 68.

Von den 16 geplanten Büchern der Annalen sind die Bücher 1 bis 6 dank einer Abschrift des Klosters Fulda (9. Jh.) erhalten (davon Buch 5 nur teilweise), die den Zeitabschnitt 14 bis 37 betreffen; diese Abschrift wurde 1506 im Kloster Corvey (Höxter, Nordrhein-Westfalen) entdeckt und befindet sich heute in Florenz. Vollständig verloren gegangen sind die Bücher 7-10 (Zeitabschnitt von 37 bis 47) und teilweise erhalten sind (dank einer Abschrift des Klosters Monte Cassino) die Bücher 11 bis 16 (Zeitabschnitt 48 bis 66). Die überlieferten Teile der Werke des Tacitus decken also den Zeitraum von 14 bis 70 ab, mit einer Lücke von 37 bis 47.

Die Quellen des Tacitus waren u. a. die > römischen Annalisten; > Plinius der Ältere, > Cluvius Rufus und > Poseidonios von Apameia. An sein Werk schloss > Ammianus Marcellinus das seine an.

Tacitus hatte einen Blick für die irrationalen Triebkräfte der Geschichte, vertrat die Ansicht, dass absolute Macht die Monarchen absolut korrumpiert und vertrat daher die Institution des Senats. Er beschrieb die erste Kaiserzeit (vor allem Tiberius) mit negativ überzeichneten Farben, die republikanische Epoche (die eine Kette äußerst blutiger Bürgerkriege nicht hatte verhindern können) verbrämte er. Die Popularität seines Werkes wuchs mit dem Aufkommen der christlichen Geschichtsschreiber, vor allem des > Orosius, für die es eine Fundgrube von Fallbeispielen der Perversionen der heidnischen Welt waren.

    Metzler Lexikon antiker Autoren: Artikel von Franz Römer.
    Lexikon der Antike: Artikel von R. Till.
    Deutsche Übersetzung (E. Heller): *Tacitus: Annalen*; Artemis&Winkler; 1992.
    Lateinischer Quelltext und deutsche Übersetzung (W. Sontheimer): *Tacitus: Annalen 1-6;* Reclam, Stuttgart.
    Lateinischer Quelltext und deutsche Übersetzung (W. Sontheimer): *Tacitus: Annalen 11-16;* Reclam, Stuttgart.
    Lateinischer Quelltext und deutsche Übersetzung (H. Hross): *Tacitus: Historien*; Artemis&Winkler; 1984.
    Lateinischer Quelltext und deutsche Übersetzung (H. Vrestska): *Tacitus: Historien;* Reclam, Stuttgart.
    Deutsche Übersetzung (A. Städele): *Tacitus: Agricola/Germania*; Artemis&Winkler; 1991;

ISBN 3-7608-1664-9.
Lateinischer Quelltext und deutsche Übersetzung (M. Fuhrmann): *Tacitus: Germania*; Reclam, Stuttgart, 1972.
Lateinischer Quelltext und deutsche Übersetzung online von *Germania*: http://www.gottwein.de/Lat/tac/Germ01.php
Englische Übersetzung online: http://penelope.uchicago.edu/Thayer/E/Roman/Texts/Tacitus/home.html

## Taiheiki

Ein um 1375 vermutlich von mehreren japanischen Autoren verfasstes historisches Epos („Bericht über den Großen Frieden") großen Umfangs (40 Bücher). Es behandelt den Zeitraum von 1318 bis 1367 und umfasst somit den Staatsstreich des Go-Daigo (1331 bis 1333) und die erste Hälfte des japanischen Bürgerkriegs zwischen der Nord- und Süd-Dynastie (1332 bis 1392).

Trotz der epischen Form, der enthaltenen Übertreibungen und der Parteilichkeit für den Süd-Hof wird dem Werk eine große Faktentreue beigemessen.

Englische Übersetzung (Helen Craig McCullough) des Abschnitts zwischen 1318 und 1338: *Taiheiki: A Chronicle of Medieval Japan*; Tuttle Classics of Japanese Literature; Tuttle Publishing; 2004.

## Tanach (Miqra)

Tanach (auch „Miqra") ist die hebräische Bezeichnung für die offizielle Sammlung der heiligen Schriften (Bibelkanon) der jüdischen Religion. Die Datierung der Redaktion der Texte (in hebräischer Sprache und vereinzelt in aramäischer Sprache) wird kontrovers diskutiert: sie könnte sich von -1200 bis -500 erstreckt haben und gründete auf mündlichen Überlieferungen, die mehrere Jahrhunderte älter gewesen sein dürfte. Um -450 vollzog eine Kommission eine Art Redaktionsschluss.

Die 24 Bücher des jüdischen Bibelkanons werden seit ca. -100 in drei Teile gruppiert: Tora („Weissagungen"), Nevim („Propheten" alias „Fünf Bücher Mose") und Ketuvim („Schriften"), davon das Akronym TNK. Der Umfang und die Abfolge der Bücher wurden bis ins 1. Jh. mehrmals umstrukturiert.

Mitte des -3. Jh. wurde die Sammlung erstmals ins Griechische übersetzt (> Septuaginta).

Die Tanach ist über ihre religiöse Hauptintention hinaus ein wertvolles Geschichtswerk, denn sie ist reich an zuverlässigen historischen Informationen über den Zeitraum ab der Mitte des 2. Jt. bis zu den Makkabäerkriegen (ca. -140).

Die historiographisch wertvollen > Makkabäerbücher wurden im Rahmen einer nach ihnen erfolgten Kanonisierung der jüdischen Bibel (v. a. durch einen Rabbinerkongress im Jahre 90 zu Jamnia) ausgeklammert.

Der Begriff „Altes Testament" ist ein rein christlicher (die jüdische Lehre kennt bekanntlich kein „Neues Testament"). Im Großen und Ganzen deckt sich der Inhalt des „Alten Testaments" mit dem des Tanach, vor allem in der protestantischen Version. Die katholische und orthodoxe Version enthalten jedoch zusätzlich einige Teile der > Septuaginta, die von der jüdischen Religion nie als „reine Lehre" anerkannt oder zwischenzeitlich ausgeschieden worden sind.

Deutsche Übersetzung das Alten Testaments: Für historische Zwecke ist es belanglos, welche konfessionelle Version der deutschen Übersetzung verwendet wird, da sich diese nur durch abstrakte Spitzfindigkeiten unterscheiden. Zu beachten ist, dass Martin Luther die > Makkabäerbücher nicht in seine Bibelversion aufgenommen hat.

## Templer von Tyros

Anonymer Ordensritter und Geschichtsschreiber (? bis ca. 1314).
Nach einer Theorie war er ein Franzose, nach einer anderen Theorie ein Zypriote. Er beherrschte das Arabische. Er trat 1283 in den Templerorden ein, in dem er der Sekretär des Großmeisters wurde. Als solcher nahm er 1291 an den Kämpfen um Akkon teil und flüchtete nach Zypern (als der Templerorden seinen Sitz dorthin verlegte), wo er bis zu seinem Tode lebte.
In Zypern verfasste er ab ca. 1300 auf Französisch eine Geschichte der Kreuzzüge (für den Zeitraum 1243 bis 1314), deren originaler Titel unbekannt ist, im Deutschen als *Chronik des Templers von Tyrus* bezeichnet wird.
> Italienische Übersetzung (L. Minervini): *Cronaca del Templare di Tiro (1243-1314)*; Napoli; 2000.

## Terentius Varro, Marcus (> Varro, Marcus Terentius „Reatinus")

## Thangmar von Hildesheim

Sächsischer Kirchenmann und Biograph (ca- 945 bis ca. 1019).
Wirkte am Hildesheimer Dom als Priester, ab 970 als Dekan und Bibliothekar. Ab ca. 980 auch Lehrer Heinrichs II.
Begann noch zu Lebzeiten seines Vorgesetzten, des Heiligen Bernwald von Hildesheim (Bischof von ca. 993 bis 1022), dessen Biographie *Vita Bernwardi episcopi* zu verfassen, starb aber vor ihm. Das Werk enthält neben biographischen Angaben auch wertvolle Informationen über jene Zeit; es wurde nach seinem Tod vervollständigt.
> Deutsche Übersetzung (H. Kallfelz): *Leben des Hl. Bernward, Bischof von Hildesheim, verfasst von Thangmar (?)*; in: Lebensbeschreibungen einiger Bischöfe des 10.-12. Jahrhunderts; Ausgewählte Quellen zur deutschen Geschichte des Mittelalters 22 (Seiten 263–361); Wissenschaftliche Buchgesellschaft; Darmstadt; 1973.
> Lateinischer Quelltext und deutsche Übersetzung auf CD-ROM mit Abfrage-Software:
>  Bogon, W. (Herausgeber): *Quellensammlung zur mittelalterlichen Geschichte*; MA I; CD-ROM; Verlag Heptagon; Berlin; 1999.
> Wattenbach, Wilhelm, „Thangmar", in: Allgemeine Deutsche Biographie (1894), S. 651-652 [Onlinefassung]; URL: http://www.deutsche-biographie.de/pnd10096186X.html?anchor=adb

## Thanuni

Ägyptischer Archivar und Geschichtsschreiber (-15. Jh.).
Wirkte als Hofschreiber des Pharao Thutmosis III. (-1482 bis -1463).
Er verfasste um -1450 einen Bericht über die Feldzüge Thutmosis III., der an den Innenwänden des Heiligtums zu Karnak wiedergegeben wurde.
Thanuni ist einer der ersten amtlichen Kriegsberichterstatter der Geschichte.

## The Chronicles of England (Brut Chronicle)

Eine nach 1272 von einem anonymen anglonormannischen Autor in lateinischer Sprache verfasste Chronik Englands, von den mythologischen Anfängen bis zur Gegenwart des Autors. Sie wurde später bis zum Berichtsjahr 1333 erweitert und um 1419 ins Mittelenglisch übersetzt und erweitert. Die englische Fassung wurde mehrmals erweitert, schließlich bis zum Berichtsjahr 1461.
Ein Teil der geschilderten Legenden war die Gründung des Reichs der Briten durch Brutus (davon der Kurzname „Brut Chronicle"). Das Werk erfreute sich außerordentlich großer Popularität; es war eines der ersten Titel, die in England (1480 vom bahnbrechenden Verleger William Caxton) gedruckt worden sind und

es war im 16. Jh. (nach der englischen Bibel von Wycliffite) das Buch mit der zweitgrößten Druckauflage.
Englische Übersetzung (Friedrich W. D. Brie): *The Brut or the Chronicles of England*; 2 Bände; The Early English Text Society; Oxford University Press; London, 1906. Faksimile-Nachdruck: Kessinger Publishing; 2010.

## Thegan von Trier

Fränkischer Kirchenmann und Biograph (ca. 800 bis ca. 850).

War ab ca. 814 Chorbischof von Trier und ab ca. 842 Propst des Cassiusstifts in Bonn.

Er verfasste um 835 die *Gesta Hludovici* („Die Taten Ludwigs") auch *Vita Ludovici imperatores* genannt, eine bewusst polemische Biographie Ludwigs I. des Frommen, des seit 814 regierenden Sohn und Nachfolgers Karls des Großen. Mit seinem Werk wollte er den Gegnern des Kaisers den Wind aus den Segeln nehmen, welche die Reichseinheit zerstören wollten, darunter der Bischof Ebo von Reims.

Sein Werk ist neben dem von > Astronomus die maßgebliche Quelle für die Epoche des Auseinanderfallens des Fränkischen Reichs.
Lateinischer Quelltext und deutsche Übersetzung (R. Rau): *Thegan Leben Kaiser Ludwigs*. Quellen zur karolingischen Reichsgeschichte; Reihe FSGA, A;. Erster Teil; Wissenschaftliche Buchgesellschaft; Darmstadt; 1974.
Lateinischer Quelltext und deutsche Übersetzung auf CD-ROM mit Abfrage-Software: Müller, Th. (Herausgeber): *Quellensammlung zur mittelalterlichen Geschichte – Zweite Fortsetzung – Continuatio secunda fontium medii evi*; MA II; Verlag Heptagon; Berlin; 2008.
Französische Übersetzung: Fastes Carolingiens: *Vie de Charlemagne (Nokter); Vie de Louis le Pieux (Thegan)*; Éditions Paleo; Clermond-Ferrand; 2011.

## Theoderich (Theodoricus Monachus)

Skandinavischer Benediktinermönch und Geschichtsschreiber (12. Jh.).

Er verfasste um 1180 eine Geschichte Norwegens (*Historia de antiquitate regum Norwagiensium*), welche die Epoche von 872 bis 1130 behandelt.
Englische Übersetzung (D. und J. McDougall): Theodoricus Monachus: Historia de Antiquitate Regum Norwagiensium – An account of the Ancient History of the Norwegian Kings; Viking Society for Northern Research; London; 1998.

## Theodor (Theodorus Monachus) (> Annales Palidenses)

## Theodoret von Kyrrhos (Cyrus)

Syrischer Kirchenmann und Geschichtsschreiber (ca. 393 bis ca. 466).

In Kyrrhos/Cyrrhus (Ruinen 70 km NW von Antiocheia/Antakya, in Syrien) [36 45N 36 58E] geboren, verzichtete er auf das reiche Erbe seiner Familie und wurde Mönch. 432 zum Bischof von Antiocheia/Antakya (Türkei) gewählt, setzte er sich unermüdlich für das geistige und weltliche Wohl seiner Gemeinde ein.

Er verfasste auf Griechisch eine Kirchengeschichte (*Ekklesistiké Historía*), welche die Ereignisse des Zeitraums von 325 bis 428 schildert. Er ist einer der Fortsetzer des Werks des > Eusebios von Caesarea, nach > Hieronymus von Strido (bis 379), > Orosius (bis 417) und > Hydiatus bis (469).
Metzler Lexikon antiker Autoren: Artikel von Heinz Berthold.
Deutsche Übersetzung (A. Seider): *Theodoret von Cyrus, Kirchengeschichte*; BKV 51;

1926.
Deutsche Übersetzung der Kirchengeschichte online: http://www.unifr.ch/bkv/kapitel.php?ordnung=0&werknr=176&buchnr=219&abschnittnr=2086

## Theodorus Lector (Anagnostes)

Oströmischer Kirchenhistoriker (gestorben um 550).

War Lector (Vorleser) an der Hagia Sophia.

Verfasste eine *Trimerés historìa* (lat. *Historia tripartita*) eine vierbändige Zusammenfassung der Werke von > Sokrates Scholastikos, > Sozomenos und > Theodoret von Kyrrhos.

Außerdem verfasste er eine Kirchengeschichte *Ekkesiastikaé história*, die den Zeitraum von 439 bis 527 abdeckt.

Seine Werke sind nur in Zitaten und Fragmenten erhalten, die trotz der darin enthaltenen Phantasieblüten wegen der knappen Dokumentation jener Epoche einen historiographischen Wert haben.

> Griechischer Text (Hrsg. G.C. Hansen): *Theodoros Anagnostes / Kirchengeschichte*; Berlin 1971. (2. Auflage 1995).

## Theophanes Continuatus

Byzantinisches Autorenkollektiv, welches im 11. Jh. eine Reihe von Kaiserbiographien über den Zeitraum von 813 bis 961 verfasste. Es setzte die Chronik des > Theophanes Homologetes (des Bekenners) fort; sie wurden deshalb auf Griechisch *Oi metá Theophanem* („Die nach Theophanes") genannt. Die Absicht des Vorhabens war, die makedonische Dynastie zu verherrlichen.

> Vom Werk der Theophanes Continuatus ist keine Übersetzung in eine moderne westeuropäische Sprache verfügbar.

## Theophanes Homologetes (Confessor, der Bekenner)

Byzantinischer Mönch und Geschichtsschreiber (765 bis 817).

In Konstantinopel als Verwandter des Kaisers Leon III. geboren. Er starb in der Verbannung auf Samothrake (Griechenland [40 29N 25 31E]).

Mit 50 Jahren verfasste er, schwer erkrankt, eine Chronik (*Chronographia*) für den Zeitraum von 285 bis 813, welche das Werk des > Georgios Synkellos fortsetzte. Seine Hauptquelle, wie die seines Zeitgenossen > Nikephoros von Konstantinopel, war vermutlich > Traianos Patrikios. Aus seinem Werk schöpfte u. a. > Landulfus Sagax. > Johannes Skylitzes setzte sein Werk bis zum Berichtsjahr 1057 fort.

> Englische Übersetzung (C. Mango und R. Scott): *The Chronicle of Theophanes Confessor. Byzantine and Near Eastern history AD 284–813*; Oxford 1997.

## Theophanes von Byzanz

Oströmischer Geschichtsschreiber (6. Jh.).

Er verfasste eine zehnbändige Zeitgeschichte *Historikón Lógoi Déka* („Zehn Bücher der Geschichte") über die Periode von 566 bis 581, von der (über eine Zitierung von > Photios von Konstantinopel) nur ein Fragment überliefert ist. Es diente vermutlich dem > Menander Protector als Quelle. Er erwähnte als einer der ersten die Türken.

## Theophylaktos Simokates (Simocatta)

Oströmischer Beamter und Geschichtsschreiber (ca. 580 bis ca. 630).
In Ägypten aus vornehmer Familie geboren, brachte er es in Konstantinopel zum Sekretär des Kaisers Heraklius (610 bis 614) und dann auch zum Stadtpräfekten von Konstantinopel.
Seine vor 630 auf Altgriechisch verfasste 8-bändige Geschichte der Regierungszeit des Kaisers Maurikios (582 bis 602) „Historiai" (Lat. „Historiae Mauricii Tiberii Imperatoris"), setzte faktisch das Werk des > Menander Protector und des > Agathias bis zum Berichtsjahr 603 fort.
Theophylaktos Simokates ist vermutlich vor dem Beginn der arabischen Expansion gegen das Oströmische Reich gestorben, denn er erwähnte sie nicht. Diese setzte massiv erst ab 633 ein und machte der hellenistischen Kultur in Nordafrika und im Nahen Osten in wenigen Jahrzehnten ein Ende und damit auch den historiographischen Beiträgen klassischer Tradition. Dies erklärt, warum Theophylaktos Simokates der letzte antike Geschichtsschreiber griechischer Sprache nach klassischer (rational reflektierender) Tradition gewesen ist. Es folgte eine Epoche von Geschichtsschreibern mit heilsgeschichtlichem Ansatz.

Englische Übersetzung (M. und M. Whitby): The History of Theophylact Simocatta; Oxford University Press, 1986.
Lexikon der Antike: Artikel von W. Spoerri.

## Theophilos von Edessa

Syrischer Astrologe, Übersetzer und Geschichtsschreiber (ca. 695 bis ca. 785).
In Edessa/Sanliurfa (Türkei, damals zum Kalifat von Bagdad gehörend) [37 08N 38 45E] geboren. Wirkte (obwohl Christ) als Astrologe am Hof des Kalifen.
Theophilos veröffentlichte Bücher zu verschiedenen Themen. Dadurch, dass Throphilos neben Griechisch auch Syrisch (Aramäisch) und Persisch beherrschte, konnte er Informationen aus mehreren Kulturkreisen beziehen. Er übersetzte griechische Werke ins Syrische (darunter von Homer, Galenos und Aristoteles). Er verfasste auch verschiedene astronomische und astrologische Werke (darunter eines über die militärische Nutzung der Astrologie).
 Die große Leidenschaft des Theophylos war wohl das Studium der Vergangenheit. Seine Chronik berichtet über die Ereignisse im Nahen Osten zwischen den Berichtsjahren 590 und 755. Sie genoss wegen ihres überlegenen Informationsfundus und der relativ großen Zuverlässigkeit in den Fachkreisen der folgenden Generationen größte Anerkennung. Zu den Geschichtsschreibern, die sich darauf berufen haben, gehören > Theophanes Homologetes, > Agapius von Hierapolis, > Michael der Syrer, > Chronik von 1234. Dadurch konnte der Inhalt der Weltchronik des Theophilos von Edessa größtenteils rekonstruiert werden, obwohl der Großteil davon verloren gegangen ist.

Englische Übersetzung von Passagen der späterern Autoren Theophanes Homologetes, Agapius von Hierapolis, Michael der Syrer, Chronik von 1234, die vermutlich auf der Weltchronik des Theophilos beruhen (Robert G. Hoyland, R.G.): Theophilus of Edessa's Chronicle and the Circulation of Historical Knowledge in Late Antiquity and Early Islam; Translated Texts for Historians 57; Liverpool University Press; Liverpool; 2011.

## Theópompos von Chios

Griechischer Rhetoriker und Geschichtsschreiber (ca. −378 bis ca. −310).
Auf Chios (Griechenland) [38 23N 26 07E] aus aristokratischer Familie geboren, wuchs er in Athen auf, wo sich sein wegen Sparta-Freundlichkeit exilierter Vater niedergelassen hatte. Dort war er (zusammen mit > Èphoros) Schüler des Rheto-

rikers Isokrates. Hielt sich länger am makedonischen Hof auf. Durfte -333 aufgrund eines Amnestieerlasses Alexanders des Großen nach Chios zurückkehren, musste aber nach dessen Tod (wegen seiner Brandmarkung der barbarischen Zügellosigkeit des makedonischen Hofs Philipps II. in seiner mittlerweile publizierten Biographie) wieder ins Exil (nach Ägypten), wo er wegen „Einmischung in fremde Angelegenheiten" knapp der Todesstrafe entging, worauf sich seine Spuren verloren.

Sein 12-bändiges Hauptwerk *Hellenikai historíai* („Hellenische Geschichte") behandelte die Zeit von –411 (Berichtsende des Thukydides) bis –394; es ist fast zur Gänze verloren gegangen. Es war eine der Hauptquellen des > Diódorus Siculus.

Sein Werk *Philippikaí Historiai* berichtete in 58 Bänden über die Regierungszeit Philipps II. von Makedonien (-360 bis -336). Es handelt sich mehr um eine Biographie, denn um ein Geschichtswerk. Dem entsprechend ist das Werk des Theópompos derart mit umfangreichen Anekdoten und Kuriositäten jener Regionen, in denen die Ereignisse stattfanden, bespickt, dass sie zwei Drittel des Inhalts ausmachten. Von diesem Werk des Theópompos sind ca. 200 Fragmente mit insgesamt ca. 450 Zeilen erhalten geblieben (der Großteil davon betrifft die Abschweifung zum Thema „Tafelluxus"). Möglicherweise sind die unter dem Namen > Oxyrhynchos Papyri bekannten Fragmente Teile dieses Werkes. Der außergewöhnlich große Umfang der Philipp-Biographie des Theópompos hat ihren „Markterfolg" geschmälert. Philipp V. ließ um 150 einen Auszug in 16 Büchern verfassen, der sich auf die Biographie Philipps II. beschränkte. Die Philipp-Biographie des Theópompos floss in das verlorengegangene Werk des > Pompeius Trogus *Historiae Philippicae* ein, von dem eine lateinische Kurzfassung des > Justinus überliefert worden ist.

Theópompos war in der Antike einer der meistgelesenen griechischen Geschichtsschreiber. Kaum ein Geschichtsschreiber ist wegen seiner kompromisslosen Objektivität persönlich derart verfolgt worden wie er.

> Metzler Lexikon antiker Autoren: Artikel von Friedhelm L. Müller.
> Lexikon der Antike: Artikel von W. Burkert.
> Englische Übersetzung (Gordon S. Shrimpton): *Theopompus the Historian*. Montréal; 1991.
> Quelltexte der Fragmente: Felix Jacoby (Hrsg.): *Die Fragmente der griechischen Historiker II A*; Berlin; 1926 (Nachdruck: Leiden; 1961); Nr. 115.

## Thietmar (Dietmar) von Merseburg (Thietmarus Merseburgensis)

Deutscher Kirchenmann und Geschichtsschreiber (976 bis 1018).

Vermutlich in Merseburg aus adliger Abstammung geboren, wirkte er dort als Bischof.

Thietmar vollendete 1018 eine achtbändige, sich um die Chronik der Stadt Magdeburg rankende, Geschichte des deutschen Königtums unter der (aus Sachsen stammenden) Dynastie der Liudolfinger (Ottonen); sein *Chronicon* deckt den Zeitraum von 908 bis 1018 ab (u. a. die Regierungszeit Heinrichs II.).

Im Gegensatz zu > Widukind (von dem er schöpfte) hatte Thietmar eine unvoreingenommene Einstellung zu den Slaven und Ungarn sowie zu der ausländischen (und zudem weiblichen) Regentin Theophanu.

Das Manuskript überstand die Bombardierung Dresdens nur in Form eines Faksimiles in der Sächsischen Landesbibliothek.

> Lateinischer Quelltext und deutsche Übersetzung (W. Trillmich): *Thietmar von Merseburg, Chronik*; Reihe FSGA, A Bd.9, 9. Auflage; Wissenschaftliche Buchgesellschaft;

Darmstadt, Sonderausgabe 2011
Lateinischer Quelltext und deutsche Übersetzung auf CD-ROM mit Abfrage-Software:
Bogon, W. (Herausgeber): *Quellensammlung zur mittelalterlichen Geschichte*; MA I; CD-ROM; Verlag Heptagon; Berlin; 1999.

## Thomas Archidiaconus

Dalmatischer Kirchenmann und Geschichtsschreiber (1200 bis 1268).

War Erzdiakon von Split. Verfasste in lateinischer Sprache eine Chronik seiner Stadt (*Historia Salonitana*), von -49 (Illyrisch-Griechischer Krieg Caesars) bis 1261. Sie enthält natürlich auch Informationen über die Stadt betreffende überregionale Ereignisse.

Lateinischer Quelltzext: Franjo Racki, F. (Hrsg*.): Thomas archiudiaconus: Historia Salonitana;* Zagreb; 1894 ( Monumenta spectantia historiam Slavorum meridionalium 26).
Deutsche Übersetzung von Auszügen (Studierende der Christian-Albrechts-Universität Kiel unter der Leitung von Prof. L. Steindorff) online:
http://www.oeg.uni-kiel.de/index.php?option=com_content&view=article&id=76&Itemid=95

## Thomas Ebendorfer (Thomas von Haselbach)

Österreichischer Kirchenmann und Geschichtsschreiber (1388 bis 1464).

Geboren in Haselbach (Niederösterreich) [48 26N 16 17E], Theologieprofessor und Dekan in Wien, nahm 1435 am Konzil von Basel teil und führte für Friedrich III. diplomatische Missionen durch.

Er gab ein Jahr vor seinem Tod eine *Cronica Austriae* heraus, die für den Berichtszeitraum von 1400 bis 1463 die wichtigste Quelle zur österreichischen Geschichte jenes Zeitabschnitts ist.

Lhotsky, Alphons, „Ebendorfer, Thomas", in: Neue Deutsche Biographie 4 (1959), S. 223 f. [Onlinefassung]; URL: http://www.deutsche-biographie.de/pnd118681516.html

## Thomas Elmham

Englischer Kirchenmann und Geschichtsschreiber (1364 bis nach 1427).

Vermutlich in Noth Elmham (Norfolk) [52 44N 0 57E] geboren. Trat in den Benediktinerorden ein und wurde Abt von Lenton Priory (nach 1538 abgerissen und überbaut, bei Nottingham)[52 57N 1 11W]. Er begleitete Heinrich V. von England als Feldkaplan nach Frankreich und wurde Augenzeuge der Schlacht von Azincourt (25.10.1415).

Thomas Elmham verfasste eine Geschichte der Abtei St. Augustine von Canterbury. Er erwähnte, auch eine Biographie Heinrichs V. in Prosa verfasst zu haben, die aber bisher nicht gefunden worden ist. Man hatte ihn lange und fälschlicherweise als den Autor der Biographie Heinrichs V. (*Vita et Gesta Henrici Quinti*) gehalten, aus der > Tito Livio Frivolisi für seine *Vita Henrici Quinti* geschöpft hat; jenen Autor bezeichnet man deshalb nun als > Pseudo-Elmham.

## Thomas Walsingham

Englischer Kirchenmann und Geschichtsschreiber (? bis 1422).

Mönch der Benediktinerabtei St. Albans (Hertfordshire/England) [51 45N 0 20W]. Leiter der dortigen Schreibstube.

Er verfasste eine Geschichte Englands (*Historia Anglicana*), die den Zeitraum von 1272 bis 1422 behandelt; bis zum Berichtsjahr 1377 fasste er andere Quellen zusammen; nur die letzten vier Jahrzehnte enthalten eigene Beiträge; dafür ist der Titel *Chronica Maiora* gebräuchlich.

Ein weiteres Werk des Thomas Walsingham ist eine Chronik der Benediktinerabtei St. Albans *Gesta Abbatum Monasterii Sancti Albani,* von deren Gründung im Jahr 793 bis 1381. Der originäre Beitrag des Thomas Walsingham beginnt mit dem Berichtsjahr 1308.

Lateinischer Quelltext und englische Übersetzung (John Taylor, Wendy R. Childs, Leslie Watkiss): *The St Albans Chronicle - The Chronica Maiora of Thomas Walsingham*; Oxford University Press; Oxford. Volume I: 1376-1394 (2003).

## Thronfolgeerlass des Telipinu

Vom hethitischen König Telepinu (ca. -1460) veröffentlichter Erlass. Er enthält neben zwei epochalen zivilisatorischen Fortschritten (Verbot der Blutrache und Sippenhaft) auch Informationen über herausragende Ereignisse von ca. -1530 bis -1460.

Kommentierte deutsche Übersetzung (H.-M. Kümmel): *Der Thronfolgeerlass des Telipinu*; in: Otto Kaiser (Hrsg.): Texte aus der Umwelt des Alten Testaments; Bd. 1; Verlagshaus Mohn; Gütersloh; 1985.

## Thukydides

Griechischer Offizier und Geschichtsschreiber (ca. −460 bis ca. -397).

In Alimos (SW von Athen) [37 55N 23 43E] geboren. Wie Miltiades und Kimon, mit denen über seine Mutter Egesipilis verwandt war, stammte er von thrakischem Adel ab; sein Vater Oloros war vermutlich ein Nachkomme eines Thrakerfürsten und Thukydides hatte laut Herodot (6,46) deshalb Ländereien und Goldminen in Thrakien geerbt (vermutlich gegenüber Thasos). Thukydides war als athenischer Geschwaderführer an den Kampfhandlungen von -424 um die Stadt Amphipolis gegen die Spartaner unter Brasidas beteiligt; er wurde wegen des Verlustes der Stadt zusammen mit dem Stadtkommandanten zuerst zum Tode verurteilt, dann mit der Verbannung begnadigt, die -405 (nach der athenischen Niederlage) aufgehoben wurde.

In der Verbannung (vermutlich auf seinen Besitzungen in Thrakien) trieb Thukydides die Arbeiten an seinem achtbändigen Geschichtswerk *Peloponnesischer Krieg* voran (die er bereits bei Kriegsausbruch -431 begonnen hatte) und war zu Ende des Krieges (-404) beim Berichtsjahr -411 angelangt, als er die Arbeit plötzlich und mitten in einem Satz einstellte. Der von seinem Werk behandelte Zeitraum ist also -431 bis -411. Publiziert wurde das Werk vermutlich erst nach seinem Tode, vermutlich durch > Xenophon.

Thukydides ist der Gründer der „politischen Geschichte", da er sich auf politische und militärische Ereignisse konzentrierte.

Obwohl zwischen > Herodot und Thukydides nur ein viertel Jahrhundert lag, so trennt sie doch ein großer Paradigmenwechsel: Thukydides vollzog nämlich den Schritt, Überirdisches aus dem Instrumentarium historischer Erklärungsmittel zur Gänze völlig auszuscheiden und sich auf rein logische Erklärungen zu beschränken („pragmatische Geschichtsschreibung"). Dabei legte er wie später auch > Polybios auf die Unterscheidung zwischen „scheinbaren Ursachen" und „wahrhaften Gründen" Wert (so sei der wahre Grund des Peloponnesischen Kriegs die Expansion Athens gewesen, die den Neid Spartas provoziert habe). Er machte zwei Hauptfaktoren aus, welche den Gang der politischen Dinge bestimmen: das Recht und die kollektive Gewalttätigkeit (zu der die Machtzentren von der "auxesis", einer Art „Wachstumswahn" unweigerlich getrieben werden). Nach Thukydides wirken diese zwei Hauptfaktoren manchmal miteinander und manchmal gegeneinander. In Thykydides findet sich auch der macchiavellische Ansatz, dass „Gerechtigkeit" ein relativer Begriff sei, der sich zugunsten des Stärkeren beuge. Für das resultierende Leiden der Individuen äußerte er tiefes Mitgefühl. Thukydides wollt belehrend wirken, damit sich tragische Abläufe im Laufe der Geschichte so wenig wie möglich wiederholten. Allerdings erkannte Thukydides eine weitere Erklärungsvariable der Geschichte ein, nämlich die des Zufalls („tyche"), gegen die menschliches Tun machtlos sei.

Von den Ansprüchen, die an einen modernen Historiker gestellt werden, trennen Thukydides nur Kleinigkeiten: so hält er noch an der Tradition der angeblich getreuen Wiedergabe von Brieftexten und Reden fest.

Laut > Plutarch setzte > Kratippos von Athen das Werk des Thukydides für den Berichtszeitraum -410 bis -394 fort und nach einer Theorie stellen die > *Hellenika Oxyrhynchia* einen Teil davon dar.

In der griechischen Antike fand das Werk des Thykidides relativ wenig Beachtung; diese erhielt es später unter den römischen Geschichtsschreibern, wo es auf die Werke des > Sallustius, > Tacitus und > Ammianus Marcellinus (dieser verfasste sogar eine *Vita Thukydidis*) einen großen Einfluss ausübte.

Metzler Lexikon antiker Autoren: Artikel von Kai Brodersen.
Lexikon der Antike: Artikel von O. Luschnat.
Deutsche Übersetzung (A. Horneffer): *Thukydides: Der Peloponnesische Krieg*; Phaidon; Essen; 1993.
Englische Übersetzung online: http://www.perseus.tufts.edu/hopper/text?doc=Perseus:text:1999.01.0200:book=1:chapter=1:section=1&redirect=true

## Tibetische Geschichtsquellen

Die ältesten tibetischen Geschichtsquellen sind:

|  | Berichtszeitraum |
|---|---|
| > *Alte Tibetische Annalen* | 650 bis 765 |
| > *Alte Tibetische Chronik* | Mythol. Anfänge bis 840 |
| *Rote Annalen* des > Tshelpa Künga Dorje | Mythol. Anfänge bis 1360 |
| *Blaue Annalen* des > Go Lotsawa | 11. bis 15. Jh. |

## Timagenes von Alexandreia

Hellenistischer Rhetoriker und Geschichtsschreiber (-1.Jh.).

In Alexandreia (Ägypten) geboren, wurde er -55 als Kriegsgefangener nach Rom deportiert, wo er vom Sohn Sullas freigekauft wurde. Verbrachte den Rest seines Lebens in Rom und starb in Albanum /Albano Laziale (Latium) [41 44N 12 40E].

Timagenes verfasste (in griechischer Sprache) mehrere Werke, die alle bis auf kleine Fragmente verloren gegangen sind. Eine Abhandlung befasste sich mit Gallien; seine Quelle war dabei vermutlich > Poseidonius von Apameia; > Ammianus Marcellinus bezog sich noch darauf. Eine Chronik der Regierungszeit des Augustus verbrannte er vor Wut, als ihm jener die Freundschaft kündigte.

Sein größtes Werk war eine Universalgeschichte *Peri Basileion* („Über die Herrscher") bis Caesar. Obwohl sie verloren gegangen ist, zählt sie zu den bedeutendsten römischen Geschichtswerken griechischer Sprache, denn eine große Zahl von Autoren hat daraus (vermutlich oder gewiss) geschöpft bzw. sich darüber geäußert: > Nicolaus Damascenus, > Strabon, > Livius, Pompeius > Trogus, > Plutarch, > Cassius Dio, > Appianus, Quintus > Curtius Rufus.

Quintilianus lobte den Timagenes als den Erneuerer der Geschichtsschreibung.

> Lexikon der Antike: Artikel von W. Spoerri.
> Quelltexte der Fragmente: Felix Jacoby (Hrsg.): *Die Fragmente der griechischen Historiker II A*; Berlin; 1926 (Nachdruck: Leiden; 1961); Nr. 88.

## Tímaios (Timeaus) von Tauromenion

Griechischer Geschichtsschreiber (ca. -346 bis -250 ca.).

Sohn des gleichnamigen Neugründers und Tyrannen Andromachos von Tauromenion/Taormina (Sizilien). Ca. -315 von Agathokles verbannt, lebte er mindestens 50 Jahre in Athen.

Sein Hauptwerk war eine 38-bändige Geschichte Siziliens mit dem vermutlichen Titel *Sikelikà Historíai* („Geschichte Siziliens"), die mit dem Tod des Agathokles (-289) endete, an die er nachträglich mit dem Titel *Pyrriká* die Geschichte der Intervention des Pyrrhos in Süditalien (-278 bis -276) und der Ereignisse bis kurz vor dem Beginn des 1. Punischen Krieges (bis -264) anfügte. Es behandelte auch die Geschichte Süditaliens und Karthagos und enthielt ethnographische Exkurse über die Iberer, Ligurer und Gallier. Nur wenige Fragmente sind erhalten geblieben. > Éphoros war eine seiner Quellen. > Polybios, der aus seinem Werk schöpfte und seine Zeitrechnung übernahm, polemisierte in seinem Werk (Buch 12) in eifersüchtiger Weise gegen ihn als Stubengelehrten, setzte aber sein Werk (durch die Berichterstattung nach -264) chronologisch fort.

Tímaios beobachtete als einer der ersten Griechen den Aufstieg Roms. Er führte die systematische Zeitrechnung in die Geschichte ein, bei der er sich auf die Olympiaden bezog (> Eratosthenes systematisierte dies).

> Metzler Lexikon antiker Autoren: Artikel von F. L. Müller
> Lexikon der Antike: Artikel von W. Spoerri.
> Quelltexte der Fragmente: Felix Jacoby (Hrsg.): *Die Fragmente der griechischen Historiker II A*; Berlin; 1926 (Nachdruck: Leiden; 1961); Nr. 566.

## Timonides von Leukas

Griechischer Offizier und Geschichtsschreiber (-3. Jh.)

Auf der ionischen Insel Leukas [38 43N 20 39E] geboren. War Schüler Platons und nahm als Offizier am Umsturz von Dionysios I. durch Dion (-357) teil, worüber er einen Bericht verfasste, der verloren gegangen ist. Vermutlich hat > Plutarch ein seinem „Leben des Dion" daraus geschöpft.

## Tito Livio Frivolisi

Italienischer Dramaturg und Geschichtsschreiber (ca. 1400 bis ca. 1450).

In Ferrara geboren. Lebte in Venedig, Neapel und ab 1436 in London, wo er von Humphrey Plantagenet Herzog von Gloucester (5. Sohn Heinrichs IV.) angestellt wurde; er kehrte vermutlich 1438 nach Italien zurück.

Während seines Aufenthaltes in London verfasste Tito Livio Frivolisi das Werk *Vita Henrici Quinti*, eine Biographie Heinrichs V. (dieser lebte von 1387 bis 1422), des Bruders seines Arbeitgebers.

Nach einer neueren Theorie hat Tito Livio Frivolisi aus dem Werk eines anonymen Zeitgenossen (dem man lange und fälschlicherweise mit > Thomas Elmham identifiziert hat) *Vita et Gesta Henrici Quinti* geschöpft; diesen anonymen Autor bezeichnet man deshalb als > Pseudo-Elmham.

Von der Vita Henrici Quinti ist keine moderne Veröffentlichung verfügbar.

### Titus Livius (> Livius, Titus)

### Titus Pomponius Atticus (> Pomponius Atticus, Titus)

### Titusbogen

Während der Regierung des Domitian zur Verherrlichung der Einnahme von Jerusalem (70) durch seinen Bruder Titus errichtet. Der historiographische Wert der Reliefs liegt in der detailgetreuen Wiedergabe der Kriegsbeute und der Bewaffnung.

### Toghril Beg (> Wassaf al-Hadrat)

### Tontafeln von Tell Asmar (Eshnunna) (> Quellen zur Frühgeschichte des Nahen Ostens)

### Tontafeln von Tell el-Amarna (Achet-Aton) (> Quellen zur Frühgeschichte des Nahen Ostens)

### Tontafeln von Tell Hariri (Mari) (> Quellen zur Frühgeschichte des Nahen Ostens)

### Tontafeln von Tell Leilan (Shekhna) (> Quellen zur Frühgeschichte des Nahen Ostens)

### Traianos Patrikios

Byzantinischer Geschichtsschreiber (um 700).

Von ihm ist nichts näher bekannt, außer des Umstands, dass > Nikephoros von Konstantinopel aus seinem Werk, das vollständig verloren gegangen ist, geschöpft hat.

### Trajansbogen von Benevent

In Benevent am Beginn der Via Traiana nach Brindisi (einer Variante der Via Appia) zwischen 114 bis 117 errichteter Bogen zur Ehrung der Regierung des Kaisers Trajan (98 bis 117). Auf acht großen Reliefs werden die Taten des Kaisers in der Außenpolitik (Dakerkriege) und Innenpoltik (u.a. die Speisung armer Kinder) hervorgehoben.

## Trajanssäule

Säule von 35 m Höhe auf dem Trajansforum zu Rom. Von Kaiser Trajan zur Verherrlichung seiner zwei Dakien-Kriege (101 bis 106) um 113 eingeweiht. Auf dem 27 m hohen Schaft windet sich ein Fries von 200 Länge und 70 cm Höhe mit der Darstellung von ca. 120 Szenen der zwei Kriege, mit insgesamt 2.500 Figuren.

Trajan verfasste über die zwei Kriege einen Bericht (*Commentarii*), von dem nur ein kleiner Nachsatz erhalten ist, der aber möglicherweise dem Gestalter der Säule als „Regieanweisung" gedient hat. Die Auswahl der Szenen ist zum Teil propagandistisch (Darstellung der Folterung von Kriegsgefangegen durch dakische Frauen), die Präsentation ist jedoch extrem nüchtern und realistisch.

Der historiographische Wert ist mit dem eines Fotoalbums vergleichbar, indem Einzelheiten der Kriegstechnik (mit Ausnahme der Schwerter und Lanzen, die aus Metall in das Relief gesteckt wurden und verloren gegangen sind) und andere Details (geographische Details, Ernteszenen etc.) festgehalten worden sind.

Um 1860 wurden 125 Gipsabdrücke des Reliefs angefertigt (davon je eine Kopie im Museo della Civiltà Romana zu Rom und im Victoria and Albert Museum zu London), die einen besseren Erhaltungszustand wiedergeben.

## Trebellius Pollio (> Historia Augusta)

## Trithemius, Abt Johannes

Deutscher Kirchenmann, Esoteriker und Humanist (1462 bis 1512)

Als Johannes Heidenberg alias Zeller in Trittenheim geboren, wurde er Abt des Benediktinerklosters Sponheim (Rheinland-Pfalz). Verfasste mehrere Dutzende Werke und gab 1514 eine Kurzgeschichte des Ursprungs der Franken (*De origine gentis Francorum compendium*) heraus, die angeblich auf einer > Wasthald-Chronik der Merowinger basierte, deren Historizität höchst umstritten ist.

Quelltext und engl. Übersetzung: Johannes Trithemius: *De origine gentis Francorum compendium, 1514 - An abridged history of the Franks*; AQ-Verlag; Dudweiler; 1987.

## Triumphbogen des Galerius (> Galeriusbogen)

## Triumphbogen des Konstantin (> Konstantinbogen)

## Triumphbögen des Septimus Severus

Im Jahre 203 wurde auf dem Forum Romanum zu Rom ein Triumphbogen errichtet, um die Siege des Kaisers Septimus Severus gegen die Parther (195 bis 199) zu verewigen.

Die Zielsetzung der Darstellungen der Reliefs ist die einer Kriegsberichterstattung: Darstellung von 15 Schlüsselereignissen (darunter die wichtigsten Belagerungen) unter Zuhilfenahme von Landkarten und der Vogelperspektive.

Ein ähnlicher Triumphbogen wurde gleichzeitig in der Heimatstadt des Kaisers, Leptis Magna (Libyen) errichtet.

## Triumphbogen des Titus (> Titusbogen)

## Trogus, Pompeius

Römischer Geschichtsschreiber keltischer Abstammung (ca. -50 bis ca. 20).

Aus dem Stamm der Vocontier (keltisierte Ligurer) in Vaison-la-Romaine (Gallia Narbonnensis) [44 14N 5 5E] geboren. Über seine Lebensdaten ist nur bekannt, dass er ein Zeitgenosse des > Livius (-59 bis 17) war und über das Jahr 9 hinaus noch berichtet hat. Sein Großvater hatte unter Pompeius gedient (gegen Sartorius und Mithridates) und hatte dafür die römische Staatsbürgerschaft und den Gens-Namen des Pompeius erhalten; sein Vater hatte unter Caesar als Sekretär und Dolmetscher gedient.

Trogus konzipierte sein 44-bändiges Werk *Historiae Philippicae* („Philippische Geschichten") als Ergänzung des Werkes seines Zeitgenossen > Livius, indem er die außerrömische Geschichte (v. a. die Makedoniens und der hellenistischen Reiche) fokussierte; es endete wie das Werk des Livius mit dem Berichtsjahr 9.

Die Quellen des Trogus waren u. a. > Dourides von Samos, > Philarchos von Naukratis, > Timagenes von Alexandreia, > Éphoros von Kyme und > Theópompos, dessen Werk *Philippikai Historiai* er zum Teil einfach nur übersetzte.

Die *Historiae Philippicae* des Trogus sind zwar verloren gegangen, sie sind aber in einer Verkürzung und Überarbeitung des > Justinus M. Junianus (*Epitoma historiarium Philippicarum Pompei Trogi*) überliefert worden.

Trogus verfolgte, trotz seiner Neigung zum Pathetischen, einen wissenschaftlicheren Ansatz als Livius (er war z. B. wie > Poseidonius vor ihm dagegen, dass man in Geschichtswerken den Akteuren wortwörtliche Reden in den Mund legte, die nie so genau überliefert worden sein könnten). Pompeius Trogus hat außerdem den Ansatz des > Polybios und > Diodorus Siculus übernommen, dass man die Geschichte als Universalgeschichte zu betrachten habe, in der überregionale Wechselwirkungen zu berücksichtigen seien. Dabei bemerkte er die sukzessive Machtverlagerung („translatio imperii") von den Assyrern auf die Meder, Perser, Makedonen und Römer.

> Metzler Lexikon Antiker Autoren: Artikel von Johannes Engels.
> Lexikon der Antike: Artikel von O. Seel.
> Deutsche Übersetzung ( O. Seel): *Pompeius Trogus: Weltgeschichte von den Anfängen bis Augustus im Auszug des Justin* (aus „Epitoma historiarium Philippicarum Pompei Trogi"); Artemis&Winkler; 1972.
> Englische Übersetzung online der Zusammenfassung und Überarbeitung des Justinus: http://www.tertullian.org/fathers/justinus_00_eintro.htm; http://forumromanum.org/literature/justin/english/index.html

## Tropaeum Alpinum (Augusti)

Am Westrand der südlichen Seealpen (beim heutigen La Turbie, unweit von Monaco) [43 44N 7 24E] von Kaiser Augustus errichtetes Denkmal. Es erinnert an seine zwischen -35 und -7 durchgeführte Unterwerfung der Alpenvölker. Die durch > Plinius den Älteren überlieferte Inschrift erwähnt 46 Alpenstämme, deren Existenz und ungefähre Lokalisierung zum Teil nur hierdurch überliefert worden ist.

## Tshelpa Künga Dorje (Situ Gewe Lodrö)

Tibetischer Fürst und Geschichtschreiber (1309 bis 1364).

Aus adliger Familie wurde er Fürst der Region („Zehntausendschaft") von Tshelpa und reiste zwecks Bestätigung seines Amts 1324 zum chinesischen Hof. Er wurde 1352 gestürzt und zog sich als Mönch in das Kloster Tshel zurück. Dort vollendete er 1363 seine bereits 1346 begonnene Weltgeschichte „Roten Annalen" alias „Rotes Buch" (*Deb-ther dmar-po*). Es handelt sich um eine Einbettung der Geschichte Tibets in die Geschichte der benachbarten Großmächte China, Mongolei, Indien und des Tangutenreichs.

1538 veröffentlichte Penchen Sönam Dragpa eine aktualisierte Ausgabe („Neue Rote Annalen").

### Tubero (> Aelius Tubero, Quintus)

### Tuotuo (Toghto)

Chinesischer Beamter und Geschichtsschreiber.

Er gab im Jahr 1345 eine *Geschichte der Song-Dynastie* (960 bis 1279), eine *Geschichte der Liao-Dynastie* (916 bis 1125) und eine *Geschichte der Jin-Dynastie* (1115 bis 1234) heraus, welche die Bände 20, 21 und 22 der Standardchronik der chinesischen Geschichte > Vierundzwanzig Dynastiegeschichten sind.

### Tursun Beg

Osmanischer Geschichtsschreiber (ca. 1425 bis ca. 1491).

Vermutlich in Bursa (Westanatolien, Türkei) [40 11N 21 4E] geboren, als Enkel des Gouverneurs. War in Edirne am Hof des Sultans Mehmed II. Fatih tätig und begleitete ihn 1453 bei der Belagerung von Konstantinopel. Wurde dann Defterdar (oberster Finanzbeamter) von Anatolien. Verbrachte seinen Ruhestand in Bursa, wo er starb.

Sein Werk *Tarikh-i Ebu l-feth* („Geschichte des Mehmet des Eroberers") beschreibt die Feldzüge des Sultans Mehmed II. Fatih (des „Eroberers") und die nachfolgenden sieben Jahre, d. h. den Zeitraum von 1451 bis 1488.

> Englische Übersetzung (Halil Inalcik, Rhoads Murphey): *Tursun Beg. The history of Mehmed the Conqueror. [Tarih-i Ebülfeth]*; Bibliotheca Islamica; Minneapolis; 1978.

### Urwah ibn Zubayr

Arabischer Jurist und Geschichtsschreiber (ca. 650 bis 713).

In Medina geboren. Verwandt mit Protagonisten der islamischen Kämpfe der ersten Stunde: Großneffe des Abu Bakr (Schwiegervater und 1. Nachfolger/Kalif des Propheten) bzw. Enkel des Abd Allah ibn al-Zubayr (Sohn eines Kampfgenossen des Propheten, erhob sich 683 gegen Yazid I., den Begründer der omaiyadischen Dynastie).

Urwah ibn Zubayr zerstörte anlässlich der Schlacht von al Harra (683) alle seine bis dahin geschriebenen Werke, damit sie nicht als Ersatz des Korans missbraucht werden könnten. Von den späteren Werken (darunter eine der ersten Biographien des Propheten) sind nur Fragmente erhalten.

> Görke, A; Schoeler, G,: Die ältesten Berichte über das Leben Muhammads. Das Korpus 'Urwa ibn az-Zubair; Darwin Press; Princeton; 2008.

### Usama (Ussama) Ibn Munqidh

Syrischer Diplomat, Schriftsteller und Chronist (1095 bis 1188).

In Schaizar (im Landesinneren Westsyrien [36 16N 36 34E]) aus prominenter Familie geboren (Neffe eines Emirs der Region) von wo er in jungen Jahren exiliert wurde. Kam als Verhandlungsführer einer vorübergehenden Kooperation Damaskus-Jerusalem mit den Kreuzrittern in näheren Kontakt, deren für ihn sonderbare

Barbarei er verachtete, deren Tapferkeit er aber bewunderte. Starb, von allen vergessen, in Damaskus.

Seine Memoiren *Kitab al-itibar* („Buch der Belehrung durch Beispiele") sind in einem unvollständigen Manuskript im Escorial erhalten. Sie sind für den Zeitraum von ca. 1140 bis ca. 1180 mehr wegen der anekdotenreichen und geistreichen Alltagsdetails und Charakterisierung seiner „fränkischen" und muslimischen Zeitgenossen interessant, als für die politische Geschichte der Kreuzritterzeit.

> Deutsche Übersetzung (Holger Preißler): Die Erlebnisse des syrischen Ritters Usāma Ibn-Munqiḏ: Unterhaltsames und Belehrendes aus der Zeit der Kreuzzüge; München; 1985.
> Deutsche Übersetzung: Usama Ibhn Munqidh: Ein Leben im Kampf gegen Kreuzritterheere; Matrix; 2004.
> Deutsche Übersetzung der Übersetzung aus dem Arabischen ins Italienische von F. Gabrieli einiger Auszüge über die Eigenarten der "Franken": siehe BIBLIOGRAPHIE (Gabrieli, F.; 1957).

## Usayyidi Tamini (> Sayf ibn Umar)

## Utbi (> Al-Utbi)

## Valerius Antias

Ein > Römischer Annalist (-1. Jh.).

Von seinen 75-bändigen *Annalen* sind nur Fragmente erhalten. Sie waren eine der Quellen des > Livius (für den Zeitraum von -216 bis ca. -180 sogar die Hauptquelle), sowie des > Silius Italicus und > Plutarchs (Marcellus, Flaminius).

Aus den Fragmenten ist zu erkennen, dass das Hauptanliegen des Valerius Antias (auf hellenistische Art) die Publikumswirksamkeit war: so streute er wortwörtliche Zitate und lebendige Kampfschilderungen reichlich ein und tendierte bei Zahlenangaben zur Übertreibung. Es war dies der Ansatz zu einer „Unterhaltungsschriftstellerei" (Ch. Reichardt, 2008).

> Lexikon der Alten Welt: Artikel von R. Till.
> Lateinischer Quelltext und deutsche Übersetzung der Fragmente: H. Peter (Hrsg.): *Historicum Romanorum Reliquiae (HRR)* I 238-275.
> Lateinischer Quelltext und deutsche Übersetzung: Beck, H, Walter, U.,: *Die Frühen Römischen Historiker, Band 2. Von Coelius Antipater bis Pomponius Atticus*; 1. Auflage; Wissenschaftliche Buchgesellschaft; Darmstadt; 2004.

## Valerius Maximus

Römischer Geschichtsschreiber (? bis ca. 37).

Aus ärmlichen Verhältnissen in Rom geboren, ergriff er vermutlich den Beruf des Lehrers der Redekunst. Trat in die Dienste des Sextus Pompeius, den er im Jahr 27 in den Osten begleitete.

Sein nach 31 veröffentlichtes Werk *Factorum et dictorum memorabilium libri IX* („Denkwürdige Taten und Worte") enthält eine Sammlung von ca. tausend nach Themen geordneten bemerkenswerten Verhaltensweisen und Aussagen der römischen und griechischen Geschichte, die von einem Redner zur Ausschmückung einer Rede zitiert werden könnten. Dieses Werk, das bis auf Band 1 (eine Art Inhaltsverzeichnis) erhalten ist, stellt auch eine Quelle historischer Details dar, so zum Beispiel über den Sertorianischen Krieg und die Regierung des Tiberius, allerdings enthält es viele Ungenauigkeiten.

Metzler Lexikon Antiker Autoren: Artikel von Johannes Engels.
Lexikon der Antike: Artikel von R. Till.
Deutsche Übersetzung: *Denkwürdige Taten und Worte* (aus „Facta et dicta memorabilia"); Reclam; UB 8695.
Französische Übersetzung des gesamten erhaltenen Bestands: *Valère Maxime: Faits et paroles mémorables*; Band 1: Bücher 1 bis 5; Band 2: Bücher 6 bis 9; Éditions Paleo; Clermond-Ferrand; 2011.
Online: http://remacle.org/bloodwolf/historiens/valere/index.htm

## Varro, Marcus Terentius „Reatinus"

Römischer Universalgelehrter („Polyhistor") (-116 bis -27).

In Reate (Rieti) aus einer begüterten Ritterfamilie sabinischer Abstammung geboren. Nach dem Studium in Rom und Athen durchlief er eine Beamtenlaufbahn. Kämpfte auf der Seite seines Freundes Gnaeus Pompeius gegen die Seeräuber und war dann sein Statthalter der Hispania, wo er sich -49 Caesar ergeben musste; schloss sich dem Gnaeus Pompeius erneut an und wurde von Caesar nach Pharsalos erneut begnadigt und -46 mit der Einrichtung einer öffentlichen Bibliothek in Rom beauftragt.

Varro verfasste eine Vielzahl von Werken zu einer Vielzahl von Themen (legendäre Vorgeschichte, Kulturgeschichte, Biographien, Sprach- und Literaturwissenschaft, Kunstwissenschaft, Theologie, Philosophie, Landwirtschaft). Obwohl sie sogar noch von den Kirchenvätern stark beachtet wurden, sind seine Werke bis auf wenige Fragmente oder Zitate durch andere Autoren (u. a. Augustinus) verloren gegangen; dies zählt zu den großen Verlusten der römischen Quellen.

Varro führte eine (bereits von Cicero angezweifelte) Ableitung des Gründungsjahres -753 von Rom zurück, indem er auf das vermeintliche Eroberungsdatum Trojas -1193 die astrologische Zahl von 440 Jahren für die Wiedergeburt von Städten (Rom sei eine Wiedergeburt Trojas) draufsetzte („Varronische Zeitrechnung").

Eine ausführliche Übersicht der Werke und verfügbaren Ausgaben der Fragmente bzw. Übersetzungen findet sich in: http://de.wikipedia.org/wiki/Marcus_Terentius_Varro
Lateinische Quelltexte der erhaltenen Teile historischer Werke: Francesco Semi (Hrsg.): *M. Terentius Varro*. Armena, Venezia 1965; Band 1: De lingua Latina; Band 2: Fragmenta operum de grammatica, litteris, philosophia, scientiis. Logistoricon libri. Antiquitates; Band 3: Saturae Menippeae. De gente populi Romani. De vita populi Romani. Fragmenta operum historicorum.

## Vassaf-e Hazrat (> Wassaf al-Hadrat)

## Velleius Paterculus, Gaius

Römischer Offizier und Geschichtsschreiber (ca. -20 bis ca. 30).

Aus einer Familie ritterlichen Standes, vermutlich aus Capua (Kampanien). Begleitete im Jahr 3 den Neffen und Adoptivsohn des Augustus, Gaius Caesar, auf dessen fatalen Einsatz in den Ostprovinzen und nahm als „prefectus equitum" und „legatus legionis" an den Feldzügen des Tiberius in Germanien und Pannonien (4 bis 9) teil.

Er publizierte um 30 eine *Historiae Romanae ad M. Vanadium cos. Larbi Duo* („Dem Konsul M. Vincis gewidmete römische Geschichte in zwei Bänden"). Es handelt sich um eine handliche Zusammenfassung der Geschichte Roms in zwei Bänden, von den mythischen Anfängen (Zerstörung Troias nach seiner Einschätzung im Jahre -1182), über die der Gründung Roms (die seiner Einschätzung im Jahre -744 stattfand, 438 Jahre nach dem vermeintlichen Zerstörung Trojas), bis Tiberius. Der Autor hat das Werk mit Porträts einzelner Protagonisten belebt und kulturhistorische Betrachtungen eingeflochten. Das Buch 1, das die Zeit bis zur Zerstörung Karthagos (-146) behandelt, ist nur lückenhaft erhalten. Das bis zum Jahr 30 reichende Buch 2 ist der einzige überlieferte zeitgenössische Bericht über Tiberius (er fiel wesentlich positiver aus, als der etwa 80 Jahre später verfasste Bericht des > Tacitus).

Vielleicht durch den Umstand dazu verleitet, dass er an einem Teil der Ereignisse „auf dem Feld" mitgewirkt hatte, tendierte Velleius Paterculus dazu, die Ursachen für das Verhalten von Kollektiven auf das Verhalten einzelner Individuen herunterzubrechen. Trotzdem zeichnet sich sein Bericht durch große Genauigkeit und Objektivität aus.

Sein Werk wurde durch eine Handschrift erhalten, die 1518 in äußerst zerfallenem Zustand im Kloster Murbach (Ruine, im Elsass, Frankreich) [47 55N 7 9E] gefunden wurde, die kurz nach der Abschrift verloren ging.

> Metzler Lexikon Antiker Autoren: Artikel von Ulrich Schmitzer.
> Lexikon der Antike: Artikel von R. Till.
> Deutsche Übersetzung (Marion Giebel): Velleius Paterculus, C. V.: Historia Romana / Römische Geschichte; Reclam-Verlag, 1989.
> Lateinischer Quelltext und englischer Übersetzung online: http://penelope.uchicago.edu/Thayer/R/Roman/Texts/Velleius_Paterculus/home.html
> Französische Übersetzung (Maurice Desprès, Yves Germain): *Velleius Paterculus: Histoire romaine*; Éditions Paleo; Clermond-Ferrand; 2011.

## Vennonius

> Römischer Annalist (-2. Jh.).

Von seinen Annalen, die Cicero schätzte, sind nur wenige Fragmente erhalten.

> Fragmente: H. Peter (Hrsg.): Historicum Romanorum Reliquiae (HRR) I 142.
> Lexikon der Alten Welt: Artikel von R. Till.

## Veroneser Verzeichnis (> Laterculus Veronensis)

## Vibius Sequester

Nicht näher bekannter spätrömischer Geograph des 4. bis 5. Jh. Sein Werk *De fluminibus, fontibus, lacubus, nemoribus, gentibus, quorum apud poëtas mentio fit* (Von den Flüssen, Quellen, Seen, Wäldern, Völkerschaften, die von Dichtern erwähnt werden), eine erläuterte Liste von geographischen und ethnographischen Namen, die in antiken Autoren vorkommen.

> Lateinischer Quelltext online:
> http://books.google.ca/books?id=4T0TAAAAQAAJ&pg=PA99#v=onepage&q&f=false

## Victor Vitensis (Victensis)

Nordafrikanischer Kirchenmann und Geschichtsschreiber (ca. 430 bis 484).

Geboren in der nicht genau lokalisierbaren Stadt Vita (an gleichnamigem See?, bei Kairouan/Qairawan?, in der damaligen Provinz Byzacena Vitacensis, Tunesien) vermutlich aus einer berberischen Familie; wirkte dort als Bischof.

Victor Vitensis vollendete 484 eine fünfbändige *Historia persecutionis africanae provinciae (vandalicae) sub Geiserico et Hunirico regibus Wandalorum* („Geschichte der Verfolgung der (vandalischen) Provinz Africa unter den vandalischen Königen Geiserich und Hunerich") einer Chronik des 429 bis 439 erfolgten Vandaleneinfalls in Nordafrika und der folgenden Verfolgung der Katholiken durch die arianischen Eroberer.

> Lateinischer Quelltext und deutsche Übersetzung (Konrad Vössing): *Victor von Vita:*

*Vandalen und der Kirchenkampf in Afrika: Historia persecutionis Africanae;* Wissenschaftliche Buchgesellschaft; Darmstadt; 2011.
Englische Übersetzung (J.W. Moorehead): *Victor of Vita: History of the Vandal Persecution* ; Liverpool University Press; Liverpool; 1992.
Französische Übersetzung (Serge Lancel): *Histoire de la persécution vandale en Afrique*; Les Belles Lettres; 2002.
Italienische Übersetzung (S. Costanza): Vittore di Vita: Storia della persecuzione vandalica in Africa; Roma; 1981.

## Victor von Tunnuna (Victor Tunnunensis)

Nordafrikanischer Kirchenmann (1. Hälfte des 6. Jh).

Bischof von Tunnuna (nicht lokalisierter Ort im heutigen Tunesien, vermutlich bei Karthago) bis 555, als er wegen der Ablehnung der von Justinian dekretierten Position im Dreikapitelstreit in verschiedenen Klöstern interniert wurde u. zw. auf den Balearen, in Ägypten und in Konstantinopel, wo er starb.

Während seiner Internierungen verfasste er ein *Chronicon*, mit dem er das Werk des > Prosper Tirus Aquitanus vom Berichtsjahr 444 bis 566 fortsetzte. Wie Mommsen festgestellt hat, wechselt der Autor aus unbekannten Gründen in seinem Werk abschnittsweise zwischen der Datierung nach weströmischen und der nach oströmischen Konsulatsjahren. Eigenartig ist auch der Datierungsfehler des Todes Kaiser Justinians (566 statt 565).

Das Werk des Victor von Tunnuna ist ein wichtiges Dokument zur vandalischen Besetzung Nordafrikas. Es wurde von > Johannes von Biclaro fortgesetzt.

Lexikon der Antike: Artikel von E. Pasoli.
Lateinischer Quelltext und italienische Übersetzung (A. Placanica): *Vittore da Tunnuna*; Florenz ;1997.

## Victorius Aquitanus

Römischer Geschichtsschreiber (ca. 400 bis ca. 500)

In Aquitanien geboren.

Aus seinem verloren gegangenem Werk schöpften u. a. > Cassiodorus und die > Historia Britonum.

## Villani, Filippo (> Villani, Giovanni)

## Villani, Giovanni

Florentiner Beamter und Geschichtsschreiber (1280 bis 1348).

Sein Werk *Nova Cronica* („Neue Chronik") behandelt die Geschichte von Florenz vom Turmbau zu Babel bis zur seiner Gegenwart, wobei aber der Blick weit über die Stadtmauern hinaus reicht (deren Renovierung er 1324 überwachte, was ihm eine ungerechtfertigte Anzeige der persönlichen Bereicherung einbrachte). Während die Antike in einem glorifizierenden Stil beschrieben wird, um den römischen Ursprung von Florenz zu belegen, wird sein zeitgenössischer Zeitraum von 1265 bis 1348 (Jahr, in dem er der Pest erlag) in einem außerordentlich sachlichen und unvoreingenommenen Stil behandelt, wobei er ein Bestreben nach dem Eruieren der Entstehungsmechanismen der Ereignisse und Entwicklungen an den Tag legte, die seiner Zeit weit voraus waren.

Das Werk des Giovanni Villani ist eine der wertvollsten Geschichtsquellen für das 14. Jh. Es wurde von seinem jüngeren Bruder Matteo (1285 bis 1363) und dessen Sohn Filippo (1325 bis 1407) bis zum Berichtsjahr 1363 fortgesetzt.

Italienische Ausgabe (G. Porta): *Giovanni Villani, Nova Cronica; 2478 in 3 Bänden;* Editori Guanda, Parma; 2007
Italienische Ausgabe online: http://www.letteraturaitaliana.net/pdf/Volume_2/t48.pdf

## Villani, Matteo (> Villani, Giovanni)

## Villehardouin, Geoffroi de (Gottfried von)

Französischer Ritter und Geschichtsschreiber (1160 bis 1213).

Auf dem Schloss Villehardoiun (30 km östlich von Troyes) [48 24N 4 22E] aus adliger Familie der Champagne geboren, wurde Senechall (damals eine Art Amtsrichter) der Champagne, nahm vermutlich bereits am 3. Kreuzzug (1190 bis 1192) teil. Beim 4. Kreuzzug (1202 bis 1204) war er einer der Protagonisten: er befürwortete die von Venedig gewollte Umleitung des Kreuzzugs gegen Zara und Konstantinopel; er war einer der Truppenkommandanten bei der Plünderung des Byzantinischen Reiches, zu deren Profiteuren er wurde: 1204 wurde er zum Marschall von „Romanien" (Griechenland) ernannt und 1207 mit Mosynopolis (in Thrakien, Ruinen bei Komotini, Griechenland) [41 7N 25 24E] belehnt, wo er den Rest seines Lebens verbrachte.

In Mosynopolis verfasste Villehardouin sein Werk *Histoire de la Conqueste de Constantinople* („Geschichte der Eroberung von Konstantinopel"). Trotz der hintergründigen Rechtfertigungsabsicht und trotz seiner Verwandtschaft und Freundschaft mit einigen der Protagonisten, handelt es sich um eine relativ objektive Schilderung der Ereignisse zwischen 1198 und 1204; der Mangel an Objektivität besteht in der Auslassung von Details (z. B. der Gründe der Umleitung des 4. Kreuzzugs), die das Vorgehen der Kreuzritter in ein besonders schlechtes Licht gestellt hätten. Es muss deshalb mit dem parallelen Werk des > Niketas Choniates gegengelesen werden, das aus der Sicht der Opferseite verfasst wurde.

Das Werk des Villehardouin ist das erste große in (alt)französischer Sprache verfasste Geschichtswerk.

Deutsche Übersetzung (G. E. Sollbach): Chronik des Vierten Kreuzzugs (1202-1204): Die Augenzeugenberichte des Geoffrey de Villehardouin und Robert de Clari; Centaurus, 1998.

Quelltext in altfranzösischer Sprache: Geoffroy de Villehardouin. La Conquête de Constantinople, et sa continuation, par Henri de Valenciennes; Éditions Paleo; Clermond-Ferrand; 2011.

Französische Übersetzung: Geoffroy de Villehardouin. *La Conquête de Constantinople, et sa continuation, par Henri de Valenciennes*; Éditions Paleo; Clermond-Ferrand; 2011.

## Vincentius Magister (Kadlubek)

Polnischer Kirchenmann und Geschichtsschreiber (ca. 1150 bis 1223).

In Krawrow (Süden Polens) [50 46N 21 28E] geboren, studierte in Bologna, wurde Bischof von Krakau.

Er verfasste in gepflegtem Latein eine vierbändige Geschichte Polens *Chronica seu originale regum et principum Poloniae*, kurz *Chronica Polonorum*, welche sich von den sagenumwobenen Anfängen bis zum Jahr 1170 erstreckt. Dabei baute er in Band 1 auf das Werk des > Gallus Anonymus auf. Er führte den Begriff „res publica" für die polnische Adelsrepublik ein.

Lateinischer Quelltext und deutsche Übersetzung (E. Mühle, Universität Münster) in Vorbereitung.

## Vincenz von Prag (Vincentius Pragensis)

Böhmischer Kirchenmann und Geschichtsschreiber (ca. 1130 bis 1167).
Seine Annalen (*Annales*) erstreckten sich bis zum Berichtsjahr 1167.
> Abt Gerlach setzte sein Werk für die Berichtsjahre 1167 bis 1198 fort.

> Palacky, F.: *Würdigung der alten böhmischen Geschichtsschreiber*; Prag; 1830. Digitalisiert von Google
> Deutsche Übersetzung (G. Grandaur): Geschichtsschreiber der deutschen Vorzeit 67.
> Lateinischer Quelltext und deutsche Übersetzung auf CD-ROM mit Abfrage-Software: Müller, Th., Pentzel, A. (Herausgeber): *Quellensammlung zur mittelalterlichen Geschichte – Fortsetzung - Continuatio fontium medii evi*; MA II; Verlag Heptagon; Berlin; 2000.

## Vinzenz von Beauvais (Vincent de Beauvais)

Französischer Franziskanermönch und Enzyklopädist (ca. 1190 bis 1264).

Eine der Zusammenfassungen („spaecula") diverser Wissensgebiete, die er als Erzieher der Kinder des französischen Königs Karl IX. mit Zuarbeiten seiner Mönchsbrüder verfasste, war der 1244 in erster Auflage erschienene *Speculum historiae* („Geschichtsspiegel") in 21 Büchern, in denen die von diversen Geschichtsschreibern berichteten Fakten der Geschichte von Adam bis Ludwig IX. kritiklos zusammenfasste.

## Virius Nicomachus Flavianus

Weströmischer Politiker und Geschichtsschreiber (334 bis 394).

In Rom aus begüterter Adelsfamilie geboren, erreichte er hohe Führungspositionen (u. a. 364/365 Statthalter von Sizilien, 377 von Africa); beteiligte sich an der heidnischen Gegenregierung unter Eugenius; verübte nach dessen Niederlage Selbstmord.

Er verfasste *Annales*, vermutlich in der Absicht, das gleichnamige Werk des > Tacitus fortzusetzen. Sein Werk ist zur Gänze verloren gegangen. Viele nachfolgende Geschichtsschreiber haben daraus geschöpft, darunter vermutlich > Ammianus Marcellinus und > Petros Patrikios.

## Vita Edwardi Secundi

Von einem Zeitgenossen Königs Edwards II. von England (1284 bis 1327) geschriebene Biographie des Herrschers. Historiographisch wichtig ist der Bericht über die Regierungsjahre ab 1311; er endet im Winter 1325/1326, schildert also nicht mehr die Gefangennahme und die vermutlich schreckliche Ermordung des Königs.

> Lateinischer Quelltext und englische Übersetzung (Wendy R. Childs): *Vita Edwardi Secundim - The Life of Edward the Second*; Revised Edition; Oxford University Press; Oxford; 2005.

## Vita Sanctae Genovefae

Eine von einem unbekannten Autor um 520 verfasste Biographie *Vita Sanctae Genovefae virginis Parisiorum patronae* der 12 Jahre vorher im Alter von 80 Jahren verstorbenen Heiligen Genovefa. Sie enthält wertvolle Details über die letzten Jahrzehnte römischer Herrschaft in dem von Hunnen (451) und Salfranken bedrängten Nordgallien.

Französische Übersetzung online: http://gallica.bnf.fr/ark:/12148/bpt6k102113h/f101.image.r=SAINTE+GENEVIEVE.langFR.

## Vulcacius Gallicanus (> Historia Augusta)

## Vulgata

Sammelbegriff der vom Kirchenvater > Hieronymus von Strido zwischen 385 und 429 überarbeiteten und ergänzten Übersetzung der Bibel ins Lateinische, und zwar aus der griechischen Übersetzung (> Septuaginta).

## Walker-Chronik (Chronik 25; „ABC 25")

Eine Schrifttafel mit 34 einzeiligen Einträgen zu herausragenden Ereignissen der babylonischen Geschichte zwischen -1223 und -1050.

Englische Übersetzung online: http://www.livius.org/cg-cm/chronicles/walker/walker.html

## Walkidi/Walqidi (> Al-Wakidi/Waqidi)

## Wassaf al-Hadrat (Vassaf-e Hazrat alias Toghril Beg)

Iranischer Beamter und Geschichtsschreiber persischer Sprache (1299 bis 1323). In Shiraz (Iran) [29 38N 52 34E] geboren, wo er als Steuerbeamter des mongolischen Ilkhanats diente.

Sein Werk *Tajziyat al-amsar wa-tazjiyat al-asar* („Die Zugehörigkeit der Städte und der Antrieb der Epochen") setzt jenes des > Juwaini für den Berichtszeitraum ab 1257 fort.

Persischer Quelltext mit deutsche Übersetzung (Joseph Hammer-Purgstall; Sibylle Wentker; Elisabeth Wundsam; Klaus Wundsam): *Geschichte Wassaf's*; 3 Bände; Verlag der Österreichischen Akademie der Wissenschaften; Wien; 2012.
Englische Übersetzung: Elliot, H. M., John Dowson: *The History of India, as Told by Its Own Historians. The Muhammadan Period;* Vol. 3; Trübner & Co.; London; 1867 bis 1877. Nachdruck Adamant Media Corporation; 2000.
Online: http://archive.org/stream/cu31924073036737#page/n5/mode/2up

## Wasthald-Chronik

Eine vermutlich um 715 von einem Mitglied der Kanzlei des merowingischen Königs Dagobert III. namens Wasthald (lat. Vuisogasthaldus) verfasste Überarbeitung einer Vorgänger-Chronik der Merowinger („Bereinigtes Stemma"), um das von den Pippiniden angegriffene Image der Merowinger aufzupolieren. Sie wurde zwar in diversen Schriften des Esoterikers und Humanisten Abt Johannes Thritemius (1462 bis 1512) erwähnt, ihre Historizität ist jedoch umstritten. Darin sollen u.a. Informationen enthalten gewesen sein, die in teilweise sagenhaft verstellter Form auf einen sarmatischen und jüdischen Ursprung der Merowinger hinwiesen.

## Wei Shou

Chinesischer Geschichtsschreiber (506 bis 552).

Er verfasste von 551 bis 554 eine *Geschichte der Wei-Dynastie* (386 bis 550) in 114 Bänden. Sein Werk stellt den Band 10 der Standardchronik der chinesischen Geschichte > Vierundzwanzig Dynastiegeschichten dar. In seinem Werk verschleierte er die nomadische Ethnie der Toba-Dynastie, um sie als urchinesisch darzustellen.

### Wei Zheng (Xuancheng)

Chinesischer Politiker und Geschichtsschreiber (580 bis 643).

Er leitete den Redaktionsstab, der im Jahr 636 eine *Geschichte der Sui-Dynastie* (581 bis 617) fertig stellte, welche der Band 13 der Standardchronik der chinesischen Geschichte > Vierundzwanzig Dynastiegeschichten ist.

### Weidner- (Esagila-) Chronik („ABC 19")

Ein vermutlich von König Damiq-ilisu (-1814 bis -1794) mit propagandistischer Absicht verfasster Brief, in dem historische Ereignisse des Zeitraums -2300 bis -1845 erwähnt werden.

    Englische Übersetzung online: http://www.livius.org/cg-cm/chronicles/abc19/weidner.html

### Weld-Blundell- Prisma (> Sumerische Königsliste)

### Whinchester Chronicle (> Angelsächsische Chroniken)

### Widukind (Wittekind von Corvey / Korvei, Widukindus monachus Corbeiensis)

Sächsischer Mönch und Geschichtsschreiber (ca. 925 bis 973).

Vermutlich ein Nachkomme des gleichnamigen Sachsenkönigs und Gegners Karls des Großen. Lebte in der Benediktinerabtei von Corvey (Westfalen) [51 47N 9 25E].

Er verfasste von 967 bis 973 sein Werk *Rerum gestarum Saxonicarum libri tres* oder *Res gestae Saxoniae* („Sächsische Geschichten in drei Bänden"), in welchem er die Geschichte seines Volkes von der sagenhaften Urgeschichte von ca. 520 bis 946 schildert.

Widukind schwelgte als inbrünstiger „sächsischer Nationalist" in der Verherrlichung der sächsischen Dynastie. Seine Objektivität ist so fraglich, wie die nur weniger Geschichtsschreiber der Antike und des Mittelalters: er verschwieg den Sachsenkrieg Karls des Großen, der immerhin mit großem Blutvergießen 33 Jahre gedauert hatte; die Slaven wurden von ihm abwertend als Barbaren dargestellt; er ignorierte die Institution des „Heiligen Römischen Reichs Deutscher Nation", betitelte aber Otto I. als „imperator"; er erwähnte keinen Italienfeldzug seiner Protagonisten und keinen einzigen Papst.

    Lateinischer Quelltext und deutsche Übersetzung: Bauer, A., Rau, R. (Hrsg.): *Die Sachsengeschichte des Widukind von Korvei; Adalberts Fortsetzung der Chronik Reginos; Liudprands Werke;* Reihe FSGA, A; Bd. 8 (Quellen zur Geschichte der sächsischen Kaiserzeit); 5. Auflage; Wissenschaftliche Buchgesellschaft; Darmstadt; 2002.
    Lateinischer Quelltext und deutsche Übersetzung auf CD-ROM mit Abfrage-Software: Müller, Th., Pentzel, A. (Herausgeber): *Quellensammlung zur mittelalterlichen Geschichte – Fortsetzung - Continuatio fontium medii evi;* MA II; Verlag Heptagon; Berlin; 2000.
    Wattenbach, Wilhelm, „ Widukind.", in: Allgemeine Deutsche Biographie (1897), S. 369-370 [Onlinefassung]; URL: http://www.deutsche-biographie.de/pnd118632337.html?anchor=adb

### Wigand von Marburg

Deutscher Ordensritter und Geschichtsschreiber (ca. 1365 bis ca. 1409).

Aufgrund seines späteren Namenszusatzes vermutlich in Marburg geboren. War als Herold des Deutschen Ordens tätig.

Verfasste eine mittelhochdeutsche Reimchronik („*Preußenchronik*") über die Geschichte der Gebiete der baltischen Pruzen und Litauer für den Berichtszeitraum zwischen 1293 und 1394, in der er Tatsachen und Mythen vermengte. Von den 17.000 Zeilen sind nur ca. 500 in der Originalfassung erhalten. Das Gesamtwerk ist allerdings in der (zum Teil fehlerhaften) Übersetzung ins Lateinische („*Chronica nova Prutenica*") vollständig erhalten, die > Jan Duglosz ungefähr ein Jahrhundert später angefertigt hat.

> Lateinischer Übersetzung: *Scriptores rerum Prussicarum*; Band 2; S. Hirzel; Leipzig; 1863. Nachdruck: Minerva-Verlag; Frankfurt a.M.; 1965.
> Lateinische Übersetzung online:
> http://books.google.de/books?id=8H8OAAAAYAAJ&pg=PA1#v=onepage&q&f=false

## Wilhelm der Bretone (Wilhelm Brito; Guillelmus Armoricus; Guillaume le Breton)

Französischer Kirchenmann und Geschichtsschreiber (ca. 1165 bis ca. 1226).

In der Bretagne in der damaligen Region Leon (heute Finistèrre) aus armer Familie geboren. Studierte in Nantes und Paris. Wirkte im diplomatischen Dienst Philipps II. (so im Jahre 1200 in Rom in der Scheidungssache des Königs) und war dann sein Kaplan. Begleitete den König 1214 in der Schlacht von Bouvines.

Widmete dem König ein Epos von fast 10.000 Versen *Philippidos*, um seine Glanztaten zu besingen. Er musste sie auf Anordnung des Besungenen überarbeiten und alle Hinweise auf die Misshandlung entfernen, die der König seiner Gemahlin Ingeborg von Dänemark zugefügt hatte.

Wilhelm der Bretone setzte außerdem die *Gesta Philippi Augusti* des > Rigord bis zum Berichtsjahr 1220 fort. Das so ergänzte Werk ist in der Folge in die > Annalen von Saint-Denis und folglich in die > Grandes Chroniques de France aufgenommen worden.

> Französische Übersetzung: Guillaume Le Breton: *Continuation de la vie de Philippe Auguste*
> Éditions Paleo; Clermond-Ferrand
> Französische Übersetzung: *Guillaume Le Breton: La Philippide*; Éditions Paleo; Clermond-Ferrand; 2011.

## Wilhelm Rishanger Chronigraphus

Englischer Kirchenmann und Geschichtsschreiber (1250 bis ?).
Mönch in St. Albans (Hertfordshire/England) [51 45N 0 20W].
Er ergänzte die *Weltchronik* des > Roger von Wendover und > Matthäus Paris mit dem Berichtszeitraum 1259 bis 1307.

> Englische Übersetzung; J. O. Halliwell-Phillipps:William Rishanger:*The Chronicle of William De Rishanger, of the Barons' War: The Miracles of Simon De Montfort*; LLC; 2010.

## Wilhelm von Apulien (Guillelmus Apuliensis)

Italienischer Geschichtsschreiber (ca. 1075 bis ca. 1125).

Sein Werk *Gesta Roberti Wiscardi* („Taten des Robert Guiskard") beschreibt die Aktivitäten der Normannen in Süditalien zwischen 1016 und 1085, zuerst als Söldner, dann als Eroberer. Es ist dazu neben > Gaufredus Malaterra und > Amatus von Montecassino die Hauptquelle der normannischen Eroberungen in Süditalien. Er betrachtete die Normannen als (willkommene) Nachfolger der Langobarden in der Herrschaft über Süditalien, im Kampf gegen die „verweichlichten" Byzantiner.

Das einzige mittelalterliche Manuskript überdauerte im Kloster von Mont Saint-Michel (heute in der Bibliothek von Avranches).

    Italienische Übersetzung (F. De Rosa): *Guglielmo di Puglia, Le gesta di Roberto il Guiscardo*; Cassino; 2003.

## Wilhelm von Boldensele (Otto de Nyenhusen)

Niedersächsischer Beamter und Fernreisender (gestorben um 1339).

Trat in den Dominikanerorden ein und bald wieder aus. Bereiste das Heilige Land und verfasste um 1337 darüber einen Bericht *Liber de quibusdam ultramarinis partibus et praecipue de Terra sancta*, in dem er sich auf die Bauwerke konzentriert und von Fantasiegeschichten absah. Starb in Köln.

Sein (auch ins Französiche übersetzter) Bericht inspirierte u.a. > Jehan de Mandeville.

    U. Ganz-Blättler: Andacht und Abenteuer: Berichte europäischer Jerusalem- und Santiago-Pilger (1320-1520); Tübingen; 1990.

## Wilhelm von Malmesbury

Englischer Kirchenmann und Geschichtsschreiber (ca. 1090 bis 1143).

Als Sohn eines Normannen und einer Angelsächsin in der Grafschaft Wiltshire (England) geboren. Studierte in der Abtei von Malmensbury (Wiltshire, England) [51 36N 2 5W] und verbrachte dort sein Leben als forschender Mönch.

Er verfasste um 1120 (und überarbeitete 1127) eine „Geschichte der Taten der englischen Könige" (*Gesta regum anglorum*); sie beschreibt den Zeitraum von 449 bis 1127 und ist eine der wichtigsten Quellen über die Eroberung Englands durch die Normannen. Bis 1142 arbeitete er an der Fortsetzung seiner Geschichte *Historia Novella* („Neue Geschichte"), die den Zeitraum von 1128 bis1142 abdeckt. Er schrieb auch eine Geschichte der Bischöfe Englands (*Gesta pontificum anglorum*).

Wilhelm von Malsmebury streute tiefsinnige Überlegungen über die hintergründigen Ursachen der Ereignisse ein, bis hin zum Alltagsverhalten der Individuen, das sich zu einem Verhalten des Kollektivs verdichtet. Er gilt als der größte englische Geschichtsschreiber seiner Zeit und kann zu den großen Geschichtsschreibern aller Zeiten gezählt werden.

    Lateinischer Quelltext und englische Übersetzung (R. A. B. Mynors): *William of Malmesbury: Gesta Regum Anglorum*, Band 1; Oxford University Press; Oxford; 1998.
    Lateinischer Quelltext und englische Übersetzung (R. M. Thomson, M. Winterbottom): *William of Malmesbury: Gesta Regum Anglorum*, Band 2: Oxford University Press; Oxford; 1999.
    Lateinischer Quelltext und englische Übersetzung (R. M. Thomson, M. Winterbottom): *William of Malmesbury: Saints' Lives*: Oxford University Press; Oxford; 2002.
    Lateinischer Quelltext und englische Übersetzung (K.R. Potter): *William of Malmesbury: Historia Novella*; Oxford University Press; Oxford; 1999.
    Englische Übersetzung online des Auszugs über die Schlacht von Hastings: http://www.britannia.com/history/docs/battle1066.html

## Wilhelm von Nangis (Guillaume de Nangis)

Französischer Kirchenmann und Geschichtsschreiber (ca. 1150 bis ca. 1300).

Wahrscheinlich in Nangis (Seine-et-Marne, Frankreich) [48 33N 3 1E] geboren. Trat als Jugendlicher in das Benediktinerkloster von Saint-Denis ein, dessen Archivar und „Wächter der Papiere" er wurde.

Ab 1285 verfasste Wilhelm von Nangis vier historische Werke:

- Eine Weltchronik (*Chronicon*) seit der Schöpfung bis zum Jahr 1300. Bis zum Berichtsjahr 1112 schöpfte er aus der Weltchronik des > Siegebert von Gembloux. Die Einträge ab 1113 sind aus seiner ersten Hand und stellen eine Hauptinformationsquelle der französischen Geschichte jenes Zeitabschnitts dar. > Jean der Joinville machte davon ausführlichen Gebrauch. Die Weltchronik des Wilhelm von Nangis wurde in der Folge bis zum Berichtsjahr 1368 erweitert.
- Eine Geschichte der Regierungsjahre Ludwigs IX. des Heiligen (*Gesta Sancti Ludovivi*). Es handelt sich um eine Kompilation geringen unikalen Werts, da aus Quellen schöpfend, die uns bekannt sind.
- Eine Geschichte der Regierungsjahre Philipps III. (*Gesta Philippi Regi, sive Audacis*). Es handelt sich um eine Kompilation geringen unikalen Werts, da aus Quellen schöpfend, die uns bekannt sind.
- Eine Kurzgeschichte der französischen Könige (*Chronicon abbreviatum regum Francorum*).

Die Werke des Wilhelm von Nangis können als Fortsetzung der Quellen betrachtet werden, die in den > Annalen von Saint-Denis gebündelt worden sind.

Französische Übersetzung des unikalen zweiten Teils der Weltchronik und deren Fortsetzungen, u.zw. für den Abschnitt von 1113 bis 1328 (F. Guizot): *Guillaume de Nangis: Chroniques capétiennes; Tome 1 (1113-1270); Tome 2 (1270-1328)*; Éditions Paleo; Clermond-Ferrand; 2010.

## Wilhelm von Newburgh (Guillelmus Neubrigensis Parvus)

Englischer Kirchenmann und Geschichtsschreiber (ca. 1135 bis ca. 1198).

Trat in das Augustinerkloster Newburgh (Yorkshire, England) [54 11W 1 9W] ein.

Er schrieb eine fünfbändige Geschichte Englands (*Historia rerum Anglicarum*), die den Zeitraum von 1066 bis 1198 (Regierungszeiten Heinrichs II. und Richards I. von England) behandelt. Er fasste dabei in eigenen Worten verschieden Quellen seiner Zeit zusammen, mit denen er sich in bemerkenswert kritischer und reservierter Art auseinandersetzte (u. a. bezichtigte er > Geoffrey von Monmouth in fast allem zu lügen), weswegen er von einem Historiker des 19. Jh. als „Vater der historischen Kritik" bezeichnet worden ist.

Englische Übersetzung (J. Stevenson): *The History of 'William of Newburgh (1066–1194)*; LLanerch Press; 1996.

## Wilhelm von Jumièges (Guillaume de Jumièges)

Normannischer Mönch und Geschichtsschreiber (ca. 1000 bis ca. 1070).

Trat in das Benediktinerkloster von Jumièges (Normandie) [49 26N 0 49E] ein.

Er schrieb ab 1050 bis zu seinem Tode in lateinischer Sprache eine „Geschichte der normannischen Fürsten" (*Gesta Normannorum Ducum*). Dabei baute er auf die Vorarbeit des > Dudo von Saint-Quentin auf und erweiterte sie bis zum Berichtsjahr 1137.

Sein Werk wurde von > Ordericus Vitalis (bis 1141) und > Robert von Torigni (bis 1186) fortgesetzt und ist in der Folge in die > Annalen von Saint-Denis und folglich in die > Grandes Chroniques de France aufgenommen worden.

Englische Übersetzung (E. M.C. Van Houts): The Gesta Normannorum Ducum of William of Jumièges, Orderic Vitalis and Robert of Torigni; Oxford University Press, Oxford, 1995.

Französische Übersetzung des vollständigen Quelltexts: *Guillaume de Jumièges: His-*

*toire des Normands - Depuis leurs origines jusqu'à l'année 1137*; Éditions Paleo; Clermond-Ferrand; 2011.

## Wilhelm von Poitiers

Normannischer Ritter, dann Kirchenmann und Geschichtsschreiber (ca. 1020 bis ca. 1087).

Geboren in Les Préaux bei Pont-Audemer (Normandie) [49 30N 1 12E]. War u. a. Feldkaplan Wilhelms I. des Eroberers.

Er verfasste zur Verherrlichung und Rechtfertigung dessen Eroberung Englands das (eher als Lobschrift, denn als Geschichtswerk einzustufende) Werk *Gesta Guillelmi Ducis Normanorum et Regis Anglorum* („Taten Wilhelms, des Herzogs der Normannen und Königs der Engländer"), in dem der Zeitraum von 1135 bis 1170 behandelt wird. Abgesehen von einigen fragwürdigen Informationen über England enthält das Werk unikale Einzelheiten über die Vorbereitung und Durchführung der Eroberung Englands im Jahre 1066 und die nachfolgenden ersten Jahre der Besetzung des Landes. Aus dem Werk des Wilhelm von Poitiers schöpfte u. a. > Ordericus Vitalis.

Französische Übersetzung (R. Foreville): *Guillaume de Poitiers: Histoire de Gillaume le Conquérant*; Paris, 1952.

Französische Übersetzung des vollständigen Quelltexts: *Guillaume de Poitiers. Histoire de Guillaume le Conquérant*; Éditions Paleo; Clermond-Ferrand; 2011.

Lateinischer Quelltext und englische Übersetzung (R. H. C. Davis, Marjorie Chibnall): *The Gesta Guillelmi of William of Poitiers*; Oxford University Press; Oxford; 1998.

## Wilhelm von Puylaurens (Guillaume de Puylaurens; Guilhèm de Puèglaurenç; Guillelmus de Podio Laurentii)

Französischer Kirchenmann und Geschichtsschreiber (ca. 1200 bis nach 1275).

In Toulouse geboren. Wurde Pfarrer von Puylaurens (Tarn, Südfrankreich) [43 34N 2 01E], dann Kaplan des Grafen Raimund VII. von Toulouse bis zu dessen Tod (1429). Ab dann war er für die Inquisition tätig.

Verfasste ab 1250 eine Geschichte der Albigenserkriege (*Chronica magistri Guillelmi de Podio Laurentii*), die den Zeitraum von 1145 bis 1275 abdeckt. Sie ist mit dem > Gesang vom Albigenserkreuzzug und dem Werk des > Pierre de Vaulx-Cernay das wichtigste Zeitdokument über die Albigenserkriege.

Obwohl der Autor ein streng orthodoxer Katholik und sogar für die Inquisition tätig war, missbilligte er die Grausamkeit und Habgier der Kreuzritter.

Französische Übersetzung: Guillaume de Puy-Laurens: Histoire de l'expédition des Français contre les Albigeois (1170-1272); suivie de La Chronique de Simon de Montfort (1202-1311); Éditions Paleo; Clermond-Ferrand; 2011.

## Wilhelm von Rubruk/Ruysbroeck

Flämischer Kirchenmann und Weltreisender (ca. 1215 bis ca. 1295).

In Cassel (bei Dunkerque, Frankreich) [50 48N 2 29E] geboren. Begleitete 1248 Ludwig XI. auf dem 7. Kreuzzug. Brach 1252 im Auftrag des französischen Königs in Begleitung des Ordensbruders Bartolomeo di Cremona nach Karakorum (Mongolei) [47 12N 102 49E] auf, um den Khan Möngke (4. Nachfolger des Dschingis Khan) zur gemeinsamen Rückeroberung Jerusalems zu bewegen. Erreichte 1255 auf dem Rückweg Tripolis (Libanon), wo ihm sein Orden die Weiterreise nach Paris untersagte, so dass er 1256 seinen Reisebericht *Itinerarium Willelmi de Rubruc* dem französischen König in Briefform zusandte.

Nach dem 9 Jahre älteren Bericht des > Johannes (Giovanni) de Plano Carpini ist dies das zweite europäische Zeitdokument über den Fernen Osten.

Deutsche Übersetzung (Hans D. Leicht): *Wilhelm von Rubruk: Beim Grosskhan der Mongolen.* 1253–1255; Stuttgart; 2003-
Lateinischer Text und Englische Übersetzung online: http://e-books.adelaide.edu.au/h/hakluyt/voyages/rubruquis/complete.html

## Wilhelm von Tudela (> Gesang vom Albigenserkreuzzug)

## Wilhelm von Tyros

Palästinensischer Kirchenmann und Geschichtsschreiber (ca. 1130 bis ca. 1186). Aus einer zur Zeit des 1. Kreuzzugs von Frankreich oder Italien nach Jerusalem ausgewanderten Familie in Jerusalem geboren, studierte er 20 Jahre lang in Frankreich und Bologna, lebte dann wieder in Palästina. Dort wirkte er als Erzieher des späteren Königs Balduin IV., Bischof von Tyros/Sour (Libanon) [33 16N 35 12E] und Reichskanzler. Er starb in Jerusalem.

Er verfasste ab 1170 auf Anregung Königs Amalrich I. von Jerusalem (Vater des Balduin IV.) eine 23-bändige Geschichte der bis dahin stattgefundenen Kreuzzüge. Seine *Historia rerum in partibus transmarinis gestarum* („Geschichte der jenseits des Meeres vollbrachten Taten"), später kurz *Chronica* genannt, behandelt nach einer einem ersten Teil über die Geschichte des Islams den Zeitraum von 1095 bis 1184, das heißt die beiden ersten Kreuzzüge und die Kriege der Kreuzritterstaaten bis kurz vor dem 3. Kreuzzug. Er baute dabei auf Vorgänger wie > Albert von Aachen und > Fulcher von Chartres auf und flocht eigene Erlebnisse und Akteneinsichten ein. Zusätzlich enthält sein Werk interessante Informationen über die muslimische Welt und die Entstehung der Templer- und Johanniterorden, denen er kritisch begegnete.

Deutsche Übersetzung online: www.manfredhiebl.de/Wilhelm-von-Tyrus/wilhelm-von-tyrus.htm
Französische Übersetzung (F. Guizot): *Guillaume de Tyr. Histoire des régions d'Outremer depuis l'avènement de Mahomet jusqu'en 1148*; Tome 1 (610-1097); Tome 2 (1098-1104); Tome 3 (1104-1137; Tome 4 (1138-1162) ; Tome 5 (1163-1184); Éditions Paleo; Clermond-Ferrand

## Willibald von Mainz (Willibaldus Moguntiensis)

Ostfränkischer Kirchenmann und Geschichtsschreiber (8. Jh.).

Wurde Mönch im Stift Sankt Viktor von Mainz.

Schrieb im Auftrag des (englischen) Bischofs Lullus von Mainz (dem Nachfolger des Hl. Bonifatius) um 760 eine Biographie des Heiligen Bonifatius (ca. 672 bis ca. 755). Sein Werk bietet Einblicke in die Christianisierung des Ostfränkischen Reichs im 8. Jh.

Lateinischer Quellentext und deutsche Übersetzung (M. Tangl. Ph.H. Külb): Rau, R. (Hrsg.): *Briefe des Bonifatius. Willibalds Leben des Bonifatius*; Reihe FSGA A: Quellenwerke Mittelalter (QMA); Bd. 4b; 3. Auflage; Wissenschaftliche Buchgesellschaft; Darmstadt; Sonderausgabe 2011.
Lateinischer Quellentext und deutsche Übersetzung auf CD-ROM mit Abfrage-Software: Bogon, W. (Herausgeber): *Quellensammlung zur mittelalterlichen Geschichte*; MA I; CD-ROM; Verlag Heptagon; Berlin; 1999.

## Wipo Presbyter

Deutscher Kirchenmann und Geschichtsschreiber gestorben ca. 1046).

Vermutlich in Solothurn geboren, wurde er Mitglied der kaiserlichen Hofkapelle.

Sein Werk *Gesta Chuonradi II imperatoris* („Die Taten Kaiser Konrads II.") beschreibt die von ihm aus der Nähe miterlebten Regierungsjahre des Kaisers Konrad II. (1024 bis 1039), dessen Krönung er beigewohnt hatte.

    Deutsche Übersetzung: *Wipo: Taten Kaiser Konrads II.* In: Werner Trillmich/ Rudolf Buchner (Hrsg.), Quellen des 9. und 11. Jahrhunderts zur Geschichte der Hamburgischen Kirche und des Reiches (FSGA 11) (Seiten 505–613); Wissenschaftliche Gesellschaft; Darmstadt; 1961 (Nachdruck 1973).
    Lateinischer Quelltext und deutsche Übersetzung auf CD-ROM mit Abfrage-Software: Müller, Th., Pentzel, A. (Herausgeber): *Quellensammlung zur mittelalterlichen Geschichte – Fortsetzung - Continuatio fontium medii evi*; MA II; Verlag Heptagon; Berlin; 2000.
    Wattenbach, Wilhelm, „Wipo", in: Allgemeine Deutsche Biographie (1898), S. 514 [Onlinefassung]; URL: http://www.deutsche-biographie.de/pnd118807633.html?anchor=adb

## Worcester Chronicle (> Angelsächsische Chroniken)

## Xanthos der Lyder

Griechischer > Logograph. (ca.-440 bis ?).

In Sardes oder Milet (Anatolien/Türkei) geboren.

Er schrieb eine Geschichte Lydiens (*Lydiaká*), die so beliebt war, dass davon eine Kurzfassung und vermutlich sogar romanhafte Überarbeitungen erstellt worden sind. Auszüge des Inhalts sind durch das (ebenfalls nur fragmentarisch erhaltene) Werk des > Nicolaus Damascenus teilweise überliefert worden.

Scheinbar war das Werk des Xanthos eine Verquickung von phantasievollen Mythen und wissenschaftlichen Erwägungen (er stellte als erster die Theorie auf, das man deswegen Fossilien im Landesinneren finde, weil jene Gebiete vormals vom Meer bedeckt waren).

    Quelltexte der Fragmente: Felix Jacoby (Hrsg.): *Die Fragmente der griechischen Historiker II A*; Berlin; 1926 (Nachdruck: Leiden; 1961); Nr. 765

## Xenophon

Griechischer Schriftsteller (ca. –427 bis ca. -355).

Wie sein Zeitgenosse Isokrates wurde er in Erchia/Spata (20 km östlich von Athen) [37 58N 23 55E] geboren, und zwar aus begüterter Familie. War (zusammen mit Platon) Schüler des Sokrates. Xenophon (im Griechischen mit der Endbetonung Xenophón) war während des von Sparta etablierten oligarchischen „Regimes der Dreißig" (-404 bis -403) einer der zwei Hipparchen (Reiterkommandanten) Athens.

Er verließ, zwei Jahre nach dem Sturz der Dreißig, Athen und nahm von -401 bis -402 als Söldner am „Zug der Zehntausend" teil (u. a. an der Schlacht von Kunaxa -401). Er schrieb darüber um -370 einen Bericht *Kyrou Anábasis* („ Hinaufmarsch des Kyros"), der den gescheiterten Versuch des persischen Prinzen Kyros betrifft, mit griechischen Söldnern seinen Bruder zu stürzen. Anschließend stellte sich Xenophon in die Dienste Spartas und nahm auf spartanischer Seite am Feldzug gegen Persien (-396) und am Korinthischen Krieg teil (u. a. -394 an der Schlacht von Koroneia); hierüber berichtete er in seinem achtbändigen Werk *Helleniká* („Griechische Geschichte"), das den Zeitraum von –411 bis –362 überstreicht. Zum Dank für seine Dienste und als Entschädigung für seine von Athen ausgesprochene Verbannung wiesen ihm die Spartaner einen Ruhesitz bei dem von den Spartanern wieder aufgebautem Städtchen Skillus (heutiges Kréstena, 6 km S von Olympia, auf der Straße nach Sparta) [37 35N 21 37E] zu. Hier widmete er sich etwa 20 Jahre lang der Schriftstellerei, bis er seinen Sitz nach dem

Zusammenbruch der spartanischen Hegemonie (Schlacht von Leuktra -371) räumen und nach Korinth ziehen musste. Nach dem Friedensschluss kehrte er vermutlich nach Athen zurück, denn sein Sohn Grillos kämpfte nun auf athenischer Seite und fiel -362 in der Schlacht von Mantinea. Xenophon starb in hohem Alter und wurde auf dem Gelände seines vormaligen Landguts bei Skillus begraben (Pausanias, 5, 6,6).

Sein Werk *Kyropaedia* („Die Erziehung des Kyros") wird als ein historischer Roman eingestuft.

Xenophon gilt u. a. als der erste Militärtheoretiker der Antike. > Arrian betrachtete ihn als Vorbild.

Die blinde Bewunderung Xenophons für Sparta beeinträchtigte die Objektivität seiner Berichterstattung. Die Kritik der Neuzeit hat die hohe Wertschätzung, die er in der Antike genossen hat, zurückgestuft und betrachtet ihn als einen Autor begrenzter Flughöhe. Wegen seiner schlichten und klaren Ausdrucksweise sind seine Werke allerdings ein beleibter altgriechischer Lesestoff der humanistischen Gymnasien, ähnlich wie die Texte Caesars für das Lateinische.

<blockquote>
Büste im Museum von Alexandria aus dem 2. Jh. vor Chr., vermutlich Kopie der Büste seines Grabmals in Skillus.

Metzler Lexikon Antiker Autoren: Artikel von Sotera Fornaro.

Lexikon der Antike: Artikel von W. Burkert.

Deutsche Übersetzung ( G. Strasburger): *Xenophon: Hellenika* ( aus „Hellenika"); 2. Aufl.; Artemis&Winkler; 1988.

Deutsche Übersetzung (W. Müri): *Xenophon: Anabasis – Zug der Zehntausend* (aus „Kyrou Anabasis"); Artemis&Winkler; 1990.

Deutsche Übersetzung (R. Nickel): *Xenophon: Kyropädie – Die Erziehung des Kyros* (aus „Kyrou Paideia"); Artemis & Winkler; 1992.

Französische Übersetzung der gesammelten Werke (Eugène Talbot, Yves Germain): *Xénophon: Œuvres complètes:* Tome I: *Histoire de la Grèce de 411 à 362 av. J.-C.*; Tome II: *Histoire du roi de Perse Cyrus*; Tome III: *La retraite des Dix mille*; Tome IV: *Mémoires sur Socrate; De l'économie; Apologie de Socrate; Le Banquet; Hiéron*; Tome V: *De l'équitation; Le commandant de cavalerie; De la chasse; Agésilas; Constitution des Lacédémoniens; Constitution des Athéniens; Les Revenus;Lettres;*Éditions Paleo; Clermond-Ferrand; 2011.
</blockquote>

## Xiao Zixian

Chinesischer Geschichtsschreiber.

Sein um das Jahr 537 fertiggestelltes Werk behandelt die *Geschichte der Südlichen Qi-Dynastie* (479 bis 502) und bildet den Band 7 der Standardchronik der chinesischen Geschichte > Vierundzwanzig Dynastiegeschichten.

## Ximénez (Jiménez) de Rada, Rodrigo

Spanischer Kirchenmann und Geschichtsschreiber (1170 bis 1247).

In Rada [42 19N 1 34E] oder Puente de la Reina [42 40N 1 49E[ (beide in Navarra, Spanien) aus adliger Familie geboren, studierte er in Bologna und Paris. Wurde Bischof von Osma und anschließend Erzbischof von Toledo. Er tat sich als Aktivist der Kreuzzüge gegen die spanischen Muslime hervor und nahm als päpstlicher Legat und aktiver Mitkämpfer an mehreren Schlachten teil.

Er verfasste eine neunbändige Geschichte Spaniens *De rebus Hispaniae* („Über spanische Angelegenheiten"), auch bekannt als *Historia gótica* („Geschichte der Goten), *Crónica del toledano* („Chronik des Toledaners") oder *Historia de los hechos de España* („Geschichte der Ereignisse Spaniens"); sie erfasst den Zeitraum von den Anfängen bis zum Jahr 1243 und betrachtet alle Regionen der Iberischen Halbinsel.

Übersetzung ins Spanische (J. F. Valverde): *Historia de los hechos de España*; Madrid; Alianza; 1989.

## Xuancheng (> Wei Zheng)

## Xuanzang (Hsüan-tsang)

Chinesischer buddhistischer Mönch und Weltreisender (603 bis 964).

Begab sich 629 trotz des herrschenden Auslandsreiseverbots nach Indien, um seine Kenntnisse über den Buddhismus an der Quelle zu vertiefen, und kehrte 645, mit Dokumenten schwer beladen, zurück. Er übersetzte die mitgebrachten Dokumente vom Sanskrit ins Chinesische.

Sein Reisebericht *Da Tang Xiyu ji* (Aufzeichnungen über die Westlichen Gebiete aus der Großen Tang-Dynastie) enthält sonst nicht überlieferte Informationen über das Indien seiner Zeit, vor allem über Hasha-Reich, das zwei Jahre nach seiner Heimkehr zusammenbrach.

Englische Übersetzung (Th. Watters): *On Yuan Chwang's Travels in India, 629-645 A.D.*; Royal Asiatic Society; London; 1905.

## Xue Juzheng

Chinesischer Geschichtsschreiber.

Er vollendete im Jahr 974 eine *Geschichte der Fünf Dynastien* (Spät.Liang, Spät. Tang, Spät. Chin/Jin, Spät.Han, Spät. Chou/Zhou) (907 bis 960), welche der Band 18 der Standardchronik der chinesischen Geschichte > Vierundzwanzig Dynastiegeschichten ist.

## Yao Cha und Yao Silian

Chinesische Geschichtsschreiber.

Yao Cha begann eine *Geschichte der Liang-Dynastie* (502 bis 556) und eine *Geschichte der Chen-Dynastie* (557 bis 589), die sein Sohn Yao Silian im Jahr 537 vollendete. Die zwei Werke stellen die Bände 8 und 9 der Standardchronik der chinesischen Geschichte > Vierundzwanzig Dynastiegeschichten dar.

## Yahschi Fakih

Osmanischer Geschichtsschreiber (15. Jh.)

Er schrieb eine Geschichte der osmanischen Dynastie. Sein Werk ist verschollen. Es wurde von > Aschikpaschade, > Oruc und > Ibn-i Kemal fortgeführt.

## Yahya Al-Baladhuri (> Al-Baladhuri, Ahmad Ibn Yahya)

## Yahya bin Ahmad Sihrindi

Indischer Geschichtsschreiber arabischer Sprache (15. Jh.)

Sein Werk *Tarikh-i Mubarak Shahi* ist eine Zeitgeschichte Indiens von 1162 bis 1441.

Englische Übersetzung: Elliot, H. M., John Dowson: *The History of India, as Told by Its Own Historians. The Muhammadan Period;* Vol.4; Trübner & Co.; London; 1867 bis 1877. Nachdruck Adamant Media Corporation; 2000. Online: http://archive.org/stream/cu31924073036745#page/n3/mode/2up

## Yahya Ibn Said Antaqi

Ägyptischer Geschichtsschreiber (ca. 980 bis ca. 1066).
Vermutlich in Kairo geboren. Naher Verwandter des melkitischen Kirchenmanns und Geschichtsschreibers > Eutychios von Alexandrien. Emigrierte aufgrund der Christenverfolgung um 1015 nach Antiochia.
Sein Geschichtswerk *Kitab al-dhahyl* („Buch der Fortsetzung"), auch kurz *Dhahyl* genannt, enthält eine Fortsetzung des Werks des Eutychios von Alexandrien, und zwar für den Berichtszeitraum von 937 bis 1033. Er fokussierte dabei den Nahen Osten, einschließlich des Byzantinischen Reichs.

## Yahya Ibn Abi Tayyi (> Ibn Abi Tayyi, Yahya)

## Yashi Fakih (> Aschikpaschade (Aschiki))

## Yazdi (> Sharaf ad-Din Ali Yazdi)

## Yeghishe (Eghishe) Vardapet

Armenischer Geschichtsschreiber (410 bis 475).
War mit > Moses von Choren Mitglied der Gruppe, die von ca. 433 bis ca. 438 zum Studium des Griechischen (als Vorbereitung einer Bibelübersetzung) nach Alexandreia (Ägypten) entsandt worden war. Nach seiner Rückkehr leistete er im religiös motivierten Aufstand der armenischen und kaukasischen Christen gegen Persien (449 bis 451) Militärdienst. Lebte den Rest seines Lebens als Eremit in den Bergen südlich des Van-Sees.
Er schrieb als Eremit eine Geschichte jenes Aufstands, an dem er teilgenommen hatte, mit dem Titel *Hishatakaran* („Aufzeichnung der Erinnerungen").

Englische Übersetzung (R. W. Thomson): *Eghisei: History of Vardan and the Armenian War*; Harvard University Press; Cambridge, MA;1982.

## Yotsugi Monogatari (> Eiga (Yotsugi) Monogatari)

## Yuan Shu (> Sima Guang)

## Yuga Purana

Ein um 250 in Indien geschriebenes Werk („Geschichte der Zeitalter"). Es beginnt mit der mythologischen Gründung von Pataliputra (Patna) um ca. -490 und berichtet dann knapp über die hellenischen und skythischen Invasionen Indiens (ca. -180 bis ca. -50).

Englische Übersetzung (J. Mitchiner): *The Yuga Purana*; Neuauflage 2002.

## Yusuf ibn Abd-Allah (> Sibt ibn al-Jawzi)

## Zacharias von Mytilene (Scholastikos, Rhetor)

Palästinensischer Kirchenmann und Geschichtsschreiber (465 bis 536).
In Gaza (Palästina) geboren, studierte er in Alexandreia/Alexandria (Ägypten) und Beirut, wirkte in Konstantinopel als Rechtsanwalt und wurde zum Bischof von Mytilene (Lesbos, Griechenland) [39 06N 26 34E] ernannt.

Seine Kirchengeschichte (*Historia Ecclesiastica*) deckt mit 12 Bänden den Zeitraum von 451 bis 491 ab und enthält auch wertvolle politische Informationen.
Englische Übersetzung online: http://www.tertullian.org/fathers/zachariah00.htm

## Zenodotos von Troizen

Hellenistischer Geschichtsschreiber (-2. Jh.).
In Troizen (Argolis) [37 30N 23 21E] geboren.
Verfasste eine verloren gegangene Frühgeschichte Italiens und Roms, aus der > Dionysius Halicarnassus einige Informationen schöpfte, u.a. die Sage vom Raub der Sabinerinnen. Auch > Plutarch zitierte ihn.

## Zhang Qian

Chinesischer Diplomat und Weltreisender (-195 bis -114).
Erkundete von -139 bis -115 für den chinesischen Kaiser Zentralasien.
Er berichtete aus eigener Anschauung über Dayuan (Ferghana), Transoxanien, Daxia (Baktrien), Kangju (Sogdien) sowie über angrenzende Länder, die er nicht besucht hat, wie Anxi (Parthien), Tiaozhi (Mesopotamien), Shendu (Indien) und Wusun. Damit öffnete er den chinesischen Horizont mit der Kernaussage, dass es im fernen Westen Völker gäbe, deren Kulturstand mit dem chinesischen mindestens vergleichbar sei. Dies führte zum chinesischen Drang, die Seidenstrasse frei passierbar zu halten.
Sein verloren gegangener Reisebericht wird vielfach im Werk des > Sima Qian zitiert; diese Zitate enthalten interessante Aussagen zur Ethnogenese einiger Stämme.

## Zhang Tingyu

Chinesischer Politiker und Geschichtsschreiber (1672 bis 1755).
Er gab im Jahr 1739 eine *Geschichte der Ming-Dynastie* (1368 bis 1644) heraus, welche der Band 24 der Standardchronik der chinesischen Geschichte > Vierundzwanzig Dynastiegeschichten ist.

## Zheng Qiao

Chinesischer Enzyklopädist (1104 bis 1162)
Er verfasste eine historische Enzyklopädie Tongzhi, die historiographisch relevante Teile wie Genealogien, historische Geographie und Archäologie enthält.

## Zerbrochener Obelisk (> Obesliskenfragmente aus Ninive)

## Zhou Daguan

Chinesischer Diplomat des 13. Jh.
Nahm 1296 bis 1297 an einer Delegation zur Hauptstadt der Khmer (Yasodharapura) teil. Sein Bericht über die Sitten und Gebräuche der Menschen und die geographischen Merkmale Kambodschas (*Zhenla fengtu*) enthält eine Fülle interessanter Informationen über Angkor und die Lebensweise und Gebräuche des besuchten Landes.
Englische Übersetzung (P. Harris): *Zhou Daguan: A Record of Cambodia. The Land and Its People*; Silkworm Books; Chiang Mai; 2007

## Zhu Xi (> Sima Guang)

## Zhúshu Jinián (> Bambusannalen)

## Ziya-ud-Din Barani (Ziauddin Barani)
Indischer Beamter und Geschichtsschreiber persischer Sprache (ca. 1285 bis ca. 1357).
Sein 1357 veröffentlichtes Werk *Tarik-e Firushati* ist eine Geschichte der Sultane von Delhi, für den Berichtszeitraum von 1263 bis 1357. Es ist das erste muslimische Geschichtswerk über Indien.
Sein Werk *Fatwa-i-Jahandari* ist eine wichtige Quelle über das Kastensystem im muslimischen SO-Asien
> Englische Übersetzung (H.M. Elliot, J. Dowson): Ziya'al-Din Barani Tarikh-e Firushati: Tarikh-i-Firoz Shahia / Zia-ud Din Barni, Shams-i Siraj Afif; Sang-E-Meel Publications; Lahore, 2006.
> Englische Übersetzung: Elliot, H. M., John Dowson: *The History of India, as Told by Its Own Historians. The Muhammadan Period;* Vol. 3; Trübner & Co.; London; 1867 bis 1877. Nachdruck Adamant Media Corporation; 2000.
> Online: http://archive.org/stream/cu31924073036737#page/n5/mode/2up

## Zizhi Tongjian (> Sima Guang)

## Zonaras (> Johannes Zonaras)

## Zosimos
Oströmischer Beamter und Geschichtsschreiber (ca. 460 bis ca. 520).
Vermutlich in Syrien oder Palästina geboren. War als kaiserlicher Vermögensverwalter (advocatus fisci) tätig. Überzeugter Heide.
Seine zwischen ca. 500 und ca. 520 auf Griechisch verfasste und vollständig erhaltene sechsbändige römische Geschichte *Historia Nea* („Zeitgenössische Geschichte") schildert summarisch die Zeit von Augustus bis Diokletian und (nach einer Lücke) ausführlicher die Zeit von 395 bis zur Einnahme Roms durch Alarich (410).
Zosimos stützte sich auf das verloren gegangene Werk des > Eunapios von Sardes und auf das von > Olympiodoros; zu seinen Quellen zählte auch > Herodianus. Von seinem Werk hat v.a. > Eustathios von Epiphaneia geschöpft.
Zosimos ist eine der verlässlichsten Quellen über die Endphase des Römischen Reichs, speziell für den Zeitraum von 378 bis 410. Als Christenfeind wollte er mit seinem Geschichtswerk beweisen, dass der Zerfall des Römischen Reichs auf den Abfall vom Heidentum und der Verbreitung des „korrupten" Christentums zurückzuführen sei. Dadurch stellt er ein historiographisch interessantes Gegengewicht zu christlich voreingenommenen Quellen dar.
> Metzler Lexikon Antiker Autoren: Artikel von Stefan Rebenich.
> Lexikon der Antike: Artikel von W. Spoerri.
> Deutsche Übersetzung (O. Veh): *Zosimos: Neue Geschichte;* Hiersemann, Stuttgart, 1990.
> Englische Übersetzung (R.T. Ridley): *Zosimus, New History;* Sydney, 1982.
> Englische Übersetzung online: http://www.tertullian.org/fathers/zosimus00-intro.htm
> Französische Übersetzung der gesamten überlieferten Quelltexte (J.A.C. Buchon, Y.

Germain): *Zosime: Histoire nouvelle de l'empire romaine (238-410)*; Éditions Paleo; Clermond-Ferrand; 2011.

## Zuozhuan

Das erste im Erzählstil verfasste chinesische Geschichtswerk (eine Art romanhafte Chronik). Ende des -4. Jh. niedergeschrieben, behandelt es den Zeitraum von -722 bis -468. Es wurde traditionell als eine der vielen Überarbeitungen der > Frühling- und Herbstannalen betrachtet (mit wesentlich ausführlicheren Einträgen); neuerdings wird es von vielen Experten als ein (ebenfalls im Staat Lu) unabhängig davon entstandenes Werk gehalten. Allerdings vermuten viele, dass es sich um eine Geschichtsklitterung der Qin/Ch'in/Ts'in-Dynastie handelt, um ihre territorialen Expansionen zu rechtfertigen. Zusammen mit den > Bambusannalen und dem Werk Shiji des > Sima Qian, d. h. dem Band 1 der > Vierundzwanzig Geschichten gehört es zu den wichtigsten Dokumenten über das chinesische Altertum. Stilistisch geniesst das Werk einen ähnlich hervorragenden Ruf, wie das Werk Caesars (welches ebenfalls einen Rechtfertigungszweck hatte).

# SAMMLUNGEN UND KATALOGE VON QUELLTEXTEN

## Annalen von Saint-Denis (Chroniques de Saint-Denis, Lateinische Chroniken)

Matthäus von Vendome, Abt von Saint-Denis, veranlasste Mitte des 13. Jh. eine systematische Sammlung von Quellendokumenten zur französischen Geschichte. Dies sollte die Ambition der Abtei untermauern, die Hüterin des Gedächtnisses der kapetingischen Dynastie zu werden.

Unter der Bezeichnung *Annalen von Saint Denis (Chroniques de Saint-Denis)*, auch *Lateinische Chroniken* genannt, sammelten die Mönche von Saint-Denis bis ca. 1285 folgende Quellen: *Histoiriæ Francorum Libri IV* (> Aimoin von Fleury); *Gesta Dagoberti* (> Hilduin); > *Annales Laurissenses*; *Vita Caroli Magni* (> Eginhard); *Vita Hludowici Imperatoris* (> Astronomus); *Gesta Normannorum Ducum* (> Wilhelm von Jumièges); *Vita Ludovici Grossi regis* (> Suger von Saint-Denis); *Gesta Philippi Augusti* (> Rigord); *Gesta Philippi Augusti* (> Wilhelm der Bretone).

Das Werk des > Wilhelm von Nangis stellte eine Fortsetzung der in den Annalen von Saint-Denis gebündelten Quellen dar.

## Archivio della Latinita Italiana del Medioevo (ALIM)

Eine von den Universitäten von Neapel, Palermo, Siena-Arezzo, Venedig und Verona gepflegte Sammlung lateinischer Quelltexte, die vom 11. bis zum 15. Jh. von italienischen Autoren verfasst worden sind. Von den bisher ca. 160 erfassten Autoren sind ca. 40 Geschichtsautoren. Eine gleichnamige Website bietet einen Online-Zugriff zu den Quelltexten; sie enthält außerdem Register nach Autoren, Titeln und Ereignisjahren, mit dem jeweiligen Hinweis auf die betreffenden Quellen.
http://www.uan.it/alim/letteratura.nsf/Autore?OpenView&Start=21&Count=20

## Assyrische und Babylonische Chroniken „ABC"

Eine Sammlung des British Museum von ca. 40 Tontafelsätzen verschiedenen Ursprungs und Datierung, welche schwerpunktmäßig die Geschichte Mesopotamiens der zweiten Hälfte des -2. Jt. und das gesamte -1. Jt. behandeln.
Grayson, A. K.: *Assyrian and Babylonian Chronicles (ABC)*, 1975; Nachdruck 2000.
Englische Übersetzung online: http://www.livius.org/cg-cm/chronicles/chron00.html

## Corpus Fontium Historiae Byzantinae (CFHB)

Ein 1966 auf einem Byzantinerkongress ins Leben gerufenes internationales Kooperationsprojekt, um die Sammlung der Quelltexte zur byzantinischen Geschichte zu aktualisieren, ergänzen und durch beigefügte Übersetzungen besser zugänglich zu machen. Die Veröffentlichten Bücher werden in folgende Serien gruppiert (in Klammern die Redaktionsführung):

- Series Atheniensis (Athen)
- Series Berolinensis (Berlin)
- Series Bruxellensis (Brüssel)
- Series Italica (Italien)
- Series Parisiensis (Paris)
- Series Thessalonicensis (Thessaloniki)
- Series Vindobonensis (Wien)
- Series Washingtonensis (Washington D.C., Dumbarton Oaks)

## Corpus Scriptorum Christianorum Orientalium (CSCO)

Eine von den katholischen Universitäten von Louvain/Löwen und Washington im Jahr 1903 initiierte Sammlung von christlichen Quelltexten, die in Sprachen des Nahen und Mittleren Ostens verfasst sind. Die anfänglich von diversen Verlagshäusern übernommene Publizierungsverantwortung liegt nun beim Verlag Peeters Publishers. Insgesamt sind bisher 600 Quelltexte nebst Übersetzungen gesammelt worden.

Die bisher erfassten Quellensprachen sind:
- Syrisch (*Scriptores Syri*, mit bisher 240 Titeln)
- Koptisch (*Scriptores Coptici*)
- Äthiopisch (*Scriptores Aethiopici*)
- Armenisch (*Scriptores Armeniaci*)
- Arabisch (*Scriptores Arabici*)
- Georgisch (*Scriptores Iberici*)

http://www.peeters-leuven.be/

## Die Fragmente griechischer Historiker (FGrHist; FGrH)

Die vollständigste Sammlung von Fragmenten griechischer Geschichtsschreiber. Sie basiert auf dem zwischen 1841 und 1870 veröffentlichten Werk *Fragmenta historicorum graecorum* von Karl Müller, Theodor Müller und Victor Langlois, das von Felix Jakoby von 1923 bis 1958 ergänzt wurde und seitdem von einem internationalen Autorenkollektiv gepflegt wird. Die Sammlung umfasst 12.000 Fragmente von über 850 (nicht nur geschichtsschreibenden) Autoren.

> Felix Jacoby (Hrsg.): *Die Fragmente der griechischen Historiker II A*; Berlin; 1926 (Nachdruck: Leiden; 1961).
>
> Digitale Version (CD-ROM): Jakoby, Felix: *Die Fragmente der griechischen Historiker*; Brill Academic Publishers; 2005. Unterschiedliche Bepreisung für Einzellizenz und Institutionslizenz.

## Fontes Christiani

Eine Sammlung christlicher Quelltexte des Altertums und Mittelalters. Ab 1988 sind bisher ca. Quelltexte veröffentlicht worden. Dabei haben sich der Herder Verlag und der Turnhout Verlag abgelöst (siehe BIBLIOGRAPHIE).

## Geschichtsquellen des deutschen Mittelalters

Im europäischen Gemeinschaftsprojekt > *Repertorium Fontium Historiae Medii Aevi* hatte die Bayerische Akademie der Wissenschaften die deutschen Beiträge koordiniert. Nach dem Abschluss jenes Projekts (November 2007) beschloss die Akademie die Arbeiten unter dem Titel Geschichtsquellen des deutschen Mittelalters fortzusetzen, und zwar mit einer neuen Ausrichtung:
- Erfassungsumfang nach den Grenzen des Heiligen Römischen Reichs
- Rahmentexte in deutscher Sprache
- Online-Bereitstellung des Katalogs als PDF-Dateien (über www.geschichtsquellen.de)

Dabei wurden ca. 2.500 Einträge des *Repertorium Fontium Historiae Medii Aevi* zunächst unverändert übernommen und dann gegebenenfalls mit Ergänzungen (in deutscher Sprache) versehen; auch wurden neue Einträge generiert.

## Grandes Chroniques de France

Die *Grandes Chroniques de France* sind die ins mittelalterliche Französische übersetzte Version der > Annalen von Saint-Denis, mit einer Erweiterung des Berichtszeitraums durch speziell für diese Sammlung in Auftrag gegebene Ergänzungswerke.

Mathias von Vendome, Abt von Saint-Denis, beauftragte um 1274 den Mönch Bruder Primat mit der Übersetzung der Annalen von Saint-Denis ins damalige Französisch. In der Folge verfassten diverse Autoren für bestimmte Zeitabschnitte jeweilige Ergänzungen. Darunter: > Pierre d'Ogremont für 1350 bis 1380.

## Konstantinische Exzerpte

Im Auftrag des byzantinischen Kaisers > Konstantinos VII. Porphyrogennetos zwischen 945 und 953 erstellte Sammlung von Auszügen aus Werken antiker Geschichtsschreiber, die für die byzantinische Geschichte relevant waren. Das thematisch gegliederte Werk wird heute nach den Titeln der in der Renaissance in Italien erstellten Übersetzung ins Lateinische referenziert: *De Legationibus*; *De Sententiis, De Virtutibus et Vitiis; De Insidiis*. Es sind dies die einzigen 4 erhaltenen Abteilungen, die von den ursprünglich 53 erhalten geblieben sind. Sie stellen zum Teil den einzigen inhaltlichen Hinweis zu antiken Autoren wie > Diodor (zweite Werkhälfte), > Cassius Dio, > Poseidonios und > Polybios (außer 1-6, 12. 18, 34) dar. Die Rekonstrunktion des jeweiligen Quelltextes wird aber durch einleitende und zusammenfassende Bemerkungen der Exzerptoren, fehlende Hinweise auf Bücher und Kapitel, sowie durch Textkürzungen erschwert.

## Monumenta Germaniae Historica (MGH)

Eine 1818 vom Freiherrn von Stein ins Leben gerufene Initiative zur Veröffentlichung mittelalterlicher Quelltexte und deren Übersetzungen zur „deutschen" Geschichte auf der Grundlage freiwilliger Zusammenarbeit; das Aufgabengebiet wurde in der Folge auf das vormalige Heilige Römische Reich eingeschränkt. Das Vorhaben wird seit 1949 von einer gleichnamigen Gesellschaft des öffentlichen Rechts mit Sitz in München vorangetrieben, die eine Bibliothek von 130.000 Bänden führt sowie eine digitale Bibliothek.

Die Veröffentlichungen werden in fünf Gruppen eingeteilt: Scriptores (darunter v.a. Annalen und Chroniken); Leges; Diplomata, Epistolae ; Antiquitates (Gedichte, Nekrologien, Memorialbücher).

>MGH-Veröffentlichungen online („dMGH"): http://www.dmgh.de/
>Gesamtverzeichnis online: http://www.mgh.de/fileadmin/Downloads/pdf/MGH-Gesamtverzeichnis_2007.pdf

## Monumenta Historica Boemiae

Eine 1774 vom Priester Gelasius Dobner veröffentlichte Sammlung von Quelltexten zur böhmischen Geschichte. Sie wurde im Jahr 1923 nachgedruckt.

>Lateinischer Quelltext: Monumenta Historica Boemiae Nusquam Antehac Edita, Quibus Non Modo Patriae, Aliarumque Vicinarum Regionum, sed Et Remotissimarum Gentium Historia Miru; 2 Bände; Nabu Press; 2012 [Nachdruck der Ausgabe von 1923].

## Narrative Sources from the Medieval Low Contries

Eine Online-Abfrage-Datenbank von bibliographischen Hinweisen zu Quellen mit Fließtext, die mittelalterliche Geschichte von Belgien, der Niederlande und den

Grenzgebieten in Frankreich und Deutschland. Derzeit sind ca. 2.100 Quellen erfasst.

Online-Zugriff: http://www.narrative-sources.be

## Neue Deutsche Biographie (NDB)

Eine Online-Abfrage-Datenbank von Informationen zur über 130.000 bedeutenden Personen des deutschsprachigen Kulturraums, darunter auch Geschichtsschreiber.

http://www.deutsche-biographie.de/projekt.html

## Recueil des Historiens des Croisade (RHC)

Eine im Jahr 1833 von der *Académie des Inscriptions et Belles-Lettres* („Akademie der Inschriften und Literatur") in Paris veranlasste Sammlung von Quellendokumenten zu den Kreuzzügen und den Kreuzzugsstaaten. Dabei wurden auch die außereuropäischen Quellen erfasst. Somit wurden folgende Teilsammlungen veröffentlicht:

- Serie *Lois* (Gesetze): 2 Bände (1841 bis 1843)
- Serie *Historiens Occidentaux* (Westliche Autoren); 6 Bände (1844 bis 1895); Umfang ca. 5.100 Seiten.
- Serie *Historiens Orientaux* (Orientalische Autoren): 5 Bände (1872 bis 1906): meist nur Auszüge des arabischen Quelltextes, aber mit einer Übersetzung ins Französische versehen; Umfang ca. 2.900 Seiten.
- Serie *Historiens Grecs* (Griechische Autoren): 2 Bände 1875 bis 1881); Umfang ca. 1.700 Seiten.
- Serie *Documents Arméniens* (Armenische Autoren): 2 Bände (1869 bis 1906); meist nur Auszüge des armenischen Quelltextes, aber mit einer Übersetzung ins Französische; Umfang ca. 2.300 Seiten.

    Online-Zugriff zu den Bänden in Rahmen der der > Gallica Bibliothèque Numérique: http://gallica.bnf.fr/Search?ArianeWireIndex=index&p=1&lang=FR&q=Recueil+des+Historiens

## Recueil des Historiens des Gaules et de la France (RHGF)

Nach dem Vorbild des Werks „Historiæ Francorum Scriptores" des André Duchesne, von dem zwischen 1636 bis 1649 nur 5 von geplanten 24 Bänden vollendet worden waren, durch den Benediktinermönch Dom Martin Bouquet ab 1738 veröffentlichte Sammlung von Quelltexten der Geschichte Frankreichs (meist nur der Frankreich betreffenden Auszüge). Die Sammlung wurde von Nachfolgern im Jahr 1904 mit einem Band 24 abgeschlossen; sie deckt den Zeitabschnitt vom -6. Jh. bis zum 13. Jh. ab. Jeder Band ist mit einer ausführlichen Regestensammlung ("Index chronologicus" genannt) ausgestattet.

    Online-Zugriff zu einem Inhaltsverzeichnis (Bernard Gineste): http://www.corpusetampois.com/cbe-recueildeshistoriens.html
    Online-Zugriff zu den Bänden in Rahmen der der > Gallica Bibliothèque Numérique: http://gallica.bnf.fr/ark:/12148/bpt6k50119p

## Regesta Imperii

Vom Frankfurter Stadtbibliothekar Johann Friedrich Böhmer im Jahre 1829 begonnene Sammlung von Regesten, d. h. von kurzgefassten Informationen, die zu einem bestimmten Berichtsjahr (ggf. sogar zum Berichtstag) in Quelltexten zu finden sind, nebst Quellenangabe. Regesten waren bereits im > „Recueil des historiens des Gaules et de la France" mit Erfolg angewandt worden. Der Erfassungszeitraum ist die Geschichte des Heiligen Römischen Reichs im Mittelalter (von den Karolingern zu Maximilian I.). Die Regesta Imperii wurden ab 1906 von der Österreichischen Akademie der Wissenschaften weitergeführt und sind seit 1980 (von der DFG finanziert) bei der Akademie der Wissenschaften und der Literatur Mainz angesiedelt. Sie enthält derzeit über 150.000 Regesteneinträge, d. h im Schnitt über 200 Einträge pro Jahr.

Online-Zugriff: http://www.regesta-imperii.de/startseite.html

## Regestum Farfense

Eine vom Benediktinermönch > Gregor von Catino in 30 Jahren Arbeit bis ca. 1095 im Kloster von Farfa systematische zusammengetragene Sammlung von Abschriften historiographischer Quelltexte, mit dem ursprünglichen Titel *Liber gemniagraphus sive cleronomialis ecclesiae pharphensis*. Sie umfasst 1.324 Blätter von Urkunden des 8. Jh. bis 9. Jh. und befindet sich heute in der Vatikanischen Bibliothek. Der Autor hat die Texte beim Abschreiben in das Latein seiner Zeit umgesetzt und der besseren Verständlichkeit halber redaktionell überarbeitet.

Das Regestum Farfense ist eine der ersten systematischen Quellensammlungen der Geschichte. Sie dokumentiert das Verhältnis zwischen den langobardischen Eroberern und der einheimischen Bevölkerung.

## Repertorium Fontium Historiae Medii Aevi

Der Berliner Bibliothekar August Potthast hatte 1862 einen „Wegweiser durch die Geschichtswerke des europäischen Mittelalters 375 bis 1500" veröffentlicht; damit sollte die Quellenkunde, die für den deutschsprachigen Raum von den Monumenta Germaniae Historica bestens abgedeckt war, auf den europäischen Horizont erweitert werden. Auf dem internationalen Historikerkongress von 1953 zu Rom wurde beschlossen, in internationaler Zusammenarbeit die Katalogisierungsarbeit von Potthast zu aktualisieren und erweitern. Unter der Federführung des Istituto Storico Italiano per il Medio Evo (mit dem repräsentativen Sitz im Palazzo Borromini zu Rom) sind durch Beiträge von über 40 internationalen Institutionen

Es sind „erzählende Quellen" (mit Fließtext) erfasst worden, vor allem Chroniken, Annalen Geschichtswerke, Dokumente u. a.m.) zur Geschichte des europäischen Mittelalters. Alle Rahmentexte sind in lateinischer Sprache verfasst. Die Artikel enthalten die Rubriken Mss. (Manuskripte), Edd. (Ausgaben), Transl. (Übersetzungen) und Comm. (Monographien, Aufsätze).

Als Zuständigkeitskriterium für die Bearbeitung der Lemmatas wurden die Grenzen der aktuellen Nationalstaaten vereinbart (z. B. liegt die Verantwortung für die Erfassung der Quellen zur Invasion der Langobarden und den Italienzügen der deutschen Könige bzw. Kaiser in Italien, jene bezüglich des Deutschritterordens in Polen, jene zu elsässischen Quellen in Frankreich usf.).

Zwischen 1962 und 2007 sind 11 Bände publiziert worden, in denen etwa 500 Quellen erfasst worden sind. Im November 2007 sind die Arbeiten abgeschlossen worden.

Bei der Digitalisierung der Quelleninformation und deren Online-Bereitstellung gehen die modernen Nationalstaaten bei der Erfassung des europäischen Mittelalters getrennte Wege.

- Frankreich: das Projekt Clavis scriptorum Latinorum medii aevi, Auctores Galliae 735-987;
- Bundesrepublik Deutschland: > Geschichtsquellen des deutschen Mittelalters.
- Belgien und Niederlande: > Narrative sources from the Medieval Low Countries

## Rerum Britannicarum Medii Aevi Scriptores (Rolls Series)

Eine Sammlung von Quelltexten zur britischen Geschichte des Mittelalters. Trägt auch den Titel *Chronicles and memorials of Great Britain and Ireland during the Middle Ages*.
Bisher sind ca. 100 Werke veröffentlicht worden.

*Inhaltsverzeichnis: http://www.fordham.edu/mvst/magazinestacks/ba/rolls.html*
*Online-Version (Google): Rerum Britannicarum medii aevi scriptores; or, Chronicles and memorials of Great Britain and Ireland during the Middle Ages; Great Britain Public Record Office; 1858.*

## Rerum Italicorum Scriptores

Von Ludovico Muratori in Zusammenarbeit mit vielen Kollegen zwischen 1723 und 1728 veröffentlichte Sammlung von Quelltexten zur Geschichte Italiens von ca. 500 bis ca. 1500. Sie wurde in der Folge jeweils unter der Federführung von Giosuè Carducci (bis 1907), Vittorio Fiorini (bis 1926) und Pietro Fedele (bis 1943) fortgeführt.

*Lateinische Quelltexte: Muratori, L. A. (Hrsg,): Rerum Italicorum Scriptores - Raccolta degli storici italiani dal cinquecento al millecinquecento. BiblioLife bietet für einige Bände den gescannten Nachdruck der Ausgabe von 1920 als E-Book an.*

## Scriptores rerum Prussicarum

Sammlung von Quelltexten zur Geschichte der baltischen Pruszen bis zum Ende der Deutschritterherrschaft , veröffentlicht vom S. Hirzel Verlag Leipzig.
- Band 1 (Hrsg.Theodor Hirsch, Max Töppen und Ernst Strehlke); S. Hirzel Verlag ; Leipzig; 1861; Nachdruck: Minerva Verlag; Frankfurt a.M.; 1965.
Online: http://books.google.de/books?id=YX8OAAAAYAAJ&pg=PA1#v=onepage&q&f=false
- Band 2 (Hrsg.Theodor Hirsch, Max Töppen und Ernst Strehlke); S. Hirzel Verlag ; Leipzig; 1863; Nachdruck: Minerva Verlag; Frankfurt a.M.; 1965.
Online: http://books.google.de/books?id=8H8OAAAAYAAJ&pg=PA1#v=onepage&q&f=false
- Band 3 (Hrsg.Theodor Hirsch, Max Töppen und Ernst Strehlke); S. Hirzel Verlag ; Leipzig; 1866; Nachdruck: Minerva Verlag; Frankfurt a.M.; 1965.
Online: http://books.google.de/books?id=-4OAAAAYAAJ&pg=PA1#v=onepage&q&f=false
- Band 4 (Hrsg.Theodor Hirsch, Max Töppen und Ernst Strehlke); S. Hirzel Verlag ; Leipzig; 1870; Nachdruck: Minerva Verlag; Frankfurt a.M.; 1965.
Online: http://books.google.de/books?id=E-TtAAAAIAAJ&pg=PA1#v=onepage&q&f=false
- Band 5 Band 4 (Hrsg.Theodor Hirsch, Max Töppen und Ernst Strehlke); S. Hirzel Verlag ; Leipzig; 1874; Nachdruck: Minerva Verlag; Frankfurt a.M.; 1965.
Online: http://archive.org/details/scriptoresrerum00stregoog

# The History of India, as Told by Its Own Historians. The Muhammadan Period

Eine Sammlung von Übersetzungen Quellen zur Geschichte Indiens des Mittelalters und der frühen Neuzeit. Sie ist von 1867 bis 1877 vom Verlag Trübner&Co. in London erstmals herausgegeben und mehrmals nachgedruckt worden. Ist heute auch online verfügbar.

- Band 1: Frühe arabische Geographen (9) und Geschichtsschreiber des Sind (8)
- Band 2: Geschichtsschreiber des Berichtszeitraums bis 1260
- Band 3: Geschichtsschreiber des Berichtszeitraums 1260 bis 1398
- Band 4: Geschichtsschreiber des Berichtszeitraums 1398 bis 1450
- Band 5: Geschichtsschreiber des Berichtszeitraums 1450 bis 1594
- Band 6: Geschichtsschreiber des Berichtszeitraums 1594 bis 1627
- Band 7: Geschichtsschreiber des Berichtszeitraums 1627 bis 1722
- Band 8: Geschichtsschreiber des Berichtszeitraums 1722 bis 1748

Englische Übersetzungen: Elliot, H. M., John Dowson: *The History of India, as Told by Its Own Historians. The Muhammadan Period;* Trübner & Co.; London; 1867 bis 1877. Nachdruck Adamant Media Corporation; 2000.

Englische Übersetzungen online:
Band 1: http://archive.org/stream/cu31924024066593#page/n5/mode/2up
Band 2: http://archive.org/stream/cu31924073036729#page/n5/mode/2up
Band 3: http://archive.org/stream/cu31924073036737#page/n5/mode/2up
Band 4: http://archive.org/stream/cu31924073036745#page/n3/mode/2up
Band 5: http://archive.org/stream/cu31924073036752#page/n5/mode/2up
Band 6: nicht verfügbar
Band 7: http://archive.org/stream/cu31924073036778#page/n5/mode/2up
Band 8: http://archive.org/stream/cu31924073036786#page/n5/mode/2up

## Vierundzwanzig Dynastiegeschichten

Sammlung halboffizieller Chroniken der chinesischen Geschichte, die in Fortsetzung des Werks von > Sima Tan und > Sima Qian von 22 Autoren in 24 Werken mit 3.249 Bänden, 40 Millionen Wörtern zwischen 90 und 1739 verfasst worden sind. Sie decken den Zeitraum von -2600 bis 1644 ab.

| . | Autor (Fertigstellung) Werk | Dynastie | Zeitraum |
|---|---|---|---|
| 1 | Sima Tan, Sima Qian (91) *Shiji* | Frühgeschichte | -2600 bis -95 |
| 2 | Ban Gu (92) *Han Shu* | Han | -206 bis 24 |
| 3 | Fan Ye (445) *Hou Hanshu* | Östliche/Spätere Han | 25 bis 220 |
| 4 | Chen Shou (297) *Sanguo Zhi* | Drei Reiche | 184 bis 280 |
| 5 | Fang Xuanling (648) *Jin Shu* | Chin/Jin/Tsin | 265 bis 419 |
| 6 | Shen Yue (493) *Song Shu* | Frühere Sung/Song (Liu-Song) | 420 bis 478 |
| 7 | Xia Zixian (537) *Nan Qi Shu* | Südliche Ch'i/Qi | 479 bis 502 |

| | | | |
|---|---|---|---|
| 8 | Yao Cha, Yao Silian (636) *Liang Shu* | Liang | 502 bis 556 |
| 9 | Yao Cha, Yao Silian (636) *Chen Shu* | Südliche Ch'en | 557 bis 589 |
| 10 | Wei Shou (554) *Wei Shu* | Wei | 386 bis 550 |
| 11 | Li Delin, Li Baiyao (636) *Bei Qi Shu* | Nördliche Ch'i/Qi | 550 bis 577 |
| 12 | Linghu Defen (636) *Zhou Shu* | Nördliche Chou/Zhou | 557 bis 581 |
| 13 | Wie Zheng (636) *Sui Shu* | Sui | 581 bis 617 |
| 14 | Li Yanshou (659) *Nan Shi* | Südliche Dynastien (Früh. Sung/Song, Südl. Ch'i/Qi, Ch'en) | 420 bis 589 |
| 15 | Li Yanshou (659) *Bei Shi* | Nördliche Dynastien (Nördl. Wei, Westl. Wei, Östl. Wei, Nördl. Chou/Zhou, Nördl. Ch'i/Qi, Sui) | 368 bis 618 |
| 16 | Liu Xu (945) *Jiu Tang Shu* | T'ang (alt) | 618 bis 906 |
| 17 | Ouyang Xiu, Song Qi (1060) *Xin Tang Shu* | T'ang (neu) | 618 bis 906 |
| 18 | Xue Juzheng (974) *Jiu Wudai Shi* | Fünf Dynastien (alt) (Spät.Liang, Spät. Tang, Spät. Chin/Jin, Spät.Han, Spät. Chou/Zhou) | 907 bis 960 |
| 19 | Ouyang Xiu (1072) *Xin Wudai Shi* | Fünf Dynastien (neu) (Spät.Liang, Spät. Tang, Spät. Chin/Jin, Spät.Han, Spät. Chou/Zhou) | 907 bis 960 |
| 20 | Tuotuo/Toghto (1345) *Song Shi* | Sung/Song | 960 bis 1279 |
| 21 | Tuotuo/Toghto (1344) *Liao Shi* | Liao/Kitan | 916 bis 1125 |
| 22 | Tuotuo/Toghto (1344) *Jin Shi* | Chin/Jin | 1115 bis 1234 |
| 23 | Song Lian (1370) *Yuan Shi* | Yüan | 1206 bis 1369 |
| 24 | Zhang Tingyu (1739) *Ming Shi* | Ming | 1368 bis 1644 |

## Vollständige Sammlung russischer Chroniken (Polnoe Sobranje Russkich Letopisej, PSRL)

Sammlung der mittelalterlichen Chroniken des ostslawischen Sprachraums (in etwa das Gebiet der modernen Staaten Russland, Weißrussland und Ukraine. Das Projekt begann im Jahr 1828, bis 1863 waren 10 Bände veröffentlicht, bis dato sind es 43 Volumina.

Zu den wichtigsten ostslawischen Chroniken gehören:

- > Nestorianische Chronik (Povest Vremenich Let)
- > Chronik von Novgorod
- > Chronik von Pskov

# GEOGRAPHISCH-CHRONOLOGISCHES REGISTER

*Hinweise*:
Die Autoren/Quellen wurden **nach dem jüngsten Jahr ihres Berichtszeitraums sortiert.**
Es werden nur die in signifikantem Ausmaß erhaltenen Quellen erwähnt (in Klammern Hinweise auf den geographischen/thematischen Schwerpunkt und den Berichtszeitraum).

WELTCHRONIKEN / WELTGESCHICHEN / UNIVERSALGESCHICHTEN
**In arabischer Sprache**: > Ibn-Wadih (bis 872); > Agapius von Hierapolis (bis 942), > Ibn al-Jawzi (bis 1179); > Rashid ed-Din (bis ca. 1300), > Abul al Fida (bis 1329); > Eutychios von Alexandrien (bis 937); > Al-Masudi (bis 947);
**In persischer Sprache**: > Chondemir (bis 1523)
**In chinesischer Sprache:** > Sima Tan (erste)
**In griechischer Sprache:** > Èphoros von Kyme (-1000 bis –341); > Polybios > Diodorus Siculus (bis -59); Eusebios von Caesarea (-776 bis 217); > Georgios Synkellos (bis 305); > Hyppolyt von Rom (bis 235); > Johannes Malalas von Antiochia (die älteste erhaltene Weltchronik, bis 563); > Georgios Monachos (bis 842/948); > Symeon Logothetes (bis 963); > Georgios Kedrenos ( bis 1050); > Georgios Kodinos (bis 1453)
**In hebräischer Sprache**: > Altes Testament /Tanach (Judentum und Naher Osten, -1500 ca. bis -100 ca.) > Abraham ibn Daud (Judentum bis 1174).
**In lateinischer Sprache**: > Nepos (este lateinische; verloren gegangen); > Sulpicius Severus (bis 400); > Trogus (bis 9); > Sextus Iulius Africanus (bis 221, die erste christliche Weltchronik); > Prosper Tiro Africanus (379 bis 443); > Victor von Tunnuna (444 bis 566); > Johannes von Biclaro (567 bis 589); > Marianus Scotus (bis 1082); > Siegebert von Gembloux (379 bis 1111); > Hermann von Reichenau (bis 1054); > Frutolf von Michelsberg (bis 1099); Sicardo di Cremona (bis 1213); > Roger von Wendover (bis 1392); > Matthäus Paris (bis 1259); > Ranulf Higden (bis 1377).
**In syrischer Sprache**: > Pseudo-Dionysius (bis 775); > Michael der Syrer (bis 1195, die umfangsreichste Weltchronik des Mittelalters); > Chronik von 1234 (bis 1234); > Ebn al-Ebri (1196 bis 1286)
**In deutscher Sprache**: > Rudolf von Ems (gestorben ca. 1254)> Sächsische Weltchronik (bis ca. 1275).

ZEITGESCHICHTEN DES ALTERTUMS
**Alte Reiche des Nahen Ostens** (Ägypten, Palästina, Syrien, Anatolien, Mesopotamien, Arabien):
> Chronologie der Frühgeschichte des Nahen Ostens; > Stein von Palermo (Ägypten, -3050 bis -2345); Sumerische Königsliste (Mesopotamien, -3000 bis -1800); > Annalen des Anitta (Hethiter, -1720 bis -1700); > Briefe des Hammurapi (Babylonien, -1728 bis -1686); > Königspapyrus von Turin (Ägypten, -2744 bis -1570); > Annalen des Hattusili I. (Hethiter, -1586 bis -1556); > Königsliste von Karnak (Ägypten, -2750 bis -1500); > Thanui (Ägypten, -1482 bis -1463); > Annalen des Mursili II. (Hethiter, -1344 bis -1312); > Königsliste von Abydos (Ägypten, -3000 bis -1279); > Königsliste von Sakkra (Ägypten, -2900 bis -1213); > Papyrus Harris I. (Ägypten unter Ramses III,. -1194 bis -1163); > Ekklektische Chronik (Mesopotamien, -1077 bis -911); > Annalen Assurnasirpals II. (Assyrien, -833 bis -859); > Mescha-Stele (Israel, 849); > Annalen des Salmanassar III. (Assyrien, -859 bis -824); > Synchronistische Geschichte (Mesopotamien, -1400 bis -800); > Assyrische Königsliste (Assyrien, -2500 bis -722);> Inschriften des Sargon II. (Mesopotamien, -720 bis -705); > Assyrische Eponymenliste (-1876 bis -699); > Annalen Sennacheribs (Assyrien, -704 bis -681); > Nabonidus-Chronik (Mesopotamien, -556 bis -538);> Herodot (Naher Osten und Griechenland, -700 bis -457); > Manetho (Ägypten, -3100 bis -343); > Altes Testament (Naher Osten, -1500 bis -134); > Makkabäerbücher (Israel, -175 bis -134); > Assyrische und Babylonische Chroniken (Mesopotamien, -1500 bis 0); > Yeghishe (Eghishe) Vardapet (Armenien, Kaukasus 410 bis 475); > Ghazar Papetsi (Armenien, 350 bis 484); > Moses von Choren (Armenien,-149 bis 491).
**Alte Reiche des Mittleren Ostens** (Iran, Afghanistan, Pakistan, Indien):
> Felsinschrift von Behistu (Iran, -522 bis -519); > Herakleides von Kymae (Iran, ca. -

360); > Megasthenes (Indien, bis -300); > Edikte des Ashoka (Indien, -268 bis -232); > Yuga Purana (Vorderindien, -180 bis -50); > Fa-hsien (Indien, 4. Jh.); > Inschriften des Samudragupta (Indien, 335 bis 375); > Aihole-Inschrift des Ravakiti (Indien, 610 bis 620); > Ad-Dinawari (Iran bis 842).

**Alte Reiche des Fernen Ostens, Zentralsiens und Südostasiens:**
> Chronologie der Frühgeschichte des Fernen Ostens; > Vierundzwanzig Dynastiegeschichten (China, -2600 bis 1644); > Shang-Shu (China, -2500 bis -621); > Frühlings- und Herbstannalen (China, -722 bis -481); > Zuozhuan (China, -722 bis -468); > Bambusannalen (China, -2500 bis -298); > Zhang Qian (Zentralasien, -136 bis -125); > Sima Tan > Sima Qian (China, -2600 bis 95); > Ban Gu (China, -206 bis 24); > Holztäfelchen von Juyan (-100 bis 100); > Fan Ye (China, 25 bis 220); > Chen Shou (China, 184 bis 280); > Kojiki (Japan, -660 bis 310); > Mahavamsa (Ceylon, -543 bis 361); > Fang Xuanling (China, 265 bis 419); > Shen Yue (China, 420 bis 478); > Do You (China, bis 801); > Sima Guang (China, -403 bis 959); > Wei Shou (China, 386 bis 550); > Li Yanshou (368 bis 618); > Kim Busik (Korea, -1. Jh. bis 9. Jh.)

**Griechische und makedonische Expansion:**
> Homer (Mittelmeerraum, -12. Jh); > Die Fragmente griechischer Historiker; > Herodot (Naher Osten und Griechenland, -700 bis -457); > Thukydides (Griechenland, -431 bis -411); > Hellenika Oxyrhynchia (-410 bis -386); > Xenophon (Griechenland, -411 bis -362); > Ephoros von Kyme (-1000 bis –341); > Arrian (Alexander und Diadochen, -334 bis -329); > Curtius Rufus (Alexander, -333 bis -323); > Makkabäerbücher (Israel, -175 bis -134); > Diodorus Siculus (Griechenland, Römisches Reich, bis -59); > Plutarch (Griechenland, Römisches Reich, bis 69).

**Römische Expansion:**
> Plutarch (Römische Geschichte, -264 bis -216); > Sallust (Römische Geschichte, -111 bis -105); > Poseidonius von Apameia (Römische Geschichte, fragmentarisch -146 bis -86); > Sallust (Römische Geschichte, -63 bis -62); > Diodorus Siculus (Römische Geschichte, bis -59); > Caesar (Römische Geschichte, -58 bis -48); > De bello Alexandrino (Römische Geschichte, -48 bis -47); > De bello Africo (Römische Geschichte, -47 bis -46); > De bello Hispaniensis (Römische Geschichte, -46 bis -45); > Res gestae divi Augusti (Römische Geschichte, -44 bis -33); > Fasti Triumphales (Römische Geschichte, -754 bis -19);> Fasti Consulares (Römische Geschichte, -483 bis -19); > Iulius Obsequens (Römische Geschichte, -190 bis -11); > Livius (Römische Geschichte, -753 bis -9); > Pompeius Trogus (Römische Geschichte, bis 9); > Justinus (Römische Geschichte, bis 9); > Tropaeum Alpinum (Alpenregion, -35 bis -7); > Florus (Römische Geschichte, -753 bis 13); > Velleius Paterculus (Römische Geschichte, bis 30); > Plutarch (Griechenland, Römische Geschichte, bis 69); > Tacitus (Römische Geschichte, 14 bis 70); > Titusbogen (Einnahme von Jerusalem, 70); > Josephus Flavius (Israel, Römische Geschichte, -175 bis 72); > Suetonius (Römische Geschichte, -100 bis 96); > Ampelius (Römische Geschichte, bis 100 ca.); > Trajanssäule (Dakien-Kriege, 101 bis 106); > Appianus Alexandrinus (Römische Geschichte, -753 bis 119); > Fasti Ostienses (Römische Geschichte. -49 bis 175); > Mark-Aurel-Säule (Markomannenkriege, 166 bis 175); > Triumphbogen des Septimus Severus (Partherkrieg 195 bis 199); > Forma Urbis Romae (Stadtplan Roms. ca. 210); > Cassius Dio (Römische Geschichte, bis 222); > Dionysius Halicarnassus (Römische Geschichte, bis -250); Eusebios von Caesarea (Römische Geschichte, -776 bis 217); > Herodianus (Römische Geschichte, 180 bis 238); > Historia Augusta (Römische Geschichte, 117 bis 283); > Galeriusbogen (Perserkrieg, 296 bis 298); > Laterculus Veronensis (Römische Geschichte, 319); > Lactantius (Kaiserbiographien, 54 bis 313); > Anonymus Valesianus I (Römische Geschichte, 305 bis 337); > Aurelius Victor Afer (Römische Geschichte, , von -30 bis 361); > Petros Patrikios (Römische Geschichte, -43 bis 361); > Rufius Festus (Römische Geschichte, -30 bis 372); > Amminaus Marcellinus (Römische Geschichte, 96 bis 378); > Hieronymus von Strido (Römische Geschichte, 325 bis 379); > Epitome de Ceasaribus (Römische Geschichte, -27 bis 395); > Sulpicius Severus (Römische Geschichte, bis 400); > Zosimos (Römische Geschichte, 395 bis 410); > Rutilius Namatianus (Mittel- u. Norditalien, 417); > Orosius (Römische Geschichte, bis 417); > Sozomenos (Römische Geschichte, bis 425); > Theodoret von Kyrrhos (OstRömische Geschichte, 325 bis 428); > Sokrates Scholastikos (Römische Geschichte, 305 bis 439); > Malchos von Philadelphis (Römische Geschichte, 473 bis 480); Ennodius (Römische Geschichte, 46 bis 498); > Anonymus Valesianus II (Römische Geschichte, 474 bis 526); > Diaconus,Paulus (Römische Geschichte, 364 bis 553); > Johannes von Nikiu (Römische Geschichte, v.a. 640 bis

643); > Theophanes Homologetes (Byzantinische Geschichte, 285 bis 813).
**Germanische Expansion** (Völkerinvasionen):
> Amminaus Marcellinus (96 bis 378); > Claudian (Westgoten, 401); > Olympiodoros von Theben (Invasionen im Weströmischen Reich, 407 bis 425); > Possidius von Calama (Vandalen in Nordafrika, 429 bis 430); > Kallinikos von Bithynien (Hunnen, 366 bis 446); > Hydatius von Aquae Flaviae (Invasionen der Iberische Halbinsel, 379 bis 468); > Sidonius Apollinaris (Westgoten, ca. 470 bis 478); > Victor Vitensis (Vandaleeinfall in Nordafrika, 429 bis 439); > Chronica Gallica 452 (379 bis 452); > Eugippius (Rugier im Noricum, 453 bis 488) > Historia Brittonum (Invasionen in England, 400 bis 495);> Vita Sanctae Genovefae (Hunnen, Salfranken, 451 bis 508); > Chronica Gallica 511 (379 bis 511); > Avitus (Franken, Burgunder, Goten, 499 bis 518); > Jordanes Geta (Goten, ca. 500 bis 552); > Johannes Malalas (Krieg Justinians, v.a. 527 bis 565); Victor von Tunnuna (Vandaleneinfall in Nordafrika, 444 bis 566); > Johannes von Ephesos (571 bis 585); > Frechulph von Lisieux (Franken, bis 607); > Isidor von Sevilla (Westgoten, Sueben, Vandalen, 265 bis 624); > Julian von Toledo (Westgoten, 672 bis 680).

ZEITGESCHICHTEN DES MITTELALTERS
**Byzantinisches Reich und Balkan**:
> Theodoret von Kyrrhos (Oströmisches Reich, 325 bis 428); > Priskos (Hunnen im Oströmischen Reich, 433 bis 471); > Malchos von Philadelphia (Oströmisches Reich, 473 bis 480); > Zacharias von Mytilene (Oströmisches Reich, 451 bis 491); > Marcellinus Comes (Oströmisches Reich, 379 bis 534); > Jordanes Geta (Goten, ca. 500 bis 552); > Hierokles der Grammatiker (535); > Agathias von Myrina (Endphase des Ostgotenkriegs, 552 bis 553); > Prokopios von Caesarea (Kriege des Justinian, 474 bis 555); > Johannes Malalas (Justinian, v.a. 527 bis 565); > Theophanes von Byzanz (Oströmisches Reich, 566 bis 581); > Menander Protector (Oströmisches Reich, 558 bis 582); > Johannes von Ephesos (Oströmisches Reich, 571 bis 585); > Theophylaktos Simokrates (oströmisches Reich, 582 bis 603); > Nikephoros Kallistos (Oströmisches Reich, bis 610); > Chronicon Paschale (Oströmisches Reich, bis 630); > Nikephoros von Konstantinopel (Byzantinisches Reich, 602 bis 769); > Ghewond (Armenien, 632 bis 788); > Theophanes Homologetes (Byzantinisches Reich, 285 bis 813); > Ioseph Genesios (Byzantinisches Reich, 813 bis 886); > Theophanes Continuatus (Byzantinisches Reich, 813 bis 961); > Symeon Logothetes (Byzantinisches Reich, bis 963); > Leon Diakonos (Byzantinisches Reich, 959 bis 976); > Johannes Skylitzes (Byzantinisches Reich, 811 bis 1057); > Michael Psellos (Byzantinisches Reich, 976 bis 1075); > Michael Attaleiates (Byzantinisches Reich, 1034 bis 1079); > Nikephoros Bryennios (Byzantinisches Reich, 1057 bis 1081); > Johannes Zonaras (Weltgeschichte, bis 1118); > Anna Komnena (Byzantinisches Reich, 1069 bis 1118); > Johannes Kinnamos (Byzantinisches Reich, 1118 bis 1176); > Gunther von Pairis (Byzantinisches Reich, 1202 bis 1204); > Niketas Choniates (Byzantinisches Reich, 1120 bis 1207); > Georgios Akropolites (Byzantinisches Reich, 1203 bis 1261); > Thomas Archidiaconus (Dalmatien/Kroatien, -49 bis 1261); > Georgios Pachymeres (Byzantinisches Reich, 1255 bis 1308); > Johannes Kantakuzenos (Byzantinisches Reich, 1320 bis 1356); > Nikephoros Gregoras (Byzantinisches Reich, 1204 bis 1359); > Leontios Machairas (Zypern, (325)/1359 bis 1432); > Laonikos Chalkokondyles (Byzantinisches Reich, 1298 bis 1463); > Michael Kritobulos (Byzantinisches Reich, 1451 bis 1476); > Georgios Sphrantzes (Byzantinisches Reich, 1413 bis 1477); > Tursun Beg (Osmanisches Reich, 1451 bis 1488).
**Italien und Kirchengeschichte:**
> Prosper Tiro (Weströmisches Reich, 433 bis 455); > Prokopios von Caesarea (Ostgotenkrieg, 474 bis 552); > Agathias von Myrina (Endphase des Ostgotenkriegs, 552 bis 553); > Jonas von Bobbio (Langobarden, 542 bis 615); > Diaconus, Paulus (Langobarden, 551 bis 744);> Landulfus Sagax (Weströmisches Reich, 553 bis 813); > Agnellus von Ravenna (Ravenna, 550 bis 850); > Andreas von Bergamo (Italien, 744 bis 877); > Chronicon Salernitanum (Mittel- und Süditalien, 750 bis 974); > Erchempert von Montecassino (Süditalien, 787 bis 889); > Diakon Johannes von Neapel (Neapel, 762 bis 872); > Romuald von Salerno (Italien, 839 bis 1178); > Liutprand von Cremona (Noritalien, 883 bis 962); > Benedikt von S.Andrea (Kirchenstaat, bis 965); > Chronicon Novalicense (bis 1060); > Arnulfus Mediolanensis (Mailand, 925 bis 1077); Amatus von Montecassino (Süditalien, 1016 bis 1078); Wilhelm von Apulien (Süditalien, 1016 bis 1085); > Gaufredus Malaterra (Süditalien, 1050 bis 1099); > Gregor von Catino (Mittelitalien, 380 bis 1119): > Chronicon Volturnense (Kirchenstaat, 731 bis 1130); > Alexander von Telese

(Süditalien, 1127 bis 1136); > Landulf der Jüngere (Mailand, 1045 bis 1137); > Leo Marsicanus (Mittel- und Süditalien, bis 1075/1138); > Falco von Benevent (Süditalien, 1102 bis 1144); > Johannes von Salisbury (Kirchenstaat, 1126 bis 1154); > Rahewin (2. Italienzug Freidrich I. Barbarossa, 1157 bis 1160); > Hugo Falcandus (Süditalien, 1154 bis 1169); > Caffaro di Rustico da Caschifellone (Genua, 1099 bis 1163); > Otto Morena und Fortsetzer (Italien, 1153 bis 1167); > Gottfried von Viterbo (Italien, 1155 bis 1180); > Sire Raul (Norditalien, 1154 bis 1186); Bernardus Marango (Italien/Pisa, 768 bis 1192); > Peter von Eboli (Süditalien, 1191 bis 1196); > Annales Casinenses (Kirchenstaat, 1000 bis 1212); > Abul Fadail (Muslime Siziliens, bis 1233); > Gottfried von Bussero (Lombardei, bis 1271); > Martino da Canal (Venedig, 421 bis 1275); > Saba Malaspina (Süditalien, 1250 bis 1276); > Dandolo (Venedig, 48 bis 1280); > Frate Salimbene de Adam (Italien, 1168 bis 1287); > Bartolomeo di Nicastro (Süditalien, 1250 bis 1293); > Jakob von Voragine (Genua, bis 1297); > Nikolaus von Butrinto (Italien, 1310 bis 1312); > Dino Compagni (Florenz, 1280 bis 1312); > Annales Cavenses (Kirchenstaat, 569 bis 1318); > Albertino Mussato (Italien, 1310 bis 1320); > Villani (Italien, speziell Florenz, 1265 bis 1363); > Flavio Biondo (Italien, 410 bis 1442); > Bartolomeo Sacchi (Papstbiographien bis 1471); > Pierre Desrey (Karl VIII. in Italien, 1494); > Guillaume de Villeneuve (Karl VIII. in Italien, 1494 bis 1497); > Johannes Burckhard (Kirchenstaat, 1483 bis 1506).

**Westeuropa** (Frankreich, Belgien):
> Chronica Gallica 452 (Westeuropa, 379 bis 452); > Sidonius Apollinaris (Westgoten, ca. 470 bis 478); > Chronica Gallica 511 (Westeuropa, 379 bis 511); > Avitus von Vienne (Westeuropa, 499 bis 518); > Gregor von Tours (Franken, 500 bis 575); > Marius von Avenches (Westeuropa, 455 bis 581); > Continuatio des Marius von Avenches (Westeuropa, 581 bis 615); > Fredegarius (Franken, 584 bis 642); > Aimoin von Fleury (Franken, bis 654); > Liber Historiae Francorum (Franken, 584 bis 721); > Willibald von Mainz (Franken, bis 755); > Annales Mosellani (Franken, 703 bis 798); Eginhard (Franken, 747 bis 814); > Notker I. von St. Gallen (Frankenreich, 747 bis 814);> Annales Laurissenses Minores (Franken, 680 bis 817); > Ermold der Schwarze (Frankenreich, bis 826); > Chronik von Aniana (Katalonien, 670 bis 828); > Annales regni Francorum (Franken, 741 bis 829); > Thegan von Trier (Franken, 814 bis 835); > Astronomus (Frankenreich, 778 bis 840); > Nithard (Franken, 838 bis 843); > Ado von Vienne (Frankenreich, bis 874); > Annales Bertiniani (Westfranken, 830 bis 882); > Abbon von Saint-Germain-des-Pés (Westfrankenreich, 885 bis 886); > Annales Vedastini (Westfranken, Lothringen, 874 bis 900); > Flodoard von Reims (Westfranken, 916 bis 966); > Chronicon Engolismense (Frankenreich, 814 bis 991); > Ermentarius von Noirmoutier (Frankreich, um 860); > Richerus von Reims (Westfranken, 888 bis 995); > Dudo von Saint-Quintin (Normannen, 852 bis 996); > Alpert von Metz (Westfrankenreich, Burgund, 990 bis 1021); > Ademar von Chabannes (Franken, 520 bis 1028): > Ademar von Chabannes (Franken, 520/814 bis 1034); > Hugo von Fleury (Westfrankenreich, 949 bis 1108); > Wilhelm von Jumieges (Normannen, bis 1137); > Suger von Saint-Denis (Frankreich, 1081 bis 1137); > Gesta Consulum Andegavorum (Nordfrankreich, bis 1140); > Rodulfus Glaber (Frankreich, 900 bis 1044); > Wilhelm von Poitiers (Normannen, 1135 bis 1170); > Robert von Torigni (Normannen, 1100 bis 1186); > Gislebert von Mons (Wallonien, 1086 bis 1195); > Rigord (Frankreich, 1179 bis 1206); > Peter von Vaux-Cerny (Albigenser, 1203 bis 1218); > Gesang vom Albigenserkreuzzug (1202 bis 1219); > Wilhelm der Bretone (Frankreich, 1206 bis 1220); > Nicolas de Bray (Frankreich, 1223 bis 1226); > Wilhelm von Puylaurens (Albigenser, 1170 bis 1272); > Annales Gandenses (Flandern, 1296 bis 1310); > Chronik des Simon von Montfort (Frankreich, 1203 bis 1311);> Pierre d'Ogremont (Frankreich, 1350 bis 1380); > Froissart (Hundertjähriger Krieg, 1346 bis 1388); > Heinrich von Knighton (Hundertjähriger Krieg, 1336 bis 1396); > Nicolas de Baye (Frankreich, 1400 bis 1417); > Chronik des Mönchs von Saint-Denis (Frankreich, 1280 bis 1419); > Jean Juvénal des Ursins (Hundertjähriger Krieg, 1380 bis 1422); > Pierre de Fénin (Frankreich, 1407 bis 1427): > Enguerrand de Montstrelet (Hundertjähriger Krieg, 1400 bis 1444); > Jacques du Clercq (Frankreich, Burgund, 1448 bis 1467); > George Chastellain (Burgund, 1419 bis 1461); > Chronik von Mont Saint-Michel (Hundertjähriger Krieg, 1343 bis 1468); > Olivier de la Marche (Burgund, 1435 bis 1488); > Jean Molinet (Burgund, 1474 bis 1504).

**Deutschsprachiger Raum** (Deutschland, Österreich, Deutschschweiz):
> Annales Laurissenses Minores (Frankenreich 680 bis 817); > Annales Xantenses (Ostfrankenreich, bis 873); > Annales Fuldenses (Ostfranken, 829 bis 902); > Abt Erchenfried (Österreich); > Widukind (Deutschland, 520 bis 946); > Regino von Prüm (Ostfrankenreich, bis 967); > Annales Augustani (Süddeutschland, 973 bis 1104); > Thietmar von

Merseburg (Heiliges Römisches Reich, 908 bis 1018); > Thangmar von Hildesheim (Heiliges Römisches Reich, 993 bis 1022); > Annales Quedlinburgenses (Ostfrankenreich, 984 bis 1025); > Wipo Presbyter (Heiliges Römisches Reich, 1024 bis 1039); > Adam von Bremen (Norddeutschland von 788 bis 1043); > Hermann von Reichenau (Heiliges Römisches Reich, 1000 bis 1054); > Annalen von Niederaltaich (Heiliges Römisches Reich, 708 bis 1073); > Lampert von Hersfeld (Heiliges Römisches Reich, 1040 bis 1077); > Berthold von Reichenau (Heiliges Römisches Reich, 1054 bis 1080);> Bruno Magdeburgensis (Deutscher Bürgerkrieg, 1073 bis 1082); > Frutolf von Michelsberg (Heiliges Römisches Reich, 900 bis 1099); > Bernold von Konstanz (Südwesten Deutschlands bis 1100); > Ekkehard von Aura (Heiliges Römisches Reich, 1098 bis 1125); > Annales Hildesheimenses (Heiliges Römisches Reich, bis 1138); > Reichschronik des Annalista Saxo (Heiliges Römisches Reich, 741 bis 1142); > Otto von Freising (Heiliges Römisches Reich, 1053 bis 1158); > Rahewin (1157 bis 1160); > Historia Welforum (Welfen, ca. 800 bis 1167); > Arnold von Lübeck (Welfen, 1171 bis 1209); > Otto von St. Blasien (Heiliges Römisches Reich, 1146 bis 1209); > Chronicon sancti Petri (Heiliges Römisches Reich, 1100 bis 1215); > Annales Palidenses (Heiliges Römisches Reich, bis 1220); > Burchard von Ursberg (Heiliges Römisches Reich, 1169 bis 1229); > Annales Marbacenses (Heiliges Römisches Reich, 631/1152 bis 1238); > Chronica regia Coloniensis (Heiliges Römisches Reich, bis 1240); > Annales Augustani minores (Süddeutschland, 1137 bis 1321); > Mathias von Neuenburg (Heiliges Römisches Reich, 1245 bis 1350); > Heinrich der Taube (Heiliges Römisches Reich, Kirchenstaat, 1294 bis 1362); > Petrus de Mladoniovicz (Konstanzer Konzil, 1414 bis 1415); > Eberhard Windecke (Heiliges Römisches Reich, 1368 bis 1439); > Thomas Ebendorfer (Österreich, 1400 bis 1463): > Joseph Grünpeck (Heiliges Römisches Reich, 1415 bis 1519).

**Osteuropa und Baltikum**:
> Bayerischer Geograph (Stämme Osteuropas im 9. Jh.); > Rimbert (Baltikum, 855); > Ibn Fadlan (Rus, Chasaren, Wolgabulgaren, um 900); > Anonymus Belae regis notarius (Ungarn, bis 997); > Nestorianische Chronik (852 bis 1113); > Gallus Anonymus (Polen, bis 1113); > Cosmas von Prag (Böhmen bis 1125); > Mönch von Opatowic (Böhmen, bis 1163); > Vincenz von Prag (Böhmen, bis 1167); > Helmhold von Bosau (Wenden, 825 bis 1170); > Ibn Rustah (Russ, 10. Jh); > Vincentius Magister (Polen, bis 1170);> Abt Gerlach (Böhmen, 1167 bis 1198); > Kiewer Chronik (Russland, 1117 bis 1200); > Arnold von Lübeck (Slawen, 1171 bis 1209); > Heinrich von Lettland (Baltikum, 1180 bis 1229); > Johannes de Plano Carpini (Ukraine, bis 1247); > Simon von Keza (Ungarn, bis 1280); > Galizisch-Wolhylnische Chronik (Russland, 1201 bis 1292); > Dalimil-Chronik (Böhmen, 1230 bis 1314); > Peter von Dusburg (Preußen, bis 1330) > Benes Krabice (Böhmen, 1283 bis 1374); > Hermann von Wartberge (bis 1378); > Wigand von Marburg (Preußen, Litauen, 1293 bis 1394); > Petrus de Mladoniovicz (Konstanzer Konzil, 1414 bis 1415); > Suzdal-Chronik (Russland, 1238 bis 1418); > Laurenz von Brezowa (Böhmen, 1414 bis 1422); > Eberhard Windecke (Böhmen, 1368 bis 1439); > Bartossek (Böhmen, 1419 bis 1443); > Piccolomini, Andrea Silvio (Böhmen, 1419 bis 1458); > Jan Duglosz (Polen, Litauen, Weißrussland, Böhmen, Ungarn, Ukraine, 965 bis 1480); > Chronik von Twer (Russland, bis 1499); > Sophia-Chronik I (Russland, 1205 bis 1418/1508); > Chronik des Patriarchen Nikon (Russland, 859 bis 1558); > Chronik von Goustynya (Russland, 1300 bis 1597).

**Britischen Inseln**:
> Historia Brittonum (Angelsächsische Invasion Britanniens, 400 bis 495); > Gildas der Weise (Angelsächsische Invasion Britanniens, 110 bis 500); > Asser, John (Angelsachen, Wales, 849 bis 893); > Chronik von Irland (431 bis 740/911); > Annales Cambriae (Angelsachsen, 447 bis 954); > AEthelweard (Angelsachsen, 892 bis 975); > Wilhelm von Poitiers (Normandie, England, 1027 bis 1087); > Hugh the Chanter (England, 1066 bis 1127); > Johannes von Worcester (England, 456 bis 1140); > Beda Venerabilis (Angelsachsen, -55 bis 1154); > Heinrich von Huntigton (Grobritannien, -43/1126 bis 1154); > Angelsächsische Chronik (Angelsachsen, 1 bis 1156); > Symeon von Durham (Nordengland, 712 bis 1129); > Chronik von Battle Abbey (England, 1066 bis 1176); > Wilhelm von Newburgh (England, 1066 bis 1198);> Roger von Hoveden (England, 1169 bis 1201); > Annalen des Tigernach (Irland, 489 bis 766, 973 bis 1003, 1018 bis 1179); > Giraldus Cambrensis (Irland, Wales, kurz vor 1200); > Matthäus von Paris (England, 1234 bis 1259); > Wilhelm Rishanger (Weltchronik, 1259 bis 1307); > Vita Edwardi Secundi (England, 1311 bis 1325); > Brut y Tywysogion (Wales, 682 bis 1332); > Chronicon Anonymi Cantuariensis (England, 1346 bis 1365); > Froissart (100-Jähriger Krieg, 1346 bis 1388); > Chronik von Westminster (England, 1381 bis 1394); > Heinrich von

Knighton (England, Hundertjähriger Krieg, 1336 bis 1396); > Adam von Usk (England, Wales, 1377 bis 1421); > Thomas Walsingham (England, 1272 bis 1422); > The Chronicles of England (England, bis 1461); > Annalen von Ulster (Irland, 431 bis 1541).

**Skandinavien und Island:**
> Landnamabok (Island, 870 bis 930); > Adam von Bremen (Norddeutschland und Skandinavien, 788 bis 1043); > Ari Thorgilsson Frodi (Island, 874 bis 1118); > Theoderich (Norwegen, 872 bis 1130); > Hryggjarstykki (Norwegen, 1136 bis 1139); > Chronicon Roskildense (Dänemark, 846 bis 1140); > Agrip af Nóregs konunga sögum (850 bis 1150); > Morkinskinna (Norwegen, 1030 bis 1157); > Snorri Sturluson (Norwegen, 868 bis 1177); > Fagrskinna (Norwegen, ca. 850 bis 1177); > Sven Aggesen (Dänemark, 300 bis 1185); > Saxo Grammaticus (Dänemark, ca. 0 bis 1187): > Historia Norwegiae (bis 1210).

**Iberische Halbinsel und Reconquista:**
> Hydatius von Aquae Flaviae (Germanische Invasion der Iberischen Halbinsel, 379 bis 468); > Johannes von Biclaro (Germanische Invasion der Iberischen Halbinsel, 567 bis 589); > Isidor von Sevilla (Germanische Invasion der Iberischen Halbinsel, 265 bis 624); > Julian von Toledo (Westgoten,672 bis 680); > Ibn Abd-el-Hakam (Arabische Invasion der Iberischen Halbinsel, 639 bis 711); > Albeldensische Chronik (Asturien, bis 833); > Chronik Alfons III. (Spanien, 672 bis 866); > Abu Bakr Ibn Al-Qutia (Al-Andalus, bis 961); > Orosius-Chronik, späte (Reconquista, bis ca. 970); > Ibn Hayyan (Al-Andalus, bis ca. 1070); > De expugnatione Lixbonensi (Portugal, 1146 bis 1147); > Ibn Bassam (Almoraviden, 1040 bis 1147); > Ximenez de Rada (Iberische Halbinsel, bis 1243); > Al-Nuwayri (Almoraviden /Maghreb, Al-Andalus, 1147 bis 1269); > Crónica anónima de Castilla 1454 -1474; > Alfonso de Palencia (Iberische Halbinsel, 1454 bis 1482).

**Kreuzzüge ins Heilige Land:**
> Matthias von Edessa (Armen. Reich von Kilikien, Kreuzzüge: 952 bis 1136/1162); > Smbat Sparape (Armen. Reich von Kilikien, Kreuzzüge: 951 bis 1162/1331) > Gesta Francorum (1. Kreuzzug, 1095 bis 1099); > Raimund von Aguilers (1. Kreuzzug, 1096 bis 1099); > Ekkehard von Aura (1. Kreuzzug, 1096 bis 1099); > Robert der Mönch (1095 bis 1099); > Radulf von Caen (1096 bis 1105); > Anna Komnena (Byzantinisches Reich, 1. Kreuzzug, 1069 bis 1118); > Albert von Aachen (1. Kreuzzug, 1095 bis 1121); > Guibert von Nogent (1. Kreuzzug, 1055 bis 1125); > Fulcher von Chartres (1. Kreuzzug, 1096 bis 1127); > Odo von Deuil (2. Kreuzzug, 1147 bis 1149); > Otto von Freising (2. Kreuzzug, 1147 bis 1148); > Ibn al-Qalanisi (974 bis bis 1160, darunter 1. und 2. Kreuzzug, 1056 bis 1160);> Johannes Kinnamos (Byzantinisches Reich, 2. Kreuzzug, 1118 bis 1176); > Usama Ibn Munqidh (1140 bis 1180); > Wilhelm von Tyros (1. u. 2. Kreuzzug, 1095 bis 1184);> Ibn Hamed Isfahani (3. Kreuzzug, 1179 bis 1192); > Ibn Shaddad Baha ad-Din (3. Kreuzzug, 1137 bis 1193); > Roger von Hoveden (England, 3. Kreuzzug, 1169 bis 1201); > Villehardouin, Geoffroi de (4. Kreuzzug, 1198 bis 1204); > Gunther von Pairis (4. Kreuzzug, 1202 bis 1204); > Niketas Choniates (Byzantinisches Reich, 3. u. 4. Kreuzzug, 1120 bis 1207); > Jakob von Vitry (5. Kreuzzug, 1217 bis 1221); > Ibn al-Athir (1. bis 3. Kreuzzug, 622 bis 1231);> Chronik von 1234 (Kreuzzüge und Naher Osten, bis 1234); > Ibn al-Adim (Nordsyrien, bis 1243); > Georgios Akropolites (4. Kreuzzug, Lateinisches Kaiserreich, 1203 bis 1261); > Jean de Joinville (4. Kreuzzug, Lateinisches Reich, 1270 bis 1272); > Martino da Canal (Venedig, 4. Kreuzzug, 421 bis 1275); > Templer von Tyros (6. u. 7. Kreuzzug, 1243 bis 1314), > Abul al Fida (Weltgeschichte, 1. bis 5. Kreuzzug, bis 1329).

Maghreb, Naher und Mittlerer Osten (Tunesien, Algerien, Marokko, Ägypten, Palästina, Syrien, Arabien, Anatolien, Mesopotamien, Iran, Afghanistan, Pakistan, Indien):
> Rig-Veda (Indien, ca. -1500); > Josephus Flavius (Israel, -175 bis 72); > Chronik von Edessa (201 bis 504); > Josua Stylites (494 bis 506); > Prokopios von Caesarea (Vandalenkrieg 395 bis 547); > Euagrios (Byzantinische Perserkriege, 428 bis 594); > Ibn Ishaq/Ibn Hishan (Mohammed, bis 630); > Al-Wakidi (622 bis 639); > Johannes von Nikiu (Arabische Eroberung Ägyptens, 640 bis 643); > Xuanzang (Indien, um 645); > Khuzistan-Chronik (Mesopotamien, Persien, 580 bis 650); > Eutychios von Alexandrien (Sasaniden, 421 bis 651); > Firdausi (Iran bis 651); > Sayf ibn Umar (Sunna/Schia-Spaltung, 656); > Sebeos (Armenien und Nachbarländer, 450 bis 661);> Maronitische Chronik (Syrien, 658 bis 665); > Johannes bar Penkaje (Islamische Expansion, bis 687); > Abu Mikhnaf (Islamische Expansion, bis zum 7. Jh.); > Ibn Abd-el-Hakam (Islamische Expansion, 639 bis 711); > Chach Nama (Vorderindien, ca, 600 bis ca. 711); > Al-Baladhuri (Islamische Expansion, 629 bis 714); > Diakon Johann von Ägypten (Nubien, ca. 700 bis

ca. 750); > Theophilos von Edessa (Naher Osten, 590 bis 755); > Ghewond (Armenien, 632 bis 788); > Ad-Dinawari (Iran bis 842); > Ibn Sa(a)d (Islamische Expansion, 570 bis 845); > Movses Kaghankatvatsi (Armenien, 627 bis 913); > Al-Tabari (Iran, Irak bis 915); > Eutychios von Alexandrien (Naher Osten bis 937); > Abu Bakr bin Yaya al-Suli (Abassiden, 934 bis 944); > Al-Qadi al-Numan (Fatimiden, 880 bis 957); > Hamzah al-Isfahani (Iran, bis 961); > Ibn Meskavayh (Mesopotamien, Iran, bis 982); > Elias von Nisibis (Mesopotamien, Iran, bis 1018); > Al-Utbi (Iran/Vorderindien/Gazhnawiden 963 bis 1030); > Al-Biruni (Iran/Ghaznawiden, 975 bis 1030); > Yahya Ibn Said Antaqi (Naher Osten, 937 bis 1033); > Abul Fazl Bayhaqi (Iran/Ghaznaviden, 1030 bis 1040); > Kalhana (Indien, bis 1060); > Abdelwahid al-Marrakushi (El Andalus, Almoraviden, Almoaden, 711 bis 1087); > Ibn Bassan (Almoraviden, 1040 bis 1147); > Mohammed Abu Bakr al-Baydhaq (Almoaden, 1121 bis 1150): > Ibn al-Qalanisi (974 bis 1160);> Ibn al-Jawzi (Kalifate, 871 bis 1179); > Abul-Fazl Bayhaqi (Iran/Ghaznawiden, 963 bis 1187); > Ibn Hamed Isfahani (Naher/;Mittlerer Osten, 3. Kreuzzug, 1179 bis 1192); > Ibn Shaddad Baha ad-Din (3. Kreuzzug, 1137 bis 1193); > Abu Shama (Nur ad-Din, Saladin/Damaskus, 1127 bis 1193/1266); > Mohammad bin Ali Rawandi (Seldschuken, Choresmer, 1037 bis 1194); > Ibn al-Athir (Islamische Expansion, 622 bis 1231); > Chronik von 1234 (Kreuzzüge / Naher Osten, bis 1234); > Ibn al-Adim (Nordsyrien, bis 1243); > Ibn al-Tiqtaqa (Kalifate, 632 bis 1258); > Minhai us-Siraj (Indien bis 1260); > Liu Yu (Mittlerer Osten, 1259 bis 1263); > Al-Nuwayri (Almoraviden /Maghreb, Al-Andalus, 1147 bis 1269); > Ibn Bibi (Seldschuken, 1192 bis 1280); > Ibn Challikan (Naher/Mitterer Osten, bis 1280); > Al-Dhahabi (Naher Osten, 570 bis 1300); > Ibn Al-Furat (Untergang der Kreuzfahrerstaaten und später, 1106 bis 1400); > Wassaf al-Hadrat (Mongolisches Ilkhanat, 1257 bis ca. 1300); > Kasani (Iran, bis 1316); > Rawd al-Qirtas (Marokko, Algerien, Al Andalus, 788 bis 1326); > Hamdallah Mustaufi (Iran, 579 bis 1344); > Kirakos Ganjakeci (Armenien, Momgoleneinfälle, 1. H. 13. Jh.); > Ziya-ud-Din-Barani (Indien, 1263 bis 1357); > Ibn Kathir (Naher Osten, bis 1365); > Shams-i Siraj (Indien, 1351 bis 1388); > Al-Sakhawi (Naher Osten, 1300 bis 1388); > Ruy Gonzales de Clavijo (Tamerlan, 1404); > Ibn Arabshah (Tamerlan, 1336 bis 1410); > Johannes Schiltberger (Naher/Mittlerer Osten, 1396 bis 1435); > Al-Ayni (Mameluken, 1250 bis 1446); > Ibn-Taghribirdi (Ägypten, 641 bis 1469); > Abd al Razzaq Samarqandi (Mittlerer Osten, 1317 bis 1469); > Aschikpaschade (Osmanen, 1300 bis 1481); > Tursun Beg (Osmanisches Reich, 1451 bis 1488), > Al-Suyuti (Kalifen, 623 bis 1497); > Mir Hwand (Mittlerer Osten, bis ca. 1498); > Ibn-i-Kemal (Osmanen, bis ca. 1500); > Ibn Iyas (Ägypten, bis ca. 1500); > Oruc (Osmanen, 1444 bis 1512); > Idris-i Bitlisi (Osmanen, 1288 bis 1512); > Chondemir (Mittlerer Osten/Indien, 1288 bis 1523); > Babur (Mittlerer Osten/Indien, 1494 bis 1529); > Ibn Abi Dinar (Tunesien, bis ca. 1650).

**Ferner Osten, Zentralasien und Südostasien:**
> Vierundzwanzig Dynastiegeschichten (China, -2600 bis 1644); Xiao Zixian (China, 479 bis 502); > Li Baiyao > Li Delin (China, 550 bis 577); > Linghu Defen (China, 557 bis 581); > Yao Cha und Yao Silian (China, 502 bis 589); > Wei Zheng (China, 581 bis 617); > Li Yanshou (China, 368 bis 618); > Firdausi (Iran, 227 bis 651); > Nihongi (Japan, bis 697); > Rikkokushi (Japan, bis 887); > Liu Xu (China, 618 bis 906); > Ouyang Xiu und Song Qiu (China, 618 bis 906); > Sima Guang (China, -403 bis 959); > Xue Juzheng (China, 907 bis 960); > Kim Busik (Korea, -1. Jh. bis 9. Jh.); Mutsu Waki (Japan, 1051 bis 1062); > Eiga Monogatari (Japan, 1028 bis 1107); > Chronik des seldschukischen Reichs (Iran, Irak, 1000 bis 1225); > Juawaini (Mongolen, bis 1257); > Azuma Kagami (Japan, 1180 bis 1266); > Tuotuo (Chian, 916 bis 1279); > Geheime Geschichte (Mongolen, 1206 bis 1227)> Johannes de Plano Carpini (Ferner Osten, bis 1247); > Wilhelm von Rubruck (Ferner Osten, bis 1255); > Marco Polo (China, um 1290); > Zhou Daguan (Kambodscha. ca. 1300): > Oderich von Portenau (Asien, 1314 bis 1330); > Kitabatake Chikafusa (Japan, bis 1339); > Johannes von Marignola (Ferner Osten, bis 1353); > Taiheiki (Japan, 1318 bis 1367); > Song Li an (China, 1206 bis 1369); > Cheng Cheng (Zentralasien, 1413 bis 1420); > Gunki Monogatari (Japan, 1156 bis 1568); > Zhang Tinggyu (China, 1368 bis 1644).

# THEMATISCHES REGISTER

**ABSCHRIFTEN ALS MÖNCHSAUFGABE:** > Cassiodorus
**ARCHÄOLOGIE**
- Archäologie als Hilfsmittel der Geschichte
- Begründer der antiken Archäologie: > Pausanias
- Begründer der modernen Archäologie: > Flavio Biondo
- Byzantinische Archäologie: > Georgios Kodinos
- Begründer der modernen Archäologie: > Cyriacus von Ancona; > Flavio Biondo

**DATIERUNGSSYSTEME > ZEITRECHNUNG**
**EPOCHEN DER GESCHICHTSSCHREIBUNG:**
- Großvater der abendländischen Geschichtsschreibung: > Hekataois von Milet
- Vater der abendländischen Geschichtsschreibung: > Herodot
- Vater der chinesischen Geschichtsschreibung: > Sima Qian
- Vater der dänischen Geschichtsschreibung: > Saxo Grammaticus
- Vater der indischen Geschichtsschreibung: > Kalhana
- Vater der englischen Geschichtsschreibung: > Beda Venerabilis
- Vater der historischen Kritik: > Wilhelm von Newburgh
- Vater der politischen Geschichtsschreibung: > Thukydides
- Erster Geschichtsschreiber des Westens Europas: > Antiochos von Syrakus
- Erster amtlicher Kriegsberichterstatter: > Thanui
- Erster professioneller römischer Geschichtsschreiber: > Livius, Titus
- Erste christliche Universalgeschichte: > Orosius
- Erster politischer Biograph der Weltliteratur: > Nepos, Cornelius
- Älteste erhaltene Universalgeschichte: > Johannes Malalas
- Erste Nationalgeschichte einer germanischen Ethnie > Cassiodorus
- Erste islamische Universalgeschichte: > IbnWadih
- Erstes islamisches Werk über Indien: > Ziya-ud-Din Barani
- „Marco Polo der arabischen Welt" > Ibn Battuta
- „Der kleine Thukydides" > Philistos von Syrakus
- „Der neue Xenophon": > Arrian
- Übergang von mittelalterlicher Kriegschronik zur neuzeitlichen Geschichtsschreibung: > Froissart, Jean
- Letzte byzantinische Geschichtsschreiber: > Georgios Sprantzes; > Michael Kritobulos
- Letzte byzantinische Kirchengeschichte: > Nikephoros Kallistos Xanthopulos
- Letzter spätrömischer Geschichtsschreiber: > Johannes von Nikiu
- Letzte in der Antike auf Griechisch geschriebene Kirchengeschichte: > Euagrios Scholastikos

**ÄLTESTES GESCHICHTSWERK IN DER JEWEILIGEN SPRACHE (alphabetisch)**
- Altfranzösisch: > Villehardouin
- Altnorsk: > Agrip af Nóregs konunga sögum
- Arabisch: > Khalifa Ibn-Khayyat; > Al-Masudi, Ali („Der arabische Herodot")
- Armenisch > Moses von Choren

- Chinesische, ältestes erhaltenes Annalenwerk: > Frühlings- und Herbstannalen
- Deutsch, erste Weltchronik: > Rudolf von Ems
- Griechisch: erstes Geschichtswerk in Prosaform: > Akusilaos von Argos
- Hebräisch: > Tanach
- Hethitisch: > Annalen des Anitta
- Irisch: > Annalen des Tigernach
- Japanisch: > Eiga (Yotsugi) Monogatari
- Lateinisch, ältestes erhaltenes Geschichtswerk: > Coelius Antipater
- Lateinisch, erste Weltgeschichte: > Nepos, Cornelius
- Lateinisch, ältestes Geographiewerk: > Pomponius Mela
- Lateinisch, erste Zeitgeschichte: > Sempronius Asellio
- Moabitisch: > Mescha-Stele
- Neupersisch: > Fidaursi
- Sanskrit: > Rig Veda
- Tschechisch: > Dalimil-Chronik
- Türkisch: > Oruc

**ERKENNEN GESCHICHTLICHER EINFLUSSFAKTOREN:**
- Entflechtung der Geschichte von Mythologie: > Logographen
- „Pragmatische" (ohne überirdischen Bezug) Geschichtsschreiber: > Polybios; > Thukydides; > Fannius; > Theophylaktos Simokates (letzter in griechischer Sprache); > Ammianus Marcellinus (letzter in lateinischer Sprache); > Ibn Meskavayh
- Sozialkonstrukte als Akteure der Geschichte, als Organismen mit begrezter Lebensdauer: > Poseidonius von Apameia; > Cato; > Florus; > Trogus; > Ibn Khaldún; > Wilhelm von Malmesbury.
- Einbeziehen sozio-ökonomischer Ursachen: > Appianus Alexandrinus;
- Irrationale Triebkräfte des Menschen: > Tacitus
- Heilsgeschichtliche Geschichtsschreibung (Erklärungen durch Gottes Fügung): > Agathias von Myrina; > Heinrich von Huntington; > Ibn al-Athir; > Theophylaktos Simokrates

**ERKENNEN EPOCHALER ZÄSUREN**
- Ende eines „Goldenen Zeitalters" um 180: > Cassius Dio ; > Herodianus
- Zäsur Altertum-Mittelalter, > Marcellinus Comes
- Prägung des Begriffs „Mittelalter": > Flavio Biondo
- Prägung des Attributs „dunkles Zeitalter" für das Mittelalter: > Petrarca
- Englische Geschichte als Abfolge von Invasionen: > Heinrich von Huntington.

**GESCHICHTSFÄLSCHUNG**, von der Nachwelt der- bezichtigte Autoren
- > Ktesías von Knidos; > Kleitharchos von Kolophon; > Eusebios von Caesarea; > Notker I. von St. Gallen ; > Widukind; > Leopold von Wien; > Geoffrey von Monmouth

**GESCHICHTSWERKE ALS SCHULLESESTOFF**
- für den Schulunterricht verfasst: > Florus; > Martin von Troppau
- bis ins Mittelalter beliebter Geographieunterrichtsstoff: > Dionysios von Alexandreia
- bis in die Gegenwart beliebter Schullesestoff in chinesischer Sprache: > Zhuozhuan

- bis in die Gegenwart beliebter Schullesestoff in griechischer Sprache: > Xenophon
- bis in die Gegenwart beliebter Schullesestoff in lateinischer Sprache: > Caesar; > Eutropius

**INNOVATIONEN BEI DER KONZIPIERUNG UND GESTALTUNG VON GESCHICHTSWERKEN:**
- Entfernungsangaben mit geometrischen Größen (statt Reisetagen): > Artemidoros von Ephesos
- Gegenüberstellen verschiedener Thesen zu strittigen Fragen: > Coelius Antipater, L.
- Ich-Form: > Herodianus: > Jean de Joinville
- Tabellenartige Form: > Florus,
- Synchrones Layout: > Martin von Troppau
- Mit Unterhaltungsanspruch: > Dourides (Duris) von Samos; > Phílarchos von Naukratis; > Plutarch; > Suetonius Tranquillus; > Valerius Antias; > Curtius Rufus; > Marius Maximus
- Ablehnung des Unterhaltungsanspruchs: > Ibn Meskavayh
- Wortwörtliche Wiedergabe historischer Reden: > Cato
- Wortwörtliche Wiedergabe historischer Reden, Verzicht auf: > Polybios; > Pomponius Mela; > Diodorus Siculus; > Trogus.
- Betrachtung der Gegenwart mit den Augen der Nachwelt > Piccolomini, Andrea Silvio

**PRÄGUNG GEOGRAPHISCHER UND ETHNOGRAPHISCHER BEGRIFFE**
- Afrika als Kontinent: > Hanno der Seefahrer
- Britische Inseln mit Hauptinsel „Albion": > Pytheas von Massilia
- Europa als christliche Heimat: > Piccolomini, Andrea Silvio
- Geographische Koordinaten: > Hekataios von Milet; > Marinos von Tyros; > Ptolemaios, Claudius
- „Germanen": > Poseidonius von Apameia
- „Kelten": > Hekataios von Milet
- Skandinavien und die Orkney-Inseln: > Pomponius Mela
- „Türken": > Theophanes von Byzanz

**QUELLENSAMMLUNGEN:**
- Erste Bibliographie: > Kallímachos von Kyrene
- Pionier der systematischen Quellensammlung: > Gregor von Catino
- Eine der ersten systematischen Quellensammlungen der Geschichte > Regesta Farfense

**VERFOLGTE GESCHICHTSSCHREIBER** (ob ihrer Schriften):
- > Theópompos von Chios; > Ibn al-Athir , > Idris i-Bitlisi

**WEIBLICHE GESCHICHTSSCHREIBER:**
- erster und einziger weiblicher Geschichtsschreiber des Altertums und Mittelalaters: > Anna Komnena

**ZEITRECHNUNG (DATIERUNGSSYSTEME)**
- erster Versuche: > Hellanikos von Mytilene (Priesterinnen von Argos, Könige/Archone von Athen)
- ab Christi Geburt („Anno Domini"): > Eusebios von Caesarea; > Dionysius Exiguus, > Beda Venerabilis

- ab Erschaffung der Erde: > Sextus Iulius Africanus; > Nikephoros von Konstantinopel
- ab der Gründung Roms („Ab Urbe Condita"): > Orosius
- absolute, erste griechische: > Hellánikos von Mytilene > Tímaios von Tauromenion; > Eratosthenes von Kyrene
- nach ägyptischen Dynastien: > Manetho
- nach Jahresnamen: > Mesopotamische Jahresnamenslisten; > Assyrische Eponymenliste; > Römischen Annalisten
- nach Olympiaden: > Tímaios von Tauromenion; > Eratosthenes von Kyrene
- Vergleich von Datierungssystemen: > Diodorus Siculus; > Al-Masudi;

# BIBLIOGRAPHIE

Es werden hier nur Übersichtswerke aufgeführt, die sich mit der systematischen Erfassung vorneuzeitlicher Autoren und Quellen einer Epoche oder eines Kulturkreises befassen. Die bibliographischen Hinweise zu den einzelnen Autoren, ihrer Quelltexte und deren Übersetzungen sind in den jeweiligen Einträgen zu den AUTOREN UND QUELLENTEXTE enthalten und werden hier nicht wiederholt.

Atiya, A. S.: *The Crusades, Historiography and Bibliography*; 1962.

Bak, J. M.: *Mittelaterliche Geschichtsquellen in chronologischer Übersicht*; F. Steiner; Wiesbaden; 1987.

Baumgart, W.: *Bücherverzeichnis zur deutschen Geschichte: Hilfsmittel. Handbücher,.Quellen*; Taschenbuchausgabe; dtv; München; 2003.

Beasley, W. G., Pulleyblank, E. G. (Hrsg.): *Historians of China and Japan*; London; 1961.

Beck, H., Walter, U. (Hrsg.): *Die frühen römischen Historiker 1. Von Fabius Pictor bis Cn. Gellius*; Bd.1.; 2. Auflage; Wissenschaftliche Buchgesellschaft; Darmstadt; 2005.

Beck, H., Walter, U. (Hrsg.): *Die frühen römischen Historiker 2. Von Coelius Antipater bis Pomponius Atticus*. Bd. 2.; 1. Auflage; Wissenschaftliche Buchgesellschaft; Darmstadt; 2004.

Berger, P.R.: *Die neubabylonischen Königsinschriften. Königsinschriften des ausgehenden babylonischen Reiches (626-539 a. Chr.)*; 1973.

Bogon, W. (Herausgeber): *Quellensammlung zur mittelalterlichen Geschichte*; MA I; Verlag Heptagon; Berlin; 1999; CD-ROM mit Abfrage-Software [Lateinische Quelltexte und deutsche Übersetzungen]

Brown, R. A.: *The Norman Conquest of England – Sources and documents*; Boydell; 2002..

Bury, J.: *The ancient greek historians*; London; 1909.

Caenegem, R. van, Ganshof, F. L.: *Kurze Quellenkunde des europäischen Mittelalters*; 1964.

Cataudella, Quintino: *Storia della letteratura greca*; Societa Editrice Internazionale; 3. Ausgabe 1957.
[Dieses hervorragende aber leider kaum noch beziehbare Werk in italienischer Sprache führe ich hier an, um meiner Referenzpflicht gerecht zu werden.]

Chassignet, M. (Hrsg.): *L'Annalistique Romaine*. Vol. 1–3; Paris; 1996–2004.

Chavalas, Mark W. (Hrsg.): *The Ancient Near East: Historical Sources in Translation (Blackwell Sourcebooks in Ancient History)*; Blackwell Publ (2006)

Courcelle, P.: *Histoire littéraire des grandes invasions germaniques*; Paris; 1948.

Dahlmann-Waitz: *Quellenkunde der deutschen Geschichte*; 7 Bände; 1965 ff.

Dutscher, G. M. (Hrsg.): *A Guide to historical literature*; Peter Smith; 1949.

Ehsan Yarshater (Hrsg.): *Encyclipaedia Iranica*
[Vom Center for Iranian Studies der Columbia University, NY, organisiertes Sammelwerk aus Beiträgen von Hunderten internationaler Fachleute; die Buchform wird vom Verlag Eisenbrauns publiziert; bis März 2012 sind 15 (bis Buchstabe „K") von geplanten 45 Bänden herausgegeben worden.
Viele (auch künftig zu druckende) Einträge können in der Online-Version eingesehen werden: http://www.iranicaonline.org/]

*Fontes Christiani*; Serie 1; Herausgegeben von Marc-Aeilko Aris, Franz Dünzl, Winfried Haunerland, Rainer Illgner und Rudolf Schieffer; 21 Bände; Herder Verlag; 1990 ff.

*Fontes Christiani*; Serie 2; Herausgegeben von Marc-Aeilko Aris, Franz Dünzl, Winfried Haunerland, Rainer Illgner und Rudolf Schieffer; Herder Verlag

*Fontes Christiani*; Serie 3; Im Auftrag der Görres-Gesellschaft herausgegeben von Siegmar Döpp, Franz Dünzl, Wilhelm Geerlings, Gisbert Greshake, Rainer Ilgner und Rudolf Schieffer; 90 Bände; Brepols; Turnhout; 2002 ff.
Auch beziehbar (aber nur geschlossen) durch Wissenschaftliche Buchgesellschaft.

*Fontes Christiani*; Serie 4; Herder Verlag

Franz, G.: *Bücherkunde zur Weltgeschichte vom Untergang des Römischen Weltreichs bis zur Gegenwart*; 1956.

Freydank, H.: *Beiträge zur mittelassyrischen Chronologie und Geschichte*; Berlin 1991

Fritz, K. v.: *Die griechische Geschichtsschreibung*; De Gruyter; Berlin; 1967.

Gabrieli, F.: *Storici arabi delle Crociate*; Einaudi; 1957.
[Enthält aus den Werken von 17 arabischen Geschichtsschreibern die Übersetzung von die Kreuzzüge betreffenden Auszügen].
Übersetzung ins Deutsche (B. von Kaltenborn-Stachau; L, Richter-Bernburg): *Die Kreuzzüge aus arabischer Sicht*; Artemis: 1973; Nachdruck: DTV; 1975.
Übersetzung Englische (E.J. Costello): *Arab Historians of the Crusades*; Routledge & Kegan Paul; 1984.

Grandsen, A.: *Historical Writing in England c.550-c.1307*; Taylor & Francis; 2. Ausgabe; 2007.
Als E-Book erhältlich (Kindle).

Grant, M.: *Greek and Roman Historians: Information and Misinformation*; Routledge; 1995.

Groot, J. J. de: *Chinesische Urkunden zur Geschichte Asiens*; 2 Bände; Berlin; 1921, 1926.

Gschnitzer, F.: *Die griechische Geschichtsschreibung*; Propyläen; Berlin; 1981.

Hall, J. W.: *Japanese History: A Guide to Japanese Reference and Research Materials*; Ann Arbor; 1954.

Hauser, H.: *Les sources de L'Histoire de France*; 1923; Nachdruck: BiblioBazaar; 2009.

Hegel, K. v.: *Die Chroniken der deutschen Städte*; 37 Bände; S. Hirzel; Leipzig (bis Band 32) bzw. F.A. Perthes; Augsburg (Bände 33 bis 36) bzw. Schünemann; Bremen (Band 37) [wird von AbeBooks.de als Print-on-Demand angeboten]

Heit, A, und Voltmer, E.: *Bibliographie zur Geschichte des Mittelalters*; dtv; München; 1997.

Herrmann, J.: *Griechische und lateinische Quellen zur Frühgeschichte Mitteleuropas bis zur Mitte des ersten Jahrtausends unserer Zeitrechnung*; 4 Bände; Berlin; 1988-1992.

Martin Hose, M. (1994): *Erneuerung der Vergangenheit. Die Historiker im Imperium Romanum von Florus bis Cassius Dio*. B.G. Teubner, Stuttgart/Leipzig.

Huyunhee Park: *Mapping the Chinese ans Islamic Worlds – Cross-Cultural Exchange in Pre-modern Asia*; Cambridge; 2012.

Jakoby, F. (Hrsg.): *Die Fragmente der griechischen Historiker*; Brill Academic Publishers; 2005. (CD-ROM)

Jansen, M., Schmitz-Kallenberg, L.: *Historiographie der deutschen Geschichte bis 1500*; 1. Auflage 1913; Nachdruck: Europäischer Hochschulverlag; Bremen; 2011.

Kaiser, O. (u. a.) (Hrsg.): *Texte aus der Umwelt des Alten Testaments* (TUAT) I, Gütersloh; 1982–1985.

Karayannopulos, J., Weiß, G.: *Quellenkunde zur Geschichte von Byzanz (324-1453)*; Wiesbaden; 1982

Kennedy, H. (Hrsg.): *The Historiography of Islamic Egypt (c,980-1800)*; Koninklijke Brill; Leiden; 2001.

Knöll, P.: *Corpus Scriptorum Ecclesiasticorum Latinorum*; 1886.

Krumbacher, K.: *Geschichte der byzantinischen Litteratur von Justinian bis zum Ende des oströmischen Reiches (527-1453)*; 2. Auflage; 1898.

Lencek, R. L.: *A Bibliographical Guide to the Literature on Slavic Civilizations*; New York; 1966.

Lendle, O.: *Einführung in die griechische Geschichtsschreibung. Von Hekataios bis Zosimos*. Wissenschaftliche Buchgesellschaft; Darmstadt; 1992.

*Lexikon der Antike*: Artemis; Zürich-München, 1990.
[Enthält neben Artikeln zu den Autoren und Quellen auch die Anhänge „Benennungen der griechischen und lateinischen Handschriften" und „Antike Autoren und ihre Werke"]

Loewe, M. (Hrsg.): *Early Chinese Texts: A Bibliographical Guide*; Berkeley Institute for Easteren Asia Studies; University of California; Berkeley; 1993.

Manitius, M.: *Geschichte der lateinischen Literatur des Mittelalters, Ersterer Band. Von Justinian bis zur Mitte des 10. Jahrhunderts*; Verlag C.H. Beck; München; 2005. (Nachdruck der Ausgabe von 1911).

Manitius, M.: *Geschichte der lateinischen Literatur des Mittelalters, Zweiter Band. Von der Mitte des 10. Jahrhunderts bis zum Ausbruch des Kampfes zwischen Kirche und Staat*; Verlag C.H. Beck; München; 1976. (Nachdruck der Ausgabe von 1923).

Manitius, M.: *Geschichte der lateinischen Literatur des Mittelalters, Dritter Band. Vom Ausbruch des Kampfes zwischen Kirche und Staat bis zum Ende des 12. Jahrhunderts*; Verlag C.H. Beck; München; 2005. (Nachdruck der Ausgabe von 1931).

Marasco, G. (Hrsg.): *Greek and Roman Historiography in Late Antiquity. Fourth to Sixth Century*; A.D.; Leiden; 2003.

Marincola, J. (ed.); *A Companion to Greek and Roman Historiography*; Blackwell; Oxford; 2007.

Mehl. A.: *Römische Geschichtsschreibung: Grundlagen und Entwicklung – Eine Einführung*; Kohlhammer; 2001.

Meister, K.: *Die griechische Geschichtsschreibung – Von den Anfängen bis zum Ende des Hellenismus*; Kohlhammer; 1990.

Meister, K.: *Einführung in die Interpretation historischer Quellen – Schwerpunkt Antike*; Bd.2; Schöningh;1999; UTB für Wissenschaft; UTB 2056.

Molinier, A,.Polain, M.L.: *Les Sources de L'Histoire de France Des Origines Aux Guerres D'Italie (1494)*; Nachdruck: Nabu Press; 2010.

Momigliano, A.: *La storiografia greca*; Torino, 1982.

Müller, Th., Pentzel, A. (Herausgeber): *Quellensammlung zur mittelalterlichen Geschichte – Fortsetzung - Continuatio fontium medii evi*; MA II; Verlag Heptagon; Berlin; 2000; CD-ROM mit Abfrage-Software.
[Lateinische Quelltexte und deutsche Übersetzungen]

Müller, Th. (Herausgeber): *Quellensammlung zur mittelalterlichen Geschichte – Zweite Fortsetzung - Continuatio secunda fontium medii evi*; MA III; Verlag Heptagon; Berlin; 2008; CD-ROM mit Abfrage-Software.
[Lateinische Quelltexte und deutsche Übersetzungen]

Muratori, L. A.: *Rerum Italicorum Scriptores - Raccolta degli storici italiani dal cinquecento al millecinquecento*; ; Zanichelli; 1977.
[Nachdruck der Veröffentlichung von 1723 bis 1751].

Näf, B.: *Antike Geschichtsschreibung: Form – Leistung – Wirkung*; Kohlhammer; 2010-

Ohler, N.: *Bibliographie ins Neuhochdeutsche übersetzter mittelalterlicher Quellen*; Otto Harrasowitz; Wiesbaden; 1991.

Palacky, F.: *Würdigung der alten böhmischen Geschichtsschreiber*; Prag; 1830. Digitalisiert von Google.

Pearson, L.: *Early Ionian historians;* Oxford; 1939.

Peter, H. (Hrsg.): *Historicirum Romanorum Reliquiae*; 2 Bände; Leipzig 1914; Nachdruck Stuttgart; 1967.

Porter, B., Moss, R. L. B.: *Topographical Bibliography of Ancient Egyptian Hieroglaphic Texts, Reliefs and Paintings*; Claredon Press; Oxford; 1972.

Pöschl, V. (Hrsg.): *Römische Geschichtsschreibung*; Wissenschaftliche Buchgesellschaft; Darmstadt; 1969.

Pothast, A.: *Repertorium fontium historiae medii aevi*; 1962.

Read, C.: *Bibliography of British History*; 3 Bände.

Reichardt, Ch.: *Sprachlich-stilistische Untersuchungen zu den frühen römischen Historikern*; Dissertation Universität Bamberg; University of Bamberg Press; Bamberg; 2008. Online: http://www.opus-bayern.de/uni-bamberg/volltexte/2008/153/pdf/dissreichardt1.pdf

Reinhardt, V. (Hrsg.): *Hauptwerke der Geschichtsschreibung*; Kröner; 1997
[Enthält 228 Essays von 148 Mitarbeitern über europäische Geschichtsschreiber aller Epochen].

Robinson, Chase F.: *Islamic Historiography*; Cambridge University Press; 2003.

Rosenthal, F.: *A History of Muslim Historiography*; 2. Ausg.; Leiden; 1968.

Schütze, O. (Hrsg.): *Metzler Lexikon Antiker Autoren*; Metzler; 1987.

Schwartz, E.: *Griechische Geschichtsschreiber*; Leipzig ;1957

Singh, N.K., Semiuddin, A. (Hrsg.): *Encyclopaedic Historiography oft he Muslim World*; 1091 Seiten; Global Vision Publishing House; Delhi; 2003.
[Enthält ca. 400 Einträge zu Geschichtsschreibern bzw. anonymen Quellen islamischer Länder, davon ca. 250 das Altertum und Mittelalter betreffend].

Stökl, Günther (Hrsg.): *Slavische Geschichtsschreiber*; 11 Bände; Styria; Graz; 1962 bis 1988.

*Storici arabi delle Crociate*; Einaudi (Kat. Nr. 59856); Torino.

Symmons, C.R. (Hrsg.): *Encyclopedia of the Medieval Chronicle;* 2 *Bände;* Brill Academic Publishers; 2010.

Timpe, D.: *Antike Geschichtsschreibung – Studien zur Historiographie*; Wissenschaftliche Buchgesellschaft; Darmstadt; 2007

Traedgold, W.: *The early Byzantine Historians*; Basingstoke; 2007.

Wattenbach, W., Levison, W.: *Deutschlands Geschichtsquellen im Mittelalter, Vorzeit und Karolinger*; Weimar; 1952.

Winkelmann, F., Brandes, W. (Hrsg.): *Quellen zur Geschichte des frühen Byzanz (4.-9. Jh.). Bestand und Probleme*; Berlin; 1990.

Yang, L. S. u. a.: *Chinese Traditional Historiography*; Cambridge; 1938.

# WEBSITES MIT ONLINE-ZUGRIFF AUF QUELLEN

### ALIM (Archivio della Latinità Italiana del Medioevo)
http://www.uan.it/alim/letteratura.nsf/Autore?OpenView&Start=21&Count=20
Die Webpage für den Online-Zugriff der Quellensammlung der > ALIM. Die Website enthält Register der Autoren, Titel und Ereignisjahre, mit dem jeweiligen Hinweis auf die betreffenden Quellen.

### Biblioteca della Letteratura Italiana
http://www.letteraturaitaliana.net/
Aus dem Fundus des Verlags Einaudi digitalisierte Quellkentexte oder deren Übersetzung ins moderne Italienisch, von 342 Werken von 205 Autoren italienischen Literatur vom 13. Jh. bis in die Neuzeit.
Online verfügbar oder als Satz von 10 CD-ROM erwerbbar.

### British History
http://www.britannia.com/history/
Unter der Überschrift „BRITISH HISTORY The internet's most comprehensive information resource for the times, places, events and people of British history" wird der Online-Zugriff auf eine Vielzahl von Quellen zur britischen Geschichte geboten.

### Corpus scriptorum latinorum
http://forumromanum.org/literature/
Enthält Links zu fast 800 lateinischen Quelltexten bis ins Mittelalter und, soweit verfügbar, zu Links mit Übersetzungen davon.

### dMGH
http://www.dmgh.de/
Bietet die Veröffentlichungen des Projekts > Monumenta Germaniae Historica online an.

### Early Church Fathers - Additional Texts
http://www.tertullian.org/fathers/index.htm#Agapius_Universal_History
Vom Herausgeber Roger Pearse werden nicht mehr urheberrechtlich geschützte englische Übersetzungen von Texten von Kirchenvätern angeboten.

### Gallica Bibliothèque Numérique
http://gallica.bnf.fr/
Die digitale Bibliothek der französischen Nationalbibliothek. Sie bietet derzeit (Stand Anfang 2012) über 1,5 Mio. Dokumente, darunter 0,3 Mio. Bücher) an.

### Internet Medieval Sourcebook
http://www.fordham.edu/halsall/sbook.html

### Universität Bamberg - Mittelalterliche Geschichte
http://www.uni-bamberg.de/fileadmin/uni/fakultaeten/ggeo_lehrstuehle/mittelalterliche_geschichte/Dateien/Quellen_Bamberg/Liste.htm
Übersicht über ca. 100 Quellen und deren deutscher Übersetzungen zur Geschichte des Mittelalters; erstellt durch Ulrike Siewert im Juli 2002.

### Penelope
http://penelope.uchicago.edu/Thayer/E/Roman/home.html

Eine 1997 von Bill Thayer eigerichteet Website mit englischen Übersetzungen griechischer und lateinischer Autoren (zum Teil mit dem Originaltext), deren Copyright erloschen ist. Die Website ist mittlerweile auf einem Server der Universität von Chicago angesiedelt.

**Regesta imperii**

http://www.regesta-imperii.de/startseite.html

Die Regesta Imperii sind eine von der Akademie der Wissenschaften und der Literatur (Mainz) eingerichtete Website über Regesten zur Geschichte des Heiligen Römischen Reichs im Mittelalter (von den Karolingern zu Maximilian I.). Sie enthält Links zu über 150.000 Regesteneinträgen und unterstützt eine Katalogsuche zu 1 Mio. Titeln.

www.ingramcontent.com/pod-product-compliance
Lightning Source LLC
Chambersburg PA
CBHW071235160426
43196CB00009B/1070